北京银行法学研究会系列研究成果

郭 帅
马金风
著

金融不良资产处置
诉讼追偿实务

DISPOSAL OF FINANCIAL
NON-PERFORMING ASSETS
LITIGATION PRACTICE

中国法制出版社
CHINA LEGAL PUBLISHING HOUSE

前　言

古诗云"时来天地皆同力，运去英雄不自由"。金融不良资产处置在时代背景下兼具"时"与"势"，一直被认为是新的掘金风口。

这种洞悉并非空穴来风。中国银保监会披露的信息显示，2021年银行业累计处置不良资产3.13万亿元，再创历史新高。2017年至2021年，5年间银行业累计处置不良资产11.9万亿元，超过此前12年处置的总和。[①] 伴随着宏观经济压力下行，房地产市场深度调整，再叠加其他不确定性因素，金融不良资产处置势头正盛。

一、何谓金融不良资产

究竟何谓金融不良资产？原银监会、财政部发布的《不良金融资产处置尽职指引》（银监发〔2005〕72号）指出，"不良金融资产指银行业金融机构和金融资产管理公司经营中形成、通过购买或其他方式取得的不良信贷资产和非信贷资产，如不良债权、股权和实物类资产等"。原银监会发布的《贷款风险分类指引》（银监发〔2007〕54号）按照风险程度将贷款划分为正常、关注、次级、可疑和损失五类[②]，后三类合称为不良贷款。《金融企业不良资产

[①] 参见央视网新闻直播间，http://tv.cctv.com/2022/01/30/VIDEeP5T6sbZwOgdHk0YLuu7220130.shtml。

[②] 《贷款风险分类指引》第五条："商业银行应按照本指引，至少将贷款划分为正常、关注、次级、可疑和损失五类，后三类合称为不良贷款。正常：借款人能够履行合同，没有足够理由怀疑贷款本息不能按时足额偿还。关注：尽管借款人目前有能力偿还贷款本息，但存在一些可能对偿还产生不利影响的因素。次级：借款人的还款能力出现明显问题，完全依靠其正常营业收入无法足额偿还贷款本息，即使执行担保，也可能会造成一定损失。可疑：借款人无法足额偿还贷款本息，即使执行担保，也肯定要造成较大损失。损失：在采取所有可能的措施或一切必要的法律程序之后，本息仍然无法收回，或只能收回极少部分。"

批量转让管理办法》(财金〔2012〕6号)规定：金融企业批量转让不良资产的范围包括金融企业在经营中形成的以下不良信贷资产和非信贷资产：按规定程序和标准认定为次级、可疑、损失类的贷款（但个人贷款禁止批量转让）；已核销的账销案存资产；抵债资产；其他不良资产。中国资产评估协会发布的《金融不良资产评估指导意见》(中评协〔2017〕52号)中明确"金融不良资产，是指银行持有的次级、可疑及损失类贷款，金融资产管理公司收购或者接管的金融不良债权，以及其他非银行金融机构持有的不良债权"。

2023年2月10日，中国银行保险监督管理委员会、中国人民银行出台了《商业银行金融资产风险分类办法》，将金融资产五级分类的标准进一步具体化：金融资产按照风险程度分为五类，分别为正常类、关注类、次级类、可疑类、损失类。"正常类"指债务人能够履行合同，没有客观证据表明本金、利息或收益不能按时足额偿付。"关注类"指虽然存在一些可能对履行合同产生不利影响的因素，但债务人目前有能力偿付本金、利息或收益。"次级类"指债务人无法足额偿付本金、利息或收益，或金融资产已经发生信用减值。"可疑类"指债务人已经无法足额偿付本金、利息或收益，金融资产已发生显著信用减值。"损失类"指在采取所有可能的措施后，只能收回极少部分金融资产，或损失全部金融资产。"次级类""可疑类""损失类"合称不良资产。

简言之，金融不良资产即为金融机构持有的各类可能无法兑付本息的不良债权及资产，属于广义不良资产中的一类。值得注意的是，2021年1月，银保监会办公厅发布《关于开展不良贷款转让试点工作的通知》(银保监办便函〔2021〕26号)，试点单户对公不良贷款转让和个人不良贷款批量转让[1]，试点期限到2022年12月31日。2022年12月，银保监会办公厅发布《关于开展第二批不良贷款转让试点工作的通知》(银保监办便函〔2022〕1191号)，试点金融机构明显扩围，同时明确本次试点实行期限暂定自通知印发之日起至2025年12月31日，《中国银保监会办公厅关于开展不良贷款转让试点工作的通知》(银保监办便函〔2021〕26号)施行期限同时延长。这进一步拓宽了银行不良贷款

---

[1] 根据此前《金融企业不良资产批量转让管理办法》以及《中国银行业监督管理委员会办公厅关于适当调整地方资产管理公司有关政策的函》(银监办便函〔2016〕1738号)之规定，个人贷款不良资产不得进行批量转让，对公贷款不良资产也只能以3户及以上的数目进行组包转让。

的处置渠道和处置方式，也加大了不良资产的供给，让市场充满想象。

二、"5+2+N+银行系+外资系"的当前格局

回首来时路，金融不良资产处置经历了从政策性剥离到全面市场化转型的发展历程。

1997年亚洲金融危机后，为化解金融风险，促进国有银行改革，1999年国务院经研究成立了国有四大资产管理公司（Asset Management Companies，AMC），即中国华融资产管理公司、中国长城资产管理公司、中国东方资产管理公司、中国信达资产管理公司，分别接收工、农、中、建四大国有商业银行的不良资产。这次剥离产生第一批金融不良资产。2004年到2005年，中国银行、中国建设银行、交通银行以及中国工商银行在股份制改造过程中又剥离了不良贷款，产生第二批金融不良资产。前两批金融不良资产大都涉及国有企业，涉及较多历史遗留问题，有一定程度的特殊性。2009年后，四大资产管理公司加快市场化转型，不良资产行业开始进入全面市场化转型阶段。同时，大量非持牌的AMC以各种形式进入不良资产市场，行业开始呈现出多元化格局。

2013年，国家政策开始允许各省、自治区、直辖市人民政府设立地方资产管理公司[①]，参与本地区内金融企业不良资产的批量收购、处置业务。目前原则上各地可设立两家[②]。根据2022年3月24日银保监会公布的《地方资产管理公司名单》，目前共有地方资产管理公司59家[③]。

2018年以来，随着市场化债转股拉开序幕，国有大行也纷纷设立专司债

[①] 参见《中国银监会关于地方资产管理公司开展金融企业不良资产批量收购处置业务资质认可条件等有关问题的通知》（银监发〔2013〕45号）。

[②] 参见《中国银行业监督管理委员会办公厅关于适当调整地方资产管理公司有关政策的函》（银监办便函〔2016〕1738号）：放宽《金融企业不良资产批量转让管理办法》（财金〔2012〕6号）第三条第二款关于各省级人民政府原则上可设立一家地方资产管理公司的限制，允许确有意愿的省级人民政府增设一家地方资产管理公司。

[③] 参见银保监会官网，www.cbirc.gov.cn/cn/view/pages/govermentDetail.html?docId=1043973&itemId=4167&generaltype=1。

转股的 AMC 子公司（也称为 AIC）[①]，"银行系"成为不良资产处置的一股重要力量。

中国不良资产的历史机遇，也让境外资本闻风而动。2020 年 1 月 15 日，中美双方在美国华盛顿签署第一阶段《中华人民共和国政府和美利坚合众国政府经济贸易协议》[②]。其中第 4.5 条明确"中国应允许美国金融服务提供者从省辖范围牌照开始申请资产管理公司牌照，使其可直接从中资银行收购不良贷款。中国在授予新增的全国范围牌照时，对中美金融服务提供者一视同仁，包括对上述牌照的授予"。2020 年 2 月 14 日，全球知名投资管理公司橡树资本（Oaktree Capital）的全资子公司，Oaktree（北京）投资管理有限公司在北京完成工商注册，成为中国首家外资 AMC[③]。这既意味着国内不良资产市场成为新的全球玩家，又是中国金融领域不断开放的一个缩影。

2020 年 3 月，银保监会批复同意建投中信资产管理有限责任公司转型为金融资产管理公司，并更名为中国银河资产管理有限责任公司，第五家全国性 AMC 登场。

至此，"5+2+N+ 银行系 + 外资系"的多元化格局正式形成，国内不良资产的万亿盛宴，引无数资本竞折腰。

三、金融不良资产的一级市场和二级市场

金融不良资产的供给端是金融企业。根据《金融企业不良资产批量转让管理办法》（财金〔2012〕6 号）第二条规定，金融企业是指依法设立的国有及国有控股商业银行、政策性银行、信托投资公司、财务公司、城市信用社、农村信用社以及银保监会依法监督管理的其他金融企业。

限于监管要求，金融不良资产批量转让必须采用公开转让方式，从金融企业转让至持牌机构，即五大资产管理公司、地方资产管理公司、银行系金融资

[①] 2018 年，银保监会发布《金融资产投资公司管理办法（试行）》允许设立金融资产投资公司，通过先收购银行对企业的债权，再将债权转为股权的形式实施债转股。截至目前，工、农、中、建、交五大行已成立金融资产投资公司用于开展债转股业务。

[②] 参见中国政府网，http : //www.gov.cn/xinwen/2020-01/16/content_5469650.htm。

[③] 参见北京市地方金融监督管理局官网，http : //jrj.beijing.gov.cn/crgc/ksxy/202106/t20210624_2421069.html。

产投资公司和外资系资产管理公司。这个首次转让过程成为金融不良资产的一级交易市场，受到较为严格的监管。按照《金融企业不良资产批量转让管理办法》（财金〔2012〕6号）规定，主要流程包括：第一，资产组包。确定拟批量转让不良资产的范围和标准，对资产进行分类整理，对一定户数和金额的不良资产进行组包，根据资产分布和市场行情，合理确定批量转让资产的规模。第二，卖方尽职调查。主要通过审阅不良资产档案和现场调查等方式，客观、公正地反映不良资产状况，充分披露资产风险；按照地域、行业、金额等特点确定样本资产，并对样本资产开展现场调查；真实记录尽职调查过程，撰写卖方尽职调查报告。第三，资产估值。在尽职调查的基础上，采取科学的估值方法，逐户预测不良资产的回收情况，合理估算资产价值，作为资产转让定价的依据。第四，制定转让方案及方案审批。对资产状况、尽职调查情况、估值的方法和结果、转让方式、邀请或公告情况、受让方的确定过程、履约保证和风险控制措施、预计处置回收和损失、费用支出等进行阐述和论证。同时对方案履行相应的内部审批程序。第五，发出要约邀请。选择招标、竞价、拍卖等公开转让方式，根据不同的转让方式向资产管理公司发出邀请函或进行公告。第六，组织买方尽职调查。资产管理公司通过买方尽职调查，补充完善资产信息，对资产状况、权属关系、市场前景等进行评价分析，科学估算资产价值，合理预测风险。第七，确定受让方并签订转让协议。按照市场化原则和招标、竞价、拍卖等规定，确认受让方，并签订协议组织实施。第八，发布转让公告。金融企业和受让资产管理公司在约定时间内在全国或者省级有影响的报纸上发布债权转让通知暨债务催收公告，通知债务人和相应的担保人。第九，移交材料及核销。按照资产转让协议约定，及时完成资产档案的整理、组卷和移交工作。同时按照国家有关规定，对资产转让成交价格与账面价值的差额进行核销。

持牌机构从金融企业受让不良资产后，通常进行二次转让。这个转让过程受到的监管环境较为宽松，成为金融不良资产的二级交易市场。二级交易市场的投资者既有持牌机构，又有非持牌机构，既有国内资本，又有国际资本；既有专业投资机构，又有小团队及个人。因此，二级交易市场在一定程度上呈现出市场门槛低、开放程度高、参与主体多等不同于一级市场的显著特点，也成为金融不良资产处置的"主要战场"。

四、金融不良资产处置方式

金融不良资产的处置方式类型多样，在继承传统方式的同时也在不断推陈出新、与时俱进。其中既有收购转让、自行催收、司法追偿、破产重整、破产清算等相对传统方式，也有债务重组、债转股、不良资产证券化等相对新型业务模式。

收购转让是指投资主体对金融不良资产收购后再次转让，通过专业的尽职调查、价格评估或对不良资产信息的充分掌握等赚取买卖差价。自行催收是投资主体通过自力救济的方式采取电话、信函、上门等方式进行催收。司法追偿是通过法院诉讼、仲裁机构仲裁、公证机构赋予强制执行效力的公证文书等方式，取得生效法律文书后向法院申请强制执行。破产重整是指对可能或者已经发生破产原因但又有挽救希望的企业，通过各方利害关系人协调，强制性进行营业重组与债务清理，以使企业避免破产、获得新生，也使债权人利益得到兼顾的方式。破产清算即对丧失清偿能力的债务人，经法院审理与监督，强制清算其全部财产，公平清偿全体债权人的法律制度。债务重组是指在债务人发生财务困难的情况下，债权人与债务人就清偿债务的时间、金额、方式等重新达成一致，其实质是对债务作出重新安排。债转股即债权转股权，是指通过将投资人的债权转化为目标公司股权的方式，对于有前景的企业，投资人有机会分享企业成长的收益。不良资产证券化是指以底层的金融不良资产未来所产生的收益为偿付支持，通过结构化设计进行信用增级，在此基础上发行资产支持证券（Asset-backed Securitize，ABS），以解决底层不良资产的流动性问题。

通过简要介绍上述常见的方式，大体可区分为非诉模式和诉讼模式，部分情形下两者亦可交叉使用。非诉模式主要通过市场化手段，需要各方利益的博弈与平衡，商业性较强，诉讼模式主要借助国家公权力，强制力突出，两者各有千秋。

五、民法典时代的规则调整及本书特色

诉讼追偿是金融不良资产处置的"定海神针"。对绝大多数金融不良资产而言，如果能够先取得生效法律文书对债权债务进行确认，已经是事半功倍

了。因此，可以说诉讼追偿是最常见、最管用的手段。根据最高人民法院《民事案件案由规定》（法〔2020〕347号），与金融不良资产处置相关的案由，主要包括金融借款合同纠纷、金融不良债权转让合同纠纷和金融不良债权追偿纠纷[①]。可以预计，疫情影响下关于金融不良资产追偿的诉讼案件将持续增加。

金融不良资产债权的追偿普遍具有还本付息的特征，法律关系本应相对简单，但事实并非如此。鉴于金融不良资产的政策性和商业性交织，在诉讼追偿中具有不同于一般诉讼的显著特点，如"陈年旧账"多、诉讼时效问题复杂、担保疑难问题多、利息计算烦琐，成为法院金融审判的重要课题。

2020年5月28日，第十三届全国人民代表大会审议通过了《民法典》，标志着中华人民共和国第一部以"典"命名的法律正式诞生。《民法典》自2021年1月1日起实施，相关规则的变化对金融不良资产处置影响重大，如保证责任推定方式、保证期限与诉讼时效衔接等。正是在这种背景下，本书得以成形，充分回应了民法典时代金融不良资产处置市场发展的阶段性需求。

与市面现有图书相比，本书从民法典及司法解释的最新规定出发，对相关问题的分析能够做到新旧对照，为民法典时代不良资产处置诉讼业务提供最新的指引。本书从金融不良资产处置诉讼业务司法实践出发，以专题的形式对不良资产处置诉讼中的常见和疑难法律问题进行全景式扫描，包括不良资产处置诉讼中的受理、管辖、催收与诉讼时效、合同效力、优先购买权、利息计算、担保、强制执行、主体变更与追加、民刑交叉、破产衔接等问题，基本涵盖了金融不良资产处置诉讼全流程中的主要法律问题。本书采取以案说法的形式，从最高人民法院和各地高级人民法院审理的数千个案例中精选有代表性的案例，努力做到一个案例代表不良资产处置诉讼实践中的一类法律问题，采取抽丝剥茧的方式对案例进行剖析，以求清晰展示案件细节，准确展示裁判观点，详细阐明法院立场，并对争议焦点问题和关联问题展开深入分析。本书对金融不良资产诉讼法律业务既有全景式的展现，又有疑点、难点问题细节式的剖析，旨在为金融不良资产处置相关从业者提供诉讼的指引和参考。

[①] 参见最高人民法院研究室编著：《最高人民法院新民事案件案由规定理由与适用》，人民法院出版社2021年版，第303-307页。

目 录
CONTENTS

专题一　金融不良资产诉讼案件的受理 / 001

一、企业法人分支机构以自己名义参加民事诉讼活动的，人民法院应予受理 / 004

二、当事人对双方之间的债权债务关系有争议，而不是对政府主管部门的行政划拨行为本身有争议的，属于法院民事诉讼的受案范围 / 007

三、国有企业债务人提起不良债权转让合同无效之诉，必须提供相应的担保，否则人民法院不予受理 / 014

四、受让人自金融资产管理公司受让不良债权后，以不良债权中存在瑕疵为由起诉原国有银行的，人民法院不予受理 / 017

五、金融不良债权转让后，债务人恶意向原国有银行清偿债务，受让人诉请原国有银行返还不当得利的，人民法院应当受理 / 020

六、债权人对国家政策性关闭破产的国有企业债务人提起追偿之诉的，人民法院不予受理，但对相关担保人提起诉讼的，人民法院应予受理 / 025

七、国有银行或金融资产管理公司转让享受天然林资源保护工程政策的国有森工企业不良债权而引发受让人向森工企业主张债权的，人民法院不予受理 / 028

专题二　金融不良资产诉讼案件的管辖 / 035

一、原债权银行与债务人有协议管辖约定的，如不违反法律规定，该约定继续有效 / 039

二、金融资产管理公司受让不良债权后，自行与债务人约定或重新约定诉讼管辖的，如不违反法律规定的应当认定有效 / 042

三、债权人一并起诉债务人和担保人的，应当根据主合同确定管辖法院 / 044

四、当事人诉讼主体资格问题不属于管辖权异议审查内容，法院可以在释明后以口头形式驳回其异议申请 / 047

五、将同一银行对同一债务人的多份借款合同项下债权一并起诉的，属于单一诉讼范畴，依据诉讼标的额确定管辖法院级别 / 050

六、国有企业债务人提起的金融不良债权转让合同无效之诉由受理追偿案件的法院管辖 / 052

七、当事人约定可裁可诉的，如关于仲裁与诉讼的约定是可以分割的，则仲裁协议无效不影响管辖协议的效力 / 055

八、债权人仅对借款合同的保证人提起诉讼的，不属于受理债务人破产申请的法院的集中管辖范围 / 059

专题三　金融不良资产诉讼中的催收与诉讼时效 / 063

一、在邮寄催收的情形下，债权人邮寄地址不准确且不能充分举证证明其债权催收快件已实际到达债务人的，不发生诉讼时效中断的法律效果 / 068

二、债务人下落不明的，债权人在债务人所在地市级有影响的报纸上刊登催收公告，且能达到使债务人知悉债权人主张权利的客观效果的，可以产生中断诉讼时效的法律效果 / 073

三、对于转让之前已经因未依法及时主张权利而超过诉讼时效的债权，不因之后转让时发布具有催收内容的公告而产生重新起算诉讼时效

的效果 / 077

四、连带保证无效导致保证责任转换为赔偿责任的，对于连带债务人发生诉讼时效中断效力的事由，对该赔偿义务人不发生诉讼时效中断的效力 / 084

五、进入破产程序的债务人无正当理由未对其到期债权及时行使权利，导致其对外债权在破产申请受理前一年内超过诉讼时效期间的，诉讼时效期间从法院受理破产申请之日起重新计算 / 088

六、诉讼时效届满后，债务人仅在债务逾期催收通知书上盖章确认收到，并未明确表示同意履行还款义务，不构成对原债权债务的重新确认 / 092

七、诉讼时效届满后，债务人向债权人发函核对贷款本息，并作出债权债务冲抵的意思表示，应认定为对原债务的重新确认 / 098

八、保证人下落不明的，保证期间内债权人采用公告方式向保证人催收债务，可以产生向保证人主张权利的法律后果 / 105

九、以特快专递方式向保证人催收的，在债权人能够提供邮件存根及内容的情况下，除非保证人有相反证据推翻债权人所提供的证据，应当认定债权人向保证人主张了权利 / 110

专题四 金融不良资产转让合同的效力认定 / 115

一、债权转让通知并非债权转让协议的生效要件，未及时向债务人和担保人发出债权转让通知并不影响债权转让协议的效力 / 122

二、金融资产管理公司订立的名为债权转让实为融资借款的合同的效力认定 / 128

三、商业银行向社会投资者单笔转让贷款债权的，受让主体无需具备从事贷款业务的资格，转让合同具有合同法上的效力 / 135

四、债务人或者担保人为国家机关的不良债权转让协议无效，转让协议的效力不受受让人的性质和是否经过相关部门批准的影响 / 141

五、金融资产管理公司转让不良债权存在对依照公开、公平、公正和竞争、

择优原则处置不良资产造成实质性影响的情形的,转让合同无效 / 145

六、不良债权转让受让人为国家公务员等关联人或者关联人参与的非金融机构法人的,应当认定不良债权转让合同无效 / 153

七、向境外主体转让不良债权未办理登记或备案手续的,转让合同效力如何认定 / 158

八、因向外国投资者转让不良债权而形成的对外担保合同,效力如何认定 / 164

专题五　金融不良资产转让中的优先购买权 / 171

一、金融资产管理公司在《纪要》[①]发布之前已经完成不良债权转让,优先购买权人主张行使优先购买权的,人民法院不予支持 / 175

二、金融不良债权转让中有权主张优先购买权的主体为国有企业债务人所在地履行出资义务的相关政府部门或国有资本集团公司,债务人不享有优先购买权 / 180

三、对优先购买权人的通知应以书面、口头或其他优先购买权人能够确认知悉的方式来履行,而不宜随意采用公告方式 / 184

四、优先购买权人在收到通知之日起三十日内未就是否行使优先购买权作出书面答复,或者未在公告确定的拍卖、招标日之前作出书面答复的,视为放弃优先购买权 / 192

五、不良债权转让未通知优先购买权人的程序瑕疵,对依照公开、公平、公正和竞争、择优原则处置不良资产造成实质性影响的,应认定债权转让协议无效 / 197

专题六　金融不良资产诉讼中的利息计算 / 207

一、《纪要》对金融不良债权的转让时间及转让主体均有明确限定,不

[①] 《最高人民法院关于审理涉及金融不良债权转让案件工作座谈会纪要》(法发〔2009〕19号,以下简称《纪要》)。

符合《纪要》适用范围的债权不应适用自受让日后停止计付利息的规定 / 212

二、不违反公平原则的情况下，法院可以参照适用《纪要》精神，对非金融资产管理公司受让人向非国有企业债务人主张金融不良债权受让日之后利息的，不予支持 / 217

三、对于财政部委托中国农业银行管理和处置的股改剥离不良资产，转让人为非国有企业债务人的，非金融资产管理公司受让人亦无权收取不良债权受让日之后的利息 / 221

四、非金融资产管理公司受让金融不良债权后，在执行程序中向非国有企业债务人主张受让日后利息的，不予支持 / 227

五、主债务人进入破产程序后，担保债务是否停止计息 / 233

六、民事调解书未约定迟延履行期间加倍利息的，债权人能否要求债务人承担该迟延履行责任 / 238

七、借款人已经依据贷款主合同按时支付了贷款利息，且又依据其他合同或协议支付了以服务费等为名义的额外费用的，对该部分费用，可视情况抵扣本金 / 245

八、金融借款中，实现债权的费用不包含在利息、罚息等合计不超过年利率24%的司法保护上限范围内 / 253

专题七　金融不良资产诉讼中的保证责任 / 261

第一节　保证合同 / 265

一、保证合同是意思表示一致的结果，债权人和保证人未形成消灭保证责任的合意，即使另外提供了担保，也不能免除保证人的保证责任 / 265

二、贷款合同中选择性列明部分最高额保证合同，在债权人未明示放弃权利的情况下，不影响未列明的保证人承担保证责任 / 268

三、承诺函具有保证担保性质的，双方成立保证合同。保证合同无效，债务人、保证人、债权人有过错的，应当根据其过错各自承担相应

的民事责任 / 273

第二节　一般保证和连带责任保证 / 279

一、保证合同中约定的保证人在债务人"不能偿还"和"不能按期偿还"时承担保证责任具有不同的含义，前者为一般保证，后者为连带责任保证 / 279

二、"借新还旧"情形下新贷旧贷担保人相同的，担保人继续承担担保责任 / 283

三、最高额保证中，鉴于具体每笔被担保债权的发生无需经过保证人同意，债权人不能证明保证人知道或应当知道所担保的债权属于借新还旧的，保证人免责 / 288

第三节　保证期间与诉讼时效 / 293

一、保证合同无效，保证期间对债权人仍具有约束力；债权人未在保证期间内主张权利的，保证人免责 / 293

二、同一债务有两个以上保证人，债权人在保证期间内向部分保证人主张权利的，效力不及于其他保证人 / 297

三、与诉讼时效不同，债权人是否在保证期间向保证人主张权利是人民法院审理中应当查明的案件事实，不以保证人提出抗辩为前提 / 302

四、一般保证的债权人在保证期间届满前对债务人提起诉讼或者申请仲裁的，从保证人拒绝承担保证责任的权利消灭之日起，开始计算保证债务的诉讼时效 / 306

五、连带责任保证中，债权人在保证期间内向保证人主张权利后，诉讼时效自债权人请求保证人承担保证责任之日起计算 / 311

第四节　保证责任承担 / 314

一、金融不良债权转让情形下，保证合同中关于禁止债权转让的约定，对主债权和担保权利转让没有约束力 / 314

二、案件审理期间保证人为被执行人提供担保，法院据此未对被执行人采取保全措施或解除保全措施的，即使生效法律文书中未确定保证

人责任，法院亦有权直接执行 / 317

三、人民法院裁定受理主债务人破产申请后，主债务停止计息，担保债务亦停止计息 / 320

专题八　金融不良资产诉讼中的抵押权 / 325

第一节　抵押权与抵押合同 / 330

一、不动产抵押合同签订后未办理抵押登记的，抵押权未设立，但不影响合同效力，债权人有权请求抵押人以抵押物价值为限承担补充赔偿责任 / 330

二、主合同涉及犯罪行为无效导致第三人提供的抵押合同无效，抵押人无过错的，不承担赔偿责任 / 335

第二节　抵押权的设立和转让 / 339

一、仅笼统约定用公司名下所有资产提供抵押担保的，因未就动产范围作出明确约定，也未办理不动产抵押登记，抵押权未有效设立 / 339

二、根据"房地一体"原则，以建设用地使用权抵押的，即使该土地上的建筑物未办理抵押登记，也视为一并抵押，反之亦然 / 343

三、主债权转让的，抵押权一并转让，抵押人以受让人不是抵押合同的当事人、未办理变更登记等为由提出抗辩的，人民法院不予支持 / 348

第三节　抵押权的实现与消灭 / 351

一、建设工程价款优先受偿权优于抵押权，但抵押权人对建设工程价款优先受偿权的有无以及范围大小有异议的，可以提起第三人撤销之诉进行救济 / 351

二、"抵押不破租赁"赋予在先承租人继续承租的权利，但承租人并不享有阻却抵押权人处置抵押物并就价款优先受偿的权利 / 356

三、法院对负担抵押权或抵押预告登记的财产可以采取查封和处分措施，抵押权或抵押预告登记均不能阻却强制执行 / 360

四、抵押权人在主债权诉讼时效期间未行使抵押权的，抵押人可要求解除抵押登记 / 364

第四节 最高额抵押权 / 368

一、最高额抵押权设立前已经存在的债权，经当事人同意，可以转入最高额抵押担保的债权范围 / 368

二、登记的担保范围与当事人约定的担保范围不一致的，人民法院应当依据登记的范围确定债权人的优先受偿权 / 374

专题九 金融不良资产诉讼中的新型担保方式 / 379

第一节 权利质押 / 383

一、特许经营权的收益权可以质押，并可作为应收账款进行出质登记 / 383

二、应收账款质权人对应收账款债务人主张质权时，质权人应对应收账款的真实性承担举证责任，不能仅以已办理登记为由主张优先受偿 / 389

三、以汇票出质时，需要满足背书记载"质押"字样并在汇票上签章，且将汇票交付质权人，才能认定质权自交付时设立 / 395

四、开证行持有提单，结合当事人的真实意思表示以及信用证交易的特点，可认定开证行对信用证项下单据中的提单以及提单项下的货物享有质权 / 400

第二节 非典型担保 / 406

一、保兑仓交易是以银行信用为载体、以银行承兑汇票为结算工具的融资担保方式；买卖双方存在违约行为的，应当依照约定对银行债权承担担保责任 / 406

二、保兑仓交易因无真实的交易关系被认定为借款合同关系的，不影响卖方和银行之间担保关系的效力，卖方仍应当依据合同约定承担担保责任 / 410

三、债务人通过将股权转让至债权人名下为债务提供担保的，成立股权

　　　　让与担保法律关系 / 413

　　四、保证金账户符合金钱特定化和移交占有的要求后，即使账户内资金余额发生浮动，也不影响金钱质权的设立 / 418

专题十　担保物权的非诉实现程序与以物抵债 / 425

第一节　担保物权的非诉实现程序 / 429

　　一、债权人可通过非诉方式，经申请实现担保物权程序实现担保物权，以拍卖、变卖担保物所得的价款优先受偿 / 429

　　二、申请实现担保物权，由担保财产所在地或者担保物权登记地基层法院管辖 / 432

　　三、当事人对实现担保物权无实质性争议且实现担保物权条件成就的，裁定准许拍卖、变卖担保财产 / 437

　　四、实现担保物权特别程序尚未执行终结，当事人不得再提起诉讼要求对抵押物优先受偿 / 441

第二节　以物抵债 / 445

　　一、在认定以物抵债协议的性质和效力时，要根据订立协议时履行期限是否已经届满予以区别对待 / 445

　　二、网络司法拍卖流拍的，债权人可选择以该次拍卖所定的保留价以物抵债 / 449

专题十一　金融不良资产公证债权文书的强制执行 / 455

第一节　公证债权文书强制执行之程序问题 / 458

　　一、对有强制执行效力的公证债权文书，债权人应申请强制执行，直接提起诉讼的，不予受理，但当事人对部分债权另行约定采取诉讼方式解决的，可就该部分提起诉讼 / 458

　　二、公证债权案件文书执行案件被指定执行、提级执行、委托执行后，被执行人申请不予执行的，由提出申请时负责该案件执行的人民法院

审查 / 463

三、债务人进入破产程序后，应基于破产集中管辖原则确定公证债权文书执行案件的管辖法院 / 466

第二节　公证债权文书强制执行之实体问题 / 470

一、法院对当事人提出的不予执行申请，应根据不同理由作出不同程序指引，如主张公证债权文书的内容与事实不符或违反法律规定等实体事由的，应告知其提起诉讼；如主张程序严重违法的，应通过执行异议程序审查 / 470

二、当事人以合同所涉不动产未按规定向不动产所在地机构申请公证为由申请不予执行的，人民法院不予支持 / 474

三、在公证文书所涉给付内容能够区分执行的情况下，如部分内容具有不予执行情形，则应当仅对该部分不予执行，而对其余部分准许执行 / 477

四、公证书中含有不明确的给付内容，但该部分内容未被纳入实际执行范围的，不应据此裁定驳回执行申请 / 480

专题十二　金融不良资产案件执行主体的变更与追加 / 485

第一节　变更申请执行人 / 489

一、生效法律文书确定的权利人在进入执行程序前转让债权的，受让人可以作为申请执行人直接申请执行，无需执行法院作出变更申请执行人的裁定 / 489

二、执行法院作出变更申请执行人裁定后，通过送达裁定书的方式通知债务人，债务人仅以其未收到债权人的债权转让通知为由提出异议，人民法院不应支持 / 495

三、申请执行人的行为表明其实质上不认可受让人取得债权的，执行程序依法不应变更申请执行人 / 498

第二节　追加被执行人 / 504

一、追加被执行人必须遵循法定主义原则，即应当限于法律和司法解释

明确规定的追加范围,既不能超出法定情形进行追加,也不能直接引用有关实体裁判规则进行追加 / 504

二、作为被执行人的法人分支机构,不能清偿生效法律文书确定的债务,申请执行人申请追加该法人为被执行人的,人民法院应予支持 / 508

三、作为被执行人的营利法人,财产不足以清偿生效法律文书确定的债务,申请执行人申请追加未缴纳出资的股东为被执行人,在尚未缴纳出资的范围内依法承担责任的,人民法院应予支持 / 513

四、作为被执行人的一人有限责任公司,财产不足以清偿生效法律文书确定的债务,股东不能证明公司财产独立于自己的财产,申请执行人申请追加该股东为被执行人对公司债务承担连带责任的,人民法院应予支持 / 519

五、作为被执行人的公司,未经清算即办理注销登记,导致公司无法进行清算,申请执行人申请追加有限责任公司的股东为被执行人,对公司债务承担连带清偿责任的,人民法院应予支持 / 522

六、第三人向执行法院书面承诺自愿代被执行人履行生效法律文书确定的债务,可以追加该第三人为被执行人。但如果系执行担保或一般担保,则不能追加 / 527

专题十三　金融不良资产诉讼中的民刑交叉问题 / 533

一、同一自然人、法人或非法人组织因不同的法律事实,分别涉及经济纠纷和经济犯罪嫌疑的,经济纠纷案件和经济犯罪嫌疑案件应当分开审理 / 537

二、债务人的金融借款行为涉嫌刑事犯罪,债权人请求债务人承担民事责任的,人民法院应当裁定驳回起诉,将有关材料移送公安机关 / 541

三、金融借款合同的债务人涉嫌刑事犯罪,债权人请求担保人承担民事责任的,人民法院应予受理 / 544

四、公司法定代表人涉嫌刑事犯罪,金融机构请求公司承担还款责任的,人民法院依法应予受理 / 547

五、刑事判决已经认定被告人犯骗取贷款罪并依法追缴或者责令退赔的，金融机构另行提起民事诉讼请求返还贷款的，人民法院不予受理 / 551

六、民事案件必须以相关刑事案件的审理结果为依据，而刑事案件尚未审结的，应裁定中止诉讼 / 556

七、金融借款行为涉嫌刑事犯罪，但借款合同并非当然无效 / 558

专题十四　金融不良资产诉讼与破产程序的衔接 / 563

第一节　破产程序 / 567

一、债务人不能清偿到期债务，债权人即可向法院申请破产清算；至于破产可能引发的后续问题，不能作为判断是否应当启动程序的理由，而是应当在进入破产清算程序后依法妥善处理 / 567

二、人民法院受理破产申请后，有关债务人的民事诉讼，只能向受理破产申请的人民法院提起 / 572

三、债权人已经对债务人提起的给付之诉，破产申请受后，人民法院应当继续审理；该争议不涉及破产法意义上的债务清偿，不适用停止计息的规定 / 574

四、对破产人的特定财产享有担保权的权利人，对该特定财产享有优先受偿的权利，该优先受偿权的行使不以经债权人会议决议为条件 / 578

第二节　破产典型案例 / 582

一、最高人民法院发布案例之浙江南方石化工业有限公司等三家公司破产清算案 / 582

二、最高人民法院发布案例之松晖实业（深圳）有限公司执行转破产清算案 / 584

三、2021年度全国十大破产经典案例之康美药业重整案 / 585

四、2021年度全国十大破产经典案例之北大方正集团实质合并重整案 / 587

附　录　金融不良资产处置诉讼追偿核心法规清单 / 589

专题一

金融不良资产诉讼案件的受理

综述 〉〉〉

  法院对不良债权追偿案件的受理是不良资产诉讼清收的前提，因此，受让人在购买不良债权时一定要对债权能否通过诉讼清收进行充分的尽调，防范因法院不予受理民事追偿案件而造成损失。《民事诉讼法》第一百二十二条对当事人起诉的条件进行了规定，本条也是法院判断案件是否受理的主要法律依据。鉴于不良资产案件的特殊性，为防止国有资产流失，保障国家金融不良债权处置工作的顺利进行，最高人民法院对此类案件的受理作出了专门的规范和指引，其中以 2009 年《最高人民法院关于审理涉及金融不良债权转让案件工作座谈会纪要》（以下简称《纪要》）的相关规定为主。

  本章聚焦于不良资产诉讼案件中经常遇到的案件受理相关问题，既有在不良资产诉讼中经常出现的关于民事案件受理的一般规则，也有不良资产诉讼案件特有的关于案件受理的规则，以《纪要》的相关规定为主线进行展开。本章试图通过研究最高人民法院及各级法院的有代表性的审判案例，展现法院对案件受理相关法律法规的理解和适用要点，对相关争议问题的裁判思路和尺度，为读者处理类似案件提供参考。

  本章案例一和案例二并非不良资产诉讼中的特殊性问题，但却是经常遇到的问题。案例一涉及企业法人分支机构以自己名义参加民事诉讼活动的问题。关于企业法人分支机构以自己名义参加民事诉讼活动的问题实践中基本不存在争议，但却是债务人用来拖延诉讼的主要理由之一，故本书对该问题的主要法律依据及相关问题的处理进行了总结梳理。

  案例二涉及企业改制中对企业国有资产进行行政性调整、划转中发生的纠纷案件的受理问题。关于企业改制中对企业国有资产进行行政性调整、划转中发生的纠纷案件的受理则是实践中比较复杂和争议点比较多的问题。不良债权往往发生时间久远，历经多次转手，在这个过程中，国有企业债务人也可能会发生改制、分立、合并等诸多变化，有企业自主的民事行为，也有政府及主管部门主导的行政行为，对这些行为及变化的定性对债权人债权的实现影响重大，需要重点关注。

本章案例三至案例七涉及不良资产诉讼中关于受理的特殊规定。为贯彻落实中央确定的解决金融不良债权转让过程中国有资产流失问题精神，规范不良资产诉讼案件审判实践，最高人民法院以前期已经起草比较成熟的司法政策性文件为蓝本，并根据各部门对实践中主要问题所取得的一致意见，于2009年发布了《纪要》。《纪要》对此类案件的受理进行了明确规定：凡符合民事诉讼法规定的受理条件及《纪要》有关规定精神涉及的此类案件，人民法院应予受理。《纪要》一并就实务中关于受理方面争议较多的问题作出专门规定。

案例三涉及国有企业债务人的诉权及行使的条件问题。为防止国有资产流失，《纪要》赋予了国有企业债务人以损害国有资产等为由提起不良债权转让合同无效的诉权。同时，为了防止国有企业债务人滥用诉权，引导理性诉讼，《纪要》规定了两种防止滥诉的措施，提供诉讼担保便是其中之一。

案例四涉及受让人自金融资产管理公司受让不良债权后以不良债权存在瑕疵为由起诉原国有银行的诉权问题。实践中，对于不良债权转让前已经存在的债权已超诉讼时效，或债务人已被宣告破产、主体资格有瑕疵，或部分清偿等问题，往往被认定为债权瑕疵，以此为由起诉原国有银行的，法院不予受理。

案例五涉及受让人向国有商业银行提起不当得利之诉的诉权问题。为了防止国有资产流失和维持社会稳定，《纪要》对于国有银行和国有企业债务人给予了特殊的保护，对受让人起诉原国有商业银行的案件原则上不予受理。但是规定了例外情形，即受让人在符合一定条件的情况下可以对国有商业银行提起不当得利返还之诉。

案例六涉及受让人向国家政策性关闭破产的国有企业债务人或者已列入经国务院批准的全国企业政策性关闭破产总体规划并拟实施关闭破产的国有企业债务人起诉追偿的情形，对于该种情形，《纪要》明确规定不予受理。但是，受让人对进入国家政策性关闭破产的国有企业债务人的担保人提起诉讼的，人民法院应予以受理；担保人仍应按照法律规定和合同约定承担相应的担保责任。

案例七涉及受让人向享受天然林资源保护工程政策的国有森工企业起诉追偿的情形，该类民事案件法院不予受理。实践中，需要准确把握国有森工企业不良债权的判断标准和具体范围。

一、企业法人分支机构以自己名义参加民事诉讼活动的，人民法院应予受理

——戴某英与中国信达资产管理股份有限公司广东省分公司金融不良债权追偿纠纷案

【案件来源】最高人民法院（2017）最高法民辖终335号

【争议焦点】金融资产管理公司的各地分公司是否可以自己名义参加诉讼活动？

【裁判要旨】企业法人依法设立的分支机构可以自己名义参加民事诉讼活动，金融资产管理公司各地分公司可以作为诉讼主体参加诉讼。

【基本案情】

上诉人（原审被告）：戴某英

被上诉人（原审原告）：中国信达资产管理股份有限公司广东省分公司（以下简称信达广东分公司）

原审被告：惠州仲恺创业广场发展有限公司（以下简称仲恺公司）、惠州市康旭房地产开发有限公司（以下简称康旭公司）等

信达广东分公司与仲恺公司、康旭公司签订的涉案《债务重组合同》第十条中明确约定，因本合同引起或与本合同有关的一切争议，各方均应友好协商解决；如果不能协商解决的，任何一方均有权向债权人所在地有管辖权的人民法院提起诉讼。信达广东分公司与本案原审各被告签署的系列涉及本案债权的《债务重组合同补充协议》《债务重组抵押合同》《债权收购协议》《债务重组保证合同》《股权质押合同》等，均约定有协议管辖条款。尽管相关约定具体表述不完全一致，但均指向由信达广东分公司所在地人民法院管辖。

戴某英向广东省高级人民法院提出管辖权异议，广东省高级人民法院作出（2016）粤民初62号之一民事裁定，驳回其异议。戴某英不服一审裁定，向最高人民法院提起上诉，主张信达广东分公司作为分公司没有主体资格，实际债

权人应当是中国信达资产管理股份有限公司。中国信达资产管理股份有限公司的注册地址在北京市，本案依约应由北京市有管辖权的法院管辖。

最高人民法院裁定：驳回上诉，维持原裁定。

【法院观点】

信达广东分公司与仲恺公司、康旭公司签订的涉案《债务重组合同》以及信达广东分公司与本案原审各被告签署的系列涉及本案债权的《债务重组合同补充协议》《债务重组抵押合同》《债权收购协议》《债务重组保证合同》《股权质押合同》等均约定有协议管辖条款，尽管相关约定具体表述不完全一致，但均指向由信达广东分公司所在地人民法院管辖。前述协议管辖条款的约定符合法律规定，应当作为确定本案管辖权的依据。

《民事诉讼法》第四十八条规定，公民、法人和其他组织可以作为民事诉讼的当事人。法人由其法定代表人进行诉讼。其他组织由其主要负责人进行诉讼。[①]《最高人民法院关于适用〈中华人民共和国民事诉讼法〉的解释》第五十二条规定，民事诉讼法第五十一条规定的其他组织是指合法成立、有一定的组织机构和财产，但又不具备法人资格的组织，包括依法设立并领取营业执照的法人的分支机构。

根据前述法律规定，企业法人依法设立的分支机构可以自己名义参加民事诉讼活动。戴某英所称信达广东分公司作为分公司不具有涉案合同约定的债权人身份，本案依约应由实际债权人中国信达资产管理股份有限公司住所地人民法院管辖，进而请求将本案移送北京市高级人民法院审理，于法无据，不予采信。

【实务解析】

虽然企业法人分支机构的诉讼主体资格问题实践中已经基本不存在争议，但却是债务人拖延诉讼的主要理由之一。金融资产管理公司的各地分公司可以自己名义参加诉讼活动具有明确的法律依据。早在2001年《最高人民法院关于审理涉及金融资产管理公司收购、管理、处置国有银行不良贷款形成的资产的案件适用法律若干问题的规定》就对该问题进行了明确。其中

---

① 对应2021年修正的《民事诉讼法》第五十一条。

第一条规定："金融资产管理公司办事处领取中国人民银行颁发的《金融机构营业许可证》，并向工商行政管理部门依法办理登记的，可以作为诉讼主体参加诉讼。"这是最高人民法院对金融资产管理公司办事处诉讼主体资格的专门性规定，有效解决了金融不良资产处置初期的诉讼主体问题。为切实实施民法典，保证国家法律统一正确适用，《最高人民法院关于废止部分司法解释及相关规范性文件的决定》已经于2021年1月1日将上述规定废止。但《民事诉讼法》及其司法解释均确认了企业法人分支机构的诉讼主体资格问题，金融资产管理公司各地分公司亦适用该规定，故实践中金融资产管理公司分支机构的诉讼主体资格一般不存在法律障碍。

【法条链接】

《中华人民共和国民事诉讼法》

第五十一条　公民、法人和其他组织可以作为民事诉讼的当事人。

法人由其法定代表人进行诉讼。其他组织由其主要负责人进行诉讼。

《最高人民法院关于适用〈中华人民共和国民事诉讼法〉的解释》（法释〔2022〕11号）[①]

第五十二条　民事诉讼法第五十一条规定的其他组织是指合法成立、有一定的组织机构和财产，但又不具备法人资格的组织，包括：

（一）依法登记领取营业执照的个人独资企业；

（二）依法登记领取营业执照的合伙企业；

（三）依法登记领取我国营业执照的中外合作经营企业、外资企业；

（四）依法成立的社会团体的分支机构、代表机构；

（五）依法设立并领取营业执照的法人的分支机构；

（六）依法设立并领取营业执照的商业银行、政策性银行和非银行金融机构的分支机构；

（七）经依法登记领取营业执照的乡镇企业、街道企业；

（八）其他符合本条规定条件的组织。

---

① 本书"法条链接"中司法解释文件标注的文号，一般为发文文号，如果文件被修正过，则标注最近一次修正文件的文号。

二、当事人对双方之间的债权债务关系有争议，而不是对政府主管部门的行政划拨行为本身有争议的，属于法院民事诉讼的受案范围

——河南投资集团有限公司与中国昊华化工（集团）总公司债权、债务转移协议纠纷案

【案件来源】最高人民法院（2012）民二终字第36号

【争议焦点】当事人对双方之间的债权债务关系有争议，而不是对政府主管部门的行政划拨行为本身有争议的，是否属于法院民事诉讼的受案范围？案涉《兼并协议书》及《债权、债务转移协议书》是否有效？

【裁判要旨】当事人对双方之间的债权债务关系有争议，而非对政府主管部门的行政划拨行为本身的争议，属于法院民事诉讼的受案范围。

【基本案情】

上诉人（原审被告）：中国昊华化工（集团）总公司（以下简称昊华公司）

被上诉人（原审原告）：河南投资集团有限公司

1999年3月10日，昊华公司与洛阳氮肥厂签订《兼并协议书》，该《兼并协议书》约定：（1）昊华公司兼并洛阳氮肥厂，实施兼并后，洛阳氮肥厂的资产归昊华公司所有；（2）兼并方式为昊华公司以承担债权债务的方式兼并洛阳氮肥厂；（3）在兼并过程中，洛阳氮肥厂向洛阳市政府报告并得到洛阳市政府和有关部门的同意，兼并方案由洛阳市经贸委负责向上申报；（4）协议签订后，双方应按照兼并工作的具体要求和工作程序，在各自职责范围内积极开展工作。当日，双方又签订了一份《补充协议》，该《补充协议》约定：昊华公司兼并洛阳氮肥厂以洛阳氮肥厂上报的兼并方案能够列入国家兼并盘子、享受到国家规定的兼并优惠政策为前提，否则，双方签订的《兼并协议书》及与兼并相关的其他法律文件无效。

1999年3月19日，洛阳市人民政府以洛政批〔1999〕7号文件批准《兼并协议书》。1999年9月20日，全国企业兼并破产和职工再就业工作领导小组下发〔1999〕12号文件，将该项目作为1999年第二批全国企业兼并破产项目予以核准。

1999年10月24日，洛阳市经贸委召集工商、财政、国资局等八家单位

召开了有关昊华公司兼并洛阳氮肥厂的工作协调会。会议纪要载明:"由于昊华公司对洛阳氮肥厂欠市工商银行、建设银行的贷款本金、世行贷款未还部分承担担保责任,因此洛阳市国资局暂按全国企业兼并破产和职工再就业工作领导小组〔1999〕12号文件拟定免除的8252万元利息同等数额的资产划拨给昊华公司作为股本金投入,待优惠政策落实后,在资产落实的基础上,再对股权进行重新设置。"

1999年11月16日,洛阳市国有资产管理局下发〔1999〕18号关于洛阳氮肥厂资产划拨的批复,同意将洛阳氮肥厂资产8252万元划拨给昊华公司。此后,昊华公司和洛阳市财政局技改资金管理处等出资设立洛阳中昊化学工业有限公司(以下简称中昊公司)。1999年11月8日,洛阳氮肥厂将16,745万余元净值资产移交给中昊公司。1999年11月23日,中昊公司在洛阳市工商局注册登记成立,并领取了营业执照。昊华公司和洛阳氮肥厂对兼并改制的资产划转问题,未在兼并前向各自主管财政机关上报备案,涉及有关财务事项也未报有关财务主管机关审批。昊华公司负责办理国资局有关登记手续,但未能取得有关部门的同意和划转。

1999年12月2日,中国建设银行洛阳分行车站支行(以下简称建行车站支行)与洛阳氮肥厂、昊华公司签订了《债权、债务转移协议书》,该《债权、债务转移协议书》约定:(1)昊华公司同意接收洛阳氮肥厂原欠建行车站支行的借款本金3300万元,负责履行还款义务,建行车站支行对洛阳氮肥厂不再具有对上述债权的追索权。(2)建行车站支行根据国务院有关规定,同意免除洛阳氮肥厂原欠建行车站支行截止到1999年12月21日的贷款利息4475万元,并同意对昊华公司接收的贷款在计划还款期内免收利息。(3)本协议项下的借款本金和利息及实现债权的费用由中昊公司向建行车站支行提供保证。(4)本协议经各方法定代表人或授权代理人签字并加盖公章后随《兼并协议书》的正式生效而生效;本协议未尽事宜,遵照国家有关法律、法规办理。同日,建行车站支行向昊华公司发出债权转让通知,将借款本金3300万元的债权转让给中国信达资产管理公司郑州办事处(以下简称信达郑州办)。1999年12月24日,建行车站支行与信达郑州办签订了《债权转让协议》,约定:将昊华公司接收的债务本金3300万元及表内应收利息6,725,282.95元转让给信达郑州办。2002年7月20日,信达郑州办向昊华公司发出催收贷款本息通知书。2002年

8月20日，昊华公司向信达郑州办回函，表示收到该催收通知。2004年4月25日，中昊公司宣告破产终结，信达郑州办的该笔担保债权未得到清偿。

2005年10月11日，国务院国有资产管理委员会（以下简称国资委）作出《关于征求撤销昊华公司兼并洛阳氮肥厂兼并项目意见的函》，该函载明："财政部企业司、银监会政策法规部、河南省国资委：现将中国化工集团公司向全国企业兼并破产和职工再就业工作领导小组报送的关于撤销昊华公司兼并洛阳氮肥厂兼并项目的请示转去，请研究提出意见，并函告我局。"2005年10月27日，洛阳市国资委向河南省国资局发出《关于对撤销昊华公司兼并洛阳氮肥厂兼并项目意见的报告》，报告载明："鉴于昊华公司与洛阳氮肥厂兼并并没有实施到位，我委同意撤销昊华公司兼并洛阳氮肥厂的兼并项目。"2005年11月13日，河南省国资委向国务院国资委作出〔2005〕81号《关于撤销昊华公司兼并洛阳氮肥厂项目意见的复函》，该函载明：同意洛阳市关于撤销昊华公司兼并洛阳氮肥厂项目的有关意见。

2008年12月16日，信达郑州办与河南投资公司签订《债权转让合同》，约定信达郑州办将本案债权转让给河南投资公司，并于2008年12月30日在《大河报》公告通知了债务人和担保人。2010年8月18日，信达郑州办更名为中国信达资产管理股份有限公司河南分公司（以下简称信达河南公司）。

2010年9月27日，河南投资公司向河南省洛阳市中级人民法院提起本案诉讼，请求：（1）判令昊华公司立即偿还河南投资公司借款本金3179万元及利息；（2）诉讼费由昊华公司承担。该院受理后，昊华公司在提交答辩状期间提出管辖权异议，该院于2011年3月17日作出（2010）洛民四初字第23-2号民事裁定，裁定将本案移送河南省高级人民法院处理。

河南省高级人民法院经审理认为：（1）本案属于人民法院受案范围。（2）昊华公司与建行车站支行及洛阳氮肥厂签订的《债权、债务转移协议书》已生效。根据该协议的约定，其生效条件为《兼并协议书》生效。现《兼并协议书》已生效，理由是：其一，兼并合同已实际履行，昊华公司以划拨的8252万元资产作为出资，与其他出资人共同设立了中昊公司；其二，昊华公司得到了相关政策优惠，并实际参与了中昊公司的经营管理；其三，行政规章不能作为认定合同无效的依据。（3）昊华公司应支付河南投资公司欠款本金3179万元及利息。故判决：一、昊华公司于判决生效后十日内支付河南投资公司欠款本金 3179 万元及利息（利息按中国人民银行公布的同期贷款利率计算，从 1999 年 12 月 21 日计至该判决限定的付款之日，其中 1999 年 12 月 21 日至 2005 年 12 月 20 日的利息以 23,220,587.51 元为限）；二、驳回河南投资公司的其他诉讼请求。案件受理费 316,852 元，由昊华公司承担。

昊华公司不服一审法院上述民事判决，向最高人民法院提起上诉称：第一，本案不属于人民法院受理范围。昊华公司对洛阳氮肥厂的兼并是由政府领导并组织实施的政策性兼并，并非普通的民事合同。本案所依据的《债权、债务转移协议书》是为实施此次兼并而签署的其中一份协议，实质上亦属于因政府主管部门国有资产的行政调整、划转行为而产生的纠纷。根据《最高人民法院关于因政府调整划转企业国有资产引起的纠纷是否受理问题的批复》（法复〔1996〕4 号，已失效）第一条、《最高人民法院关于审理与企业改制相关的民事纠纷案件若干问题的规定》（法释〔2003〕1 号，已修正）第三条的规定，人民法院对本案无管辖权。第二，《债权、债务转移协议书》未生效。第三，河南投资公司对昊华公司不享有任何债权。第四，一审判决关于利息的计算方法及计算期间的认定违反了相关法律规定和本案合同约定。第五，原审法院判决违反公平原则。故请求撤销一审判决，驳回河南投资公司的所有诉讼请求。

最高人民法院经审理后判决：一、变更一审民事判决主文第一项为：中国昊华化工（集团）总公司于本判决生效后十日内支付河南投资集团有限公司欠款本金 3179 万元及利息（按中国人民银行公布的同期贷款利率计算，计息期间从 1999 年 12 月 21 日至 2008 年 12 月 16 日，其中 1999 年 12 月 21 日至 2005 年 12 月 20 日的利息以 23,220,587.51 元为限）；二、驳回河南投资集团有限公司的其他诉讼请求。

【法院观点】

1.本案是否属于人民法院受理范围。1996 年《最高人民法院关于因政府调整划转企业国有资产引起的纠纷是否受理问题的批复》（已失效）第一条及 2003 年《最高人民法院关于审理与企业改制相关的民事纠纷案件若干问题的规定》第三条所规定的人民法院对政府主管部门在对企业国有资产进行行政性调整、划转过程中发生的纠纷提起的民事诉讼不予受理，是指当事人对行政划拨行为有异议的，应该通过行政诉讼程序而不应通过民事诉讼程序解决。本案当事人对双方之间的债权债务关系有争议,而不是对政府主管部门的行政划拨行为本身有争议,该债权债务关系属于民事权利义务关系,故属于人民法院民事诉讼的受案范围。

2.《兼并协议书》及《债权、债务转移协议书》的效力问题。根据《兼并协议书》的《补充协议》之约定,《兼并协议书》及与兼并相关的其他法律文件的生效应以洛阳氮肥厂上报的兼并方案"能够列入国家兼并盘子、享受到国家规定的兼并优惠政策为前提",即《兼并协议书》以该兼并方案能列入国家兼并计划并享受到国家规定的优惠政策为生效条件。鉴于全国企业兼并破产和职工再就业领导小组在1999年9月20日下发的〔1999〕12号文件中已将该项目作为1999年第二批全国企业兼并破产项目予以核准、洛阳氮肥厂已享受了免于偿还8252万元贷款利息的优惠、昊华公司已无偿获得了根据兼并协议新设的中昊公司的股权,可以认定《兼并协议书》约定的生效条件均已成就。

1999年3月19日,洛阳市人民政府以洛政批〔1999〕7号文批复同意昊华公司对洛阳氮肥厂实施兼并;1999年9月20日,全国企业兼并破产和职工再就业工作领导小组以〔1999〕12号文批准该兼并项目,故该《兼并协议书》业已经过政府主管部门审批,符合《最高人民法院关于审理与企业改制相关的民事纠纷案件若干问题的规定》第三十条的规定。财政部《企业兼并有关财务问题的暂行规定》(已失效)及《关于企业国有资产办理无偿划转手续的规定》均属于行政规章,根据《最高人民法院关于适用〈中华人民共和国合同法〉若干问题的解释(一)》(已失效)第四条、第九条的规定,其不应作为确认本案合同效力的依据。且就此两项规定的内容而言,其所规定的对有关财务手续、资产划拨手续的报批备案,均属于《兼并协议书》的履行行为,而不属于《兼并协议书》的生效要件。昊华公司以相关行政规章为依据,主张《兼并协议书》未生效的上诉理由,法院不予支持。

《兼并协议书》签订后,洛阳市国资局下发了〔1999〕18号批复,同意将洛阳氮肥厂的资产8252万元划拨给昊华公司。1999年11月23日,洛阳中昊公司登记成立,其中,昊华公司以该8252万元资产作为出资,持股54%。据此,昊华公司已实际接收了8252万元资产,但该部分资产并非从洛阳氮肥厂直接转入昊华公司,而是以昊华公司出资的形式投到了中昊公司,昊华公司对此8252万元资产的权益转化为持有中昊公司8252万元资本金所对应的股权。中昊公司成立后,其董事长系昊华公司委派,代表中昊公司接收洛阳氮肥厂

167,453,945 元实物净资产的赵某亦得到昊华公司的委派，担任中昊公司董事，昊华公司在中昊公司的历次股东会决议上签章，故昊华公司委派的人员实际参与了中昊公司的经营管理，行使了股东权利。据此可认定，《兼并协议书》已经实际履行。2004 年 4 月 25 日，中昊公司已被裁定破产终结，现昊华公司以《兼并协议书》并未生效、未实际履行为由，主张不予承担涉案债务，有失公平。

国资委企业改组局 2012 年 2 月 29 日出具的《关于征求撤销昊华公司兼并洛阳氮肥厂兼并项目意见的函》系就中国化工集团公司关于撤销洛阳氮肥厂兼并项目的请示向财政部企业司、银监会法规部征求意见，并未表明国务院国资委自身的意见；财政部企业司就此函复同意撤销该兼并项目系以"此项目并未真正实施"且"双方同意不再实施"为基础。但经法院审查，双方争议的兼并项目已实际实施，并且相对方未主张不再实施，故该函不应作为认定《兼并协议书》未生效的依据。此外，上述两份函件系国资委、财政部内设机构的往来公文，其效力层级较低；况且，即使该兼并项目被撤销，也并不必然产生《兼并协议书》未生效的法律效果。故昊华公司以上述两份公文证明兼并项目并未实施的主张，事实依据不足，法院不予支持。

综上，昊华公司与建行车站分行、洛阳氮肥厂于 1999 年 12 月 2 日签订的《债权、债务转移协议书》主体合格，意思表示真实，亦不违反法律、法规的强制性规定，为合法有效的合同。该合同以《兼并协议书》的生效为生效条件，因《兼并协议书》已经生效，故该合同业已生效。

【实务解析】

企业改制问题并非不良资产诉讼中的特殊问题，但却是经常遇到的争议情形，因此，有必要对此种情形下法院受理案件的规定进行明确。企业改制是政府及其所属主管部门或者企业自主对企业的产权制度、治理制度等进行的改革。按主导改制的主体不同，可将其分为政府及其所属主管部门主导的企业改制和企业自主改制。[①]

[①] 魏剑、尹宏桂：《改制企业与劳动者的确认劳动关系纠纷属民事诉讼受案范围——以谭艮生诉明达公司、石柱县制鞋厂确认劳动关系纠纷案为例》，载《法律适用·司法案例》2020 年第 6 期。

对于政府及其主管部门主导的企业改制，根据《最高人民法院关于审理与企业改制相关的民事纠纷案件若干问题的规定》第三条规定，政府主管部门在对企业国有资产进行行政性调整、划转过程中发生的纠纷，当事人向人民法院提起民事诉讼的，人民法院不予受理。政府主管部门主导进行企业改制是履行其行政管理职能，政府主管部门在进行企业改制过程中作出的有关企业改制的决定、命令、决议等行为均是行政行为，与改制行政行为存在利害关系的利害关系人产生的是行政法律关系。当事人对行政调整、划转行为本身有异议的情形，应该通过行政诉讼程序而不应通过民事诉讼程序解决。应当注意的是，政府主管部门在对企业国有资产进行行政性调整、划转过程中发生的纠纷，仅指当事人对行政调整、划转行为本身有异议的情形。实践中，有些纠纷虽然看上去与企业改制有关，但实际上是在企业改制已完成的情况下发生的，或者争议事实虽然发源于企业改制，但法律关系及权利义务与企业改制无关的，此类纠纷如符合民事诉讼法规定的起诉条件的，人民法院应当予以受理。

对于企业自主改制，即平等民事主体间在企业产权制度改造中发生的民事纠纷，则属于人民法院民事案件的受理范围。根据《最高人民法院关于审理与企业改制相关的民事纠纷案件若干问题的规定》第一条规定，主要包括以下纠纷类型：（1）企业公司制改造中发生的民事纠纷；（2）企业股份合作制改造中发生的民事纠纷；（3）企业分立中发生的民事纠纷；（4）企业债权转股权纠纷；（5）企业出售合同纠纷；（6）企业兼并合同纠纷；（7）与企业改制相关的其他民事纠纷。

【法条链接】

《最高人民法院关于审理与企业改制相关的民事纠纷案件若干问题的规定》（法释〔2020〕18号）

第三条　政府主管部门在对企业国有资产进行行政性调整、划转过程中发生的纠纷，当事人向人民法院提起民事诉讼的，人民法院不予受理。

第三十条　企业兼并协议自当事人签字盖章之日起生效。需经政府主管部门批准的，兼并协议自批准之日起生效；未经批准的，企业兼并协议不生效。但当事人在一审法庭辩论终结前补办报批手续的，人民法院应当确认该兼并协议有效。

三、国有企业债务人提起不良债权转让合同无效之诉，必须提供相应的担保，否则人民法院不予受理

——海南省石碌钢铁厂与中国华融资产管理股份有限公司海南省分公司等债权转让合同纠纷案

【案件来源】最高人民法院（2014）民二终字第172号

【争议焦点】国有企业债务人提起不良债权转让合同无效之诉，没有提供相应担保的，人民法院是否受理？

【裁判要旨】国有企业债务人提起不良债权转让合同无效之诉，必须提供相应的担保，否则人民法院不予受理。

【基本案情】

上诉人（一审原告）：海南省石碌钢铁厂（以下简称石碌钢铁厂）

被上诉人（一审被告）：中国华融资产管理股份有限公司海南省分公司（以下简称华融海南分公司）、海南恒古实业投资有限公司（以下简称恒古公司）、海南西洋镍铁合金有限公司（以下简称西洋公司）、海南中稷大堡高镍材料有限公司（以下简称中稷大堡公司）

2000年5月23日，中国工商银行海南省分行与原中国华融资产管理公司海口办事处（现华融海南分公司，以下简称华融海口办）签订《债权转让协议》，将其对石碌钢铁厂的借款债权本金48,550,000元、利息44,806,515.15元，共计人民币93,356,515.15元转让给华融海口办。2003年7月8日，华融海口办与恒古公司签订《债权转让合同》，约定将其对石碌钢铁厂的债权本金48,550,000元、利息43,080,097.57元，共计人民币91,630,097.57元以200万元价格转让给恒古公司。2006年4月24日和4月27日，恒古公司与西洋公司（原海南裕莱钢铁有限公司）签订《债权及其他权益转让合同》和《附件》，将其对石碌钢铁厂超过1.3亿元的债权及投资权益以700万元价格转让给西洋公司。2007年10月30日，恒古公司在报纸上刊登公告，解除其与西洋公司的合同。2007年11月9日，恒古公司与中稷大堡公司签订《债权及相关债权权益转让协议》，约定将其对石碌钢铁厂约1.5亿元的债权以人民币700万元价格转让给中稷大堡公司。

石碌钢铁厂认为，华融海南分公司以 200 万元的价格向恒古公司转让其对石碌钢铁厂 93,356,515.15 元债权的行为，违反了《合同法》以及《纪要》精神，应属无效，前手转让无效导致后手转让也无效，故起诉请求法院判决：（1）确认华融海南分公司与恒古公司于 2003 年 7 月 8 日签订的《债权转让合同》无效；（2）确认恒古公司与西洋公司于 2006 年 4 月 24 日签订的《债权及其他权益转让合同》、2006 年 4 月 27 日签订的《附件》无效；（3）确认恒古公司与中稷大堡公司于 2007 年 11 月 9 日签订的《债权及相关债权权益转让协议》无效；（4）判令本案的诉讼费用由四被告承担。

海南省高级人民法院以石碌钢铁厂提起本案不良债权转让合同无效之诉未提供担保为由，裁定：驳回海南省石碌钢铁厂的起诉。石碌钢铁厂不服一审民事裁定，向最高人民法院提出上诉，请求撤销一审裁定。最高人民法院审理后裁定：驳回上诉，维持原裁定。

【法院观点】

为了依法审理涉及金融不良债权转让案件，防止国有资产流失，保障金融不良债权处置工作的顺利进行，最高人民法院 2009 年发布了《纪要》。《纪要》明确了国有企业债务人以损害国有资产为由提起不良债权转让合同无效的诉权。同时，为防止滥诉，该纪要规定国有企业债务人提起不良债权转让合同无效之诉，必须提供相应的担保，否则人民法院不予受理。石碌钢铁厂在一审法院依法告知其应提供担保的情况下仍未提供担保，一审法院裁定驳回起诉并无不当。

【实务解析】

根据民法基本原理，在债权转让中，债权人仅对债务人负有法律规定的通知义务，而债务人对于转让合同的效力不应享有诉权。为防止国有资产流失，《纪要》赋予了国有企业债务人以损害国有资产等为由提起不良债权转让合同无效的诉权。同时，为了防止国有企业债务人滥用诉权，引导理性诉讼，《纪要》规定了两种防止滥诉的措施：其一，增加诉讼成本。在国有企业债务人通过抗辩的方式提出不良债权转让合同无效时，人民法院应当进行释明，告知其以金融资产管理公司和受让人为被告向同一人民法院另行提起转让合同无效之诉。债务人不另行起诉的，人民法院对其抗辩不予支持。其二，提供诉讼担保。国有企业债务人在提起不良债权转让合同无效之诉中必须提供相应的担保，否则人民法院不予受理。[①]本案中，一审法院立案后通知石碌钢铁厂在15日内提供担保，逾期不提供相应担保则视为没有担保，但石碌钢铁厂在指定的期限内仍未提供相应担保，法院据此驳回石碌钢铁厂的起诉，符合《纪要》的精神。

此外，《纪要》对国有企业债务人另行提起不良债权转让合同无效诉讼后的程序问题进行了明确。第一，为便于查明事实，一次性解决纠纷，不良债权转让合同诉讼与追偿之诉应合并审理。《纪要》规定：人民法院应中止审理受让人向国有企业债务人主张债权的诉讼，在不良债权转让合同无效诉讼被受理后，两案合并审理。国有企业债务人在二审期间另行提起不良债权转让合同无效诉讼的，人民法院应中止审理受让人向国有企业债务人主张债权的诉讼，在不良债权转让合同无效诉讼被受理且作出一审裁判后再行审理。第二，关于当事人列置问题，《纪要》规定，国有企业债务人提出的不良债权转让合同无效诉讼被受理后，对于受让人的债权系直接从金融资产管理公司处受让的，人民法院应当将金融资产管理公司和受让人列为案件当事人；如果受让人的债权系金融资产管理公司转让给其他受让人后，因该受让人再次转让或多次转让而取得的，人民法院应当将金融资产管理公司和该转让人以及后手受让人列为案件当事人。根据最高人民法院对《纪要》的理解与适用观点，金融资产管理公司和受让人应当作为共同被告参加诉讼，而不是第三人。

【法条链接】

《最高人民法院关于审理涉及金融不良债权转让案件工作座谈会纪要》（法发〔2009〕19号）

二、关于案件的受理

……

案件存在下列情形之一的，人民法院不予受理：

……

[①] 高民尚：《〈关于审理涉及金融不良债权转让案件工作座谈会纪要〉的理解与适用》，载《人民司法（应用）》2009年第9期。

（七）在不良债权转让合同无效之诉中，国有企业债务人不能提供相应担保或者优先购买权人放弃优先购买权的。

四、受让人自金融资产管理公司受让不良债权后，以不良债权中存在瑕疵为由起诉原国有银行的，人民法院不予受理

——中国建设银行新野支行与贺某玉金融不良债权转让合同纠纷案

【案件来源】河南省南阳市中级人民法院（2013）南民一终字第232号

【争议焦点】受让人自金融资产管理公司受让不良债权后，以不良债权转让前已经部分清偿为由起诉原国有银行的，人民法院是否应受理？

【裁判要旨】受让人自金融资产管理公司受让不良债权后，以不良债权中存在瑕疵为由起诉原国有银行的，人民法院不予受理。

【基本案情】

上诉人（原审被告）：中国建设银行股份有限公司新野支行

被上诉人（原审原告）：贺某玉

1992年9月3日，新野县二轻工业局与原中国建设银行新野县支行（现为中国建设银行股份有限公司新野支行）签订借款合同，内容如下："建设银行贷给新野县二轻工业局100,000元，月息0.792%，期限4个月，用于流动资金，担保单位塑料制品厂。"合同经新野县公证处公证后，原中国建设银行新野县支行以转账形式付给新野县二轻工业局100,000元。贷款逾期后，新野县二轻工业局以资金困难为由不予偿还，塑料制品厂也拒绝代为偿还。为此原中国建设银行新野县支行向法院起诉，请求新野县二轻工业局和塑料制品厂偿还借款本金100,000元及利息。法院经审理后作出（1994）新经初字第496号经济判决书，判令：被告新野县二轻工业局于判决生效后十日内偿还原告建设银行贷款100,000元，并从1992年9月3日起按中国人民银行计息规定计付至还款之日止。被告塑料制品厂负连带偿还责任。判决生效后，新野县二轻工业局和塑料制品厂未履行还款义务，原中国建设银行新野县支行于1995年11月30日向法院申请执行。2002年3月30日，新野县机构改革，不再保留新野县二轻工业局。法院于2002年4月10日以新野县二轻工业局无财产可供执行，新野县塑料厂已破产，裁定本案终结执行（实际引用法条应为"中止

执行")。2003年3月18日，新野县城镇集体工业联社卖办公楼后还原中国建设银行新野县支行本息80,000元，不足部分原中国建设银行新野县支行放弃。原中国建设银行新野县支行并未将受偿的80,000元作偿还贷款处理。2004年6月15日，中国建设银行河南省分行将新野县二轻工业局借原中国建设银行新野县支行本金100,000元及产生全部利息140,549.59元转让给中国信达资产管理公司郑州办事处。2006年8月17日，原中国建设银行新野县支行出具证明1份，内容：新野县二轻工业局于1992年9月3日在我行贷款100,000元后没有偿还，该局经县政府同意整体出售办公楼，由县政府召集包括我行在内的有关债权人会议。我行鲁子然同志参加。该办公楼卖掉后，我行收到了连本带利的80,000元，以后便不再追究了。2008年12月16日，中国信达资产管理公司郑州办事处又将该笔债权本息264,600元转让给河南投资集团有限公司。2010年8月13日，河南投资集团有限公司将该笔债权本息264,554.9元转让给贺某玉。贺某玉获得该笔债权后，即向新野县人民法院申请变更其为申请执行人，向债务人新野县城镇集体工业联社（原新野县二轻工业局）进行追偿。在执行过程中，新野县城镇集体工业联社提交原中国建设银行新野县支行于2006年8月17日出具的证明和2003年3月27日出具的现金交款单，法院遂于2011年10月9日作出民事裁定书，内容："经查，原新野县二轻工业局偿还中国建设银行股份有限公司新野支行（原中国建设银行新野县支行）80,000元后，双方已不存在债权债务关系。贺某玉作为中国建设银行股份有限公司新野支行最终权利义务承受人，申请执行原新野县二轻工业局借款100,000元及利息已无实际执行内容，产生的不当得利返还请求权由贺某玉行使"，该案终结执行。贺某玉于2012年元月19日诉至新野县人民法院，请求判令中国建设银行股份有限公司新野支行返还264,554.9元。

新野县人民法院判决：中国建设银行股份有限公司新野支行于本判决生效后十日内返还贺某玉不当得利款80,000元。

中国建设银行股份有限公司新野支行不服一审判决，向河南省南阳市中级人民法院提起上诉称：本案涉及金融不良债权转让，依2009年3月30日《纪要》（法发〔2009〕19号）"受让人自金融资产管理公司受让不良债权后，以不良债权存在瑕疵为由起诉原国有银行的，人民法院不予受理"之规定，应驳回贺某玉的起诉。

二审法院经审理，裁定如下：一、撤销一审民事判决。二、驳回原审原告贺某玉的起诉。

【法院观点】

金融不良债权转让是国有商业银行依据国家政策将不良贷款等转让给金融资产管理公司，资产管理公司又将债权转让给受让人的行为。通常不良债权中存在如债权已超诉讼时效，或债务人已被宣布破产、主体资格有瑕疵，或债权非基于市场原因产生、其发生根据的瑕疵等。不良债权转让中，受让人通常以低价获得高额债权，对不良债权中存在风险和瑕疵受让人是明知并自愿承担的。若债权得不到实现，受让人又以瑕疵为由起诉原国有银行的，则违反合同中关于风险自负的约定和合同相对性原理，法院不应受理。《纪要》对此也明确规定"受让人自金融资产管理公司受让不良债权后，以不良债权存在瑕疵为由起诉原国有银行的，人民法院不予受理"。本案中，2003 年原债务人新野县城镇集体工业联社（原新野县二轻工业局）偿还原中国建设银行新野县支行贷款、利息 8 万元，后新野支行将该笔贷款作为不良债权转让给金融资产管理公司，金融资产管理公司又将该债权二次转让给贺某玉。现贺某玉以不良债权剥离前原债务人已向原债权人清偿、不良债权存在瑕疵为由，向新野县人民法院提起诉讼。由于贺某玉与本案被告无直接合同关系，且在与资产管理公司的合同中约定风险自负，故原告的起诉缺乏事实根据和法律根据。依据最高人民法院工作座谈会纪要的精神，人民法院不应受理此案。

【实务解析】

国家剥离不良债权的战略目的在于提高国有商业银行的国际竞争力和最大限度保障国有商业银行的安全，因此，对受让人的诉权进行了一定的限制。《纪要》第二条规定，受让人自金融资产管理公司受让不良债权后，以不良债权存在瑕疵为由起诉原国有银行的，人民法院不予受理。

为平衡国有商业银行利益保护及受让人权利救济，《纪要》规定了受让人可以对原国有商业银行获得不当得利时提起诉讼的例外情形，即"不良债权已经剥离至金融资产管理公司又被转让给受让人后，国有企业债务人知道或者应当知道不良债权已经转让而仍向原国有银行清偿的，不得对抗受让人对其提起的追索之诉，国有企业债务人在对受让人清偿后向原国有银行提起返还不当得利之诉的，人民法院应予受理；国有企业债务人不知道不良债权已经转让而向原国有银行清偿的，可以对抗受让人对其提起的追索之诉，受让人向国有银行提起返还不当得利之诉的，人民法院应予受理"。根据上述规定，对商业银行提起不当得利之诉的情形必须符合"先转让、后受偿"的条件，即原国有银行将债权转让之后又从债务人处获得已转让债权受偿。对于实践中存在的"先受偿、后转让"的情形，即国有银行在转让前已经就不良债权获得部分或全部清偿的，受让人以不良债权存在瑕疵为由起诉原国有银行的，人民法院一般不予受理；受让人以此为由起诉原国有银行返还不当得利的，也往往因与原国有银行没有直接利害关系，不符合《纪要》规定的主张不当得利的条件而被驳回起诉。因此，受让人在购买不良债权时一定要做好尽职调查，规避相应法律风险。

【法条链接】

《最高人民法院关于审理涉及金融不良债权转让案件工作座谈会纪要》（法发〔2009〕19号）

二、关于案件的受理

……

案件存在下列情形之一的，人民法院不予受理：

……

（五）受让人自金融资产管理公司受让不良债权后，以不良债权存在瑕疵为由起诉原国有银行的；

……

五、金融不良债权转让后，债务人恶意向原国有银行清偿债务，受让人诉请原国有银行返还不当得利的，人民法院应当受理

——中国信达资产管理公司济南办事处与中国银行股份有限公司淄博市周村支行金融债权转让合同纠纷案

【案件来源】《商事审判指导》2010年第1辑[①]

【争议焦点】金融不良债权转让后，债务人恶意向原国有银行清偿债务的，

---

① 最高人民法院民事审判第二庭编：《商事审判指导》，人民法院出版社2010年版。

受让人可否向原国有银行请求返还不当得利?

【裁判要旨】因原债权银行转让债权后仍接受债务人清偿而产生的不当得利返还纠纷,只要该起诉符合民事诉讼法规定的起诉条件,且受让人先前已通过诉讼或仲裁方式向债务人主张债权但却无法获得受偿的,人民法院应予受理。

【基本案情】

申请再审人(一审原告、二审被上诉人):中国信达资产管理公司济南办事处(以下简称信达济南办)

被申请人(一审被告、二审上诉人):中国银行股份有限公司淄博市周村支行(以下简称周村支行)

2004年6月,财政部、人民银行、银监会组织招标工作组就中国银行1485.5亿元可疑类贷款债权转让事宜向各资产管理公司招标,中国信达资产管理公司最终中标。2004年6月25日,中国银行与中国信达资产管理公司根据招标文件及中标通知书的相关内容签订《可疑类贷款转让框架协议》,约定:中国银行将金额为人民币1485.5亿元的债权本金(可疑类贷款)及相关利息转让给中国信达资产管理公司,中国信达资产管理公司向中国银行支付737.07亿元人民币作为对价。

根据上述《可疑类贷款转让框架协议》,信达济南办与周村支行签订《债权转让协议》,周村支行将其对山东天力丝绸有限公司(以下简称天力公司)的五笔债权转让给信达济南办,转让债权划转时点为2003年12月31日,从2003年12月31日之后回收的本息归信达济南办所有。

信达济南办在2006年5月向天力公司催收债权过程中获悉,周村支行已于2004年5月8日将与天力公司借款合同纠纷提交淄博仲裁委仲裁,并于2004年5月21日依据淄博仲裁委(2004)119号裁决书向淄博市中级人民法院申请强制执行,于2004年7月收到执行回款7445万元。信达济南办认为该7445万元中包含已转让给信达济南办的五笔债权所对应的抵押物变现回收款项4134.4744万元,遂与周村支行协商归还回收款未果。2008年1月22日,信达济南办向济南铁路运输中级法院(以下简称济铁中院)提起诉讼,请求法院判令周村支行向其支付上述债权变现回收款项4134.4744万元并支付逾期滞纳金。

济铁中院受理该案后，周村支行在答辩期间提出管辖权异议，认为该案系因《债权转让协议》产生纠纷，且争议标的是5000多万元，济铁中院无权受理，应移送山东高院审理；根据《最高人民法院关于人民法院是否受理金融资产管理公司与国有商业银行就政策性金融资产转让协议发生的纠纷问题的答复》（以下简称25号《答复》）规定，信达济南办的起诉不属于人民法院受理案件的范围，请求依法驳回起诉。济铁中院认为，根据《最高人民法院关于铁路运输法院对经济纠纷管辖范围的规定》第十二条的规定，该案属于上级人民法院指定受理的纠纷；该案是否为因政策性金融资产转让而发生的纠纷，应在实体审理中处理。故裁定：驳回周村支行的管辖权异议。

周村支行不服济铁中院裁定，向山东省高级人民法院提起上诉，理由同上。山东高院认为，根据25号《答复》，该案不属于人民法院受理范围，一审法院受理不当，应予以纠正。因此，裁定驳回信达济南办的起诉。

2009年8月4日，信达济南办向最高人民法院申请再审，请求撤销原二审裁定，并裁定人民法院依法受理该案。最高人民法院裁定：一、本案指令山东省高级人民法院再审；二、再审期间，中止原裁定的执行。

【法院观点】

1. 本案是否适用《纪要》问题。《纪要》第二条第二款规定，在《纪要》发布前已经终审或者根据《纪要》作出终审的，当事人根据《纪要》认为生效裁判存在错误而申请再审的，人民法院不予支持。本案终审裁定于2008年9月9日作出，而《纪要》于2009年4月发布，故本案不应适用《纪要》。

2. 本案是否适用25号《答复》问题。25号《答复》是最高人民法院于2005年6月17日对湖北省高级人民法院鄂高法（2004）378号《关于中国农业银行武汉市汉口支行与中国长城资产管理公司武汉办事处债权转让合同纠纷上诉案法律适用问题的请示》所作的答复。25号《答复》的内容为："金融资产管理公司接收国有商业银行的不良资产是国家根据有关政策实施的，具有政府指令划转国有资产的性质。金融资产管理公司与国有商业银行就政策性金融资产转让协议发生纠纷起诉到人民法院的，人民法院不予受理。"25号《答复》明确规定其适用范围是就"政策性金融资产转让协议"发生的纠纷。本案中，信达济南办与周村支行对金融资产转让协议并无争议，转让双方也不是因金融资产转让协议本身而产生纠纷,双方争议的实体问题仅为周村支行是否从天力公司获得不当得利,不属于25号《答复》适用的范围。这种因原债权银行转让债权后仍接受债务人清偿而产生的不当得利返还纠纷,只要该起诉符合《民事诉讼法》规定的起诉条件,且受让人先前已通过诉讼或仲裁方式向债务人主张债权但却无法获得受偿的,人民法院应予受理。

从信达济南办与周村支行之间的金融债权转让性质上看,亦不应适用25号《答复》。25号《答复》适用的特定对象仅限于政策性金融资产转让,因为其属于政府指令划转国有资产行为,由此产生的纠纷应由政府协调解决,不属于人民法院受理民商事案件的范畴,人民法院不应受理。但本案中,信达济南办与周村支行之间的金融债权转让在资产处置指导思想、处置方式、成本核算等方面都与政策性金融资产转让不同。信达济南办与周村支行以《中国银行、中国建设银行改制过程中可疑类贷款处置管理办法》(已失效)等相关规定为依据。该办法第三条明确规定:"中行、建行改制过程中可疑类贷款处置的指导思想是坚持走市场化、商业化道路……"在处置方式上,该可疑类贷款转让采用了招标方式,体现的是平等主体之间自愿、公平、等价有偿的民事交易规则,这与在国家统一安排下、由政府采取指令划拨不良债权的政策性金融资产剥离不同。在财务核算体系方面,该办法第二十四条规定:"资产公司应对中行、建行改制中可疑类贷款的处置业务进行单独核算。参照资产公司有关财务管理办法和规定建立独立的财务核算体系,资产处置收入及相关成本支出均不得与原政策性业务及其他业务混淆。"这种以招投标方式,通过竞买确定价格,并由中标资产公司单独核算偿还人民银行再贷款的不良债权转让,体现了平等、自愿、等价有偿的民事交易准则,不属于政策性金融资产转让。

综上,本案中,信达济南办与周村支行之间不是就金融资产转让协议发生纠纷,而是对周村支行是否取得不当得利产生争议,不符合25号《答复》适用的范围;双方当事人之间的金融债权转让性质上也不属于政策性金融资产转让,不是25号《答复》适用的对象。山东高院依照25号《答复》作出裁定,属于认定基本事实缺乏证据证明且适用法律错误。

【实务解析】

在不良资产处置案件诉讼中,原国有商业银行能否成为被告可谓实务中颇具争议的问题。为了防止国有资产流失和维持社会稳定，解决不良资产转让实践中出现的各种乱象，《纪要》对于国有银行和国有企业债务人给予了特殊的保护，规定受让人起诉原国有商业银行的案件在原则上不予受理。为了平衡不良债权转让当事人的利益，《纪要》第二条第一款规定了原国有商业银行在获得不当得利时可以被起诉的两种例外情形：其一，不良债权已经剥离至金融资产管理公司又被转让给受让人后，国有企业债务人知道或者应当知道不良债权已经转让而仍向原国有银行清偿的，国有企业债务人在对受让人清偿后可以向原国有银行提起返还不当得利之诉；其二，国有企业债务人不知道不良债权已经转让而向原国有银行清偿并以此对抗受让人追索之诉的，受让人可以向原国有银行提起返还不当得利之诉。

一般而言，返还不当得利的请求权应由给付者向受领给付者行使，即应由债务人向原国有银行主张返还不当得利。但由于不良债权的特殊性，实践中，债务人怠于行使权利，甚至资不抵债、人去楼空的情形时有发生，此时，依据类似代位权的原理，赋予受让人以不当得利返还请求权，使银行获得的不当得利直接用以弥补受让人因债务人的恶意清偿而遭受的损失，可能更为公平。因此，应当赋予本案受让人直接起诉原国有银行返还不当得利的诉权，若受让人的起诉符合民事诉讼法规定的起诉条件的，人民法院应予受理。

【法条链接】

《最高人民法院关于人民法院是否受理金融资产管理公司与国有商业银行就政策性金融资产转让协议发生的纠纷问题的答复》（〔2004〕民二他字第25号）

金融资产管理公司接收国有商业银行的不良资产是国家根据有关政策实施的，具有政府指令划转国有资产的性质。金融资产管理公司与国有商业银行就政策性金融资产转让协议发生纠纷起诉到人民法院的，人民法院不予受理。

《最高人民法院关于审理涉及金融不良债权转让案件工作座谈会纪要》（法发〔2009〕19号）

十二、关于《纪要》的适用范围

……

《纪要》的内容和精神仅适用于在《纪要》发布之后尚在一审或者二审阶段的涉及最初转让方为国有银行、金融资产管理公司通过债权转让方式处置不良资产形成的相关案件。人民法院依照审判监督程序决定再审的案件，不适用《纪要》。

六、债权人对国家政策性关闭破产的国有企业债务人提起追偿之诉的，人民法院不予受理，但对相关担保人提起诉讼的，人民法院应予受理

——中国长城资产管理公司乌鲁木齐办事处与新疆昆仑股份有限公司、新疆化工（集团）有限责任公司、新疆新化化肥有限责任公司借款担保合同纠纷案

【案件来源】最高人民法院（2009）民二终字第28号

【争议焦点】国有企业债务人属于国家政策性破产或者被纳入政策性破产并拟实施破产情形，债权人向债务人及担保人提起追偿之诉的，人民法院是否应当受理？

【裁判要旨】《纪要》仅针对被列入政策性破产企业债务人作为被告的案件中人民法院不予受理的情形作出规定，并不排除债权人对相关担保人提起诉讼的情形。同时，担保人的担保责任亦不因主债务人进入破产程序而当然免除。

【基本案情】

上诉人（原审原告）：中国长城资产管理公司乌鲁木齐办事处（以下简称长城公司乌市办）。

被上诉人（原审被告）：新疆昆仑股份有限公司（以下简称昆仑公司）、新疆化工（集团）有限责任公司（以下简称化工集团）、新疆新化化肥有限责任公司（以下简称新化公司）。

2007年11月29日，全国企业兼并破产和职工再就业工作领导小组作出《关于下达中国抽纱北京进出口公司等69户企业破产项目的通知》（〔2007〕25号），昆仑公司被列入《2007年全国企业关闭破产项目表》。长城公司乌市办于2007年12月12日向新疆维吾尔自治区高级人民法院提起诉讼，请求判令：1.昆仑公司返还借款55,400,000元、利息42,560,263元；2.化工集团在借款16,600,000元、利息13,172,159.40元的范围内承担连带责任；3.新化公司在借款38,800,000元、利息29,388,103.60元的范围内承担连带责任；4.本案诉讼费用由昆仑公司、化工集团、新化公司负担。

新疆维吾尔自治区高级人民法院认为，《国务院办公厅转发全国企业兼

并破产和职工再就业工作领导小组关于进一步做好国有企业政策性关闭破产工作意见的通知》（国办发〔2006〕3号）规定："对列入总体规划拟实施关闭破产的企业，有关金融机构不得在企业关闭破产方案实施前转让或出售已确认的债权（国有金融机构之间经国家批准的债权转让除外），也不得加紧追讨债权及担保责任……"由于昆仑公司已被全国企业兼并破产和职工再就业工作领导小组列入《2007年全国企业关闭破产项目表》，长城公司乌市办在此种情况下提起本案诉讼违反了国办发〔2006〕3号通知的规定，不符合人民法院受理案件的条件。故裁定：驳回长城公司乌市办起诉。

长城公司乌市办不服新疆维吾尔自治区高级人民法院一审裁定，向最高人民法院提起上诉，请求二审法院查明事实，依法撤销一审法院裁定，并指令一审法院审理本案。

最高人民法院经审理，裁定撤销一审法院关于驳回长城公司乌市办对化工集团、新化公司起诉的裁定，指令该案由新疆维吾尔自治区高级人民法院审理。

【法院观点】

《纪要》对此类案件受理问题作出专门规定，明确"债权人向已列入经国务院批准的全国企业政策性关闭破产总体规划并拟实施关闭破产的国有企业债务人主张清偿债务的"，人民法院不予受理。依照《纪要》的精神，债权人对列入政策性关闭破产范围的国有企业为债务人的案件，人民法院不予受理。根据《民事诉讼法》的规定，当事人起诉必须属于人民法院受理民事诉讼的范围。因此，长城公司乌市办对昆仑公司的起诉不符合上述法律和司法政策的规定，原审法院依法作出驳回起诉的裁定并无不当，二审法院院予以维持。

《纪要》仅针对被列入政策性破产企业债务人作为被告的案件，人民法院不予受理作出规定，并不排除债权人对相关担保人提起诉讼的情形。同时，担保人的担保责任亦不因主债务人进入破产程序而当然免除。政策性破产企业的债务作为拟核销的呆坏账由债权银行予以核销，系金融企业对呆坏账按照国家政策性破产所实施的特殊财务处理方式，并不因此导致从债务即担保法律关系的消灭，担保人对担保债务仍应按照法律规定和合同约定承担相应责任。因此，长城公司乌市办对担保人化工集团和担保人新化公司的起诉因符合《民事诉讼法》关于起诉与受理的有关规定,亦不与《纪要》和相关政策相冲突,其诉权应受法律保护。

【实务解析】

国有企业债务人属于国家政策性破产或者被纳入政策性破产并拟实施破产情形,债权人向债务人或担保人提起追偿之诉的,人民法院是否应予受理?该问题是司法政策制定过程中相关主管部门之间争议较大的问题。经过充分沟通和协调,根据中央文件精神并结合部委间的共识,《纪要》对此区分两种情形处理:其一,对于国有企业债务人已经实施国家政策性关闭破产或者被列入经国务院批准的全国企业政策性关闭破产总体规划并拟实施关闭破产的,因相关部委就此政策精神达成共识即同意有限地放弃权利,故债权人向债务人追索债权的,人民法院不予受理。其二,在上述情形中,债权人向担保人追偿债权的,因相关部委没有达成共识,故《纪要》对此不作规定,应继续按照国办发〔2006〕3号通知等文件精神办理。[1]

国办发〔2006〕3号通知等国务院政策性文件未规定政策性破产中主债务人债务核销后担保人免除担保责任,也无法律、行政法规或者国家有关企业破产的相关规定明确此种情况下担保人可以免除担保责任。此外,《国务院关于在若干城市试行国有企业破产有关问题的通知》(国发〔1994〕59号)第四条"担保的处理"中规定,"一个企业为另一个企业提供担保的,被担保企业破产后,担保企业应当按照担保合同承担担保责任";2002年《全国企业兼并破产和职工再就业工作领导小组关于债权金融机构审查政策性破产建议项目的有关问题的通知》第七条也规定,"关于担保责任问题。实施政策性破产企业的贷款担保人应当履行担保责任"。

由以上政策精神可见,政策性破产企业债务作为拟核销的债务由金融机构予以核销,系金融机构按照国家政策对呆坏账所实施的特殊财务处理方式,并非法律意义上的合同权利义务的终止。上述政策层面的核销处理以及对债权人诉权的限制仅针对进入政策性破产的债务人,并未同时针对担保人。因此,受

---

[1] 高民尚:《〈关于审理涉及金融不良债权转让案件工作座谈会纪要〉的理解与适用》,载《人民司法(应用)》2009年第9期。

让人对进入国家政策性关闭破产的国有企业债务人的担保人提起诉讼的，人民法院应予以受理；担保人仍应按照法律规定和合同约定承担相应的担保责任。

【法条链接】

《最高人民法院关于审理涉及金融不良债权转让案件工作座谈会纪要》（法发〔2009〕19号）

二、关于案件的受理

……

案件存在下列情形之一的，人民法院不予受理：

……

（二）债权人向国家政策性关闭破产的国有企业债务人主张清偿债务的；

……

七、国有银行或金融资产管理公司转让享受天然林资源保护工程政策的国有森工企业不良债权而引发受让人向森工企业主张债权的，人民法院不予受理

——凯里市银时房地产开发有限责任公司与贵阳宏森人造板厂、贵州省木业有限责任公司债权转让合同纠纷案

【案件来源】贵州省高级人民法院（2018）黔民终374号

【争议焦点】本案债权是否属于《纪要》规定的享受天然林资源保护工程政策的国有森工企业不良债权？人民法院是否应予受理？

【裁判要旨】《纪要》第二条之规定适用的条件是国有森工企业债务人属于《天然林保护工程区森工企业金融机构债务免除申请表》名录里面的企业，即免除债务申请表已经取得原国家林业局和中国人民银行的批复，否则不属于免除债务的范畴，亦不适用《纪要》不予受理之规定。

【基本案情】

上诉人（原审被告）：贵州省木业有限责任公司（以下简称木业公司）

被上诉人（原审原告、反诉被告）：凯里市银时房地产开发有限责任公司（以下简称银时公司）

原审被告、反诉原告：贵阳宏森人造板厂（以下简称宏森厂）

原审第三人：中国农业发展银行贵州省分行（以下简称农发行贵州省分行）、中国农业银行股份有限公司贵阳分行（以下简称农行贵阳分行）、修文县住房投资开发有限责任公司（以下简称修文住投公司）

宏森厂分别于1997年12月9日、1998年10月12日、1998年12月31日、1999年12月30日与农发行贵州省分行所属营业部、农行贵州省分行所属贵阳市分行营业部签订四份《抵押担保借款合同》，约定宏森厂分别借款1000万元、1300万元、500万元、460万元。借款期限分别为"1997年12月9日至2002年12月9日"、"1998年10月12日至2003年10月11日"、"1998年12月31日至1999年12月31日"（后延期至2000年6月30日）、"1999年12月30日至2000年12月29日"（后延期至2001年11月28日）。借款利率分别为"年利率8.64%，逾期时按日万分之四计收利息""月利率6.6‰，逾期时按日万分之四计收利息""月利率5.325‰，逾期时按日万分之三计收利息""月利率4.875‰，逾期时按日万分之一计收利息"。借款用途分别为"建设3.5万立方米/年刨花板生产线""3.5万立方米人造板项目的设备购置、安装""购原料""购原材料"。担保方式为抵押担保，担保物分别为"33套设备价值415.8万美元折人民币3451.14万元""24套设备价值1987.178万元""3套设备价值750万元""机器设备价值103.67万元"并办理了抵押登记取得贵阳市工商行政管理局南明分局核发的企业动产抵押物登记证。农发行贵州省分行所属营业部、农行贵州省分行所属贵阳市分行营业部按照合同约定向宏森厂发放了贷款。农发行贵州省分行根据相关文件于1998年5月将其对宏森厂的1000万元债权转让给农行贵州省分行所属机构。宏森厂于1999年12月30日归还第一笔借款本金200万元。

农行贵州省分行分别于2016年8月11日、2016年9月7日向贵州省林业厅、贵州省国有资产监督管理委员会送发《关于贵阳宏森人造板厂债权转让事项的函》，该函载明农行贵州省分行拟转让一批不良资产，其中包括宏森厂的债务，截至2016年5月31日，宏森厂尚欠借款本金3060万元、利息5275.063152万元。农行贵州省分行请主管部门督促宏森厂履行还款义务，并强调如未在规定时间收到书面回复视为同意转让事宜。木业公司、宏森厂均为全民所有制企业，宏森厂系木业公司全资投资成立的独立企业法人企业。木业公司于2016年8月

15日向农行贵州省分行回函对宏森厂所欠利息部分提出异议,认为农行贵州省分行未能在合同到期后及时处置抵押物存在过错,故宏森厂不应当承担合同到期后产生的利息。该回函注明"抵押物仍在我厂,时间已达近20年之久"。2016年11月2日,农行贵州省分行与修文住投公司签订《委托资产批量转让协议》,约定农行贵州省分行将包括宏森厂在内的609户不良资产(账面本金28,298.436324万元、利息44,215.560144万元、垫付诉讼费用61.084248万元)作价3098万元转让给修文住投公司。该转让行为于2016年12月22日在《贵州日报》予以公示。2016年12月23日,银时公司与修文住投公司就转让609户不良资产的通知公告在当日的《贵州日报》予以公示。2017年2月16日,农行贵州省分行与修文住投公司签订《委托资产分户转让协议(债权)》,约定转让的为农行贵州省分行对宏森厂的债权。2017年2月16日,修文住投公司与银时公司签订《委托资产分户转让协议(债权)》,约定转让的为修文住投公司对宏森厂的债权。

法院查明,原国家林业局、财政部、中国人民银行于2003年4月30日联合下发《关于做好天然林资源保护工程区森工企业金融债务处理工作有关问题的通知》(林计发〔2003〕65号),该通知要求免除天保工程实施范围内森工企业无力偿还银行债务所形成的贷款本息损失。天保工程实施范围内的森工企业包括木材采伐企业和木材加工等企业。天保工程区森工企业填列《天然林保护工程区森工企业金融机构债务免除申请表》,经省级林业主管部门审核汇总后报原国家林业局。原国家林业局将审查合格的企业名单及拟免除债务额提交中国人民银行审查,中国人民银行组织给债权金融机构集中会审确定免除名单和免除债务额,确定后由中国人民银行会同原国家林业局下达。2003年5月28日,贵州省人民政府下发专题会议纪要《研究天然林资源保护工程区森工企业金融机构债务处理工作有关问题》(黔府专议〔2003〕1号),向包括农行贵州省分行在内的金融机构传达《关于做好天然林资源保护工程区森工企业金融债务处理工作有关问题的通知》(林计发〔2003〕65号)。贵州省林业厅填报的《天然林保护工程实施单位金融机构贷款债务明细表》显示,宏森厂欠农行贵州省分行贷款四笔本金分别为460万元、500万元、800万元、130万元,利息127.6万元,共计3187.6万元。贵州林业厅填报的《天然林保护工程区森工企业金融机构债务免除申请表》显示,拟核销金融机构呆账和资产管理公司债权损失额中涉及宏森厂欠农行贵州省分行款项共计3187.6万元。

银时公司向贵州省贵阳市中级人民法院起诉请求：1.判令宏森厂向银时公司支付债务欠款8335.063152万元（其中债务本金3060万元，债务利息5275.063152万元）；2.判令银时公司在上述第一项诉请的8335.063152万元范围内对宏森厂提供的动产抵押登记项下的抵押物折卖、变卖或拍卖的所得价款享有优先受偿权；3.判令木业公司对宏森厂的上述债务8335.063152万元向银时公司承担连带清偿责任；4.本案的诉讼费用由宏森厂、木业公司承担。

贵州省贵阳市中级人民法院判决：一、宏森厂于判决生效之日起15日内偿还银时公司借款本金3060万元、利息5275.063152万元；二、木业公司对判决第一项确定之金额承担连带清偿责任；三、驳回银时公司其余诉讼请求……木业公司不服一审判决，向贵州省高级人民法院提起上诉，请求撤销一审民事判决，改判驳回银时公司对木业公司的全部诉讼请求。贵州省高级人民法院经审理，裁定：驳回上诉，维持原判。

【法院观点】

宏森厂与贵州农发行、贵州农行分别于1997年12月9日、1998年10月12日、1998年12月31日、1999年12月30日签订的《抵押担保借款合同》系双方真实意思表示，内容不违反法律、行政法规的禁止规定，依法成立并生效。合同签订后贵州农发行、贵州农行均按照合同约定发放了贷款，在宏森厂没有按照约定归还完贷款的情况下，贵州农发行根据政策规定将债权转移给贵州农行，贵州农行通告宏森厂主管单位后并以登报公告的方式将债权转移给住投公司，住投公司通过登报公告的方式将债权转移给银时公司。宏森厂认为转移债权公告记录的金额与转移合同记载的金额不一致，故转让债权行为无效。债权转让是指在不改变合同内容的合同转让，债权人通过债权转让将债权的全部或部分转移于第三人，第三人取代原债权人成为原合同关系的新的债权人。根据《合同法》（已失效）第八十条之规定，债权人转移债权的义务是通知债务人，当债权人完成通知义务后债权转让行为对债务人产生拘束力。本案中，贵州农发行、贵州农行、住投公司在转移债务的时候均通过特定方式履行了通知义务，应当视为债权转让对宏森厂产生拘束力。至于转移债权的金额不是法定通知义务的内容，即使存在瑕疵亦不影响债权转让的效力。

宏森厂认为该债务属于天然林资源保护工程债务，根据法律规定不属于人民法院受理范围。2003 年 4 月 30 日，《关于做好天然林资源保护工程区森工企业金融债务处理工作有关问题的通知》要求免除天保工程实施范围内森工企业无力偿还银行债务所形成的贷款本息损失，免除债务的前提条件是"中国人民银行组织各债权金融机构集中会审确定免除名单和免除债务额"。宏森厂称贵州省林业厅已经将包含其在内的《天然林保护工程区森工企业金融机构债务免除申请表》提交到相关部门，但是没有取得批复。故宏森厂涉及本案的债务目前仍不属于免除债务的范畴，亦不适用《纪要》第二条之规定。综上，该案件属于人民法院受理范围。

【实务解析】

实施天然林保护工程是党中央、国务院从国民经济发展的全局出发作出的一项重大决策。该工程的实施对于保护我国珍贵的天然林资源，减少水土流失，改善生态状况，以及推动国民经济快速、持续、协调、健康发展有着十分重要的意义。为确保工程顺利实施，促进森工企业产业结构调整，国务院决定对木材采伐企业因产量下调、收入减少而导致无力偿还的金融机构债务予以免除。但国有森工企业债务的免除需要符合相关部门的政策精神及审批要求。《纪要》第二条关于"国有银行或金融资产管理公司转让享受天然林资源保护工程政策的国有森工企业不良债权而引发受让人向森工企业主张债权的（具体详见《天然林资源保护区森工企业金融机构债务免除申请表》名录）"的情形即对上述债务免除情形诉权的规定，对于该类不良债权纠纷，人民法院不予受理。

本案中，虽然贵州省林业厅已经将包含宏森厂在内的《天然林保护工程区森工企业金融机构债务免除申请表》提交到相关部门，但是本案审理时并没有取得批复，所以宏森厂在本案中的债务不属于免除债务的范畴，亦不适用《纪要》不予受理的规定。因此，受让人在购买不良债权时要对债务人的性质予以审查，防范无法通过民事诉讼进行债权追偿的风险。

【法条链接】

《最高人民法院关于审理涉及金融不良债权转让案件工作座谈会纪要》(法发〔2009〕19号)

二、关于案件的受理

……

案件存在下列情形之一的,人民法院不予受理:

……

(六)国有银行或金融资产管理公司转让享受天然林资源保护工程政策的国有森工企业不良债权而引发受让人向森工企业主张债权的(具体详见《天然林资源保护区森工企业金融机构债务免除申请表》名录);

……

专题二

金融不良资产诉讼案件的管辖

综述 〉〉〉

金融不良资产处置诉讼主要涉及合同纠纷，按照合同纠纷案件一般管辖原则，由被告住所地或合同履行地人民法院管辖。金融借款合同往往标的额比较大，选择对自己有利的管辖地对于权利的维护至关重要，因此管辖权是金融借款活动中的兵家必争之地，金融借款合同的贷款人一般会采取协议管辖的方式，在借款合同中约定对自己有利的管辖地。金融不良债权受让人在受让债权的时候也会将管辖地作为重要考量因素之一，有时会单独就管辖权问题达成新的协议。金融借款活动多种多样，协议管辖的约定有时不尽规范，加上实践中地方保护、被告利用管辖权拖延诉讼等行为的存在，管辖问题就成为金融不良资产诉讼追偿中双方当事人展开的第一场争夺战。

一、金融不良资产诉讼案件管辖的法律依据问题

金融不良债权追偿案件属于合同纠纷的一种，适用民法典、民事诉讼法及相关司法解释等关于合同纠纷管辖的一般规定。金融不良资产处置初期多为国有银行政策性剥离，事关国有资产保护和社会和谐稳定，为依法妥善公正地审理金融不良债权相关案件，保障金融不良债权处置工作的顺利进行，最高人民法院制定了一系列审理涉及金融不良债权转让案件的司法解释和司法政策性文件，这类文件的特殊规定尤其值得关注。其中关于管辖的规定主要为：(1)《最高人民法院关于审理涉及金融资产管理公司收购、管理、处置国有银行不良贷款形成的资产的案件适用法律若干问题的规定》(法释〔2001〕12号，已失效) 第三条："金融资产管理公司向债务人提起诉讼的，应当由被告人住所地人民法院管辖。原债权银行与债务人有协议管辖约定的，如不违反法律规定，该约定继续有效。"(2)《纪要》(法发〔2009〕19号) 第三条："……金融资产管理公司受让不良债权后，自行与债务人约定或重新约定诉讼管辖的，如不违反法律规定，人民法院应当认定该约定有效……"第五条："……在受让人向国有企业债务人主张债权的诉讼中，国有企业债务人以不良债权转让行为损害国有资产等为由，提出不良债权转让合

同无效抗辩的,人民法院应告知其向同一人民法院另行提起不良债权转让合同无效的诉讼……"上述规定对于管辖权的规定与民法典、民事诉讼法的相关规定基本一致,且随着不良资产处置工作的市场在发展以及相关法律法规的完善,上述具有政策性和历史阶段性文件的适用空间逐渐变小。

二、金融不良资产诉讼案件管辖的司法争议焦点问题

司法实践中,金融不良资产处置诉讼纠纷主要涉及借款合同纠纷案由下金融不良债权追偿纠纷和金融不良债权转让合同纠纷两个四级案由。金融不良债权追偿纠纷诉讼中管辖问题主要分为三种情形:第一,原债权银行与债务人进行协议管辖的;第二,原债权银行与债务人没有约定合同纠纷管辖地,或虽有约定,但出于各种原因导致约定无效的;第三,不良资产受让人受让债权后,自行与债务人约定或重新约定诉讼管辖的。此外,需要特别注意的是,国有企业债务人提起的金融不良债权转让合同无效之诉的管辖有特别之处,该类案件由受理不良债权追偿案件的法院管辖。

本章从最高人民法院及各地高院审理的上百个案件中精选了八个有代表性的案例,努力做到每个案件代表一个类型的问题,涵盖不良资产诉讼中经常遇到的管辖相关争议焦点问题。

案例一涉及原债权人与债务人管辖协议对受让人的效力问题。合同转让时协议管辖条款自动转让已经成为公认的一项原则,坚持此原则对于防止一方当事人通过合同转让的方法摆脱协议管辖意义重大。在债权人转让合同权利情形下,受让人不仅取得原合同约定的实体权利,同时取得原合同债权人的程序权利,其中包括将合同争议提交原合同债权人与债务人已明确约定且符合法律规定的法院管辖。

案例二涉及受让人与债务人重新达成管辖协议的效力问题。关于受让人与债务人约定或重新约定诉讼管辖的效力问题,在不良资产处置初期的司法实践中有一定争议,有些法院甚至认为金融资产管理公司追索诉讼案件的管辖属于"专属管辖"即由债务人住所地法院管辖。《纪要》对该问题进行了明确:金融资产管理公司受让不良债权后,自行与债务人约定或重新约定诉讼管辖的,如不违反法律规定,人民法院应当认定该约定有效。

案例三涉及受让人一并起诉债务人和担保人时的管辖问题。《最高人民法

院关于适用〈中华人民共和国民法典〉有关担保制度的解释》对该问题进行了明确：债权人一并起诉债务人和担保人的，应当根据主合同确定管辖法院。即在债权人一并起诉债务人和担保人的情形下，如果担保合同约定的管辖地点与主合同不一致的，则根据主合同的约定确定案件管辖法院。

案例四涉及当事人诉讼主体资格是否属于管辖权异议审查内容的问题。人民法院裁定驳回管辖权异议的前提是当事人所提异议属于管辖权异议。如果异议内容本身不属于管辖权异议，则不符合裁定驳回的条件。诉讼主体资格问题并非管辖权问题，法律并未规定单独的裁定驳回程序，法院对此予以释明并以口头形式驳回当事人异议申请的做法并无不当。

案例五涉及当事人双方均属单一主体的诉的合并与级别管辖问题。对于当事人双方均属单一主体的诉的客体的合并，我国法律并无必须经当事人同意的强制性规定。司法实践中，对于该类案件一般认为可以合并审理，且按照累计后的标的额确定级别管辖。

案例六涉及国有企业债务人提起的金融不良债权转让合同无效之诉的管辖问题。根据《纪要》规定，在受让人向国有企业债务人主张债权的诉讼中，国有企业债务人以不良债权转让行为损害国有资产等为由，提起不良债权转让合同无效的案件，由受理不良债权追偿诉讼案件的人民法院管辖。

案例七涉及可裁可诉争议解决条款的效力问题。根据《最高人民法院关于适用〈中华人民共和国仲裁法〉若干问题的解释》第七条规定，当事人约定争议可以向仲裁机构申请仲裁也可以向人民法院起诉的，仲裁协议无效。但如果争议解决条款中关于仲裁的约定与诉讼管辖的约定是可以分割的，且管辖约定有效的，法院应参照当事人的约定确定管辖法院。

案例八涉及破产案件的集中管辖问题。《企业破产法》第二十一条规定，人民法院受理破产申请后，有关债务人的民事诉讼，只能向受理破产申请的人民法院提起。但是债权人仅起诉担保人承担担保责任，并未对主债务人提起诉讼的，不适用破产衍生诉讼集中管辖的规定。

一、原债权银行与债务人有协议管辖约定的，如不违反法律规定，该约定继续有效

——达拉特旗鑫荣建材加工有限责任公司与中国长城资产管理公司呼和浩特办事处等借款合同纠纷管辖权异议案

【案件来源】最高人民法院（2016）最高法民辖终 28 号

【争议焦点】债权转让的，原借款合同中对于管辖法院的约定对受让人是否有效？

【裁判要旨】原债权银行与债务人有协议管辖约定的，如不违反法律规定，该约定继续有效。

【基本案情】

上诉人（原审被告）：达拉特旗鑫荣建材加工有限责任公司（以下简称鑫荣公司）。

被上诉人（原审原告）：中国长城资产管理公司呼和浩特办事处（以下简称长城资产呼和办事处）。

原审被告：孟某泳、秦某娟。

鑫荣公司与山东省国际信托有限公司（以下简称山东信托公司）签订的《信托贷款合同》第十四条就争议解决方式约定为"向乙方住所地人民法院起诉"，合同载明的乙方为山东信托公司，其住所地位于山东省济南市解放路。

长城资产公司就与鑫荣公司等合同纠纷案向一审法院提起诉讼，鑫荣公司对管辖权提出异议，一审法院裁定驳回其管辖权异议。鑫荣公司因不服一审民事裁定向最高人民法院提起上诉，请求将本案移送至内蒙古自治区鄂尔多斯市中级人民法院审理。鑫荣公司主张，《最高人民法院关于审理涉及金融资产管理公司收购、管理、处置国有银行不良贷款形成的资产的案件适用法律若干问题的规定》第三条规定"金融资产管理公司向债务人提起诉讼的，应当由被告住所地人民法院管辖"，本案应当由鑫荣公司住所地法院管辖。虽然原信托贷款合同中对于管

辖法院进行了约定,但该约定是山东信托公司与鑫荣公司的《信托贷款合同》中的约定,现该笔债权已经转让给长城资产呼和办事处,原合同中对于管辖法院的约定并不能一并转让,而长城资产公司与鑫荣公司对管辖法院没有进行新的约定。故依照《最高人民法院关于适用〈中华人民共和国民事诉讼法〉的解释》第十八条第二款"合同对履行地点没有约定或者约定不明确,争议标的为给付货币的,接收货币一方所在地为合同履行地"之规定,作为接收货币的一方,鑫荣公司住所地应为合同履行地,本案应由内蒙古自治区鄂尔多斯市辖区法院管辖。

最高人民法院经审理,裁定:驳回上诉,维持原裁定。

【法院观点】

鑫荣公司与山东信托公司签订的《信托贷款合同》第十四条就争议解决方式约定为"向乙方住所地人民法院起诉",合同载明的乙方为山东信托公司。该约定系当事人的真实意思表示,没有违反级别管辖和专属管辖的规定,为有效协议。山东信托公司将上述贷款债权转让给长城资产呼和办事处后,根据合同约定通知了借款人、保证人、抵押人等相关义务人。根据《最高人民法院关于适用〈中华人民共和国民事诉讼法〉的解释》第三十三条规定,合同转让的,合同的管辖协议对合同受让人有效。长城资产呼和办事处受让《信托贷款合同》项下债权,该合同中的管辖条款对长城资产呼和办事处和鑫荣公司均具有约束力。《最高人民法院关于审理涉及金融资产管理公司收购、管理、处置国有银行不良贷款形成的资产的案件适用法律若干问题的规定》第三条关于"金融资产管理公司向债务人提起诉讼的,应当由被告人住所地人民法院管辖。原债权银行与债务人有协议管辖约定的,如不违反法律规定,该约定继续有效"的规定与司法解释的规定是一致的。故本案应以《信托贷款合同》中的管辖条款确定管辖法院,即应由山东省内有管辖权的人民法院管辖。

本案系 2015 年 5 月 1 日前受理的案件,应适用当时的规定确定级别管辖法院。根据《最高人民法院关于调整高级人民法院和中级人民法院管辖第一审民商事案件标准的通知》(法发〔2008〕10 号)的规定,山东省高级人民法院管辖诉讼标的额在 1 亿元以上的民商事案件,以及诉讼标的额在 5000 万元以上且当事人一方住所地不在本辖区或者涉外、涉港澳台的第一审民商事案件。本案双方当事人住所地均不在山东省,诉讼标的额未达到 1 亿元,故山东省高级人民法院对本案不享有管辖权,本案应由山东信托公司住所地的山东省济南市中级人民法院管辖。

【实务解析】

《最高人民法院关于审理涉及金融资产管理公司收购、管理、处置国有银行不良贷款形成的资产的案件适用法律若干问题的规定》(已失效)是最高人民法院对金融资产管理公司成立初期收购、管理、处置国有银行不良债权案件作出的规定,在不良资产处置诉讼中发挥了重要的作用。随着《民法典》的出台,该规定已经被废止。该规定第三条关于协议管辖的规定已经被民事诉讼法及司法解释所确认,后续诉讼中可以直接援引民事诉讼法及司法解释的规定。

合同转让时协议管辖条款自动转让已经成为公认的一项原则,坚持此原则对于防止一方当事人通过合同转让的方法摆脱协议管辖意义重大。通常情况下,合同中关于管辖法院的约定只能约束合同双方,而不能约束第三人。但在合同转让中,情况则比较特殊。对第三人(受让人)而言,在受让合同前,应推定其对合同约定的内容是明知的,其受让合同权利或承担合同义务同时应视为接受合同关于协议管辖的约定。[①] 在债权人转让合同权利情形下,受让人不仅取得原合同约定的实体权利,同时取得原合同债权人的程序权利,其中包括将合同争议提交原合同债权人与债务人已明确约定且符合法律规定的法院管辖。本案中,债权受让人未与债务人约定新的管辖法院,亦未约定排除原合同中对管辖权的约定,故上述合同中的协议管辖条款对本案双方当事人仍然有效,可以作为确定本案管辖的依据。实践中应当注意的是,协议管辖条款作为合同争议解决条款,具有独立性。若转让合同无效,不影响协议管辖条款的效力。

【法条链接】

《最高人民法院关于适用〈中华人民共和国民事诉讼法〉的解释》(法释〔2022〕11号)

第三十三条 合同转让的,合同的管辖协议对合同受让人有效,但转让时受

---

① 最高人民法院民事诉讼法贯彻实施工作领导小组编著:《最高人民法院民事诉讼法司法解释理解与适用》,人民法院出版社2015年版,第191页。

让人不知道有管辖协议，或者转让协议另有约定且原合同相对人同意的除外。

二、金融资产管理公司受让不良债权后，自行与债务人约定或重新约定诉讼管辖的，如不违反法律规定的应当认定有效

——中国华某资产管理股份有限公司内蒙古自治区分公司与内蒙古新某建设集团股份有限公司、内蒙古新某投资控股集团股份有限公司等金融借款合同纠纷案

【案件来源】鄂尔多斯市中级人民法院（2017）内06民初156号

【争议焦点】不良债权受让人自行与债务人约定或重新约定诉讼管辖的，效力应当如何认定？

【裁判要旨】金融资产管理公司受让不良债权后，自行与债务人约定或重新约定诉讼管辖的，如不违反法律规定，人民法院应当认定该约定有效。

【基本案情】

原告：中国华某资产管理股份有限公司内蒙古自治区分公司（以下简称华某公司）

被告：内蒙古新某建设集团股份有限公司（以下简称新某公司）、内蒙古新某投资控股集团股份有限公司、内蒙古大某投资集团有限责任公司、孙某、苏某丽

中国工商银行股份有限公司鄂尔多斯东胜支行（以下简称工行东胜支行）与新某公司、内蒙古新某投资控股集团股份有限公司、内蒙古大某投资集团有限责任公司、孙某、苏某丽金融借款合同纠纷一案在鄂尔多斯市中级人民法院审理过程中，工行东胜支行将涉案债权全部转让给华某公司，华某公司随即向法院提出主体变更申请。法院依法裁定准许华某公司替代工商银行作为原告参加诉讼，工行东胜支行退出诉讼。后华某公司向法院提出移送管辖申请，理由是：华某公司作为甲方与作为乙方的新某公司等签订了《协议书》，约定："凡因本协议引起的或与本协议有关的任何争议，由各方协商解决；协商不成的，在甲方所在地法院通过诉讼方式解决。"故华某公司请求将本案移送至其住所地的呼和浩特市中级人民法院管辖。

鄂尔多斯市中级人民法院经审理，裁定：本案移送呼和浩特市中级人民法院处理。

【法院观点】

依照《纪要》的规定,金融资产管理公司受让不良债权后,自行与债务人约定或重新约定诉讼管辖的,如不违反法律规定,人民法院应当认定该约定有效。故原告华某公司与被告新某公司等对案件管辖的上述约定合法、有效。为方便华某公司集中处置不良资产,本案依法移送至呼和浩特市中级人民法院管辖。

【实务解析】

关于金融资产管理公司自行与债务人约定或重新约定诉讼管辖的效力问题,在不良资产处置初期的司法实践中有一定争议,有些法院甚至认为金融资产管理公司追索诉讼案件属于"专属管辖"即由债务人住所地法院管辖,金融资产管理公司与债务人之间的协议管辖约定无效。鉴于金融资产管理公司大多仅在省会城市设置办事处而债务人却遍布全国各地的现实,考虑到当时市场诚信、法治环境、地方保护主义的状况,以及债务人利用所谓的"专属管辖"在追偿诉讼中恶意逃废债务的可能性,本着高效处置不良资产、排除地方保护主义、降低资产处置成本之目的,《纪要》对该问题进行了明确:金融资产管理公司受让不良债权后,自行与债务人约定或重新约定诉讼管辖的,如不违反法律规定,人民法院应当认定该约定有效。[①]

《最高人民法院关于适用〈中华人民共和国民事诉讼法〉的解释》与《纪要》的规定一致。《最高人民法院关于适用〈中华人民共和国民事诉讼法〉的解释》第三十三条规定:"合同转让的,合同的管辖协议对合同受让人有效,但转让时受让人不知道有管辖协议,或者转让协议另有约定且原合同相对人同意的除外。"本案中,华某公司与新某公司签署了《协议书》,重新约定管辖法院,属于《最高人民法院关于适用〈中华人民共和国民事诉讼法〉的解释》规定的不受原管辖协议约定的例外情形。

金融不良债权往往经过多次转让,如果转让时不存在受让人不知道有

---

① 高民尚:《〈关于审理涉及金融不良债权转让案件工作座谈会纪要〉的理解与适用》,载《人民司法(应用)》2009年第9期。

管辖协议的情形,则要受到原管辖协议的约束。但是原管辖协议约定的管辖法院不一定是对受让人有利的,因此,在有条件的情况下,受让人最好在签订债权转让协议时与债务人、担保人达成新的有利于自己的管辖协议。

【法条链接】

《最高人民法院关于审理涉及金融不良债权转让案件工作座谈会纪要》(法发〔2009〕19号)

三、关于债权转让生效条件的法律适用和自行约定的效力

……

金融资产管理公司受让不良债权后,自行与债务人约定或重新约定诉讼管辖的,如不违反法律规定,人民法院应当认定该约定有效……

《最高人民法院关于适用〈中华人民共和国民事诉讼法〉的解释》(法释〔2022〕11号)

第三十三条 合同转让的,合同的管辖协议对合同受让人有效,但转让时受让人不知道有管辖协议,或者转让协议另有约定且原合同相对人同意的除外。

三、债权人一并起诉债务人和担保人的,应当根据主合同确定管辖法院

——中国信达资产管理股份有限公司辽宁省分公司与佳兆业集团(深圳)有限公司、深圳市佳兆业商业管理有限公司等合同纠纷案

【案件来源】最高人民法院(2015)民二终字第182号

【争议焦点】债权人一并起诉债务人和担保人的,如何确定管辖法院?债权人能否单独起诉担保人且仅起诉担保人?

【裁判要旨】主合同和担保合同发生纠纷提起诉讼的,应当根据主合同确定案件管辖。主合同和担保合同选择管辖的法院不一致的,应当根据主合同确定案件管辖。

【基本案情】

上诉人(原审被告):佳兆业集团(深圳)有限公司(以下简称佳兆业集团公司)、深圳市佳兆业商业管理有限公司(以下简称深圳佳兆业公司)、大连市佳兆业商业经营管理有限公司(以下简称大连佳兆业公司)

被上诉人（原审原告）：中国信达资产管理股份有限公司辽宁省分公司（以下简称信达资产辽宁分公司）

信达资产辽宁分公司与佳兆业集团公司签订《债务重组合同》，与深圳佳兆业公司签订《股权质押协议》，与大连佳兆业公司签订《债务重组抵押协议》和《债务重组保证合同》。《债务重组合同》第十条中明确约定："如果不能协商解决的，任何一方均有权向债权人所在地有管辖权的人民法院提起诉讼。"信达资产辽宁分公司以佳兆业集团公司经营状况发生重大变化，严重危及债权的实现，且已构成根本违约为由，将佳兆业集团公司及应承担担保责任的深圳佳兆业公司、大连佳兆业公司作为被告诉至辽宁省高级人民法院，请求判令佳兆业集团公司偿还债权本金4.4亿元并支付违约金，各担保人承担担保责任。

在一审答辩期内，佳兆业集团公司、深圳佳兆业公司、大连佳兆业公司以本案属于合同纠纷，应由主要当事人所在地法院即深圳市中级人民法院管辖为由提出管辖权异议。辽宁省高级人民法院一审裁定：驳回佳兆业集团公司、深圳佳兆业公司、大连佳兆业公司对本案管辖权提出的异议。

佳兆业集团公司、深圳佳兆业公司、大连佳兆业公司不服一审裁定，上诉至最高人民法院，请求依法撤销一审民事裁定，将本案移送深圳市中级人民法院管辖。主要理由：本案属于合同纠纷，根据相关规定，应由被告所在地人民法院管辖。由于本案主要被告住所地、合同履行地等与争议有实际联系的地点均位于深圳市。根据《广东省高级人民法院关于试行第一审民商事纠纷案件级别管辖标准的通知》之规定，深圳市中级人民法院有权管辖标的额为8000万元以上的第一审民事案件。因此，本案应由深圳市中级人民法院管辖。此外，深圳市中级人民法院已受理一定数量的与本案情况类似、涉及上诉人的诉讼案件，本案交由该院管辖，便于统一案件审理尺度，便于法院调查取证和当事人节约诉讼成本，符合便利当事人原则。

最高人民法院经审理，裁定：驳回上诉，维持原裁定。

【法院观点】

《民事诉讼法》第三十四条规定："合同或者其他财产权益纠纷的当事人可以书面协议选择被告住所地、合同履行地、合同签订地、原告住所地、标的物所在地等与争议有实际联系的地点的人民法院管辖，但不得违反本法对级别管辖和专属管辖的规定。"[1]本案系合同纠纷案件，信达资产辽宁分公司与佳兆业集团公司在 2013 年 5 月 27 日签订的《债务重组合同》第十条中明确约定："如果不能协商解决的，任何一方均有权向债权人所在地有管辖权的人民法院提起诉讼。"该约定协议选择发生纠纷由债权人所在地有管辖权的人民法院管辖，符合《民事诉讼法》第三十四条的规定，且并未违反《民事诉讼法》对级别管辖和专属管辖的规定，合法有效，本案中债权人即信达资产辽宁分公司所在地为辽宁省沈阳市，因此该院对本案具有管辖权。《最高人民法院关于适用〈中华人民共和国担保法〉若干问题的解释》（已失效）第一百二十九条规定："主合同和担保合同发生纠纷提起诉讼的，应当根据主合同确定案件管辖。担保人承担连带责任的担保合同发生纠纷，债权人向担保人主张权利的，应当由担保人住所地法院管辖。主合同和担保合同选择管辖的法院不一致的，应当根据主合同确定案件管辖。"本案中，深圳佳兆业公司、大连佳兆业公司为担保佳兆业集团公司履行《债务重组合同》，分别与信达资产辽宁分公司签订担保合同，并作为被告参加本案诉讼，属因主合同和担保合同发生纠纷提起诉讼情形，应根据主合同《债务重组合同》确定本案管辖，该院对主合同具有管辖权，对担保合同亦有权管辖。辽宁省高级人民法院根据主合同即《债务重组合同》确定本案管辖，适用法律正确。

【实务解析】

合同纠纷属于当事人可以进行协议管辖的主要纠纷类型，当事人可以书面协议选择被告住所地、合同履行地、合同签订地、原告住所地、标的物所在地等与争议有实际联系的地点的人民法院管辖，同时不得违反民事诉讼法对级别管辖和专属管辖的规定。

关于债权人同时起诉主债务人和担保人的情形下如何确定管辖权问题，《最高人民法院关于适用〈中华人民共和国民法典〉有关担保制度的解释》第二十一条在吸收完善《最高人民法院关于适用〈中华人民共和国担保法〉若干问题的解释》第一百二十九条的基础上进行了进一步明确：债权人一并起诉债务人和担保人的，应当根据主合同确定管辖法院。也就是说，在债权人一并起诉债务人和担保人的情形下，如果担保合同约定的管辖地点与主合同不一致，

---

[1] 对应 2021 年修正后的《民事诉讼法》第三十五条。

则根据主合同的约定确定案件管辖法院。

关于债权人能否仅起诉担保人的问题，《最高人民法院关于适用〈中华人民共和国民法典〉有关担保制度的解释》进行了明确，债权人依法可以单独起诉担保人且仅起诉担保人的，应当根据担保合同的约定确定管辖法院。

【法条链接】

《最高人民法院关于适用〈中华人民共和国民法典〉有关担保制度的解释》（法释〔2020〕28号）

第二十一条第二款、第三款　债权人一并起诉债务人和担保人的，应当根据主合同确定管辖法院。

债权人依法可以单独起诉担保人且仅起诉担保人的，应当根据担保合同确定管辖法院。

四、当事人诉讼主体资格问题不属于管辖权异议审查内容，法院可以在释明后以口头形式驳回其异议申请

——乌兰浩特钢铁有限责任公司与中国长城资产管理公司呼和浩特办事处借款合同纠纷案

【案件来源】最高人民法院（2012）民二终字第24号

【争议焦点】当事人以对方当事人不具备诉讼主体资格、案件应由其他法院管辖为由提出异议，法院在释明后以口头形式驳回其异议申请的，是否违反法定程序？

【裁判要旨】人民法院裁定驳回管辖权异议的前提是当事人所提异议属于管辖权异议。如果异议内容本身不属于管辖权异议，则不符合该条文规定的裁定驳回的条件。诉讼主体资格问题并非管辖权问题，法律并未规定单独的裁定驳回程序，法院对此予以释明并以口头形式驳回当事人异议申请的做法并无不当。

【基本案情】

上诉人（原审被告）：乌兰浩特钢铁有限责任公司（以下简称乌钢公司）

被上诉人（原审原告）：中国长城资产管理公司呼和浩特办事处（以下简

称长城公司呼办）

2005年7月9日，中国工商银行内蒙古分行与长城公司呼办签订了一份《债权转让协议》，将对乌钢公司的债权本金2400万元及相应利息（不包括工行已转让给华融资产管理公司的表内应收利息）全部转让给长城公司呼办。2008年4月30日，长城公司呼办与呼和浩特市林泰工贸有限责任公司（以下简称林泰公司）签订《债权转让协议》，通过协议转让的方式，以1210万元的价格将该笔2400万元的债权转让给了林泰公司，并向乌钢公司发出债权转让通知书。林泰公司于2008年7月31日就受让后的本金2400万元及相应利息共计3541.34万元将乌钢公司及其股东方大公司诉至内蒙古自治区高级人民法院。

乌钢公司于2011年5月24日以长城公司呼办不是独立法人、中国长城资产管理公司（以下简称长城公司）注册地在北京、本案应由长城公司所在地北京市高级人民法院审理为由向内蒙古自治区高级人民法院提出管辖权异议。内蒙古自治区高级人民法院经向乌钢公司进行释明，并以询问的方式告知乌钢公司其理由不属于法律规定的提管辖权异议的审查内容，也不符合通过民事裁定书予以驳回的条件，口头通知驳回了乌钢公司的该项异议。一审法院经审理判决乌钢公司偿还长城公司呼办贷款本金2400万元及相应利息。

乌钢公司不服一审判决，向最高人民法院提起上诉，诉请撤销原判，发回重审。乌钢公司主张其在一审提交答辩状期间曾提出管辖权异议，但原审法院以口头形式而非裁定形式驳回其管辖异议，剥夺了其上诉权。最高人民法院经审理，判决：驳回上诉，维持原判。

【法院观点】

《民事诉讼法》（2007年修正）第三十八条规定："人民法院受理案件后，当事人对管辖权有异议的，应当在提交答辩状期间提出。人民法院对当事人提出的异议，应当审查。异议成立的，裁定将案件移送有管辖权的人民法院；异议不成立的，裁定驳回。"[①] 根据该规定，人民法院裁定驳回的前提是当事人所提异议属于管辖权异议。如果异议内容本身不属于管辖权异议，则不符合该条文规定的裁定驳回的条件。乌钢公司以长城公司呼办不是独立法人、

---

① 对应2021年修正后的《民事诉讼法》第一百三十条。

不具备诉讼主体资格,应当由长城公司作为原告,并由长城公司所在地北京市高级人民法院管辖为由提出的异议,不属于管辖权异议,而是对长城公司呼办是否具有诉讼主体资格的异议,故不适用《民事诉讼法》第三十八条的规定。对此项异议,法律并未规定单独的裁定驳回程序。原审法院对此予以释明并以口头形式驳回乌钢公司异议申请的做法并无不当。根据《最高人民法院关于审理涉及金融资产管理公司收购、管理、处置国有银行不良贷款形成的资产的案件适用法律若干问题的规定》第一条、第三条的规定,长城公司呼办具备诉讼主体资格,原审法院对本案拥有管辖权。

【实务解析】

管辖问题与诉讼主体资格问题是两个不同的法律问题。民事诉讼中的管辖是指各级人民法院之间和同级人民法院之间受理第一审民事案件的分工和权限,它是在法院内部具体落实民事审判权的一项制度。[①] 根据现行《民事诉讼法》第一百三十条规定,人民法院受理案件后,当事人对管辖权有异议的,应当在提交答辩状期间提出。人民法院对当事人提出的异议,应当审查。异议成立的,裁定将案件移送有管辖权的人民法院;异议不成立的,裁定驳回。

诉讼主体资格问题主要解决的是当事人是否有资格以自己的名义成为特定案件原告或被告,因而受案件判决拘束的问题。《民事诉讼法》第五十一条第一款规定:"公民、法人和其他组织可以作为民事诉讼的当事人。"根据《最高人民法院关于适用〈中华人民共和国民事诉讼法〉的解释》第五十二条第五项规定,其他组织包括依法设立并领取营业执照的法人的分支机构。如果人民法院在立案后发现当事人不符合起诉条件或者属于民事诉讼法规定的不予受理的情形,将以裁定驳回起诉的方式处理。因此,本案中,长城公司呼办具备诉讼主体资格,内蒙古自治区高级人民法院对本案具有管辖权。

【法条链接】

《中华人民共和国民事诉讼法》

第五十一条第一款　公民、法人和其他组织可以作为民事诉讼的当事人。

[①] 江伟、肖建国主编:《民事诉讼法》,中国人民大学出版社2018年版,第91页。

五、将同一银行对同一债务人的多份借款合同项下债权一并起诉的，属于单一诉讼范畴，依据诉讼标的额确定管辖法院级别

——中国华融资产管理股份有限公司广西壮族自治区分公司与桂林市联坤商贸开发有限公司金融不良债权追偿纠纷案

【案件来源】最高人民法院（2016）最高法民辖终283号

【争议焦点】受让人将同一银行对同一借款人的多份借款合同项下债权一并起诉的，如何确定管辖法院级别？

【裁判要旨】将同一银行对同一债务人的多份借款合同项下债权一并起诉的，属于单一诉讼范畴，依据诉讼标的额确定管辖法院级别。

【基本案情】

上诉人（原审被告）：桂林市联坤商贸开发有限公司（以下简称联坤公司）

被上诉人（原审原告）：中国华融资产管理股份有限公司广西壮族自治区分公司（以下简称华融资产广西分公司）

2014年9月28日，工行桂林分行与华融资产广西分公司签订《债权转让协议》，约定工行桂林分行将借款人为联坤公司的五份借款合同项下债权一并转让给华融资产广西分公司。华融资产广西分公司基于上述法律关系向广西壮族自治区高级人民法院提起诉讼，请求联坤公司返还借款及利息311,128,686.43元（利息暂计至2016年6月30日，此后计至联坤公司付清全部本息为止）。联坤公司提出管辖权异议，认为本案是华融资产广西分公司将五个独立的借款合同纠纷进行诉的合并拼凑而成，其单独的诉讼标的额均未达到广西高院级别管辖标准，广西高院对本案没有管辖权。一审法院经审理裁定驳回联坤公司异议。

联坤公司不服一审裁定，向最高人民法院提起上诉，请求撤销原裁定，改判将本案移送桂林市中级人民法院审理。最高人民法院经审理，裁定：驳回上诉，维持原裁定。

【法院观点】

本案双方当事人均确认依据管辖约定涉诉纠纷应交由工行桂林分行所在

地人民法院以诉讼方式解决,但就本案应当由广西高院还是由桂林中院立案受理存在管辖权争议。2014年9月28日,工行桂林分行与华融资产广西分公司签订《债权转让协议》,约定工行桂林分行将借款人为联坤公司的五份借款合同项下债权一并转让给华融资产广西分公司。华融资产广西分公司基于上述法律关系提起本案诉讼,请求联坤公司返还借款及利息311,128,686.43元(利息暂计至2016年6月30日,此后计至联坤公司付清全部本息为止),属于单一诉讼范畴,并非若干独立诉讼的合并。依照2015年《最高人民法院关于调整高级人民法院和中级人民法院管辖第一审民商事案件标准的通知》第一条的规定,广西高院管辖诉讼标的额3亿元以上一审民商事案件,本案诉讼标的额已达到广西高院第一审民商事案件的管辖标准,因此广西高院对本案予以立案受理并无不当。且即使联坤公司关于本案诉讼标的额在桂林中院级别管辖范围内的主张成立,根据《民事诉讼法》第三十八条关于"上级人民法院有权审理下级人民法院管辖的第一审民事案件"的规定,[1]广西高院亦有权审理作为其下级法院的桂林中院管辖的第一审民商事案件。故联坤公司以涉诉纠纷存在管辖约定,且所涉五个借款合同纠纷不符合诉的合并的法定条件,各借款合同的诉讼标的额均未达到广西高院级别管辖标准等为由,提出本案应当由桂林中院受理,广西高院对本案不具有管辖权的上诉主张,事实与法律依据不足,不予支持。

【实务解析】

实践中,银行处置不良资产往往采取资产包的形式,即将若干债权打包出售。债权受让人将针对同一债务人的同种类法律关系一同起诉,可以节约诉讼成本,减少诉累,是司法实践中经常出现的情形。目前法院主流观点认为,相同当事人同种类法律关系可以合并审理,不需要经过当事人的同意,且按照累计后的标的额确定级别管辖。

在此情形下,对方当事人往往会以《民事诉讼法》第五十五条的规定为依据提出管辖权异议,认为诉的合并需要经其同意。实际上,《民事诉讼法》第五十五条主要是对诉的主体合并的规定,其适用条件之一是当事人一方或者双

---

[1] 对应2021年修正后的《民事诉讼法》第三十九条。

方应为二人以上。而对于当事人双方均属单一主体的诉的客体的合并，我国法律并无必须经当事人同意的强制性规定，将此类纠纷案件合并审理，可以节约诉讼成本，减少当事人的诉累，且不损害当事人的合法权益，审判实践中一般认为可以合并审理。因此，在金融不良债权诉讼中，如涉及单一主体多笔债权为同类客体的情形，可以考虑合并起诉，通过诉讼标的额的增减实现级别管辖的调整。

【法条链接】

《中华人民共和国民事诉讼法》

第五十五条　当事人一方或者双方为二人以上，其诉讼标的是共同的，或者诉讼标的是同一种类、人民法院认为可以合并审理并经当事人同意的，为共同诉讼。

共同诉讼的一方当事人对诉讼标的有共同权利义务的，其中一人的诉讼行为经其他共同诉讼人承认，对其他共同诉讼人发生效力；对诉讼标的没有共同权利义务的，其中一人的诉讼行为对其他共同诉讼人不发生效力。

六、国有企业债务人提起的金融不良债权转让合同无效之诉由受理追偿案件的法院管辖

——中国长城资产管理股份有限公司江西分公司与宜春市袁州区人民政府金融不良债权转让合同纠纷案

【案件来源】江西省高级人民法院（2018）赣民辖终87号

【争议焦点】国有企业债务人提起的金融不良债权转让合同无效之诉案件如何确定管辖法院？

【裁判要旨】在受让人向国有企业债务人主张债权的诉讼中，国有企业债务人以不良债权转让行为损害国有资产等为由，提起不良债权转让合同无效的案件，由受理不良债权追偿诉讼案件的人民法院管辖。

【基本案情】

上诉人（原审被告）：中国长城资产管理股份有限公司江西分公司（以下简称长城资产江西分公司）

被上诉人（原审原告）：宜春市袁州区人民政府（以下简称袁州区政府）

原审被告：佳誉恒达有限公司（以下简称佳誉恒达公司）

1997年12月10日，宜春住房公司（原宜春市房产公司）向原债权人工商银行宜春市分行借款人民币合计1000万元，并签订《中国工商银行人民币短期借款合同》，期限从1997年12月10日起至1998年12月10日止。之后，双方又签订了《中国工商银行抵押合同》并办理了抵押，合同签订后，工商银行宜春市分行向宜春市房产公司发放了贷款1000万元，借款期满后，经债权人多次催收，宜春市房产公司于2003年9月28日还款50,000元，于2004年5月28日还款53,727.5元，剩余本金9,896,272.5元及利息至今未还。

2005年7月4日，中国工商银行江西省分行将上述债权通过报纸公告转让给中国长城资产管理有限公司南昌办事处。后中国长城资产管理有限公司南昌办事处又将该债权转让给佳誉恒达公司，并于2013年4月16日将该债权转让事宜在《江西日报》进行了公告。

2015年10月13日，佳誉恒达公司以宜春住房公司为被告向一审法院宜春市中级人民法院提起诉讼。2016年6月30日，一审法院作出（2015）宜中民三初字第35号民事判决，判决宜春住房公司偿还佳誉恒达公司借款本金人民币9,896,272.5元，对抵押物清单所列抵押物享有优先受偿的权利。之后，佳誉恒达公司向一审法院申请执行，2016年10月25日，一审法院受理了此案，并向佳誉恒达公司送达了受理案件通知书，案号为（2016）赣09执115号。

宜春住房公司不服一审法院（2015）宜中民三初字第35号民事判决，向一审法院申请再审。2017年7月10日，一审法院裁定再审，并中止原判决的执行。一审法院追加袁州区政府为再审案件的第三人，于2017年11月16日送达了案号为（2017）赣09民再21号参加诉讼通知书。2018年1月16日，一审法院受理了袁州区政府提起的《债权转让协议》无效之诉。

长城资产江西分公司一审提出的管辖权异议认为，其和佳誉恒达公司的住所地均不在江西省宜春市，且袁州区政府要求撤销的《债权转让协议》系长城资产江西分公司与佳誉恒达公司在江西省南昌市签署，同时该协议约定任何纠纷均应向南昌市中级人民法院起诉，故一审法院对本案没有管辖权，本案应由南昌市中级人民法院管辖，请求将本案移送南昌市中级人民法院审理。一审法院裁定：驳回长城资产江西分公司对本案管辖权提出的异议。

长城资产江西分公司不服宜春市中级人民法院一审民事裁定，向江西省高级人民法院提起上诉。二审法院经审理，裁定驳回上诉，维持原裁定。

【法院观点】

本案系金融不良债权转让合同无效之诉，《纪要》第五条规定：在受让人向国有企业债务人主张债权的诉讼中，国有企业债务人以不良债权转让行为损害国有资产等为由，提出不良债权转让合同无效抗辩的，人民法院应告知其向同一人民法院另行提起不良债权转让合同无效的诉讼；国有企业债务人不另行起诉的，人民法院对其抗辩不予支持。国有企业债务人另行提起不良债权转让合同无效诉讼的，人民法院应中止审理受让人向国有企业债务人主张债权的诉讼，在不良债权转让合同无效诉讼被受理后，两案合并审理。本案中，虽然对佳誉恒达公司与宜春住房公司不良债权追偿纠纷，一审法院作出了（2015）宜中民三初字第35号民事判决，但一审法院已裁定再审此案，并追加了袁州区政府作为第三人参加诉讼。袁州区政府作为本案第三人，且系宜春住房公司的上级主管部门，其参照《纪要》赋予国有企业债务人不良债权转让合同无效诉权的规定提起本案无效之诉，并无不当。根据受让人向国有企业债务人主张债权的诉讼应与不良债权转让合同无效诉讼合并审理的上述规定，且佳誉恒达公司与宜春住房公司不良债权追偿纠纷正在一审法院审理之中，因此，一审法院受理本案无效诉讼符合《纪要》规定，长城资产江西分公司的上诉理由不成立。

【实务解析】

国有企业债务人能否对金融不良债权转让合同的效力提起无效之诉，是《纪要》制定过程中争议较大的问题。通常认为，在债权转让中，债权人仅对债务人负有债权转让的通知义务，而债务人对于转让合同的效力不应享有诉权。在政策性处置不良资产的大背景下，为最大限度防止国有资产流失，《纪要》明确了国有企业债务人以损害国有资产等为由提起不良债权转让合同无效的诉权。为了防止国有企业债务人滥用诉权，引导理性诉讼，《纪要》规定了两种防止滥诉的措施：一是提供诉讼担保，国有企业债务人在提起不良债权转让合同无效之诉中必须提供相应的担保，否则人民法院不予受理。二是增加诉讼成本，在国有企业债务人通过抗辩的方式提出不良债权转让合同无效时，人民法院应当进行释明，告知其以金融资产管理公司和受让人为被告向同一人民法院另行提起转让合同无效之诉。债务人不另行起诉的，人民法院对其抗辩不予支持。① 国有企业债务人另行提起不良债权转让合同无效诉讼的，法院中止审理受让人向国有企业债务人主张债权的诉讼，在不良债权转让合同无效诉讼被受理后，两案合并审理。本案中，袁州区政府提供的不良债权转让合同无效之诉，应由受理不良债权追偿纠纷案件的法院即宜春市中级人民法院管辖。

【法条链接】

《最高人民法院关于审理涉及金融不良债权转让案件工作座谈会纪要》（法发〔2009〕19号）

五、关于国有企业的诉权及相关诉讼程序

会议认为，为避免当事人滥用诉权，在受让人向国有企业债务人主张债权的诉讼中，国有企业债务人以不良债权转让行为损害国有资产等为由，提出不良债权转让合同无效抗辩的，人民法院应告知其向同一人民法院另行提起不良债权转让合同无效的诉讼；国有企业债务人不另行起诉的，人民法院对其抗辩不予支持。国有企业债务人另行提起不良债权转让合同无效诉讼的，人民法院应中止审理受让人向国有企业债务人主张债权的诉讼，在不良债权转让合同无效诉讼被受理后，两案合并审理。国有企业债务人在二审期间另行提起不良债权转让合同无效诉讼的，人民法院应中止审理受让人向国有企业债务人主张债权的诉讼，在不良债权转让合同无效诉讼被受理且作出一审裁判后再行审理。

七、当事人约定可裁可诉的，如关于仲裁与诉讼的约定是可以分割的，则仲裁协议无效不影响管辖协议的效力

——河南君临实业有限公司与中国工商银行股份有限公司郑州自贸试验区分行金融借款合同纠纷案

【案件来源】最高人民法院（2020）最高法民终193号

---

① 高民尚：《〈关于审理涉及金融不良债权转让案件工作座谈会纪要〉的理解与适用》，载《人民司法（应用）》2009年第9期。

【争议焦点】当事人约定争议可以向仲裁机构申请仲裁也可以向人民法院起诉的，仲裁协议是否有效？仲裁条款无效是否影响当事人管辖协议的效力？

【裁判要旨】当事人约定争议可以向仲裁机构申请仲裁也可以向人民法院起诉的，仲裁协议无效。如果关于仲裁与诉讼的约定是可以分割的，则仲裁协议无效不影响管辖协议的效力。

【基本案情】

上诉人（原审被告）：河南君临实业有限公司（以下简称君临公司）

被上诉人（原审原告）：中国工商银行股份有限公司郑州自贸试验区分行（原中国工商银行股份有限公司郑州自贸试验区支行，以下简称工行自贸区分行）

原审被告：深圳市晶利雅珠宝有限公司、深圳市铭心珠宝有限公司、河南汉王珠宝有限公司、张某汉、张某云

2016年3月23日、2016年6月15日、2016年7月25日，借款人君临公司分别与贷款人中国工商银行股份有限公司郑州紫荆支行（以下简称工行紫荆支行）签订《固定资产借款合同》，约定：借款金额分别为6700万元、13,300万元、8000万元，借款期限为8年。

2016年6月15日，抵押人君临公司与抵押权人工行紫荆支行（2017年8月更名为工行自贸区支行）签订《最高额抵押合同》，约定：君临公司所担保的主债权为自2016年3月23日至2024年3月15日期间（包括该期间的起始日和届满日），在20,000万元的最高余额内，工行紫荆支行依据与君临公司签订的借款合同而享有的对债务人的债权；……凡由本合同引起的或与本合同有关的一切争议、纠纷，甲乙双方应协商解决，协商不成，由甲方所在地法院通过诉讼方式解决。同日，抵押人君临公司与抵押权人工行紫荆支行签订《郑州市在建工程抵押合同》，约定：为确保借款合同的履行，甲方自愿将正在建设中的房屋抵押，乙方经实地勘验，在全面充分了解该房屋具体状况后同意接受抵押；……凡因本合同引起的或与本合同有关的争议，由双方协商解决。如商议不成，任何一方均可向郑州仲裁委员会申请仲裁。上述抵押担保已办理了抵押登记。

工行自贸区支行向一审法院河南省高级人民法院提起诉讼，请求判令君临

公司立即归还工行自贸区支行借款本金及利息等,判令工行自贸区支行对君临公司所有的抵押物享有优先受偿权,判令保证人承担连带保证责任等。

君临公司主张,工行自贸区支行主张实现抵押权的诉讼请求不应纳入法院审理范围,应由工行自贸区支行以仲裁方式提起。

一审法院判决:一、君临公司向工行自贸区支行偿还借款本金及利息、罚息、复利;二、工行自贸区支行对君临公司的抵押物折价或者拍卖、变卖所得价款在借款本金13,300万元及相应的利息、罚息、复利范围内享有优先受偿权;……后君临公司不服一审判决,向最高人民法院提起上诉,最高人民法院经审理,判决:驳回上诉,维持原判。

【法院观点】

关于工行自贸区支行主张实现抵押权的诉讼请求是否属于法院受案范围的问题。君临公司与工行紫荆支行签订的《最高额抵押合同》约定:"凡由本合同引起的或与本合同有关的一切争议、纠纷,甲乙双方应协商解决,协商不成……通过诉讼方式解决"。君临公司与工行紫荆支行签订的《郑州市在建工程抵押合同》第十五条约定:"……凡因本合同引起的或与本合同有关的争议,由双方协商解决。如商议不成,任何一方均可向郑州仲裁委员会申请仲裁。"双方关于抵押合同纠纷既约定通过诉讼方式解决,又约定以仲裁方式解决,根据《最高人民法院关于适用〈中华人民共和国仲裁法〉若干问题的解释》第七条"当事人约定争议可以向仲裁机构申请仲裁也可以向人民法院起诉的,仲裁协议无效"的规定,君临公司与工行紫荆支行签订的《郑州市在建工程抵押合同》第十五条约定的仲裁协议条款无效。工行自贸区支行主张实现抵押权的诉讼请求属于法院受案范围。

【实务解析】

本案中涉及的主要问题是当事人约定可裁可诉情形下仲裁协议的效力问题。《最高人民法院关于适用〈中华人民共和国仲裁法〉若干问题的解释》第七条对该问题进行了明确,即该种情形下仲裁协议无效。当事人在进行争议解决条款合同设计时,如果要选择仲裁的方式解决纠纷,一定要注意仲裁条款的准确性,防止陷入无效的境地。我国仲裁法对"请求仲裁的意思表示"要求严格，如果当事人约定同时可以拥有仲裁或诉讼的选择权，等同于同时约定仲裁或者诉讼，可能因缺乏请求仲裁的有效意思表示而被认定无效。例如，最高人民法院（2013）民二终字第81号案中，当事人约定"解决合同纠纷的方式为：若因合同产生纠纷，合同双方协商解决，协商不成，可向协议签订地所在仲裁委员会提出仲裁，任意一方对仲裁结果提出异议的，可向合同签订地法院提出起诉"。关于该仲裁协议的效力问题，最高人民法院认为：诉讼与仲裁这两种争议解决方法在性质上是彼此排斥的，两种方法不能并存，双方当事人虽然约定了任何一方可向协议签订地所在仲裁委员会提出仲裁，但同时又约定任意一方对仲裁结果提出异议的，可向合同签订地法院提出起诉。这样的约定不符合《仲裁法》第九条第一款关于"仲裁实行一裁终局"的规定，违反了仲裁排除法院管辖的基本原则，因此应认定仲裁协议无效。

仲裁协议的效力影响的是法院的受理问题，本章之所以选取这个案例，是以此案例为基础，进一步探讨在争议解决条款中当事人同时约定了仲裁协议和管辖协议的情况下，仲裁协议无效是否影响管辖协议的效力问题。关于该问题，司法实践中法院观点不一，一种观点认为争议解决条款整体无效，另一种观点认为仲裁协议无效不影响当事人关于诉讼管辖约定的效力。本书赞同第二种观点。最高人民法院（2013）民二终字第85号案、（2016）最高法民辖终284号亦采纳了第二种观点，在该两案中，最高人民法院观点为：争议解决条款是当事人依据意思自治原则选择争议解决方式的约定，性质上属于当事人之间关于争议解决方式达成的契约，在没有禁止性规定的情况下，应最大程度上尊重当事人的意思自治，这符合现代民事纠纷合意解决机制的价值理念。因此，应根据当事人在约定条款中的真实意思表示，对条款中仲裁或诉讼管辖约定的效力分别作出认定，约定部分无效的，并不当然导致争议解决条款整体无效。因此，如果当事人关于诉讼管辖的约定有效，应当根据当事人的约定确定管辖法院。

【法条链接】

《最高人民法院关于适用〈中华人民共和国仲裁法〉若干问题的解释》（法释〔2006〕7号）

第七条 当事人约定争议可以向仲裁机构申请仲裁也可以向人民法院起诉

的,仲裁协议无效。但一方向仲裁机构申请仲裁,另一方未在仲裁法第二十条第二款规定期间内提出异议的除外。

八、债权人仅对借款合同的保证人提起诉讼的,不属于受理债务人破产申请的法院的集中管辖范围

——石河子经济技术开发区财政局与中国信达资产管理股份有限公司新疆维吾尔自治区分公司保证合同纠纷案

【案件来源】最高人民法院(2017)最高法民终84号

【争议焦点】债权人仅对借款合同的保证人提起诉讼的,是否需要向受理债务人破产申请的法院提起诉讼?

【裁判要旨】债权人仅起诉保证人承担保证责任,并未对主债务人提起诉讼的,不适用《企业破产法》第二十一条关于破产衍生诉讼集中管辖的规定。

【基本案情】

上诉人(原审被告):石河子经济技术开发区财政局(以下简称开发区财政局)

被上诉人(原审原告):中国信达资产管理股份有限公司新疆维吾尔自治区分公司(以下简称信达新疆分公司)

原审被告:浙江雄盛实业有限公司(以下简称雄盛公司)、新疆石河子开发区经济建设总公司(以下简称建设总公司)、何某荣、陈某丽

2011年12月31日及2012年1月17日,建行石河子分行与天盛公司签订了5份《人民币流动资金贷款合同》,约定天盛公司向建行石河子分行借款本金合计18,711万元。建行石河子分行与雄盛公司、建设总公司、何某荣、陈某丽在上述借款合同签署之日分别签订了5份《保证合同》《最高额保证合同》,约定:为保证建行石河子分行与债务人天盛公司之间签署的上述借款合同(主合同)的履行,保障乙方(建行石河子分行)债权的实现,甲方(雄盛公司、建设总公司、何某荣、陈某丽)愿意为债务人在主合同项下的债务提供连带责任保证。2011年12月23日,开发区财政局向建行石河子分行出具承诺函,承诺对借款人天盛公司在该行的各类信贷业务余额18,753万元及建设总公司就转贷本息提供的连带责任担保承担连带贷款本息还款责任。合同履行过程中,借款人天盛公司未按期偿付借款及利息。建行石河子分行于2014年

9月2日与信达新疆分公司签订协议，约定将其在上述《人民币流动资金贷款合同》《最高额保证合同》中享有的主合同债权和从合同权利自2014年4月21日转让给信达新疆分公司。

信达新疆分公司向新疆维吾尔自治区高级人民法院生产建设兵团分院提起诉讼，请求：依法判令各保证人承担如下责任：（1）偿还借款本息共计247,290,709.06元（其中本金172,225,070.12元，截至2015年12月15日起诉的借款利息75,065,638.94元），并承担连带保证责任；（2）承担本案全部费用（诉讼费、保全费、律师代理费及其他相关费用）。

一审法院判决：一、雄盛公司、建设总公司、何某荣、陈某丽对债务人天盛公司尚未清偿的债务即借款本金172,225,070.12元、利息75,065,638.94元，合计247,290,709.06元承担连带保证责任，并于本判决生效后十日内向原告信达新疆分公司偿付；二、开发区财政局在债务人天盛公司不能清偿债务18,753万元的二分之一即9376.5万元范围内，承担连带保证责任，并于本判决生效后十日内向原告信达新疆分公司偿付；三、上述被告承担本案连带保证责任后，有权向债务人天盛公司追偿。

开发区财政局不服一审判决，向最高人民法院提起上诉，请求撤销一审民事判决第二项，依法改判驳回信达新疆分公司对开发区财政局的诉讼请求。开发区财政局认为一审法院审理程序错误。天盛公司破产程序未终结，本案应由受理破产案件的法院受理。信达新疆分公司应当在破产终结后六个月内向保证人主张权利。其在天盛公司破产重整期间要求保证人承担保证责任，没有法律依据，本案应当裁定中止诉讼。

法院查明，2014年4月16日，新疆生产建设兵团第八师中级人民法院作出（2014）兵八民破字第3号民事裁定，受理债权人对天盛公司提出的重整申请；2015年5月4日，该院作出（2014）兵八民破字第3-4号民事裁定，批准天盛公司重整计划草案，终止天盛公司重整程序。

最高人民法院经审理，判决：一、维持一审判决主文第一项；二、撤销一审判决主文第二项、第三项；三、石河子经济技术开发区财政局在债务人新疆天盛实业有限公司及担保人建设总公司不能清偿债务18,753万元的二分之一即9376.5万元限额内，承担连带赔偿责任。

【法院观点】

关于一审法院审理程序是否错误的问题。《企业破产法》第二十一条规定，"人民法院受理破产申请后，有关债务人的民事诉讼，只能向受理破产申请的人民法院提起"。本案中，信达新疆分公司仅对借款合同保证人雄盛公司、建设总公司、开发区财政局、何某荣、陈某丽等提起诉讼，要求保证人对主债务承担保证责任，并未对主债务人天盛公司提起诉讼，本案不存在应当适用上述法律规定的情形，开发区财政局以天盛公司进入重整程序为由，主张信达新疆分公司只能向受理天盛公司破产案件的人民法院提起诉讼，于法无据。八师中院受理天盛公司重整一案后，根据管理人的申请，于2015年5月4日作出（2014）兵八民破字第3-4号民事裁定，批准天盛公司重整计划草案，并终止天盛公司重整程序。《企业破产法》第九十二条第三款规定，"债权人对债务人的保证人和其他连带债务人所享有的权利，不受重整计划的影响"，根据该规定，本案不符合中止诉讼的条件。雄盛公司在一审法院审理期间进入破产清算程序，雄盛公司管理人向一审法院提交告知函，并申请中止诉讼，绍兴中院在受理雄盛公司破产清算申请的同日即指定了管理人。《企业破产法》第二十条规定，"人民法院受理破产申请后，已经开始而尚未终结的有关债务人的民事诉讼或者仲裁应当中止；在管理人接管债务人的财产后，该诉讼或者仲裁继续进行"。根据该规定，本案无需中止诉讼。

【实务解析】

根据《企业破产法》第二十一条规定，破产衍生诉讼案件由受理破产案件的法院实行集中管辖。集中管辖的目的在于增强破产案件对债务人财产的信息掌握、收集、管理以及变动情况，使法院、管理人、破产利害关系人能够及时准确获得破产中债务人涉诉信息，以及由此可能产生的债务人财产和负债变动的情况。

在金融不良债权追偿案件中经常出现主债务人破产的情形，在这种情形下，如果将主债务人列为被告，则受到破产案件集中管辖规则的限制，破产衍生诉讼只能由受理破产案件的法院受理，但受理破产案件的法院往往层级比较低且可能存在因管理人没有确定而中止审理的情形，拖延案件进程。债务人破产的，债权人对债务人的保证人和其他连带债务人所享有的权利，不受债务人破产的影响。为有效推进诉讼，债权人可以选择向主债务人申报债权的同时，单独起诉保证人，尽快实现对保证人的确权和执行，减少主债务人破产对债务追偿周期的影响。

【法条链接】

《中华人民共和国企业破产法》

第二十一条　人民法院受理破产申请后，有关债务人的民事诉讼，只能向受理破产申请的人民法院提起。

第九十二条第三款　债权人对债务人的保证人和其他连带债务人所享有的权利，不受重整计划的影响。

专题三

金融不良资产诉讼中的催收与诉讼时效

综述 〉〉〉

金融不良债权往往形成时间比较久且经历过多次转让，这导致金融不良债权的起诉日与债权到期日之间时间跨度一般比较大。司法实践中，诉讼时效抗辩往往成为金融不良债权诉讼中的争议焦点。因此，有效催收对于诉讼时效的延续及诉讼追偿至关重要。

一、金融不良债权催收及诉讼时效问题相关法律规定

关于诉讼时效的法律规定主要集中于《民法典》合同编及《最高人民法院关于审理民事案件适用诉讼时效制度若干问题的规定》《最高人民法院关于适用〈中华人民共和国民法典〉有关担保制度的解释》《最高人民法院关于以法院专递方式邮寄送达民事诉讼文书的若干规定》等司法解释，以及《最高人民法院关于超过诉讼时效期间借款人在催款通知单上签字或者盖章的法律效力问题的批复》《最高人民法院关于债务人签收"贷款对账签证单"的行为是否属于对已经超过诉讼时效的原债务的履行进行重新确认问题的复函》等批复、复函文件中。此外，基于防止国有资产流失，保护金融资产安全，便利国有银行不良资产处置等政策性因素的考量，最高人民法院对金融资产管理公司在收购与处置国有商业银行不良贷款过程中的诉讼时效问题曾作出一些特殊规定，主要包括：《最高人民法院关于审理涉及金融资产管理公司收购、管理、处置国有银行不良贷款形成的资产的案件适用法律若干问题的规定》(已失效)、《最高人民法院对〈关于贯彻执行最高人民法院"十二条"司法解释有关问题的函〉的答复》等。

二、金融不良债权催收及诉讼时效问题常见争议焦点

本章从金融不良债权司法审判实践出发，在最高人民法院及地方高院上百个案例中选取九个典型案例，全面涵盖金融不良债权催收及诉讼时效相关的常见争议焦点问题，以展现法院对诉讼时效问题裁判的尺度。此外，鉴于保证期间与诉讼时效存在一定的关联，且两者在催收方面存在一定的共性，故本章亦选取两个与保证期间相关的向保证人催收的案例。

案例一和案例九涉及邮寄催收的效力问题。首先，根据《最高人民法院关于审理民事案件适用诉讼时效制度若干问题的规定》第八条规定，当事人一方以发送信件或者数据电文方式主张权利，信件或者数据电文到达或者应当到达对方当事人的，应当认定为《民法典》第一百九十五条规定的"权利人向义务人提出履行请求"，产生诉讼时效中断的效力。根据民事诉讼法"谁主张，谁举证"原则，已经进行了有效催收的举证责任在债权人一方。如果因为债权人导致邮寄地址、电话等收件信息不准确，且债权人不能举证证明邮件已经实际到达债务人的情况下，不发生诉讼时效中断的法律效果。相反，因受送达人自己的过错，比如合同约定的地址不准确、送达地址变更未及时通知债权人等导致催收文件未能被受送达人实际接收的，应视为债权人已经有效主张了权利。其次，最高人民法院发布的〔2003〕民二他字第6号复函在司法实践中也被参照适用。根据该复函，债权人通过邮局以特快专递的方式向保证人发出逾期贷款催收通知书，在债权人能够提供特快专递邮件存根及内容的情况下，除非保证人有相反证据推翻债权人所提供的证据，应当认定债权人向保证人主张了权利。

案例二和案例八涉及公告催收的效力问题。根据《最高人民法院关于审理民事案件适用诉讼时效制度若干问题的规定》第八条第一款第四项规定，当事人一方下落不明，对方当事人在国家级或者下落不明的当事人一方住所地的省级有影响的媒体上刊登具有主张权利内容的公告的，产生诉讼时效中断的效力。但是，关于保证期间能否公告要求保证人承担保证责任及适用的条件，法律及司法解释均没有明确规定，司法实践中一般参照适用《最高人民法院关于审理民事案件适用诉讼时效制度若干问题的规定》第八条第一款第四项之规定，在"当事人一方下落不明"的情况下，认可采用公告的方式向保证人主张权利，但并不绝对。鉴于保证期间内是否向保证人主张权利事关担保债权的存亡，故为防范公告主张权利不被认可的法律风险，建议债权人优先选择其他催收方式或者直接提起诉讼或申请仲裁。

案例三涉及金融资产管理公司催收的特殊规定问题。《最高人民法院关于审理涉及金融资产管理公司收购、管理、处置国有银行不良贷款形成的资产的案件适用法律若干问题的规定》（已失效）第十条规定，原债权银行在全国或者省级有影响的报纸上发布的债权转让公告或通知中，有催收债务内容的，该公告或通知可以作为诉讼时效中断的证据。《最高人民法院对〈关于贯彻执行最高人民法院"十二条"司法解释有关问题的函〉的答复》（法函〔2002〕3号）进一步规定，为了最大限度地保全国有资产，金融资产管理公司在全国或省级有影响的报纸上发布的有催收内容的债权转让公告或通知所构成的诉讼时效中断，可以溯及至金融资产管理公司受让原债权银行债权之日；金融资产管理公司对已承接的债权，可以在上述报纸上以发布催收公告的方式取得诉讼时效中断（主张权利）的证据。需要注意的是，为配合《民法典》及相关配套司法解释的颁布和施行，保证国家法律统一正确适用，《最高人民法院关于审理涉及金融资产管理公司收购、管理、处置国有银行不良贷款形成的资产的案件适用法律若干问题的规定》已经自2021年1月1日起被废止。在这种情况下，公告能否继续产生中断诉讼时效的效果存在一定的不确定性，提醒权利人注意关注最新司法动向，稳妥做好催收工作。

案例四涉及对连带债务人催收的涉他效力问题。根据《最高人民法院关于审理民事案件适用诉讼时效制度若干问题的规定》第十五条第二款规定，对于连带债务人中的一人发生诉讼时效中断效力的事由，应当认定对其他连带债务人也发生诉讼时效中断的效力。实践中需要注意的是，连带保证无效导致保证责任转换为赔偿责任的，赔偿义务人与其他连带保证人之间不再是连带债务关系，对于连带债务人发生诉讼时效中断效力的事由，对该赔偿义务人不发生诉讼时效中断的效力。

案例五涉及破产债务人享有的到期债权诉讼时效的特殊规定。《最高人民法院关于适用〈中华人民共和国企业破产法〉若干问题的规定（二）》第十九条规定："债务人对外享有债权的诉讼时效，自人民法院受理破产申请之日起中断。债务人无正当理由未对其到期债权及时行使权利，导致其对外债权在破产申请受理前一年内超过诉讼时效期间的，人民法院受理破产申请之日起重新计算上述债权的诉讼时效期间。"该规定可在一定程度上避免破产债务人恶意放弃到期债权的行为，实现对破产债务人财产的保护。

案例六和案例七涉及对诉讼时效届满的债权重新确认的问题。与诉讼时效期间内对于权利人主张权利的行为应结合诉讼时效制度的目的从宽把握不同，对于诉讼时效已届满的自然债务，司法实践中倾向于认为，权利人理应承担不及时行使权利而导致的不利后果，此时对于义务人对债务的重新确认或者放弃诉讼时效抗辩的行为应当从严把握。诉讼时效届满后，债务人仅在债务逾期催收通知书上盖章，但并无意愿履行该债务的意思表示的，不应认定债务人放弃了诉讼时效抗辩权，不构成对原债权债务的重新确认。

一、在邮寄催收的情形下，债权人邮寄地址不准确且不能充分举证证明其债权催收快件已实际到达债务人的，不发生诉讼时效中断的法律效果

——佳誉恒达有限公司与景德镇市瓷都机砖厂借款合同纠纷案

【案件来源】最高人民法院（2020）最高法民申5534号

【争议焦点】债权人采用特快专递方式向债务人发送催收通知并进行了公证，但是邮寄地址并无具体的街道、门牌、联系电话，能否产生诉讼时效中断的法律效果？

【裁判要旨】在邮寄催收的情形下，债权人邮寄地址不准确且不能充分举证证明其债权催收快件已实际到达债务人的，不发生诉讼时效中断的法律效果。

【基本案情】

再审申请人（一审原告、二审上诉人）：佳誉恒达有限公司（以下简称佳誉恒达公司）

被申请人（一审被告、二审被上诉人）：景德镇市瓷都机砖厂（以下简称瓷都机砖厂）

1997年9月15日，原中国工商银行景德镇市西市区办事处与瓷都机砖厂签订《中国工商银行人民币中长期借款合同》《中国工商银行抵押合同》各一份，合同约定：瓷都机砖厂向原中国工商银行景德镇市西市区办事处借款200万元，借款期限自1997年9月15日至1999年9月14日，借款利率一年一定，第一年利息确定为年息10.98%，期满后由贷款方根据国家当时规定档次利率确定下一年的借款利率。上述合同借款人住所均载明为瓷都大道吕蒙桥南，电话为83××××8。原中国工商银行景德镇市西市区办事处按约向瓷都机砖厂发放了贷款200万元，在其借款借据上载明放款日期为1997年9月12日，还款日期为1999年9月11日。

还款期限届满后，瓷都机砖厂未偿还任何款项，原中国工商银行景德镇市西市区办事处及中国工商银行景德镇市西市区支行先后向瓷都机砖厂催收和核对包括本案债权在内欠款本息，瓷都机砖厂亦在 2001 年 10 月 10 日、2005 年 1 月 19 日的催收回执及银企对账单回执上盖章确认。2005 年 7 月 19 日中国工商银行江西省分行与中国长城资产管理公司南昌办事处签订《债权转让协议》，将包括涉案借款在内等瓷都机砖厂欠款本金 24,168,300 元及利息的债权转让给中国长城资产管理公司南昌办事处，并于 2005 年 9 月 15 日在《江西日报》刊登债权转让通知暨债务催收联合公告。后中国长城资产管理公司南昌办事处分别于 2007 年 9 月 12 日、2009 年 8 月 18 日、2011 年 7 月 28 日在《江西日报》刊登本案债权等催收公告。

2011 年 12 月 8 日，江西省南昌市赣江公证处出具公证书，表明中国长城资产管理公司南昌办事处向景德镇市人民政府、景德镇市国有资产监督管理委员会邮寄《关于拟处置景德镇市债权的函》，该函告知拟就本案债权等转让所享优先购买权事项。2012 年 11 月 30 日，中国长城资产管理公司南昌办事处与佳誉恒达公司签订《债权转让协议》（拍卖方式打包转让），约定：前者将合法持有贷款债权账面本金余额 962,139,340.9 元、利息 1,872,032,578.65 元，本息合计 2,834,171,919.55 元，以 48,110,000 元价格转让给后者，其中含本案上述债权，并按规定向相关部门进行备案。2013 年 4 月 16 日，中国长城资产管理公司南昌办事处与佳誉恒达公司联合在《江西日报》刊登关于将本案债权等债权转让通知暨债务催收的联合公告："根据中国长城资产管理公司南昌办事处与佳誉恒达公司达成的债权转让安排，中国长城资产管理公司南昌办事处将其对公告清单所列借款人及其担保人享有的债权（包括本金及利息）及相关权益，依法转让给佳誉恒达公司。中国长城资产管理公司南昌办事处特公告通知各借款人、担保人以及债务人、担保人因各种原因发生更名、改制、歇业、吊销营业执照，或丧失民事主体资格等情况的相关承债主体或清算主体。佳誉恒达公司作为上述债权的受让方，现公告要求公告清单所列债务人、担保人及其清算义务人等其他相关当事人，从公告之日起立即向佳誉恒达公司履行主债权合同及担保合同约定的还本付息义务或承担相应的担保责任。如债务人、担保人因各种原因发生更名、改制、歇业、吊销营业执照，或丧失民事主体资格等情形，请相关承债主体、清算主体代为履行义务或承担清算责任。"后佳誉恒达公司分别于 2015 年 4 月 14 日、2017 年 3 月 27 日在《江西日报》刊登本案债权等催收公告。江西省南昌市青云谱公证处、广东省湛江市港城公证处分别出具公证书，表明佳誉恒达公司于2015年4月9日、2017年3月21日向瓷都机砖厂邮寄债权催收通知及回执，其中收件人地址为江西省景德镇市昌江区吕蒙。

法院查明，佳誉恒达公司系非国有资本公司。瓷都机砖厂的企业信息显示，该企业类型为全民所有制，住所为江西省景德镇市昌江区吕蒙，法定代表人为章某进，于1992年5月27日成立，最后核准日期为2013年5月14日，景德镇市市场和质量监督管理局因其不按照规定办理注销登记于2017年6月5日对其作出吊销营业执照的行政处罚。佳誉恒达公司两次快递送达的收件人如下：2015年4月9日的收件人为厂区负责人，单位名称为瓷都机砖厂。2017年3月21日的收件人为瓷都机砖厂。均未填写电话号码。瓷都机砖厂在案涉资产包所欠不良债务本金总计2416.83万元，利息总计4161.47万元，本案200万元系其中一笔贷款。

佳誉恒达公司向景德镇市中级人民法院提起诉讼，请求：（1）判令被告归还原告借款本金2,000,000元及利息4,085,850元，合计人民币6,085,850元；（2）判令原告对被告提供的抵押物即其自有的单螺杆异型挤出机、混料机等6件设备享有优先受偿权；（3）判令本案诉讼费用全部由被告承担。

一审法院认为，涉案债权诉讼时效于2013年4月16日中断，佳誉恒达公司后继的债权催收公告、邮寄催收均不产生诉讼时效中断的效力，涉案债权诉讼时效至2015年4月15日届满，在佳誉恒达公司提起诉讼时涉案债权已过诉讼时效。故，判决：驳回原告佳誉恒达有限公司的诉讼请求。

佳誉恒达公司不服一审判决，向江西省高级人民法院提起上诉，请求：撤销一审民事判决书，改判瓷都机砖厂归还借款本金200万元及利息4,085,850元，合计人民币6,085,850元；确认对瓷都机砖厂借款抵押物即其自有的单螺杆异型挤出机、混料机等6件设备享有优先受偿权。

二审法院判决：驳回上诉，维持原判。

佳誉恒达公司不服，向最高人民法院申请再审称，佳誉恒达公司提供的南昌市青云谱公证处和湛江市港城公证处出具的2份《公证书》载明，佳誉恒达公司以特快专递方式向瓷都机砖厂邮寄债权催收通知及通知回执，特快专递上的收件人为瓷都机砖厂，收件地址为瓷都机砖厂的住所地景德镇市昌江区吕蒙，该地址系瓷都机砖厂注册地址且从未变更过，佳誉恒达公司按照具有公信力的企业注册地址邮寄催收通知书，基于对邮政服务的合理信赖，通常情况下应当到达瓷都机砖厂。《公证书》作为证据已达到民事证据高度盖然性要求，足以认定"到达或者应当到达对方当事人"，构成诉讼时效中断。

最高人民法院经审查，裁定：驳回佳誉恒达有限公司的再审申请。

【法院观点】

本案再审审查的焦点问题在于佳誉恒达公司诉请瓷都机砖厂偿还案涉债务是否超过诉讼时效。根据《最高人民法院关于审理民事案件适用诉讼时效制度若干问题的规定》第十条第一款第二项规定，当事人一方以发送信件或者数据电文方式主张权利，信件或者数据电文到达或者应当到达对方当事人的，应当认定为《民法通则》（已失效）第一百四十条规定的"当事人一方提出要求"，产生诉讼时效中断的效力。〔2003〕民二他字第6号答复主要内容为，债权人通过邮局以特快专递的方式向保证人发出逾期贷款催收通知书，在债权人能够提供特快专递邮件存根及内容的情况下，除非保证人有相反证据推翻债权人所提供的证据，应当认定债权人向保证人主张了权利。本案中，佳誉恒达公司虽然主张其已于2015年4月9日、2017年3月21日通过邮局以特快专递的方式向瓷都机砖厂发出催收通知，但从邮件详情单来看，该邮件中填写的收件人是瓷都机砖厂和瓷都机砖厂负责人，并未填写联系电话，收件地址均为瓷都机砖厂登记注册地址江西省景德镇市昌江区吕蒙。由于该地址限定在一定行政区域范围内，无明确具体的街道、门牌，亦无联系电话，客观上存在邮寄送达的不确定性。而在佳誉恒达公司持有的《中国工商银行人民币中长期借款合同》《中国工商银行抵押合同》中已载明瓷都机砖厂自留的联系地址（瓷都大道吕蒙桥南）、联系电话（83××××8），佳誉恒达公司本可以合同中载明的联系地址及联系电话作为邮寄地址以增强送达的准确性，亦符合合同约定。现瓷都机砖厂否认其收到催收通知，佳誉恒达公司亦未进一步提供邮件回执等能够证明邮件实际到达瓷都机砖厂的证据加以佐证，现有证据尚不足以证明债权催收邮件已实际到达瓷都机砖厂。原审法院结合本案债权形成时间、历史沿革等因素考量，根据借款合同、抵押合同、邮件详情单和公证书等证据材料认定佳誉恒达公司未充分举证证明其债权催收邮件已实际到达瓷都机砖厂，故不发生诉讼时效中断的法律效力，符合案涉实际亦不缺乏事实和法律依据，佳誉恒达公司的再审申请事由不能成立。

【实务解析】

本案明确了催收的两个规则，一是在无证据证明债务人下落不明的情况下，直接公告催收的，不产生诉讼时效中断的法律后果；二是邮寄催收的情况下，如果因为债权人的原因导致邮寄地址、电话等收件信息不准确，且债权人不能举证证明邮件已经实际到达债务人的情况下，不发生诉讼时效中断的法律效果。

根据《最高人民法院关于审理民事案件适用诉讼时效制度若干问题的规定》《最高人民法院关于以法院专递方式邮寄送达民事诉讼文书的若干规定》等相关法律规定，结合实践经验，建议债权人在通过特快专递方式邮寄催收时注意以下几点并留存好相关证据：第一，首选使用中国邮政（EMS）特快专递寄送催收函。第二，关于收件信息，建议在收件人处填写债务人全称，如果合同内注明债务人地址的，则以合同注明地址为收件地址；若无明确地址，收件人为法人或其他组织的，则以该组织在市场监督管理局注册登记地址为收件地址，收件人为自然人的，则以身份证上的住址为收件地址。第三，建议在邮寄面单上详细填写内件品名，或者在备注栏里注明"××项目催收函"，并对催收函内容及封装过程进行拍照或者录像。第四，对方签收或拒收后，建议登录EMS官网打印物流单。第五，对于收件人拒收的情况能否产生诉讼时效中断的效果，司法实践中法院观点不一，为稳妥起见，建议另行采取其他方式对债务人进行催收并留存证据。

【法条链接】

《最高人民法院关于审理民事案件适用诉讼时效制度若干问题的规定》（法释〔2020〕17号）

第八条 具有下列情形之一的，应当认定为民法典第一百九十五条规定的"权利人向义务人提出履行请求"，产生诉讼时效中断的效力：

……

（二）当事人一方以发送信件或者数据电文方式主张权利，信件或者数据电文到达或者应当到达对方当事人的；

……

《最高人民法院关于以法院专递方式邮寄送达民事诉讼文书的若干规定》（法释〔2004〕13号）

第十一条　因受送达人自己提供或者确认的送达地址不准确、拒不提供送达地址、送达地址变更未及时告知人民法院、受送达人本人或者受送达人指定的代收人拒绝签收，导致诉讼文书未能被受送达人实际接收的，文书退回之日视为送达之日。

受送达人能够证明自己在诉讼文书送达的过程中没有过错的，不适用前款规定。

二、债务人下落不明的，债权人在债务人所在地市级有影响的报纸上刊登催收公告，且能达到使债务人知悉债权人主张权利的客观效果的，可以产生中断诉讼时效的法律效果

——河源市鸿达投资发展有限责任公司与河源市国有资产经营有限公司债权转让合同纠纷案

【案件来源】最高人民法院（2018）最高法民申4185号

【争议焦点】债权人未在国家级或者下落不明的当事人一方住所地的省级有影响的媒体上刊登催收公告，但在下落不明的当事人当地较有影响的报纸上刊登催收公告，且能达到使债务人知悉债权人主张权利的客观效果的，能否产生中断诉讼时效的法律效果？

【裁判要旨】《最高人民法院关于审理民事案件适用诉讼时效制度若干问题的规定》虽对公告主张权利相关条件作出一定程度的限制，但不能由此认定前述规定完全排除其他形式公告主张权利行为的法律效力。

【基本案情】

再审申请人（一审被告、二审上诉人）：河源市鸿达投资发展有限责任公司（以下简称鸿达公司）

被申请人（一审原告、二审被上诉人）：河源市国有资产经营有限公司（以下简称国资公司）

1993年5月28日至1998年12月31日，鸿达集团与河源工行签订了23份借款合同，鸿达集团共向河源工行借款115,966,858元，用于生产经营。以

上各借款合同签订后，河源工行均依约向鸿达集团发放了贷款。各借款合同到期后，鸿达集团均未向河源工行偿还借款本息。

2005年5月27日，中国工商银行广东省分行与中国华融资产管理公司广州办事处（以下简称华融公司）签订了《非信贷风险资产转让协议》，确定将中国工商银行广东省分行的非信贷风险资产转让给华融公司，双方于2005年6月12日在《南方日报》刊登《债权转让暨催收公告》，公告载明了华融公司作为债权的受让方享有对鸿达集团38,481,825.84元的债权。2005年7月20日，中国工商银行广东省分行与中国信达资产管理公司深圳办事处（以下简称信达公司）签订了《债权转让协议》，确定将本案的债权本金及相应利息转让给信达公司，但不包括中国工商银行广东省分行已转让给华融公司的表内应收利息（即合同期限内的利息）。

2006年11月19日，信达公司与国资公司签订了《债权转让合同》，约定信达公司对鸿达集团享有的涉案债权的本息转让给国资公司，双方于2006年12月1日向鸿达集团发出《债权转让暨催收公告》，并于2006年12月5日得到鸿达集团的签字盖章确认。国资公司分别于2006年12月6日、2008年6月28日、2008年12月25日、2010年12月21日、2012年12月20日、2014年12月20日在《河源日报》刊登《债权转让暨催收公告》，公告载明了国资公司催收债权的内容。

2014年7月9日，鸿达集团的企业名称变更为鸿达公司，企业类型由全民所有制变更为有限责任公司（自然人独资）。

国资公司于2015年11月16日向广东省河源市中级人民法院提起诉讼，请求：（1）鸿达公司偿还国资公司借款本金115,966,858元及利息（合同期内的利息按约定利率计算，逾期按中国人民银行规定的逾期利率计算至清偿之日止）；（2）本案诉讼费用由鸿达公司负担。

一审法院判决：一、鸿达公司在判决生效后三十日内向国资公司偿还借款本金115,966,858元及逾期利息（按中国人民银行规定的同期逾期贷款利率计至本判决确定的履行期限届满之日止）；二、驳回国资公司的其他诉讼请求。

鸿达公司不服一审判决，认为国资公司一直未依照法律规定向鸿达公司主张权利，其已超过了诉讼时效，依法应当驳回其诉讼请求，故向广东高院提起上诉，请求：（1）撤销一审判决，驳回国资公司的诉讼请求；（2）判令国资公司承担本案全部诉讼费用。

广东高院二审认为，国资公司受让本案债权于 2006 年 12 月 5 日得到鸿达集团签字盖章确认后，在鸿达公司注册登记地的《河源日报》持续刊登了《债权转让暨催收公告》，向鸿达公司催收涉案债权，该行为已经产生因主张权利而导致诉讼时效中断的法律效果，且最后一次刊登催收债权内容的时间是 2014 年 12 月 20 日，故国资公司于 2015 年 11 月 16 日提起一审诉讼，诉请鸿达公司清偿涉案债务并未超过诉讼时效。故判决：驳回上诉，维持原判。

鸿达公司因不服二审判决，向最高人民法院申请再审，认为国资公司既不是国有银行或者金融资产管理公司，也没有证据证明鸿达公司下落不明，其通过地级市报纸《河源日报》发布公告的行为，不能产生诉讼时效中断的效力。所以，国资公司的起诉已经超过诉讼时效。最高人民法院经审查，裁定：驳回鸿达公司的再审申请。

【法院观点】

《最高人民法院关于审理民事案件适用诉讼时效制度若干问题的规定》第十条第一款第四项规定，当事人一方下落不明，对方当事人在国家级或者下落不明的当事人一方住所地的省级有影响的媒体上刊登具有主张权利内容的公告的，产生诉讼时效中断的效力，但法律和司法解释另有特别规定的，适用其规定。[①]

诉讼时效制度的立法目的在于督促权利人及时主张权利以便稳定交易秩序。认定权利人主张权利诉讼时效届满，须基于权利人持续怠于行使权利的客观事实。前述法律规定虽对公告主张权利相关条件作出一定限制，但不能由此认定前述规定完全排除其他形式公告主张权利行为的法律效力。本案的实际情况是，国资公司受让债权后，即向债务人发送公告并得到债务人确认。之后，国资公司连续数次在《河源日报》上刊登公告催收。这些事实表明，国资公司不仅始终没有怠于主张权利，反而在每次诉讼时效届满前积极发布催收公告主张权利。此外，《河源日报》属于当地较有影响的报纸，在《河源日报》上刊

---

① 对应 2020 年修正的《最高人民法院关于审理民事案件适用诉讼时效制度若干问题的规定》第八条第一款第四项。

登催收公告的行为，具有足以使鸿达公司知悉国资公司主张权利的客观效果。因此，原审法院认定国资公司前述公告催收债权行为已经产生中断诉讼时效法律效力的意见，具有相应的事实和法律依据。

【实务解析】

最高人民法院有关负责人在关于《最高人民法院关于审理民事案件适用诉讼时效制度若干问题的规定》答记者问中指出，诉讼时效制度虽具有督促权利人行使权利的立法目的，但其实质并非否定权利的合法存在和行使，而是禁止权利的滥用，以维护社会交易秩序的稳定，进而保护社会公共利益。由于诉讼时效中断、中止制度的立法目的在于保护权利人权利，因此，在适用上述制度时，如果存在既可以做有利于权利人的理解也可以做有利于义务人的理解的情形，那么，在不违背基本法理的基础上，应做有利于权利人的理解。

《最高人民法院关于审理民事案件适用诉讼时效制度若干问题的规定》第八条规定："具有下列情形之一的，应当认定为民法典第一百九十五条规定的'权利人向义务人提出履行请求'，产生诉讼时效中断的效力：……（四）当事人一方下落不明，对方当事人在国家级或者下落不明的当事人一方住所地的省级有影响的媒体上刊登具有主张权利内容的公告的，但法律和司法解释另有特别规定的，适用其规定……"根据本条规定，在债务人下落不明的情况下，债权人是否只能在国家级或者下落不明当事人一方住所地的省级有影响的媒体上刊登具有主张权利内容的公告，才能产生诉讼时效中断的后果？本案中，最高人民法院从诉讼时效制度的立法目的和债权人公告产生的实际效果两个角度说理，认为即使债权人发布公告的报纸级别并非国家级或者债务人所在地的省级媒体，但能够达到足以使债务人知悉债权人权利主张的客观效果的，可以产生中断诉讼时效的效果。

鉴于金融不良债权产生时间往往较早且经过多手转让，为保障债权不超过诉讼时效，催收非常关键。虽然本案最高人民法院最终认定在地级市报纸上刊登的催收公告产生诉讼时效中断的后果，但这是基于个案的情况，并非统一的裁判规则。故，在公告催收的情况下应首先选择国家级或者下落不明的当事人一方省级媒体发布催收公告。此外，建议金融不良债权权利人务必重视债权催收工作并留存好相关证据，注意每种催收方式的适用条件和操作细节问题，防范因催收细节不到位导致不能产生主张权利的效果而影响诉讼追偿的法律风险。

【法条链接】

《最高人民法院关于审理民事案件适用诉讼时效制度若干问题的规定》(法释〔2020〕17号)

第八条 具有下列情形之一的,应当认定为民法典第一百九十五条规定的"权利人向义务人提出履行请求",产生诉讼时效中断的效力:

……

(四)当事人一方下落不明,对方当事人在国家级或者下落不明的当事人一方住所地的省级有影响的媒体上刊登具有主张权利内容的公告的,但法律和司法解释另有特别规定的,适用其规定。

……

三、对于转让之前已经因未依法及时主张权利而超过诉讼时效的债权,不因之后转让时发布具有催收内容的公告而产生重新起算诉讼时效的效果

——中国长城资产管理股份有限公司安徽省分公司与六安市金安农业生产资料公司金融借款合同纠纷案

【案件来源】 最高人民法院(2021)最高法民申1557号

【争议焦点】 不能证明债务人下落不明的,直接以公告催收的方式催收能否产生诉讼时效中断的效果?对于转让之前已超过诉讼时效的债权,之后转让时发布具有催收内容的公告能否产生重新起算诉讼时效的效果?

【裁判要旨】 依照《最高人民法院关于审理涉及金融资产管理公司收购、管理、处置国有银行不良贷款形成的资产的案件适用法律若干问题的规定》第十条规定,主张诉讼时效中断的前提,是债权人发布具有催收内容的转让公告时,债权尚未超过法律规定的诉讼时效。对于转让之前已经因未依法及时主张权利而超过诉讼时效的债权,不因之后转让时发布具有催收内容的公告而产生重新起算诉讼时效的效果。

【基本案情】

再审申请人(一审原告、二审被上诉人):中国长城资产管理股份有限公

司安徽省分公司（以下简称长城资产安徽分公司）

被申请人（一审被告、二审上诉人）：六安市金安农业生产资料公司（以下简称金安农资公司）

金安农资公司成立于1982年7月，主管部门系六安市金安区供销合作社联合社，现任法定代表人为徐某红。徐某红前任系王某富，任职至2012年2月3日。金安农资公司因经营需要，自1995年8月起陆续向原中国农业银行六安分行贷款，贷款本金金额合计5237万元。上述贷款最后一笔贷款发生时间为2001年12月30日，借款期限届满之日为2002年12月30日。

2009年4月23日、2011年4月12日，中国农业银行六安分行分别向金安农资公司时任法定代表人王某富送达了债务逾期催收通知书。该两次送达均经六安市皋翔公证处公证，其中2011年4月11日的《债务逾期催收通知书》由王某富在债务人处签字。2013年1月10日、2014年12月26日，中国农业银行六安分行分别在《安徽经济报》刊登债权催收公告，就案涉债权进行了公告催收。

2016年9月20日，中国农业银行六安分行与中国长城资产管理公司合肥办事处签订《委托资产批量转让协议》，将其多个债权本息转让给中国长城资产管理公司合肥办事处，其中包括中国农业银行六安分行对金安农资公司4936万元本金和利息的债权。同年11月4日，中国农业银行六安分行与中国长城资产管理公司合肥办事处共同在《安徽经济报》刊载了《债权转让暨债务催收联合公告》，确认转让及催收债权本金4936万元及相应利息。中国长城资产管理公司合肥办事处后变更为本案当事人企业名称长城资产安徽分公司。

2019年7月9日，长城资产安徽分公司向安徽省六安市中级人民法院提起诉讼，请求判令金安农资公司：（1）偿还其贷款本金4936万元及利息99,925,322元，逾期利息12,865,500元，本息合计162,150,822元（利息暂时计算至2019年7月1日，之后的利息按照合同约定的利率自2019年7月1日起计算至还清本金时止）；（2）对其所有的位于六安市的房屋（房屋所有权证号970,597，建筑面积4549.9平方米，用途为商业用房）在上述第一项请求范围内享有优先受偿权；（3）本案诉讼费、保全费、公告费等费用由金安农资公司承担。

经查，案涉贷款自1995年8月1日至2001年12月30日发生，其中第1项至第19项贷款本金合计2662万元，该部分贷款中最后一笔贷款到期日为1999年7月8日，依照《民法总则》及《民法通则》中关于诉讼时效的规定，诉讼时效自权利人知道或者应当知道权利受到损害（以及义务人）之日计算，但是自权利受到损害之日起超过20年的，人民法院不予保护。该2662万元（本金）的贷款，借贷双方在合同中已明确了还款期限，自该部分贷款最后一笔贷款到期之日（1999年7月8日），中国农业银行股份有限公司六安分行应当知道其权利已受到损害，且本案的义务人是明确的。该部分贷款最后一笔到期日的次日即1999年7月9日至2019年7月8日，已届满20年最长诉讼时效期间，长城资产安徽分公司2019年7月9日才向法院递交诉状，因该部分债权已超过法律规定的20年最长诉讼时效期间，金安农资公司亦在本案中提出了诉讼时效抗辩，对长城资产安徽分公司关于该部分贷款中主张的本金及利息，依法不予保护。

一审法院判决：一、六安市金安农业生产资料公司于本判决生效之日起十日内偿还中国长城资产管理股份有限公司安徽省分公司贷款本金2575万元；二、被告六安市金安农业生产资料公司于本判决生效之日起十日内偿还中国长城资产管理股份有限公司安徽省分公司贷款本金合计1725万元的利息；三、被告六安市金安农业生产资料公司于本判决生效之日起十日内偿还中国长城资产管理股份有限公司安徽省分公司贷款本金850万元的利息及逾期利息；四、驳回中国长城资产管理股份有限公司安徽省分公司的其他诉讼请求。

金安农资公司不服一审判决，向安徽省高级人民法院（以下简称安徽高院）提起上诉，请求：二审法院在查明事实的基础上，依法改判驳回长城资产安徽分公司的全部诉讼请求。金安农资公司认为，一审法院认定2575万元本金未超过诉讼时效，属认定事实和适用法律错误。其原法定代表人王某富最后一次在中国农业银行六安分行《债务逾期催收通知书》上签字的时间为2011年4月11日，嗣后，该行未再向其发出通知，其一直存续，且公司原任及现任负责人等数人始终在公司上班（负责房屋租赁、员工养老保险、医疗保险的缴纳等），不存在下落不明的情形，故中国农业银行六安分行2013年1月10日、

2014年12月26日分别在《安徽经济报》刊登债权催收公告的行为对其不发生诉讼时效中断的效力。2016年9月20日，长城资产安徽分公司受让中国农业银行六安分行案涉债权，此时距其原法定代表人王某富签收《债务逾期催收通知书》已长达5年之久，已超过普通诉讼时效，且法律对金融借款的诉讼时效并无另行规定。

二审法院经审理，判决：一、撤销一审民事判决；二、驳回长城资产安徽分公司的诉讼请求。

长城资产安徽分公司不服二审判决，向最高人民法院申请再审称，涉案债权并未超过诉讼时效，其有权请求金安农资公司予以清偿。最高人民法院经审查，裁定：驳回长城资产安徽分公司的再审申请。

【法院观点】

二审法院安徽高院观点：二审争议焦点为长城资产安徽分公司对金安农资公司享有的2575万元本金及相应利息的债权是否超过诉讼时效，法律应否予以保护。本案查明，上述最后一笔贷款发生时间为2001年12月30日，借款期限届满之日为2002年12月30日，那么从上述债权中最后一笔贷款的诉讼时效起算时间应为2002年12月31日，截至2004年12月30日，该部分所有贷款的诉讼时效期间已全部届满。2009年4月23日，中国农业银行六安分行向金安农资公司公证送达《债务逾期催收通知书》，金安农资公司时任法定代表人王某富于2011年4月13日在《债务逾期催收通知书》上签字，参照适用《最高人民法院关于超过诉讼时效期间借款人在催款通知单上签字或者盖章的法律效力问题的批复》第二十二条"对于超过诉讼时效期间，债务人在债权人催收到期贷款通知书通知单上签字或者盖章的，应当视为对原债务的重新确认，该债权债务关系应受法律保护"的规定，金安农资公司法定代表人王某富在《债务逾期催收通知书》上签字，是金安农资公司对已超过诉讼时效期间的原债务的重新确认。

后中国农业银行六安分行分别于2013年1月10日、2014年12月26日在《安徽经济报》刊登债权催收公告，就案涉债权进行了公告催收，该公告催收是否认定为债权人对债务人提出要求从而构成诉讼时效再次中断是双方当事人在二审主要的争议焦点。《最高人民法院关于审理涉及金融资产管理公司收购、管理、处置国有银行不良贷款形成的资产的案件适用法律若干问题的规定》（法释〔2001〕12号，已失效）第十条规定："……原债权银行在全国或者省级有影响的报纸上发布的债权转让公告或通知中，有催收债务内容的，该公告或通知可以作为诉讼时效中断证据。"该条款中的原债权银行公告作为诉讼时效中断证据要具备两个条件，一是原债权银行发布债权转让公告或者通知，二是原债权银行在发布债权转让公告或者通知中有催收债务内容。本案中国农业银行六安分行于2013年、2014年在报纸上发布催收债务公告时，涉案债权尚未转让给资产管理公司，显然不适用该规定。

那么，中国农业银行六安分行在不良资产转让前向债务人提出债务履行的方式必须符合相关法律规定。对此，《最高人民法院关于审理民事案件适用诉讼时效制度若干问题的规定》第十条规定："具有下列情形之一的，应当认定为民法通则第一百四十条规定的'当事人一方提出要求'，产生诉讼时效中断的效力：……（四）当事人一方下落不明，对方当事人在国家级或者下落不明的当事人一方住所地的省级有影响的媒体上刊登具有主张权利内容的公告的，但法律和司法解释另有特别规定的，适用其规定……"[①]根据此规定，中国农业银行六安分行以公告方式向债务人金安农资公司提出履行要求的前提条件必须是该当事人下落不明。而金安农资公司地处六安市，一直处于存续状态，具备直接送达或信件邮寄送达的基本条件，长城资产安徽分公司也没有提供能够证明原债权人中国农业银行六安分行采取过其他方式送达催收债务通知但送达未果的证据，不能认定金安农资公司下落不明，故中国农业银行六安分行公告催收的方式不能产生其向金安农资公司提出履行请求的法律效力，进而不能导致诉讼时效中断。

自2011年4月13日债权债务重新确认时至2016年11月4日中国农业银行六安分行与长城资产安徽分公司在报刊上发布债权转让暨债务催收联合公告时，已逾5年之久，涉案债权诉讼时效已经超过法律规定的诉讼时效期间，此时没有法律规定涉案债权债务重新确认、诉讼时效可以重新起算。如上分析，长城资产安徽分公司在本案中向金安农资公司提出诉讼主张，已经超过法律规

---

① 对应2020年修正的《最高人民法院关于审理民事案件适用诉讼时效制度若干问题的规定》第八条。

定的诉讼时效期间，不应得到法律的保护。

最高人民法院再审审查观点：《最高人民法院关于审理涉及金融资产管理公司收购、管理、处置国有银行不良贷款形成的资产的案件适用法律若干问题的规定》（已失效）第十条规定，原债权银行在全国或者省级有影响的报纸上发布的债权转让公告或通知中，有催收债务内容的，该公告或通知可以作为诉讼时效中断证据。依照前述规定主张诉讼时效中断的前提是债权人发布具有催收内容的转让公告时，债权尚未超过法律规定的诉讼时效。对于转让之前已经因未依法及时主张权利而超过诉讼时效的债权，不因之后转让时发布具有催收内容的公告而产生重新起算诉讼时效的效果。如前所述，中国农业银行六安分行在转让涉案债权之前在《安徽经济报》上刊登的债权催收公告，不产生诉讼时效中断的法律效果。自 2011 年 4 月 13 日涉案债权债务重新确认，至 2016 年 11 月 4 日中国农业银行六安分行与长城资产安徽分公司在报刊上发布债权转让暨债务催收公告时，已逾 5 年之久，已经超过法律规定的诉讼时效。长城资产安徽分公司申请再审提交的《审核证明》即便能够证明涉案债权属于财政部委托中国农业银行管理和处置的股改剥离不良资产，但其由此主张中国农业银行六安分行转让涉案债权之前在《安徽经济报》刊登催收公告产生诉讼时效中断的效果，缺乏法律依据。

【实务解析】

关于国有银行向金融资产管理公司转让不良债权或者金融资产管理公司受让不良债权后，通过债权转让方式处置不良资产的，《最高人民法院关于审理涉及金融资产管理公司收购、管理、处置国有银行不良贷款形成的资产的案件适用法律若干问题的规定》（已失效）、《最高人民法院对〈关于贯彻执行最高人民法院"十二条"司法解释有关问题的函〉的答复》规定，通过在全国或省级有影响的报纸上发布有催收内容的债权转让公告或通知的方式取得向债务人主张权利的证据，进而实现中断诉讼时效的效果。上述规定的适用需要满足以下条件：第一，适用于债权转让的情形，即国有银行向金融资产管理公司转让不良债权时，或者金融资产管理公司受让国有银行不良债权后，通过债权转让方式处置不良资产时。第二，公告内容是债权转让公告或者催收债务通知。第三，在全国或省级有影响的报纸上发布。第四，主体只能是原债权银行和金融资产管理公司。此外,根据《最高人民法院关于审理涉及中国农业银行股份有限公司处置股改剥离不良资产案件适用相关司法解释和司法政策的通知》规定,中国农业银行股份有限公司受财政部委托处置其股改剥离的不良资产时,可以参照适用。

本案中,中国农业银行六安分行于2013年、2014年在报纸上发布催收债务公告时,涉案债权尚未转让给资产管理公司,不适用上述规定,故即使中国农业银行六安分行与长城资产安徽分公司于2016年11月4日在报刊上发布债权转让暨债务催收公告,但该公告发布时案涉债权已经超过诉讼时效,故无法产生重新起算诉讼时效的效果。

需要注意的是,为配合《民法典》及相关配套司法解释的颁布和施行,保证国家法律统一正确适用,《最高人民法院关于审理涉及金融资产管理公司收购、管理、处置国有银行不良贷款形成的资产的案件适用法律若干问题的规定》已经自2021年1月1日起被废止。在这种情况下,公告能否继续产生中断诉讼时效的效果存在一定的不确定性,提醒权利人注意关注最新司法动向。在相关规则明确之前,金融资产管理公司从国有商业银行收购不良债权时,或者通过转让的方式处置不良债权时,最好在发布有催收内容的债权转让公告或通知的同时,再向债务人单独发送债权转让通知及债务催收函,以防范联合公告无法产生债权转让通知和诉讼时效中断法律效果的风险。

【法条链接】

《最高人民法院关于审理民事案件适用诉讼时效制度若干问题的规定》(法释〔2020〕17号)

第八条 具有下列情形之一的,应当认定为民法典第一百九十五条规定的"权利人向义务人提出履行请求",产生诉讼时效中断的效力:

……

(四)当事人一方下落不明,对方当事人在国家级或者下落不明的当事人一方住所地的省级有影响的媒体上刊登具有主张权利内容的公告的,但法律和司法解释另有特别规定的,适用其规定。

……

四、连带保证无效导致保证责任转换为赔偿责任的，对于连带债务人发生诉讼时效中断效力的事由，对该赔偿义务人不发生诉讼时效中断的效力

——舜欣资产管理有限公司与单县财政局、山东舜亦新能源有限公司、山东泰信纺织有限公司等金融不良债权追偿纠纷案

【案件来源】最高人民法院（2020）最高法民申 6993 号

【争议焦点】连带保证无效导致保证责任转换为赔偿责任的，对于连带债务人发生诉讼时效中断效力的事由，对该赔偿义务人是否发生诉讼时效中断的效力？

【裁判要旨】连带保证无效导致保证责任转换为赔偿责任的，赔偿义务人与其他连带保证人之间不再是连带债务关系，对于连带债务人发生诉讼时效中断效力的事由，对该赔偿义务人不发生诉讼时效中断的效力。

【基本案情】

再审申请人（一审原告、二审上诉人）：舜欣资产管理有限公司（以下简称舜欣公司）

被申请人（一审被告、二审被上诉人）：山东舜亦新能源有限公司（以下简称舜亦公司）、山东泰信纺织有限公司（以下简称泰信公司）、单县财政局

2010 年 9 月 16 日，山东省国际信托有限公司（以下简称山东国托）与舜亦公司签订信托贷款合同。主要约定：舜亦公司向山东国托借款 2000 万元，借款期限三年，自 2010 年 9 月 16 日起至 2013 年 9 月 15 日止，借款年利率 5.4%；按日计息，年计息基数为 360 天；每季支付利息一次，利随本清；逾期借款在借款利率基础上加收 50% 的罚息；不能按时支付的利息，按罚息利率计收复利；本合同自法定代表人或委托代理人签字盖章后生效。舜亦公司与山东国托法定代表人均在该合同上签字并加盖公章。

同日，山东国托与泰信公司签订保证合同。主要约定：泰信公司为该笔借款提供连带责任保证，保证范围包括信托贷款合同本息、罚息、违约金和实现债权的诉讼费、律师费等；保证期间为自本合同生效之日起至信托贷款到期后两年；本合同自信托贷款合同生效之日起生效。同日，山东国托向舜亦公司发放借款 2000 万元。

单县财政局向山东国托出具担保函，承诺：为确保舜亦公司履行信托贷款合同，单县财政局自愿为舜亦公司合同项下的义务向山东国托提供不可撤销的连带责任担保；如舜亦公司未能按时归还借款，单县财政局保证在接到省国托书面通知后十日内清偿催款通知里要求的数额，款项汇入山东国托在催款通知中指定的账户；保证期间自本担保函盖章之日起生效，至信托贷款合同项下最后一笔贷款到期之日后两年止。

2013年7月5日、2014年5月15日、2015年7月3日、2016年7月2日，山东国托向舜亦公司催收还款。2014年5月15日、2015年7月3日、2016年7月2日，省国托向泰信公司催收还款。

2016年12月30日，山东国托将上述债权转让给山东发展投资控股集团有限公司，并于2017年2月16日联合在《山东法制报》刊登债权转让及催收公告，被催收人为舜亦公司和泰信公司。2017年2月17日，山东国托通知舜亦公司和泰信公司债权转让。2017年3月1日，山东国托通知单县财政局债权转让。

2018年3月19日，山东发展投资控股集团有限公司将上述债权转让给舜欣公司。2018年4月20日，山东发展投资控股集团有限公司和舜欣公司通知泰信公司、单县财政局债权转让并催收。2018年6月14日，山东发展投资控股集团有限公司与舜欣公司联合在《山东法制报》刊登债权转让及催收公告，被催收人为舜亦公司、泰信公司和单县财政局。

2017年5月15日，山东省东营市中级人民法院受理泰信公司的重整申请。山东发展投资控股集团有限公司和舜欣公司均未向泰信公司管理人申报债权。2018年5月22日，山东省东营市中级人民法院终止泰信公司的重整程序。

舜欣公司向一审法院山东省济南市中级人民法院提起诉讼，请求：（1）判令舜亦公司偿还借款本金2000万元及利息、罚息17,672,503.39元（利息、罚息暂计算至2019年8月16日，2019年8月16日以后的按照合同约定计算至实际付清之日）；（2）判令泰信公司对第一项诉讼请求中的债务承担连带清偿责任；（3）判令单县财政局对第一项诉讼请求中舜亦公司不能清偿的部分，承担二分之一的赔偿责任；（4）本案诉讼费、保全费、律师费（暂无法明确）等费用由舜亦公司、泰信公司、单县财政局承担。

一审法院认为，对泰信公司催收引起的诉讼时效中断的效力，不及于单县财政局。一审法院判决：一、舜亦公司于判决生效后十日内偿还舜欣公司借款本金

2000万元、利息（含罚息，计至2019年8月16日为17,672,503.39元，嗣后至实际清偿之日的罚息按信托贷款合同的约定计付）；二、泰信公司对判决第一项确定的债务承担连带清偿责任；三、驳回舜欣公司对单县财政局的诉讼请求。

舜欣公司不服一审判决，向山东省高级人民法院提起上诉，请求：（1）依法撤销一审判决第三项；（2）改判支持舜欣公司一审对单县财政局的诉讼请求；（3）一、二审诉讼费由单县财政局、舜亦公司、泰信公司承担。舜欣公司认为，单县财政局作为本案所涉债权的连带责任人，在债权人向另一连带责任人泰信公司主张权利连续的情况下，对单县财政局的诉讼时效同样发生中断的效力。二审法院认为，省国托向债务人及其他连带责任保证人主张权利的行为，并不导致其对单县财政局享有的赔偿请求权的诉讼时效中断，故判决：驳回上诉，维持原判。

舜欣公司不服二审判决，向最高人民法院申请再审。最高人民法院经审查，裁定：驳回舜欣公司的再审申请。

【法院观点】

本案的争议焦点为：单县财政局诉讼时效期间是否已经届满。

首先，《最高人民法院关于适用〈中华人民共和国担保法〉若干问题的解释》（已失效）第三条规定："国家机关和以公益为目的的事业单位、社会团体违反法律规定提供担保的，担保合同无效。因此给债权人造成损失的，应当根据担保法第五条第二款的规定处理。"据此，单县财政局作为国家机关不得为保证人，其向山东国托出具的担保函依法应当无效。单县财政局应当承担的民事责任依法由保证责任转换为缔约过失责任。在担保函无效的情况下，单县财政局的保证责任因缔约过失而转换为赔偿责任，其与另一保证人泰信公司之间亦不再是连带债务关系，不应适用《最高人民法院关于审理民事案件适用诉讼时效制度若干问题的规定》第十七条第二款"对于连带债务人中的一人发生诉讼时效中断效力的事由，应当认定对其他连带债务人也发生诉讼时效中断的效力"的规定。[①] 故对泰信公司发生诉讼时效中断效力的催收，其诉讼时效中断

---

① 对应2020年修正的《最高人民法院关于审理民事案件适用诉讼时效制度若干问题的规定》第十五条第二款。

的效力不及于单县财政局。

其次,原二审判决本案所涉信托贷款合同约定借款期限自 2010 年 9 月 16 日起至 2013 年 9 月 15 日止。故在 2013 年 9 月 15 日借款期限届满,借款人舜亦公司未如约还款时,山东国托应已明确知道其作为债权人的权利受到了侵害。自 2013 年 9 月 16 日至 2015 年 9 月 15 日两年的诉讼时效期间内,山东国托未向单县财政局主张权利,未能引起诉讼时效中断。至 2017 年 3 月 1 日山东国托通知单县财政局债权转让时,已超过《民法通则》(已失效)第一百三十五条规定的两年诉讼时效期间,原审判决认定单县财政局亦应免除赔偿责任并无不当。

【实务解析】

《最高人民法院关于适用〈中华人民共和国民法典〉有关担保制度的解释》第五条第一款规定:"机关法人提供担保的,人民法院应当认定担保合同无效,但是经国务院批准为使用外国政府或者国际经济组织贷款进行转贷的除外。"第十七条第一款规定:"主合同有效而第三人提供的担保合同无效,人民法院应当区分不同情形确定担保人的赔偿责任:(一)债权人与担保人均有过错的,担保人承担的赔偿责任不应超过债务人不能清偿部分的二分之一;(二)担保人有过错而债权人无过错的,担保人对债务人不能清偿的部分承担赔偿责任;(三)债权人有过错而担保人无过错的,担保人不承担赔偿责任。"根据上述规定,本案中单县财政局作为机关法人不得为保证人,其向山东国托出具的担保函依法应当认定无效。单县财政局应予承担的民事责任依法由保证责任转换为缔约过失责任。

根据《民法典》第一百八十八条规定,诉讼时效期间自权利人知道或者应当知道权利受到损害以及义务人之日起计算。本案中,根据信托贷款合同的约定,借款期限自 2010 年 9 月 16 日起至 2013 年 9 月 15 日止。故在 2013 年 9 月 15 日借款期限届满,借款人舜亦公司未如约还款时,山东国托应已明确知道其作为债权人的权利受到了侵害,山东国托应在当时法律规定的两年诉讼时效期间内向单县财政局主张权利,但其未能提供证据证明其曾主张权利,故诉讼时效已经于 2015 年 9 月 15 日届满。2017 年 3 月 1 日山东国托通知单县财政局债权转让时,已超过诉讼时效期间。虽然根据《最高人民法院关于审理民事案件适用诉讼时效制度若干问题的规定》规定，对于连带债权人中的一人发生诉讼时效中断效力的事由，应当认定对其他连带债权人也发生诉讼时效中断的效力。但是，本案中因担保函无效导致单县财政局应承担的责任实际为赔偿责任，并非连带保证责任，故无法适用上述规定，对泰信公司发生诉讼时效中断效力的事由，对单县财政局不发生诉讼时效中断的效力。

【法条链接】

《最高人民法院关于审理民事案件适用诉讼时效制度若干问题的规定》（法释〔2020〕17号）

第十五条　对于连带债权人中的一人发生诉讼时效中断效力的事由，应当认定对其他连带债权人也发生诉讼时效中断的效力。

对于连带债务人中的一人发生诉讼时效中断效力的事由，应当认定对其他连带债务人也发生诉讼时效中断的效力。

第十七条第一款　债权转让的，应当认定诉讼时效从债权转让通知到达债务人之日起中断。

五、进入破产程序的债务人无正当理由未对其到期债权及时行使权利，导致其对外债权在破产申请受理前一年内超过诉讼时效期间的，诉讼时效期间从法院受理破产申请之日起重新计算

——山西锦纶集团有限责任公司破产管理人与诸暨市新和化纤有限公司、徐某新对外追收债权纠纷案

【案件来源】山西省高级人民法院（2015）晋商终字第44号

【争议焦点】破产申请受理前一年内超过诉讼时效期间的债权，诉讼时效是否因法院受理破产申请而中断？

【裁判要旨】进入破产程序的债务人无正当理由未对其到期债权及时行使权利，导致其对外债权在破产申请受理前一年内超过诉讼时效期间的，人民法院受理破产申请之日起重新计算上述债权的诉讼时效期间。

【基本案情】

上诉人（原审被告）：诸暨市新和化纤有限公司（以下简称新和公司）、徐

某新

  被上诉人（原审原告）：山西锦纶集团有限责任公司破产管理人（以下简称锦纶集团管理人）

  2001年4月6日，山西锦纶厂高速纺分厂与新和公司签订协议，协议第二条确定新和公司实际欠山西锦纶厂高速纺分厂货款649,359.79元，并约定新和公司应从2001年5月起每月支付5万元，2001年9月开始每月支付10万元，到2001年12月25日前将所欠货款全部付清。在协议第一条、第三条中约定退丝降价金额及退丝销售款抵减被告的欠款。锦纶集团管理人认可新和公司在庭审中所列举的还款证据，但提出截至2006年12月29日，新和公司已经支付锦纶集团管理人货款135,576.67元，新和公司所举证据的还款数额锦纶集团管理人在起诉时已经核减掉，至今尚欠513,783.12元货款未支付。从新和公司所举还款证据中可以证实徐某新是以个人名义代替公司还款。

  法院查明，山西锦纶厂高速纺分厂于2003年12月30日被山西省太原市工商行政管理局吊销营业执照，由出资人山西锦纶厂组成清算组进行清算，出资人山西锦纶厂于1997年12月经山西省经济贸易委员会批准改制为山西锦纶集团有限公司。成立清算组后，山西锦纶厂高速纺分厂的全部债权债务由山西锦纶集团有限公司承接。2009年11月14日，法院已立案受理山西锦纶集团有限责任公司申请破产一案，并指定山西锦纶集团有限责任公司破产清算组为破产管理人。管理人启动管理后，该院委托管理人向新和公司、徐某新邮寄送达债权催收通知书被退回。再查明，新和公司于2004年9月28日被吊销企业法人营业执照，该公司的股东未依法成立清算组进行清算。

  锦纶集团管理人向晋中市中级人民法院提起诉讼，请求新和公司、徐某新支付货款513,783.12元及逾期付款利息。晋中市中级人民法院一审判决：一、新和公司于判决生效之日起十日内支付锦纶集团管理人欠款人民币513,783.12元，利息按中国人民银行同期贷款利率计算，自2009年12月14日起算至付清之日止。二、徐某新对上述欠款及利息承担连带责任。新和公司和徐某新均不服一审民事判决，向山西高院提起上诉。请求：（1）依法驳回锦纶集团管理人的诉讼请求或发回一审法院重新审理；（2）由锦纶集团管理人承担本案诉讼费。新和公司认为，2004年11月18日协议签订后从未收到锦纶集团和相关单位的催收函，新和公司最后一笔还款是在2006年12月

29 日，故时效计算至 2008 年 12 月 29 日止，且不存在《最高人民法院关于适用〈中华人民共和国企业破产法〉若干问题的规定（二）》第十九条的情形，故锦纶集团现在主张权利已超过时效。二审法院经审理，判决：驳回上诉，维持原判。

【法院观点】

《民法通则》（已失效）第一百四十条规定："诉讼时效因提起诉讼，当事人一方提出要求或者同意履行义务而中断。从中断时起，诉讼时效期间重新计算。"《最高人民法院关于审理民事案件适用诉讼时效制度若干问题的规定》第十六条规定："义务人作出分期履行、部分履行、提供担保、请求延期履行、制定清偿债务计划等承诺或者行为的，应当认定为民法通则第一百四十条规定的当事人一方'同意履行义务'。"[①] 本案双方均认可最后一笔还款时间是 2006 年 12 月 29 日，依照法律规定应从次日起重新计算诉讼时效期间，诉讼时效届满日应为 2008 年 12 月 30 日。《最高人民法院关于适用〈中华人民共和国企业破产法〉若干问题的规定（二）》第十九条第二款规定："债务人无正当理由未对其到期债权及时行使权利，导致其对外债权在破产申请受理前一年内超过诉讼时效期间的，人民法院受理破产申请之日起重新计算上述债权的诉讼时效期间。"锦纶集团破产案于 2009 年 12 月 14 日由晋中市中级人民法院受理，而本案诉讼时效届满日为 2008 年 12 月 30 日，属于上述司法解释规定的"一年内"，故本案诉讼时效未过。

【实务解析】

为避免因破产债务人恶意行为导致其到期债权的诉讼时效在法定期间内超过而使债权人受到财产损害，《最高人民法院关于适用〈中华人民共和国企业破产法〉若干问题的规定（二）》第十九条规定，在特定情况下，债务人享有的诉讼时效自人民法院裁定受理破产申请之日起中断。本条将人民法院受理破产申请纳入诉讼时效中断理由，通过在程序上保护债权人利益，从而保护债权

---

① 对应 2020 年修正的《最高人民法院关于审理民事案件适用诉讼时效制度若干问题的规定》第十四条。

人所能获得的清偿利益。

《最高人民法院关于适用〈中华人民共和国企业破产法〉若干问题的规定（二）》第十九条第二款主要是针对《企业破产法》第三十一条第五项关于撤销债务人放弃债权的行为作出的特例性规定。《企业破产法》第三十一条规定："人民法院受理破产申请前一年内，涉及债务人财产的下列行为，管理人有权请求人民法院予以撤销：……（五）放弃债权的。"债务人放弃债权的行为包括积极的放弃债权行为和消极的放弃债权行为。对于积极的放弃债权行为，管理人可以依据《企业破产法》第三十一条的规定请求人民法院予以撤销。但对于消极的放弃债权行为，因客观上并无可以撤销的行为，无法对债务人恶意减少其财产的消极行为产生类似于对其积极放弃债权被撤销的结果。为了解决这一问题，《最高人民法院关于适用〈中华人民共和国企业破产法〉若干问题的规定（二）》第十九条第二款规定，债务人无正当理由未对其到期债权及时行使权利，导致其对外债权在破产申请受理前一年内超过诉讼时效期间的，人民法院裁定受理破产申请之日起重新计算上述债权的诉讼时效期间，以期实现对债务人财产的应有保护。在举证责任上，债务人负担证明未对其到期债权及时行使权利的行为存在正当理由的责任。[①]

本案中，锦纶集团破产案于2009年12月14日由晋中市中级人民法院受理，而本案诉讼时效届满日为2008年12月30日，属于最高人民法院上述规定的"一年内"，且锦纶集团并未证明其未对到期债权及时行使权利的行为存在正当理由，诉讼时效应从法院裁定受理破产申请之日起重新计算。

【法条链接】

《最高人民法院关于适用〈中华人民共和国企业破产法〉若干问题的规定（二）》（法释〔2020〕18号）

第十九条　债务人对外享有债权的诉讼时效，自人民法院受理破产申请之日起中断。

债务人无正当理由未对其到期债权及时行使权利，导致其对外债权在破产

[①] 最高人民法院民事审判第二庭编著：《最高人民法院关于企业破产法司法解释理解与适用：破产法解释（一）、破产法解释（二）》，人民法院出版社2013年版。

申请受理前一年内超过诉讼时效期间的，人民法院受理破产申请之日起重新计算上述债权的诉讼时效期间。

六、诉讼时效届满后，债务人仅在债务逾期催收通知书上盖章确认收到，并未明确表示同意履行还款义务，不构成对原债权债务的重新确认

——江西省金融资产管理股份有限公司与江西省进出口公司金融不良债权追偿纠纷案

【案件来源】最高人民法院（2020）最高法民申 4676 号

【争议焦点】诉讼时效届满后，债务人在催收通知书上"债务人声明"处盖章确认收到，但没有明确表示同意履行义务，能否认定为对原债权债务的重新确认？

【裁判要旨】诉讼时效届满后，债务人盖章仅表示其收到银行出具的债务逾期催收通知书，并未明确表示同意履行剩余借款的归还义务，双方亦未达成还款协议的，不属于债务人对原债权债务重新确认的情形。

【基本案情】

再审申请人（一审原告、二审上诉人）：江西省金融资产管理股份有限公司（以下简称金融管理公司）

被申请人（一审被告、二审被上诉人）：江西省进出口公司（以下简称进出口公司）

2003 年 12 月 31 日，进出口公司（借款人）与中国农业银行南昌市汇通支行（以下简称汇通支行，贷款人）签订一份《借款合同》，约定：借款金额 1055 万元，借款用途为借新还旧；借款期限为 2003 年 12 月 31 日至 2004 年 12 月 30 日；年利率为 5.31%，按季结息，结息日为每季末月的第 20 日。同日，汇通支行向进出口公司发放贷款 1055 万元。

2009 年 3 月 2 日，中国农业银行股份有限公司江西省分行（以下简称农行江西省分行）就上述债权向进出口公司签发了一份《债务逾期催收通知书》，进出口公司在该通知书债务人处盖章。2011 年 2 月 17 日、2013 年 7 月 29 日、2015 年 7 月 14 日，农行江西省分行在《新法制报》上就上述债权进行了公告催收。2011 年 9 月 17 日，农行江西省分行在《江南都市报》上就上述债权进行了公告催收。

2016年5月3日,农行江西省分行(甲方、转让方)与中国长城资产管理公司南昌办事处(以下简称长城资产南昌办,乙方、受让方)签订一份《委托资产批量转让协议》,约定:甲方作为农行的分支机构,受托处置委托不良资产,甲方已同意转让且乙方已同意受让本协议项下标的资产及其附属权益;截至基准日,即2015年12月31日,不良资产148户,资产的账面本金余额为人民币219,288,993.60元,利息为218,213,157.22元,本息合计437,502,150.82元;乙方受让不良资产所应支付甲方的价款为34,120,000元。该协议所附债权资产明细表中含涉案债权。2016年7月11日,农行江西省分行与长城资产南昌办在《江西日报》上刊登了《中国农业银行股份有限公司江西省分行营业部与中国长城资产管理公司南昌办事处债权转让通知暨债务催收联合公告》。

2017年12月26日,中国长城资产管理股份有限公司江西省分公司(以下简称长城资产江西省分公司)(甲方、转让方)与金融管理公司(乙方、受让方)签订一份《资产转让协议》,约定:截至基准日,即2017年9月30日,标的资产本金余额为615,755,481.87元,利息为558,201,349.72元,本息合计为1,173,956,831.59元;乙方受让标的资产需向甲方支付的转让价款为222,600,000元;本协议签订之前,甲方已收到乙方或第三方支付的1,000,000元,作为乙方履行本协议的保证金。该协议所附资产明细表中含涉案债权。2018年1月18日,长城资产江西省分公司与金融管理公司在《江西日报》上刊登了《中国长城资产管理股份有限公司江西省分公司与江西省金融资产管理股份有限公司债权转让暨债务催收联合公告》。

金融管理公司向江西省南昌市中级人民法院提起诉讼,请求:(1)进出口公司向其偿还欠款本金1055万元(保留借款未付本金所产生孳生利息的追索权);(2)进出口公司承担本案的全部诉讼费用。

一审法院认为,在金融管理公司未提供证据证明进出口公司存在下落不明情形的情况下,原债权人农行江西省分行于2011年2月17日、2011年9月17日、2013年7月29日、2015年7月14日在《新法制报》《江南都市报》上对涉案债权进行公告催收的行为依法不能产生诉讼时效中断的效力。《最高人民法院关于审理涉及金融资产管理公司收购、管理、处置国有银行不良贷款形成的资产的案件适用法律若干问题的规定》《最高人民法院关于金融资产管理公司收购、处置银行不良资产有关问题的补充通知》并未规定原债权银行在债权转让之前可直接在报纸上发布催收公告以获得诉讼时效中断。因此，涉案借款已过二年诉讼时效。一审法院判决：驳回金融管理公司的诉讼请求。

金融管理公司不服一审判决，向江西省高级人民法院提起上诉，请求撤销一审判决，并依法改判进出口公司承担清偿责任。金融管理公司认为，一审法院认定原债权人农行江西省分行在报纸上发布催收公告不具有诉讼时效中断的效力，属于适用法律确有错误。

二审法院另查明，2007年6月30日、2007年12月22日，原债权人汇通支行分别向进出口公司送达《债务逾期催收通知书》，进出口公司均盖章确认收到。二审法院判决：驳回上诉，维持原判。

金融管理公司认为，进出口公司签收《债务逾期催收通知书》的行为是对案涉债权债务的重新确认；原审法院认为原债权人中国农业银行股份有限公司江西省分行在报纸上对案涉债权进行公告催收不具有诉讼时效中断的法律效力，适用法律错误。故向最高人民法院申请再审称，请求撤销一、二审民事判决，支持金融管理公司的全部诉讼请求。最高人民法院经审查裁定：驳回金融管理公司的再审申请。

【法院观点】

本案的争议焦点为涉案借款是否已过诉讼时效。法院经审查认为，案涉《债务逾期催收通知书》载明，"致：江西省进出口公司。到2009年3月2日止，您（单位）仍欠我行债务本金人民币壹仟零伍拾伍万元整及利息（以银行计息为准）。上述债务均已逾期，您（单位）已构成违约，请立即履行还款"。"债务人声明"处载明"已收到你行2009年3月2日签发的债务逾期催收通知书，债务人：江西省进出口公司"。《最高人民法院关于审理民事案件适用诉讼时效制度若干问题的规定》第二十二条规定，"诉讼时效期间届满，当事人一方向对方当事人作出同意履行义务的意思表示或者自愿履行义务后，又以诉讼时效期间届满为由进行抗辩的，人民法院不予支持"。[①] 对于上述规定中"作

---

① 对应2020年修正的《最高人民法院关于审理民事案件适用诉讼时效制度若干问题的规定》第十九条。

出同意履行义务的意思表示"应作严格解释,即债务人应当明确表示抛弃时效利益,同意履行剩余的还款义务,如达成还款协议、签订债权确认书等。根据本案事实,进出口公司上述盖章仅表示其收到银行出具的《债务逾期催收通知书》,并未明确表示同意履行剩余借款的归还义务,双方亦未达成还款协议,故原审法院认为进出口公司在《债务逾期催收通知书》上签章的行为不属于《最高人民法院关于审理民事案件适用诉讼时效制度若干问题的规定》和《最高人民法院关于超过诉讼时效期间借款人在催款通知单上签字或者盖章的法律效力问题的批复》所规定的诉讼时效期间届满后,债务人对原债权债务重新确认的情形,签章行为不能引起诉讼时效期间的重新起算,并无不当。基于现无证据证明本案原债权人于2006年12月30日前向债务人催收债权,因此案涉债权已经超出诉讼时效。诉讼时效届满后,不能发生中断情形,故金融管理公司主张2011年2月17日、2011年9月17日、2013年7月29日、2015年7月14日原债权人银行通过报纸催收发生诉讼时效中断,没有法律依据,不能成立。

【实务解析】

最高人民法院在起草和适用《最高人民法院关于超过诉讼时效期间借款人在催款通知单上签字或者盖章的法律效力问题的批复》(法释〔1999〕7号)的过程中,有观点认为,关于债务人在催收贷款通知单上签字或者盖章行为的法律效力,可以有两种解释:第一种解释为债务人只是认可其收到债权人送交的文书;第二种解释为债务人同意履行债务。该司法解释虽有利于保护权利人的利益,但确实存在前述两种解释的问题。在诉讼时效期间已过、义务人已取得诉讼时效抗辩权而非只是诉讼时效期间部分经过而取得的部分时效利益的情况下,认定放弃诉讼时效抗辩权不应过于宽松,应注意平衡保护债权人和债务人之间的利益。因此,不宜一概认定债务人在催款通知单上签字或者盖章之时债务人即放弃诉讼时效抗辩权。详言之,如果债务人在债权人催收(或要求履行债务)文书上签字或者盖章的,应认定其同意履行债务,但债务人有相反证据证明其无同意履行债务的情形除外。这样规定,既符合法理,也维护了司法解释的稳定性和连续性。因此,对该司法解释应予修正,最高人民法院亦明确,该司法解释不应不当扩大适用，不能扩大适用于保证人。

最高人民法院认为，正如前文所述，签字盖章行为本有两种解释，故应结合个案进行认真审查，不应泛化对债务人放弃诉讼时效利益的行为的认定，在债务人仅是对已过诉讼时效期间的债务进行承认，而不愿意履行该债务的意思表示的情形下，不应认定债务人放弃了诉讼时效抗辩权。一般而言，下列情形可认定为义务人并未同意履行义务的意思表示：义务人虽在催收欠款通知书上签字或者盖章，但同时写明，其不认可该债务，其不同意履行该债务，签字或者盖章只代表其收到该通知书等。还应注意的是，如果只是义务人的相关收发人员在邮寄文书的信封上签收，而该信封未写明催收债权内容的，也不应认定该签收行为表明义务人放弃诉讼时效抗辩权。[①] 本案中，法院认为，进出口公司盖章仅表示其收到银行出具的《债务逾期催收通知书》，不属于对原债权债务重新确认的情形。这与最高人民法院上述从严认定债务人放弃诉讼时效利益行为的思路是一致的。

鉴于司法实践中签字盖章行为的解释一直存在争议，且案件情况千差万别，法院在个案认定上存在一定的自由裁量权。稳妥起见，对于已经过了诉讼时效的自然债务，义务人如果不想放弃诉讼时效抗辩权，建议不签收催收函或者签收时注意措辞，最好对不认可该债务、不同意履行该债务、签字或者盖章只代表收到该通知书等内容予以明确。

【法条链接】

《中华人民共和国民法典》

第一百九十二条 诉讼时效期间届满的，义务人可以提出不履行义务的抗辩。

诉讼时效期间届满后，义务人同意履行的，不得以诉讼时效期间届满为由抗辩；义务人已经自愿履行的，不得请求返还。

《最高人民法院关于审理民事案件适用诉讼时效制度若干问题的规定》（法释〔2020〕17号）

第十九条 诉讼时效期间届满，当事人一方向对方当事人作出同意履行义

[①] 最高人民法院民事审判第二庭编著：《最高人民法院关于民事案件诉讼时效司法解释理解与适用》，人民法院出版社2008年版。

务的意思表示或者自愿履行义务后，又以诉讼时效期间届满为由进行抗辩的，人民法院不予支持。

当事人双方就原债务达成新的协议，债权人主张义务人放弃诉讼时效抗辩权的，人民法院应予支持。

超过诉讼时效期间，贷款人向借款人发出催收到期贷款通知单，债务人在通知单上签字或者盖章，能够认定借款人同意履行诉讼时效期间已经届满的义务的，对于贷款人关于借款人放弃诉讼时效抗辩权的主张，人民法院应予支持。

《最高人民法院关于超过诉讼时效期间借款人在催款通知单上签字或者盖章的法律效力问题的批复》（法释〔1999〕7号）

根据《中华人民共和国民法通则》第四条、第九十条规定的精神，对于超过诉讼时效期间，信用社向借款人发出催收到期贷款通知单，债务人在该通知单上签字或者盖章的，应当视为对原债务的重新确认，该债权债务关系应受法律保护。

《最高人民法院关于债务人签收"贷款对账签证单"的行为是否属于对已经超过诉讼时效的原债务的履行进行重新确认问题的复函》（〔2006〕民立他字第106号）

我院《关于超过诉讼时效期间借款人在催款通知单上签字或者盖章的法律效力问题的批复》（以下简称《批复》）中所称"对原债务的重新确认"，是指债权人要有催收逾期贷款的意思表示，债务人签字或盖章认可并愿意继续履行债务。你院请示所涉的案件中，安徽省投资集团有限责任公司（以下简称投资集团公司）2003年3月向债务人临泉县供电局发出的"贷款对账签证单"，其名称和内容均无催收贷款的明确表示。临泉县供电局局长张修法在"贷款对账签证单"上签署"通知收到"，表明债务人已经收到了"贷款对账签证单"，但不能推定为其有偿还已过诉讼时效债务的意思表示。因此，既不能把本案所涉"贷款对账签证单"简单理解为就是《批复》中的"催款通知单"，也不能把双方当事人发出和签收"贷款对账签证单"的行为视为对原债权债务的履行重新达成了协议。我院同意你院请示报告中的少数人意见。

七、诉讼时效届满后，债务人向债权人发函核对贷款本息，并作出债权债务冲抵的意思表示，应认定为对原债务的重新确认

——汇达资产托管有限责任公司与广州银行股份有限公司金融不良债权追偿纠纷案

【案件来源】最高人民法院（2019）最高法民再54号

【争议焦点】诉讼时效届满后，债务人向债权人发函核对贷款本息，并作出债权债务冲抵的意思表示，能否认定为对原债务的重新确认？

【裁判要旨】诉讼时效届满后，债务人向债权人发函核对贷款本息，并作出债权债务冲抵的意思表示，应认定为对原债务的重新确认。

【基本案情】

再审申请人（一审原告、二审上诉人）：汇达资产托管有限责任公司（以下简称汇达公司）

被申请人（一审被告、二审被上诉人）：广州银行股份有限公司（以下简称广州银行）

1993年8月30日，中国人民银行宁波市分行作出《关于同意设立宁波资金融通中心的批复》，同意设立宁波资金融通中心，后该中心于1997年6月18日取得金融业务许可证；2004年7月14日，中国人民银行发文要求撤销该中心；2004年7月20日，中国人民银行宁波市中心支行撤销该中心，并成立宁波资金融通中心清算小组。汇达公司系经银监会、财政部、中国人民银行批准，于2005年8月1日成立的专门接收、管理和处置中国人民银行历史遗留的不良资产的资产管理公司。广州银行原名广州市城市信用联合社，经中国人民银行批准，先后更名为广州城市合作银行、广州市商业银行股份有限公司、广州银行股份有限公司。

1997年3月24日，宁波资金融通中心与广州城市合作银行签订了一份编号为C970324002的《资金拆借合同》，广州城市合作银行向宁波资金融通中心拆入资金5000万元，拆借期限为自1997年3月24日至5月26日，拆借利率为月息9.81‰，拆借期间如遇人民银行调整存贷款利率，拆借利率亦作相应调整。利息按实际拆借天数计算，本息于到期日一次偿还，逾期不还则自逾期日起每日加收

0.5‰的违约金。同日,宁波资金融通中心依约向广州城市合作银行发放了拆借资金人民币5000万元。1997年5月29日,广州城市合作银行向宁波资金融通中心偿还本息2104.967万元(其中2000万元为偿还的拆借本金)。同日,宁波资金融通中心与广州城市合作银行签订一份编号为C970526013的《资金拆借合同》(展期),就编号为C970324002的《资金拆借合同》项下拆借本金余额3000万元进行展期,展期至1997年6月26日,展期利率为月息9.81‰。1997年4月7日,宁波资金融通中心与广州银行签订了一份编号为C970407002的《资金拆借合同》,广州城市合作银行向宁波资金融通中心拆入资金5000万元,拆借期限为自1997年4月7日至6月6日,拆借利率为月息9.81‰,拆借期间如遇人民银行调整存贷款利率,拆借利率亦作相应调整。利息按实际拆借天数计算,本息于到期日一次偿还,逾期不还则自逾期日起每日加收0.5‰的违约金。同日,宁波资金融通中心依约向广州城市合作银行发放了拆借资金人民币5000万元。5月29日,广州银行向宁波资金融通中心偿还本息1098.1万元(其中1000万元为偿还的拆借本金)。6月6日,宁波资金融通中心与广州城市合作银行签订一份编号为C970606006的《资金拆借合同》(展期合同),就编号为C970407002的《资金拆借合同》项下拆借本金余额4000万元进行展期,展期至1997年7月7日,展期利率为月息9.81‰。

2000年3月5日,宁波资金融通中心通过EMS快递的方式向广州银行寄送《逾期拆借资金催收函》,认为广州银行(当时名称为广州市商业银行)尚欠其本金7000万元及利息1670.97万元,并要求其偿还。2002年3月14日广州银行向宁波资金融通中心发出函件,主要内容如下:贵中心担保的原宁波国际信托投资公司江东营业部(现宁波东海信托投资有限责任公司清算组)欠我广州市商业银行的拆借债务已逾期,截至2001年12月31日,尚欠本金2亿元、利息6445.18万元。请贵中心予以核对,并尽快履行担保责任,偿还上述本息。鉴于我行尚欠贵中心拆借资金本金7000万元、利息1305.15万元(从1998年1月1日起,按人民银行对金融机构同期贷款利率计算),为妥善处理三方债权债务关系,我行建议三方签订有关协议,明确相关权利义务关系。该函件下方为利息清单。

宁波资金融通中心于2003年9月3日向广州银行发函称,贵行2002年3月14日提交的通知知悉,并称广州银行前身与宁波国际信托投资公司江东营业部拆借合同曾展期，而该中心在展期后未再出具担保函，且广州银行未在法定期限内行使权利，该中心保证责任已免除，并表示广州银行提出的签订三方协议的提议该中心不能接受，且要求广州银行将确认的7000万元、利息1305.15万元（至2001年12月31日止）归还，并支付2001年12月31日至归还日的利息。之后，宁波资金融通中心于2004年4月22日，宁波资金融通中心清算小组于2006年1月20日，分别向广州银行寄送了催收函，对本案债权进行催收。

2007年12月28日，中国人民银行宁波市中心支行、宁波资金融通中心清算小组与汇达公司签订《对广州市商业银行待处理资产项目移交协议》，宁波资金融通中心清算小组将其对广州银行享有的上述债权转让给汇达公司。2008年3月27日，汇达公司在《浙江日报》上刊登《债权转让通知暨债务催收公告》，以公告的方式向广州银行通知债权转让的事实并予以催收；汇达公司分别于2009年8月8日、2010年8月6日在《金融时报》上刊登了《债权转让通知及催收公告》，以公告方式向广州银行通知债权转让事实并催收；汇达公司分别于2012年7月14日、2014年7月1日在《金融时报》上刊登了《债权催收公告》，以公告的方式对本案债权进行催收；2015年5月29日，汇达公司通过EMS快递的方式向广州银行寄送《债权催收通知书》，对本案债权进行催收，广州银行于2015年5月30日签收；汇达公司于2016年6月23日在《金融时报》上刊登了《债权催收公告》，以公告的方式对本案债权进行催收。

广州银行曾与宁波国际信托投资公司江东营业部签订两份《资金拆借合同》，合同金额均为1亿元。1996年7月24日及11月25日，广州银行向宁波国际信托投资公司江东营业部实际提供了该2亿元借款，经展期后，两笔借款分别于1997年3月24日及3月25日到期。宁波资金融通中心曾为此向广州银行出具内容为同意为宁波国际信托投资公司江东营业部前述债务向广州银行担保的《担保函》。汇达公司对此认为广州银行与宁波国际信托投资公司江东营业部在宁波资金融通中心未同意的情况下，即对合同进行了展期，且广州银行未在保证期间依法主张权利，该担保函已失去法律效力，其对该债务无需承担保证责任。

在庭审中汇达公司表示宁波资金融通中心曾在2000年3月9日之前催收过案涉款项，但未能提交证据证实；广州银行则对此不予确认。双方均认为，在2002年3月14日广州银行向宁波资金融通中心发出函件时，案涉债务诉讼时效期间已经届满。

汇达公司诉讼请求为：判令广州银行立即向汇达公司清偿贷款本金人民币7000万元及相应利息201,729,015元并承担本案诉讼费用。一审法院认为，因案涉债务诉讼时效期间已届满，且广州银行提出了诉讼时效抗辩，汇达公司的诉讼请求不应得到支持，故判决：驳回汇达公司的诉讼请求。

汇达公司不服一审判决，向广东高院提起上诉，请求撤销一审判决，改判广州银行立即向汇达公司清偿贷款本金7000万元及相应利息201,729,015元。二审法院认为，广州银行2002年3月14日发出的函件，仅是与对方一揽子解决三方债权债务纠纷的提议，并没有同意单方履行7000万元借款债务的意思表示，既不属于在催收单上的签名盖章行为，也并非核对贷款本息的行为，不属于前述两答复规定的情形，不构成对债务的重新确认，不引起诉讼时效重新计算的法律后果。故判决：驳回上诉，维持原判。

汇达公司不服二审判决，认为广州银行于2002年3月14日向宁波资金融通中心发出的函依法应当认定为对原债务的重新确认，故向最高人民法院申请再审，请求：撤销二审民事判决，改判广州银行立即向汇达公司清偿贷款本金7000万元及相应利息201,729,015元。

最高人民法院经审理后判决如下：一、撤销一审、二审民事判决；二、广州银行于本判决生效之日起十日内返还汇达公司借款7000万元及利息（利息从1998年1月1日起按人民银行对金融机构同期贷款利率计算至给付之日止，其中2017年3月31日止的利息以汇达资产托管有限责任公司请求的201,729,015元为限）。

【法院观点】

最高人民法院再审认为，本案的争议焦点为广州银行向宁波资金融通中心发出的函件是否构成对债务的重新确认。《最高人民法院关于超过诉讼时效期间借款人在催款通知单上签字或者盖章的法律效力问题的批复》规定："对于超过诉讼时效期间，信用社向借款人发出催收到期贷款通知单，债务人在该通知单上签字或者盖章的，应当视为对原债务的重新确认，该债权债务关系应受法律保护。"《最高人民法院关于超过诉讼时效期间后债务人向债权人发出确认债务的询证函的行为是否构成新的债务的请示的答复》指出："对债务人于诉讼时效期间届满后主动向债权人发出询证函核对贷款本息行为的法律后果问题可参照上述《关于超过诉讼时效期间借款人在催款通知单上签字或盖章的法律效力问题的批复》的规定进行认定和处理。"根据上述规定,广州银行在诉讼时效期间届满后主动向汇达公司发函核对本案贷款本息的行为,应当视为对原债务的重新确认。广州银行主张,根据《最高人民法院关于债务人签收"贷款对账签证单"的行为是否属于对已经超过诉讼时效的原债务的履行进行重新确认问题的复函》,"对原债务的重新确认"是指债权人要有催收逾期贷款的意思表示,债务人签字或盖章认可并愿意继续履行债务;《最高人民法院关于审理民事案件适用诉讼时效制度若干问题的规定》也规定,当事人须作出同意履行义务的意思表示或者自愿履行义务后,才可达成恢复诉讼时效的法律后果。因此,广州银行的回函只构成向宁波资金融通中心催收保证债权的意思通知,不包含继续履行的意思表示。从该函内容上看,广州银行不仅核对了本案债务本息,还对原约定的利息计算进行了变更,并作出将上述拆借资金本息与其主张的担保债权本息进行冲减的意思表示。若广州银行无继续履行债务的意思表示,则不必提出"抵销"这一债务履行方式的建议。故广州银行的发函行为应认定为同意履行本案债务的意思表示,该债权债务关系经广州银行发函而获得确认,应受到法律保护。

广州银行对宁波金融中心的 2 亿元借款及利息担保债权是否成立、能否与本案债务冲抵,由于汇达公司方对该债不予认可,且属于另一法律关系,不属于本案的处理范围。

【实务解析】

司法实务中,存在义务人本人或者委托中介机构向权利人发出询证函,权利人在询证函上签字或者盖章的情形,在该情形下,能否认定义务人同意履行诉讼时效期间已过的债务存在争议。一种观点认为,该询证函仅表明义务人确认债务,而不能表明义务人同意履行该诉讼时效期间已过的债务,故不应认定义务人放弃诉讼时效抗辩权。另一种观点认为,义务人发出询证函,虽表明为其只确认债务,但依据常理,其确认债务的行为表明其有同意履行义务的意思表示,若根据询证函所载文义可以推定其有履行该诉讼期间已过的债务的意思表示,则应认定义务人放弃诉讼时效抗辩权。《最高人民法院关于民事案件诉讼时效司法解释理解与适用》一书认为,能否认定义务人放弃诉讼时效抗辩权,仍应通过分析其是否构成放弃诉讼时效抗辩权的要件进行确认。义务人主动发出询证函的事实表明，其确认债务的存在，但并不能当然推出其同意履行诉讼时效期间已经届满的债务，除非该询证函的内容足以推出其有该意思表示，也即能够推定出其有默示履行的承诺。如询证函载明："我公司截至某日应付你公司100万元款项"，或者"因我公司尚欠清偿能力，请给予一定宽限期"等内容的，由于通过上述"应付""给予一定宽限期"等文字表述可以推断义务人支付该款项的意思表示，故可认定义务人放弃诉讼时效抗辩权。[1]

本案中，广州银行向宁波资金融通中心发出的函件是否构成对超过诉讼时效期间的债务的重新确认或者放弃诉讼时效抗辩，关键在于判断广州银行是否有继续履行诉讼时效届满的债务的意思表示。从广州银行所发函件内容上看，广州银行不仅核对了债务本息，还对原约定的利息计算进行了变更，并作出将上述拆借资金本息与其主张的担保债权本息进行冲减的意思表示。据此，最高人民法院认为广州银行的发函行为应认定为同意履行本案债务的意思表示，构成对超过诉讼时效期间的债务的重新确认。

通过梳理研究最高人民法院和各地法院司法案例可见，与诉讼时效期间内对于权利人主张权利的行为应结合诉讼时效制度的目的从宽把握不同，对于诉讼时效已届满的自然债务，司法实践中倾向于认为，权利人理应承担不及时行使权利而导致的不利后果，此时对于义务人对债务的重新确认或者放弃诉讼时效抗辩的行为应当从严把握，以维护诉讼时效的制度刚性。故，对于权利人来讲，建议做好催收工作，防范诉讼时效超期风险；对于义务人来讲，对于超过诉讼时效期间的债务，要谨慎作出意思表示，防止表意不当被认定为对自然债务重新确认的风险。

【法条链接】

《最高人民法院关于超过诉讼时效期间借款人在催款通知单上签字或者盖章的法律效力问题的批复》（法释〔1999〕7号）

根据《中华人民共和国民法通则》第四条、第九十条规定的精神，对于超

---

[1] 最高人民法院民事审判第二庭：《最高人民法院关于民事案件诉讼时效司法解释理解与适用》，人民法院出版社2008年版。

过诉讼时效期间,信用社向借款人发出催收到期贷款通知单,债务人在该通知单上签字或者盖章的,应当视为对原债务的重新确认,该债权债务关系应受法律保护。

《最高人民法院关于超过诉讼时效期间后债务人向债权人发出确认债务的询证函的行为是否构成新的债务的请示的答复》(〔2003〕民二他字第59号)

根据你院请示的中国农业银行重庆市渝中区支行与重庆包装技术研究所、重庆嘉陵企业公司华西国际贸易公司借款合同纠纷案有关事实,重庆嘉陵企业公司华西国际贸易公司于诉讼时效期间届满后主动向中国农业银行重庆市渝中区支行发出询证函核对贷款本息的行为,与本院法释〔1999〕7号《关于超过诉讼时效期间借款人在催款通知单上签字或盖章的法律效力问题的批复》所规定的超过诉讼时效期间后借款人在信用社发出的催款通知单上签字或盖章的行为类似,因此,对债务人于诉讼时效期间届满后主动向债权人发出询证函核对贷款本息行为的法律后果问题可参照本院上述《关于超过诉讼时效期间借款人在催款通知单上签字或盖章的法律效力问题的批复》的规定进行认定和处理。

《最高人民法院关于债务人签收"贷款对账签证单"的行为是否属于对已经超过诉讼时效的原债务的履行进行重新确认问题的复函》(〔2006〕民立他字第106号)

我院《关于超过诉讼时效期间借款人在催款通知单上签字或者盖章的法律效力问题的批复》(以下简称《批复》)中所称"对原债务的重新确认",是指债权人要有催收逾期贷款的意思表示,债务人签字或盖章认可并愿意继续履行债务。你院请示所涉的案件中,安徽省投资集团有限责任公司(以下简称投资集团公司)2003年3月向债务人临泉县供电局发出的"贷款对账签证单",其名称和内容均无催收贷款的明确表示。临泉县供电局局长张修法在"贷款对账签证单"上签署"通知收到",表明债务人已经收到了"贷款对账签证单",但不能推定为其有偿还已过诉讼时效债务的意思表示。因此,既不能把本案所涉"贷款对账签证单"简单理解为就是《批复》中的"催款通知单",也不能把双方当事人发出和签收"贷款对账签证单"的行为视为对原债权债务的履行重新达成了协议。我院同意你院请示报告中的少数人意见。

八、保证人下落不明的，保证期间内债权人采用公告方式向保证人催收债务，可以产生向保证人主张权利的法律后果

——江西广丰农村商业银行股份有限公司与江西横峰葛佬葛产业开发有限公司、江西全良液酒业有限公司、张某伟等金融借款合同纠纷案

【案件来源】最高人民法院（2020）最高法民申2849号

【争议焦点】保证期间采用公告方式向保证人催收债务是否产生债权人向保证人主张权利的法律后果？

【裁判要旨】因现行法律未明确规定保证期间采用公告方式向保证人催收债务是否产生债权人向保证人主张权利的法律后果，在此情形下，法院参照诉讼时效中断的法律规定，认定公告催收债务构成在保证期间内向保证人主张了保证责任并无不当。

【基本案情】

再审申请人（一审被告、二审上诉人）：张某伟

被申请人（一审原告、二审被上诉人）：江西广丰农村商业银行股份有限公司（以下简称广丰农商行）

一审被告（二审上诉人）：童某雄、唐某清

一审被告：江西横峰葛佬葛产业开发有限公司（以下简称葛佬葛公司）、江西全良液酒业有限公司（以下简称全良液公司）

2014年12月15日，葛佬葛公司向广丰农商行申请流动资金贷款。同年12月16日，葛佬葛公司召开股东会决议，全体股东一致同意以本公司名义向广丰农商行申请流动资金贷款2450万元，全权委托童某雄办理相关手续，公司股东自愿为此笔贷款承担连带经济责任。股东张某伟、童某雄（由江某红代）签字。2014年1月2日，童某雄出具委托书给案外人江某红，由其代理借贷款合同签订的相关事宜，委托期限自2014年1月2日起至2024年1月2日止，并办理了公证。

2015年1月4日，广丰农商行与葛佬葛公司签订《流动资金借款合同》，约定借款金额为2450万元，借款期限24个月，自2015年1月4日起至2017年1月3日止，借款日期为实际提款日。借款利率为浮动利率，按

月结息，每月 20 日为结息日，21 日为付息日。逾期罚息在借款利率水平上加收 50%。合同第七条对循环借款特别约定：（1）本合同项下借款可循环使用，前述借款金额和借款期限即为循环借款额度和循环借款额度使用期限，其中循环借款额度使用期限自本合同生效之日起计算。（2）在循环借款额度使用期限内，借款人任一时点的借款余额之和不得超过循环借款额度；任何一笔提款的还款日不得超过循环借款额度使用期限。（3）贷款人应根据借款人生产经营的规模和周期特点，合理设定每一笔循环借款额度和借款期限。（4）自本合同签订之日起，借款人如连续 3 个月未作任何提款，则贷款人有权取消循环借款额度。

2015 年 1 月 4 日，张某伟向广丰农商行出具同意保证决议书，自愿为葛佬葛公司 2450 万元贷款承担连带保证责任。同日，广丰农商行与童某雄、唐某清、张某伟签订《保证合同》，约定：为保证担保的主债务为乙方依据主合同发放的借款，金额为 2450 万元，借款用途为支付货款，借款月利率基准利率上浮 90%，借款期限为 2 年，自 2015 年 1 月 4 日起至 2017 年 1 月 3 日止。保证期间自主合同项下的债务履行期限届满日次日起两年止。保证担保范围为主合同项下的借款本金、利息、逾期利息、复利、罚息、违约金等所有费用。

2015 年 1 月 4 日，广丰农商行与全良液公司签订《动产质押合同》，约定被担保的主债务为广丰农商行根据主合同发放的借款，金额为 2450 万元，借款期限为 2 年，自 2015 年 1 月 4 日起至 2017 年 1 月 3 日止。保证担保范围为主合同项下的借款本金、利息、逾期利息、复利、罚息、违约金等所有费用。另全良液公司全体股东自愿为葛佬葛公司 2450 万元借款承担连带经济责任。

2016 年 6 月 23 日，广丰农商行分三次汇款金额分别是 900 万元、900 万元、650 万元共计 2450 万元汇至葛佬葛公司账户。借款凭证记载：贷款期限 2016 年 6 月 23 日至 2017 年 1 月 3 日，借款年利率为 8.265%。

2017 年 5 月 24 日，广丰农商行向葛佬葛公司发出逾期贷款催收通知书，葛佬葛公司签收盖章。2017 年 1 月 10 日、2017 年 12 月 21 日、2018 年 2 月 9 日广丰农商行通过《信息日报》向童某雄、唐某清、张某伟、全良液公司发出债权催收公告。

因债务人违约，广丰农商行起诉至法院，请求：（1）判令葛佬葛公司归还贷款本金 24,500,000 元，结欠利息 5,925,718.02 元，本息合计 30,425,718.02 元

（利息仅计算至2018年12月4日止，之后利息仍按逾期年利率12.3975%计算，直至债务清偿止）；（2）判令童某雄、唐某清、张某伟承担债务的连带清偿责任……

一审法院判决：一、葛佬葛公司于本判决生效之日起十五日内归还广丰农商行借款本金24,500,000元，并支付截至2018年12月4日的利息5,925,718.02元（其后的利息按照合同约定计算至借款本金还清之日止）；……三、童某雄、唐某清、张某伟在本判决确认的第一项债权范围内对葛佬葛公司的债务向广丰农商行承担连带清偿责任……

童某雄、唐某清、张某伟不服一审判决，向江西省高级人民法院提起上诉，请求撤销上饶市中级人民法院（2019）赣11民初44号民事判决第三项，依法改判童某雄、张某伟、唐某清不承担保证责任。

二审查明，一审法院因无法直接送达，于2019年3月28日以公告方式向童某雄、唐某清送达民事起诉状、应诉通知书、举证通知书、合议庭组成人员告知书及开庭传票。另查明，葛佬葛公司股东由童某雄（持股比例40%）、张某伟（持股比例30%）、唐某清（持股比例30%）组成，自本案借款关系发生之日起至今没有变更。二审法院判决：驳回上诉，维持原判。

张某伟不服二审判决，向最高人民法院申请再审，请求撤销原判决，改判张某伟不承担保证责任。张某伟认为，农商行通过登报向张某伟主张保证责任的行为因为欠缺公告送达的法定要件，不发生法律效力，应当视为债权人未在保证期间内要求保证人承担保证责任。因此，张某伟对农商行的保证责任免除。最高人民法院经审查，裁定：驳回张某伟的再审申请。

【法院观点】

《担保法》（已失效）第二十六条第二款规定："在合同约定的保证期间和前款规定的保证期间，债权人未要求保证人承担保证责任的，保证人免除保证责任。"根据该条规定，农商行应在合同约定的保证期间（2017年1月4日至2019年1月3日）要求保证人张某伟承担保证责任，否则，张某伟免除保证责任。《民法通则》（已失效）第一百四十条规定："诉讼时效因提起诉讼、当事人一方提出要求或者同意履行义务而中断。从中断时起，诉讼时效期间重新计算。"《最高人民法院关于审理民事案件适用诉讼时效制度若干问题的规定》

第十条第一款规定:"具有下列情形之一的,应当认定为民法通则第一百四十条规定的'当事人一方提出要求',产生诉讼时效中断的效力:……(四)当事人一方下落不明,对方当事人在国家级或者下落不明的当事人一方住所地的省级有影响的媒体上刊登具有主张权利内容的公告的,但法律和司法解释另有特别规定的,适用其规定。"[①] 根据该条规定,在当事人一方下落不明时,在国家级或者下落不明的当事人一方住所地的省级有影响的媒体上刊登具有主张权利内容的公告,可以视为当事人一方提出要求。张某伟称其常年在江西上饶工作,农商行可以通过电话、短信等方式联系张某伟。但在 2017 年 7 月 5 日至 2019 年 8 月 20 日期间,张某伟在多起涉诉案件中,存在人民法院因无法通过直接送达等方式向张某伟送达诉讼文书,进而多次采用公告送达的方式向其送达的情形,张某伟对人民法院向其多次公告送达诉讼文书未作出合理解释。一审法院在通过邮政 EMS 向张某伟送达本案一审相关诉讼文书未妥投的情形下,采用公告送达方式,但在公告送达后,张某伟又委托诉讼代理人参加诉讼。原判决据此认定张某伟有故意隐藏去向嫌疑并无不当。因现行法律未明确规定保证期间采用公告方式向保证人催收债务是否产生债权人向保证人主张权利的法律后果,在此情形下,原判决参照前述诉讼时效中断的法律规定认定农商行于 2018 年 2 月 9 日在张某伟住所地的省级有影响力的《信息日报》上刊登具有催收债务内容的公告,农商行构成在保证期间向张某伟主张保证责任,并进而判决张某伟承担保证责任并无不当。

【实务解析】

我国法律仅规定"要求保证人承担保证责任",并没有明确"要求"的具体方式。鉴于债权人是否在保证期间内提出承担保证责任要求,直接决定了债权人和保证人之间的债权债务关系能否真正建立,对双方当事人的基本民事权利存在重大影响,法院认为一般情况下应当由债权人以保证人能够知悉的方式提出。

关于债权人能否以公告的方式要求保证人承担保证责任及适用的条件,法律

[①] 对应 2020 年修正的《最高人民法院关于审理民事案件适用诉讼时效制度若干问题的规定》第八条第一款。

及司法解释没有明确规定。司法实践中一般参照适用《最高人民法院关于审理民事案件适用诉讼时效制度若干问题的规定》第八条第一款第四项之规定，在"当事人一方下落不明"的情况下，可以采用公告的方式向保证人主张权利。根据《民法典》第一百三十九条之规定，公告发布时即发生法律效力。本案中，法院认为保证人符合下落不明的情形，故可以参照诉讼时效关于公告催收的规定，对保证人通过公告的方式主张权利。债权人向保证人主张权利的公告于2018年2月9日生效，故生效时间处于保证期间内，本案保证人保证责任不得免除。

对于适用公告方式向保证人主张权利，法院一般采取从严掌握的态度。因此，在可以采取其他方式主张权利的情况下，优先选择其他主张权利的方式或者直接提起诉讼或者申请仲裁。根据《最高人民法院关于适用〈中华人民共和国民法典〉有关担保制度的解释》第三十一条规定，一般保证的债权人在保证期间内对债务人提起诉讼或者申请仲裁后，又撤回起诉或者仲裁申请，债权人在保证期间届满前未再行提起诉讼或者申请仲裁，保证人主张不再承担保证责任的，人民法院应予支持。连带责任保证的债权人在保证期间内对保证人提起诉讼或者申请仲裁后，又撤回起诉或者仲裁申请，起诉状副本或者仲裁申请书副本已经送达保证人的，人民法院应当认定债权人已经在保证期间内向保证人行使了权利。

【法条链接】

《中华人民共和国民法典》

第六百九十三条　一般保证的债权人未在保证期间对债务人提起诉讼或者申请仲裁的，保证人不再承担保证责任。

连带责任保证的债权人未在保证期间请求保证人承担保证责任的，保证人不再承担保证责任。

《最高人民法院关于审理民事案件适用诉讼时效制度若干问题的规定》（法释〔2020〕17号）

第八条第一款　具有下列情形之一的，应当认定为民法典第一百九十五条规定的"权利人向义务人提出履行请求"，产生诉讼时效中断的效力：

……

（四）当事人一方下落不明，对方当事人在国家级或者下落不明的当事人一方住所地的省级有影响的媒体上刊登具有主张权利内容的公告的，但法律和司法解释另有特别规定的，适用其规定。

九、以特快专递方式向保证人催收的，在债权人能够提供邮件存根及内容的情况下，除非保证人有相反证据推翻债权人所提供的证据，应当认定债权人向保证人主张了权利

——恒丰银行股份有限公司重庆万州支行与谢某冰、雷某庆、刘某保证合同纠纷案

【案件来源】重庆市高级人民法院（2020）渝民终 1814 号

【争议焦点】债权人通过邮局以特快专递的方式向保证人发出逾期贷款催收通知书，债权人能够提供特快专递邮件存根及内容，但无法提供邮件送达保证人的相关证据的，能否产生向保证人主张权利的法律效果？

【裁判要旨】债权人通过邮局以特快专递的方式向保证人发出逾期贷款催收通知书，在债权人能够提供特快专递邮件存根及内容的情况下，除非保证人有相反证据推翻债权人所提供的证据，应当认定债权人向保证人主张了权利。

【基本案情】

上诉人（原审被告）：谢某冰

被上诉人（原审原告）：恒丰银行股份有限公司重庆万州支行（以下简称恒丰银行万州支行）

原审被告：雷某庆、刘某

2015 年 1 月 6 日，恒丰银行万州支行（授信人、甲方）与欧洛巴商贸公司（受信人、乙方）签订《综合授信额度合同》，约定欧洛巴商贸公司可向恒丰银行万州支行申请敞口金额为 3000 万元的授信额度，授信有效期自 2015 年 1 月 6 日起至 2016 年 4 月 5 日止。同日，谢某冰、雷某庆（保证人）与恒丰银行万州支行（债权人）分别签订了《最高额保证合同》，为欧洛巴商贸公司在前述《综合授信额度合同》下的全部债务承担连带保证责任，保证担保的最高债权本金额度为敞口金额 3000 万元，担保范围为主合同项下本金及利息、复利、罚息、违约金、损害赔偿金和实现债权的费用，实现债权的费用包括但不限于催收费用、诉讼费（或仲裁费）、保全费、公告费、执行费、律师费、

差旅费及其他费用,保证期间为自每一业务合同约定的债务履行期限届满之日(或债权人垫付款项之日)起计至全部合同中最后到期的合同约定的债务履行期限届满之日(或债权人垫付款项之日)后两年止等。一旦因本合同发生纠纷诉讼至法院,则以合同中确定的地址作为诉讼文书的送达地址;保证人地址发生变更时,应书面通知债权人,未书面告知的,视为诉讼送达地址未作变更。

2015年6月30日、7月1日,欧洛巴商贸公司(借款人)分别与恒丰银行万州支行(贷款人)签订《流动资金借款合同》,约定恒丰银行万州支行向欧洛巴商贸公司提供1500万元的借款用于购买电器,借款期限分别为自2015年6月30日至12月30日及自2015年7月1日至2016年1月1日,借款利率为年7.275%的固定利率,每月20日结息,到期还本,对不能按时支付的利息贷款人有权按合同约定的罚息利率计收复利,罚息利率为借款利率上浮50%。2015年6月30日、7月1日,恒丰银行万州支行分别给欧洛巴商贸公司发放了1500万元贷款。

借款到期后,因欧洛巴商贸公司未按约支付本息,恒丰银行万州支行向重庆市万州公证处申请出具执行证书以确认借款人欧洛巴商贸公司、保证人重庆天仙湖置业有限公司(以下简称天仙湖置业公司)、李某明、王某梅承担相应清偿责任。2017年3月27日,该公证处出具《执行证书》,载明:截至2017年2月6日,债务人欧洛巴商贸公司尚拖欠本金3000万元、利息57,017.51元、罚息3,664,781.25元、复利6909.6元……被申请执行人欧洛巴商贸公司、天仙湖置业公司、李某明、王某梅,执行标的为:(1)贷款本金3000万元;(2)暂计至2017年2月6日所欠利息57,017.51元、本金的罚息3,664,781.25元、复利6909.6元,以及自2017年2月7日起至贷款本息还清之日止的罚息和复利(其中罚息以3000万元为基数,在7.275%的固定年利率基础上再上浮50%计收;复利以利息57,017.51元为基数,在7.275%的固定年利率基础上再上浮50%计收);(3)申请执行人为实现债权所支付的律师费12万元、公证费30,300元;(4)申请执行人因实现债权产生的其他合理费用:包括但不限于诉讼费、仲裁费、执行费、保险费、差旅费、财产保全费、评估拍卖费等;(5)被申请执行人天仙湖置业公司、李某明、王某梅对欧洛巴商贸公司应向恒丰银行万州支行承担的上述第一项至第四项债务承担连带清偿责任;(6)申请执行人对天仙湖置业公司提供的位于重庆市万州区北滨大道二段666号附8号房产享有抵押权,并就该抵押物折价或拍卖、变卖的价款在上述第一项至第四项范围内享有优先受偿权。

2017年10月11日，恒丰银行万州支行按各自《最高额保证合同》载明的地址分别向谢某冰、雷某庆、刘某邮寄了《关于要求立即承担保证责任的函》，要求其对欧洛巴商贸公司的债务承担保证责任。

恒丰银行万州支行向重庆市第二中级人民法院起诉请求：（1）判令谢某冰、雷某庆对欧洛巴商贸公司所欠恒丰银行万州支行的全部债务承担连带清偿责任，立即偿还借款本金3000万元、利息57,017.51元、截至2017年2月6日的罚息3,664,781.25元、复利6909.60元，以及自2017年2月7日起至借款本息还清之日止的罚息、复利、律师费12万元、公证费30,300元、评估费58,400元；（2）判令刘某与雷某庆以夫妻共同财产清偿雷某庆的保证债务；（3）本案诉讼费用由谢某冰、雷某庆、刘某共同负担。

一审法院判决：一、由谢某冰、雷某庆于判决生效后10日内连带清偿欧洛巴商贸公司所欠恒丰银行万州支行的借款本金3000万元，欠付利息57,017.51元，截至2017年2月6日的罚息3,664,781.25元、复利6909.6元，以及自2017年2月7日起至借款本息还清之日止的罚息、复利，追索债权的律师费12万元、公证费30,300元、评估费58,400元；二、谢某冰、雷某庆承担保证责任后，有权向欧洛巴商贸公司追偿；三、驳回恒丰银行重庆万州支行的其他诉讼请求。

谢某冰不服一审判决，向重庆高院提起上诉，主张恒丰银行万州支行在保证期间内未对谢某冰进行债权催收，保证合同上的地址并非其实际居住地址，其从未收到过律师函，不应当承担上述款项的保证责任。谢某冰请求二审法院撤销原审判决第一项中由谢某冰连带清偿欧洛巴商贸公司所欠恒丰银行万州支行追索债权的律师费12万元、公证费30,300元、评估费58,400元的部分，改判谢某冰不承担上述费用的连带清偿责任。

【法院观点】

本案的争议焦点为谢某冰是否应当向恒丰银行万州支行连带清偿律师费、公证费、评估费以及具体金额问题。首先，谢某冰与恒丰银行万州支行签订的《最高额保证合同》约定：担保范围为主合同项下本金及利息、复利、罚息、违约金、损害赔偿金及实现债权的费用，实现债权的费用包括但不限于催收费用、诉讼费（或仲裁费）、保全费、公告费、执行费、律师费、差旅费及其他费用。《执行证书》载明：执行标的包括申请执行人为实现债权所支付的律师费 12 万元、公证费 30,300 元；因实现债权产生的其他合理费用：包括但不限于诉讼费、仲裁费、执行费、保险费、差旅费、财产保全费、评估拍卖费等。据此，恒丰银行万州支行主张的律师费 12 万元、公证费 30,300 元被《执行证书》所确认，且评估费 58,400 元已实际产生，上述费用均属于实现债权的费用，其性质为补偿债权人因实现债权产生的损失，而罚息兼具补偿债权人资金占用损失和违约惩罚的性质，与债权人实现债权的费用不属于同一性质，亦不能互相替代。恒丰银行万州支行作为债权人，可以向债务人一并予以主张。同时，按照《最高额保证合同》约定，上述实现债权的费用均属于保证人的担保范围，恒丰银行万州支行亦有权要求保证人承担连带清偿责任。

其次，恒丰银行万州支行于保证期间内按照谢某冰保证合同上载明的地址通过 EMS 邮寄了律师函。按照《最高额保证合同》约定，一旦因本合同发生纠纷诉讼至法院，则以合同中确定的地址作为诉讼文书的送达地址；保证人地址发生变更时，应书面通知债权人，未书面告知的，视为诉讼送达地址未作变更。故恒丰银行万州支行邮寄的地址为送达的有效地址，谢某冰虽辩称保证合同上载明的地址并非其实际居住地址，并否认收到律师函，但其并未在地址发生变更时书面通知恒丰银行万州支行，即使其未收到恒丰银行万州支行邮寄的律师函，也应当承担相应的法律后果。本案中，恒丰银行万州支行举示了 EMS 快递邮单和《关于要求立即承担保证责任的函》，虽无邮件送达谢某冰的相关证据，但按照《最高人民法院关于债权人在保证期间以特快专递向保证人发出逾期贷款催收通知书但缺乏保证人对邮件签收或拒收的证据能否认定债权人向保证人主张权利的请示的复函》（〔2003〕民二他字第 6 号）规定，债权人通过邮局以特快专递的方式向保证人发出逾期贷款催收通知书，在债权人能够提供特快专递邮件存根及内容的情况下，除非保证人有相反证据推翻债权人所提供的证据，应当认定债权人向保证人主张了权利。因谢某冰并未举示相反证据推翻恒丰银行万州支行举示的前述证据，法院认定恒丰银行万州支行在保证期间内向谢某冰主张了权利，故谢某冰的保证责任并未免除。

【实务解析】

保证期间与诉讼时效，既相互独立，又密切联系，二者在实践中容易被混淆。保证期间是指根据合同约定或者法律规定，由保证人承担保证责任的期间，不发生中止、中断和延长，规定于《民法典》第六百九十二条。诉讼时效是指权利人请求人民法院保护其民事权利的期间，如果在法定的时效期间内不行使权利，当时效期间届满后，债务人获得诉讼时效抗辩权，规定于《民法典》第一百八十八条。保证期间与诉讼时效在性质、是否允许约定、起算点、效力是否及于其他保证人、经过之后的法律效果等方面均存在不同，需要当事人在实践中注意区分，防范不利的法律后果。

《民法典》第六百九十三条第二款规定："连带责任保证的债权人未在保证期间请求保证人承担保证责任的，保证人不再承担保证责任。"故在保证期间内及时向保证人主张权利关系债权人实体权利的存亡，应充分予以重视。本案涉及通过特快专递方式主张权利的认定问题。本案中，恒丰银行万州支行通过特快专递方式向保证人主张权利，举示了 EMS 快递邮单和《关于要求立即承担保证责任的函》，但无邮件送达保证人的相关证据，保证人谢某冰亦并未举示相反证据推翻恒丰银行万州支行举示的前述证据，故法院参照〔2003〕民二他字第 6 号复函，认为在债权人能够提供特快专递邮件存根及内容的情况下，应当认定债权人向保证人主张了权利，保证人应承担保证责任。

债权人能够提供特快专递邮件存根及内容，但无法提供邮件送达保证人的相关证据的，虽然本案中法院最终认定债权人在保证期间内向保证人主张了权利，但是实践中法院存在相反的认定。故，为稳妥起见，建议债权人重视保证期间问题，务必于保证期间内主张权利并留存好证据。

【法条链接】

《最高人民法院关于债权人在保证期间以特快专递向保证人发出逾期贷款催收通知书但缺乏保证人对邮件签收或拒收的证据能否认定债权人向保证人主张权利的请示的复函》(〔2003〕民二他字第 6 号)

债权人通过邮局以特快专递的方式向保证人发出逾期贷款催收通知书，在债权人能够提供特快专递邮件存根及内容的情况下，除非保证人有相反证据推翻债权人所提供的证据，应当认定债权人向保证人主张了权利。

专题四

金融不良资产转让合同的效力认定

综述 〉〉〉

金融不良债权转让属于债权转让的一种类型,债权转让合同的效力主要受《民法典》等法律法规的调整。《民法典》合同编第一分编第六章"合同的变更和转让"规定了债权转让效力判断的一般规则。在《纪要》发布之后尚在一审或者二审阶段的涉及最初转让方为国有银行、金融资产管理公司通过债权转让方式处置不良资产形成的相关案件,债权转让合同的效力判断还需遵照该《纪要》的特殊规定。司法实践中,人民法院在金融审理不良债权转让合同效力的诉讼中的审查重点主要包括:其一,不良债权的可转让性,即被转让的不良债权是否属于国家禁止或限制转让的债权。其二,受让人的适格性,即受让人是否属于国家政策规定不准介入购买的组织或个人。其三,转让程序的公正性和合法性,即转让过程中评估、公告、批准、登记、备案、拍卖等诸环节是否符合公开、公平、公正、竞争、择优原则。本章精选不良债权转让合同效力纠纷中常见的争议问题展开分析。

一、关于不良债权转让合同的无效事由及法律依据

《民法典》总则编第六章第三节"民事法律行为的效力"规定了民事法律行为无效的主要情形,主要包括无民事行为能力人实施的民事法律行为;行为人与相对人以虚假的意思表示实施的民事法律行为;违反法律、行政法规的强制性规定的民事法律行为;违背公序良俗的民事法律行为;行为人与相对人恶意串通,损害他人合法权益的民事法律行为等情形。

此外,《纪要》第六条规定了不良债权转让合同无效的11种情形:(1)债务人或者担保人为国家机关的。(2)被有关国家机关依法认定为涉及国防、军工等国家安全和敏感信息的以及其他依法禁止转让或限制转让情形的。(3)与受让人恶意串通转让不良债权的。(4)转让不良债权公告违反《金融资产管理公司资产处置公告管理办法(修订)》规定,对依照公开、公平、公正和竞争、择优原则处置不良资产造成实质性影响的。(5)实际转让的资产

包与转让前公告的资产包内容严重不符,且不符合《金融资产管理公司资产处置公告管理办法(修订)》规定的。(6)根据有关规定应经合法、独立的评估机构评估,但未经评估的;或者金融资产管理公司与评估机构、评估机构与债务人、金融资产管理公司和债务人以及三方之间恶意串通,低估、漏估不良债权的。(7)根据有关规定应当采取公开招标、拍卖等方式处置,但未公开招标、拍卖的;或者公开招标中的投标人少于三家(不含三家)的;或者以拍卖方式转让不良债权时,未公开选择有资质的拍卖中介机构的;或者未依照《拍卖法》的规定进行拍卖的。(8)根据有关规定应当向行政主管部门办理相关报批或者备案、登记手续而未办理,且在一审法庭辩论终结前仍未能办理的。(9)受让人为国家公务员、金融监管机构工作人员、政法干警、金融资产管理公司工作人员、国有企业债务人管理人员、参与资产处置工作的律师、会计师、评估师等中介机构等关联人或者上述关联人参与的非金融机构法人的。(10)受让人与参与不良债权转让的金融资产管理公司工作人员、国有企业债务人或者受托资产评估机构负责人员等有直系亲属关系的。(11)存在其他损害国家利益或社会公共利益的转让情形的。《纪要》规定转让无效的依据是转让合同损害国家利益或社会公共利益或者违反法律、行政法规强制性规定,该依据来源于原《合同法》第五十二条之规定。

二、不良债权转让合同的撤销问题

《民法典》总则编第六章第三节"民事法律行为的效力"规定了民事法律行为可撤销的主要情形,具体到金融不良债权转让领域,主要包括以下情形:基于重大误解实施的民事法律行为;一方以欺诈手段,使对方在违背真实意思的情况下实施的民事法律行为;第三人实施欺诈行为,使一方在违背真实意思的情况下实施的民事法律行为,对方知道或者应当知道该欺诈行为的;一方或者第三人以胁迫手段,使对方在违背真实意思的情况下实施的民事法律行为;一方利用对方处于危困状态、缺乏判断能力等情形,致使民事法律行为成立时显失公平的等。此外,根据《纪要》第六条规定,在金融资产管理公司转让不良债权后,国有企业债务人有证据证明不良债权根本不存在或者已经全部或部分归还而主张撤销不良债权转让合同的,人民法院应当撤销或者部分撤销不良债权转让合同;不良债权转让合同被撤销或者部分撤销后,受让人可以请求金融资产管理公司承担相应的缔约过失责任。

关于撤销权行使的方式，根据我国民法典的规定，应采取提起诉讼或仲裁的方式。关于撤销权行使的除斥期间，主要分为以下几种情况：一是，撤销权原则上应在权利人知道或者应当知道撤销事由之日起1年内行使，但自民事法律行为发生之日起5年内没有行使的，撤销权消灭；二是，对于因重大误解享有撤销权的，权利人应在知道或者应当知道撤销事由之日起90日内行使；三是，对于因胁迫享有撤销权的，应自胁迫行为终止之日起1年内行使；四是，对权利人知道撤销事由后明确表示或者以自己的行为表明放弃撤销权的，撤销权消灭，不受1年期间的限制。

关于撤销权的行使，根据2019年《全国法院民商事审判工作会议纪要》，撤销权应当由当事人行使。当事人未请求撤销的，人民法院不应当依职权撤销合同。一方请求另一方履行合同，另一方以合同具有可撤销事由提出抗辩的，人民法院应当在审查合同是否具有可撤销事由以及是否超过法定期间等事实的基础上，对合同是否可撤销作出判断，不能仅以当事人未提起诉讼或者反诉为由不予审查或者不予支持。一方主张合同无效，依据的却是可撤销事由，此时人民法院应当全面审查合同是否具有无效事由以及当事人主张的可撤销事由。当事人关于合同无效的事由成立的，人民法院应当认定合同无效。当事人主张合同无效的理由不成立，而可撤销的事由成立的，因合同无效和可撤销的后果相同，人民法院也可以结合当事人的诉讼请求，直接判决撤销合同。

三、关于无效合同或撤销后的处理

《民法典》第一百五十五条、第一百五十七条规定，无效的或者被撤销的民事法律行为自始没有法律约束力。民事法律行为无效、被撤销或者确定不发生效力后，行为人因该行为取得的财产，应当予以返还；不能返还或者没有必要返还的，应当折价补偿。有过错的一方应当赔偿对方由此所受到的损失；各方都有过错的，应当各自承担相应的责任。法律另有规定的，依照其规定。此外，根据2019年《全国法院民商事审判工作会议纪要》第三十二条的规定，在确定合同不成立、无效或者被撤销后财产返还或者折价补偿范围时，要根据诚实信用原则的要求，在当事人之间合理分配，不能使不诚信的当事人因合同不成立、无效或者被撤销而获益。合同不成立、无效或者被撤销情况下，当事人所承担的缔约过失责任不应超过合同履行利益。

结合金融不良债权转让的特殊情况，《纪要》对金融不良债权转让合同无效的处理进行了特别规定，将其区分为两种情形：其一，关于单笔转让合同无效的处理问题。单笔转让合同被认定无效后，人民法院应当依据原《合同法》第五十八条①关于返还财产、赔偿损失的原则处理。其中，受让人要求转让人赔偿损失的，根据民商事审判实践长期以来遵循的无效合同处理规则，该赔偿损失数额应以受让人实际支付的价金之利息损失为限。此外，应当特别注意的是，为了便于金融资产管理公司将来继续处置被返还的不良债权，《纪要》规定，不良债权的诉讼时效自金融不良债权转让合同被认定无效之日起重新计算。其二，关于打包转让合同无效的处理问题。如果整体资产包中的所有债权均具备《纪要》规定的无效事由，无疑应当认定整体资产包转让合同全部无效。但实践中的常见情形是，整体资产包中仅有单笔或者数笔债权属于无效情形。鉴于交易的关键要素是盈亏情况，而最了解交易内部情况以及盈亏状况的无疑是受让人，因此，《纪要》在权衡尊重私权处分和保护国家公益的基础上，采取一种尊重现实的处理办法，即在保持人民法院公权认定合同效力的基础上，赋予受让人以合同效力选择权，规定："金融资产管理公司以整体'资产包'的形式转让不良债权中出现单笔或者数笔债权无效情形，或者单笔或数笔不良债权的债务人为非国有企业，受让人请求认定合同全部无效的，人民法院应当判令金融资产管理公司与转让人之间的资产包债权转让合同无效；受让人请求认定已履行或已结清部分有效的，人民法院应当认定尚未履行或尚未结清部分无效，并判令受让人将尚未履行部分或尚未结清部分返还给金融资产管理公司，金融资产管理公司不再向受让人返还相应价金。"

关于无效后的返还顺序问题。《纪要》规定，无论是单笔转让还是整体资产包转让，在合同被认定无效后当事人履行相互返还义务时，均应从不良债权最终受让人开始逐一与前手相互返还，直至完成第一受让人与金融资产管理公司的相互返还。后手受让人直接对金融资产管理公司主张不良债权转让合同无效并请求赔偿的，人民法院不予支持。其中一个问题是：如果执行过程中出现中间环节缺失（诸如自然人死亡、法人注销）等，后手受让人可否越过该中间

---

① 对应《民法典》第一百五十七条。

环节而向其他前手受让人主张返还？我们认为，鉴于该问题实践中出现的频率不高，可以在个案中具体解决。①

四、关于国有企业债务人提起不良债权转让合同无效之诉的问题

通常认为，在债权转让中，债权人仅对债务人负有通知义务，而债务人对于转让合同的效力不应享有诉权。但是，《纪要》明确了国有企业债务人以损害国有资产等为由提起不良债权转让合同无效的诉权。同时，为了防止国有企业债务人滥用诉权，引导理性诉讼，《纪要》规定了两种防止滥诉的措施：其一，增加诉讼成本。在国有企业债务人通过抗辩的方式提出不良债权转让合同无效时，人民法院应当进行释明，告知其以金融资产管理公司和受让人为被告向同一人民法院另行提起转让合同无效之诉。债务人不另行起诉的，人民法院对其抗辩不予支持。其二，提供诉讼担保。国有企业债务人在提起不良债权转让合同无效之诉中必须提供相应的担保，否则人民法院不予受理。鉴于本书在专题二中已经收录了国有企业债务人提起的不良债权转让合同无效之诉的典型案例，故本章不再选取案例展开分析。

五、关于向境外主体转让不良债权及因此导致的对外担保的效力认定问题

根据《外债登记管理办法》（汇发〔2013〕19号）第二十一条和第二十二条规定，境内机构对外转让不良资产，应按规定获得批准。对外转让不良资产获得批准后，境外投资者或其代理人应到外汇局办理对外转让不良资产备案手续。根据《国家发展改革委关于做好对外转让债权外债管理改革有关工作的通知》（发改外资〔2016〕1712号）第一条和第三条规定，境内金融机构向境外投资者转让不良债权，形成境内企业对外负债，适用《国家发展改革委关于推进企业发行外债备案登记制管理改革的通知》（发改外资〔2015〕2044号）有关规定，统一纳入企业外债登记制管理。对外转让不良债权的境内金融机构收到国家发展改革委出具的登记证明后，可向外汇主管

---

① 高民尚：《〈关于审理涉及金融不良债权转让案件工作座谈会纪要〉的理解与适用》，载《人民司法（应用）》2009年第9期。

部门申请办理外债登记及资金汇兑。故,对外转让不良资产的,需要向国家发展改革委进行外债登记备案,并于收到国家发展改革委出具的登记证明后向外汇主管部门申请办理备案手续。

关于原来的国内担保因不良债权对外转让而转化为对外担保的问题,根据《最高人民法院关于审理金融资产管理公司利用外资处置不良债权案件涉及对外担保合同效力问题的通知》(法发〔2010〕25号)规定,2005年1月1日之后金融资产管理公司利用外资处置不良债权,向外国投资者出售或转让不良资产,外国投资者受让债权之后向人民法院提起诉讼,要求债务人及担保人直接向其承担责任的案件,由于债权人变更为外国投资者,使得不良资产中含有的原国内性质的担保具有了对外担保的性质,该类担保有其自身的特性,国家有关主管部门对该类担保的审查采取较为宽松的政策。如果当事人提供证据证明金融资产管理公司通知了原债权债务合同的担保人,外国投资者或其代理人在办理不良资产转让备案登记时提交的材料中注明了担保的具体情况,并经国家外汇管理局分局、管理部审核后办理不良资产备案登记的,人民法院不应以转让未经担保人同意或者未经国家有关主管部门批准或者登记为由认定担保合同无效。外国投资者或其代理人办理不良资产转让备案登记时,向国家外汇管理局分局、管理部提交的材料中应逐笔列明担保的情况,未列明的,视为担保未予登记。当事人在一审法庭辩论终结前向国家外汇管理局分局、管理部补交了注明担保具体情况的不良资产备案资料的,人民法院不应以未经国家有关主管部门批准或者登记为由认定担保合同无效。

一、债权转让通知并非债权转让协议的生效要件，未及时向债务人和担保人发出债权转让通知并不影响债权转让协议的效力

——佛山市顺德区太保投资管理有限公司与广东中鼎集团有限公司债权转让合同纠纷案

【案件来源】 最高人民法院公报案例：最高人民法院（2004）民二终字第212号

【争议焦点】 未及时向债务人和担保人发出债权转让通知是否影响债权转让协议的效力？案涉债权转让是否存在欺诈，债权转让协议能否撤销？

【裁判要旨】 向债务人发出债权转让通知并非债权转让协议的生效要件，没有及时向债务人和担保人发出债权转让通知并不影响债权转让协议的效力。本案债权转让时，转让人并未隐瞒债权质押的事实，且质押权已经消灭，故案涉债权转让不构成欺诈，案涉债权转让合同不可撤销。

【基本案情】

上诉人（原审原告）：佛山市顺德区太保投资管理有限公司（以下简称太保公司）

被上诉人（原审被告）：广东中鼎集团有限公司（以下简称中鼎公司）

2002年11月25日，中鼎公司与中国东方资产管理公司广州办事处（以下简称东方公司广州办事处）签订一份《债权转让协议》，约定："一、东方公司广州办事处向中鼎公司转让包括本案债权在内的44亿多元债权，转让总价款为318,622,497元。付款方式分为四期，在首期转让价款165,683,698.8元支付后，中鼎公司应在自2002年12月29日至2003年12月28日的期间内，将余款分三期等额支付给东方公司广州办事处……二、协议的生效条件为：双方授权代表签字盖章，中鼎公司满足了该合同所列全部先决条件，标的债权才由东方公司广州办事处转让给中鼎公司。先决条件为：……3.中鼎公司与东方公司广州办事处签署《债权质押合同》，将标的债权在受让后立即质押给东方公司广州办事

处作为还清转让价款的担保,并向借款人及担保人发出有关标的债权(含其从属担保权益)已质押给东方公司广州办事处的通知函;……5.东方公司广州办事处已与中鼎公司签订《服务及协助协议》和《优先权及回购期权协议》。四、关于标的债权的再转让:在以下全部条件得到满足的前提下,中鼎公司可以将标的债权之全部或任一部分再转让给第三人:……"

签订上述《债权转让协议》的当日,东方公司广州办事处又与中鼎公司签订了先决条件约定的《债权质押合同》等协议。而后,中鼎公司向东方公司广州办事处支付了首期款。

2003年1月,中鼎公司向东方公司广州办事处发出《优先购买通知》,同月23日东方公司广州办事处在该通知上签收。2003年1月29日,中鼎公司与太保公司签订一份《债权转让协议》,约定:"一、根据中鼎公司和东方公司广州办事处于2002年11月25日签订的《债权转让协议》,中鼎公司取得了东方公司广州办事处从中国银行受让的位于顺德地区的相关债权及其债权项下担保权益,其中包括对桂洲公司的114,187,454.22元、5,386,034.31美元贷款本金及相应利息的债权。双方经协商,并依与东方公司广州办事处约定的规则和程序取得合法认可,达成如下协议。二、本协议所转让的标的是指中鼎公司对桂洲公司的9笔债权本金114,187,454.22元、5,386,034.31美元及利息、违约金等及相应保证人、抵押物所享有的权利。三、上述债权转让总价款为人民币7500万元。太保公司付款期限:在本协议签订之日起46日内按总价款的20%向中鼎公司支付转让债权的定金1500万元,其中协议签订当日付部分定金300万元;2003年3月15日前向中鼎公司支付债权转让款1500万元;2003年5月15日前向中鼎公司支付债权转让款2250万元;2003年7月27日前向中鼎公司支付债权转让款2250万元。……四、关于债权移交约定:在本协议生效以后,中鼎公司同意在太保公司达到如下两个条件中任何一条的情况后五个工作日内向太保公司移交本协议项下全部债权的资料,并向太保公司提交因转让该债权而向债务人及保证人(如果有)发出的转让通知有效回执或者其他可证明已通知的证据材料:1.太保公司按照本协议约定在2003年7月27日前向中鼎公司交纳了全部7500万元转让价款;2.太保公司按照本协议的约定向中鼎公司交纳了定金1500万元,并向中鼎公司提交中鼎公司认可的银行保函,保证太保公司在2003年7月27日前按上述第二条约定交纳剩余6000万元转让价款。五、本协议生效后，中鼎公司允许太保公司查阅、复制转让标的项下债权的有关合同、往来文件、票据、凭证等债权资料。六、关于违约责任约定：1.任何一方违反本协议约定时，另一方有权要求违约方立即限期纠正，因一方违约而使对方权益受到严重损害时，对方有权解除协议；2.如太保公司按期如数支付完毕转让价款，则太保公司所支付的定金抵作转让价款；如太保公司在本合同规定的付款期限内未能按期支付转让价款并逾期超过60日，视为太保公司违约，中鼎公司有权解除协议，太保公司所支付的定金不予退还；……"

该协议签订后，太保公司合计支付5250万元债权转让款给中鼎公司。2003年9月24日，中鼎公司向太保公司出具《同意函》，同意太保公司第三期转让款延期至2003年9月26日支付800万元，9月29日支付1450万元，在收到第三期款项后，同意在2003年12月27日前支付第四期款项。同日，太保公司亦向中鼎公司出具《同意函》，同意在中鼎公司收到全部转让价款后30个工作日内向太保公司移交所有债权资料。

2004年2月5日，东方公司广州办事处以公证见证的方式向债务人桂洲公司和担保人寄出《债权转让及质押通知书》。

2004年2月6日，中鼎公司向太保公司邮寄送达《关于顺德市桂洲建设综合开发公司债权转让事宜的通知》，该通知载明：基于太保公司未支付第四期款项，已构成违约，现通知解除《债权转让协议》，没收已支付的1500万元定金，对已支付的其他3750万元转让款，不予退回，按照《债权转让协议》第六条第二款的约定，按已付款占总价款比例，转让本金余额为人民币79,487,454.22元的债权。同日，中鼎公司向债务人桂洲公司邮寄送达《关于债权转让及处理债务的函》，通知桂洲公司其将本金余额79,487,454.22元的债权及相应利息的债权转让给太保公司，自该通知到达之日起，太保公司对桂洲公司上述债权项下的三笔贷款享有债权，对桂洲公司的其他债权仍由中鼎公司享有。

2004年4月16日，东方公司广州办事处向广州市万方兴泰企业顾问有限公司出具《关于顺德资产包对价款收取情况的通知》，该通知载明：到2004年1月6日止，中鼎公司已向东方公司广州办事处全额支付顺德资产包的对价款318,622,497.7元。

2004年4月30日，东方公司广州办事处向中鼎公司出具《关于顺德市桂洲建设综合开发公司债权再行转让问题的确认函》,载明:1.根据贵司与我办签订的有关协议,贵司已自我办受让对桂洲公司享有的上述债权;由于贵司已经满足取得债权的所有先决条件,故在2003年1月28日时贵司已经取代我办成为桂洲公司的债权人,对其享有上述债权。2.根据贵司与我办签订的有关协议,我办对上述债权转让可以在同等条件下行使优先购买权,但我办当时已放弃了上述优先购买权。3.我办同意贵司对桂洲公司享有的上述债权的处置方案,即以7500万元人民币的价格和其他条件转让给太保公司。4.我办同意在上述债权转让时即解除该等债权的质押担保,对该等债权不再享有质押权,我办并协助贵司将上述债权转让给太保公司。

2004年3月8日,太保公司向广东省高级人民法院提起诉讼,请求判令:一、确认中鼎公司与太保公司于2003年1月29日签订的《债权转让协议》是无效合同。二、判令中鼎公司返还太保公司已付转让款3750万元,双倍返还定金共3000万元,赔偿太保公司可得利益损失。三、由中鼎公司承担本案费用。本案一审审理过程中,一审法院不认可太保公司对本案民事行为的效力的主张,依照《最高人民法院关于民事诉讼证据的若干规定》第三十五条的规定,告知太保公司可以变更诉讼请求。太保公司据此将第一项诉讼请求变更为:撤销中鼎公司与太保公司于2003年1月29日签订的《债权转让协议》。

一审法院认为,中鼎公司与太保公司签订的《债权转让协议》不违反法律和行政法规的禁止性规定,应认定合法有效。中鼎公司的行为不构成欺诈,太保公司主张该协议可撤销,请求中鼎公司返还已付债权转让款和赔偿利息损失,缺乏事实和法律依据。故判决:驳回太保公司的诉讼请求。

太保公司不服原审法院上述民事判决,认为原审判决认定中鼎公司与太保公司签订《债权转让协议》时已取得本案债权,东方公司广州办事处已放弃质押权,中鼎公司与太保公司签约时没有隐瞒债权的真实情况等均与事实不符。故向最高人民法院提起上诉,请求依法撤销原判,支持其一审诉讼请求。二审法院经审理判决:驳回上诉,维持原判。

【法院观点】

1.关于太保公司提出的中鼎公司签约时没有取得本案债权的理由。法院认为,太保公司提出该项上诉理由的主要依据是中鼎公司与东方公司广州办事处未能依照双方签订的《债权转让协议》的约定，向借款人及担保人发出有关标的债权质押的通知函，未满足协议生效的条件。根据本案查明的事实，双方当事人约定的主要生效条件已经满足，虽然中鼎公司与东方公司广州办事处未能及时向借款人和担保人发出有关标的债权质押的通知函，但是根据东方公司广州办事处事后发出的《债权转让及质押通知书》的内容看，标的债权质押的前提是东方公司广州办事处将标的债权转让给中鼎公司，中鼎公司以标的债权作为质物向东方公司广州办事处提供质押担保。可以看出，中鼎公司与东方公司广州办事处在协议中约定的债权质押的通知义务，与债权转让的通知义务具有同等的法律意义。故原审法院认定，向债务人发出债权转让通知并非债权转让协议的生效要件，东方公司广州办事处没有及时向债务人和担保人发出债权转让通知并不影响其与中鼎公司签订的《债权转让协议》的效力，也不能因此认为中鼎公司未取得本案债权。原审判决上述认定正确，太保公司的该项上诉理由不能成立。

2. 关于太保公司提出的东方公司广州办事处并未放弃质押权、标的债权不可转让的问题。法院认为，太保公司提出该项上诉理由的主要依据是东方公司广州办事处2004年2月5日向借款人及担保人发出的通知函中，明示了标的债权已质押，而东方公司广州办事处也向借款人及担保人主张质押权。故东方公司广州办事处2004年4月30日的函件中所谓放弃质押权不符合事实。本案查明的事实表明，东方公司广州办事处向借款人及担保人发出的《债权转让及质押通知书》，仅仅是对借款人及担保人就债权质押予以通知，并不能得出其向借款人及担保人主张质押权的结论。中鼎公司与东方公司广州办事处在《债权转让协议》中约定了债权质押和债权再行转让的条款，其中对债权的再行转让东方公司广州办事处享有优先购买权。中鼎公司向太保公司转让的债权，仅是其从东方公司广州办事处受让的债权的一部分。中鼎公司向太保公司转让该部分债权之前，向东方公司广州办事处发出《优先购买通知》，东方公司广州办事处在约定的期限内未行使优先购买权，也未对中鼎公司将该部分债权转让给太保公司提出异议，该转让行为不违反当事人的约定，也不违反法律法规的强制性规定，且东方公司广州办事处在2004年4月30日的函件中对"在上述债权转让时即解除该等债权的质押担保，对该等债权不再享有质押权"的事实予以确认。故原审法院认定东方公司广州办事处对中鼎公司转让该部分债权已经放弃了质押权,中鼎公司有权转让本案债权,其与太保公司签订的《债权转让协议》的效力不因该债权的出质而受影响。原审判决上述认定正确,太保公司的该项上诉理由不能成立。

3.关于太保公司提出的中鼎公司隐瞒债权的真实情况,构成欺诈的理由,法院认为,中鼎公司与太保公司签订《债权转让协议》时,已经取得自东方公司广州办事处受让的标的债权,太保公司以债权质押通知的发出时间,作为中鼎公司取得相关债权,并依此认为中鼎公司与其签订《债权转让协议》中的相关陈述是虚假的,是隐瞒债权真实情况的主张,没有事实和法律依据。太保公司与中鼎公司签订《债权转让协议》时经明确,该协议是基于中鼎公司与东方公司广州办事处之间的《债权转让协议》,并依中鼎公司与东方公司广州办事处约定的规则和程序取得合法认可而达成。应当认定太保公司签约时对中鼎公司与东方公司广州办事处之间的协议内容是明知的,其对中鼎公司将受让的标的债权出质给东方公司广州办事处并未提出异议。如果太保公司称签约时并不了解中鼎公司与东方公司广州办事处之间协议的内容,也仅能视为太保公司对自己享有权利的放弃,并不能证明中鼎公司故意隐瞒债权已质押的事实。故太保公司认为中鼎公司的行为构成欺诈的上诉理由没有事实依据,法院不予支持。

【实务解析】

该案例对债权转让通知义务的履行是否影响债权转让协议效力的问题进行了明确。《民法典》第五百四十六条第一款规定:"债权人转让债权,未通知债务人的,该转让对债务人不发生效力。"根据该条规定,债权人未通知债务人的,则该转让对债务人不发生效力,并非影响该债权转让的效力。《最高人民法院关于审理涉及金融资产管理公司收购、管理、处置国有银行不良贷款形成的资产的案件适用法律若干问题的规定》(已失效)第六条第二款规定:"在案件审理中,债务人以原债权银行转让债权未履行通知义务为由进行抗辩的,人民法院可以将原债权银行传唤到庭调查债权转让事实,并责令原债权银行告知债务债权转让的事实。"因此,债权转让通知义务在案件审理中仍可履行,债权转让通知义务未及时履行只是使债务人享有对抗受让人的抗辩权,它并不影响债权转让人与受让人之间债权转让协议的效力。

关于本案债权转让协议是否因欺诈而可以撤销的问题。法律并不禁止设定质权的债权转让，也允许质权人放弃质权；本案质权已经因清偿而消灭，且质权人事后亦对债权的可转让性进行了确认。基于本案法院认定的事实，案涉债权转让是基于中鼎公司与东方公司广州办事处之间的《债权转让协议》，并依中鼎公司与东方公司广州办事处约定的规则和程序取得合法认可而达成。可见，太保公司签约时对中鼎公司与东方公司广州办事处之间的协议内容是明知的，故中鼎公司不构成欺诈，案涉债权转让协议不符合可撤销的情形。

从本案得出的启示是：从不良债权转让方的角度，在债权转让时要做好相关信息的披露，防止因隐瞒或遗漏重要信息影响债权转让合同的效力；从债权受让方的角度，在受让不良债权时务必做好尽职调查，防范程序瑕疵影响债权的受让。

【法条链接】

《中华人民共和国民法典》

第四百三十一条　质权人在质权存续期间，未经出质人同意，擅自使用、处分质押财产，造成出质人损害的，应当承担赔偿责任。

第四百三十五条　质权人可以放弃质权。债务人以自己的财产出质，质权人放弃该质权的，其他担保人在质权人丧失优先受偿权益的范围内免除担保责任，但是其他担保人承诺仍然提供担保的除外。

第五百四十六条　债权人转让债权，未通知债务人的，该转让对债务人不发生效力。

债权转让的通知不得撤销，但是经受让人同意的除外。

二、金融资产管理公司订立的名为债权转让实为融资借款的合同的效力认定

——中国华融资产管理股份有限公司云南省分公司与昆明呈钢工贸有限责任公司借款合同纠纷案

【案件来源】最高人民法院（2020）最高法民终537号

【争议焦点】金融资产管理公司订立的名为债权转让实为融资借款的合同的效力如何认定？

【裁判要旨】案涉债权转让行为及隐藏的借款行为均无效，合同无效后形

成的债权债务为当事人明知的基础法律关系，当事人为实现这一真实发生的债权债务而订立的还款协议及担保协议等，应当认定为有效，以维护正常交易秩序，平衡当事人利害关系。

【基本案情】

上诉人（原审原告）：中国华融资产管理股份有限公司云南省分公司（以下简称华融公司）

上诉人（原审被告）：昆明呈钢工贸有限责任公司（以下简称呈钢公司）、戴某、崔某华

被上诉人（原审被告）：云南中天文化产业发展股份有限公司（以下简称中天公司）、戴某梅

2014年2月28日，华融公司与中天公司签署《印章交接单》两份，中天公司将其公章、合同专用章、财务专用章、戴某梅私章移交给华融公司保管。2014年5月10日，中天公司与呈钢公司签订《借款协议书》，约定呈钢公司向中天公司借款1.09亿元。2014年6月30日，中天公司与呈钢公司签订《债权债务确认书》，确认中天公司对呈钢公司享有1.09亿元债权。

2014年5月8日，华融公司通过光大银行向中天公司转账支付4000万元（该款项双方已经结清），此后，在2014年5月13日至6月19日期间，中天公司利用该4000万元款项在中天公司与呈钢公司之间反复多次往来转账。华融公司起诉的中天公司对华融公司的1.09亿元原始债权是由中天公司与呈钢公司截取了上述往来转账款中的三笔形成：第一笔是2014年5月13日，中天公司转款给呈钢公司4000万元，呈钢公司当天又将该款转回给中天公司；第二笔是2014年5月14日，中天公司转款给呈钢公司4000万元，呈钢公司第二天又将该款转回给中天公司；第三笔是2014年5月20日，中天公司转款给呈钢公司2900万元，呈钢公司当天又将该款转回给了中天公司。

2014年7月10日，中天公司与华融公司及呈钢公司签订《债权转让协议》约定，中天公司将其对呈钢公司的1.09亿元债权以1.09亿元的价款转让给华融公司，价款分两次支付，第一次支付9600万元，第二次支付1300万元。债权转让协议签订后，华融公司于2014年7月11日通过工商银行转账向中天公

司支付了9600万元。

2014年7月10日,华融公司与呈钢公司签订编号为云南Y2××-2的《还款协议》;2015年6月24日,华融公司与呈钢公司签订编号为云南Y2××-10的《还款协议之补充协议》;2015年7月10日,华融公司与呈钢公司签订编号为云南Y2××-11的《还款协议之补充协议》;2015年9月18日,华融公司与呈钢公司签订编号为云南Y2××-12的《还款协议之补充协议(二)》;2015年11月25日,本案各方当事人共同签订编号为云南Y2××-13的《还款协议之补充协议(三)》,约定截至2015年11月17日,呈钢公司在该协议项下剩余债务本金余额为93,085,300元,担保人同意继续为本协议项下的债务提供抵押、保证担保。呈钢公司与华融公司于2014年7月10日签订《还款协议》后,华融公司共计收到中天公司和呈钢公司支付的13笔款项,为14,473,350元(对支付的款项性质究竟是还本金还是还利息以及是否属于其他往来款项双方有争议);针对9600万元款项的资金占用利息,2015年3月21日前的利息双方已经结清。

2014年7月10日,华融公司与呈钢公司签订编号为云南Y2××-7的《抵押协议》;2015年11月25日,华融公司与呈钢公司签订编号为云南Y2××-17的《抵押协议之补充协议》,约定呈钢公司以其名下的位于昆明市新闻路与环城西路交叉口"文化空间"项目中所有的17,615.02平方米商业回迁房提供抵押担保。但因商业回迁房产权证尚未办理,该项抵押至今未办理抵押登记。2014年7月10日,华融公司与呈钢公司签订编号为云南Y2××-9的《抵押协议》;2015年11月25日,华融公司与呈钢公司签订编号为云南Y2××-18的《抵押协议之补充协议》,约定呈钢公司以其名下的位于昆明市新闻路348号的国有土地使用权向华融公司提供抵押担保,并办理了抵押登记。

2014年7月10日,华融公司与中天公司签订编号为云南Y2××-8的《抵押协议》;2015年11月25日,华融公司与中天公司签订编号为云南Y2××-19的《抵押协议之补充协议》,约定中天公司以其名下的位于昆明市新闻路348号图书批发市场1幢1-4层房产为华融公司提供抵押担保,并办理了抵押登记。

2014年7月10日,华融公司与中天公司签订编号为云南Y2××-6的《保证协议》;2015年11月25日,华融公司与中天公司签订编号为云南Y2××-16的《保证协议之补充协议》,约定中天公司向华融公司提供连带责任保证担保。

2014年7月10日，华融公司与戴某梅签订编号为云南Y2××-4的《保证协议》；2015年11月25日，华融公司与戴某梅签订编号为云南Y2××-14的《保证协议之补充协议》，约定戴某梅向华融公司提供连带责任保证担保。2014年7月10日，华融公司与戴某签订编号为云南Y2××-5的《保证协议》，约定戴某向华融公司提供连带责任保证担保。各方当事人认可崔某华在戴某配偶确认处签名真实；2015年11月25日，戴某与华融公司签订的《保证协议之补充协议》上，崔某华在戴某配偶确认处签名虚假。

华融公司根据云南省昆明市真元公证处作出的（2016）云昆真元证执字第11号文书，向昆明市中级人民法院（以下简称昆明中院）申请强制执行，呈钢公司、中天公司等提出执行异议。昆明中院以《保证协议之补充协议》上崔某华签字不是本人签字为由作出（2016）云01执异字第317号执行裁定：裁定不予执行。华融公司向云南高院申请复议，云南高院于2018年3月14日作出（2017）云执复147号《执行裁定书》，裁定本案终结审查。

华融公司为实现其债权遂向云南高院提起诉讼，诉讼请求为：（1）呈钢公司向华融公司偿还借款本金93,085,300元，债务重组宽限补偿金45,829,397.07元（暂计算至2018年6月30日）以及自2018年7月1日至全部债务本金还清之日止的债务重组款项补偿金（按照年利率15%计算）；（2）呈钢公司向华融公司支付违约金77,166,841.48元（暂计算至2018年6月30日）以及自2018年7月1日至全部债务本金还清之日止的违约金（按照正常重组宽限补偿金率上浮50%即7.5%以及日利率0.05%计算）；（3）要求担保人承担担保责任等。

一审法院认为，案涉所谓债权转让债务关系是华融公司、呈钢公司、中天公司三方通过多次往来走账虚构的，属于华融公司违规收购不真实的非金融机构不良资产，以收购不良资产名义为中天公司提供融资贷款。基于上述分析，应认定华融公司与中天公司、呈钢公司之间实际并不存在债权转让关系，华融公司与中天公司、呈钢公司之间的法律关系名为债权转让，实为企业之间借贷，透过现象看本质，本案应按当事人之间实际发生的借款法律关系进行处理。华融公司系非银行金融企业，不具备向其他企业和个人发放贷款的资质，其在本案中出借款项的行为是否违反行业和部门内部管理规定，是应由行业行政管理部门处理的问题，不属于本案审理范围。故判决：一、由中天公司和呈钢公司于本判决生效后十日内共同向华融公司偿还下欠借款本金人民币 93,085,300 元及该款占用期间的利息（利息计算方式为：以 93,085,300 元为基数，按年利率 6%，自 2015 年 3 月 21 日起计算至款项还清时止）；二、各担保人在本判决第一项债务范围之内承担担保责任等。

华融公司不服一审判决，认为原基础合同是否真实及履行不影响《还款协议》履行及效力。《还款协议》未违反法律法规强制性规定，是各方真实意思表示；利息约定过高，并非合同条款无效的法定情形，《还款协议》约定的财务顾问费、重组宽限补偿金等未超过 24%，应予以支持，故向最高人民法院提起上诉，请求改判原审判决第一项中的"年利率 6%"为"重组宽限补偿金、违约金总计为 24%/ 年"。二审法院经审理，判决：驳回上诉，维持原判。

【法院观点】

1. 华融公司主张其不知债权虚构的事实而作出收购案涉不良资产的意思表示，理由不成立。自 2014 年 5 月 13 日至 20 日，中天公司与呈钢公司通过往来转账，虚构了案涉中天公司享有的呈钢公司 1.09 亿元债权。中天公司因案外项目于 2014 年 2 月 28 日将其公司印章、合同专用章、财务专用章、法定代表人戴某梅私章移交华融公司保管，华融公司与中天公司共同管理上述印章，中天公司使用印章均需经华融公司工作人员签字。《中天公司财务印章使用登记表（2014）》记载，2014 年 5 月 13 日至 21 日，中天公司有多笔内部转账及向呈钢公司的转账，均有华融公司工作人员李某的签字。呈钢公司举示的《中天公司公章使用登记表（2014）》记载，案涉《股东会决议》《债权债务确认书》等资料的用印现场签字人是华融公司的工作人员李某，并标注"向华融融资 10,900 万元"字样。华融公司知晓"中天公司与呈钢公司通过往来转账虚构案涉债权事宜"这一事实，具有高度盖然性。呈钢公司在二审中举示的证据进一步证实华融公司知晓且参与了案涉债权虚构行为。另外，从华融公司与中天公司、呈钢公司签订的"云南 Y2××-1 号"债权转让协议第二条第二款第三项约定内容来看，"转让方（中天公司）的指定账户用于存放受让方（华融公司）支付的收购资金，由受让方预留人员印鉴，并对账户内的资金进行监管"。在债权转让之后，受让方监管转让方的账户不符合交易常规，进一步印证华融公司的真实意思并非收购案涉不良债权。中天公司系案涉9600万元的实际用款人，其先后向华融公司还本付息总计14,473,350元，华融公司与中天公司成立借款合同法律关系。虚伪的意思表示无效，应当按照隐藏的民事法律行为处理。

2. 华融公司与中天公司之间的借款关系因违反《银行业监督管理法》第十九条规定而无效。《银行业监督管理法》第十九条规定："未经国务院银行业监督管理机构批准，任何单位或者个人不得设立银行业金融机构或者从事银行业金融机构的业务活动。"该规定涉及金融安全、市场秩序、国家宏观政策等公共秩序，属于强制性效力规定。华融公司系金融资产管理公司和非银行金融机构，其经营范围不包括贷款业务。华融公司未经批准从事贷款业务，违反上述规定，与中天公司之间的借款关系无效。原审法院仅认为部分条款因变相约定利息明显过高无效，适用法律确有不当，应予纠正。

3. 华融公司、中天公司、呈钢公司故意以通谋虚伪意思表示订立案涉不良债权转让合同，规避法律禁止性规定，违背诚实信用原则，应确认无效。该合同无效后依据《合同法》（已失效）第五十八条形成的债权债务为当事人明知的基础法律关系。当事人为实现这一真实发生的债权债务而订立的还款协议及担保协议等，应当认定为有效，以维护正常交易秩序，平衡当事人利害关系。华融公司的实际损失为其出借资金的占用费，鉴于其本身资金来源的特殊性及资产管理的风险，原审法院酌定以年利率6%计算资金占用费作为中天公司、呈钢公司赔偿华融公司的实际损失，处理结果并无不当。

【实务解析】

本案涉及金融资产管理公司订立的名为债权转让实为融资借款的合同的效力认定问题，该问题实质上为民法理论中的通谋虚伪表示与隐藏行为问题，属于表意人意思与表示不一致的情形。通谋虚伪表示，又称伪装表示或虚伪表示，是指表意人与相对人通谋，不表示内心真实的意思表示。通谋虚伪表示以表意人与相对人的意思联络为核心，特点是双方当事人进行通谋，通常具有不良动机，因而在主观上是共同故意，在意思表示上是双方的不真实。如果仅有一方非真意表示，而对方并未表示出非真意的合意，或因有误解或者发生错误的，不构成虚假意思表示。① 隐藏行为是指表意人为虚假的意思表示，但其真意为发生另外法律效果的意思表示。②

《民法典》第一百四十六条规定："行为人与相对人以虚假的意思表示实施的民事法律行为无效。以虚假的意思表示隐藏的民事法律行为的效力，依照有关法律规定处理。"该条规定明确了通谋虚伪表示和隐藏行为效力确定的原则，即当事人通谋虚伪的表示无效，隐藏的民事法律行为的效力，适用关于该隐藏的法律行为的相关规定来认定。

本案中，根据法院认定的事实，债权转让为当事人虚伪的意思表示，隐藏的法律行为为借贷行为，故债权转让行为无效，关于隐藏的借贷行为，则适用借贷的相关法律进行效力的判断和处理。根据《银行业监督管理法》第十九条规定，未经国务院银行业监督管理机构批准，任何单位或者个人不得设立银行业金融机构或者从事银行业金融机构的业务活动。该规定涉及金融安全、市场秩序、国家宏观政策等公共秩序，属于强制性效力规定。根据《民法典》第一百五十三条的规定，违反法律、行政法规的强制性规定的民事法律行为无效。故，当事人的隐藏的借贷行为亦无效。

关于民事法律行为无效后的处理及担保责任承担问题。根据《民法典》第一百五十七条规定，民事法律行为无效、被撤销或者确定不发生效力后，行为人因该行为取得的财产，应当予以返还；不能返还或者没有必要返还的，应当折价补偿。有过错的一方应当赔偿对方由此所受到的损失；各方都有过错的，应当各自承担相应的责任。法律另有规定的，依照其规定。本案中，最高人民法院认为，本案债权转让合同无效后形成的债权债务为当事人明知的基础法律关系，当事人为实现这一真实发生的债权债务而订立的还款协议及担保协议等，应当认定为有效，以维护正常交易秩序，平衡当事人利害关系。

【法条链接】

《中华人民共和国民法典》

第一百四十六条　行为人与相对人以虚假的意思表示实施的民事法律行为

---

① 施启扬：《民法总则》，中国法制出版社2010年版，第243页。
② 魏振瀛主编：《民法》（第七版），北京大学出版社、高等教育出版社2017年版，第164页。

无效。

以虚假的意思表示隐藏的民事法律行为的效力，依照有关法律规定处理。

三、商业银行向社会投资者单笔转让贷款债权的，受让主体无需具备从事贷款业务的资格，转让合同具有合同法上的效力

——莆田市东南香米业发展有限公司与黄某龙等借款合同纠纷案

【案件来源】最高人民法院（2017）最高法民终390号

【争议焦点】莆田国有资产投资有限公司是否具备受让案涉债权的主体资格？案涉债权转让协议是否有效？

【裁判要旨】商业银行向社会投资者单笔转让贷款债权的，受让主体无需具备从事贷款业务的资格。案涉债权转让为当事人真实意思表示，且不存在恶意串通损害国家、集体或者第三人利益等导致合同无效的情形，为有效协议。

【基本案情】

上诉人（一审被告）：莆田市东南香米业发展有限公司（以下简称东南香公司）、黄某龙

被上诉人（一审原告）：莆田市国有资产投资有限公司（以下简称莆田国投公司）

一审被告：许某琴

2012年9月10日，黄某龙、许某琴分别与农发行莆田分行签订了《自然人最高额保证合同》，约定黄某龙、许某琴为东南香公司自2012年9月10日起至2015年9月10日止在农发行莆田分行处办理人民币贷款、银行承兑汇票等约定业务所形成的债务提供连带责任保证担保，担保范围为最高债务余额本金330,000,000元及利息、违约金、实现债权的费用（含律师费）等。关于保证责任的承担，《自然人最高额保证合同》约定，无论债权人对主合同项下的债权是否拥有其他担保，债权人均有权直接要求保证人承担担保责任。

2012年9月10日、9月27日，东南香公司与农发行莆田分行签订了《流动资金借款合同》，分别约定东南香公司向农发行莆田分行借款5000万元、3820万元，借款期限为12个月（分别至2013年9月19日止和2013年9月26日止），利率按中国人民银行公布的六个月至一年（含一年）贷款利率，利

率为6%，按月结息，逾期借款的罚息利率为在本合同约定的借款利率水平上加收50%，借款逾期时，对借款人不能按期支付的利息按本合同约定的罚息利率计收复利，因借款人违约致使贷款人采取诉讼、仲裁等法律手段实现债权的，借款人应当承担贷款人为此支付的律师费等实现债权的费用。双方约定的其他事项：追加股东黄某龙、许某琴自然人无限连带责任保证担保。2012年9月20日、9月27日，农发行莆田分行依约分别向东南香公司支付了借款5000万元、3820万元。

2012年12月28日，许某琴出具《委托书》，委托许某华作为代理人，全权代为办理事项包括：前往银行申请、办理与东南香公司等有关的金融借款合同、抵押担保合同、保证合同等相关法律文件；借款期间，贷款银行将有关法律文书、资料送达受委托人，视为送达委托人。

2013年5月23日，农发行莆田分行与莆田国投公司签订《债权转让协议》，约定将其对东南香公司拥有的30,360万元债权（其中本金29,956.3万元、利息403.7万元）转让给莆田国投公司；双方本着整体打包、等价有偿的原则，同意债权转让总价款为30,360万元；协议生效后，农发行莆田分行对东南香公司的上述债权及相关流动资金借款合同、自然人最高额保证合同等合同的权利转由莆田国投公司继受。《债权转让协议》所附《债权转让移交清单》中列明了案涉两份《自然人最高额保证合同》及两份《流动资金借款合同》，所附《东南香公司农发行贷款及银行承兑汇票情况表》载明，35039901-2012年（莆营）字第0054号《流动资金借款合同》和35039901-2012年（莆营）字第0058号《流动资金借款合同》截至2013年5月23日的欠息金额分别为77.1万元和58.9万元。2013年5月24日，莆田市城厢区经济发展有限公司汇入莆田国投公司账户2000万元，莆田市土地储备中心汇入莆田国投公司账户5360万元，莆田市涵江区城市建设投资有限公司汇入莆田国投公司账户20,000万元；2013年5月27日，莆田市城厢区经济发展有限公司汇入莆田国投公司账户3000万元，合计30,360万元。莆田国投公司从其账户将该四笔款项划拨至农发行莆田分行账户。

2013年5月23日，农发行莆田分行向东南香公司发出《债权转让通知书》，将债权转让的相关事项通知了东南香公司、黄某龙及许某琴，东南香公司、黄某龙及许某琴的委托代理人许某华在《债权转让通知书回执》上签字，对债权转让的内容无异议。

在借款期限届满后,经莆田国投公司多次催讨,东南香公司、黄某龙、许某琴未向莆田国投公司偿还该债务。莆田国投公司遂向福建省高级人民法院提起诉讼,请求判令:1. 东南香公司偿还给莆田国投公司借款本金 88,200,000 元、计至 2013 年 5 月 23 日止的利息 1,360,000 元及前述借款本息 89,560,000 元自 2013 年 5 月 24 日起按合同约定的利率以复利计至还清之日止的利息、罚息(至起诉之日暂计为 2,710,000 元);2. 东南香公司支付给莆田国投公司律师费 147,600 元;3. 黄某龙、许某琴对上述第一项、第二项的债务承担连带偿还责任。

东南香公司、黄某龙辩称,《债权转让协议》因莆田国投公司不具备收购金融债权的主体资格及转让未经审批而无效,且债权涉及国有资产保护问题,转让不能仅有通知,应当履行相应的手续,本案债权在转让程序上不符合法律规定,主张案涉债权转让无效。

一审法院认为,案涉《债权转让协议》是转让双方当事人的真实意思表示,内容不违反法律规定,且不存在《合同法》第五十二条规定的导致合同无效的情形,应认定为有效合同。农发行莆田分行在转让案涉债权后,履行了《合同法》第八十条所规定的通知义务,案涉债权转让行为合法有效,对东南香公司、黄某龙及许某琴发生法律效力。莆田国投公司依法取得了案涉债权和保证从权利,但因莆田国投公司系企业法人,非金融机构,无权享有金融机构才能享有的收取贷款利息、罚息、复利的权利,莆田国投公司关于东南香公司应当继续支付上述借款的利息、罚息、复利的主张不应予以支持。但东南香公司、黄某龙、许某琴客观上均存在逾期未还款的违约情形,应承担相应的违约责任。该院酌定东南香公司、黄某龙、许某琴按中国人民银行同期一年期流动资金贷款利率的标准计付违约金。故判决:一、东南香公司应于判决生效之日起十日内归还莆田国投公司借款本金人民币 88,200,000 元及截至 2013 年 5 月 23 日止的利息人民币 1,360,000 元,共计人民币 89,560,000 元;二、东南香公司应于判决生效之日起十日内支付莆田国投公司上述第一项债务自 2013 年 5 月 24 日起至款项还清之日止的利息(以 89,560,000 元为基数,按中国人民银行公布的同期一年期流动资金贷款利率计算);三、东南香公司应于判决生效之日起十日内向莆田国投公司支付莆田国投公司为实现本案债权而产生的律师代理费人民币 147,600 元;四、黄某龙、许某琴对东南香公司上述第一项、第二项、第三项债务承担连带保证责任，并在承担保证责任后，有权在其承担的保证责任范围内向东南香公司追偿；五、驳回莆田国投公司的其他诉讼请求。

东南香公司、黄某龙不服一审判决，共同向最高人民法院提起上诉称：从莆田市政府〔2013〕78号《关于研究市农发行在东南香信贷风险化解工作的纪要》内容看，莆田国投公司向农发行莆田分行支付的3.036亿元债权转让款，最终由农发行莆田分行通过30亿元贷款利息下浮的方式予以折抵或变相返还。在未经合法程序公开拍卖的情况下，莆田国投公司未支付对价而无偿获得案涉债权，严重损害了农发行莆田分行的利益，亦侵害了其他市场主体公平参与竞争的权利。农发行莆田分行为转嫁信贷风险，与莆田国投公司恶意串通，以30亿元贷款利息为代价转让案涉债权，造成国有资产流失。因此，应当认定《债权转让协议》因违反法律法规等强制性规定、恶意串通损害国家集体利益而无效。请求：撤销一审判决，改判驳回莆田国投公司的全部诉讼请求，或者将本案发回重审。最高人民法院经审理，判决：驳回上诉，维持原判。

【法院观点】

福建高院一审观点：（1）虽然《贷款通则》等对从事贷款业务的主体作出规定，但并未明确禁止从事信贷业务的银行将相关金融债权转让给第三人。原银监会在《关于商业银行向社会投资者转让贷款债权法律效力有关问题的批复》（银监办发〔2009〕24号）中指出，"转让具体的贷款债权，属于债权人将合同的权利转让给第三人，并非向社会不特定对象发放贷款的经营性活动，不涉及从事贷款业务的资格问题，受让主体无须具备从事贷款业务的资格"。本案莆田国投公司并非直接与东南香公司签订贷款合同，发放贷款，而是受让农发行莆田分行对东南香公司依法享有的债权，符合原银监会关于金融债权合法转让的规定。上述批复还指出，"对商业银行向社会投资者转让贷款债权没有禁止性规定，转让合同具有合同法上的效力。社会投资者是指金融机构以外的自然人、法人或者其他组织"。由此可见，金融债权属于可转让债权，案涉《债权转让协议》并不属于"根据合同性质不得转让"的合同。在该批复第四条、第五条虽然规定了转让贷款债权应当采取拍卖等公开形式，应当向原银监会或其派出机构报告等，但这只是对具体转让操作程序、方式所作的管理性规定，并非效力性强制规定。该两条规定的目的是让贷款债权转让"形成公允价格，接受社会监督"。本案债权在转让之时是全额转让，莆田国投公司已经履行了给付对价的义务，故不存在价格不公允、不公开的情形。（2）法律规定的导致合同无效的情形之一是违反法律、行政法规的强制性规定。目前，法律、行政法规对商业银行向社会投资者转让贷款债权没有禁止性规定，东南香公司、黄某龙提出的上述抗辩依据的是中国人民银行、财政部、原银监会等部门作出的行政规章、规范性文件，属于管理性规定，不会导致本案债权转让行为的无效。

最高人民法院二审观点：关于案涉《债权转让协议》是否有效的问题。《债权转让协议》是农发行莆田分行与莆田国投公司之间的真实意思表示。莆田市政府曾召开专题会议，形成《关于研究市农发行在东南香信贷风险化解工作的纪要》，目的在于帮助农发行莆田分行化解信贷风险，打造良好的金融生态环境，并非非法处置国有资产。从会议纪要的内容看，对风险化解工作，由莆田市政府牵头，莆田市政府各相关部门负责具体操作，足以证明莆田市政府及其金融监管部门对《债权转让协议》已经审核批准。案涉债权系全额转让，莆田国投公司为此实际支付了高达3.036亿元债权转让款，并不是按金融不良资产包低价购买。《债权转让协议》并不存在违反法律、行政法规的强制性规定的情形。本案中亦没有证据表明国有资产受到侵害，不存在农发行莆田分行与莆田国投公司恶意串通损害国家、集体或者第三人利益等导致合同无效的情形。一审判决认定《债权转让协议》合法有效，认定事实清楚，适用法律正确。

【实务解析】

本案涉及的主要法律问题为商业银行将自己的金融债权通过单笔转让的方式转让给社会投资者的效力问题。关于此问题，目前法律、行政法规没有禁止性规定，主要的法律规范表现为中国人民银行及原银监会的部门规范性文件。《中国人民银行办公厅关于商业银行借款合同项下债权转让有关问题的批复》（银办函〔2001〕648号）规定："根据《合同法》第七十九条关于合同债权转让的规定，商业银行贷款合同项下的债权及其他权利一般原则上是可以转让的，但由于金融业是一种特许行业，金融债权的转让在受让对象上存在一定的限制。按照我国现行法律法规的规定，放贷收息（含罚息）是经营贷款业务的金融机构的一项特许权利。因此，由贷款而形成的债权及其他权利只能在具有贷款业务资格的金融机构之间转让。未经许可，商业银行不得将其债权转让给非金融企业。"《中国银行业监督管理委员会关于商业银行向社会投资者转让贷款债权法律效力有关问题的批复》（银监办发〔2009〕24号）则规定："对商业银行向社会投资者转让贷款债权没有禁止性规定，转让合同具有合同法上的效力。社会投资者是指金融机构以外的自然人、法人或者其他组织……转让具体的贷款债权，属于债权人将合同的权利转让给第三人，并非向社会不特定对象发放贷款的经营性活动，不涉及从事贷款业务的资格问题，受让主体无须具备从事贷款业务的资格。"司法实践中的主流观点认为，法律、行政法规对商业银行将自己的金融债权通过单笔转让的方式转让给社会投资者的行为没有禁止性规定，对该类债权转让合同的效力判断应依据《民法典》关于合同效力的规定进行判断。① 本案中，《债权转让协议》系农发行莆田分行与莆田国投公司之间的真实意思表示，并依法通知了债务人，该债权转让行为未违反法律、行政法规的强制性规定，亦没有证据表明国有资产受到侵害，不存在农发行莆田分行与莆田国投公司恶意串通损害国家、集体或者第三人利益等导致合同无效的情形，故应认定债权转让协议有效。

【法条链接】

《中国银行业监督管理委员会关于商业银行向社会投资者转让贷款债权法律效力有关问题的批复》（银监办发〔2009〕24号）

一、对商业银行向社会投资者转让贷款债权没有禁止性规定，转让合同具有合同法上的效力。

社会投资者是指金融机构以外的自然人、法人或者其他组织。

二、转让具体的贷款债权，属于债权人将合同的权利转让给第三人，并非向社会不特定对象发放贷款的经营性活动，不涉及从事贷款业务的资格问题，受让主体无须具备从事贷款业务的资格。

三、商业银行向社会投资者转让贷款债权，应当建立风险管理制度、内部控制制度等相应的制度和内部批准程序。

---

① 最高人民法院相关裁判案例：（2015）民申字第2494号、（2016）最高法民申577号、（2015）民申字第2040号等。

四、商业银行向社会投资者转让贷款债权，应当采取拍卖等公开形式，以形成公允的价格，接受社会监督。

五、商业银行向社会投资者转让贷款债权，应当向银监会或其派出机构报告，接受监管部门的监督检查。

四、债务人或者担保人为国家机关的不良债权转让协议无效，转让协议的效力不受受让人的性质和是否经过相关部门批准的影响

——中国长城资产管理公司长春办事处等与吉林市财政局公司债权转让合同纠纷案

【案件来源】最高人民法院（2014）民申字第1354号

【争议焦点】当金融不良债权的债务人是国家机关，受让人为国有全资公司时，资产管理公司对外转让该类债权的效力如何？

【裁判要旨】债务人或者担保人为国家机关的不良债权，绝对禁止金融资产管理公司进行转让，并不以受让人的性质和是否经过相关部门批准作为认定转让是否有效的条件。

【基本案情】

再审申请人（一审第三人、二审上诉人）：中国长城资产管理公司长春办事处（以下简称长城资产公司）

被申请人（一审原告、二审被上诉人）：吉林市财政局

一审第三人、二审上诉人：中国东方资产管理公司长春办事处（以下简称东方资产公司）

一审被告：中国工商银行股份有限公司吉林市分行（以下简称吉林市工行）

一审第三人：中国工商银行股份有限公司吉林省分行（以下简称吉林省工行）、吉林省国有资产经营管理有限责任公司（以下简称吉林省国资公司）

1993年7月1日，吉林市财政局与中国工商银行吉林市松江办事处（以下简称松江办事处。松江办事处在1998年被依法撤并，其上级主管部门吉林市工行代为参加诉讼，承担相应权利义务）签订《中国工商银行流动资金借款合同》一份。该合同约定：松江办事处向吉林市财政局提供最高限额流动资金借款人民币3942万元，借款期内不计利息，超期不还计收利息。当日，吉林市

财政局出具两张借款收据，借款收据记载："借款单位：吉林市财政局，贷款账号：××××，用途：按省政府吉政函〔1993〕181号文为新中国糖厂弥补借款。"借款总额1700万元，其中一笔借款本金850万元，还款日期为1996年12月31日；另一笔借款本金850万元，还款日期为1997年12月31日。吉林市财政局与松江办事处均加盖了公章。2002年开始，吉林市工行将全市的金融不良债权交由吉林市工行北大街支行办理，吉林市工行北大街支行被赋予不良贷款催收职能。2005年7月31日，吉林省工行与东方资产公司签订《债权转让协议》，将对吉林市财政局的债权本金及利息转让给东方资产公司。2009年5月20日，东方资产公司与吉林省国资公司签订《债权转让协议》，将此债权的本金及利息转让给吉林省国资公司。2011年5月9日，吉林省国资公司与长城资产公司签订《债权转让协议》，再次将此债权本金及利息转让给长城资产公司。2013年1月25日，吉林市财政局起诉至法院，要求确认债权转让合同无效。

一审法院吉林市中级人民法院经审理，判决：一、第三人东方资产公司与第三人吉林省国资公司于2009年5月20日签订的债务人为吉林市财政局的《债权转让协议》无效；二、第三人吉林省国资公司与第三人长城资产公司于2011年5月9日签订的债务人为吉林市财政局的《债权转让协议》无效；三、驳回原告吉林市财政局的其他诉讼请求。

长城资产公司、东方资产公司均不服一审判决，向吉林省高级人民法院提起上诉，请求改判确认两个债权转让协议合法有效。二审法院经审理，判决：驳回上诉，维持原判。

长城资产公司不服二审判决，向最高人民法院申请再审称：1.本案债权转让符合国家规定并已获得相关部门批准。吉林省国资公司及长城资产公司均属于有权受让债务人为国家机关的债权的合格受让人。本案所涉及的资产包转让（含吉林市财政局1700万元）事项，东方资产公司依程序报请审批，经财政部驻吉林省财政监察专员办事处审查同意。2.本案债权转让不违背《纪要》（法发〔2009〕19号）的规定。本案债权转让始终是在国有全资控制的公司间流转，不存在国有资产流失问题。《纪要》没有限制国有公司受让金融不良债权的规定。《纪要》第六条关于不良债权转让合同无效的前提是受让人为非金融资产管理公司法人、自然人（非国有主体），当资产受让人是国有全资公司时不能适用该规定。3.二审判决债权转让合同无效会引发国有资产公司的巨大不确定风险。最高人民法院经审理，裁定：驳回长城资产公司的再审申请。

【法院观点】

本案争议焦点是吉林省国资公司与长城资产公司于 2011 年 5 月 9 日签订的债务人为吉林市财政局的《债权转让协议》是否有效的问题。吉林省工行按照国家政策，将下级行吉林市工行的债权进行内部资产划转，按照国家金融改革政策统一打包转让给第三方东方资产公司，符合法律和政策规定。最高人民法院 2009 年 3 月 30 日印发的《纪要》第六条关于不良债权转让合同无效和可撤销事由的认定规定，在审理不良债权转让合同效力的诉讼中，人民法院应当根据合同法和《金融资产管理公司条例》等法律法规，并参照国家相关政策规定，重点审查不良债权的可转让性、受让人的适格性以及转让程序的公正性和合法性。金融资产管理公司转让不良债权存在债务人或者担保人为国家机关的情形的，人民法院应当认定转让合同损害国家利益或社会公共利益或者违反法律、行政法规强制性规定而无效。根据《纪要》的规定，债务人或者担保人为国家机关的不良债权禁止转让，并不以受让人的性质和是否经过相关部门批准作为认定转让是否有效的条件。二审判决认定东方资产公司与吉林省国资公司于 2009 年 5 月 20 日签订的债务人为吉林市财政局的《债权转让协议》无效，并无不当。同时，根据《纪要》第七条关于不良债权转让无效合同的处理规定，人民法院认定金融不良债权转让合同无效后，对于受让人直接从金融资产管理公司受让不良债权的，人民法院应当判决金融资产管理公司与受让人之间的债权转让合同无效；受让人通过再次转让而取得债权的，人民法院应当判决金融资产管理公司与转让人、转让人与后手受让人之间的系列债权转让合同无效。二审判决认定吉林省国资公司与长城资产公司于 2011 年 5 月 9 日签订的债务人为吉林市财政局的《债权转让协议》亦属无效，并无不当。

【实务解析】

关于债务人或担保人为国家机关的不良债权转让问题，财政部及国家发改委等均严令禁止。《财政部关于进一步规范金融资产管理公司不良债权转让有关问题的通知》(财金〔2005〕74号)第二条规定,债务人或担保人为国家机关的不良债权,经国务院批准列入全国企业政策性关闭破产计划的国有企业债权,国防、军工等涉及国家安全和敏感信息的债权以及其他限制转让的债权,不得对外公开转让。《纪要》的规定与上述政策精神保持一致,明确规定债务人或担保人为国家机关的不良债权转让合同无效。

有观点认为,金融不良债权转让给其他主体后,债权人和债务人双方也是正常的民事活动中正常的债权债务关系,并不会因债权人主张债权而损害国家利益或社会公益,因此不宜认定此类债权转让合同无效。《纪要》之所以认定此类债权转让合同无效,主要考量因素为:国有商业银行剥离或转让的不良债权的产生有其特殊的政策和法律背景,金融资产管理公司受让的不良债权绝大多数是国有商业银行早期,甚至是计划经济时期发生的贷款而经过多次展期仍未能收回的逾期、呆账、滞账类贷款。很多贷款是由于当时的政策原因形成的,国家机关作为担保人也是特定历史时期的产物。国家实施不良债权剥离政策不仅要使金融机构顺利转轨,而且要解决历史遗留问题,通过国家财政补贴等方式使各方受惠。国家对金融资产管理公司的资产回收率要求不高,也是为了让利于地方,其中债务人或担保人为国家机关的,更是直接的受益者。国家以财政补贴方式解决银行呆坏账,意味着国家财政负担了银行不良债权损失,而国家机关完全依靠财政资金运转。如果说金融资产管理公司向国家机关追索债权或者要求其承担担保责任,资产实际上并未超出国有资产管理的范围,那么若允许社会投资者向国家机关行使追索权,无异于国家以公共财政资金补贴社会投资者,这并不符合金融不良资产剥离政策的本意。所以,对于转让债务人或者担保人为国家机关的不良债权转让合同,人民法院应当认定为无效。[①]

本案不良债权因债务人为国家机关而属于不可转让的债权,人民法院应当认定转让合同损害国家利益或社会公共利益或者违反法律、行政法规强制性规定而无效。根据《纪要》第七条规定,债权转让合同被认定无效后,人民法院应当按照合同法的相关规定处理;受让人要求转让人赔偿损失,赔偿损失数额

[①] 高民尚:《〈关于审理涉及金融不良债权转让案件工作座谈会纪要〉的理解与适用》,载《人民司法(应用)》2009年第9期。

应以受让人实际支付的价金之利息损失为限。

【法条链接】

《最高人民法院关于审理涉及金融不良债权转让案件工作座谈会纪要》(法发〔2009〕19号)

六、关于不良债权转让合同无效和可撤销事由的认定

会议认为,在审理不良债权转让合同效力的诉讼中,人民法院应当根据合同法和《金融资产管理公司条例》等法律法规,并参照国家相关政策规定,重点审查不良债权的可转让性、受让人的适格性以及转让程序的公正性和合法性。金融资产管理公司转让不良债权存在下列情形的,人民法院应当认定转让合同损害国家利益或社会公共利益或者违反法律、行政法规强制性规定而无效。

(一)债务人或者担保人为国家机关的;

……

七、关于不良债权转让无效合同的处理

会议认为,人民法院认定金融不良债权转让合同无效后,对于受让人直接从金融资产管理公司受让不良债权的,人民法院应当判决金融资产管理公司与受让人之间的债权转让合同无效;受让人通过再次转让而取得债权的,人民法院应当判决金融资产管理公司与转让人、转让人与后手受让人之间的系列债权转让合同无效。债权转让合同被认定无效后,人民法院应当按照合同法的相关规定处理;受让人要求转让人赔偿损失,赔偿损失数额应以受让人实际支付的价金之利息损失为限。相关不良债权的诉讼时效自金融不良债权转让合同被认定无效之日起重新计算……

五、金融资产管理公司转让不良债权存在对依照公开、公平、公正和竞争、择优原则处置不良资产造成实质性影响的情形的,转让合同无效

——北京中京合创投资有限责任公司与邯郸市肉鸡场等确认合同无效纠纷案

【案件来源】 最高人民法院(2020)最高法民申2756号

【争议焦点】 案涉债权转让行为是否侵害了地方政府等的优先购买权?本案债权转让协议是否无效?

【裁判要旨】 金融资产管理公司转让不良债权存在违反《金融资产管理公

司资产处置公告管理办法（修订）》（财金〔2008〕87号）规定，对依照公开、公平、公正和竞争、择优原则处置不良资产造成实质性影响的情形的，人民法院应当认定转让合同无效。

【基本案情】

再审申请人（一审被告、二审被上诉人）：北京中京合创投资有限责任公司（以下简称中京合创公司）

被申请人（一审原告、二审上诉人）：邯郸市肉鸡场（以下简称肉鸡场）

二审被上诉人（一审被告）：中国长城资产管理股份有限公司河北省分公司（以下简称长城资产河北分公司）

1998年9月至1999年9月期间，肉鸡场与农行邯郸分行签订8笔《借款合同》。借款本金金额共计1492万元。2016年11月3日，甲方（转让方）农行邯郸分行与乙方（受让方）长城资产河北分公司签订编号为邯郸农行（2016）02号《委托资产批量转让协议》，将上述款项在内的债权转让给长城资产河北分公司，并于2016年12月7日在《河北经济日报》刊登了《债权转让暨催收公告》。

2017年3月16日，长城资产河北分公司在其总公司即中国长城资产管理股份有限公司网站刊登了"长城资产河北分公司对肉鸡场等262户营销公告"。2017年11月27日，长城资产河北分公司在其总公司网站及《河北法制报》均刊登了"长城资产河北分公司对肉鸡场等187户处置公告"。2018年6月1日，长城资产河北分公司在其总公司网站刊登了"长城资产河北分公司对邯郸市第五棉纺织厂等182户企业债权资产处置公告"（包括肉鸡场）。2018年6月4日，长城资产河北分公司在《河北法制报》刊登了"长城资产河北分公司对邯郸市第五棉纺织厂等182户企业债权资产处置公告"（包括肉鸡场）。2017年9月8日，长城资产河北分公司以挂号信的方式向肉鸡场及其所在地人民政府等送达《催收公告函》，内容为："邯郸市肉鸡场：贵公司原欠中国农业银行股份有限公司邯郸分行贷款本金15,220,000.00元，截至2016年8月20日利息18,471,755.75元，本息合计33,691,755.75元。……在2017年10月8日前，如贵方不派员与我分公司联系，我分公司将采取其他措施处置该贷款。"长城资产河北分公司将该邮寄过程委托河北时代经典律师事务所杨某彦、苏某霞律师进行见证，出具（2017）时代律见字第77号《律师见证书》。2018年9月26日，长城资产河北分公司与天津金融资产交易所联合刊登"资产转让公告〔2018〕第665号：不良资产转让联合公告"（包括肉鸡场），显示"首个公告期为2018年9月26日—2018年9月30日。对受让方要求：1.具有完全民事行为能力、支付能力的法人、组织（禁止国家公务员、金融监督机构工作人员……）。相关地方人民政府或者代表本级人民政府履行出资人职责的机构、部门或者持有国有企业债务人国有资本的集团公司可以对不良债权行使优先购买权。国有企业及其主管部门在同等条件下享有优先购买权。但未按本公告规定时间和条件参加竞标的，视为放弃优先购买权"。2018年10月17日，长城资产河北分公司与中京合创公司签订《债权转让协议》，将案涉债权转让给中京合创公司，并于2018年10月25日在《河北经济日报》刊登"债权转让暨债务催收联合公告"。至此，该笔债权转让完成。

后中京合创公司以金融不良债权转让合同纠纷为由将肉鸡场诉至河北省邯郸市中级人民法院（以下简称邯郸中院），该院经一审审理，作出（2018）冀04民初415号民事判决，判决肉鸡场应承担相应的偿还责任，后肉鸡场不服该判决，上诉至河北省高级人民法院，该案正在二审审理中。同时，肉鸡场又将本案诉至邯郸中院，请求：1.判决中京合创公司与长城资产河北分公司签订的《债权转让协议》无效；2.判决中京合创公司承担全部诉讼费用。

2019年3月28日、2019年4月18日，邯郸市农业农村局、邯郸市人民政府出具证明"……均没有收到过长城公司的债权转让通知和享有优先购买权的通知""邯郸市人民政府不放弃优先购买权"。

邯郸中院认为，《纪要》是对特定时期内的金融不良债权确立的特殊处置规则，对于金融不良债权的转让时间及转让主体均有明确规定，应当严格按照其适用范围的规定适用。本案债权最初的转让时间与转让主体均与《纪要》第十二条的规定不符，因此不应适用《纪要》的规定。邯郸中院一审判决：驳回肉鸡场的诉讼请求。肉鸡场不服一审判决，向河北高院提起上诉，请求撤销原判中的各项判决，确认长城资产河北分公司与中京合创公司签订的债权转让合同无效。

二审法院另查明：2019年7月3日，财政局河北监管局出具了《审核证明》，内容为：兹证明《中国农业银行受财政部委托处置资产涉诉项目清单》中列示的资产及对应权利（具体见附件）属于财政部委托中国农业银行管理和处置的股改剥离不良资产。附件：地市汇总表（按包数、地市汇总表共70包）；地市明细表（按受让、地市明细表共14,717户）；《中国农业银行受财政部委托处置资产涉诉项目清单》（70包）。《中国农业银行受财政部委托处置资产涉诉项目清单》（70包）记载：原借款人：肉鸡场；借款人现名称：肉鸡场、邯郸市畜牧水产局、河北富氏奶牛有限公司；借款本金余额：1522万元；担保人名称：邯郸市养鸡总场。

河北高院经审理，判决：一、撤销邯郸中院一审民事判决；二、确认中京合创公司与长城资产河北分公司于2018年10月17日签订的《债权转让协议》无效。

中京合创公司不服河北高院二审判决，向最高人民法院申请再审称：1.案涉债权不适用《纪要》（法发〔2009〕19号）的相关规定。（1）案涉债权转让时间、标的均不属于《纪要》的调整范围。（2）案涉债权的债务人不属于《纪要》的调整范围。肉鸡场系经费自理的事业单位法人，并非《纪要》限定的国有企业债务人。（3）即使肉鸡场初始成立时是国有企业，但长城资产河北分公司在转让案涉债权时，肉鸡场已为事业单位法人，不再是国有企业，所以邯郸市人民政府没有优先购买权。2.长城资产河北分公司严格遵守竞争、择优、公开、公平、公正的原则，二审判决以违反规章内容涉及国家经济安全等公序良俗为由认定案涉债权转让合同无效，没有事实和法律依据。

最高人民法院经审理，裁定驳回中京合创公司的再审申请。

【法院观点】

1.关于本案是否适用《纪要》的问题。本案所涉《债权转让协议》项下的债权属于财政部委托中国农业银行股份有限公司管理和处置的股改剥离不良资产，《最高人民法院关于审理涉及中国农业银行股份有限公司处置股改剥离不良资产案件适用相关司法解释和司法政策的通知》规定，"人民法院在审理涉及农业银行处置上述不良资产案件时，可以适用最高人民法院就审理涉及金融资产管理公司处置不良资产案件所发布的相关司法解释、司法政策及有关答复、通知的规定"。而根据《纪要》之规定，债务人未对不良债权转让合同的效力提出异议，但案件的事实与相关证据情况能够引发人民法院对不良债权转让合同效力产生合理怀疑的，人民法院可以依职权主动审查不良债权转让合同的效力。本案债务人肉鸡场在债权转让之时虽然改制为事业单位，但涉及非国有企业债务人的金融不良债权转让纠纷案件，符合条件的情况下亦应参照适用《纪要》的规定。故二审判决关于案涉债权转让应当适用《纪要》的认定并无不当。

2. 关于案涉债权转让过程是否侵犯优先购买权的问题。根据《纪要》第四条之规定，为了防止在通过债权转让方式处置不良债权过程中发生国有资产流失，相关地方人民政府或者代表本级人民政府履行出资人职责的机构、部门或者持有国有企业债务人国有资本的集团公司可以对不良债权行使优先购买权。金融资产管理公司向非国有金融机构法人转让不良债权的处置方案、交易条件以及处置程序、方式确定后，单笔（单户）转让不良债权的，金融资产管理公司应当通知国有企业债务人注册登记地的优先购买权人。以整体"资产包"的形式转让不良债权的，如资产包中主要债务人注册登记地属同一辖区，应当通知该辖区的优先购买权人；如资产包中主要债务人注册登记地属不同辖区，应当通知主要债务人共同的上级行政区域的优先购买权人。根据《金融资产管理公司资产处置管理办法（修订）》之规定，金融资产管理公司对持有国有企业（包括国有全资和国有控股企业）的债权资产进行出售时，应提前15天书面告知国有企业及其出资人或国有资产管理部门。长城资产河北分公司在处置案涉债权资产时，邯郸市人民政府或者代表本级人民政府履行出资人职责的机构、部门或者持有肉鸡场国有资本的集团公司享有优先购买权。长城资产河北分公司在转让案涉债权的方案确定后，应通知邯郸市人民政府等优先购买权人行使优先购买权。长城资产河北分公司仅于债权转让前在天津金融资产交易所网站上公告告知优先购买权人行使购买权，不能发生通知到具体优先购买权人的效力。长城资产河北分公司辩称其于2017年9月8日向肉鸡场和邯郸市人民政府发出了《催收公告函》，但该《催收公告函》上没有对案涉债权即将出售的意思表示内容，且发生在涉案债权转让一年之前，也不能视为已通知到具体优先购买权人。故该债权转让程序侵犯了地方人民政府的优先购买权。

3. 关于本案债权转让协议是否无效的问题。根据《资产处置管理办法》之规定，以要约邀请公开竞价、公开询价等方式处置时，应有两人以上参加竞价，当只有一人竞价时，需按照公告程序补登公告，公告7个工作日后，如确定没有新的竞价者参加竞价才能成交。《金融资产管理公司资产处置公告管理办法（修订）》规定，资产处置标的超过 5000 万元（含）的处置项目，在资产所在地的省级（含）以上公开发行的经济类或综合类报纸上进行公告。本案中，长城资产河北分公司在只有中京合创公司竞价时，未补登公告，即与中京合创公司达成债权转让协议，对案涉债权的处置程序不符合上述规定。虽然长城资产河北分公司辩称其延期至 2018 年 10 月 17 日开始竞价，其间债权转让公告一直进行，但补登公告亦应在省级以上经济类或综合类报纸上进行公告，故延期竞价并不能代替补登公告的程序。结合邯郸市人民政府证明其没有收到案涉债权转让通知和享有优先购买权的通知并主张不放弃优先购买权的事实，可以认定长城资产河北分公司未按规定进行公告及通知的行为，是导致涉案债权最终由一人竞价购买的原因，对依照公开、公平和竞争、择优原则处置不良资产造成实质性影响。根据《纪要》规定，在审理不良债权转让合同效力的诉讼中，人民法院应当根据合同法和《金融资产管理公司条例》等法律法规，并参照国家相关政策规定，重点审查不良债权的可转让性、受让人的适格性以及转让程序的公正性和合法性。金融资产管理公司转让不良债权存在转让不良债权公告违反《金融资产管理公司资产处置公告管理办法（修订）》规定，对依照公开、公平、公正和竞争、择优原则处置不良资产造成实质性影响的情形的，人民法院应当认定转让合同损害国家利益或社会公共利益或者违反法律、行政法规强制性规定而无效。故二审判决认定案涉债权转让协无效并无不当。

【实务解析】

本案所涉《债权转让协议》项下的债权属于财政部委托中国农业银行管理和处置的股改剥离不良资产，根据《最高人民法院关于审理涉及中国农业银行股份有限公司处置股改剥离不良资产案件适用相关司法解释和司法政策的通知》之规定，可以适用最高人民法院就审理涉及金融资产管理公司处置不良资产案件所发布的相关司法解释、司法政策及有关答复、通知的规定。此外，本案债务人肉鸡场虽然在债权转让之时改制为事业单位，但在所有制上属于国有资产，故可参照适用《纪要》。

关于本案无效事由认定的法律依据问题。《纪要》规定转让无效的依据是转让合同损害国家利益或社会公共利益或者违反法律、行政法规强制性规定，该依据来源于原《合同法》第五十二条之规定。不良债权处置问题事关不良债权处置战略的实施、国有资产保护、职工合法权益保护、社会公共利益以及社会和谐稳定等诸多重要价值权衡因素，这些因素均可以归入国家利益、集体利益、社会公益以及第三人利益范畴。由于《纪要》所列出的11种无效事由均与损害上述价值和利益有关，因此人民法院可以根据原《合同法》第五十二条的规定，认定转让合同无效。

根据最高人民法院对《纪要》的理解与适用观点，人民法院对该类案件资产处置公告的合规性进行审查时，应着重审查三点：其一，公告的载体是否合规。公告的媒体级别与拟处置资产的规模是否相适应，发布公告的媒体是否已经在财政部在各地财政监察专员办事处和各地银监局备案。其二，审查公告的时限是否合规。其中，以整体资产包方式处置不良资产项目，应在资产处置审核机构审核至少22个工作日前刊登公告，以保障公众在知悉后有充分时间了解资产信息。其三，公告信息与资产信息内容是否一致，即实际转让的资产包内容与公告的整体资产包内容相比是否出现"掉包"或"加塞"情形。经审查，若出现不合规情形的，根据《纪要》规定，人民法院在衡量公告违规对转让合同效力的影响时，应当参照两个标准。第一个标准是：该公告违规行为是否对依照公开、公平、公正、竞争、择优原则处置不良资产造成实质性影响。通常情形下，尽管金融资产管理公司存在一些不符合规定的公告行为，但如果不能证明受让人存在恶意或者与金融资产管理公司之间存在恶意串通行为的，或者尚未对依照公开、公平、公正、竞争、择优原则处置不良资产造成实质性影响的，人民法院不宜仅据此认定债权转让合同无效。第二个标准是：实际转让的资产包与转让前公告的资产包内容严重不符，且不符合《金融资产管理公司资产处置公告管理办法（修订）》规定的公告要求。如果金融资产管理公司转让债权公告违反《金融资产管理公司资产处置公告管理办法（修订）》的规定，实际转让中存在"掉包"或者"加塞"等严重不符情形，可以认定构成公告信息虚假，人民法院应当根据原《合同法》第五十二条第二项、第四项以及《纪要》的规定，认定不良债权转让合同无效。[①]

---

① 高民尚：《〈关于审理涉及金融不良债权转让案件工作座谈会纪要〉的理解与适用》，载《人民司法（应用）》2009年第9期。

本案中，最高人民法院结合邯郸市人民政府证明其没有收到案涉债权转让通知和享有优先购买权的通知并主张不放弃优先购买权的事实，认定长城资产河北分公司未按规定进行公告及通知的行为是导致涉案债权最终由一人竞价购买的原因，对依照公开、公平和竞争、择优原则处置不良资产造成实质性影响，故案涉债权转让协议无效。

【法条链接】

《最高人民法院关于审理涉及中国农业银行股份有限公司处置股改剥离不良资产案件适用相关司法解释和司法政策的通知》（法〔2011〕144号）

一、人民法院在审理涉及农业银行处置上述不良资产案件时，可以适用最高人民法院就审理涉及金融资产管理公司处置不良资产案件所发布的相关司法解释、司法政策及有关答复、通知的规定。

二、财政部驻各省、自治区、直辖市、计划单列市财政监察专员办事处出具的委托处置资产证明文件，可以作为人民法院确认农业银行处置的不良资产属于受财政部委托处置资产的依据。

《金融资产管理公司资产处置管理办法（修订）》（财金〔2008〕85号）

第十九条　资产公司转让资产原则上应采取公开竞价方式，包括但不限于招投标、拍卖、要约邀请公开竞价、公开询价等方式。其中，以招投标方式处置不良资产时，应按照《中华人民共和国招标投标法》的规定组织实施。以拍卖方式处置资产，应选择有资质的拍卖中介机构，按照《中华人民共和国拍卖法》的规定组织实施。招标和拍卖的底价确定按资产处置程序办理。

以要约邀请公开竞价、公开询价等方式处置时，至少要有两人以上参加竞价，当只有一人竞价时，需按照公告程序补登公告，公告7个工作日后，如确定没有新的竞价者参加竞价才能成交。

资产公司未经公开竞价处置程序，不得采取协议转让方式向非国有受让人转让资产。

《金融资产管理公司资产处置公告管理办法（修订）》（财金〔2008〕87号）

第八条　按照本办法属于公告范围内的资产，在形成资产处置方案后，资产处置公告应采取网站公告和报纸公告两种形式：

……

（二）报纸公告。对资产处置标的超过1000万元的处置项目，除在公司对外网站发布处置公告外，还应当在相应级别的报纸上进行公告。其中：

……资产处置标的超过5000万元的处置项目，在资产所在地的省级（含）以上公开发行的经济类或综合类报纸进行公告。

……

《最高人民法院关于审理涉及金融不良债权转让案件工作座谈会纪要》（法发〔2009〕19号）

六、关于不良债权转让合同无效和可撤销事由的认定

会议认为，在审理不良债权转让合同效力的诉讼中，人民法院应当根据合同法和《金融资产管理公司条例》等法律法规，并参照国家相关政策规定，重点审查不良债权的可转让性、受让人的适格性以及转让程序的公正性和合法性。金融资产管理公司转让不良债权存在下列情形的，人民法院应当认定转让合同损害国家利益或社会公共利益或者违反法律、行政法规强制性规定而无效。

……

（四）转让不良债权公告违反《金融资产管理公司资产处置公告管理办法（修订）》规定，对依照公开、公平、公正和竞争、择优原则处置不良资产造成实质性影响的；

……

六、不良债权转让受让人为国家公务员等关联人或者关联人参与的非金融机构法人的，应当认定不良债权转让合同无效

——何某祥与中国信达资产管理股份有限公司辽宁省分公司、沈阳新城子金属化工总公司、沈阳市新城子区物资供应站、杨某新金融不良债权追偿纠纷案

【案件来源】辽宁省沈阳市中级人民法院（2020）辽01民再80号

【争议焦点】买受人买受不良债权时为国家公务员的，该债权转让协议是否有效？

【裁判要旨】不良债权受让人为国家公务员、金融监管机构工作人员、政法干警、金融资产管理公司工作人员、国有企业债务人管理人员、参与资产处置工作的律师、会计师、评估师等中介机构关联人或者关联人等参与的非金融机构法人的，应当认定不良债权转让合同无效。

【基本案情】

上诉人（原审原告）：何某祥

上诉人（原审第三人）：中国信达资产管理股份有限公司辽宁省分公司（以下简称信达公司）

被上诉人（原审被告）：沈阳新城子金属化工总公司（以下简称金属化工公司）、沈阳市新城子区物资供应站（以下简称物资供应站）

被上诉人（原审第三人）：杨某新

1996年12月，建行信贷部代办处分别与物资局、供应站签订《保证合同》各1份，约定：保证人物资局、供应站分别为借款人金属化工公司贷款提供担保。保证方式为连带保证，保证范围各分为借款本金50万元、45万元及利息和费用。保证期间为从主合同生效时起至主合同失效时止。借款人金属化工公司与贷款人建行信贷部代办处签订《金融借款合同》各1份，约定：借款人金属化工公司向建行信贷部代办处借款50万元，用于购买材料。借款期限11个月，自1996年12月11日起至1997年11月11日止。利率均为月息9.24‰，合同期内如遇利率调整，贷款利率自调整之日起按调整后的贷款利率执行。借款人应按合同约定使用借款，按季结息，到期一次性还清借款，逾期贷款加收20%的利息。合同签订后，贷款人建行信贷部代办处依约如数向借款人金属化工公司发放了此笔贷款。但借款人金属化工公司未能依约偿还贷款人的借款利息。1998年3月20日、12月31日，贷款人的主管部门原中国建行沈阳新城子支行（以下简称建行新城子支行）向借款人金属化工公司发出编号为（98年）第045号、第044号《催还逾期贷款通知书》各1份，要求其在收到通知后3个月内如数偿还此笔借款本息。但借款人未能偿还。

1999年11月23日，建行新城子支行根据国务院和人民银行、财政部有关文件精神，与信达沈阳办事处签订《债权转让协议》1份，约定，其将借款人金属化工公司的前述两笔贷款本金95万元，利息513,716.79元，债权转让给信达公司沈阳办事处。协议签订后，建行新城子支行分别向借款人金属化工公司、保证人原物资局和物资站发出了债权转让通知、担保权利转让通知。

2004年11月15日，信达沈阳办事处委托辽宁国际水平拍卖有限公司在辽宁银监局培训中心五楼会议厅召开债权及实物资产联合拍卖会拍卖包括该两笔债权的债权类资产及实物类资产。何某祥与杨某新合伙，由何某祥投资、杨某新为竞买人参加竞拍，并以 70 万元的竞拍价格购得债权类资产拍卖明细中项目名称为沈阳市矿泉饮料厂等 6 户资产包。该拍卖公司于当日为竞买人杨某新出具《拍卖成交确认书》。而后两人以竞买人杨某新的名义于同年 11 月 17 日与信达沈阳办事处签订《不良贷款债权转让合同》1 份。约定，信达沈阳办事处将前述的债权有偿转让给杨某新。该债权包债权包括沈阳市矿泉饮料厂、沈阳勘探工程公司、沈阳市粘结永磁体厂、沈阳市前进农场、沈阳市新城子区金属化工总公司、沈阳市新城子区党校，各户 15 笔借款本金、利息罚息分别为 305 万元、7,124,700 元；8 万元、67,300 元；520 万元、11,138,900 元；45 万元、746,000 元；95 万元、1,855,100 元；85 万元、1,535,900 元；借款本金、利息罚息分别合计为 1058 万元、22,467,900 元，总计为 33,047,900 元，转让基准日为 2004 年 9 月 20 日。转让标的整体作价 70 万元，价款支付方式为买受人自本合同签署之日起 10 日内付款后，转让方收款后 3 日内出具收款凭证。转让人收到价款后 30 日内将债权证明文件交付买受人。同时，双方签订《不良贷款债权转让补充协议》1 份，就前述转让合同中关于向借款人、担保人送达"债权转让通知书"等事宜约定，买受人自愿代理转让人履行向借款人、担保人送达"债权转让通知书"。合同签订后，何某祥出资，以竞买人杨某新的名义于当日支付了全部价款，信达沈阳办事处亦将涉诉债权包的全部债权文件交付二人。同年 11 月 17 日，杨某新与何某祥签订《协议书》1 份。约定，杨某新退出合伙，前述受让债权全部归何某祥所有。嗣后，经何某祥向债务人金属化工公司催要无果。法院查明，买受人杨某新于债权买受时为沈阳市公安局交通警察支队新城子大队警察。

何某祥向沈阳市沈北新区人民法院提起诉讼，请求法院判令金属化工公司、供应站、经济局共同偿还贷款本金 95 万及利息 4,325,300 元，共同承担本案诉讼费用。一审中，何某祥撤回了对经济局的起诉。一审法院认为，买受人杨某新作为人民警察隐瞒身份与债权转让人信达沈阳办事处之间签订的《不良贷款债权转让合同》及《不良贷款债权转让补充协议》应当认定无效。无效的合同自始没有法律约束力，作为买受人的何某祥、杨某新依合同约定取得的债权文件应返还给转让人。转让人依合同约定收取的价款应在返还价款的同时并按照中国人民银行同期同类人民币存款利率标准计息，支付占有此款期间的利息。故判决：一、信达公司于本判决发生法律效力后 10 日内返还何某祥价款 70 万元及占有期间的利息；二、何某祥、第三人杨某新于本判决发生法律效力后 5 日内返还原信达公司《沈阳市矿泉饮料厂等 6 户资产包》相关 15 笔债权证明文件；三、驳回何某祥其他诉讼请求。

何某祥不服一审判决，向辽宁省沈阳市中级人民法院（以下简称沈阳中院）提起上诉，请求撤销原判，依法改判或发回重审。信达公司不服一审判决，认为不良资产拍卖时没有任何针对不良资产处置的买受人的限定，《纪要》（法发〔2009〕19 号）对本案所发生的不良资产转让没有溯及力，不应适用于认定案涉 2004 年签订的协议并已经履行完的债权转让协议。故向沈阳中院提起上诉，请求撤销原判发回重审或依法改判信达公司不承担任何责任。

二审法院经审理，判决：驳回上诉，维持原判。信达公司不服二审判决，向辽宁高院申请再审，请求撤销一、二审判决，确认债权转让合同合法有效。辽宁高院指令沈阳中院再审。沈阳中院经审理，裁定：一、撤销一、二审民事判决；二、驳回何某祥的起诉。

【法院观点】

依据《纪要》第六条"关于不良债权转让合同无效和可撤销事由的认定：……（九）受让人为国家公务员、金融监管机构工作人员、政法干警、金融资产管理公司工作人员、国有企业债务人管理人员、参与资产处置工作的律师、会计师、评估师等中介机构等关联人或者上述关联人参与的非金融机构法人的……"之规定，因本案中杨某新受让债权之时为公职人员（沈阳市交通警察支队沈北新区支队公务员），故原审认定案涉信达公司与杨某新之间签订的《不良贷款债权转让合同》无效并无不当。

关于信达公司提出的上述法律规定的溯及力问题，上述纪要第十二条关于《纪要》的适用范围中规定，"《纪要》的内容和精神仅适用于在《纪要》发布之后尚在一审或者二审阶段的涉及最初转让方为国有银行、金融资产管理公司通过债权转让方式处置不良资产形成的相关案件"。本案一审收案时间为 2017 年 8 月 18 日，系在该规定实施之后，因此原审适用上述规定并无不当。结合上述认定，因信达公司与杨某新之间的债权债务关系无效，而何某祥主张其债权是从杨某新处购买的，故何某祥不具有向金属化工公司、物资供应站主张权利的主体资格,法院应裁定驳回其起诉。

【实务解析】

本案涉及不良债权受让人资质的限制问题。《公务员法》明确禁止国家公务员经商牟利;《财政部关于进一步规范金融资产管理公司不良债权转让有关问题的通知》(财金〔2005〕74号)第三条亦明确禁止与金融不良债权有关联的人员购买不良债权,其目的均在于防止其利用职务或业务之便从事关联交易,侵吞国有资产,损害公平交易,造成国有资产流失。尽管实践中上述人员在个案中可能并未利用身份、地位和信息的优势获取不当利益,但国家法律和政策对身份的限制关涉社会公众对金融不良债权处置的感受与评价,关系到国家利益和社会公共利益的保护,因此,从保护国家利益和社会公共利益的角度出发,根据原《合同法》第五十二条之规定精神,有必要将受让人的主体资格欠缺作为单独判断转让合同效力的依据。为此,《纪要》规定,受让人为国家公务员、金融监管机构工作人员、政法干警、金融资产管理公司工作人员、国有企业债务人管理人员、参与资产处置工作的律师、会计师、评估师等中介机构关联人或者关联人等参与的非金融机构法人的,或者受让人与参与不良债权转让的金融资产管理公司工作人员、国有企业债务人或者受托资产评估机构负责人员等有直系亲属关系的,应当认定不良债权转让合同无效。[①] 本案中,受让人杨某新于债权买受时为沈阳市公安局交通警察支队新城子大队警察,属于国家公务员,故其签署的案涉债权转让协议无效。

【法条链接】

《最高人民法院关于审理涉及金融不良债权转让案件工作座谈会纪要》(法发〔2009〕19号)

六、关于不良债权转让合同无效和可撤销事由的认定

会议认为,在审理不良债权转让合同效力的诉讼中,人民法院应当根据合同法和《金融资产管理公司条例》等法律法规,并参照国家相关政策规定,重

---

① 高民尚:《〈关于审理涉及金融不良债权转让案件工作座谈会纪要〉的理解与适用》,载《人民司法(应用)》2009年第9期。

点审查不良债权的可转让性、受让人的适格性以及转让程序的公正性和合法性。金融资产管理公司转让不良债权存在下列情形的，人民法院应当认定转让合同损害国家利益或社会公共利益或者违反法律、行政法规强制性规定而无效。

……

（九）受让人为国家公务员、金融监管机构工作人员、政法干警、金融资产管理公司工作人员、国有企业债务人管理人员、参与资产处置工作的律师、会计师、评估师等中介机构等关联人或者上述关联人参与的非金融机构法人的；

（十）受让人与参与不良债权转让的金融资产管理公司工作人员、国有企业债务人或者受托资产评估机构负责人员等有直系亲属关系的；

……

七、向境外主体转让不良债权未办理登记或备案手续的，转让合同效力如何认定

——福萨投资基金公司与温州西山联合陶瓷有限公司等借款及担保合同纠纷案

【案件来源】最高人民法院（2012）民提字第181号

【争议焦点】本案向境外投资者转让不良债权是否履行了备案和审批手续？案涉资产转让协议是否有效？

【裁判要旨】向境外机构转让金融不良债权，已经向行政主管部门办理相关报批、登记或者备案手续的，该不良债权转让合法有效。

【基本案情】

申请再审人（一审原告、二审被上诉人）：福萨投资基金公司（Fursa Master Global Event Driven Fund L.P.，以下简称投资基金公司）

被申请人（一审被告、二审上诉人）：温州西山联合陶瓷有限公司（以下简称西联公司）

被申请人（一审被告）：温州西山面砖厂（以下简称西山面砖厂）

2000年12月，西山面砖厂与中国银行温州市分行（以下简称温州中行）签订《中国银行抵押合同》及抵押物清单，约定：凡温州中行和西联公司自2001年1月7日至2002年1月6日期间签订的最高贷款本金余额不超过216

万元的借款合同，西山面砖厂以其所有的坐落于温州市景山西山东路的房屋作抵押为上述全部债务提供全额担保；上述全部债务包括贷款本金、利息、罚息、损害赔偿金及为实现主债权发生的费用。2000年12月29日，该抵押合同在温州市瓯海区房产管理局办理了抵押登记手续。2001年11月1日，西联公司与温州中行签订《中国银行借款合同》，约定：西联公司借款金额100万元，借款期限自2001年11月1日起至2002年4月30日止，借款利率为月利率5.347‰，贷款人温州中行对逾期贷款按中国人民银行总行规定每日万分之二点五计收罚息，本合同项下的贷款本息及相应费用由西山面砖厂提供财产作抵押。当日，温州中行依约向西联公司发放了100万元贷款。贷款到期后，西联公司没有偿还贷款本金，仅偿付了部分利息及逾期利息（罚息）。2002年9月20日，温州中行向西联公司、西山面砖厂发出《催收贷款通知书》，通知西联公司、西山面砖厂，截至2002年9月30日，西联公司尚欠贷款本金100万元及利息23,000元，要求西联公司与西山面砖厂尽快归还贷款本息。西联公司、西山面砖厂于同年10月11日签收上述通知书。

2004年6月25日，温州中行与中国信达资产管理公司杭州办事处（以下简称信达公司）签订《债权转让协议》，约定将包括本案所涉的上述债权在内的温州中行对西联公司享有的14笔债权及全部从权利转让给信达公司。同年10月9日、12月24日，中国银行浙江省分行（以下简称浙江中行）与信达公司在《浙江日报》上联合发布了《债权转让暨催收公告》《债权转让公告》，两次就包括本案上述债权在内的浙江中行及其下属机构已转让给信达公司的债权及从权利的事实通知借款人、担保人，并同时进行了催收。

2006年12月12日，信达公司与美伦HBV基金管理公司（Mellon HBV Alternative Strategies LLC.，以下简称美伦公司）签订《单户资产转让协议》，确认：本协议由信达公司与美伦公司于2006年8月8日签署；信达公司及美伦公司在此同意，信达公司向美伦公司转让在下述资产（包括本案债权在内）项下拥有的全部权益，该项转让于2006年12月12日完成并生效；自2006年12月12日起，信达公司在与该等资产所对应的借款合同、还款协议、担保合同及其他法律文件项下的全部权益也一并转让给美伦公司。

2006年9月29日，国家发展和改革委员会向信达公司出具《对外转让不良债权备案确认书》，对信达公司向美伦公司转让浙江温州丽水包不良债权予以备案,并告知据此备案确认书到国家外汇管理局办理债权转让备案登记。2006年11月29日,国家外汇管理局向信达公司出具批复,同意上述转让,并要求信达公司通知境外投资者或其境内代理人到国家外汇管理局浙江省分局办理备案登记。2006年12月12日,信达公司与美伦公司在《浙江日报》上联合发布了《资产转让暨催收公告》,就包括本案债权在内的信达公司已转让给美伦公司的债权及从权利的事实通知借款人、担保人,并同时进行了催收。2006年12月20日,上述债权转让事宜在国家外汇管理局浙江省分局办理了备案登记,在办理备案登记时,提交的材料已注明了包括本案债权在内的各债权担保的具体情况。截至2006年12月12日,西联公司尚欠借款本金100万元,利息及逾期利息不低于投资基金公司主张的362,632.67元。

美伦公司是于2002年2月14日在开曼群岛依法登记的免税有限合伙公司,已于2006年12月19日在合伙公司登记处更名为福萨投资基金公司。福萨投资基金公司于2008年12月10日向浙江省温州市中级人民法院起诉,请求判令:1.西联公司归还借款本金100万元及至2006年12月12日的利息362,632.67元;2.西山面砖厂以其所有的坐落于温州市景山西山东路的房屋承担抵押担保责任。

温州中院一审认为,涉案的抵押合同、借款合同内容合法,意思表示真实,且抵押已经法定部门登记,均应认定有效。西联公司未依约还贷,已构成违约。故判决:一、西联公司于判决生效之日起十日内偿还投资基金公司借款本金100万元及2006年12月12日前的利息、逾期利息362,632.67元,合计1,362,632.67元;二、西联公司如到期不履行判决确定的上述债务,则投资基金公司有权以拍卖或变卖西山面砖厂所有的坐落于温州市景山西山东路的房屋所得价款在1,362,632.67元限额内优先受偿。

西联公司不服温州中院一审判决,向浙江高院提起上诉。浙江高院二审另查明:投资基金公司以3800万元受让包括本案债权在内的资产包,其中对西联公司的债权额为借款本金41,641,882元,单户资产买价为1800万元,其支付对价比例约为43.23%。

浙江高院认为,温州中院的实体处理存在相应合理因素的考虑,但是涉及资产管理公司转让债权相关案件的处理,要兼顾法律效果和社会效果的统一,充分考虑此类案件政策性强等因素。投资基金公司系非金融机构的企业法人,其以打包形式受让的本案债权,所支付的对价远低于所购买的不良金融债权,根据国家关于处置不良金融债权的相关政策,对社会投资者购买资产管理公司转让金融债权,不应全额予以支持。综合本案所涉资产包的单户资产买价等实际情况,该院确定西联公司应向投资基金公司偿还 432,300 元。故判决:一、撤销一审民事判决;二、西联公司于判决送达之日起十日内偿还投资基金公司借款 432,300 元;三、西联公司如到期不履行判决第二项确定的债务,则投资基金公司有权以拍卖或变卖西山面砖厂所有的坐落于温州市景山西山东路的房屋所得价款在 432,300 元限额内优先受偿;四、驳回投资基金公司其他诉讼请求。

投资基金公司不服浙江高院二审判决,向最高人民法院申请再审称:法律规定债务人应当全面履行债务,而不需要区分债权人的经营性质。债权人行使其权利时,与其取得该项权利所付出的对价无关。二审判决不全额支持投资基金公司享有的债权,没有法律依据,违背"公平合理、平等自愿、诚实信用"原则。最高人民法院裁定提审本案后经审理,判决:一、撤销二审民事判决;二、维持一审民事判决。

【法院观点】

关于投资基金公司与信达公司签订的债权转让协议是否有效:投资基金公司系境外公司,其通过受让信达公司对外处置的金融不良资产包的方式取得本案债权,办理了国家发展和改革委员会《对外转让不良债权备案确认书》,并获得国家外汇管理局的批准,在指定的地方外汇管理分局办理了相应的备案登记手续,所提交的备案登记材料中注明了包括本案债权在内的各债权担保的具体情况。根据《纪要》第六条第一款第八项以及《最高人民法院关于审理金融资产管理公司利用外资处置不良债权案件涉及对外担保合同效力问题的通知》第一条的规定,该金融不良债权及所涉抵押权的转让合法有效。

投资基金公司因受让金融不良债权而产生的与西联公司及西山面砖厂之间的借款及抵押法律关系明确,债权数额清楚,当事人对此并无异议。金融不良债权转让属于我国合同法所规范的债权转让,应当适用债权转让的一般规定,法律法规及司法解释有特别规定的除外。《纪要》第九条规定:"受让人向国有企业债务人主张不良债权受让日之后发生的利息的,人民法院不予支持。"本案投资基金公司仅请求债务人西联公司偿还债权本金以及截至不良债权受让日 2006 年 12 月 12 日的利息，人民法院对其诉请应予支持。浙江高院对投资基金公司主张的债权仅予部分支持，缺乏相应的法律依据，适用法律不当，予以纠正。《合同法》（已失效）第八十一条规定："债权人转让权利的，受让人取得与债权有关的从权利，但该从权利专属于债权人自身的除外。"投资基金公司依债权转让取得相应的抵押权，西山面砖厂应当承担抵押担保责任。

【实务解析】

1. 向境外主体转让不良债权的，需要依法办理登记或备案手续

向境外主体转让不良债权的，需要向国家发展改革委进行外债登记备案，并于收到国家发展改革委出具的登记证明后向外汇主管部门申请办理外债登记及资金汇兑。根据《国家发展改革委关于做好对外转让债权外债管理改革有关工作的通知》（发改外资〔2016〕1712 号）第一条规定，境内金融机构向境外投资者转让不良债权，形成境内企业对外负债，适用《国家发展改革委关于推进企业发行外债备案登记制管理改革的通知》（发改外资〔2015〕2044 号）有关规定，统一纳入企业外债登记制管理。根据《外债登记管理办法》（汇发〔2013〕19 号）第二十一条和第二十二条规定，境内机构对外转让不良资产，应按规定获得批准。对外转让不良资产获得批准后，境外投资者或其代理人应到外汇局办理对外转让不良资产备案手续。国家外汇管理局发布《外债登记管理操作指引》，其中第十一项和第十二项对"对外处置不良资产涉及的外汇收支和汇兑核准""不良资产境外投资者备案登记和购付汇核准"进行了详细说明，包括法规依据、审核材料、审核原则、审核要素、授权范围、注意事项。

2. 向境外主体转让不良债权未办理登记或备案手续的，转让合同效力如何认定

根据《纪要》第六条第一款第八项规定，根据有关规定应当向行政主管部门办理相关报批或者备案、登记手续而未办理，且在一审法庭辩论终结前仍未能办理的，应当认定合同无效。根据该规定，向境外主体转让不良债权未办理登记或备案手续的，应该认定合同无效。该条规定主要基于以下考虑：《纪要》出台之前，根据《国家发展改革委、国家外汇管理局关于规范境内金融机构对外转让不良债权备案管理的通知》（发改外资〔2007〕254 号，已失效）、《商

务部办公厅关于加强外商投资处置不良资产审批管理的通知》（商资字〔2005〕37号，已失效）的规定，对三资企业和境外机构转让金融不良债权，必须履行向相关行政主管部门办理相关报批、登记或者备案手续，而且相关部门必须出具体的行政审批意见。虽然前述部委通知等在形式上仅是法律位阶层次较低的行政规章，但其中的强制性规定是根据国务院授权制定的，应当具有相当于行政法规的效力。退而言之，即便不能将其视为行政法规，也应当看到，其中的强制性或禁止性规定是针对金融不良债权转让过程中出现的问题而制定和发布的，目的在于规范、管理、保障不良债权处置工作的健康有序进行，防止损害国家利益和社会公共利益。根据纯粹民法学理和原《合同法》第四十四条的规定，未经批准、登记、备案等手续的合同，应当属于未生效范畴，但由于实践中此类不良债权转让合同大多已经开始履行或者履行完毕，因此继续用生效与未生效标准和范畴来衡量，已无实益；采用有效与无效范畴来评价更为妥当。

《民法典》第五百零二条第二款规定："依照法律、行政法规的规定，合同应当办理批准等手续的，依照其规定。未办理批准等手续影响合同生效的，不影响合同中履行报批等义务条款以及相关条款的效力。应当办理申请批准等手续的当事人未履行义务的，对方可以请求其承担违反该义务的责任。"故，未经批准、登记、备案等手续的合同，应当属于未生效合同。鉴于《纪要》的上述规定有其特殊的制定背景和考虑因素，且有严格的适用条件，故能否以此规定否定未经登记备案的债权转让合同的效力，实践中存在争议。为稳妥起见，建议不良债权交易参与者严格按照法律和政策要求，规范不良债权转让流程，以防债权转让被认定无效的法律风险。

【法条链接】

《最高人民法院关于审理涉及金融不良债权转让案件工作座谈会纪要》（法发〔2009〕19号）

六、关于不良债权转让合同无效和可撤销事由的认定

会议认为，在审理不良债权转让合同效力的诉讼中，人民法院应当根据合同法和《金融资产管理公司条例》等法律法规，并参照国家相关政策规定，重点审查不良债权的可转让性、受让人的适格性以及转让程序的公正性和合法性。金融资产管理公司转让不良债权存在下列情形的，人民法院应当认定转让合同

损害国家利益或社会公共利益或者违反法律、行政法规强制性规定而无效。

……

（八）根据有关规定应当向行政主管部门办理相关报批或者备案、登记手续而未办理，且在一审法庭辩论终结前仍未能办理的；

……

八、因向外国投资者转让不良债权而形成的对外担保合同，效力如何认定

——湖北莲花湖旅游发展有限责任公司与武汉世纪宏祥物业管理有限公司借款担保合同纠纷案

【案件来源】最高人民法院（2012）民二终字第56号

【争议焦点】利用外资处置不良资产而形成的对外担保，担保合同效力的判断标准应如何把握？

【裁判要旨】金融资产管理公司通知了原债权债务合同的担保人，外国投资者或其代理人在办理不良资产转让备案登记时提交的材料中注明了担保的具体情况，并经国家外汇管理局审核后办理不良资产备案登记的，人民法院不应以转让未经担保人同意或者未经国家有关主管部门批准或者登记为由认定担保合同无效。

【基本案情】

上诉人（原审被告）：湖北莲花湖旅游发展有限责任公司（以下简称莲花湖旅游公司）

被上诉人（原审原告）：武汉世纪宏祥物业管理有限公司（以下简称宏祥公司）

原审被告：湖北莲花湖物业有限公司（以下简称莲花湖物业公司）

2004年6月25日，中国银行湖北省分行（以下简称中行湖北分行）与中国信达资产管理公司武汉办事处（以下简称信达公司武汉办）订立《债权转让协议》，约定：中行湖北分行将对借款人莲花湖旅游公司共计9笔债权（实有10笔，其中2笔外汇美元贷款合为1笔）转让给信达公司武汉办，自债权转移之日起，与转让标的有关的全部从权利（包括但不限于保证债权、抵押权、质押权）也同时转移。后附《分户债权转让清单》，载明本案所涉9笔债权。

同年 12 月 29 日，中行湖北分行与信达公司武汉办在《湖北日报》刊登《债权转让通知暨债务催收联合公告》，公告通知莲花湖旅游公司本案所涉所有债权已依法转让给信达公司武汉办之事实，信达公司武汉办亦借此公告要求莲花湖旅游公司及其相应的担保人立即履行合同约定的义务。

2006 年 10 月 10 日，中国信达资产管理公司（以下简称信达公司）获得国家发展和改革委员会《对外转让不良债权备案确认书》，该批文载明：你公司《关于报送向 Crosstown HongKong Investments Limited（高士通香港投资有限公司，以下简称高士通公司）转让武汉地区不良债权有关备案材料的报告》收悉。根据《国家发展改革委关于金融资产管理公司对外转让不良债权有关外债管理问题的通知》，现予以备案，请据此备案确认书到外汇管理局办理债权转让备案登记。同年 12 月 12 日，国家外汇管理局湖北省分局公司出具《金融资产管理公司对外处置不良资产备案登记表》，对高士通公司受让信达公司 70 户 230 笔债权予以备案登记。

2007 年 1 月 23 日，信达公司武汉办与高士通公司订立《单户资产转让协议》，约定：信达公司武汉办向高士通公司转让在本案所涉 9 笔债权资产项下拥有的全部权益，该项转让于 2006 年 12 月 14 日完成并生效。自 2006 年 12 月 14 日，信达公司武汉办在与该等资产所对应的借款合同、还款协议、担保合同及其他法律文件项下的全部权益也一并转让给高士通公司。2007 年 1 月 18 日，信达公司武汉办与高士通公司在《湖北日报》刊登《债权转让暨催收公告》，公告通知莲花湖旅游公司、信达公司武汉办已于 2006 年 12 月 14 日将本案所涉 9 笔债权及担保权利依法转让给高士通公司，原合同内容不变，要求莲花湖旅游公司向高士通公司履行还款义务。

2007 年 10 月 12 日，高士通公司以莲花湖旅游公司、莲花湖物业公司为被告向湖北省高级人民法院（以下简称湖北高院）提起诉讼，请求判令莲花湖旅游公司偿还借款本金 2500 万元人民币、300 万美元及利息，高士通公司对莲花湖旅游公司抵押房产及占用范围内国有土地使用权享有优先受偿权，莲花湖物业公司赔偿经济损失 350 万元。

该案诉讼中，高士通公司与宏祥公司于 2010 年 11 月 2 日订立《单户资产转让协议》，约定：高士通公司向宏祥公司转让在本案所涉 9 笔债权资产项下拥有的全部权益，该转让于 2010 年 11 月 2 日完成并生效。自 2010 年 11

月2日,高士通公司将与该等资产所对应的借款合同、还款协议、担保合同及其他法律文件项下的全部权益一并转让给宏祥公司。同年12月8日,高士通公司签发《关于资产转让的通知》,该通知载明:高士通公司已于2010年11月2日将其在本案所涉9笔债权借款合同及相关担保合同项下的全部权益依法转让给宏祥公司,原合同内容不变。请莲花湖旅游公司向宏祥公司履行上述合同及相关担保合同项下的全部义务。宏祥公司于同月16日持此通知于湖北高院向莲花湖旅游公司该案委托代理人、公司财务总监李某阳送达,李某阳在《资产转让通知回执》上签字,湖北高院两名审判人员亦在该回执上签字见证。2011年1月27日,湖北高院应高士通公司申请,以民事裁定书准许该公司撤回起诉。

法院另查明:2004年9月28日,莲花湖物业公司向武汉市城市规划管理局递交《城市非住宅房屋拆迁申请书》,申请对莲花湖旅游公司大门口五处非住宅房屋:门楼、迎宾楼、办公室、食府、海鲜阁等建筑物共计4729平方米进行拆迁。该局于同年10月8日颁发武规拆许字第(2004)第非402号《房屋拆迁许可证》,准许莲花湖物业公司以自拆方式于2004年10月9日至29日期间对汉阳大道10号4729平方米非住宅建筑进行拆迁,范围以红线图为准。同年11月2日,该局向莲花湖物业公司下达《城市房屋拆迁完毕确认书》,确认红线范围内共拆除非住宅房屋建筑面积4728.78平方米,房屋拆除到位,验收合格。莲花湖旅游公司于2005年1月18日向莲花湖物业公司开具发票,载明:拆迁补偿,人民币金额945.756万元。同年6月1日,拆迁人莲花湖物业公司与被拆迁人莲花湖旅游公司共同向武汉市城市规划管理局汉阳分局出具《关于莲花湖危改一期用地范围拆迁情况的说明》,载明:此次拆迁共拆除房屋5栋,全部为莲花湖旅游公司房产,其中4栋为有证房屋,1栋为莲花湖旅游公司自行搭建的违章建筑,莲花湖物业公司已按政策对莲花湖旅游公司实施了拆迁补偿。莲花湖旅游公司承诺,该房产无权属争议,如发生由此房产引起的经济纠纷,莲花湖旅游公司承担全部责任。

湖北高院经审理,判决:一、莲花湖旅游公司偿还宏祥公司借款本金人民币2500万元及美元300万元;二、莲花湖旅游公司支付宏祥公司上述借款的利息(合同期内的利息按照合同约定计付,合同期外的利息按照中国人民银行规定的同期同档次流动资金逾期贷款利率计付);三、莲花湖旅游公司不履行编号为98023号《银行承兑契约》、编号为98年信字第98038号《人民币资金借款合同》、编号为98年信字第98061号《人民币资金借款合同》和编号为信字（018）号《借款合同》约定债务时，宏祥公司可分别就对应的抵押物享有优先受偿权；四、驳回宏祥公司的其他诉讼请求。

莲花湖旅游公司不服一审判决，向最高人民法院提起上诉，请求驳回宏祥公司的诉讼请求或者将本案发回重审。莲花湖旅游公司主张，争议债权的两次涉外转让因违反法律强制性规定，应为无效。高士通公司受让本案债权程序存在重大瑕疵，并应对债权实现合法性承担举证责任。高士通公司在其与宏祥公司的诉讼中，仅提交了对16.3亿元"债权"资产包的整体备案登记的复印件，未对《单户资产转让协议》所确定"债权"予以列明，因此，高士通公司不能证明其系本案债权的债权人。备案登记材料对于债权的整体担保情况亦未作任何记载，应当认定担保无效。因涉外债权转让未得到外汇管理部门登记，故宏祥公司对莲花湖旅游公司的房产不享有抵押权。最高人民法院经审理，判决：驳回上诉，维持原判。

【法院观点】

1. 关于宏祥公司是否取得本案债权的问题。本案债权经过三次转让，分别为中行湖北分行将债权转让给信达公司武汉办，信达公司武汉办将债权转让给高士通公司，高士通公司将债权转让给宏祥公司。莲花湖旅游公司上诉对后两次转让有异议，认为宏祥公司应当就后两次转让程序的合法性举证，人民法院应当对后两次转让的合法性进行审查。因莲花湖旅游公司后两次转让合同无效的主张，须以诉讼方式提出，莲花湖旅游公司未另行起诉，法院对此不予支持。因宏祥公司属国内法人，故高士通公司向宏祥公司转让本案债权，不属于对外转让不良债权，现行法律并未就此类转让规定专门的审批程序，故莲花湖旅游公司主张此次转让应纳入外债监管并报有关部门审批的主张无法律依据。

2. 关于宏祥公司是否取得本案债权抵押权的问题。莲花湖旅游公司主张，根据《最高人民法院关于审理金融资产管理公司利用外资处置不良债权案件涉及对外担保合同效力问题的通知》第一条、第二条的规定，信达公司向高士通公司转让涉案债权属于涉外债权转让，因未到外汇管理部门登记，备案登记材料亦未作记载，应当认定抵押无效。第一条将该通知的适用范围限定为"2005年1月1日之后金融资产管理公司利用外资处置不良债权,向外国投资者出售或转让不良资产,外国投资者受让债权之后向人民法院提起诉讼,要求债务人及担保人直接向其承担责任的案件",本案中,宏祥公司虽非外国投资者,但其债权及其抵押权系从高士通公司取得,其享有本案债权及其抵押权应当以高士通公司取得本案债权及其抵押权为前提。因高士通公司属于涉外法人,故对高士通公司是否受让本案债权及其抵押权的问题,应当适用该通知的规定。对莲花湖旅游公司有关此次抵押权转让的效力问题适用该通知的主张,予以支持。

高士通公司于2006年12月向国家外汇管理局湖北分局就此次债权转让登记备案,该局于2006年12月12日出具了第002号《金融资产管理公司对外处置不良资产备案登记表》,对本案债权转让予以备案登记。高士通公司在备案登记中虽未列明本案债权的抵押情况,但在办理登记时向该分局提交的附件材料《武汉资产包出售资产清单表》中列明了本案债权及其抵押情况,符合《最高人民法院关于审理金融资产管理公司利用外资处置不良债权案件涉及对外担保合同效力问题的通知》第二条"外国投资者或其代理人办理不良资产转让备案登记时,向国家外汇管理局分局、管理部提交的材料中应逐笔列明担保的情况"的规定,且2012年9月该分局应高士通公司的要求又为其办理了补交担保逐笔明细清单,据此可以认定高士通公司受让本案债权及其抵押权业已经过了外汇管理部门的审批,故对莲花湖旅游公司有关本案属涉外债权转让,因未经审批而应当认定抵押无效的诉请,不予支持。

此外,湖北高院在一审中推定了四份《房屋他项权证》所涉抵押合同与主债权之间的对应关系。上述推定的事实与二审查明的事实相符。因先设定抵押权后订立主债权合同是双方当事人之间的真实意思表示,现行法律亦无抵押权不得先于主债权设定的禁止性规定,故对莲花湖旅游公司以抵押权从属于主债权,故抵押权不能先于主债权设定为由,主张抵押无效的上诉意见,不予支持。

【实务解析】

向境外机构转让不良债权导致原国内性质的担保具有对外担保的性质,该类担保有其自身的特性,国家有关主管部门对该类担保的审查采取较为宽松的政策。

根据《最高人民法院关于审理金融资产管理公司利用外资处置不良债权案件涉及对外担保合同效力问题的通知》(法发〔2010〕25号)规定,2005年1月1日之后,如果当事人提供证据证明金融资产管理公司通知了原债权债务合同的担保人,外国投资者或其代理人在办理不良资产转让备案登记时提交的材料中注明了担保的具体情况,并经国家外汇管理局分局、管理部审核后办理不良资产备案登记的,人民法院不应以转让未经担保人同意或者未经国家有关主管部门批准或者登记为由认定担保合同无效。外国投资者或其代理人办理不良资产转让备案登记时,向国家外汇管理局分局、管理部提交的材料中应逐笔列明担保的情况,未列明的,视为担保未予登记。当事人在一审法庭辩论终结前向国家外汇管理局分局、管理部补交了注明担保具体情况的不良资产备案资料的,人民法院不应以未经国家有关主管部门批准或者登记为由认定担保合同无效。

《跨境担保外汇管理规定》第三条规定:"按照担保当事各方的注册地,跨境担保分为内保外贷、外保内贷和其他形式跨境担保。内保外贷是指担保人注册地在境内、债务人和债权人注册地均在境外的跨境担保。外保内贷是指担保人注册地在境外、债务人和债权人注册地均在境内的跨境担保。其他形式跨境担保是指除前述内保外贷和外保内贷以外的其他跨境担保情形。"第二十五条规定:"境内机构提供或接受除内保外贷和外保内贷以外的其他形式跨境担保,在符合境内外法律法规和本规定的前提下,可自行签订跨境担保合同。除外汇局另有明确规定外,担保人、债务人不需要就其他形式跨境担保到外汇局办理登记或备案。"《国家外汇管理局关于金融资产管理公司对外处置不良资产外汇管理有关问题的通知》(汇发〔2015〕3号)第五条规定:"因金融资产管理公司对外处置不良资产导致原有担保的受益人改变为境外投资者的,以及金融资产管理公司对外处置不良资产后新发生的跨境担保,按照现行跨境担保外汇管理规定进行管理。"根据上述规定,因金融资产管理公司对外处置不良资产导致原有担保的受益人改变为境外投资者的,按照《跨境担保外汇管理规定》规定进行管理。另根据《外债登记管理操作指引》规定,办理不良资产对外转让备案登记时,应注明债权对外转让导致境内担保人向境外投资者提供担保的情况,并提交担保逐笔明细清单。该担保不纳入对外担保管理,无需按对外担保管理规定办理审批和登记手续。

【法条链接】

《最高人民法院关于审理金融资产管理公司利用外资处置不良债权案件涉及对外担保合同效力问题的通知》（法发〔2010〕25号）

一、2005年1月1日之后金融资产管理公司利用外资处置不良债权，向外国投资者出售或转让不良资产，外国投资者受让债权之后向人民法院提起诉讼，要求债务人及担保人直接向其承担责任的案件，由于债权人变更为外国投资者，使得不良资产中含有的原国内性质的担保具有了对外担保的性质，该类担保有其自身的特性，国家有关主管部门对该类担保的审查采取较为宽松的政策。如果当事人提供证据证明依照《国家外汇管理局关于金融资产管理公司利用外资处置不良资产有关外汇管理问题的通知》（汇发〔2004〕119号）第六条规定，金融资产管理公司通知了原债权债务合同的担保人，外国投资者或其代理人在办理不良资产转让备案登记时提交的材料中注明了担保的具体情况，并经国家外汇管理局分局、管理部审核后办理不良资产备案登记的，人民法院不应以转让未经担保人同意或者未经国家有关主管部门批准或者登记为由认定担保合同无效。

二、外国投资者或其代理人办理不良资产转让备案登记时，向国家外汇管理局分局、管理部提交的材料中应逐笔列明担保的情况，未列明的，视为担保未予登记。当事人在一审法庭辩论终结前向国家外汇管理局分局、管理部补交了注明担保具体情况的不良资产备案资料的，人民法院不应以未经国家有关主管部门批准或者登记为由认定担保合同无效。

专题五

金融不良资产转让中的优先购买权

综述 〉〉〉

在我国政策性处置不良资产时期，为最大限度地减少国有资产流失，实现私权处分与公共利益、金融债权与职工债权、市场竞争与国家干预、历史问题与现行法则等诸多价值的权衡目的，国家相关主管部门达成一个重要共识：赋予相关地方人民政府或者代表本级人民政府履行出资人职责的机构、部门或者持有国有企业债务人国有资本的集团公司对不良债权的优先购买权。[①]《纪要》对此亦作出明确规定。鉴于优先购买权制度涉及出卖人、优先购买权人及第三人之间的多方利益冲突，实践中争议不断。此外，对于金融资产管理公司及不良债权受让人而言，对不良债权处置中的优先购买权制度把握不够准确或者理解有偏差的，往往会导致债权转让协议无效的法律风险。故，有必要对不良债权转让中的优先购买权制度进行详细的梳理分析。

本章以《纪要》的规定为主，并结合《金融资产管理公司资产处置管理办法（修订）》《金融资产管理公司资产处置公告管理办法（修订）》等相关规定，通过对最高人民法院及各地高院、中院案例裁判规则的梳理，以期厘清优先购买权制度的适用范围、优先购买权人的范围、通知的方式、未履行通知义务的法律后果、善意第三人利益的保护等问题，为不良债权处置参与者防范相关法律风险提供借鉴和参考。

案例一涉及优先购买权制度的适用范围问题。鉴于《纪要》的内容和精神仅适用于在《纪要》发布之后尚在一审或者二审阶段的涉及最初转让方为国有银行、金融资产管理公司通过债权转让方式处置不良资产形成的相关案件。人民法院依照审判监督程序决定再审的案件，不适用《纪要》。故，适用优先购买权制度的前提是属于《纪要》适用范围的案件。此外，《纪要》明确规定了两种不适用优先购买权的情形：一是金融资产管理公司在《纪要》发布之前已

[①] 高民尚：《〈关于审理涉及金融不良债权转让案件工作座谈会纪要〉的理解与适用》，载《人民司法（应用）》2009年第9期。

经完成不良债权转让,上述优先购买权人主张行使优先购买权的,人民法院不予支持;二是债务人主张优先购买不良债权的,人民法院不予支持,充分彰显了最高人民法院维护诚信体系、制裁恶意逃债的司法导向。

案例二涉及优先购买权人的范围问题。根据《纪要》规定,相关地方人民政府或者代表本级人民政府履行出资人职责的机构、部门或者持有国有企业债务人国有资本的集团公司可以对不良债权行使优先购买权。鉴于相关地方人民政府等主体均为国有资产的所有人或者管理人,即使以低价获得不良债权后高额受偿,也不会导致国有资产的流失,有利于社会稳定。此外,这些主体获得不良债权后,能够从保护地方经济、扶持国有企业的角度与债务人进行协调和沟通,给予国有企业债务人重生的机会和希望,有利于地方经济发展。[①] 在不良债权处置实践中,金融资产管理公司要注意把握优先购买权人的主体范围,妥当地履行通知义务,防范因通知义务履行不到位等导致的债权转让协议无效的法律风险。

案例三涉及金融资产管理公司履行通知义务的方式问题。根据《纪要》规定,金融资产管理公司向非国有金融机构法人转让不良债权的处置方案、交易条件以及处置程序、方式确定后,单笔(单户)转让不良债权的,金融资产管理公司应当通知国有企业债务人注册登记地的优先购买权人。以整体"资产包"的形式转让不良债权的,如资产包中主要债务人注册登记地属同一辖区,应当通知该辖区的优先购买权人;如资产包中主要债务人注册登记地属不同辖区,应当通知主要债务人共同的上级行政区域的优先购买权人。但是,对于金融资产管理公司通知义务的具体方式,《纪要》并未进行明确。按照《纪要》最大限度防止国有资产流失、保障国家经济安全的精神,该义务应以书面、口头或其他优先购买权人能够确认知悉的方式来履行,而不宜随意采用公告方式。

案例四涉及优先购买权人收到债权转让通知后不予回复的法律后果问题。为了规范实践中优先购买权制度的运行,《纪要》明确规定,优先购买权人收到通知后明确表示不予购买或者在收到通知之日起三十日内未就是否行使优先购买权作出书面答复,或者未在公告确定的拍卖、招标日之前作出书面答复或者未按拍卖公告、招标公告的规定时间和条件参加竞拍、竞标的,视为放弃优

[①] 秦丽萍、张跃超:《不良资产处置诉讼实务与案例剖析》,中国法制出版社 2017 年版。

先购买权。该规定实际是对优先购买权制度中出卖方和买受方利益的平衡，避免因优先购买权人拖延回复对出卖人和买受人的交易自由产生进一步的限制。

案例五涉及未履行通知义务的法律后果问题。最高人民法院认为，国有金融不良债权的剥离与处置，绝不仅仅是简单的商事主体之间的私权处分，而是巨额国有资产的流动与利益再分配问题。这种流动能否在公开公平公正的程序下进行，事关全体国民和国家的利益。因此，在不良债权处置过程中，尤其需要强调程序价值的意义，否则，制度的设计便因缺乏程序保障而失去实质价值，将对国家利益和社会公共利益造成根本损害。故对于不良债权转让未通知优先购买权人的，一般认定债权转让协议无效。债权转让协议无效后善意第三人可以另行起诉进行权利救济，向金融资产管理公司主张损害赔偿。

一、金融资产管理公司在《纪要》发布之前已经完成不良债权转让，优先购买权人主张行使优先购买权的，人民法院不予支持

——西宁体育馆与中国华融资产管理公司兰州办事处、青海庆威矿业有限公司债权转让无效纠纷案

【案件来源】最高人民法院（2010）民二终字第25号

【争议焦点】西宁体育馆是否享有本案诉权？西宁体育馆对案涉债权是否享有优先购买权？

【裁判要旨】在通过债权转让方式处置不良债权过程中，地方政府等享有优先购买权，但金融资产管理公司在《纪要》发布之前已经完成不良债权转让，优先购买权人主张行使优先购买权的，人民法院不予支持。

【基本案情】

上诉人（原审原告）：西宁体育馆

被上诉人（原审被告）：中国华融资产管理公司兰州办事处（以下简称华融兰州办）

被上诉人（原审被告）：青海庆威矿业有限公司（以下简称庆威公司）

1997年9月12日，工行西宁市城北支行与西宁体育馆签订了《人民币中长期借款合同》，借款金额为1000万元，借款期限自1997年9月12日至1998年9月10日，年利率10.08%。同日，双方又签订了一份《抵押合同》，西宁体育馆以其位于西宁市长江路114号面积7875平方米的土地使用权对上述借款本息设定抵押，并在西宁市土地管理局办理了登记手续。合同签订后，工行西宁市城北支行履行了发放借款的义务，但借款期限届满后，西宁体育馆未按约定还本付息。

2005年7月8日，工行青海省分行与华融兰州办签订了一份《债权转让合同》，工行青海省分行将上述债权依法转让给华融兰州办。同年7月27日，工行青海省分行与华融兰州办就西宁体育馆的债权转让共同在《青海日报》上

刊登了《债权转让通知暨催收联合公告》。2006年5月19日,华融兰州办在网站及《青海日报》上刊登了《中国华融资产管理公司资产处置公告》,将包括对西宁体育馆在内的126家单位的不良债权处置事项向社会公告。公示期间无异议。同年6月,华融兰州办就西宁体育馆等单位的不良债权处置事宜与西宁市人民政府有关部门商谈未果。2007年11月12日,华融兰州办西宁业务部向华融兰州办上报了《资产处置方案审批申报表》,申请以300万元处置对西宁体育馆的1894.90万元债权,债权处置整体资产回收率为18.99%,账面收购金额回收率30%。同年11月20日,华融兰州办业务审查委员会出具华融兰业审(2007)47号《关于对西宁体育馆等二个可疑类资产处置方案的批复》,同意西宁体育馆可疑类资产处置方案。同年11月28日,华融兰州办与庆威公司签订了《债权转让合同》,华融兰州办将对西宁体育馆的债权本金1000万元、利息895万元转让给庆威公司,转让价为300万元。合同签订后,庆威公司向华融兰州办支付了价款。2008年1月15日,华融兰州办与庆威公司就西宁体育馆的债权转让及催收共同在《青海日报》上刊登了《债权转让通知暨债务催收联合公告》,西宁体育馆仍未履行还款义务。

2008年6月2日,庆威公司向青海省高级人民法院提起诉讼,请求判令西宁体育馆偿还借款本息20,286,467.44元。2009年9月17日,西宁体育馆向青海省高级人民法院提起诉讼,请求判令华融兰州办与庆威公司签订的《债权转让合同》无效。

青海省高级人民法院一审认为,华融兰州办从工行青海省分行受让对西宁体育馆的不良债权后,即在有影响的报纸上刊登了债权转让暨催收公告,履行了通知义务。同时,华融兰州办与西宁体育馆的上级主管部门西宁市人民政府及其指定的部门协商金融不良资产处置事宜,由于价格等问题未达成协议。华融兰州办在地方政府明确放弃优先购买权的状况下,为增强资产处置的透明度,接受社会公众监督,采取网站和报纸公告的方式向社会发布了不良资产处置公告,同时委托有资质的评估机构对资产进行了评估,并经华融兰州办业务审查委员会审查、批复,同意以协议的方式处置该不良资产。华融兰州办的上述行为表明,其履行了金融不良资产处置的告知义务和公开、公平、公正、竞争的处置程序和原则。庆威公司作为适格法人,与华融兰州办在平等自愿、协商一致的基础上签订了《债权转让合同》,该《债权转让合同》是双方真实意思表示，内容未违反法律行政法规禁止性规定，不存在无效和可撤销的情形，应确认为合法有效。故判决：驳回西宁体育馆的诉讼请求。

西宁体育馆不服青海省高级人民法院一审民事判决，向最高人民法院提起上诉，请求判令债权转让合同无效。西宁体育馆认为，金融资产公司未尽通知义务，地方政府对不良债权无法行使优先购买权。华融兰州办拟以整体"资产包"形式转让不良债权时，与西宁体育馆注册登记地的优先购买权人西宁市人民政府和西宁市国有资产管理委员会进行了协商、沟通，但华融兰州办在将该不良债权单笔转让给庆威公司时，未将处置方案、交易条件以及处置程序、方式等通知优先购买权人西宁市人民政府和西宁市国有资产管理委员会，导致地方政府无法行使对该不良债权的优先购买权。庆威公司答辩称：本案不应适用《纪要》。《纪要》第五条"关于国有企业的诉权及相关诉讼程序"中明确规定享有不良债权转让合同无效抗辩及提起不良债权转让合同无效诉讼的主体是国有企业债务人，而西宁体育馆为事业单位，并非国有企业，其提起不良债权转让合同无效诉讼缺乏依据。最高人民法院经审理，判决：驳回上诉，维持原判。

【法院观点】

首先，关于西宁体育馆是否享有主张债权转让合同无效的诉权问题。西宁体育馆依据《纪要》规定，主张华融兰州办与庆威公司签订的《债权转让合同》无效。庆威公司抗辩认为，本案不应适用《纪要》。法院认为，根据《纪要》第十二条关于"《纪要》的内容和精神仅适用于在《纪要》发布之后尚在一审或者二审阶段的涉及最初转让方为国有银行、金融资产管理公司通过债权转让方式处置不良资产形成的相关案件"的规定，本案符合《纪要》的适用范围，可以适用《纪要》。《纪要》第五条规定国有企业债务人享有提起不良债权转让合同无效的诉权，而本案的债务人西宁体育馆为事业单位法人，确实与国有企业在组织类型上存在差异，但从所有制性质上看，二者均属国有性质，并无不同。《纪要》赋予国有企业债务人以诉权，目的在于启动人民法院对债权转让合同效力的审查，防止国有资产流失。认定同属国有性质的事业单位债务人享有该项诉权，与《纪要》的上述精神是完全相符的。因此，西宁体育馆具备主张不良债权转让合同无效的主体资格。

其次，关于西宁市人民政府的优先购买权问题。《纪要》规定，在通过债权转让方式处置不良债权过程中，地方政府等享有优先购买权，但金融资产管理公司在《纪要》发布之前已经完成不良债权转让，优先购买权人主张行使优先购买权的，人民法院不予支持。本案中，华融公司和庆威公司之间的金融不良债权转让合同签订于 2007 年 11 月 28 日，而《纪要》发布于 2009 年 4 月 3 日，华融公司和庆威公司之间的金融不良债权转让行为在《纪要》发布之前已经完成。故对于西宁体育馆关于应由西宁市人民政府行使优先购买权的主张不予支持。

【实务解析】

本案的债务人西宁体育馆为事业单位法人，关于西宁体育馆是否享有主张债权转让合同无效的诉权问题，最高人民法院从目的解释的角度对《纪要》第五条进行了扩张解释，认为事业单位法人与国有企业从所有制性质上看均属于国有性质，赋予事业单位法人以诉权与《纪要》防止国有资产流失的精神完全相符，故肯定了西宁体育馆的诉权。

关于优先购买权问题，《纪要》赋予相关地方人民政府或者代表本级人民政府履行出资人职责的机构、部门或者持有国有企业债务人国有资本的集团公司对不良债权的优先购买权，其目的是最大限度地减少国有资产流失，实现私权处分与公共利益、金融债权与职工债权、市场竞争与国家干预、历史问题与现行法则等诸多价值的权衡。由于绝大多数不良债权在《纪要》出台前已处置完毕，因此《纪要》关于优先购买权的规定主要适用于某些转让行为被认定无效后再行处置的情形，以及将来国家允许适用《纪要》规则的其他金融机构处置和清收不良债权的情形。本案中，华融公司和庆威公司之间的金融不良债权转让行为在《纪要》发布之前已经完成，故西宁体育馆关于应由西宁市人民政府行使优先购买权的主张，法院不予支持。

此外，需要注意的是，根据《纪要》规定，以整体"资产包"的形式转让不良债权的，如资产包中主要债务人注册登记地属同一辖区，应当通知该辖区的优先购买权人；如资产包中主要债务人注册登记地属不同辖区，应当通知主要债务人共同的上级行政区域的优先购买权人。关于"主要债务人注册登记地"的概念,根据最高人民法院关于《纪要》的理解与适用,主要债务人是指在整体资产包总债权额中所占份额较大或者人数较多且债权份额比重较大的债务人,注册登记地是指注册登记机关所在地。①

【法条链接】

《最高人民法院关于审理涉及金融不良债权转让案件工作座谈会纪要》(法发〔2009〕19号)

四、关于地方政府等的优先购买权

会议认为,为了防止在通过债权转让方式处置不良债权过程中发生国有资产流失,相关地方人民政府或者代表本级人民政府履行出资人职责的机构、部门或者持有国有企业债务人国有资本的集团公司可以对不良债权行使优先购买权。

金融资产管理公司向非国有金融机构法人转让不良债权的处置方案、交易条件以及处置程序、方式确定后,单笔(单户)转让不良债权的,金融资产管理公司应当通知国有企业债务人注册登记地的优先购买权人。以整体"资产包"的形式转让不良债权的,如资产包中主要债务人注册登记地属同一辖区,应当通知该辖区的优先购买权人;如资产包中主要债务人注册登记地属不同辖区,应当通知主要债务人共同的上级行政区域的优先购买权人。

按照确定的处置方案、交易条件以及处置程序、方式,上述优先购买权人在同等条件下享有优先购买权。优先购买权人收到通知后明确表示不予购买或者在收到通知之日起三十日内未就是否行使优先购买权做出书面答复,或者未在公告确定的拍卖、招标日之前做出书面答复或者未按拍卖公告、招标公告的规定时间和条件参加竞拍、竞标的,视为放弃优先购买权。

金融资产管理公司在《纪要》发布之前已经完成不良债权转让,上述优先购买权人主张行使优先购买权的,人民法院不予支持。

债务人主张优先购买不良债权的,人民法院不予支持。

---

① 高民尚:《〈关于审理涉及金融不良债权转让案件工作座谈会纪要〉的理解与适用》,载《人民司法(应用)》2009年第9期。

二、金融不良债权转让中有权主张优先购买权的主体为国有企业债务人所在地履行出资义务的相关政府部门或国有资本集团公司，债务人不享有优先购买权

——黑龙江省安达银泉酿酒有限公司与安达市地源房地产开发有限公司等确认合同无效纠纷再审申请案

【案件来源】最高人民法院（2016）最高法民申1724号

【争议焦点】案涉债务是否属于国有企业债务？金融不良债权转让中债务人可否主张优先购买权？

【裁判要旨】债务转移得到债权人的同意后，即形成了新的债权债务关系，债务人并非国有企业，故案涉债务并非国有企业债务。债务人主张优先购买不良债权的，人民法院不予支持。

【基本案情】

再审申请人（一审原告、二审被上诉人）：黑龙江省安达银泉酿酒有限公司（以下简称银泉酿酒公司）

被申请人（一审被告、二审上诉人）：安达市地源房地产开发有限公司（以下简称地源开发公司）、中国长城资产管理公司哈尔滨办事处（以下简称长城公司哈办）

1998年，安达市人民政府（以下简称安达市政府）作出《关于工业局酿酒厂整体出售请示的批复》和《安达市酿酒厂整体出售契约书》（以下简称《酒厂出售协议》），将安达市酿酒厂（地方国有小型工业企业）整体出售给刘某春，安达市酿酒厂原国有职工由刘某春负责接收，并另行与职工签订劳动合同。刘某春购买安达市酿酒厂后，组建了由刘某春、刘某某出资设立的有限责任公司，并于1998年6月23日在工商部门核准登记成立了银泉酿酒公司。

1998年12月29日，银泉酿酒公司与中国工商银行安达市支行（以下简称工行安达支行）签订了五份《人民币短期借款合同》（以下简称《借款合同》），借款合计金额为853.8万元，借款用途均为"转贷落实债务"，银泉酿酒公司以其土地使用权和房产及设备办理了抵押登记手续。借款到期后，银泉酿酒公司未能偿还。2005年7月，工行安达支行将债权转让给长城公司哈办，并

于 2005 年 11 月 29 日在《黑龙江日报》上刊登了《中国工商银行黑龙江省分行、中国长城资产管理公司哈尔滨办事处债权转让通知暨债务催收联合公告》。2011 年 3 月 23 日，长城公司哈办就前述五份《借款合同》项下债权向绥化中院提起诉讼，请求判令：一、银泉酿酒公司偿还借款本金 853.8 万元；二、确认对银泉酿酒公司用于抵押的房产、设备及土地使用权享有优先受偿权；三、案件受理费由银泉酿酒公司负担。

2011 年 3 月，长城公司哈办在天津金融资产交易所（以下简称天津交易所）挂牌出售，并将案涉债权转让给了地源开发公司，成交价为 250 万元。天津交易所于 2011 年 3 月 30 日出具了《成交确认书（B）》及《交易凭证（B）》，同日，长城公司哈办与地源开发公司签订了一份中长资（哈）合字（2011）150 号《债权转让协议》，将前述债权截止基准日即 2009 年 10 月 31 日的贷款债权账面本金余额 853.8 万元、利息 8,390,631.10 元，转让给地源开发公司。

2011 年 8 月 26 日，绥化中院作出（2011）绥民二商初字第 6 号民事判决，判令：一、银泉酿酒公司于判决生效后十五日内偿还长城公司哈办借款本金 853.8 万元；二、长城公司哈办对银泉酿酒公司的抵押物享有优先受偿权。2013 年 7 月 8 日，绥化中院作出（2013）绥中法执字第 23 号执行裁定，将该案申请执行人长城公司哈办变更为地源开发公司。银泉酿酒公司对该执行裁定不服，向绥化中院提出异议。绥化中院于 2013 年 9 月 6 日作出（2013）绥中法执异字第 2 号执行裁定，驳回银泉酿酒公司的异议请求。

2013 年 9 月 19 日，银泉酿酒公司向绥化中院提起本案诉讼，请求判令：确认长城公司哈办与地源开发公司于 2011 年 3 月 30 日签订的中长资（哈）合字（2011）150 号《债权转让协议》无效。绥化中院认为，银泉酿酒公司应认定为国有企业，长城公司哈办与地源开发公司签订《债权转让协议》，将该笔债权以 250 万元的价格转让给地源开发公司，但长城公司哈办、地源开发公司未将债权转让事宜通知债务人银泉酿酒公司，导致银泉酿酒公司丧失优先购买权，且长城公司哈办与地源开发公司之间的债权转让行为缺乏公正性和合法性。绥化中院一审判决：长城公司哈办与地源开发公司签订的《债权转让协议》无效。

地源开发公司、长城公司哈办不服一审判决，向黑龙江高院提起上诉称：银泉酿酒公司的前身虽系安达市酿酒厂，但安达市政府将安达市酿酒厂零对价转让给刘某春,是包含企业全部资产及债务的实质对价,所设立的银泉酿酒公司系自然人出资的民营企业,即使案涉债务形成于原国有企业遗留的"转贷落实债务",亦因企业所有制性质的变化而变为民营企业债务,故银泉酿酒公司不属于《纪要》规定的"国有企业债务人",无权提起确认不良债权转让合同无效之诉;根据《纪要》的相关规定,对不良债权行使优先购买权的主体系"相关地方人民政府或者代表本级人民政府履行出资人职责的机构、部门或者持有国有企业债务人国有资本的集团公司",并非债务人本身,银泉酿酒公司作为案涉债务的债务人,非优先购买权的适格主体……综上,请求二审法院依法撤销一审判决,驳回银泉酿酒公司的起诉。二审法院经审理,判决:撤销绥化中院一审民事判决;驳回银泉酿酒公司的诉讼请求。

银泉酿酒公司不服黑龙江高院二审民事判决,向最高人民法院申请再审,认为涉案债务应认定为国有企业债务,银泉酿酒公司应享有优先购买权,案涉《债权转让协议》应为无效。最高人民法院裁定:驳回再审申请。

【法院观点】

1.关于涉案债务是否属于国有企业债务的问题。银泉酿酒公司主张其并非真实借款关系的债务人,只是非自愿承担债务,真正的债务人仍然为安达市酿酒厂,即该债务属于国有企业债务的性质并未发生改变,改变的只是承担主体。在企业改制过程中,银泉酿酒公司与安达市国资局、安达市工业局签订案涉《酒厂出售协议》,其中约定的企业资产售价为零,银泉酿酒公司以承担债务的方式接收了安达市酿酒厂的资产,该国有企业资产经过评估,价值与企业所负债务金额相当,银泉酿酒公司既然接收了资产即应当支付相应对价,而该对价即为对安达市酿酒厂原债务的承担,且银泉酿酒公司在接收资产后,与工行安达支行重新签订了案涉五份《借款合同》,用于转贷落实安达市酿酒厂的债务,银泉酿酒公司与安达市酿酒厂并非同一法律主体,且银泉酿酒公司系以支付对价的方式购买安达市酿酒厂的资产,故在双方之间的债务转移得到债权人工行安达支行的同意后,银泉酿酒公司即与工行安达支行之间形成了新的债权债务关系,根据合同相对性原则,由此形成的债务系银泉酿酒公司自身的债务,已非原国有企业安达市酿酒厂的债务。故,银泉酿酒公司认为其债务系承接国有企业债务因此性质不发生改变的主张,法院不予支持。

2. 关于银泉酿酒公司是否享有优先购买权的问题。银泉酿酒公司主张其因仍然承担安达市酿酒厂职工安置的义务，故应当继续行使国有企业的相关权利。法院认为，银泉酿酒公司虽仍然承担职工安置义务，但该项义务系其与安达市国资局、安达市工业局在《酒厂出售协议》中约定的附随义务，而企业性质的认定应当按照法律规定的出资情况进行认定，不能因银泉酿酒公司履行合同义务的行为而认定其为国有企业。同时，如上所述，银泉酿酒公司以承担债务为对价接收了安达市酿酒厂的资产，其即已经变更为实际债务人，该债务也因债务人的变更，而不再具备国有企业债务的性质。《纪要》第四条对地方政府及其他单位的优先购买权问题作出了明确规定，即优先购买权的权利主体系国有企业债务人所在地的相关地方人民政府或代表本级人民政府履行出资人职责的机构、部门或者持有国有企业债务人国有资本的集团公司。银泉酿酒公司并非国有企业，亦不属于履行出资义务的相关政府部门或国有资本集团公司，《纪要》同时明确，"债务人主张优先购买不良债权的，人民法院不予支持"。故对于银泉酿酒公司主张其享有优先购买权，无事实与法律依据，法院不予支持。

【实务解析】

《纪要》赋予地方政府等对不良债权的优先购买权，目的在于防止国有资产流失，最大限度保护国有金融债权。根据《纪要》规定，优先购买权所针对的债务人特指国有企业债务人，且享有优先购买权的权利主体系国有企业债务人所在地的相关地方人民政府或代表本级人民政府履行出资人职责的机构、部门或者持有国有企业债务人国有资本的集团公司。

不良资产处置的早期阶段，经常出现债务人在金融资产管理公司转让不良债权时主张行使优先购买权的情形，应否允许债务人主张优先购买权，无论是审判实践中，还是国家相关部委间，均存在赞成与反对两种意见。最高人民法院认为，尽管国有商业银行已经或即将上市，但由于各种因素的影响导致这些国有商业银行仍然不断产生不良资产。如果赋予债务人优先购买权，就可能为潜在的债务人提供一个逃债机会，即债务人从国有商业银行贷款之后久拖不还，直至将贷款拖成不良债权，进而在不良债权处置时要求行使优先购买权。故《纪要》坚持维护诚信体系、制裁恶意逃债的司法导向，明确规定：债务人主张优先购买不良债权的，人民法院不予支持。本案中，银泉酿酒公司并非国有企业，故本案债权亦非国有企业债权，不会导致国有资产流失，故不存在优先购买权的问题。退一步讲，即使案涉债务为国有企业债务，债务人也不享有优先购买权。

【法条链接】

《最高人民法院关于审理涉及金融不良债权转让案件工作座谈会纪要》（法发〔2009〕19号）

四、关于地方政府等的优先购买权

会议认为，为了防止在通过债权转让方式处置不良债权过程中发生国有资产流失，相关地方人民政府或者代表本级人民政府履行出资人职责的机构、部门或者持有国有企业债务人国有资本的集团公司可以对不良债权行使优先购买权。

……

债务人主张优先购买不良债权的，人民法院不予支持。

三、对优先购买权人的通知应以书面、口头或其他优先购买权人能够确认知悉的方式来履行，而不宜随意采用公告方式

——丹东振园资产管理有限公司与宋某君金融不良债权追偿纠纷案

【案件来源】辽宁省高级人民法院（2019）辽民终202号

【争议焦点】对于《纪要》规定的优先购买权的通知义务，能否采用公告的形式进行通知？

【裁判要旨】对于《纪要》规定的优先购买权的通知义务，应当优先采取直接通知、书面通知等使优先购买权人能够"收到通知"的方式，确保优先购买权人能够积极、有效地行使优先购买权，而不应简单地采取公告的方式进行。

【基本案情】

上诉人（原审原告、反诉被告）：丹东振园资产管理有限公司（以下简称振园公司）

被上诉人（原审被告、反诉原告）：丹东粮油实业集团（以下简称粮油集团）

被上诉人（原审第三人）：丹东市发展和改革委员会

原审反诉被告：宋某君

原审第三人：中国长城资产管理股份有限公司大连市分公司（以下简称长城公司大连分公司）

粮油集团属全民所有制企业，隶属丹东市粮食局，并接受政府有关部门依法进行的管理和监督。丹东市粮食局于2018年12月11日从丹东市农村经济委员会（现改为丹东市农业农村局）转隶到丹东市发展和改革委员会，加挂丹东市粮食和物资储备局牌子，粮油集团是其下属国有企业。1996年至1998年，粮油集团和案外人丹东市粮油贸易公司分别与中国农业发展银行丹东市分行签订《信用借款合同》各两份。合同签订后，粮油集团与丹东市粮油贸易公司因经营需要，多次向中国农业发展银行丹东市分行借款，本金共计2417.8万元。1997年3月20日，粮油集团与丹东市粮油贸易公司签订《丹东粮油实业集团兼并丹东市粮油贸易公司协议书》，约定：粮油集团兼并丹东市粮油贸易公司。兼并后，注销丹东市粮油贸易公司，原企业债权、债务均由粮油集团承担。此后，中国农业发展银行丹东市分行、中国工商银行丹东市分行与粮油集团共同签订《贷款债权转让协议》，约定：中国农业发展银行丹东市分行将涉案债权的本金2417.8万元及利息1,854,333.13元转让给中国工商银行丹东市分行。

2005年1月7日，中国工商银行丹东沿江开发区支行向粮油集团发出《中国工商银行催收逾期贷款本息通知书》，该通知书载明：粮油集团欠款本金为2417.8万元，并通知粮油集团抓紧筹措资金，尽快偿还，否则中国工商银行将采取相应的措施。粮油集团在该通知书上加盖公章。同年7月15日，中国工商银行辽宁省分行与长城公司大连分公司签订《债权转让协议》，约定：中国工商银行辽宁省分行将其所属的中国工商银行丹东市分行对粮油集团享有的涉案债权本金2417.8万元及相应利息转让给长城公司大连分公司。

2005年11月4日，中国工商银行辽宁省分行与长城公司大连分公司共同在《辽宁日报》发布债权转让及债务催收联合公告，对涉案债权进行催收，并公告涉案债权的转让事项。此后，长城公司大连分公司欲对外以资产包形式处置包括涉案债权在内的247户债权，于2011年7月20日在《辽宁日报》发布资产处置公告，并于2011年8月3日，以邮政国内特快专递的方式向丹东市国资委邮寄债权处置告知函、丹东247户拟打包债权资产明细表，该债权处置告知函主要内容为告知丹东市国资委涉案债权欲进行市场化公开转让,并通知其行使优先购买权的相关事项。该邮政国内特快专递邮件详情单注明的收件人为"郭某宏",单位名称为"丹东市国有资产监督管理委员会"。但在诉讼过程中,振园公司未能提供该快递的签收回执等能够证明邮件已经妥投的证据。审理过程中,法院依法向丹东市国资委发出询证函,询证该委是否收到前述国内邮政特快专递及前述文件,该委函复法院:"2011年8月3日左右,我委未收到中国长城资产管理公司大连办事处通知我委对其欲将丹东粮油实业集团享有债权进行市场公开转让中行使优先购买权事项的特快专递。"

后长城公司大连分公司欲对外转让涉案单笔债权,于2012年5月28日向天津金融资产交易所有限责任公司递交资产转让交易申请书,委托天津金融资产交易所对涉案单笔债权进行公开挂牌转让,并确认资产转让的挂牌价格为150万元。天津金融资产交易所受理该申请后,与长城公司大连分公司共同于2012年5月29日在《鸭绿江晚报》、2012年7月10日在《辽宁日报》就涉案单笔债权发布资产转让联合公告,公告涉案债权转让事项,征集意向受让方,且在公告中载明:"请具有优先购买权人届时到交易服务部办理竞买手续参加竞买,如未按时到场则视为放弃优先购买权。"2012年7月19日,宋某君以357万元的价格竞得涉案债权。同日,长城公司大连分公司与宋某君签订债权转让协议,将本息共计5979.9万元(其中本金2417.8万元,利息3562.1万元)的涉案债权以357万元的价格转让给宋某君。

2012年8月7日,长城公司大连分公司在《辽宁日报》发布债权转让公告,公告涉案债权转让事项。宋某君受让涉案债权后,于2013年1月10日委托案外人于某亮,经丹东市公证处公证,向粮油集团送达《债权转让通知函》。2013年10月18日,宋某君与振园公司签订债权转让协议,将本息共计5979.9万元(其中本金2417.8万元,利息3562.1万元)的涉案债权以357万元价格转让给振园公司。

本案诉讼过程中,振园公司向法院提供(2012)大证经字第316号公证书,用以证明在长城公司大连分公司委托天津金融资产交易所公开挂牌转让涉案债权之前,于2012年4月24日经大连市公证处公证,通过邮寄的方式向丹东市国资委送达资产处置告知书,告知丹东市国资委就涉案债权行使优先购买权的相关事项。但是,该公证书并未附载大连市邮政局邮政业专用发票,而是附载一张国内特快专递邮寄详情单。该详情单号码与前述公证书载明的号码一致，但载明的收件人为"主任"，单位名称为"丹东市人民政府国有资产监督管理委员会"，均与该公证书主文内容不一致。同时，该公证书附有《债权处置告知函》，内容为："丹东市人民政府国有资产监督管理委员会：贵单位主管下的丹东粮油实业集团拖欠原中国工商银行贷款本金合计2417.8万元及相应利息。根据国家有关规定，现以上债权已依法转至我公司享有。但因我公司多次催收却至今未果，为减少国有资产的损失，同时依据国家相关法律法规的规定，我公司将于近期对该笔债权以一次性付款方式进行债权转让处置。根据国家有关规定，我公司告知贵单位享有优先购买权。如若贵单位在收到通知后明确表示不予购买或者在收到通知之日起三十日内未就是否行使优先购买权作出书面答复，或者未在公告确定的拍卖、挂牌转让日之前作出书面答复或者未按拍卖公告、挂牌转让公告的规定时间和条件参加竞拍、竞标的，视为放弃优先购买权。我公司将依据相关法律法规的规定向国内外投资者进行市场化公开转让。"

2016年1月21日，法院依法向大连市公证处调取大连市公证处（2012）大证经字第316号公证卷宗材料，该公证处于当日作出（2016）大证经字第53号更正公证书，内容为："兹证明大连市公证处于二〇一二年五月四日出具的（2012）大证经字第316号公证书有误，现予更正：原公证书中'收件人为政府办公室负责人'应为'收件人为主任'，'单位名称为丹东市政府'应为'单位名称为丹东市人民政府国有资产监督管理委员会'，'大连市邮政局邮政业专用发票'应为'国内特快专递邮件详情单'。特此更正。"振园公司并未提供该前述公证书载明的邮政国内特快专递签收人的签收回执，且因时间太长，现在亦无法查询该邮件的物流信息。

振园公司向一审法院丹东市中级人民法院提起诉讼，请求被告粮油集团偿还借款本金1244万元。粮油集团向反诉请求为：确认振园公司与宋某君签订的债权转让协议无效。一审法院认为，对于《纪要》规定的优先购买权的通知义务，应当优先采取直接通知、书面通知等使优先购买权人能够"收到通知"的方式，确保优先购买权人能够积极、有效地行使优先购买权，而不应简单地采取公告的方式进行。在现有证据存在重大瑕疵的情况下，无法认定长城公司大连分公司在对外公开转让涉案债权时，向丹东市国资委履行了优先购买权的通知义务。长城公司大连分公司在处置涉案不良债权时，未按规定履行优先购买权的通知义务，处置程序存在严重瑕疵，且该处置程序的瑕疵导致涉案不良债权的优先购买权人未能知悉涉案不良债权处置的相关事项，亦未能参与债权的处置过程并行使优先购买权，应当认定长城公司大连分公司与宋某君签订的债权转让协议无效，宋某君与振园公司之间就案涉债权的转让亦属无效。一审法院判决：驳回振园公司的诉讼请求；振园公司与宋某君于2013年10月18日签订的债权转让协议无效。

振园公司不服一审判决，认为长城公司大连市分公司处置涉案债权没有依法通知债务人粮油集团及优先购买权人丹东市农村经济委员会，违反了《纪要》第六条第一款第四项的规定，对依照公开、公平、公正、择优原则处置不良资产造成实质性影响，与客观事实不符，适用法律错误。故向辽宁省高级人民法院提起上诉，请求撤销一审判决，改判粮油集团偿还其借款债权本金1244万元。二审法院经审理认为，依据一审已经查明的事实，振园公司没有提供充分证据能够证明丹东市国资委收到了《债权处置告知函》，故无法认定长城公司大连分公司在对外公开转让案涉债权时，向丹东市国资委履行了优先购买权的通知义务。一审认定长城公司大连分公司在处置案涉不良债权时，未按规定履行优先购买权的通知义务，以及认定长城公司大连分公司与宋某君签订的债权转让协议无效，宋某君与振园公司之间就案涉债权的转让亦属无效并无不当。故判决：驳回上诉，维持原判。

【法院观点】

1. 长城公司大连分公司是否履行了通知义务。长城公司大连分公司取得涉案债权后，委托天津金融资产交易所以公开竞价方式单笔转让涉案债权，应该按照《金融资产管理公司资产处置管理办法（修订）》的规定，在出售前15日书面告知国有企业及其出资人或国有资产管理部门，并按照《纪要》的精神和要求，通知优先购买权人。

首先，长城公司大连分公司在处置涉案资产过程中，并未在出售前15日书面通知粮油集团及丹东市农村经济委员会。

其次，振园公司主张长城公司大连分公司在向宋某君转让涉案不良债权时通知了丹东市国资委行使优先购买权，并提供了大连市公证处（2012）大证经字第316号公证书用以证明其主张。但是，大连市公证处（2012）大证经字第

316号公证书关于长城公司大连分公司邮寄《债权处置告知函》的收件人信息与该公证书所附的国内特快专递邮件详情单载明的收件人信息不符,且公证书载明的附件与该公证书实际所附的附件亦不一致。虽然大连市公证处于2016年1月21日作出(2016)大证经字第53号更正公证书,对(2012)大证经字第316号公证书予以更正。但因(2012)大证经字第316号公证书所公证的事项系对长城公司大连分公司向丹东市国资委邮寄送达《债权处置告知函》的行为进行保全,且该更正公证书距原公证书作出已近4年之久,在一审法院审理本案过程中依法向该公证处调取(2012)大证经字第316号公证卷宗材料以核实该公证书的真实性时,该公证处针对一审法院需要核实的问题作出更正公证,亦有失公证书的客观性。故对前述公证书,法院均不予采信。并且,振园公司亦未提供有效证据证明丹东市国资委收到前述《债权处置告知函》,且因时间过久,现在亦无法查询该邮件的物流信息。在现有证据存在重大瑕疵的情况下,法院无法认定长城公司大连分公司在对外公开转让涉案债权时,向丹东市国资委履行了优先购买权的通知义务。

最后,粮油集团是经丹东市经济体制改革委员会批准,由丹东市粮食局整合粮食企业组建而成。丹东市粮食局是其主管部门,亦系其国有资本的出资人。后因丹东市人民政府机构改革,经辽宁省人民政府批准,将原丹东市粮食局的职责整体划入丹东市农村经济委员会,不再保留丹东市粮食局。因此,丹东市农村经济委员会属于《纪要》规定的优先购买权人,对涉案不良债权享有优先购买权。长城公司大连分公司在处置涉案不良债权时,并未通知丹东市农村经济委员会行使优先购买权,仅在报纸和天津金融资产交易所网站中发布的公告中载明:"请具有优先购买权人届时到交易服务部办理竞买手续参加竞买,如未按时到场则视为放弃优先购买权。"但是,《金融资产管理公司资产处置公告管理办法(修订)》第三条规定:"资产公司资产处置公告应遵守有关法律法规。公告信息应面向社会,确保及时、有效、真实、完整。"虽然法律法规及《纪要》并没有明确金融资产管理公司履行优先购买权通知义务的方式,但是《纪要》第四条同时规定,优先购买权人收到通知后明确表示不予购买或者在收到通知之日起三十日内未就是否行使优先购买权作出书面答复,或者未在公告确定的拍卖、招标日之前作出书面答复或者未按拍卖公告、招标公告的规定时间和条件参加竞拍、竞标的,视为放弃优先购买权,由此可以看出,视为优先购买权人放弃优先购买权的情形，均应以优先购买权人"收到通知"为前提。长城公司大连分公司作为国有金融资产管理公司，其主要任务为收购、管理和处置国有银行剥离的不良资产，其在经营过程中应严格按照相关的法律、行政法规的规定及相关政策、操作规范等的要求，最大限度保全国有资产、减少国有资产的损失。因此，对于《纪要》规定的优先购买权的通知义务，应当优先采取直接通知、书面通知等使优先购买权人能够"收到通知"的方式，确保优先购买权人能够积极、有效地行使优先购买权，而不应简单地采取公告的方式。因此，法院亦不能将长城公司大连分公司的前述公告行为认定为履行了优先购买权的通知义务。

2.本案债权转让协议效力问题。《纪要》第六条"关于不良债权转让合同无效和可撤销事由的认定"中，规定了人民法院应认定转让合同损害国家利益或社会公共利益或者违反法律、行政法规强制性规定而无效的11种情形，其中第四项为"转让不良债权公告违反《金融资产管理公司资产处置公告管理办法（修订）》规定，对依照公开、公平、公正和竞争、择优原则处置不良资产造成实质性影响的"。本案中，长城公司大连分公司在处置涉案不良债权时，未按规定履行优先购买权的通知义务，处置程序存在严重瑕疵，且该处置程序的瑕疵导致涉案不良债权的优先购买权人未能知悉涉案不良债权处置的相关事项，亦未能参与债权的处置过程并行使优先购买权，应当认定长城公司大连分公司与宋某君签订的债权转让协议无效，宋某君与振园公司之间就案涉债权的转让亦属无效。

【实务解析】

为了防止在通过债权转让方式处置不良债权过程中发生国有资产流失，《纪要》明确了相关地方人民政府或者代表本级人民政府履行出资人职责的机构、部门或者持有国有企业债务人国有资本的集团公司对不良债权拥有优先购买权，规定按照确定的处置方案、交易条件以及处置程序、方式，上述优先购买权人在同等条件下享有优先购买权。优先购买权的实质是对正常交易的一种限制，以牺牲出卖人和第三人的合法利益为代价，换取对优先购买权人特殊利益的保护。

根据《纪要》规定，金融资产管理公司向非国有金融机构法人转让不良债权的处置方案、交易条件以及处置程序、方式确定后，单笔（单户）转让不良债权的，金融资产管理公司应当通知国有企业债务人注册登记地的优先购买权人。以整体"资产包"的形式转让不良债权的，如资产包中主要债务人注册登记地属同一辖区，应当通知该辖区的优先购买权人；如资产包中主要债务人注册登记地属不同辖区，应当通知主要债务人共同的上级行政区域的优先购买权人。但是，对于金融资产管理公司通知义务的具体方式，《纪要》并未进行明确，实践中容易产生争议。根据最高人民法院观点[①]，按照《纪要》最大限度防止国有资产流失、保障国家经济安全的精神，该义务应以书面、口头或其他优先购买权人能够确认知悉的方式来履行，而不宜随意采用公告方式。这是因为：首先，法律并未赋予债权人在不良债权转让中可以公告形式取代直接通知的权利。其次，公告作为一种推定送达方式，应严格限制其适用范围，在穷尽书面、口头或电话等方式都通知不到的情形下才得以适用。否则，可能造成优先购买权人的交易机会难以保护的结果，进而可能实质性地影响金融资产管理公司以公开、公平、公正和竞争、择优原则处置不良债权的根本目的。这也是司法实践中的主流观点。本案中，法院认为对于《纪要》规定的优先购买权的通知义务，应当优先采取直接通知、书面通知等使优先购买权人能够"收到通知"的方式，确保优先购买权人能够积极、有效地行使优先购买权，而不应简单地采取公告的方式。长城公司大连分公司未能提供证据证明其已经向优先购买权人履行了通知义务，应承担举证不能的法律后果。

综上，资产管理公司在处置债务人为国有企业的不良债权时，一定要准确把握《纪要》及优先购买权制度的适用范围。在适用优先购买权制度的不良债权处置中，要准确把握优先购买权人的范围以及通知的方式，防范因未通知或未有效通知优先购买权人而导致转让合同无效的法律风险。

【法条链接】

《最高人民法院关于审理涉及金融不良债权转让案件工作座谈会纪要》（法发〔2009〕19号）

四、关于地方政府等的优先购买权

[①] 参见最高人民法院（2011）民二终字第98号民事判决书。

会议认为，为了防止在通过债权转让方式处置不良债权过程中发生国有资产流失，相关地方人民政府或者代表本级人民政府履行出资人职责的机构、部门或者持有国有企业债务人国有资本的集团公司可以对不良债权行使优先购买权。

金融资产管理公司向非国有金融机构法人转让不良债权的处置方案、交易条件以及处置程序、方式确定后，单笔（单户）转让不良债权的，金融资产管理公司应当通知国有企业债务人注册登记地的优先购买权人。以整体"资产包"的形式转让不良债权的，如资产包中主要债务人注册登记地属同一辖区，应当通知该辖区的优先购买权人；如资产包中主要债务人注册登记地属不同辖区，应当通知主要债务人共同的上级行政区域的优先购买权人。

按照确定的处置方案、交易条件以及处置程序、方式，上述优先购买权人在同等条件下享有优先购买权。优先购买权人收到通知后明确表示不予购买或者在收到通知之日起三十日内未就是否行使优先购买权做出书面答复，或者未在公告确定的拍卖、招标日之前做出书面答复或者未按拍卖公告、招标公告的规定时间和条件参加竞拍、竞标的，视为放弃优先购买权。

金融资产管理公司在《纪要》发布之前已经完成不良债权转让，上述优先购买权人主张行使优先购买权的，人民法院不予支持。

债务人主张优先购买不良债权的，人民法院不予支持。

四、优先购买权人在收到通知之日起三十日内未就是否行使优先购买权作出书面答复，或者未在公告确定的拍卖、招标日之前作出书面答复的，视为放弃优先购买权

——辽宁创业（集团）有限责任公司与中国长城资产管理公司大连办事处、大连蓝宝石传媒有限公司确认合同效力纠纷案

【案件来源】辽宁省高级人民法院（2016）辽民终97号

【争议焦点】优先购买权人收到通知后未就是否行使优先购买权作出书面答复的，有何法律后果？

【裁判要旨】优先购买权人收到通知后明确表示不予购买或者在收到通知之日起三十日内未就是否行使优先购买权作出书面答复，或者未在公告确定的拍卖、招标日之前作出书面答复或者未按拍卖公告、招标公告的规定时间和条件参加竞拍、竞标的，视为放弃优先购买权。

【基本案情】

上诉人（原审原告）：辽宁创业（集团）有限责任公司（以下简称辽创集团）

被上诉人（原审被告）：中国长城资产管理公司大连办事处（以下简称长城大连办）、大连蓝宝石传媒有限公司（以下简称蓝宝石公司）

2005年7月15日，中国工商银行营口分行与长城大连办签订《债权转让协议》，将中国工商银行营口分行享有辽创集团的2617.4万元本金和利息的债权转让给长城大连办，并进行了公告。长城大连办享有该债权后拟处置资产，于2014年5月20日、7月28日，分别以特快专递形式寄给辽宁省人民政府国有资产监督管理委员会、辽宁资产托管经营有限责任公司《债权处置告知函》具体内容为："贵单位托管下的辽创集团拖欠原中国工商银行贷款本金合计2617.4万元及利息359,445万元，辽宁创业机械有限公司提供连带责任保证。根据国家有关规定，现以上债权已依法转让至我公司享有。但因我公司多次催收却至今未果，为减少国有资产的损失，同时依据国家相关法律法规的规定，我公司将于近期对上述债权以不低于460万元公开拍卖转让，转让价款一次性付清。根据国家有关规定，我公司告知贵单位享有优先购买权。如若贵单位在收到通知后明确表示不予购买或者在收到通知之日起三十日内未就是否行使优先购买权作出书面答复，或者未在公告确定的拍卖、挂牌转让日之前作出书面答复或者未按拍卖公告、挂牌转让公告的规定时间和条件参加竞拍、竞标的，视为放弃优先购买权。我公司将依据相关法律法规的规定向国内外投资者进行市场化公开转让。"上述两个单位均予以签收，收到后并未给长城大连办回函答复。

2014年6月26日、27日长城大连办分别在公司的公开网页上刊登了《大连办事处对辽宁创业（集团）有限责任公司债权资产营销公告》及《中国长城资产管理公司大连办事处对辽宁创业（集团）有限责任公司债权资产处置公告》，载明："中国长城资产管理公司拥有辽创集团债权总额6211.85万元，其中本金2617.4万元，利息3594.45万元（截至2014年6月20日），贷款方式为保证，保证人为辽宁创业机械有限公司。我办已于2011年6月将辽宁创业（集团）有限责任公司和关联人辽宁能源（集团）有限责任公司诉讼至营口市中级人民法院。"

2014年6月30日，长城大连办在《辽宁日报》刊登对辽创集团《债权资产处置公告》，拟对上述债权采取公开竞价方式进行处置。2014年7月29日长城大连办向2014年度年检拍卖机构发出《拍卖机构选聘邀请函》称："我办拟对辽创集团债权项目（情况详见附件基本情况表）采取拍卖方式处置，现特邀请贵公司参加该项目委托拍卖机构的公开选聘。若贵公司有意向参加，请制定该项目拍卖工作方案（主要内容应包括市场开发计划、建议拍卖价格、佣金比例等，且以密封形式递交），并指派专人在2014年8月6日前提交给我办风险合规管理部。"2014年8月7日，长城大连办拍卖机构评审小组一致同意鞍山中佳拍卖有限公司作为项目受托拍卖机构。

2014年8月15日，鞍山中佳拍卖有限公司在《辽宁日报》刊登《拍卖公告》，主要内容为：鞍山中佳拍卖有限公司定于2014年8月26日上午10：30在鞍山金龙大厦会议室对以下债权资产进行公开拍卖。长城大连办拥有的辽创集团债权总额6211.85万元，其中本金2617.4万元，利息3594.45万元（截至2014年6月20日）贷款方式为保证，保证人为辽宁创业机械有限公司。

蓝宝石公司通过鞍山中佳拍卖有限公司以拍卖方式从长城大连办购得辽创集团债权并支付了拍卖价款460万元。拍卖成交后，2014年9月2日，长城大连办与蓝宝石公司签订了一份《债权转让协议》，约定长城大连办（甲方）作为国有金融资产管理公司的分支机构，依法享有借款人辽创集团名下本金为2617.4万元的贷款债权；乙方（蓝宝石公司）确认其已按照鞍山中佳拍卖有限公司的拍卖规则，对本协议项下贷款债权实施其认为必要的尽职调查后，自主决定参加该贷款债权拍卖活动，乙方凭借其在2014年8月26日举行的拍卖活动中的最高价，被确认为本次拍卖方式转让贷款债权的最终买受人；乙方确认，其受让本协议项下贷款债权的转让价款以《拍卖成交确认书》载明的拍卖成交价款为准，计人民币460万元。同日，拍卖人（甲方）鞍山中佳拍卖有限公司与买受人（乙方）蓝宝石公司签订了一份《拍卖成交确认书》，确认书载明：成交的拍卖标的：辽创集团贷款债权本金2617.4万元；成交价款460万元。

2014年9月5日，长城大连办在《辽宁日报》刊登了《债权转让公告》其内容为：根据长城大连办（转让方）与蓝宝石公司（受让方）于2014年9月2日签订的《债权转让协议》，"转让方"已经将其对辽创集团主债权2617.4万元及担保债权项下（保证人辽宁创业机械有限公司）的全部权益，依法公开转让给"受让方"蓝宝石公司。

此外，本案讼争的债权，长城大连办作为辽创集团于 2011 年 6 月向原审法院提起诉讼要求该案辽创集团和辽宁能源投资（集团）有限责任公司共同偿还本案长城大连办贷款 2617.4 万元。原审法院于 2013 年 5 月 29 日作出"被告辽创集团应偿还原告长城大连办债权本金 2617.4 万元及被告辽宁能源投资（集团）有限责任公司应对上述债务承担连带偿还责任"的判决。该判决于 2014 年 12 月 3 日送达长城大连办。

辽创集团诉至营口市中级人民法院，请求确认长城大连办与蓝宝石公司 2014 年 9 月 2 日签订的《债权转让协议》无效。一审法院认为，长城大连办与蓝宝石公司签订的《债权转让协议》，系当事人的真实意思表示，且形式完备、内容不违反我国法律、法规的强制性规定，应认定合法有效。故判决驳回辽创集团诉讼请求。辽创集团不服一审判决，认为原审法院在明知长城大连办未能提供其将债权出售事宜告知债务人的证据情况下，认定长城大连办履行了债权处置告知义务，继而认定辽创集团未在通知期限内行使优先购买权视为放弃优先购买权缺乏事实和法律依据，且长城大连办无法证明其采用了公开公平方式遴选出拍卖机构。故向辽宁省高级人民法院提起上诉，请求撤销一审民事判决书，改判支持辽创集团的诉讼请求。辽宁高院经审理，判决：驳回上诉，维持原判。

【法院观点】

依据法院认定的事实，长城大连办从中国工商银行营口分行处受让对辽创集团本金和利息共计 2617.4 万元的债权。长城大连办受让该债权后进行转让，于 2014 年 5 月 20 日、7 月 28 日以特快专递形式向辽宁省人民政府国有资产监督管理委员会、辽宁资产托管经营有限责任公司发出《债权处置告知函》，该《债权处置告知函》的内容中将该债权转让及享有优先购买权的事宜进行了详细的告知。根据《纪要》第四条"金融资产管理公司向非国有金融机构法人转让不良债权的处置方案、交易条件以及处置程序、方式确定后，单笔（单户）转让不良债权的，金融资产管理公司应当通知国有企业债务人注册登记地的优先购买权人。以整体'资产包'的形式转让不良债权的，如资产包中主要债务人注册登记地属同一辖区，应当通知该辖区的优先购买权人；如资产包中主要债务人注册登记地属不同辖区，应当通知主要债务人共同的上级行政区域的优先购买权人"和《金融资产管理公司资产处置管理办法（修订）》第二十条"资产公司对持有国有企业（包括国有全资和国有控股企业）的债权资产进行出售时，应提前15天书面告知国有企业及其出资人或国有资产管理部门"的规定，长城大连办作为金融资产管理公司转让不良债权，已经向享有优先购买权的相关权利人履行了告知义务。辽宁省人民政府国有资产监督管理委员会、辽宁资产托管经营有限责任公司作为辽创集团的主管部门和托管单位，可以对该债权行使优先购买权。但辽宁省人民政府国有资产监督管理委员会、辽宁资产托管经营有限责任公司收到《债权处置告知函》后没有给长城大连办答复，依据《纪要》第四条"按照确定的处置方案、交易条件以及处置程序、方式，上述优先购买权人在同等条件下享有优先购买权。优先购买权人收到通知后明确表示不予购买或者在收到通知之日起三十日内未就是否行使优先购买权做出书面答复，或者未在公告确定的拍卖、招标日之前做出书面答复或者未按拍卖公告、招标公告的规定时间和条件参加竞拍、竞标的，视为放弃优先购买权"的规定，应视为辽宁省人民政府国有资产监督管理委员会、辽宁资产托管经营有限责任公司放弃了优先购买权。后长城大连办又于2014年6月30日在《辽宁日报》刊登对辽创集团《债权资产处置公告》。辽创集团在一审抗辩长城大连办未通知优先购买权人辽宁省人民政府、辽宁省国有资产监督管理委员会，导致优先购买权人失去收回债务的机会，造成国有资产流失，严重损害国家利益，债权转让应当被确认为无效。二审中又以未通知辽创集团为理由上诉主张转让合同无效，均没有事实依据和法律依据，法院不予支持。

【实务解析】

优先购买制度旨在解决资源利用与安全利益维护之间的矛盾，平衡出卖人、优先购买权人及第三人之间的利益冲突。优先购买权的实质是对正常交易的一种限制，以牺牲出卖人和第三人的合法利益为代价，换取对优先购买权人特殊利益的保护。该规则体现出的利益平衡点为：优先购买权人能得到交易机会的保护，但并不因其优先购买权而得到交易中的优惠；出卖人受交易对象选择的限制，但不因存在优先购买权而使其所有物变现价值受损。[①]

为了规范实践中优先购买权制度的运行，《纪要》明确规定："优先购买权人收

---

① 参见最高人民法院（2011）民二终字第98号民事判决书。

到通知后明确表示不予购买或者在收到通知之日起三十日内未就是否行使优先购买权做出书面答复，或者未在公告确定的拍卖、招标日之前做出书面答复或者未按拍卖公告、招标公告的规定时间和条件参加竞拍、竞标的，视为放弃优先购买权。"该规定实际是对优先购买权制度中出卖方和买受方利益的衡平，避免因优先购买权人拖延回复对出卖人和买受人的交易自由产生进一步的限制。

【法条链接】

《最高人民法院关于审理涉及金融不良债权转让案件工作座谈会纪要》（法发〔2009〕19号）

四、关于地方政府等的优先购买权

……

按照确定的处置方案、交易条件以及处置程序、方式，上述优先购买权人在同等条件下享有优先购买权。优先购买权人收到通知后明确表示不予购买或者在收到通知之日起三十日内未就是否行使优先购买权做出书面答复，或者未在公告确定的拍卖、招标日之前做出书面答复或者未按拍卖公告、招标公告的规定时间和条件参加竞拍、竞标的，视为放弃优先购买权。

……

五、不良债权转让未通知优先购买权人的程序瑕疵，对依照公开、公平、公正和竞争、择优原则处置不良资产造成实质性影响的，应认定债权转让协议无效

——哈尔滨市胜达房地产综合开发有限责任公司和中国长城资产管理公司哈尔滨办事处与哈尔滨市电子仪表工业总公司确认合同效力及优先购买权纠纷案

【案件来源】 最高人民法院（2011）民二终字第98号

【争议焦点】 金融不良债权转让未通知优先购买权人的，是否影响债权转让协议的效力？优先购买权人和善意第三人的利益如何平衡？

【裁判要旨】 转让不良债权时未通知优先购买权人的，存在程序瑕疵，而该瑕疵造成优先购买权人丧失行使权利的基础，使优先购买制度失去平衡各方利益的核心价值，对依照公开、公平、公正和竞争、择优原则处置不良资产造成实质性影响，可能造成国有资产流失、国有企业生存发展受阻、职工利益失去保障进而影响社会稳定等多种不利后果，违背了《纪要》设立优先购买权制度的立意初衷。按照《纪要》关于不良债权转让合同无效事由认定的相关规定，应当认定债权转让协议无效。

【基本案情】

上诉人（原审被告）：哈尔滨市胜达房地产综合开发有限责任公司（以下简称胜达公司）、中国长城资产管理公司哈尔滨办事处（以下简称长城资产公司）

被上诉人（原审原告）：哈尔滨市电子仪表工业总公司（以下简称仪表总公司）

2005年7月10日，中国工商银行黑龙江省分行（以下简称省工行）与长城资产公司签订《债权转让协议》，将省工行对哈尔滨电影机械厂（以下简称电影机厂）享有的73,360,766.07元本金及利息的债权转让给长城资产公司。同年8月31日，长城资产公司与省工行在《黑龙江日报》上刊登债权转让告知及联合催收公告，将债权转让的事实告知债务人并进行催收。2007年5月31日，长城资产公司在《生活报》上刊登《资产处置推介公告》，将长城资产公司对电影机厂享有的上述债权向社会公开推介处置。

2008年3月4日，长城资产公司因电影机厂拖欠前述借款本金73,360,766.07元及利息，将电影机厂另案诉至黑龙江省高级人民法院（以下简称黑龙江高院）。该案诉讼中，黑龙江高院依据长城资产公司提出的财产保全申请，依法轮候查封了债务人电影机厂名下的部分土地使用权和部分房产，现该财产仍在查封之中。

2008年7月15日，中国长城资产管理公司石家庄办事处受长城资产公司委托，对电影机厂的上述债权回收提供咨询意见，并作出了"评估报告"，其估值结论为：截至估值基准日2008年5月31日，预期可收回价值在23,120,962.29元至28,258,953.91元之间。同年11月5日，中国长城资产管理公司以中长资复〔2008〕501号文件批复，同意将电影机厂7336.07万元及利息的债权，以3200万元为底价，采取要约邀请竞价转让方式处置，一次性收回全部价款。2008年11月20日，长城资产公司向电影机厂发出书面《债权处置告知书》，具体内容为："你单位在中国工商银行哈尔滨市和兴支行贷款本金7336.07万元及利息已依法转让给我办，我办拟对该债权公开对社会竞价处置。如你单位拟购买此债权，请在收到此通知后7日内书面告知我办。"同年11月25日，电影机厂向长城资产公司回函的主要内容为：长城资产公司的《债权处置告知书》已收悉,关于对7336.07万元债权的处置问题,电影机厂曾于2007年7月1日函告长城资产公司关于电影机厂回购银行债权的初步打算和安排,现电影机厂仍坚持这一做法和原则。为了谋求企业的进一步发展,在哈尔滨市人民政府国有资产监督管理委员会(以下简称市国资委)的帮助下,哈尔滨市人民政府(以下简称市政府)已批准电影机厂以出让土地收益来回购债权。电影机厂之所以不同意该债权公开对社会竞价处置,坚持自己回购,一是因为该债权是历史形成的不良债务;二是企业现有的资产是全体职工赖以生存的基础,如果该债权公开向社会竞价处置,职工的就业和稳定就会出现大问题;三是用出让的土地收益来回购债权经市国资委和市政府批准,正在积极运作。出让土地使用权的收益有限,既要弥补改制的缺口和偿还职工的历史欠账,又要回购债权。因此,电影机厂回购债权所能承受的比例约30%,恳请长城资产公司给予考虑。2008年12月18日、2009年6月1日,电影机厂又两次致函长城资产公司,表示回购上述银行债权仍坚持原函中所阐明的原则及做法。

2008年12月16日、2009年3月20日,长城资产公司两次在《生活报》上刊登《资产出售公告》,拟对上述债权资产和贷款债权项下的物权资产采取公开竞价方式进行处置。

2009年6月2日,市政府办公厅下发哈政办发〔2009〕4号《关于哈尔滨西客站地区规划审批建设用地土地使用权和房屋所有权转让变更及国企改革涉及土地资源审批等有关事宜的通知》,主要内容为:"哈西地区"是部、省、市共建的重大基础设施项目,对于拓展城市发展空间、改善交通环境、拉动区域经济具有重要意义。其规划范围为东起学府路,西至城乡路、迎宾路,南起四环路,北至康宁路、规划车站街;"哈西地区"规划范围内的市属国有企业在华融、长城、信达、东方等资产经营公司管理的债权,若企业无力回购,可由市国资委会同"哈西建设办公室"统一协调处理。电影机厂位于学府路191号,属于"哈西地区"规划范围内的市属国有企业。

2009年6月19日,中帅拍卖公司在《新晚报》上刊登《拍卖公告》,主要内容为:公开拍卖电影机厂债权资产16,768.21万元,拍卖参考价为3310万元。2009年9月16日,中帅拍卖公司在《新晚报》上刊登《拍卖预告》,其内容为:中帅拍卖公司将于近期拍卖电影机厂债权资产16,768.21万元,拍卖参考价为3200万元。同年9月18日,中帅拍卖公司再次在《新晚报》上刊登

《拍卖公告》，对电影机厂债权资产16,768.21万元进行公开拍卖，拍卖参考价为3200万元，拍卖时间为同年9月25日。以上拍卖均已流拍。

2009年11月6日，北大荒拍卖公司在《黑龙江日报》上刊登《拍卖公告》，其主要内容为：北大荒拍卖公司受长城资产公司委托，定于11月13日公开拍卖本案所涉电影机厂债权，参考价为3200万元。此次拍卖中，胜达公司通过公开竞价成交，拍卖物名称为电影机厂17,207.26万元债权，成交价为3200万元，佣金率为1.5%，佣金为48万元，合计金额3248万元。胜达公司与北大荒拍卖公司于2009年11月13日（即拍卖当日）签订了《拍卖成交确认书》。2009年11月20日，长城资产公司与胜达公司签订了记录编号为00-10-07-05号的《债权转让协议》，其主要内容为：长城资产公司将对电影机厂享有截至基准日（即2005年5月30日）的贷款债权账面本金余额为7336.07万元，利息9871.19万元，本息合计17,207.26万元的贷款债权转让给胜达公司，转让价款为3200万元。该转让协议中，长城资产公司向胜达公司披露了贷款债权可能存在的瑕疵并进行了风险提示，但未披露有关是否存在及是否通知优先购买权人等情况。同年12月8日，长城资产公司在《黑龙江日报》上刊登《债权转让通知》，以公告方式通知债务人电影机厂，请债务人电影机厂向买受人胜达公司履行还款义务。

另查明，1990年10月17日，市政府作出哈政文〔1990〕34号《关于组建哈尔滨市电子仪表工业总公司的批复》，主要内容为：同意将哈尔滨市机械电子冶金工业局管理的电子、仪表全民所有制企业、集体所有制企业、合资合营企业及事业单位划分出来，组建仪表总公司。1997年1月24日，市国资委作出《关于对哈尔滨电子仪表（集团）总公司授权经营国有资产请示的批复》，主要批复如下：一、国有资产授权经营的前提是将仪表总公司改造为仪表集团。仪表集团为国有独资企业，不承担政府行政、行业管理职能。二、整体授权仪表集团经营授权范围内的国有资产，持有成员企业的产（股）权。三、仪表集团作为成员企业的出资者，依据产权，依法对成员企业行使管理者、重大决策、资产收益等权力。四、仪表集团向市国资委负责，承担国有资产保值增值责任，与市国有资产管理局签订国有资产授权经营责任合同书，明确应承担的责任和义务。该批复所附的仪表集团成员企业名单中载明有电影机厂，但仪表总公司未办理仪表集团的工商变更登记手续。2005年12月20日，市国资委向电影机厂核发《企业国有资产产权登记证》，该登记证载明电影机厂依法占有、使用国有资本1940万元，企业集团或企业管理部门为仪表总公司，并由仪表总公司作为出资人持有1940万元投资金额，100%持有电影机厂的国有资本。

2009年12月2日，仪表总公司向黑龙江高院提起本案诉讼，认为长城资产公司将电影机厂的债权拍卖给胜达公司，侵害了仪表总公司的知情权、优先购买权及电影机厂几千名职工的合法权益，请求判令确认长城资产公司与胜达公司不良债权转让合同无效，并确认仪表总公司的优先购买权。黑龙江高院经审理认为，本案所涉债务人电影机厂占有、使用的1940万元国有资本全部由仪表总公司持有，仪表总公司作为经市国资委批准并依法注册登记的国有资本出资人，对电影机厂的不良债权应享有优先购买权。长城资产公司虽多次与电影机厂协商有关资产回购事宜，但均未明确通知仪表总公司行使优先购买权。在仪表总公司未表示放弃优先购买权的情况下，长城资产公司将不良债权转让给胜达公司，不仅违反了国务院颁布的《金融资产管理公司条例》和财政部下发的《金融资产管理公司资产处置管理办法（修订）》关于"公开、公平、公正和竞争、择优的原则"的规定，而且与《纪要》关于防止国有资产流失的精神相悖，对不良债权的处置可能造成实质性影响，并影响到企业的生存和社会的稳定，故应当认定该不良债权转让合同存在损害国家利益或社会公共利益的情形而无效。故判决：一、确认仪表总公司对长城资产公司拥有的电影机厂本金73,360,766.07元及利息的债权享有优先购买权。二、确认长城资产公司与胜达公司记录编号为00-10-07-05号的《债权转让协议》无效。

胜达公司与长城资产公司均不服一审民事判决，向最高人民法院提起上诉，请求撤销一审判决，依法驳回仪表总公司的诉讼请求。长城资产公司认为，仪表总公司不具备原告主体资格，原审判决在"关于本案所涉债权转让合同的效力问题"上的认定是错误的；原审判决认定不良债权转让合同存在损害国家利益或社会公共利益的情形，因而适用《合同法》第五十二条的规定，缺乏事实和法律依据。最高人民法院经审理，判决：驳回上诉，维持原判。

【法院观点】

人民法院在审理不良债权转让合同效力的诉讼中，应根据《民法典》和《金融资产管理公司条例》等法律法规，并参照国家有关政策规定，重点审查不良债权的可转让性、受让人的适格性及转让程序的公正性和合法性，并根据《纪要》关于金融资产管理公司转让不良债权可能存在的 11 种无效情形的规定综合审查并认定不良债权转让合同的效力。

　　本案中该问题的审查重点为转让程序的公正性和合法性。《纪要》规定，金融资产管理公司向非国有金融机构法人转让不良债权的处置方案、交易条件以及处置程序、方式确定后，应当通知国有企业债务人注册登记地的优先购买权人。《金融资产管理公司资产处置管理办法（修订）》第二十条明确规定："资产公司对持有国有企业（包括国有全资和国有控股企业）的债权资产进行出售时，应提前 15 天书面告知国有企业及其出资人或国有资产管理部门。"设定以上制度的价值取向在于，国有金融不良债权的剥离与处置，不仅仅是简单的商事主体之间的私权处分，而是巨额国有资产的流动与利益再分配问题。这种流动能否在公开、公平、公正的程序下进行，事关全体国民和国家的利益。因此，在不良债权处置过程中，尤其需要强调程序价值的意义，否则，制度的设计便因缺乏程序保障而失去实质价值，将对国家利益和社会公共利益造成根本损害。本案中，长城资产公司在处置不良债权时未按规定尽到通知义务，存在程序瑕疵，而该瑕疵是造成优先购买权人丧失行使权利的基础，使优先购买制度失去平衡各方利益的核心价值，对依照公开、公平、公正和竞争、择优原则处置不良资产造成实质性影响，可能造成国有资产流失、国有企业生存发展受阻、职工利益失去保障进而影响社会稳定等多种不利后果，违背了《纪要》设立优先购买权制度的立意初衷。按照《纪要》关于不良债权转让合同无效事由的认定中"转让不良债权公告违反《金融资产管理公司资产处置公告管理办法（修订）》规定，对依照公开、公平、公正和竞争、择优原则处置不良资产造成实质性影响的"相关规定，应当认定长城资产公司与胜达公司债权转让协议无效。

　　本案亦涉及优先购买权人和善意第三人的利益如何平衡的问题。因不良债权处置有其特殊的价值取向，事关我国金融体制改革乃至国有资产管理体制改革目的能否顺利实现，是我国当前非常重要的社会公共利益之一，不能单纯地以意思自治为由并以保护私权处分的名义来评断不良债权转让行为。《纪要》明确金融资产管理公司的通知义务即在于督促其按照公开、公平、公正和竞争、择优原则处置不良资产，确保国有资产安全，尽可能维护国有企业的生存与发展、保障职工的利益和稳定。长城资产公司违反《纪要》规定，未通知优先购买权人，在与胜达公司缔约时亦未尽到谨慎和善意告知义务，胜达公司作为善意第三人可另案向长城资产公司主张损害赔偿。

【实务解析】

本案是最高人民法院裁判的关于不良债权转让中的优先购买权制度的典型案例，从中可以看出最高人民法院对优先购买权制度的立法目的、金融资产管理公司的通知义务以及行使方式、未履行通知义务的法律后果等问题的裁判观点，对司法实践具有重要的指导意义。

首先，关于优先购买权制度的立法目的和制度价值。优先购买制度旨在解决资源利用与安全利益维护之间的矛盾，平衡出卖人、优先购买权人及第三人之间的利益冲突。优先购买权的实质是对正常交易的一种限制，以牺牲出卖人和第三人的合法利益为代价，换取对优先购买权人特殊利益的保护。该规则体现出的利益平衡点为：优先购买权人能得到交易机会的保护，但并不因其优先购买权而得到交易中的优惠；出卖人受交易对象选择的限制，但不因存在优先购买权而使其所有物变现价值受损。为最大限度地减少国有资产流失，实现私权处分与公共利益、金融债权与职工债权、市场竞争与国家干预、历史问题与现行法则等诸多价值的权衡目的，《纪要》明确了相关地方人民政府或者代表本级人民政府履行出资人职责的机构、部门或者持有国有企业债务人国有资本的集团公司对不良债权拥有优先购买权。

其次，关于通知的形式问题。《纪要》虽未列明通知形式，但按照《纪要》最大限度防止国有资产流失、保障国家经济安全的精神，该义务应以书面、口头或其他优先购买权人能够确认知悉的方式来履行，而不宜随意采用公告方式。这是因为：（1）法律并未赋予债权人在不良债权转让中可以公告形式取代直接通知的权利。（2）公告作为一种推定送达方式，应严格限制其适用范围，在穷尽书面、口头或电话等方式都通知不到的情形下才得以适用。否则，可能造成优先购买权人的交易机会难以保护的结果，进而可能实质性地影响金融资产管理公司以公开、公平、公正和竞争、择优原则处置不良债权的根本目的。

再次，关于未履行通知义务的法律后果。国有金融不良债权的剥离与处置，不仅仅是简单的商事主体之间的私权处分，而是巨额国有资产的流动与利益再分配问题。这种流动能否在公开、公平、公正的程序下进行，事关全体国民和国家的利益。因此，在不良债权处置过程中，尤其需要强调程序价值的意义，否则，制度的设计便因缺乏程序保障而失去实质价值，将对国家利益和社会公共利益造成根本损害。对于未通知优先购买权人的法律后果，按照《纪要》关于不良债权转让合同无效事由的认定中"转让不良债权公告违反《金融资产管理公司资产处置公告管理办法（修订）》规定，对依照公开、公平、公正和竞争、择优原则处置不良资产造成实质性影响的"相关规定，应当认定债权转让协议无效。

最后，关于善意第三人的利益救济问题。最高人民法院认为，善意第三人可以提起另案诉讼，向金融资产管理公司主张损害赔偿。

【法条链接】

《最高人民法院关于审理涉及金融不良债权转让案件工作座谈会纪要》（法发〔2009〕19号）

四、关于地方政府等的优先购买权

……

金融资产管理公司向非国有金融机构法人转让不良债权的处置方案、交易条件以及处置程序、方式确定后，单笔（单户）转让不良债权的，金融资产管理公司应当通知国有企业债务人注册登记地的优先购买权人。以整体"资产包"的形式转让不良债权的，如资产包中主要债务人注册登记地属同一辖区，应当通知该辖区的优先购买权人；如资产包中主要债务人注册登记地属不同辖区，应当通知主要债务人共同的上级行政区域的优先购买权人。

按照确定的处置方案、交易条件以及处置程序、方式，上述优先购买权人在同等条件下享有优先购买权。优先购买权人收到通知后明确表示不予购买或者在收到通知之日起三十日内未就是否行使优先购买权做出书面答复，或者未在公告确定的拍卖、招标日之前做出书面答复或者未按拍卖公告、招标公告的规定时间和条件参加竞拍、竞标的，视为放弃优先购买权。

……

六、关于不良债权转让合同无效和可撤销事由的认定

会议认为，在审理不良债权转让合同效力的诉讼中，人民法院应当根据合同法和《金融资产管理公司条例》等法律法规，并参照国家相关政策规定，重

点审查不良债权的可转让性、受让人的适格性以及转让程序的公正性和合法性。金融资产管理公司转让不良债权存在下列情形的，人民法院应当认定转让合同损害国家利益或社会公共利益或者违反法律、行政法规强制性规定而无效。

……

（四）转让不良债权公告违反《金融资产管理公司资产处置公告管理办法（修订）》规定，对依照公开、公平、公正和竞争、择优原则处置不良资产造成实质性影响的；

……

《金融资产管理公司资产处置管理办法（修订）》（财金〔2008〕85号）

第四条 资产公司资产处置应坚持效益优先、严控风险、竞争择优和公开、公平、公正的原则，按照有关法律、法规的规定进行。

第二十条 资产公司对持有国有企业（包括国有全资和国有控股企业）的债权资产进行出售时，应提前15天书面告知国有企业及其出资人或国有资产管理部门。

《全国法院民商事审判工作会议纪要》（法〔2019〕254号）

31.【违反规章的合同效力】违反规章一般情况下不影响合同效力，但该规章的内容涉及金融安全、市场秩序、国家宏观政策等公序良俗的，应当认定合同无效。人民法院在认定规章是否涉及公序良俗时，要在考察规范对象基础上，兼顾监管强度、交易安全保护以及社会影响等方面进行慎重考量，并在裁判文书中进行充分说理。

专题六

金融不良资产诉讼中的利息计算

综述 〉〉〉

利息的计算直接关乎债权人的切身利益，金融不良债权诉讼追偿司法实践中，利息相关问题也往往成为案件的主要争议焦点。然而，由于中国人民银行和最高人民法院发布的关于利率、罚息、复利以及计息方法的规章、司法解释及相关规范性文件繁多，加之司法实践中案件情况的纷繁复杂，各地法院在适用相关法律规范时也存在不同的理解，导致司法裁判标准不一。本章从上百个案例中选取了有关利息及违约金的八个典型案例，涵盖了《纪要》规定的停止计息问题的适用、债务人破产导致的利息止付、迟延履行金、变相利息、实现债权的费用等不良债权追偿诉讼中争议焦点问题，以全面展现法院裁判观点，为不良资产诉讼追偿提供借鉴与参考。

一、关于《纪要》规定的不良债权受让日之后停止计息的适用问题

《纪要》是最高人民法院于 2009 年商有关部门形成的规范性文件，是对特定时期、特定范围内的金融不良债权转让案件确立的特殊的处置规则，其目的是依法公正妥善地审理涉及金融不良债权转让案件，防止国有资产流失，保障金融不良债权处置工作的顺利进行。《纪要》第九条对金融不良债权受让日之后止付利息进行了规定："会议认为，受让人向国有企业债务人主张利息的计算基数应以原借款合同本金为准；受让人向国有企业债务人主张不良债权受让日之后发生的利息的，人民法院不予支持。但不良债权转让合同被认定无效的，出让人在向受让人返还受让款本金的同时，应当按照中国人民银行规定的同期定期存款利率支付利息。"第十二条对《纪要》的适用范围，包括对金融不良债权的转让时间及转让主体进行了限定，应当按照其适用范围的规定参照适用。

为配合《纪要》的适用，最高人民法院出台了多个复函及答复意见，例如，《最高人民法院关于如何理解最高人民法院法发〔2009〕19 号〈会议纪要〉若干问题的请示之答复》(〔2009〕民二他字第 21 号)、〔2011〕执他字第 7 号答复、《最高人民法院关于非金融机构受让金融不良债权后能否向非国有企业债务人

主张全额债权的请示的答复》(〔2013〕执他字第 4 号, 以下简称《答复》) 等。这些复函及答复意见实际上扩张了《纪要》的适用范围, 在特定时期对于保障金融不良债权处置工作的顺利进行起到了重要作用。

随着不良资产处置市场化发展和法律法规的完善, 《纪要》适用的空间逐渐变小, 法院对于《纪要》的适用也呈现出日益收紧的趋势。例如, 本专题案例一中, 最高人民法院认为, 《纪要》是对特定范围内的金融不良债权转让案件确立了特殊的处置规则, 对金融不良债权的转让时间及转让主体均有明确限定, 应当严格按照其适用范围的规定适用。如果将《纪要》适用范围以外的一般金融不良债权转让案件一律参照适用《纪要》精神, 既没有明确的法律及司法文件依据, 也与依法平等保护各类民事主体财产权益的司法精神相悖。但是也存在不同的观点, 如本专题案例二, 在不符合《纪要》第十二条规定的适用条件的情况下, 法院仍然基于个案的考虑适用了《纪要》关于止息的规定。

二、主债务人进入破产程序后, 担保债务是否停止计息的问题

《最高人民法院关于适用〈中华人民共和国民法典〉有关担保制度的解释》的出台统一了对该问题的裁判规则: 人民法院受理债务人破产案件后, 债权人请求担保人承担担保责任, 担保人主张担保债务自人民法院受理破产申请之日起停止计息的, 人民法院对担保人的主张应予支持。该司法解释出台前, 鉴于没有法律法规对该问题进行明确规定, 实践中争议比较大。

该司法解释实施后, 民法典施行前的法律事实引起的担保纠纷案件, 如担保人援引该司法解释第二十二条主张担保债务自人民法院受理破产申请之日起停止计息的, 法院是否支持? 对于该问题, 司法实践中仍然存在争议, 部分法院支持了担保人依据该司法解释提出的停止计息主张, 部分法院以背离了当事人的合理预期为由并未支持担保人停止计息的主张。

三、关于《民事诉讼法》第二百六十条规定的迟延履行期间的加倍利息问题

根据《民事诉讼法》第二百六十条规定, 被执行人未按判决、裁定和其他法律文书指定的期间履行给付金钱义务的, 应当加倍支付迟延履行期间的债务利息。被执行人未按判决、裁定和其他法律文书指定的期间履行其他义务的,

应当支付迟延履行金。关于该迟延履行期间债务利息的起算时间点和计算方法问题，最高人民法院出台司法解释进行了明确。

对于民事调解书对迟延履行期间加倍利息没有明确的情况下，债务人是否需要承担该迟延履行责任的问题，司法实践中存在争议。在本专题案例六中，《最高人民法院关于人民法院民事调解工作若干问题的规定》第十五条规定，调解书确定的担保条款条件或者承担民事责任的条件成就时，当事人申请执行的，人民法院应当依法执行。不履行调解协议的当事人按照前述规定承担了调解书确定的民事责任后，对方当事人又要求其承担民事诉讼法规定的迟延履行责任的，人民法院不予支持。故，为防范迟延履行期间加倍利息不被法院支持的风险，建议债权人在与债务人达成调解时，在民事调解书中明确约定债务人的迟延履行责任。

四、关于金融借款利率司法保护上限及变相利息规制问题

1. 关于金融借款利率司法保护上限问题

为保障金融服务实体经济，降低企业融资成本，最高人民法院出台了相关文件对金融借款利息保护上限及变相收息问题进行规制。《最高人民法院关于进一步加强金融审判工作的若干意见》规定，金融借款合同的借款人以贷款人同时主张的利息、复利、罚息、违约金和其他费用过高，显著背离实际损失为由，请求对总计超过年利率24%的部分予以调减的，应予支持，以有效降低实体经济的融资成本。由此可见，金融借款的利息保护上限目前为年利率24%。但是，对于律师费等实现债权的费用是否包含在上述规定的"其他费用"之中，目前司法实践中存在不同的观点。在本专题案例八中，最高人民法院认为，律师费等实现债权的费用系因借款人未按照约定偿还借款，导致债权人产生的费用支出和损失，不属于借款人为获得借款支付的成本或支出，且通常以实际发生的数额为限，不包含在年利率24%的司法保护上限范围内。本案为不良资产诉讼中律师费等实现债权的费用的追偿提供了类案参考。

2. 关于变相利息规制问题

《全国法院民商事审判工作会议纪要》第五十一条规定："金融借款合同纠纷中，借款人认为金融机构以服务费、咨询费、顾问费、管理费等为名变相收取利息，金融机构或者由其指定的人收取的相关费用不合理的，人民法院可以

根据提供服务的实际情况确定借款人应否支付或者酌减相关费用。"

为优化营商环境,促进金融和实体经济实现良性循环,有效降低企业用资成本,人民法院对金融机构收取变相利息和不合规费用的审查呈现日益严格的趋势。例如,本专题案例七中,最高人民法院认为,若在贷款期间内,借款人已经依据贷款主合同按时支付了贷款利息,且又依据其他合同或协议支付了以服务费等为名义的额外费用,则对该部分费用,可准予抵扣本金。

一、《纪要》对金融不良债权的转让时间及转让主体均有明确限定，不符合《纪要》适用范围的债权不应适用自受让日后停止计付利息的规定

——广州正中投资有限公司与广州市泰和房地产开发有限公司、广州永耀房地产有限公司等金融借款合同纠纷执行案

【案件来源】最高人民法院（2016）最高法执监 433 号

【争议焦点】本案是否适用《纪要》关于自受让日后停止计息的规定？

【裁判要旨】《纪要》对特定范围内的金融不良债权转让案件确立了特殊的处置规则，对金融不良债权的转让时间及转让主体均有明确限定，应当严格按照其适用范围的规定适用。本案债权最初的转让时间与转让主体，均与《纪要》第十二条的规定不符，故不应适用《纪要》关于自受让日后停止计付利息的规定。

【基本案情】

申诉人（申请执行人）：广州正中投资有限公司（以下简称正中公司）

被执行人：广州市泰和房地产开发有限公司（以下简称泰和公司）、广州永耀房地产有限公司（以下简称永耀公司）、陆某祥、陆某基、胡某芳

本案执行依据为（2005）穗中法民二初字第 197 号民事判决，于 2005 年 11 月 16 日发生法律效力。其判决主文为："被告泰和公司在本判决发生法律效力之日起 10 日内清偿人民币贷款本金 1150 万元及利息、罚息、复息（其中，自 2000 年 8 月 3 日起至 2001 年 7 月 18 日止，按年利率 7.3416% 计付；自 2001 年 7 月 19 日起至清偿日止按人民银行同期逾期贷款利率计付并扣除已付息 552,777.96 元。）给原告中国农业银行广州市流花支行（以下简称农行流花支行）；……"该民事判决载明："涉案《借款合同》约定，本案借款到期日为 2001 年 7 月 18 日；本案借款按季结息，对不能按期支付的利息计收复息；泰和公司曾于 2001 年 12 月 30 日还息 552,777.96 元。"依上述判决，被执行人应给付申请执行人案件受理费 88,059 元、借款本金 11,500,000 元及迟延履行

期间的债务利息。

2011年9月，农行流花支行与东方资产广州办事处签订《债权转让协议》，约定农行流花支行将其对泰和公司享有的本案债权转让给东方资产广州办事处。同年，执行法院据此裁定变更东方资产广州办事处为本案申请执行人。但该裁定书载明：转让的债权中不包括泰和公司应支付给农行流花支行的诉讼费、保全费。2014年1月15日，东方资产广州办事处与正中公司签订《债权转让协议》，约定东方资产广州办事处将其对泰和公司享有的本案债权转让给正中公司。同年执行法院裁定变更正中公司为本案申请执行人。

广州中院于2015年9月24日作出（2005）穗中法执字第2785号《通知书》，对本案应执行数额进行了计算：截至2015年9月30日，本案应执行数额为案件受理费88,059元、借款本金11,500,000元、利息17,307,907.01元、迟延履行期间债务利息14,340,973.86元，共计43,236,939.87元，相应的执行费为110,636.94元，被执行人合计需缴纳43,347,576.81元。（2005）穗中法执字第2785号《通知书》同时载明：1.泰和公司并非国有独资和国有控股的企业法人，其主张参照《纪要》免除农行流花支行转让债权之后的利息和迟延利息期间加倍利息，执行法院不予支持；2.如被执行人在2015年9月30日尚未履行债务，此后的迟延履行期间债务利息、执行费还将相应增加。

至执行法院作出（2005）穗中法执字第2785号《通知书》时止，被执行人尚未履行任何债务。经查，正中公司和泰和公司均为非金融机构。

正中公司和泰和公司均对（2005）穗中法执字第2785号《通知书》内容不服，提出执行异议，请求调整通知中的计算方法，重新计算执行标的数额。

广州中院于2015年12月5日作出（2015）穗中法执异议字第413号执行裁定：一、驳回异议人泰和公司的异议；二、改正本院2015年9月24日作出的（2005）穗中法执字第2785号通知书（一般利息部分应计付复息至判决确定的还款日止；2014年7月31日之前的迟延期间的债务利息计息基础应包括执行依据的利息部分）；三、驳回异议人正中公司的其他异议请求。

正中公司、泰和公司不服，向广东高院申请复议。广东高院认为，本案执行债权为金融不良债权，该债权由农行流花支行转让至东方资产广州办事处后，又于2014年1月15日由东方资产广州办事处转让至正中公司。由于金融不良债权的处置属于特殊历史遗留问题，利息计算兼具法律性和政策性，最高人民法院先后发布有关审理和执行的指导性文件。本案申请执行人正中公司为非金融机构，受让本案金融不良债权，时间在《纪要》发布之后，故在债权转让日之后，不再计算迟延履行期间债务利息，即本案迟延履行期间债务利息截止时间点，应当确定为 2014 年 1 月 15 日。泰和公司复议请求停算债权转让日后的利息和迟延履行期间债务利息，主张成立。执行法院以泰和公司为非国有独资和国有控股企业法人为由，不予参照《纪要》执行，在金融不良债权转让非金融机构后，继续计算利息和迟延履行期间债务利息不当，应予纠正。

2016 年 7 月 26 日，广东高院作出（2016）粤执复 46 号执行裁定，裁定：一、撤销广州市中级人民法院（2015）穗中法执异议字第 413 号执行裁定。二、撤销广州市中级人民法院（2005）穗中法执字第 2785 号通知书。三、确认本案应执行债权数额（未含诉讼费用）共计 36,441,292.7 元，其中生效法律文书确定的金钱债务 17,327,733.79 元（含借款本金 11,500,000 元，判决指定付款期限止的利息、罚息、复息 5,827,733.79 元），迟延履行期间的债务利息 19,113,558.91 元。四、驳回申请复议人广州正中投资有限公司、广州市泰和房地产开发有限公司的其他复议申请。

正中公司不服广东高院复议裁定，向最高人民法院申诉，请求撤销广东高院（2016）粤执复 46 号执行裁定、广州中院（2015）穗中法执异议字第 413 号执行裁定，重新计算本案判决确定的利息、迟延履行期间的债务利息至实际清偿日。

经审判委员会讨论决定，最高人民法院裁定如下：一、撤销广东省高级人民法院（2016）粤执复 46 号执行复议裁定；二、撤销广州市中级人民法院（2015）穗中法执异议字第 413 号执行异议裁定；三、撤销广州市中级人民法院（2005）穗中法执字第 2785 号通知书；四、本案由广州市中级人民法院重新审查处理。

【法院观点】

《纪要》第九条"关于受让人收取利息的问题"规定："受让人向国有企业债务人主张不良债权受让日之后发生的利息的，人民法院不予支持。"第十二条"关于《纪要》的适用范围"规定："不良债权转让包括金融资产管理公司政策性和商业性不良债权的转让。政策性不良债权是指 1999 年至 2000

年上述四家金融资产管理公司在国家统一安排下通过再贷款或者财政担保的商业票据形式支付收购成本从中国银行、中国农业银行、中国建设银行、中国工商银行以及国家开发银行收购的不良债权;商业性不良债权是指2004年至2005年上述四家金融资产管理公司在政府主管部门主导下从交通银行、中国银行、中国建设银行和中国工商银行收购的不良债权。"可见,《纪要》对特定范围内的金融不良债权转让案件确立了特殊的处置规则,对金融不良债权的转让时间及转让主体均有明确限定,应当严格按照其适用范围的规定适用。如果将《纪要》适用范围以外的一般金融不良债权转让案件一律参照适用《纪要》精神,既没有明确的法律及司法文件依据,也与依法平等保护各类民事主体财产权益的司法精神相悖。同时,鉴于一般金融不良债权转让中,最初的债权受让人往往是国有资产管理公司,如一律适用《纪要》止付利息,不仅不利于防止国有资产流失,而且损害合法受让人的利益。本案中,案涉金融不良债权最初转让发生于2011年9月,从农行流花支行转让给东方资产广州办事处;该债权第二次转让发生于2014年1月15日,由东方资产广州办事处转让给正中公司。由此可见,债权最初的转让时间与转让主体,均与《纪要》第十二条的规定不符,故不应适用《纪要》关于自受让日后停止计付利息的规定。

此外,《答复》是对湖北省高级人民法院就在执行程序中能否参照适用《纪要》规定计算债务利息问题进行请示的个案答复。该答复意见所涉案件中的金融不良债权属于《纪要》第十二条规定的特定范围内的债权。因此,该答复意见所涉案件基本事实与本案不符,对本案不具有指导意义。

综上,本案不属于《纪要》规定的特定范围内的金融不良债权转让案件,不应适用《纪要》第九条的规定于正中公司受让债权后停止计算利息。

【实务解析】

本案是经过最高人民法院审委会讨论决定的案件,对《纪要》的适用原则进行了明确。最高人民法院认为,《纪要》对特定范围内的金融不良债权转让案件确立了特殊的处置规则,对金融不良债权的转让时间及转让主体均有明确限定,应当严格按照其适用范围的规定适用。如果将《纪要》适用范围以外的一般金融不良债权转让案件一律参照适用《纪要》精神,既没有明确的法律及司法文件依据，也与依法平等保护各类民事主体财产权益的司法精神相悖。针对金融不良债权追偿相关案件中引用较多的《答复》，最高人民法院在本案中指出，该答复是对湖北省高级人民法院就在执行程序中能否参照适用《纪要》规定计算债务利息问题进行请示的个案答复。该答复意见所涉案件中的金融不良债权属于《纪要》第十二条规定的特定范围内的债权。可见，最高人民法院个案答复不具有普遍适用的效力。

本案是金融不良债权追偿纠纷中的一个典型案例，为法院处理金融不良债权追偿案件利息问题提供了重要参考。本案可以算作最高人民法院对《纪要》适用的一个转折，折射出最高人民法院对《纪要》精神适用从宽松到严格的转变。

此外，关于执行异议和执行复议案件的审查程序问题，《最高人民法院关于人民法院办理执行异议和复议案件若干问题的规定》第十二条规定，人民法院对执行异议和复议案件实行书面审查。案情复杂、争议较大的，应当进行听证。可见，人民法院在对执行异议和复议案件的审查中，听证并非必经程序。如果案件事实清楚，没有必须通过听证才能查明的疑难问题，则以书面审查为主要方式。关于案件是否属于"案情复杂、争议较大"，最高人民法院认为，应当由人民法院综合案件的实际情况作出认定。综合本案情况来看，虽然本案基础法律关系清晰，争议焦点为利息计算方法、期间认定及相关法律适用等问题，但争议较大，广东高院对本案执行复议实行书面审查，导致遗漏了一般债务利息的审查，违反了法定程序。

【法条链接】

《最高人民法院关于审理涉及金融不良债权转让案件工作座谈会纪要》（法发〔2009〕19号）

十二、关于《纪要》的适用范围

会议认为，在《纪要》中，国有银行包括国有独资商业银行、国有控股商业银行以及国有政策性银行；金融资产管理公司包括华融、长城、东方和信达等金融资产管理公司和资产管理公司通过组建或参股等方式成立的资产处置联合体。国有企业债务人包括国有独资和国有控股的企业法人。受让人是指非金融资产管理公司法人、自然人。不良债权转让包括金融资产管理公司政策性和商业性不良债权的转让。政策性不良债权是指 1999 年至 2000 年上述四家金融资产管理公司在国家统一安排下通过再贷款或者财政担保的商业票据形式支付收购成本从中国银行、中国农业银行、中国建设银行、中国工商银行以及国家开发银行收购的不良债权；商业性不良债权是指 2004 年至 2005 年上述四家金融资产管理公司在政府主管部门主导下从交通银行、中国银行、中国建设银行和中国工商银行收购的不良债权。

《纪要》的内容和精神仅适用于在《纪要》发布之后尚在一审或者二审阶段的涉及最初转让方为国有银行、金融资产管理公司通过债权转让方式处置不良资产形成的相关案件。人民法院依照审判监督程序决定再审的案件，不适用《纪要》。

......

二、不违反公平原则的情况下，法院可以参照适用《纪要》精神，对非金融资产管理公司受让人向非国有企业债务人主张金融不良债权受让日之后利息的，不予支持

——华锋正通有限公司与福鼎市易购超市有限公司、福建恒益金属制品有限公司等借款合同纠纷案

【案件来源】最高人民法院（2020）最高法民申 3397 号

【争议焦点】案涉债权能否参照适用《纪要》第九条的规定和精神？

【裁判要旨】结合不良债权处置的司法政策及本案实际情况，对本案受让人就金融不良债权受让日之后的利息主张，参照适用《纪要》精神，并无不当。

【基本案情】

再审申请人（一审原告、二审被上诉人）：华锋正通有限公司（以下简称华锋正通公司）

被申请人（一审被告、二审上诉人）：廖某媛

被申请人（一审被告）：福鼎市易购超市有限公司（以下简称易购公司）、福建恒益金属制品有限公司（下称恒益公司）、福建省百益家超市有限公司（以下简称百益公司）、王某元、兰某莉、郭某斌、蔡某丽

2014 年 5 月 26 日，中国工商银行股份有限公司福鼎桐山支行（以下简称

工行桐山支行)作为债权人与作为债务人的易购公司签订了编号为2014年(桐山)字0055号的《小企业贷款合同》,借款金额为3,500,000元,借款期限至2015年5月22日。借款合同签订后,工行桐山支行向易购公司发放了贷款,履行了付款义务。同日,工行桐山支行作为债权人与作为保证人的恒益公司、百益公司分别签订了《保证合同》,约定被告恒益公司、百益家公司自愿为易购公司与工行桐山支行签订的《小企业贷款合同》项下贷款本息承担连带偿还责任,保证期间为两年。2014年5月22日,被告王某元、兰某莉、廖某媛、郭某斌、蔡某丽分别向工行桐山支行出具《保证函》,承诺为易购公司与工行桐山支行《小企业贷款合同》项下贷款本息承担连带偿还责任,保证期间为两年。贷款后,易购公司未支付利息。

2015年4月17日,工行桐山支行与中国华融资产管理股份有限公司福建省分公司(以下简称华融福建分公司)签订了《债权转让协议》,约定工行桐山支行将编号2014年(桐山)字0055号《小企业贷款合同》项下的贷款本金及利息转让给华融福建分公司。

2015年5月22日,华融福建分公司与华锋正通公司签订了《单户债权转让协议》,约定华融福建分公司将前述贷款本金及利息转让给原告华锋正通公司。2015年6月16日,国家发展和改革委员会向华融福建分公司出具了《行政备案证明书》,对华融福建分公司向华锋正通公司转让121户不良债权予以备案。2015年10月16日,华融福建分公司与华锋正通公司在《福建日报》上发布了《债权转让通知暨债务催收联合公告》,对债权催收及债权转让进行了公告。

经厦门市鹭江公证处公证,华锋正通公司于2017年1月16日向易购公司、恒益公司、百益家公司、王某元、兰某莉、廖某媛、郭某斌、蔡某丽邮寄了《债权转让暨债务催收通知》。2017年3月23日,华锋正通公司在《福建日报》上发布了《债务催收公告》,对各被告的债务催收进行了公告。

华锋正通公司向宁德市中级人民法院提起诉讼,请求:1.依法判令被告易购公司向原告偿还借款本金余额3,500,000元及相应利息(利息暂计至2018年6月20日为786,800元,之后的利息依合同约定的利率标准7.2%计算至实际支付之日止);2.依法判令被告恒益公司、百益家公司、王某元、兰某莉、廖某媛、郭某斌、蔡某丽对前述第一项诉讼请求的债务承担连带清偿责任;3.判令各被告负担本案诉讼费用。

一审法院认为，华锋正通公司依法受让取得工行桐山支行对被告易购公司享有的债权。鉴于收取贷款的罚息、复利系金融机构专属的权利，而华锋正通公司并非金融机构，因此不能继受工行桐山支行收取贷款罚息及复利的权利，仅有权主张贷款利息，即自欠息之日起依照合同约定的年利率7.2%计算利息。华锋正通公司主张截至2018年6月20日所欠的利息为786,800元，未超出应计的利息总额，系其对合法权利的处分，原审法院予以支持。故判决：一、被告福鼎市易购超市有限公司应于判决生效之日起十日内偿还原告华锋正通有限公司3,500,000元及利息（截至2018年6月20日为786,800元，自2018年6月21日起至款项清偿之日止，按年利率7.2%计算）；二、恒益公司、百益公司、王某元、兰某莉、廖某媛、郭某斌、蔡某丽对被告易购公司前述债务承担连带偿还责任；保证人承担保证责任后，有权向债务人追偿。

一审宣判后，廖某媛不服，向福建省高级人民法院提起上诉，请求撤销原判，改判驳回华锋正通公司的诉讼请求。二审法院经审理，判决：一、维持一审民事判决第二项；二、变更一审民事判决第一项为：易购公司应于本判决生效之日起十日内偿还华锋正通公司借款本金3,500,000元及利息（利息从2014年5月27日起计至2015年5月22日止，按年利率7.2%计算）。

华锋正通公司申请再审称，案涉债权不属于《纪要》所调整的不良债权范围，二审判决参照该纪要第九条规定，不支持华锋正通公司主张的受让不良债权日之后的利息，系法律适用错误，且违背合同公平原则。最高人民法院经审理，裁定：驳回华锋正通公司的再审申请。

【法院观点】

福建高院观点：参照《纪要》第九条之规定，受让人向国有企业债务人主张不良债权受让日之后发生的利息的，人民法院不予支持。故华锋正通公司无权主张金融不良债权受让日之后的利息。原审判决确定易购公司应当支付案涉借款350万元本金自2015年5月22日起至款项实际付清之日止的利息，确有不当，予以纠正。

最高人民法院观点：案涉债权属于金融不良债权，根据在案证据，华锋正通公司以远低于原贷款合同约定的债权金额为对价从中国华融资产管理股份有限公司福建省分公司取得案涉债权。二审判决结合对不良债权处置的司法政策及本案实际情况，对华锋正通公司主张的案涉金融不良债权受让日之后的利息未予支持，并无不当。

【实务解析】

《纪要》的立法目的在于规范金融不良债权转让行为，维护企业和社会稳定，防止国有资产流失，保障国家经济安全。《纪要》是对特定时期、特定范围内的金融不良债权转让案件确立的特殊的处置规则，其中第十二条对《纪要》的适用范围，包括金融不良债权的转让时间及转让主体进行了限定。随着立法的完善及不良资产处置行业的市场化发展，《纪要》适用的空间已经不大。最高人民法院亦在裁判案例中明确，如果将《纪要》适用范围以外的一般金融不良债权转让案件一律参照适用《纪要》精神，既没有明确的法律及司法文件依据，亦与依法平等保护各类民事主体财产权益的司法精神相悖。

本案中，金融不良债权的转让时间、债务人身份等均不符合《纪要》第二条的规定，但是二审法院依然认为应参照《纪要》第九条之规定，对受让人向国有企业债务人主张不良债权受让日之后发生的利息的，人民法院不予支持。受让人不服二审判决，向最高人民法院申请再审，最高人民法院认为二审判决结合对不良债权处置的司法政策及本案实际情况，对华锋正通公司主张的案涉金融不良债权受让日之后的利息未予支持，并无不当。这说明，司法实践中，法院可能基于不良债权的受让价格、债务人的偿债能力等个案情况，仍参照《纪要》的内容和精神，对受让日之后的利息不予支持。

本案是《纪要》发布之后涉及最初转让方为国有银行、金融资产管理公司通过债权转让方式处置不良资产形成的相关案件，按照《纪要》第十二条规定，本不应适用《纪要》的内容和精神，但是法院适用了《纪要》规定，且最高人民法院驳回了债权受让人的再审申请。本案二审法院判决书和最高人民法院裁定书均没有对适用的原因进行详细的说理。本案的启示是：不良债权投资者在购买金融不良债权时，仍应对《纪要》的规定和精神予以关注，不可忽视利息止付的相关风险，防范投资损失。

【法条链接】

《最高人民法院关于审理涉及金融不良债权转让案件工作座谈会纪要》(法发〔2009〕19号)

九、关于受让人收取利息的问题

会议认为,受让人向国有企业债务人主张利息的计算基数应以原借款合同本金为准;受让人向国有企业债务人主张不良债权受让日之后发生的利息的,人民法院不予支持。但不良债权转让合同被认定无效的,出让人在向受让人返还受让款本金的同时,应当按照中国人民银行规定的同期定期存款利率支付利息。

《最高人民法院关于如何理解最高人民法院法发〔2009〕19号〈会议纪要〉若干问题的请示之答复》(〔2009〕民二他字第21号)

我院于2009年4月3日发布的法发〔2009〕19号《关于审理涉及金融不良债权转让案件工作座谈会纪要》(以下简称《纪要》)所要解决的问题实质是如何解决和化解计划经济时期形成的历史遗留问题。其主要目的在于规范金融不良债权转让行为,维护企业和社会稳定,防止国有资产流失,保障国家经济安全。根据《纪要》的精神和目的,涉及非国有企业债务人的金融不良债权转让纠纷案件,亦应参照适用《纪要》的规定。债务人未对不良债权转让合同的效力提出异议,但案件的事实和相关证据情况能够引发人民法院对不良债权转让合同效力产生合理怀疑的,人民法院可以依职权主动审查不良债权转让合同的效力。

三、对于财政部委托中国农业银行管理和处置的股改剥离不良资产,转让人为非国有企业债务人的,非金融资产管理公司受让人亦无权收取不良债权受让日之后的利息

——华润渝康资产管理有限公司与成都天兴仪表(集团)有限公司金融不良债权追偿纠纷案

【案件来源】最高人民法院(2021)最高法民申3693号

【争议焦点】对于财政部委托中国农业银行管理和处置的股改剥离不良资产,金融不良债权转让人为非国有企业债务人的,非金融资产管理公司受让人

能否收取不良债权受让日之后的利息?

【裁判要旨】 根据《纪要》的精神和目的,对于财政部委托中国农业银行管理和处置的股改剥离不良资产,涉及非国有企业债务人的金融不良债权转让纠纷案件,亦应参照适用《纪要》的规定,受让人无权收取不良债权受让日之后的利息。

【基本案情】

再审申请人(一审原告、二审上诉人):华润渝康资产管理有限公司(以下简称渝康资管公司)

被申请人(一审被告、二审被上诉人):成都天兴仪表(集团)有限公司(以下简称天兴仪表公司)

1994年8月5日,四川天兴仪表厂与中国人民银行南川市支行签订《借款合同》,约定:由四川天兴仪表厂向中国人民银行南川市支行贷款1090万元,贷款期限自1994年8月5日至1999年8月5日。该合同第四条约定分四期归还本金,分别为1997年12月归还110万元,1998年12月归还200万元,1999年8月归还280万元,1999年12月归还500万元。1994年8月10日,编号为×××3010的《中国人民银行借款、借据》记载:贷款金额280万元,到期日期1999年8月10日,月息9.15‰。1994年12月6日,编号为×××3028的《中国人民银行借款、借据》记载:贷款金额500万元,到期日期1999年12月6日,月息9.15‰。

1995年10月26日,四川天兴仪表厂更名为天兴仪表公司。1997年6月16日,中国人民银行南川市支行、中国农业发展银行南川市支行、天兴仪表公司、中国工商银行南川市支行共同签订《人民银行专项贷款划转协议书》,约定:将中国人民银行南川市支行对天兴仪表公司专项贷款债权移交中国农业发展银行南川市支行,中国人民银行南川市支行解除与贷款企业的债权债务关系,以及与受托行中国工商银行南川市支行的委托关系。该合同载明截至1997年4月30日,天兴仪表公司尚欠本金1090万元及应付利息144,340.50元。

1998年4月30日,根据《中国人民银行关于中国人民银行、中国农业发展银行、中国农业银行清算资金及利息有关问题的通知》(银传〔1998〕23号)之规定,案涉债权从中国农业发展银行南川市支行划入中国农业银行股份有限公司重庆南川支行。

2016年7月18日，中国农业银行股份有限公司重庆南川支行向天兴仪表公司签发《债务逾期催收通知书》，载明：截至2016年7月14日，天兴仪表公司共计尚欠本金777.10万元和利息13,035,626.59元，其中涉案贷款尚欠本金722.10万元和利息10,597,613.88元（合同编号为×××0236的借款合同尚欠本金500万元和利息7,799,758.60元，合同编号为×××0238的借款合同尚欠本金222.10万元和利息2,797,855.28元）。2016年7月20日，天兴仪表公司在该通知书上盖章确认。

2016年9月26日，中国农业银行股份有限公司重庆市分行与渝康资管公司签订《委托资产批量转让协议》，约定：将中国农业银行股份有限公司重庆市分行对天兴仪表公司享有的债权、对应的从权利以及其他相关权益依法转让给渝康资管公司；交割日指资产转移之日；渝康资管公司可主张基准日至交割日过渡期间的转让标的的相关权益（包括但不限于利息等）；约定的交割条件全部成就后的第15个工作日为交割日；双方应在交割日后的15个工作日内，采取公告通知方式将不良资产转让给渝康资管公司的事实通知债务关联人。该协议第七条约定：双方应采取公告通知的方式，在（当地省级以上）报纸上发布债权转让公告，将不良资产转让事实通知债务人。该协议的附件1-1《债权资产明细表》记载，天兴仪表公司尚欠本金777.10万元和利息12,417,710.82元。2016年12月24日，渝康资管公司与中国农业银行股份有限公司重庆市分行在重庆商报发布《债权转让通知暨债务催收联合公告》，告知本案债权转让事宜，并对债务进行催收。

2019年11月5日，财政部重庆监管局出具《审核证明》，载明：天兴仪表公司所欠中国农业银行股份有限公司重庆南川支行借款债权属于财政部委托中国农业银行管理和处置的股改剥离不良资产。

渝康资管公司向重庆市第一中级人民法院提起诉讼，请求：1.判令天兴仪表公司偿还截至2016年7月14日的贷款本金722.10万元、利息10,597,613.88元，以及自2016年7月14日起至还清之日止，以未还本金722.10万元为基数，按照月利率9.15‰上浮50%的标准计算罚息，并以未还利息为基数，按罚息利率计收复利；2.判令天兴仪表公司支付渝康资管公司因实现本案债权产生的律师费、保全担保费等费用；3.本案诉讼费用由天兴仪表公司负担。

一审法院重庆市第一中级人民法院认为，涉案《借款合同》《债务逾期通知书》《委托资产批量转让协议》均系当事人的真实意思表示，不违反法律法规的强制性规定，应为合法有效。故判决：一、天兴仪表公司于判决生效后十日内向渝康资管公司偿还贷款本金722.10万元及截至2016年7月14日的利息10,597,613.88元；二、驳回渝康资管公司的其他诉讼请求。

渝康资管公司不服一审判决，上诉于重庆市高级人民法院（以下简称重庆高院），请求：1.撤销一审判决第二项，改判天兴仪表公司支付自2016年7月14日起至还清之日止，以未还本金722.10万元为基数，按照月利率9.15‰上浮50%的标准计算的罚息，以及以应付未付利息为基数，按罚息利率计算的复利。2.本案案件受理费由天兴仪表公司承担。

二审法院经审理，判决：一、维持重庆市第一中级人民法院民事判决第一项；二、撤销重庆市第一中级人民法院民事判决第二项；三、成都天兴仪表（集团）有限公司于本判决生效十日内支付重庆渝康资产经营管理有限公司自2016年7月14日起至2016年10月20日止的罚息（以欠付本金722.10万元为基数，按照日利率万分之二点一的标准计算）；四、驳回重庆渝康资产经营管理有限公司的其他诉讼请求。

渝康资管公司不服重庆高院民事判决，向最高人民法院申请再审，请求撤销民事判决第二项、第三项、第四项，改判天兴仪表公司向渝康资管公司支付自2016年7月14日起至还清之日止，以全部未还本金722.1万元为基数，按照月利率9.15‰上浮50%计算的罚息，以及以应付未付利息为基数，按罚息利率计算的复利。最高人民法院经审理，裁定：驳回渝康资管公司的再审申请。

【法院观点】

重庆高院观点：根据《最高人民法院关于审理涉及中国农业银行股份有限公司处置股改剥离不良资产案件适用相关司法解释和司法政策的通知》之规定，人民法院在审理涉及农业银行受财政部委托处置其股改剥离的不良资产案件时，可以适用最高人民法院就审理涉及金融资产管理公司处置不良资产案件所发布的相关司法解释、司法政策及有关答复、通知的规定。财政部驻各省、自治区、直辖市、计划单列市财政监察专员办事处出具的委托处置资产证明文件，可以作为人民法院确认农业银行处置的不良资产属于受财政部委托处置资产的依据。涉案不良资产属于农业银行受财政部委托处置的不良资产，可以适用最高人民法院就审理涉及金融资产管理公司处置不良资产案件所发布的相关司法解释、司法政策及有关答复、通知的规定。

《纪要》第九条规定："受让人向国有企业债务人主张利息的计算基数应以原借款合同本金为准；受让人向国有企业债务人主张不良债权受让日之后发生的利息的，人民法院不予支持。"第十二条规定："金融资产管理公司包括华融、长城、东方和信达等金融资产管理公司和资产管理公司通过组建或参股等方式成立的资产处置联合体……受让人是指非金融资产管理公司法人、自然人。"《最高人民法院关于如何理解最高人民法院法发〔2009〕19号〈会议纪要〉若干问题的请示之答复》规定："涉及非国有企业债务人的金融不良债权转让纠纷案件，亦应参照适用《纪要》的规定。"《金融资产管理公司条例》第二条规定："金融资产管理公司，是指经国务院决定设立的收购国有银行不良贷款，管理和处置因收购国有银行不良贷款形成的资产的国有独资非银行金融机构。"因渝康资管公司系地方资产管理公司，不是金融资产管理公司，属于《纪要》第九条中的受让人，故渝康资管公司无权收取不良债权受让日之后的利息，对天兴仪表公司依据该纪要第九条要求停止计息的抗辩理由予以采纳。根据《委托资产批量转让协议》之约定，将农业银行对天兴仪表公司享有的债权、对应的从权利以及其他相关权益依法转让给渝康资管公司，渝康资管公司可主张基准日至交割日过渡期间的转让标的的相关权益（包括但不限于利息等）。渝康资管公司有权主张贷款逾期后至不良资产转让日的罚息和复利。

最高人民法院观点：《纪要》第九条规定："受让人向国有企业债务人主张利息的计算基数应以原借款合同本金为准；受让人向国有企业债务人主张不良债权受让日之后发生的利息的，人民法院不予支持。"第十二条规定："会议认为，在《纪要》中，国有银行包括国有独资商业银行、国有控股商业银行以及国有政策性银行；金融资产管理公司包括华融、长城、东方和信达等金融资产管理公司和资产管理公司通过组建或参股等方式成立的资产处置联合体。国有企业债务人包括国有独资和国有控股的企业法人。受让人是指非金融资产管理公司法人、自然人……"根据上述规定，不良资产受让人是非金融资产管理公司的，无权向国有企业债务人主张不良债权受让日之后发生的利息。《最高人民法院关于如何理解最高人民法院法发〔2009〕19号〈会议纪要〉若干问题的请示之答复》指出，根据《纪要》的精神和目的，涉及非国有企业债务人的金融不良债权转让纠纷案件，亦应参照适用《纪要》的规定。根据本案查明的事实，渝康资管公司不是金融资产管理公司。因此，二审判决认定渝康资管公司属于《纪要》第九条规定的受让人，无权收取不良债权受让日之后的利息，并无不当。

【实务解析】

本案债权属于财政部委托中国农业银行管理和处置的股改剥离不良资产案件。根据《最高人民法院关于审理涉及中国农业银行股份有限公司处置股改剥离不良资产案件适用相关司法解释和司法政策的通知》的规定，人民法院在审理涉及中国农业银行受财政部委托处置其股改剥离的不良资产案件时，可以适用最高人民法院就审理涉及金融资产管理公司处置不良资产案件所发布的相关司法解释、司法政策及有关答复、通知的规定。需要注意的是，关于是否属于财政部委托中国农业银行管理和处置的股改剥离不良资产，需要当事人提供相关证明材料，根据上述通知，财政部驻各省、自治区、直辖市、计划单列市财政监察专员办事处出具的委托处置资产证明文件，可以作为人民法院确认农业银行处置的不良资产属于受财政部委托处置资产的依据。

《纪要》是最高人民法院于2009年商有关部门形成的规范性文件，是对特定时期、特定范围内的金融不良债权转让案件确立的特殊的处置规则，其目的是依法公正妥善地审理涉及金融不良债权转让案件，防止国有资产流失，保障金融不良债权处置工作的顺利进行。《纪要》第九条对金融不良债权受让日之后止付利息进行了规定，第十二条对《纪要》的适用范围，包括金融不良债权的转让时间及转让主体进行了限定，应当按照其适用范围的规定参照适用。《最高人民法院关于如何理解最高人民法院法发〔2009〕19号〈会议纪要〉若干问题的请示之答复》指出，根据《纪要》的精神和目的，涉及非国有企业债务人的金融不良债权转让纠纷案件，亦应参照适用《纪要》的规定。

本案中，最高人民法院认为，渝康资管公司系地方资产管理公司，经国务院决定设立的收购国有银行不良贷款，管理和处置因收购国有银行不良贷款形成的资产的国有独资非银行金融机构，不是《纪要》规定的金融资产管理公司，属于《纪要》第九条规定的受让人，故无权收取不良债权受让日之后的利息。

【法条链接】

《最高人民法院关于如何理解最高人民法院法发〔2009〕19号〈会议纪要〉若干问题的请示之答复》（〔2009〕民二他字第21号）

我院于2009年4月3日发布的法发〔2009〕19号《关于审理涉及金融不良债权转让案件工作座谈会纪要》（以下简称《纪要》）所要解决的问题实质是如何解决和化解计划经济时期形成的历史遗留问题。其主要目的在于规范金融不良债权转让行为，维护企业和社会稳定，防止国有资产流失，保障国家经济安全。根据《纪要》的精神和目的，涉及非国有企业债务人的金融不良债权转让纠纷案件，亦应参照适用《纪要》的规定。债务人未对不良债权转让合同的效力提出异议，但案件的事实和相关证据情况能够引发人民法院对不良债权转让合同效力产生合理怀疑的，人民法院可以依职权主动审查不良债权转让合同的效力。

四、非金融资产管理公司受让金融不良债权后，在执行程序中向非国有企业债务人主张受让日后利息的，不予支持

——玉林市富英房地产开发有限公司与广西海伦置业投资有限公司借款合同纠纷执行案

【案件来源】 最高人民法院（2020）最高法执监440号

【争议焦点】 非金融资产管理公司受让金融不良债权后，能否在执行程序中向非国有企业债务人主张受让日后的利息？

【裁判要旨】 执行程序亦可以适用《纪要》和《答复》规定，不良债权受让日或者《纪要》发布日之后，不再计付利息（含迟延履行期间的债务利息）。

【基本案情】

申诉人（申请执行人）：玉林市富英房地产开发有限公司（以下简称富英公司）

被执行人：广西海伦置业投资有限公司（原为广西海达房地产开发有限公司）（以下简称海伦公司）

1997年5月8日，中国银行防城支行（以下简称中行防城支行）与广西海达房地产开发有限公司（以下简称海达公司）签订借款合同，约定中行防城支行向海达公司发放贷款6102万元；2001年5月30日，2001年6月29日、7月30日、8月31日，中国银行防城港分行（以下简称中行防城港分行）与海达公司签订借款合同，约定中行防城港分行向海达公司分别发放贷款2000万元、480万元、480万元、480万元。之后，上述两银行依约发放了贷款。借款期满后，海达公司返还部分借款和利息。

2004年6月25日，中行防城支行、中行防城港分行分别与中国信达资产管理公司南宁办事处（以下简称信达公司南宁办事处）签订《债权转让协议》，约定中行防城支行、中行防城港分行将对借款人海达公司的债权转让给信达公司南宁办事处，债权划转时间为2003年12月31日，债权为截至2003年12月31日、2004年5月31日的余额，见债权清单。中行防城支行的债权清单载明，2003年12月31日本金余额3060万元，利息余额59,296,025.9元；中行防城港分行的债权清单载明，本金余额2699万元，利息余额2,115,010.82元。协议签订后，上述两银行分别将债权转让情况通知海达公司，2005年1月12日，海达公司在两份《债权转让通知》上签字盖章。

因海达公司未还款付息，信达公司南宁办事处遂于2006年9月15日向玉林市中级人民法院（以下简称玉林中院）提起诉讼。2007年11月6日，信达公司南宁办事处与富英公司签订《债权转让合同》，约定自2007年9月20日起将本案借款合同项下的权利义务全部转让给富英公司，转让价款为4305万元。合同载明转让债权的基准日为2007年9月20日。2007年11月6日，信达公司南宁办事处向玉林中院申请变更原告为富英公司。玉林中院于2008年6月16日作出（2006）玉中民二初字第44号民事判决，原告富英公司和被告海达公司均不服，向广西壮族自治区高级人民法院提起上诉，该院于2010年3月9日作出（2008）桂民二终字第111号民事判决，判决：一、撤销玉林中院（2006）玉中民二初字第44号民事判决；二、判决广西海达房地产开发有限公司返还借款本金5759万元及利息96,944,605.6元以及2007年9月21日起至2007年11月6日止的利息（计算方法：以5759万元为基数按中国人民银行规定的银行同期同类逾期贷款利率计算）给玉林市富英房地产开发有限公司。

后，富英公司以生效法律文书（2008）桂民二终字第111号民事判决书为执行依据申请玉林中院执行，该院依法立案执行，执行案号为（2010）玉中执字第17号。广西高院（2008）桂民二终字第111号民事判决中载明"海达公司应付款项，应于本案判决生效后十日内履行完毕。如果未按本判决指定的期限履行给付款项义务，应当依照《中华人民共和国民事诉讼法》第二百二十九条之规定，加倍支付迟延履行期间的债务利息……"2014年6月13日玉林中院作出玉中执字第17-1号《通知书》，告知富英公司：根据《海南纪要》及最高法4号答复，截至2013年12月30日，海伦公司尚欠富英公司债权为95,601,939.9元（含法院应收诉讼费、执行费960,620元）。据查，富英公司未提出异议。

申请执行人富英公司对该院作出的（2010）玉中执字第17号之二《通知书》即核算被执行人海伦公司尚欠其债务总额不服，向该院提出书面异议。富英公司称，玉林中院对本案债务利息的计算适用《纪要》及《答复》的规定，确认本案迟延履行期间的债务利息不予计算，从而确认被执行人海伦公司尚欠其公司的债务总额只为64,019,321.6元系适用法律错误，应当予以纠正。被执行人海伦公司应当加倍支付迟延履行期间的债务利息给其公司，本案的执行债权应按照其公司委托中众益（广西）会计师事务所有限公司玉林分所作出的《注册会计师执行商定程序的报告》中确定的数额，即截至2019年5月31日，被执行人海伦公司尚欠其公司的债务总额为182,804,389.01元。

法院查明，富英公司是经领取企业法人营业执照的自然人独资有限责任公司。海达公司于1994年3月4日成立，是经广西壮族自治区工商行政管理局批准领取企业法人营业执照的自然人独资有限公司，2010年4月14日，经广西壮族自治区工商行政管理局核准，海达公司变更企业名称为海伦公司，2011年10月31日，海伦公司向玉林中院申请变更本案被执行主体为海伦公司，该院于次日裁定变更海伦公司为本案被执行人。另查明，海伦公司不服广西高院（2008）桂民二终字第111号民事判决，向最高人民检察院申诉。2011年6月1日，该院向最高人民法院提出抗诉。最高人民法院指令广西高院再审。广西高院于2012年9月18日作出（2011）桂民再字第17号民事判决，维持（2008）

桂民二终字第111号民事判决。

玉林中院于2019年11月13日作出（2019）桂09执异355号执行裁定，裁定：驳回富英公司的异议请求。富英公司不服（2019）桂09执异355号执行裁定，向广西高院申请复议，请求：1.依法撤销该裁定及《通知书》；2.依法核算确定本案执行债权应当按照（2008）桂民二终字第111号判决计算加倍支付迟延履行期间的债务利息。

广西高院认为，本案债权从转让时间和转让主体看，属于《纪要》第十二条规定的商业性不良债权范畴，应当适用《纪要》。关于富英公司主张迟延履行期间的债务利息的问题。本案生效的法律文书中虽然载明，如果未按本判决指定的期限履行给付款项义务，应当依照《民事诉讼法》第二百二十九条之规定，加倍支付迟延履行期间的债务利息。根据《纪要》第十二条的规定，《纪要》发布前，非金融资产管理公司的机构或个人受让经生效法律文书确定的金融不良债权，或者受让的金融不良债权经生效法律文书确定的，发布日之前的利息按照相关法律规定计算；发布日之后不再计付利息。而《答复》（〔2013〕执他字第4号）进一步明确，受让日之后不再计付的利息，包括《民事诉讼法》规定的迟延履行利息。经审判委员会讨论，广西高院裁定：驳回玉林市富英房地产开发有限公司的复议申请，维持玉林市中级人民法院（2019）桂09执异355号执行裁定。

富英公司不服广西高院（2020）桂执复6号执行裁定，向最高人民法院提起申诉。最高人民法院经审理，裁定：驳回富英公司的申诉请求。

【法院观点】

执行程序中，人民法院有权对是否计算迟延履行期间的债务利息及计算标准等进行审查。本案的不良债权从转让时间和转让主体看，属于《纪要》第十二条规定不良债权范畴。关于《纪要》规定的金融不良债权转让案件中有关利息和迟延履行期间的债务利息的计算问题，最高人民法院经审判委员会讨论后于2013年11月26日作出《答复》明确"一、非金融机构受让经生效法律文书确定的金融不良债权能否在执行程序中向非国有企业债务人主张受让日后利息的问题，应当参照《纪要》的精神处理。二、根据《纪要》第十二条的规定，《纪要》不具有溯及力，《纪要》发布前，非金融资产管理公司的机构或个人受让经生效法律文书确定的金融不良债权，或者受让的金融不良债权经生效法律文书确定的，发布日之前的利息按照相关法律规定计算；发布日之后不再计付利息。《纪要》发布后，非金融资产管理公司的机构或个人受让经生效法律文书确定的金融不良债权的，受让日之前的利息按照相关法律规定计算；受让日之后不再计付利息。"根据上述规定，本案中的利息（包括迟延履行利息）应按照法律规定计算至《纪要》发布之日。即在执行程序中对于迟延履行期间的债务利息的计算，亦可参照《纪要》的精神处理。在本案执行程序中亦可以适用《纪要》和《答复》规定，根据《纪要》和《答复》精神，不良债权受让日或者《纪要》发布日之后，不再计付利息（含迟延履行期间的债务利息）。本案中，不良债权受让发生在《纪要》发布之前，《纪要》发布之后该不良债权才经生效法律文书认定，故不论在《纪要》发布日还是不良债权受让日前，本案尚未经生效法律文书认定，因为生效法律文书尚未作出，尚不具备产生迟延履行期间的债务利息的条件，故本案中，不论计算至受让日还是发布日，迟延履行期间的债务利息均应认定为零。申诉人主张的本案应支付迟延履行期间的债务利息的主张，与《纪要》和《答复》的精神相违背，不予支持。

【实务解析】

本案涉及两个层面的问题，第一，是否适用《纪要》及《答复》；第二，如果适用，则本案利息如何处理。关于第一个问题，案涉债权是中行防城支行、中行防城港分行于2004年6月25日转让给信达公司南宁办事处，从债权的转让时间和转让主体看，涉及最初转让方为国有银行、金融资产管理公司通过债权转让方式处置不良资产形成的案件。但本案企业债务人属于非国有企业债务人，并非国有企业债务人。根据最高人民法院《答复》精神，非金融机构受让经生效法律文书确定的金融不良债权能否在执行程序中向非国有企业债务人主张受让日后利息的问题，应当参照《纪要》的精神处理。故最高人民法院认为，根据《答复》精神，本案应当参照《纪要》精神处理。

关于第二个问题，根据《答复》意见，《纪要》不具有溯及力，《纪要》发布前，非金融资产管理公司的机构或个人受让经生效法律文书确定的金融不良债权，或者受让的金融不良债权经生效法律文书确定的，发布日之前的利息按照相关法律规定计算；发布日之后不再计付利息。《纪要》发布后，非金融资产管理公司的机构或个人受让经生效法律文书确定的金融不良债权的，受让日之前的利息按照相关法律规定计算；受让日之后不再计付利息。本案中，法院查明海伦公司不服广西高院（2008）桂民二终字第111号民事判决，向最高人民检察院申诉。2011年6月1日，该院向最高人民法院提出抗诉。最高人民法院指令广西高院再审。广西高院于2012年9月18日作出（2011）桂民再字第17号民事判决，维持（2008）桂民二终字第111号民事判决。故本案生效判决时间为2012年，属于纪要发布之后尚在一审阶段的涉及最初转让方为国有银行、金融资产管理公司通过债权转让方式处置不良资产形成的案件，受让日之前的利息按照相关法律规定计算；受让日之后不再计付利息。故本案债权受让日2007年9月20日之后不再计付利息。

此外，《民事诉讼法》第二百六十条规定的迟延履行期间的债务利息问题，根据《答复》精神，《民事诉讼法》第二百六十条规定的法定迟延履行金亦属于停息的范围。鉴于本案生效判决于2012年作出，不论在《纪要》发布日还是不良债权受让日前，本案尚未经生效法律文书认定，尚不具备产生迟延履行期间的债务利息的条件，故本案中，不论计算至受让日还是发布日，迟延履行期间的债务利息均应认定为零。

【法条链接】

《最高人民法院关于非金融机构受让金融不良债权后能否向非国有企业债务人主张全额债权的请示的答复》（〔2013〕执他字第4号）

湖北省高级人民法院：

你院《关于非金融机构受让金融不良债权后能否向非国有企业债务人主张全额债权的请示》（鄂高法〔2012〕323号）收悉。经研究并经我院审判委员会讨论决定，答复如下：

一、非金融机构受让经生效法律文书确定的金融不良债权能否在执行程序中向非国有企业债务人主张受让日后利息的问题，应当参照我院2009年3月30日《关于审理涉及金融不良债权转让案件工作座谈会纪要》（法发〔2009〕19号，以下简称《海南座谈会纪要》）的精神处理。

二、根据《海南座谈会纪要》第十二条的规定，《海南座谈会纪要》不具有溯及力。《海南座谈会纪要》发布前，非金融资产管理公司的机构或个人受让经生效法律文书确定的金融不良债权，或者受让的金融不良债权经生效法律文书确定的，发布日之前的利息按照相关法律规定计算；发布日之后不再计付利息。《海南座谈会纪要》发布后，非金融资产管理公司的机构或个人受让经生效法律文书确定的金融不良债权的，受让日之前的利息按照相关法律规定计算；受让日之后不再计付利息。

根据上述规定，本案中的利息（包括《中华人民共和国民事诉讼法》第二百五十三条的迟延履行利息）应按照法律规定计算至《海南座谈会纪要》发布之日。

五、主债务人进入破产程序后，担保债务是否停止计息

——成都禅德太阳能电力有限公司与北京银行股份有限公司昌平支行抵押合同纠纷案

【案件来源】北京市高级人民法院（2021）京民终 156 号

【争议焦点】主债务人进入破产程序后，主债权停止计息的效力是否及于担保人？

【裁判要旨】《企业破产法》第四十六条第二款未明确规定担保债务自破产申请受理时停止计息，债权人要求担保人承担债务人破产申请受理后的债权利息，本身并未加重担保人的担保责任，且如适用《最高人民法院关于适用〈中华人民共和国民法典〉有关担保制度的解释》第二十二条将显然背离债权人的合理预期，故涉案争议不适用该条的规定，担保债务不停止计息。

【基本案情】

上诉人（原审被告）：成都禅德太阳能电力有限公司（以下简称成都禅德公司）

被上诉人（原审原告）：北京银行股份有限公司昌平支行（以下简称北京银行昌平支行）

2015 年 8 月 25 日，北京银行昌平支行（甲方、抵押权人）与成都禅德公司（乙方、抵押人）签署《抵押协议》，约定：第一条总则为了确保中海阳公司（以下简称发行人）所发行之"中海阳能源集团股份有限公司（以下简称中海阳公司）2015 年北京股权交易中心中小企业私募债券"项下债权的实现，乙

方愿意以其所拥有的房产及土地使用权作为抵押资产,为本期债券提供抵押担保。第四章被担保的主债权种类和数额及抵押物第八条本协议项下被担保的主债权为发行人所发行的不超过 20,000 万元的本期债券。第九条本协议项下的抵押物为成都禅德公司名下房地产。第五章抵押担保的范围第十条本协议抵押担保范围包括:本期债券本金、利息、罚息、实现债权、抵押权的费用。第九章各方的权利和义务第二十一条甲方可以债券持有人会议决议的形式行使下述权利,出现下列情况之一时,有权处分部分或全部抵押资产,并从处分后的价款中优先受偿:(1)乙方或发行人在本协议有效期内被宣告解散、破产或歇业的;(2)本期债券项下还款期限已到,发行人未归还本金、利息及其他费用的;(3)出现使抵押权人在本期债券项下的债权难以实现或无法实现的其他情况。

2017 年 9 月 22 日,北京银行昌平支行(甲方、抵押权人)与成都禅德公司(乙方、抵押人)签署《补充协议》,约定:鉴于中海阳公司发行之本期债券因发行人资金问题需要续期,现抵押权人与抵押人达成如下补充协议:一、乙方知情并同意中海阳公司本期债券续期不超过两年,续期内的票面利率按(原文为空白)执行,偿还利息方式根据债券续期内约定利率及债券实际存续计息天数计算。二、乙方同意以其所拥有的《抵押协议》约定的房产及土地使用权作为抵押资产,为本期债券在续期内继续提供抵押担保。三、乙方同意甲方以自己名义代表全体债券持有人与乙方签订本补充协议代持并代为行使本补充协议及原抵押协议项下的包括但不限于抵押权在内的所有权利。四、本补充协议抵押担保范围包括:本期债券本金、利息、罚息、实现债权、抵押权的包括但不限于律师费、诉讼费、拍卖费及差旅费等相关费用……

中海阳公司的破产申请受理后,北京银行股份有限公司作为债权人向中海阳公司申报债权,具体为:申报债权金额:213,778,888.89 元(本金 20,000 万元、利息 13,778,888.89 元);债权形成过程:2015 年 8 月 28 日中海阳公司发行的 2015 年度中小企业私募债券取得了北京股权交易中心备案,北京银行股份有限公司认购了该私募债券。该债券于 2017 年 9 月 22 日到期。经协商,北京银行股份有限公司与中海阳公司签署《补充协议》,对债券续期两年,到期日为 2019 年 9 月 22 日,票面利率 9.2%/年。利息计算表中,利息起算日为 2017 年 9 月 22 日,截止日为 2019 年 2 月 26 日。上述债权已被中海阳公司破产管理人确认。

北京银行昌平支行向北京市第一中级人民法院提起诉讼，请求：1. 北京银行昌平支行对成都禅德公司提供抵押担保的位于双流县公兴镇草坪村的土地使用权及地上房产有权拍卖、变卖或折价，并就所得价款在债券本金 2 亿元、截至 2019 年 2 月 26 日的利息 13,778,888.89 元、自 2019 年 2 月 27 日起至实际清偿之日止的利息及实现债权、抵押权的律师费 20 万元范围内优先受偿；2. 诉讼费、保全费由成都禅德公司负担。

一审法院认为，本案为抵押合同纠纷，并非破产程序，担保人的担保责任范围的确定应当以当事人的约定为准，不应受破产程序的影响，即本案担保范围不因中海阳公司进入破产程序而变更。故判决：一、北京银行昌平支行有权以成都禅德公司名下土地及房产拍卖、变卖所得的价款在债权范围内优先受偿，债权范围：债券本金 2 亿元及利息（截至 2019 年 2 月 26 日的利息为 13,778,888.89 元；自 2019 年 2 月 27 日起至实际付清之日止，以 2 亿元为基数，按照年利率 9.2% 的标准计算）；二、驳回北京银行昌平支行的其他诉讼请求。

成都禅德公司不服一审判决，向北京市高级人民法院提起上诉，请求：1. 请求撤销一审判决第一项中"债权范围"中的"利息"部分；2. 请求改判一审判决第一项中"债权范围"不包括 2017 年 9 月 22 日至 2019 年 2 月 26 日的利息，共计 13,778,888.89 元；3. 请求改判一审判决第一项中"债权范围"不包括自 2019 年 2 月 27 日之后的利息；4. 请求判决由北京银行昌平支行承担诉讼费。二审法院经审理，判决：驳回上诉，维持原判。

【法院观点】

关于中海阳公司进入破产程序后，主债权停止计息的效力是否及于成都禅德公司。法院认为，中海阳公司进入破产程序后，主债权停止计息的效力不应及于担保人成都禅德公司。理由如下：首先，《企业破产法》第四十六条第二款规定："附利息的债权自破产申请受理时起停止计息"，该条是债务人进入破产程序后对债权利息如何止付所作的特别规定，但仅规定破产债务人与其债权人之间如何在该程序中计息问题，并未涉及担保人。其次，担保制度的设立目的即预防债务人不能清偿的风险，成都禅德公司在签订《抵押协议》《补充协议》时，已经预见其有可能要代替主债务人中海阳公司承担包括本金、利息在内的全部债务。无论债务人是否破产，该责任和风险在上述协议签订之时即已存在，并不因债务人破产这一事实的出现而消减或免除。因此，北京银行昌平支行要求成都禅德公司承担破产申请受理后的债权利息，本身并未加重成都禅德公司的担保责任。最后，《最高人民法院关于适用〈中华人民共和国民法典〉有关担保制度的解释》第二十二条规定，人民法院受理债务人破产案件后，债权人请求担保人承担担保责任，担保人主张担保债务自人民法院受理破产申请之日起停止计息的，人民法院对担保人的主张应予支持。《最高人民法院关于适用〈中华人民共和国民法典〉时间效力的若干规定》第三条明确规定，民法典施行前的法律事实引起的民事纠纷案件，当时的法律、司法解释没有规定而民法典有规定的，可以适用民法典的规定，但是明显减损当事人合法权益、增加当事人法定义务或者背离当事人合理预期的除外。因案涉《抵押协议》第二十一条约定，成都禅德公司或中海阳公司在本协议有效期内被宣告解散、破产或歇业的，北京银行昌平支行有权处分部分或全部抵押资产，并从处分后的价款中优先受偿。即在《抵押协议》签订时，北京银行昌平支行与成都禅德公司均认可在中海阳公司进入破产程序后，以抵押财产价值实现北京银行昌平支行的全部债权。如果适用《最高人民法院关于适用〈中华人民共和国民法典〉有关担保制度的解释》第二十二条的规定，显然背离了北京银行昌平支行的合理预期。故成都禅德公司应对担保协议项下的全部债务承担担保责任。一审法院相关认定正确，二审法院予以维持。

【实务解析】

《企业破产法》第四十六条第二款规定了"附利息的债权自破产申请受理时起停止计息"，此处指破产债务人自身的债务停止计息，而担保人所应承担的担保债务是否同日停止计息，《企业破产法》及相关司法解释未明确规定，长期以来理论界及司法实践中均存在较大争议。一种观点认为，基于保证债务的从属性，其所承担的债务范围不应大于主债务人，故担保人无需对破产申请受理之日后的债务利息承担担保责任。另一种观点认为，《企业破产法》的立法目的旨在通过破产程序实现概括式集体清偿，并非免除保证人的保证债务；主债务基于《企业破产法》的特别规定予以停息，但该债权并未实质消灭，故担保人对停止计息后的期间内所产生的利息承担保证责任不违背担保债务从属性的基本原则。《最高人民法院关于适用〈中华人民共和国民法典〉有关担保制度的解释》的出台统一了对该问题的裁判规则：人民法院受理债务人破产案件后，债权人请求担保人承担担保责任，担保人主张担保债务自人民法院受理破产申请之日起停止计息的，人民法院对担保人的主张应予支持。

《最高人民法院关于适用〈中华人民共和国民法典〉有关担保制度的解释》实施后，民法典施行前的法律事实引起的担保纠纷案件，如担保人援引该司法解释第二十二条主张担保债务自人民法院受理破产申请之日起停止计息的，法院是否支持？通过司法裁判案例可见，部分法院支持了担保人依据该司法解释提出的停止计息主张，部分法院并未支持。支持的法院认为，民法典实施之前并无法律及司法解释明确规定，民法典实施后相关司法解释对此作了规定，按照《最高人民法院关于适用〈中华人民共和国民法典〉时间效力的若干规定》第三条规定，应当适用民法典及其解释的相关规定；或者虽不宜直接援引《最高人民法院关于适用〈中华人民共和国民法典〉有关担保制度的解释》第二十二条作为裁判依据，但是该条规定亦从一个角度说明了主债务因破产程序而停止计息的效力应及于担保债务这一法理。本案中，法院未支持担保人关于担保债务因主债务人进入破产程序而停止计息的观点。北京高院认为，依据《最高人民法院关于适用〈中华人民共和国民法典〉时间效力的若干规定》第三条规定，民法典施行前的法律事实引起的民事纠纷案件，当时的法律、司法解释没有规定而民法典有规定的，可以适用民法典的规定，但是明显减损当事人合法权益、增加当事人法定义务或者背离当事人合理预期的除外。如果适用《最高人民法院关于适用〈中华人民共和国民法典〉有关担保制度的解释》第二十二条的规定，显然背离了北京银行昌平支行的合理预期，故成都禅德公司应对担保协议项下的全部债务承担担保责任。

综上，对于民法典施行前的法律事实引起的担保纠纷案件，是否适用《最高人民法院关于适用〈中华人民共和国民法典〉有关担保制度的解释》第二十二条对担保债务自人民法院受理债务人破产申请之日起停止计息，司法裁判观点并不统一，建议充分考虑该问题可能导致的相关法律风险。

【法条链接】

《中华人民共和国企业破产法》

第四十六条第二款　附利息的债权自破产申请受理时起停止计息。

《最高人民法院关于适用〈中华人民共和国民法典〉有关担保制度的解释》（法释〔2020〕28号）

第二十二条 人民法院受理债务人破产案件后，债权人请求担保人承担担保责任，担保人主张担保债务自人民法院受理破产申请之日起停止计息的，人民法院对担保人的主张应予支持。

《最高人民法院关于适用〈中华人民共和国民法典〉时间效力的若干规定》（法释〔2020〕15号）

第三条 民法典施行前的法律事实引起的民事纠纷案件，当时的法律、司法解释没有规定而民法典有规定的，可以适用民法典的规定，但是明显减损当事人合法权益、增加当事人法定义务或者背离当事人合理预期的除外。

六、民事调解书未约定迟延履行期间加倍利息的，债权人能否要求债务人承担该迟延履行责任

——桂林彰泰实业集团有限公司与广西丽诚东投资有限公司等金融不良债权追偿纠纷执行复议案

【案件来源】最高人民法院（2019）最高法执复45号

【争议焦点】本案是否适用《纪要》关于自债权转让日之后利息止付的规定？调解协议未约定迟延履行期间计付加倍利息的，申请执行人可否要求被执行人承担该迟延履行责任？

【裁判要旨】本案债权最初的转让时间和转让主体与《纪要》第十二条的规定不符，故不应适用《纪要》关于自受让日后停止计付利息的规定。不履行调解协议的当事人承担了调解书确定的民事责任后，对方当事人又要求其承担民事诉讼法规定的迟延履行责任的，人民法院不予支持。

【基本案情】

复议申请人（申请执行人）：桂林彰泰实业集团有限公司（以下简称彰泰公司）

复议申请人（被执行人）：广西丽诚东投资有限公司（原广西丽原投资有限公司，于2018年4月12日变更名称，以下简称丽诚东公司）、黄某东

广西壮族自治区高级人民法院（以下简称广西高院）在审理原告中国长城

资产管理股份有限公司广西壮族自治区分公司（以下简称长城资管广西分公司）诉被告丽诚东公司（原广西丽原投资有限公司）、黄某东金融不良债权追偿纠纷一案中，于2017年7月24日作出（2017）桂民初21号民事调解书，确认："一、截至2017年7月11日止，被告丽诚东公司欠原告长城资管广西分公司借款本金36,740万元、利息5472.248,891万元、复利514.72971万元、违约金430.780,016万元，合计人民币43,157.758617万元，限于2017年7月31日前一次性付清。2017年7月12日起至还清之日止的利息，以本金36,740万元为基数，按年利率17.9%计算，限于2017年7月31日前一次性付清。如逾期不能还清，则应继续按年利率17.9%计付尚欠本金的利息，直至全部本金还清……"调解书生效后，丽诚东公司、黄某东没有按时履行法律文书确定的义务，长城资管广西分公司于2017年8月11日向广西高院申请执行，同日，该院以（2017）桂执11号案件予以立案执行。

2018年6月7日，长城资管广西分公司发布对丽诚东公司债权资产的公开竞价转让公告，该公告载明："债权情况：债权一为21,353.76万元本金及利息和罚息、违约金：……"2018年6月12日，长城资管广西分公司与彰泰公司签订《债权转让协议》，该协议书第2.1.6条载明，甲方（长城资管广西分公司）在该协议及附件所列贷款债权的本金余额是根据甲方与债务人的确认，账面利息17,640,846.76元的计算方法是按生效民事调解书的规定计算截至基准日2018年5月31日，包含一般债务利息及迟延履行期间的加倍利息（如调解书中有明确，则计算）。甲方对上述瑕疵或风险不发表任何判断性结论，由乙方（彰泰公司）自行作出判断，甲方不承担任何责任。债权转让协议书附件一即贷款债权明细表载明，该案债务人丽诚东公司，担保人丽诚东公司、黄某东；账面本金余额213,537,619.08元，账面利息7,644,646.76元，账面复利5,147,297.10元，账面违约金4,307,800.16元，应返还的案件受理费、财产保全费、评估费1,045,255.50元，合计231,682,618.60元。

法院查明，根据广西高院（2017）桂民初21号调解书中长城资管广西分公司向该院提出诉求时载明，2012年6月21日、8月16日兴业国际信托有限公司（以下简称兴业信托公司）与广西丽原投资有限公司（以下简称丽原公司）先后两次签署信托贷款合同，并向丽原公司发放了本金40,000万元人民币的贷款。2014年4月25日，兴业信托公司与长城资管广西分公司签订《债权转让协议》，将其对丽原公司拥有的40,000万元债权以40,000万元的价格转让给长城资管广西分公司，并约定丽原公司应按年利率13%计付利息，逾期还款的，则按年利率16.9%计付罚息等。

丽原公司于2018年4月12日在南宁市行政审批局变更登记为丽诚东公司。2018年6月12日，申请执行人长城资管广西分公司向广西高院递交变更申请执行人申请书，请求该院将申请执行人变更为彰泰公司。广西高院于2018年7月30日作出（2017）桂执11号之七执行裁定，将该案申请执行人由长城资管广西分公司变更为彰泰公司。

在执行中，通过被执行人的自动履行及案外人代为偿还债务的方式，广西高院已于2018年7月6日执行到位金额共488,142,416.83元。上述执行款到位后，广西高院依法确定了该案的利息计算方法，经计算，被执行人应支付的该案剩余执行款为232,939,272.86元（含本金、利息、复利、违约金、诉讼费），该款已从该院执行账户中支付给了彰泰公司。此外，扣除该案申请执行费500,017.84元，该院业已将多扣的执行款2,561,191.86元退还给了被执行人丽诚东公司。至此，该院实际支付给申请执行人的款项为485,081,207.13元，遂于2018年7月30日作出（2017）桂执11号之九结案通知书。

申请执行人彰泰公司对广西高院作出的（2017）桂执11号之九结案通知书不服，向广西高院提出书面异议称，因该案结案通知书没有列明计算标准和计算方式，而且计算利息有误，没有计算其公司受让长城资管广西分公司以后即2018年6月12日至实际清偿之日止的利息；也没有依法计算被执行人迟延履行期间的加倍利息，即2017年8月1日起至清偿之日止的利息。广西高院已支付的执行款232,934,272.86元与其公司所主张的254,452,242.98元存在巨大差异，故请求撤销该结案通知书，依法继续强制执行被执行人21,517,970.12元。

广西高院认为，根据该案查明的事实，长城资管广西分公司与丽诚东公司双方当事人在借款时，合同约定的利息按年利率为13%计付，逾期还款的，则按年利率16.9%计付罚息等。后在广西高院主持调解下，经双方协商，自愿在原来约定的基础上，加上利息、复利、违约金，最后确定了按照年利率17.9%计算，如逾期不能还清，则应继续按年利率17.9%计付尚欠本金的利息，直至全部本金还清。这是双方当事人的意思表示，不违反法律的规定，并被生效调解书所确认。彰泰公司主张其在收到执行款 232,934,272.86 元后，应增加从其公司受让债权后至实际清偿之日止即从 2018 年 6 月 13 日起至同年 7 月 6 日止的债务利息的异议理由成立，该院予以支持，利息计算方法为：以 213,537,619.08 元为本金基数，按年利率 17.9% 计算；但其主张计付迟延履行期间的加倍利息没有事实和法律依据，不予支持。广西高院于 2018 年 12 月 28 日作出（2018）桂执异 19 号执行裁定：撤销（2017）桂执 11 号之九结案通知书；对丽诚东公司应付给彰泰公司的利息部分重新计算。

彰泰公司、丽诚东公司、黄某东均不服广西高院作出的（2018）桂执异 19 号执行裁定，向最高人民法院申请复议。彰泰公司请求支持其主张，计算并支付迟延履行期间加倍利息。丽诚东公司、黄某东请求撤销广西高院（2018）桂执异 19 号执行裁定，维持该院（2017）桂执 11 号之九结案通知书。最高人民法院经审理认为，广西高院（2018）桂执异 19 号执行裁定并无不当，应予维持，故裁定：驳回桂林彰泰实业集团有限公司、广西丽诚东投资有限公司、黄某东的复议申请。

【法院观点】

本案焦点问题为：关于本案是否应当参照《纪要》规定于彰泰公司受让债权后停止计算利息；关于是否支持本案迟延履行期间计付加倍利息。

1. 关于本案是否应当参照《纪要》规定于彰泰公司受让债权后停止计算利息。

第一，《纪要》是最高人民法院于 2009 年商有关部门形成的规范性文件，《纪要》第九条对金融不良债权受让日之后止付利息进行了规定，第十二条对《纪要》的适用范围，包括金融不良债权的转让时间及转让主体进行了限定，因此，《纪要》是对特定时期、特定范围内的金融不良债权转让案件确立的特殊的处置规则，其目的是依法公正妥善地审理涉及金融不良债权转让案件，防止国有资产流失，保障金融不良债权处置工作的顺利进行，维护社会公共利益和相关当事人合法权益，应当按照其适用范围的规定参照适用。如果将《纪要》适用范围以外的一般金融不良债权转让案件一律参照适用《纪要》精神，既没有明确的法律及司法文件依据，亦与依法平等保护各类民事主体财产权益的司法精神相悖。本案中，案涉金融不良债权最初转让发生于 2014 年

4月25日，由兴业信托公司转让给长城资管广西分公司；该债权第二次转让发生于2018年6月12日，由长城资管广西分公司转让给彰泰公司。可见，债权最初的转让时间和转让主体与《纪要》第十二条的规定不符，故不应适用《纪要》关于自受让日后停止计付利息的规定。第二，《纪要》第十二条规定："《纪要》的内容和精神仅适用于在《纪要》发布之后尚在一审或者二审阶段的涉及最初转让方为国有银行、金融资产管理公司通过债权转让方式处置不良资产形成的相关案件。"《答复》从配合金融体制改革，推进金融不良债务处置工作，解决历史遗留问题的政策导向出发，明确了执行程序中对于迟延履行利息的计算，也参照适用该规则。但该答复意见所涉案件中的金融不良债权属于《纪要》第十二条规定的特定范围内的债权。因此，该答复意见所涉案件基本事实与本案不符，对本案不具有指导意义。因此，本案不属于《纪要》规定的特定范围内的金融不良债权转让案件，丽诚东公司、黄某东关于应适用《纪要》第九条的规定于彰泰公司受让债权后停止计算利息的主张，不予支持。

2. 关于是否支持本案迟延履行期间计付加倍利息。

根据该案查明的事实，长城资管广西分公司与丽诚东公司在（2017）桂民初21号民事调解书中约定："2017年7月12日起至还清之日止的利息，以本金36,740万元为基数，按年利率17.9%计算，限于2017年7月31日前一次性付清。如逾期不能还清，则应继续按年利率17.9%计付尚欠本金的利息，直至全部本金还清。"长城资管广西分公司与丽诚东公司经协商，自愿确定了17.9%的年利率，如逾期不能还清，则继续按年利率17.9%计付尚欠本金的利息，直至全部本金还清。根据《最高人民法院关于人民法院民事调解工作若干问题的规定》（2008年）第十条的规定，人民法院对于调解协议约定一方不履行协议应当承担民事责任的，应予准许。第十九条规定，调解书确定的担保条款条件或者承担民事责任的条件成就时，当事人申请执行的，人民法院应当依法执行。不履行调解协议的当事人按照前款规定承担了调解书确定的民事责任后，对方当事人又要求其承担民事诉讼法规定的迟延履行责任的，人民法院不予支持。且从长城资管广西分公司与彰泰公司签订的《债权转让协议》、附件一和附件一中所列利息的计算表以及长城资管广西分公司的债权转让公告来看，长城资管广西分公司也并未向丽诚东公司主张迟延履行期间的加倍利息。因此，彰泰公司受让债权后，向丽诚东公司主张迟延履行期间的加倍利息缺乏法律依据，违反当事人的意思自治原则，不予支持。

【实务解析】

关于本案债权是否应当参照《纪要》规定于彰泰公司受让后停止计算利息，最高人民法院在本案中进行了充分的说理，具有重要的参考价值，此处不再赘述。

关于民事调解书对迟延履行期间加倍利息没有明确的情况下，债务人是否需要承担该迟延履行责任。本案中，最高人民法院认为，此种情况应适用《最高人民法院关于人民法院民事调解工作若干问题的规定》第十五条"调解书确定的担保条款条件或者承担民事责任的条件成就时，当事人申请执行的，人民法院应当依法执行。不履行调解协议的当事人按照前款规定承担了调解书确定的民事责任后，对方当事人又要求其承担民事诉讼法第二百五十三条规定的迟延履行责任的，人民法院不予支持"的规定，即民事调解书对迟延履行期间加倍利息没有明确的情况下，债务人在承担了民事调解书确定的民事责任之后，债权人又要求其承担民事诉讼法规定的迟延履行责任的，法院不予支持。因此，彰泰公司受让债权后，向丽诚东公司主张迟延履行期间的加倍利息缺乏法律依据，违反当事人的意思自治原则，不予支持。然而，司法实践中对于该问题存在争议，例如，最高人民法院在合肥高新技术产业开发区社会化服务公司、江西赛维LDK太阳能高科技有限公司破产债权确认纠纷再审民事判决书［（2018）最高法民再25号］中就持相反观点。故，为防范迟延履行期间加倍利息不被法院支持的风险，建议债权人在与债务人达成民事调解时，在民事调解书中明确约定债务人的迟延履行责任。

此外，司法实践中关于迟延履行责任的计算问题，需要注意以下两点：（1）关于迟延履行期间债务利息的起算时间点问题。根据《最高人民法院关于适用〈中华人民共和国民事诉讼法〉的解释》第五百零四条规定，被执行人迟延履行的，迟延履行期间的利息或者迟延履行金自判决、裁定和其他法律文书指定的履行期间届满之日起计算。（2）关于迟延履行期间债务利息的计算方法及适用法律依据问题。最高人民法院先后发布两份司法解释，规定了不同的具体计算方法。2009年5月18日起施行的《最高人民法院关于在执行工作中如何计算迟延履行期间的债务利息等问题的批复》（法释〔2009〕6号）规定：迟延履行期间的债务利息＝法律文书确定的金钱债务×同期贷款基准利率×2×迟延履行期间。而2014年8月1日起施行的《最高人民法院关于执行程序中计算迟延履行期间的债务利息适用法律若干问题的解释》（法释〔2014〕8号）规定：迟延履行期间的债务利息＝一般债务利息＋加倍部分债务利息。迟延履行期间的一般债务利息，根据生效法律文书确定的方法计算；生效法律文书未确定给付该利息的，不予计算。加倍部分债务利息的计算方法为：加倍部分债务利息＝债务人尚未清偿的生效法律文书确定的除一般债务利息之外的金钱债务×日万分之一点七五×迟延履行期间。该解释第七条第一款规定："本解释施行时尚未执行完毕部分的金钱债务，本解释施行前的迟延履行期间债务利息按照之前的规定计算；施行后的迟延履行期间债务利息按照本解释计算。"故，迟延履行期间债务利息需要根据金钱债务的具体情况按照上述司法解释的规定具体计算。

【法条链接】

《最高人民法院关于审理涉及金融不良债权转让案件工作座谈会纪要》（法发〔2009〕19号）

九、关于受让人收取利息的问题

会议认为，受让人向国有企业债务人主张利息的计算基数应以原借款合同本金为准；受让人向国有企业债务人主张不良债权受让日之后发生的利息的，人民法院不予支持。但不良债权转让合同被认定无效的，出让人在向受让人返还受让款本金的同时，应当按照中国人民银行规定的同期定期存款利率支付利息。

《最高人民法院关于非金融机构受让金融不良债权后能否向非国有企业债务人主张全额债权的请示的答复》（〔2013〕执他字第4号）

湖北省高级人民法院：

你院《关于非金融机构受让金融不良债权后能否向非国有企业债务人主张全额债权的请示》（鄂高法〔2012〕323号）收悉。经研究并经我院审判委员会讨论决定，答复如下：

一、非金融机构受让经生效法律文书确定的金融不良债权能否在执行程序中向非国有企业债务人主张受让日后利息的问题，应当参照我院2009

年 3 月 30 日《关于审理涉及金融不良债权转让案件工作座谈会纪要》(法发〔2009〕19 号，以下简称《海南座谈会纪要》) 的精神处理。

二、根据《海南座谈会纪要》第十二条的规定，《海南座谈会纪要》不具有溯及力。《海南座谈会纪要》发布前，非金融资产管理公司的机构或个人受让经生效法律文书确定的金融不良债权，或者受让的金融不良债权经生效法律文书确定的，发布日之前的利息按照相关法律规定计算；发布日之后不再计付利息。《海南座谈会纪要》发布后，非金融资产管理公司的机构或个人受让经生效法律文书确定的金融不良债权的，受让日之前的利息按照相关法律规定计算；受让日之后不再计付利息。

根据上述规定，本案中的利息（包括《中华人民共和国民事诉讼法》第二百五十三条的迟延履行利息）应按照法律规定计算至《海南座谈会纪要》发布之日。

《最高人民法院关于如何理解最高人民法院法发〔2009〕19 号〈会议纪要〉若干问题的请示之答复》(〔2009〕民二他字第 21 号)

我院于 2009 年 4 月 3 日发布的法发（2009）19 号《关于审理涉及金融不良债权转让案件工作座谈会纪要》(以下简称《纪要》) 所要解决的问题实质是如何解决和化解计划经济时期形成的历史遗留问题。其主要目的在于规范金融不良债权转让行为，维护企业和社会稳定，防止国有资产流失，保障国家经济安全。根据《纪要》的精神和目的，涉及非国有企业债务人的金融不良债权转让纠纷案件，亦应参照适用《纪要》的规定。债务人未对不良债权转让合同的效力提出异议，但案件的事实和相关证据情况能够引发人民法院对不良债权转让合同效力产生合理怀疑的，人民法院可以依职权主动审查不良债权转让合同的效力。

七、借款人已经依据贷款主合同按时支付了贷款利息，且又依据其他合同或协议支付了以服务费等为名义的额外费用的，对该部分费用，可视情况抵扣本金

——中国华融资产管理股份有限公司上海自贸试验区分公司与上海智富茂城置业有限公司等金融借款合同纠纷案

【案件来源】最高人民法院（2019）最高法民终 78 号

【争议焦点】 若在贷款期间，借款人已经依据贷款主合同按时支付了贷款利息，且又依据其他合同或协议支付了以服务费等为名义的额外费用，则对该部分费用应如何认定？能否抵扣借款本金？

【裁判要旨】 若在贷款期间内，借款人已经依据贷款主合同按时支付了贷款利息，且又依据其他合同或协议支付了以服务费等为名义的额外费用，则对该部分费用，法院可准予抵扣本金。

【基本案情】

上诉人（原审被告）：上海智富茂城置业有限公司（以下简称智富茂城）

被上诉人（原审原告）：中国华融资产管理股份有限公司上海自贸试验区分公司（以下简称华融资产）

被上诉人（原审原告）：上海农村商业银行股份有限公司宝山支行（以下简称农商行宝山支行）

原审被告：智富企业发展（集团）有限公司（以下简称智富发展）、丁某富、严某文

2011年3月11日，中国工商银行股份有限公司上海市分行营业部（以下简称工行上海分行）、农商行宝山支行与智富茂城三方签订了《银团贷款协议》一份，约定各贷款人分别地而非连带地同意根据本协议的条款和条件向借款人提供总金额不超过15亿元的贷款。贷款期限为8年，自首个提款日起至贷款到期日止，暂从2011年3月31日至2019年3月30日。

2011年4月21日和2011年12月2日，工行上海分行作为担保代理行与智富茂城签订了《房地产抵押协议》，约定智富茂城以其名下上海市普陀区房产为工行上海分行、农商行宝山支行向其发放的银团借款提供抵押担保，并完成了抵押权登记。2015年3月30日，工行上海分行作为担保代理行与智富发展、丁某富、严某文签订了《保证协议》，智富发展、丁某富、严某文自愿为工行上海分行、农商行宝山支行向智富茂城发放的银团借款提供连带责任担保。

2011年4月至2015年12月，工行上海分行向智富茂城发放借款金额80,834万元，农商行宝山支行向智富茂城发放借款金额40,418万元。2013年1月9日、2015年3月30日、2017年3月30日工行上海分行、农商行宝山支行与智富茂城等签订三份《银团贷款补充协议》，对还款计划进行了三次调整。

庭审中工行上海分行表述，智富茂城向其归还本金 70,058,000 元，截至 2018 年 3 月 20 日没有欠息。农商行宝山支行表述，智富茂城向其归还本金 35,029,000 元，截至 2018 年 3 月 20 日没有欠息。智富茂城、智富发展、丁某富和严某文对此均予以确认。一审另查明：智富茂城提交 16 份支付凭证证明其已归还工行上海分行贷款本金 4538 万元。但支付凭证在用途栏中均未记载归还贷款本金，而是记载"资金安排费""托管费""银团安排费"等用途。虽然智富茂城抗辩称付费项目用途都是根据工行上海分行的要求来写的，但其并未否认工行上海分行反驳证据的真实性。而工行上海分行举证的相关协议中，智富茂城承诺向工行上海分行支付"银团贷款安排费""托管费"等费用。

工行上海分行、农商行宝山支行向上海市高级人民法院提出起诉，请求：1. 判令智富茂城立即向工行上海分行支付借款本金人民币 738,282,000 元（以下币种同），同时要求以欠款本金 738,282,000 元为基数按照逾期罚息利率 8.232% 支付自 2018 年 3 月 21 日起至实际清偿日止的逾期利息（如中国人民银行贷款基准利率发生调整，则逾期罚息利率按照涉案《银团贷款协议》的约定进行调整）；2. 判令智富茂城立即向农商行宝山支行支付借款本金 369,151,000 元，同时要求以欠款本金 369,151,000 元为基数按照逾期罚息利率 8.232% 支付自 2018 年 3 月 21 日起至实际清偿日止的逾期利息（如中国人民银行贷款基准利率发生调整，则逾期罚息利率按照涉案《银团贷款协议》的约定进行调整）；3. 判令智富发展、丁某富、严某文为智富茂城的上述第一项、第二项债务承担连带保证责任；……

一审法院认为，工行上海分行、农商行宝山支行与智富茂城、智富发展、丁某富、严某文分别签订的《银团贷款协议》《房地产抵押协议》《保证协议》《银团贷款补充协议》等，均系当事人的真实意思表示，合法有效，各方当事人均应恪守约定并按约履行各自的义务。工行上海分行主张其是基于银团贷款项目收取了相关安排费、托管费等已充分举证，有事实依据，对此予以确认。再结合智富茂城称工行上海分行非法收取的费用应在本案中作为本金、利息一并计算。由此可见，智富茂城亦明知支付凭证所记载的款项实则并非归还本案系争贷款，其庭后举证的该部分支付费用显然与本案系争贷款属于不同的法律关系，不能作为已归还本金予以抵扣。

一审法院判决：一、智富茂城应于判决生效之日起十日内支付工行上海分行贷款本金人民币 738,282,000 元；二、智富茂城应于本判决生效之日起十日内支付工行上海分行自 2018 年 3 月 21 日起至实际清偿日止的逾期利息（以本金人民币 738,282,000 元为基数按照逾期罚息利率 8.232% 支付，如中国人民银行贷款基准利率发生调整，则逾期罚息利率按照涉案《银团贷款协议》的约定进行调整）；三、智富茂城应于判决生效之日起十日内向农商行宝山支行支付借款本金人民币 369,151,000 元；四、智富茂城应于判决生效之日起十日内向农商行宝山支行支付自 2018 年 3 月 21 日起至实际清偿日止的逾期利息（以本金人民币 369,151,000 元为基数按照逾期罚息利率 8.232% 支付，如中国人民银行贷款基准利率发生调整，则逾期罚息利率按照涉案《银团贷款协议》的约定进行调整）……

智富茂城不服一审民事判决，向最高人民法院提起上诉，请求：（1）撤销一审判决第一项，依法改判智富茂城向工行上海分行还款的贷款本金中扣除 4538 万元（暂按照此数额计算，最终按法院判决确认的数额为准）。（2）撤销一审判决第二项，依法改判智富茂城无需向工行上海分行承担逾期罚息，相关利息应按照原合同约定的利率自 2018 年 3 月 21 日起计算；且应扣除自 2011 年 7 月至 2014 年 9 月智富茂城已分期偿还的本金金额 4538 万元所对应的利息的金额，并将此多付的利息作为本金予以扣除。（3）撤销一审判决第四项，依法改判智富茂城无需向农商行宝山支行承担逾期罚息，相关利息应按照原合同约定的利率自 2018 年 3 月 21 日起计算。（4）一审案件受理费 5,584,771.66 元由工行上海分行、农商行宝山支行承担。（5）二审案件受理费由工行上海分行、农商行宝山支行承担。

二审法院另查明：关于 3405 万元的银团安排费。2011 年 3 月 11 日，工行上海分行与智富茂城签订的《银团贷款协议》约定，借款人智富茂城应当支付给工行上海分行银团费用，包括工行上海分行为银团贷款而产生的谈判、准备、起草及签署而产生的法律服务费用和其他费用，以及为维护工行上海分行及农商行宝山支行利益而对协议文本的补充、修订而产生的合理成本费用开支，包括但不限于评估、审计、登记、公证、保险等。2011 年 3 月 14 日，智富茂城向工行上海分行出具《银团贷款安排费用支付承诺函》，该函件载明，智富茂城委托工行上海分行作为安排行及牵头行，为"金光商务区东侧 B1-9 地块（智富名品城二期商用房）开发项目"组织安排总金额不超过人民币壹拾伍亿元的银团贷款之银团已完成组建,且各方已经签署包括合同编号为 20110311 的《人民币壹拾伍亿元银团贷款协议》在内的贷款文件。智富茂城承诺自 2011 年 3 月 31 日至 2013 年 12 月 21 日间分十二期共支付工行上海分行 5000 万元银团安排费。承诺函还载明,承诺函的签署和提交构成贷款协议下首次提款的先决条件之一,承诺函应作为贷款文件的一部分,一旦智富茂城违反承诺函项下的任何事项,将被视为对贷款协议的违反,工行上海分行有权根据贷款协议的有关规定宣布贷款违约并采取相应的违约救济。后智富茂城在 2011 年 3 月至 2014 年 6 月间,分九次共计支付银团贷款安排费 3405 万元。

关于 582 万元的资金托管费。2011 年 3 月 21 日,智富茂城与工行上海分行签订《贷款资金托管协议》,之后智富茂城于 2011 年 7 月 28 日向工行上海分行支付托管费用 122 万元。2013 年 6 月 25 日,智富茂城与工行上海分行签订《安心账户(客户融入资金)托管协议》,之后智富茂城于 2013 年 6 月 27 日向工行上海分行支付托管费用 260 万元。2013 年 12 月 17 日,智富茂城与工行上海分行签订《安心账户(客户融入资金)托管协议》,之后智富茂城于 2013 年 12 月 31 日向工行上海分行支付托管费用 200 万元。上述协议约定,工行上海分行为智富茂城提供针对案涉银团贷款的资金托管服务。

关于 136 万元的贸易金融服务费。2013 年 12 月 17 日,智富茂城与工行上海分行签订《贸易金融服务协议》,约定工行上海分行为智富茂城提供综合性金融服务,包括商业资信调查及商品库存管理。之后,智富茂城分别于 2013 年 4 月 8 日、2013 年 12 月 31 日向工行上海分行支付贸易融资安排费 51 万元、85 万元。

关于 300 万元的财务顾问费。2013 年 12 月 17 日,智富茂城与工行上海分行签订《财务顾问服务协议》,约定工行上海分行为智富茂城就"智富名品城二期"项目提供财务顾问服务。之后智富茂城于 2014 年 9 月 10 日向工行上海分行支付财务顾问费 300 万元。

关于 115 万元的国际业务服务费。2013 年 12 月 17 日,智富茂城与工行上海分行签订《中国工商银行国际业务综合服务协议》,约定工行上海分行为智富茂城提供国际业务相关专业性服务,包括国际风险咨询、海外银行及境外交易对手信息查询、协助选择国际贸易最佳结算方式。之后智富茂城于 2013 年 12 月 31 日向工行上海分行支付国际业务服务费 115 万元。

此外，智富茂城在向工行上海分行支付上述 3405 万元的银团安排费、582 万元的资金托管费、136 万元的贸易金融服务费、300 万元的财务顾问费、115 万元的国际业务服务费合计 4538 万元时，对银团贷款并无欠付利息。

二审庭审期间，工行上海分行申请变更其诉讼主体资格为华融资产，并向法庭提交其与华融资产签订的《资产转让协议》《债权转让协议》以及相应转让通知，法院审查后裁定变更诉讼主体为华融资产。

最高人民法院二审判决：一、维持上海市高级人民法院（2018）沪民初3号判决第三项；二、撤销一审民事判决第一项、第二项、第四项、第五项、第六项；三、智富茂城应于本判决生效之日起十日内支付华融资产贷款本金692,902,000 元；四、智富茂城应于本判决生效之日起十日内支付华融资产自 2018 年 3 月 21 日起至实际清偿日止的逾期利息（以本金 692,902,000 元为基数，逾期罚息利率按照涉案《银团贷款协议》的约定，基准利率按全国银行间同业拆借中心公布的同期一年期至五年期贷款市场报价利率）；五、智富茂城应于本判决生效之日起十日内支付农商行宝山支行自 2018 年 3 月 21 日起至实际清偿日止的逾期利息（以本金 369,151,000 元为基数，逾期罚息利率按照涉案《银团贷款协议》的约定，基准利率按全国银行间同业拆借中心公布的同期一年期至五年期贷款市场报价利率）……

【法院观点】

关于智富茂城主张其已支付给工行上海分行的 4538 万元能否抵扣系争贷款本金的问题。首先，系争 4538 万元与案涉贷款系同一法律关系。有关银团安排费、资金托管费、贸易金融服务费、财务顾问费、国际业务服务费均在本案《银团贷款协议》《银团贷款补充协议》签订后及上述合同履行期间订立相关合同，智富茂城亦在此期间支付相应的款项，且上述费用均因本案金融借款合同纠纷产生，工行上海分行与智富茂城除案涉金融贷款纠纷外并不存在其他业务往来，上述银团安排费等费用均系因案涉贷款产生，人民法院应当予以审查。

其次，工行上海分行并未提供银团安排、资金托管、贸易金融服务、财务顾问、国际业务服务等相应的服务。国家发展改革委办公厅印发的《商业银行收费行为执法指南》第九条规定，商业银行收费行为应当遵循依法合规、平等自愿、息费分离、质价相符的原则。平等自愿,是指商业银行与客户法律地位平等,应当在双方自愿基础上提供服务,不应以融资或者其他交易条件为前提,强制或者变相强制提供服务、收取费用。质价相符,是指商业银行应当根据客户的实际需要,提供价格合理的服务。顾问与咨询类、资金监管类、资产托管类、融资安排类等业务,特别应当体现实质性服务的要求。实践中,银行利用其优势地位捆绑贷款强制变相收取利息或提供中间业务,背离了民法平等、自愿、公平原则,增加了实体企业负担。金融监管部门多次发文予以规范和重点整治这一顽疾,为了形成司法和行政的合力,发挥司法的规范引导作用,促进金融和实体经济实现良性循环,有效降低企业用资成本,对金融机构收取的变相利息和不合规费用必须加以严格审查。本案二审程序中,经法庭调查,智富茂城认为,工行上海分行未提供银团贷款服务、资金托管服务、贸易金融服务、财务顾问服务以及国际业务综合服务金融服务,华融资产除向法庭提供相关协议及合同外,亦未能提供可证明工行上海分行已经向智富茂城提供了独立于银团贷款且具备实质内容的上述服务的证据。可见,工行上海分行并未提供实质性服务,工行上海分行与智富茂城之间的真实意思也非成立资金托管、顾问等服务合同关系,而是工行上海分行利用贷款优势地位的不合理收费,变相增加企业融资成本,属于《商业银行收费行为执法指南》规定的"只收费不服务"情形,故其收取案涉4538万元费用缺乏事实依据。

最后,系争4538万元应予抵扣系争本金。一审程序中已查明,截至2018年3月20日,智富茂城对工行上海分行、农商行宝山支行并无拖欠利息,也即智富茂城在向工行上海分行支付3405万元的银团安排费、582万元的资金托管费、136万元的贸易金融服务费、300万元的财务顾问费、115万元的国际业务服务费共计4538万元费用时,并未拖欠银行的银团贷款利息。若在贷款期间内,借款人已经依据贷款主合同按时支付了贷款利息,且又依据其他合同或协议支付了以服务费等为名义的额外费用,则对该部分费用,法院可准予抵扣本金。因此,智富茂城主张4538万元费用抵扣贷款本金,予以支持。

【实务解析】

为保障金融服务实体经济,降低企业融资成本,《最高人民法院关于进一步加强金融审判工作的若干意见》规定,金融借款合同的借款人以贷款人同时主张的利息、复利、罚息、违约金和其他费用过高，显著背离实际损失为由，请求对总计超过年利率24%的部分予以调减的，应予支持，以有效降低实体经济的融资成本。《全国法院民商事审判工作会议纪要》（法〔2019〕254号）进一步指出，人民法院在审理借款合同纠纷案件过程中，要坚持防范化解重大金融风险、金融服务实体经济、降低融资成本的精神。该会议纪要第五十一条规定："金融借款合同纠纷中，借款人认为金融机构以服务费、咨询费、顾问费、管理费等为名变相收取利息，金融机构或者由其指定的人收取的相关费用不合理的，人民法院可以根据提供服务的实际情况确定借款人应否支付或者酌减相关费用。"

实践中，银行利用其优势地位捆绑贷款强制变相收取利息或提供中间服务，增加了实体企业负担。为优化营商环境，促进金融和实体经济实现良性循环，有效降低企业用资成本，人民法院对金融机构收取变相利息和不合规费用的审查呈现日益严格的趋势。本案中，华融资产除向法庭提供相关协议及合同外，未能提供可证明工行上海分行已经向智富茂城提供了独立于银团贷款且具备实质内容的金融服务的证据，法院认定工行上海分行并未提供实质性服务，工行上海分行与智富茂城之间的真实意思也非成立资金托管、顾问等服务合同关系，而是工行上海分行利用贷款优势地位的不合理收费，变相增加企业融资成本。考虑到在贷款期间内，借款人已经依据贷款主合同按时支付了贷款利息，故工行上海分行收取的金融服务费可以抵扣本金。

通过本案可见，最高人民法院对金融机构收取变相利息的审查日益严格，投资者在投资金融不良债权时应充分关注利息保护上限及是否存在变相利息的问题，防范违规费用不被法院支持的风险。此外，如果债务人主张金融服务费收取不合理，应抵扣本金或者利息的，金融机构可以从以下几方面进行抗辩：（1）金融服务费的收取是否独立于本次金融借款，具体可以从服务内容，服务合同签订主体、签订时间、服务费实际收取时间等方面进行举证；（2）金融机构是否实际提供了实质性的金融服务，具体可以从金融机构提供金融服务的相关证明材料，如服务方案的提供、服务成果等，借款人对服务成果的确认等方面进行举证；（3）购买金融服务是否为借款人的真实意思表示，具体可以从当事人签订服务合同的磋商谈判记录，合同目的和内容，履约过程中的沟通记录等方面进行举证；等等。

【法条链接】

《最高人民法院关于进一步加强金融审判工作的若干意见》（法发〔2017〕22号）

二、以服务实体经济作为出发点和落脚点，引导和规范金融交易

......

2. 严格依法规制高利贷，有效降低实体经济的融资成本。金融借款合同的借款人以贷款人同时主张的利息、复利、罚息、违约金和其他费用过高，显著背离实际损失为由，请求对总计超过年利率24%的部分予以调减的，应予支持，以有效降低实体经济的融资成本。规范和引导民间融资秩序，依法否定民间借贷纠纷案件中预扣本金或者利息、变相高息等规避民间借贷利率司法保护上限的合同条款效力。

......

《全国法院民商事审判工作会议纪要》（法〔2019〕254号）

51.【变相利息的认定】金融借款合同纠纷中，借款人认为金融机构以服务费、咨询费、顾问费、管理费等为名变相收取利息，金融机构或者由其指定的人收取的相关费用不合理的，人民法院可以根据提供服务的实际情况确定借款人应否支付或者酌减相关费用。

八、金融借款中，实现债权的费用不包含在利息、罚息等合计不超过年利率24%的司法保护上限范围内

——华融国际信托有限责任公司与济南中弘弘庆房地产开发有限公司等金融借款合同纠纷案

【案件来源】最高人民法院（2019）最高法民终1505号

【争议焦点】实现债权的费用是否应当包括在利息、罚息、复利及违约金等合计不超过年利率24%的司法保护上限范围内？

【裁判要旨】律师费等实现债权的费用系因借款人未按照约定偿还借款，导致债权人产生的费用支出和损失，不属于借款人为获得借款支付的成本或支出，且通常以实际发生的数额为限，不包含在年利率24%的司法保护上限范围内。

【基本案情】

上诉人（一审被告）：济南中弘弘庆房地产开发有限公司（以下简称弘庆地产公司）

被上诉人（一审原告）：华融国际信托有限责任公司（以下简称华融信托公司）

一审被告：济南弘业房地产开发有限公司（以下简称弘业地产公司）、济南中弘旅游开发有限公司（以下简称中弘旅游公司）、中弘控股股份有限公司（以下简称中弘控股公司）、王某红

2016年9月28日，华融信托公司（贷款人）与弘庆地产公司（借款人）签订了华融信托〔2016〕信托第〔235〕号–贷第〔1〕号《信托贷款合同》（以下简称《1号贷款合同》），约定信托贷款金额为4000万元，贷款期限为自该笔贷款放款日（含该日）起满24个月（不含该日，贷款到期日）止；利率：一般利息的年利率为7.5%，一般利息的日利率＝一般利息的年利率÷360，特别利息的年利率为2%，特别利息160万元于合同项下首笔贷款放款后5个工作日内一次性收取。违约责任条款第10.6条约定：借款人不按约定偿还本合同项下贷款本金或利息的，贷款人有权对借款人的逾期贷款本金按贷款日利率的150%按日计收罚息，并对应付未付利息按贷款日利率的150%按日计收复利。第10.9条约定：借款人或者本合同项下贷款相关文件的当事人（除贷款人外）有下列行为之一的，应立即予以改正或采取令贷款人满意的补救措施、贷款人有权随时宣布信托贷款加速到期，从而加速到期收回部分乃至全部贷款，并有权按照已发放贷款金额的20%收取违约金。第10.11条约定：在借款人违约的情况下，贷款人收取的资金按以下顺序偿还：（1）偿还贷款人为实现债权所发生的费用；（2）清偿应付给贷款人的损害赔偿金；（3）清偿应付给贷款人的违约金；（4）逾期利息（包括罚息、复利）；（5）按照约定应付时间的先后顺序（如有）清偿利息；（6）按照约定应付时间的先后顺序（如有）清偿贷款本金。未表述条款以《1号贷款合同》为准。

2016年9月28日，华融信托公司与弘庆地产公司签订了华融信托〔2016〕信托第〔235〕号–贷第〔2〕号《信托贷款合同》（以下简称《2号贷款合同》），约定信托贷款金额为5.2亿元，贷款期限、利率、违约责任的约定基本与《1号贷款合同》一致，其中特别利息分两笔收取，第一笔1040万元

于发放 1.4 亿元的贷款额度范围内的首笔贷款放款日起 5 个工作日内一次性收取，第二笔 1040 万元于发放 3.8 亿元的贷款放款后收取。

2017 年 2 月 10 日，华融信托公司与弘庆地产公司签订了华融信托〔2016〕信托第〔235〕号 – 贷第〔2〕号 – 补第 1 号《贷款合同之补充协议》（以下简称《2 号贷款合同补充协议》），就《2 号贷款合同》部分约定事项进行了修改和补充，其中第四条约定：现经双方一致同意，将《2 号贷款合同》中的利息和利率修改为本合同项下的贷款利息分为一般利息和特别利息，其中，本合同项下应收取的特别利息为 1040 万元，于发放 1.4 亿元的贷款额度范围内的首笔贷款放款日起 5 个工作日内一次性收取。本合同项下在额度为 1.4 亿元的贷款范围内对应的一般利息年利率为 7.5%，剩余 3.8 亿元额度范围内对应的一般利息年利率为 9.5%。同时，对于担保措施也有相应的增加。

2016 年 9 月 28 日，华融信托公司与弘庆地产公司签订了华融信托〔2016〕信托第〔235〕号 – 贷第〔3〕号《信托贷款合同》（以下简称《3 号贷款合同》），约定信托贷款金额为 4000 万元，贷款期限、利率、违约责任的约定基本同《1 号贷款合同》。其中特别利息 160 万元于合同项下首笔贷款放款后 5 个工作日内一次性收取。

2017 年 2 月 10 日，华融信托公司与弘庆地产公司签订了华融信托〔2016〕信托第〔235〕号 – 贷第〔3〕号 – 补第 1 号《信托贷款合同之补充协议》（以下简称《3 号贷款合同补充协议》），就《3 号贷款合同》部分约定事项进行了修改和补充，约定将《3 号贷款合同》中的利息和利率修改为本合同项下的贷款利息对应的年利率为 9.5%，即不再区分一般利率和特别利率，统一定为 9.5%，亦不再收取特别利息。

为了履行相应的《信托贷款合同》，华融信托公司还与相关公司及个人签订了一系列《抵押合同》《质押合同》及《保证合同》。

2016 年 9 月 29 日，华融信托公司向弘庆地产公司发放了两笔贷款，金额分别为 4000 万元和 1.4 亿元。2017 年 2 月 23 日，华融信托公司向弘庆地产公司发放了两笔贷款，金额分别为 4000 万元和 3.8 亿元，以上共计发放了信托贷款本金 6 亿元。

2016 年 9 月 29 日，弘庆地产公司向华融信托公司支付了 1200 万元。弘庆地产公司主张此特别利息应从本金中扣除，华融信托公司主张该款项就是特别利息，在贷款合同中有明确约定。2016年11月18日，弘庆地产公司向华融信托公司支付贷款利息195万元。2017年2月17日，弘庆地产公司向华融信托公司支付贷款利息345万元。2017年3月28日，弘庆地产公司向华融信托公司支付10,089,722.22元（其中支付贷款本金1000万元，其他为支付贷款利息）。2017年5月19日，弘庆地产公司向华融信托公司支付贷款利息12,642,222.22元。2017年8月16日，弘庆地产公司向华融信托公司支付贷款利息13,403,888.89元。2017年9月28日，弘庆地产公司向华融信托公司支付了10,102,916.67元（其中支付贷款本金1000万元，其他为支付贷款利息）。2017年10月24日，弘庆地产公司向华融信托公司偿还违约金1000万元。弘庆地产公司主张该款项为支付贷款利息，华融信托公司主张该款项为违约金。2017年11月21日，弘庆地产公司向华融信托公司支付贷款利息807万元。2017年11月23日，弘庆地产公司向华融信托公司支付贷款利息5,091,111.11元。

2017年8月7日，华融信托公司向中弘控股公司和弘庆地产公司发函，敦促弘庆地产公司在2017年8月23日前办妥相关抵押登记，如未依约按时办理完毕抵押登记，则华融信托公司有权根据约定宣布贷款加速到期，并按照已发放贷款金额的20%收取违约金。

2017年12月19日，华融信托公司向中弘控股公司和弘庆地产公司发出《关于华融·鹊山龙湖信托贷款集合资金信托计划催收函》（以下简称《催收函》），载明因弘庆地产公司先后两次均未履行承诺，要求弘庆地产公司清偿《1号贷款合同》《2号贷款合同》《3号贷款合同》项下剩余的信托贷款本金5.8亿元及相应利息。

此外，华融信托公司与弘庆地产公司签订了编号为华融信托〔2016〕财第22号《财务顾问协议》，约定：弘庆地产公司应于2016年11月30日前一次性向华融信托公司支付财务顾问费500万元。2016年11月29日，弘庆地产公司向华融信托公司支付了500万元。2016年10月14日，弘庆地产公司向华融信托公司支付信托业保险基金180万元。2017年2月27日，弘庆地产公司向华融信托公司支付信托业保险基金420万元。此外，华融信托公司向法院起诉后已支付10万元律师费和260元公告费。

华融信托公司向北京市高级人民法院提起诉讼，请求：1.判令弘庆地产公司偿还信托贷款本金5.8亿元以及暂计算至2018年1月2日的利息4,291,666.67

元、罚息 3,004,166.67 元、复利 22,525.71 元、违约金 110,000,000 元,以上合计 697,318,359.05 元,以及自 2018 年 1 月 3 日起至实际清偿之日止的罚息、复利(按《信托贷款合同》约定贷款利率的 150% 标准按日计收);2. 判令弘庆地产公司支付暂计算至 2018 年 1 月 2 日的违约金 700,000 元,以及自 2018 年 1 月 3 日起至实际给付之日止的违约金(按《抵押合同》约定标准每日 5 万元计算);……7. 判令弘庆地产公司、弘业地产公司、中弘旅游公司、中弘控股公司、王某红共同承担本案案件受理费、保全费、公告费以及律师费等为实现债权所发生的费用。

一审法院认为,关于弘庆地产公司提出的华融信托公司主张的各项费用合计应不超过年利率 24% 的问题。根据《最高人民法院关于进一步加强金融审判工作的若干意见》的相关规定,华融信托公司主张的利息、罚息、复利、违约金和其他费用总计超过年利率 24% 的部分,弘庆地产公司可向人民法院请求予以调减。现弘庆地产公司主张华融信托公司主张的利息、罚息、复利、违约金和财务顾问费用不应超过年利率 24% 的抗辩理由,符合法律规定,一审法院予以支持。但其提出信托业保障基金 600 万元,诉讼费、保全费、公告费 260 元和律师费 10 万元也应包含在其中的理由,因信托业保障基金 600 万元属于可以另行返还的费用,诉讼费、保全费、公告费 260 元和律师费 10 万元属于为实现债权而发生的费用,故一审法院对此部分抗辩理由,不予支持。华融信托公司主张的律师费 10 万元和公告费 260 元,有合同约定和法律规定支持,一审法院予以支持。一审法院判决:该判决第一项、第二项、第三项、第四项确认的利息、罚息、复利、违约金、因未办理抵押而产生的违约金、弘庆地产公司已向华融信托公司支付的 500 万元财务顾问费之和,不得超过以委托贷款本金 58,000 万元为基数,以年利率 24% 标准计算的数额;弘庆地产公司于判决生效之日起十日内向华融信托公司支付律师费 10 万元、公告费 260 元……

弘庆地产公司不服一审民事判决,认为《最高人民法院关于审理民间借贷案件适用法律若干问题的规定》(2015 年)第三十条规定,"出借人与借款人既约定了逾期利率,又约定了违约金或者其他费用,出借人可以选择主张逾期利息、违约金或者其他费用,也可以一并主张,但总计超过年利率 24% 的部分,人民法院不予支持",律师费属于上述规定中的"其他费用",应与利息、罚息、复利及违约金等合计不得超过以信托贷款本金为基数以年利率 24% 标准计算的数额。一审判决把律师费排除在"其他费用"之外,适用法律有误。故向最高人民法院提起上诉，请求：1.依法改判一审判决第六项，于第六项增加"10万元律师费计入第五项上诉人应付和已付费用之和"；2.依法改判一、二审诉讼费由上诉人和被上诉人分担。华融信托公司辩称，华融信托公司是经原银监会批准设立的可以从事信托贷款业务的金融机构，而本案也是因华融信托公司向弘庆地产公司发放信托贷款所引发的纠纷，不适用民间借贷的相关规定，且律师费不应认定为金融借款的"其他费用"，不受年利率24%的限制。最高人民法院经审理，判决：驳回上诉，维持原判。

【法院观点】

本案二审争议焦点主要是一审判决弘庆地产公司向华融信托公司支付的律师费10万元，是否应当包括在与利息、罚息、复利及违约金等合计不得超过以信托贷款本金为基数以年利率24%标准计算的数额内。

《最高人民法院关于进一步加强金融审判工作的若干意见》规定，金融借款合同的借款人以贷款人同时主张的利息、复利、罚息、违约金和其他费用过高，显著背离实际损失为由，请求对总计超过年利率24%的部分予以调减的，应予支持。本案中，华融信托公司与弘庆地产公司签订的三份《信托贷款合同》中均约定在借款人违约的情况下，贷款人收取的资金按以下顺序偿还：（1）偿还贷款人为实现债权所发生的费用；（2）清偿应付给贷款人的损害赔偿金；（3）清偿应付给贷款人的违约金；（4）逾期利息（包括罚息、复利）；（5）按照约定应付时间的先后顺序（如有）清偿利息；（6）按照约定应付时间的先后顺序（如有）清偿贷款本金。一审法院根据《最高人民法院关于进一步加强金融审判工作的若干意见》的规定，判定华融信托公司主张的利息、罚息、复利、违约金和财务顾问费用不应超过年利率24%。对此，弘庆地产公司主张，案涉律师费10万元应包括在上述24%费用范围内。法院认为，《最高人民法院关于进一步加强金融审判工作的若干意见》规定的"其他费用"在性质上属于借款人为获得借款支付的成本或支出。而律师费等实现债权的费用系因借款人未按照约定偿还借款，导致债权人产生的费用支出和损失，且通常以实际发生的数额为限，不属于上述"其他费用"的范围。此外，本案中，双方对律师费问题在协议中有明确单独约定，且华融信托公司提供了律师代理费发票证明系其实际支出。弘庆地产公司应当依照合同约定，承担华融信托公司为提起本案诉讼支付的律师代理费。故弘庆地产公司关于案涉律师费应当纳入24%费用范围内,缺乏事实和法律依据,不予支持。

【实务解析】

为保障金融服务实体经济,降低企业融资成本,最高人民法院出台《关于进一步加强金融审判工作的若干意见》,对金融借款司法保护上限作出了规定,即金融借款合同贷款人同时主张的利息、复利、罚息、违约金和其他费用合计以年利率24%为限。对于律师费等实现债权的费用是否属于"其他费用"的范围,并没有进行明确。司法实践中,对于该问题存在一定争议。一种观点认为,律师费等实现债权的费用已经包含在上述条文中的"其他费用"之内,不应再支持律师费等实现债权的费用。例如,在中国华融资产管理股份有限公司吉林省分公司与松原市联华石油开发有限责任公司、天津科亨置业投资有限公司等合同纠纷一案[(2019)吉民初27号]中,吉林高院认为:"虽然双方协议中约定了律师费用由松原联华石油公司负担,但在支持华融吉林省分公司24%利息的情况下,再支持律师费则超出了利息上限,因而,华融吉林省分公司诉请的15万元律师费一审法院不予支持。"另一种观点认为,此"其他费用"仅是指与逾期利息、违约金具有同一性质的融资成本费用而非出借人为实现债权而产生的必要性开支,律师费等实现债权的费用不应包含在利率保护上限之内。

本案中,最高人民法院认为,《关于进一步加强金融审判工作的若干意见》规定的"其他费用"在性质上属于借款人为获得借款支付的成本或支出。而律师费等实现债权的费用系因借款人未按照约定偿还借款,导致债权人产生的费用支出和损失,且通常以实际发生的数额为限,不属于上述"其他费用"的范围。需要注意的是,除了法律或司法解释明确规定了实现债权的费用由债务人承担的案件类型之外,司法实践中该费用的承担需要当事人有明确的约定。故,建议合同当事人在签订合同时对实现债权费用的承担进行明确约定,以减少不被支持的法律风险。

【法条链接】

《最高人民法院关于进一步加强金融审判工作的若干意见》(法发〔2017〕22号)

二、以服务实体经济作为出发点和落脚点,引导和规范金融交易

......

2.严格依法规制高利贷,有效降低实体经济的融资成本。金融借款合同的借款人以贷款人同时主张的利息、复利、罚息、违约金和其他费用过高,显著背离实际损失为由,请求对总计超过年利率24%的部分予以调减的,应予支持,以有效降低实体经济的融资成本。规范和引导民间融资秩序,依法否定民间借贷纠纷案件中预扣本金或者利息、变相高息等规避民间借贷利率司法保护上限的合同条款效力。

......

专题七

金融不良资产诉讼中的保证责任

综述 〉〉〉

保证合同是为保障债权的实现,保证人和债权人约定,当债务人不履行到期债务或者发生当事人约定的情形时,保证人履行债务或承担保证责任的合同。保证是典型的人保,是以保证人的全部资产信用为担保,属于资金融通过程中最常用的担保方式之一,在不良资产处置中具有重要地位。

保证合同属于担保合同之一,是主债权债务合同的从合同,具有担保合同(保证合同、抵押、质押、留置等)均具有的从属性,在成立、内容、处分、消灭上均从属于主债权。主债权债务合同无效的,原则上担保合同无效,但独立保函除外。当事人在担保合同中约定担保合同的效力独立于主合同,或者约定担保人对主合同无效的法律后果承担担保责任的,该约定无效。当事人在担保合同中约定超过主债权范围的专门违约责任的,人民法院不予支持。与抵押、质押等物保不同,保证合同中保证人只能是除债权人和主债务人之外的第三人。鉴于保证人实际是以其全部财产承担无限连带责任,法律对保证人的主体资格作出限制。机关法人,以公益为目的的非营利法人、非法人组织不得为保证人。

不良资产处置中,保证的方式分为一般保证和连带责任保证。一般保证具有先诉抗辩权,在主合同纠纷未经审判或者仲裁,并就债务人财产依法强制执行仍不能履行债务前,有权拒绝承担保证责任。当事人在保证合同中对保证方式没有约定或者约定不明确的,此前旧的担保法等推定为连带保证,《民法典》出台后按照一般保证处理,变化很大,应当注意。因此,在不良资产处理中,对于没有明确约定或约定不明的,要区分究竟是适用旧法还是适用新法,并据此判断是连带责任保证还是一般保证。

不良资产处置中,大量案件会出现保证期间和诉讼时效是否经过的争议。充分理解保证期间和诉讼时效的功能、作用、衔接,是解决该类难题的关键。保证期间类似于除斥期间,不发生中止、中断和延长,保证期间经过,保证责任消灭。诉讼时效可以中止中断延长,诉讼时效经过,债务人产生拒绝履行的抗辩权，但实体权利并不消灭。在两者衔接关系上，保证期间适用在前，保证债务诉讼时效在后。债权人在保证期间内向保证人主张权利后，方开始计算保证责任的诉讼时效。若债权人未在保证期间内向债务人主张权利，则保证期间经过，保证人免责，无需再计算诉讼时效。一般保证与连带责任保证诉讼时效的计算存在较大差异。

涉及保证的重要法律规范、司法文件主要集中在：《民法典》合同编第二分编第十三章保证合同，《最高人民法院关于适用〈中华人民共和国民法典〉有关担保制度的解释》以及《全国法院民商事审判工作会议纪要》第五十四条至第五十九条。本章从众多案件中精选了部分有代表性的案例，涵盖了不良资产诉讼中经常遇到的涉保证典型问题，包括保证合同、一般保证与连带责任保证、保证期间与诉讼时效、保证责任承担等问题。

第一节主要涉及保证合同法律认定、保证合同的从属性等问题。对于实践中各类增信函件的性质，应当结合文本名称、出具背景、约定内容等事实综合认定。具有保证担保性质的，双方成立保证合同。保证合同具有从属性，主合同无效，保证合同无效。保证合同被确认无效后，债务人、保证人、债权人有过错的，应当根据其过错各自承担相应的民事责任。具体而言，主合同有效而担保合同无效的，债权人与担保人均有过错的，担保人承担的赔偿责任不应超过债务人不能清偿部分的二分之一；担保人有过错而债权人无过错的，担保人对债务人不能清偿的部分承担赔偿责任；债权人有过错而担保人无过错的，担保人不承担赔偿责任。主合同无效而导致担保合同无效的，担保人无过错的，不承担赔偿责任；担保人有过错的，承担的赔偿责任不超过债务人不能清偿部分的三分之一。

第二节主要涉及一般保证和连带责任保证的区别、"借新还旧"情形下保证责任的认定等问题。当事人在保证合同中约定了保证人在债务人不能履行债务或者无力偿还债务时才承担保证责任等类似内容，具有债务人应当先承担责任的意思表示的，为一般保证。当事人在保证合同中约定保证人在债务人不履行债务或者未偿还债务时即承担保证责任、无条件承担保证责任等类似内容，不具有债务人应当先承担责任的意思表示的，为连带责任保证。"借新还旧"情形下，新贷与旧贷的担保人相同的，债权人请求新贷的担保人承担担保责任，人民法院应予支持；新贷与旧贷的担保人不同，或者旧贷无担保新贷有担保的，人民法院不予支持，但是债权人有证据证明新贷的担保人提供担保时对以新贷偿还旧贷的事实知道或者应当知道的除外。

第三节主要涉及保证期间和诉讼时效。不良资产处置中，保证期间与诉讼时效是否经过，往往是案件争议的重点。一般保证的债权人在保证期间届满前对债务人提起诉讼或者申请仲裁的，从保证人拒绝承担保证责任的权利消灭之日起，开始计算保证债务的诉讼时效。连带责任保证的债权人在保证期间届满前请求保证人承担保证责任的，从债权人请求保证人承担保证责任之日起，开始计算保证债务的诉讼时效。保证期间与诉讼时效的衔接适用，有很多细节问题需要格外注意，本节在案例中进行了详细说明。

第四节保证责任承担的相关特殊问题。在金融不良资产转让情况下，主债权转让的，担保债权同时转让，无需征得担保人的同意，担保人仍应在原担保范围内对受让人继续承担担保责任。担保合同中关于合同变更需经担保人同意或者禁止转让主债权的约定，对主债权和担保权利转让没有约束力。此外，人民法院在审理案件期间，保证人为被执行人提供保证，人民法院据此未对被执行人的财产采取保全措施或解除保全措施的，案件审结后如果被执行人无财产可供执行或其财产不足清偿债务时，即使生效法律文书中未确定保证人承担责任，人民法院有权裁定执行保证人在保证责任范围内的财产。

第一节
保证合同

一、保证合同是意思表示一致的结果，债权人和保证人未形成消灭保证责任的合意，即使另外提供了担保，也不能免除保证人的保证责任

——中国信达资产管理公司石家庄办事处与中国—阿拉伯化肥有限公司等借款担保合同纠纷案

【案件来源】最高人民法院公报案例：最高人民法院（2005）民二终字第200号

【争议焦点】债务人或第三人为债权人另外提供了相应的担保，债权人亦表示接受，是否足以免除原保证人的保证责任？

【裁判要旨】保证合同是当事人之间意思表示一致的结果，保证人的变更必须经债权人同意。债权人和保证人之间没有形成消灭保证责任的合意，即使债务人或第三人为债权人另外提供了相应的担保，债权人亦表示接受，也不能因此免除保证人的保证责任。

【基本案情】

上诉人（原审原告）：中国信达资产管理公司石家庄办事处（以下简称信达石办）。

被上诉人（原审被告）：中国—阿拉伯化肥有限公司（以下简称中阿公司）。

原审被告：河北省冀州市中意玻璃钢厂（以下简称冀州中意）。

1993年10月20日，冀州中意与中国建设银行河北省分行（以下简称省建行）签订外汇借款合同，约定：借款金额182万美元，借款用途为河北中意玻璃钢有限公司（以下简称河北中意）项目投入。中阿公司为该笔贷款向省建行出具《不可撤销现汇担保书》。借款担保合同签订后，省建行依约发放了贷款。该笔贷款作为冀州中意的出资投入河北中意。1995年11月25日，河北中意向省建行出具《承诺书》，承诺对归还该笔贷款本息承担连带责任，并放弃一切抗辩权。借款到期后，借款人和担保人均未偿还。省建行进行了催收。

1999年12月3日，省建行与信达石办签订了《债权转让协议》约定：省建行将借款人冀州中意截至1999年9月20日贷款债权本金182万美元，表内应收利息37,511,075美元，催收利息36,627,401美元转让给信达石办。

另查明：冀州中意所贷182万美元，经省建行向冀州中意要求还本付息未果后，省建行想让河北中意接受这笔182万美元的贷款，即更改贷款人。经几次协调，中阿公司不仅不想改变担保主体，而且想退掉为冀州中意承担的担保责任，从而未能使该笔贷款转移。为此，在省建行的强烈建议下，河北中意于1995年承诺对该笔贷款的本息承担无条件还款责任，并放弃一切抗辩权。河北中意出具《关于将182万美元贷款调至石市中意玻璃钢有限公司的说明》，其内容为："在你厂账上登记的省建行182万美元贷款，系租赁你厂初期由石市中意玻璃钢有限公司代为办理的，是以你厂名义贷入的，因此登记在你厂账上。但根据贷款时石市玻璃钢有限公司对省建行的书面承诺，该笔贷款和利息的归还不由你厂承担，而是由石市中意玻璃钢有限公司负责。该笔贷款已与你厂无任何关系，因此请将该笔贷款及相应利息调回。"

2004年11月30日，信达石办向一审法院提出诉讼请求：请求判令冀州中意归还借款本金182万美元及利息，中阿公司承担担保责任。

一审法院判决：一、冀州中意于判决生效后十日内偿还信达石办借款本金182万美元，利息217,265,650美元（利息计算至2004年9月21日，之后的利息按中国人民银行规定的同期逾期罚息标准计算至付清之日止）；二、驳回信达石办的其他诉讼请求。

信达石办不服一审判决，向最高人民法院提起上诉，请求：依法改判中阿公司对冀州中意的182万美元借款本金和利息承担连带清偿责任。

二审法院支持了信达石办要求中阿公司对冀州中意的182万美元借款本金和利息承担连带清偿责任的请求，判决：一、维持河北省高级人民法院（2005）冀民二初字第2号民事判决主文第一项；二、撤销河北省高级人民法院（2005）

冀民二初字第 2 号民事判决主文第二项；三、中阿公司对冀州中意的 182 万美元借款本金及其利息承担连带清偿责任。

【法院观点】

本案中，河北中意在省建行出具的《承诺书》中承诺，对归还该笔贷款本息承担连带还款责任，并放弃一切抗辩权，该承诺书与《外汇借款合同》具有同等的法律效力。一审判决基于该承诺书认定该笔贷款的担保人已经变更为河北中意，省建行和信达石办已经放弃了对中阿公司的担保债权，中阿公司不应再承担本案的担保责任。但是，根据《民法通则》（已失效）第八十五条与第九十一条的规定，保证合同是当事人之间合意的结果，保证人的变更需要建立在债权人同意的基础上，即使债务人或第三人为债权人另外提供相应的担保，而债权人表示接受担保的，除债权人和保证人之间有消灭保证责任的意思表示外，保证责任并不免除。而本案并无债权人省建行或信达石办同意变更或解除中阿公司保证责任的明确意思表示，因此，一审判决的这一认定显属认定事实不当，适用法律错误，应予纠正。

【实务解析】

保证合同是为保障债权的实现，保证人和债权人约定，当债务人不履行到期债务或者发生当事人约定的情形时，保证人履行债务或者承担责任的合同。担保一般分为人的担保和物的担保。保证合同是典型的人的担保，是指民事主体以其自身的信誉、商誉和不特定财产作担保。保证合同是典型的单务合同、无偿合同、诺成合同、附从性合同[1]。保证合同内容一般包括被担保的主债权的种类、数额，债务人履行债务的期限，保证的方式、范围和期间等条款。保证的范围一般包括主债权及其利息、违约金、损害赔偿金和实现债权的费用等。作为最普遍的增信手段之一，保证合同纠纷案件多发易发，成为司法实践中审理难度较大的一类案件。

合同是社会经济有效运行的重要手段。依法成立的合同，对当事人具有法律约束力，当事人应当按照约定履行自己的义务，不得擅自变更或者解除合同。

---

[1] 参见黄薇主编：《中华人民共和国民法典合同编释义》，法律出版社 2020 年版，第 508 页。

保证合同是保证人与债权人之间意思表示达成一致的合同，当然应当遵守合同严守原则。保证人的变更需要征得债权人明确的同意。本案中，一审判决基于承诺书和案件背景，认定"担保人已经变更为河北中意，省建行和信达石办已经放弃了对中阿公司的担保债权，中阿公司不应再承担本案的担保责任"，实则是一种"推定"行为。二审法院基于"本案无债权人省建行或信达石办同意变更或解除中阿公司保证责任的明确意思表示"对此予以纠正，属于合同严守规则的具体应用。本案例给相关担保人带来警示，即如果想要脱离担保责任，摆脱保证合同的束缚，必须征得债权人明确的表示。

【法条链接】

《中华人民共和国民法典》

第三百九十一条　第三人提供担保，未经其书面同意，债权人允许债务人转移全部或者部分债务的，担保人不再承担相应的担保责任。

第六百八十一条　保证合同是为保障债权的实现，保证人和债权人约定，当债务人不履行到期债务或者发生当事人约定的情形时，保证人履行债务或者承担责任的合同。

二、贷款合同中选择性列明部分最高额保证合同，在债权人未明示放弃权利的情况下，不影响未列明的保证人承担保证责任

——浙江省温州银行股份有限公司宁波分行与浙江创菱电器有限公司等金融借款合同纠纷案

【案件来源】 最高人民法院指导案例 57 号：浙江省宁波市中级人民法院（2014）浙甬商终字第 369 号

【争议焦点】 在有数份最高额保证合同情形下，具体贷款合同中选择性列明部分最高额保证合同，未列明的保证人抗辩无需承担保证责任的，是否可以支持？

【裁判要旨】 在有数份最高额担保合同情形下，具体贷款合同中选择性列明部分最高额担保合同，如债务发生在最高额担保合同约定的决算期内，且债权人未明示放弃担保权利，未列明的最高额担保合同的担保人也应当在最高债权限额内承担担保责任。

【基本案情】

原告：浙江省温州银行股份有限公司宁波分行（以下简称温州银行）

被告：宁波婷微电子科技有限公司（以下简称婷微电子公司）、岑某锋、宁波三好塑模制造有限公司（以下简称三好塑模公司）

2010年9月10日，温州银行与婷微电子公司、岑某锋分别签订了编号为温银9022010高保字01003号、01004号的最高额保证合同，约定婷微电子公司、岑某锋自愿为浙江创菱电器有限公司（以下简称创菱电器公司）在2010年9月10日至2011年10月18日期间发生的余额不超过1100万元的债务本金及利息、罚息等提供连带责任保证担保。2011年10月12日，温州银行与岑某锋、三好塑模公司分别签署了编号为温银9022011高保字00808号、00809号最高额保证合同，岑某锋、三好塑模公司自愿为创菱电器公司在2010年9月10日至2011年10月18日期间发生的余额不超过550万元的债务本金及利息、罚息等提供连带责任保证担保。2011年10月14日，温州银行与创菱电器公司签署了编号为温银9022011企贷字00542号借款合同，约定温州银行向创菱电器公司发放贷款500万元，到期日为2012年10月13日，并列明担保合同编号分别为温银9022011高保字00808号、00809号。贷款发放后，创菱电器公司于2012年8月6日归还了借款本金250万元，婷微电子公司于2012年6月29日、10月31日、11月30日先后支付了贷款利息31,115.3元、53,693.71元、21,312.59元。截至2013年4月24日，创菱电器公司尚欠借款本金250万元、利息141,509.01元。另查明，温州银行为实现本案债权而发生律师费用95,200元。

温州银行诉称：其与婷微电子公司、岑某锋、三好塑模公司分别签订了"最高额保证合同"，约定三被告为创菱电器公司一定时期和最高额度内借款，提供连带责任担保。创菱电器公司从温州银行借款后，不能按期归还部分贷款，故诉请判令被告创菱电器公司归还原告借款本金250万元，支付利息、罚息和律师费用；岑某锋、三好塑模公司、婷微电子公司对上述债务承担连带保证责任。被告创菱电器公司、岑某锋未作答辩。被告三好塑模公司辩称：原告诉请的律师费不应支持。被告婷微电子公司辩称：其与温州银行签订的最高额保证合同，并未被列入借款合同所约定的担保合同范围，故其不应承担保证责任。

温州银行向一审法院提出诉讼请求：一、创菱电器公司归还贷款本金

2,500,000元，支付利息141,509.01元（暂计至2013年4月24日），合计2,641,509.01元，并支付自2013年4月25日起至判决生效履行日止按《温州银行非自然人借款合同》约定的利率计算的利息、罚息；二、岑某锋、三好塑模公司、婷微电子公司对上述债务承担连带保证责任；三、案件受理费、财产保全费等实现债权的费用由创菱电器公司、岑某锋、三好塑模公司、婷微电子公司负担。

一审法院判决：一、创菱电器公司归还温州银行贷款本金2,500,000元，支付利息141,509.01元，并支付自2013年4月25日起至判决确定的履行之日止按《温州银行非自然人借款合同》约定计算的利息、罚息。二、创菱电器公司赔偿温州银行为实现债权而发生的律师费用95,200元；上述第一、二项款项，创菱电器公司应于判决生效之日起十日内付清。三、岑某锋、三好塑模公司、婷微电子公司对上述第一、二项款项分别在编号为温银9022011高保字00808号、温银9022011高保字00809号、温银9022010高保字01003《温州银行最高额保证合同》约定的担保范围内承担连带清偿责任，岑某锋、三好塑模公司、婷微电子公司承担保证责任后，有权向创菱电器公司追偿。

婷微电子公司不服一审判决，提起上诉，认为其并非涉案借款的最高额保证人，无需承担相应的保证责任，请求二审法院依法改判，驳回温州银行要求婷微电子公司承担保证责任的诉讼请求。二审法院判决：驳回上诉，维持原判。

【法院观点】

法院生效裁判认为：温州银行与创菱电器公司之间签订的编号为温银9022011企贷字00542号借款合同合法有效，温州银行发放贷款后，创菱电器公司未按约还本付息，已经构成违约。原告要求创菱电器公司归还贷款本金250万元，支付按合同约定方式计算的利息、罚息，并支付原告为实现债权而发生的律师费95,200元，应予支持。岑某锋、三好塑模公司自愿为上述债务提供最高额保证担保，应承担连带清偿责任，其承担保证责任后，有权向创菱电器公司追偿。本案的争议焦点为，婷微电子公司签订的温银9022010高保字01003号最高额保证合同未被选择列入温银9022011企贷字00542号借款合同所约定的担保合同范围，婷微电子公司是否应当对温银9022011企贷字00542号借款合同项下债务承担保证责任。对此，法院经审理认为，婷微电子公司应当承担保证责任。理由如下：第一，民事权利的放弃必须采取明示的意思表示才能发生法律效力，默示的意思表示只有在法律有明确规定及当事人有特别约定的情况下才能发生法律效力，不宜在无明确约定或者法律无特别规定的情况下，推定当事人对权利进行放弃。具体到本案，温州银行与创菱电器公司签订的温银 9022011 企贷字 00542 号借款合同虽未将婷微电子公司签订的最高额保证合同列入，但原告未以明示方式放弃婷微电子公司提供的最高额保证，故婷微电子公司仍是该诉争借款合同的最高额保证人。第二，本案诉争借款合同签订时间及贷款发放时间均在婷微电子公司签订的编号温银 9022010 高保字 01003 号最高额保证合同约定的决算期内（2010 年 9 月 10 日至 2011 年 10 月 18 日），温州银行向婷微电子公司主张权利并未超过合同约定的保证期间，故婷微电子公司应依约在其承诺的最高债权限额内为创菱电器公司对温州银行的欠债承担连带保证责任。第三，最高额担保合同是债权人和担保人之间约定担保法律关系和相关权利义务关系的直接合同依据，不能以主合同内容取代从合同的内容。具体到本案，温州银行与婷微电子公司签订了最高额保证合同，双方的担保权利义务应以该合同为准，不受温州银行与创菱电器公司之间签订的温州银行非自然人借款合同约束或变更。第四，婷微电子公司曾于 2012 年 6 月、10 月、11 月三次归还过本案借款利息，上述行为也是婷微电子公司对本案借款履行保证责任的行为表征。综上，婷微电子公司应对创菱电器公司的上述债务承担连带清偿责任，其承担保证责任后，有权向创菱电器公司追偿。

【实务解析】

最高额保证是保证人对一定期限内连续发生的不特定债权在最高限额内承担责任的担保方式。因比普通的保证更加便捷、高效，最高额保证在金融借款中被广泛采用，不良资产处置中大量涉及最高额保证的问题。与普通的保证相比，最高额保证是为一定期限内连续发生的债权提供担保，所担保的数额在最高额限度内具有不确定性，故存在决算期的问题。所谓决算期，是指债权人与保证人在最高额保证合同中约定的确定保证的最高债权数额的时间，它是当事人约定的据以将最高额保证连续发生的债权数额特定化的日期，是最终确定最高额保证所担保的债权的实际数额日期[①]。简言之，决算期就是债权确定期，最高额保证的保证

---

① 参见最高人民法院民法典贯彻实施工作领导小组主编：《中华人民共和国民法典合同编理解与适用》，人民法院出版社 2020 年版，第 1334 页。

范围在决算期届至时确定，低于最高限额的，以实际数额为准，高于最高限额的，以最高限额为准。双方当事人未约定决算期的，基于保证的单务属性，保证人可以随时通知债权人终止继续承担保证责任。

本案的主要争议焦点在于，如何看待具体贷款合同中"选择性"列明部分最高额保证合同的行为？未列明的最高额保证合同的保证人是否还需要对该份贷款合同承担责任？本案中，被告婷微电子公司认为，温州银行在涉诉借款合同中与借款人对担保合同的特别约定，明确排除了婷微电子公司对该特定的借款合同的最高保证责任，婷微电子公司无需为涉诉贷款承担连带保证责任。法院通过从最高额保证的功能出发，认为保证合同明确约定婷微电子公司为温州银行与创菱电器公司在 2010 年 9 月 10 日至 2011 年 10 月 18 日签署的所有主合同项下的各笔债权提供最高额连带保证，涉诉贷款合同签署和贷款发放的时间均在该期间内，在没有证据证明温州银行放弃自身权利的情况下，应当承担保证责任。本案给出的启示是：银行工作人员在发放贷款时要注意规范签订贷款合同，避免合同签署不规范或不周延引起争议，给债务人留下抗辩空间。

【法条链接】

《中华人民共和国民法典》

第六百九十条　保证人与债权人可以协商订立最高额保证的合同，约定在最高债权额限度内就一定期间连续发生的债权提供保证。

最高额保证除适用本章规定外，参照适用本法第二编最高额抵押权的有关规定。

《最高人民法院关于适用〈中华人民共和国民法典〉有关担保制度的解释》（法释〔2020〕28号）

第三十条　最高额保证合同对保证期间的计算方式、起算时间等有约定的，按照其约定。

最高额保证合同对保证期间的计算方式、起算时间等没有约定或者约定不明，被担保债权的履行期限均已届满的，保证期间自债权确定之日起开始计算；被担保债权的履行期限尚未届满的，保证期间自最后到期债权的履行期限届满之日起开始计算。

前款所称债权确定之日，依照民法典第四百二十三条的规定认定。

三、承诺函具有保证担保性质的，双方成立保证合同。保证合同无效，债务人、保证人、债权人有过错的，应当根据其过错各自承担相应的民事责任

——招商银行股份有限公司深圳分行与湖南省高速公路管理局、湖南省高速公路建设开发总公司合同纠纷案

【案件来源】最高人民法院（2017）最高法民终353号

【争议焦点】承诺函是否可以认定为保证？如承诺函无效，承诺人应当承担何种责任？

【裁判要旨】承诺函的性质应当结合文本名称、出具背景、约定内容等事实综合认定。承诺函具有保证担保性质的，双方成立保证合同。以公益为目的的非营利法人、非法人组织出具的具有保证性质的承诺函无效，债务人、保证人、债权人有过错的，应当根据其过错各自承担相应的民事责任。

【基本案情】

上诉人（原审被告）：湖南省高速公路管理局（以下简称高管局）

上诉人（原审被告）：湖南省高速公路建设开发总公司（以下简称高速公路总公司）

被上诉人（原审原告）：招商银行股份有限公司深圳分行（以下简称招行深圳分行）

2006年3月9日，宜章县政府作为出让方，与宜连公司签订《特许合同》，该合同第一章总则中明确：1.1为加快湖南省交通基础设施建设，进一步完善国家高速公路网络，促进湖南省经济的发展，尽快修建湖南省境内宜章县城关镇至广东省连州市凤头岭高速公路，报请湖南省人民政府批准，并授权宜章县政府，通过特许经营方式，授予特许经营者依法投资、建设与经营、养护管理本项目的权利。第四章投资资金：4.1本项目投资、建设、经营、养护管理等费用均由受让方承担。第五章特许经营权：5.2本合同授予受让方的特许经营权是独占的，专属于受让方。5.3特许经营期：建设期为36个月，自本项目开工日起计算，收费经营期为30年，建设完成后，按省政府批准的开始收费之日起计算。5.5特许经营期届满后无偿移交。15.6受让方提前终止本合同：

15.6.1 如果不是由于受让方违约或不可抗力所致，发生下述一种或几种情况，都视为出让方违约，出让方在收到受让方要求改正的书面通知后 60 天内仍未改正的，受让方有权提出索赔……15.6.2 受让方按本合同本条第一款规定提前终止本合同的，出让方收回本项目，并应同时承担以下义务：（1）承担受让方为本项目的建设而发生的一切尚未清偿的负债；（2）偿还受让方为本项目建设所投入的项目资本金及其利息；（3）偿还受让方为本项目建设所投入资本金从投入之日至终止之日期间的投资收益及资本金从终止日至特许经营期届满之日期间的预期投资收益的合理部分。

2009 年 8 月 10 日，高管局向招行深圳分行出具《承诺函》，内容为："宜连公司投资建设宜连高速公路项目……该公司自开工以来，尽管银行贷款没有及时到位，工程量也完成了 40% 之多，支付的款项从未拖欠。经查实，到目前总共支付资本金 8.2 亿元之多，可见其投资诚信度……为贯彻落实湖南省委、省政府的招商引资政策，保护投资者利益，体现我局对该公司的信任和支持，我局承诺：贵行对宜连公司提供的项目贷款，若该公司出现没有按时履行其到期债务等违反借款合同约定的行为，或者存在危及银行贷款本息偿付的情形，出于保护投资商利益，保障贵行信贷资金安全的目的，我局承诺按《特许合同》第 15.6 条之规定全额回购宜连高速公路经营权，以确保化解银行贷款风险，我局所支付款项均先归还贵行贷款本息。"

2009 年 8 月 20 日，建行湖南分行与招行深圳分行作为贷款人，与借款人宜连公司签订《人民币资金银团贷款合同》，招行深圳分行发放 3.6 亿元，贷款期限为 16 年。贷款发放后，宜连公司未能按约偿还贷款本息，招行深圳分行对主债务人及其他担保方提起诉讼，并取得生效法律文书进入执行，后因无财产可供执行被终本。

2016 年 3 月 10 日，招行深圳分行向高管局发出《关于严格履行宜连高速经营权回购义务的函》，要求严格履行宜连高速公路经营权回购义务。

因高管局未能就宜连公司所欠债务予以处理，招行深圳分行向一审法院起诉请求：1. 判令高管局赔偿因其未履行《承诺函》中按《特许合同》第 15.6 条之规定全额回购宜连高速公路经营权的承诺而给招行深圳分行造成的经济损失共计 455,122,158.5 元（包括本金 3.54 亿元、罚息 90,659,541.87 元、复息 104,621,616.63 元，暂计至 2016 年 4 月 22 日）；2. 判令高速公路总公司与高管局承担连带赔偿责任；3.高速公路总公司与高管局承担本案案件受理费、保全费等全部费用。

一审法院认为，高速公路总公司应与高管局承担本案连带赔偿责任。一审法院判决：一、高管局在判决生效后三十日内全额回购宜连高速公路经营权，并以回购款项支付招行深圳分行全部贷款本息（即455,122,158.5元及以3.54亿元为基数按《人民币资金银团贷款合同》的约定计算自2016年4月23日起至付清之日的利息、罚息、复息）；二、如果高管局未按期履行判决第一项回购义务，则由其在判决生效后六十日内直接向招行深圳分行清偿上述所有贷款本息；三、高速公路总公司对前述高管局的义务承担连带清偿责任。

高管局不服一审判决，提起上诉，请求：撤销（2016）湘民初15号民事判决，依法驳回招行深圳分行对高管局及高速公路总公司的全部诉讼请求。

二审法院认为，一审判决关于高速公路总公司与高管局人员、机构、业务混同，高速公路总公司应承担连带清偿责任的认定，理据不足，故判决：一、撤销（2016）湘民初15号民事判决；二、高管局在本判决生效后三十日内对宜连公司不能偿还招行深圳分行的贷款本息455,122,158.5元及以3.54亿元为基数按《人民币资金银团贷款合同》的约定计算自2016年4月23日起至付清之日的利息、罚息、复息承担三分之一的赔偿责任；三、驳回招行深圳分行其他诉讼请求。

【法院观点】

最高人民法院认为，《承诺函》的性质应当结合文本名称、出具背景、约定内容等事实综合认定。首先，从《承诺函》的名称看，并未直接表述为"安慰函"。其次，综合《承诺函》出具的背景情况及双方当事人的陈述可知，《承诺函》签订于宜连高速公路项目开工建设之后、招行深圳分行作为贷款人之一与借款人宜连公司签订《人民币资金银团贷款合同》之前。其出具该函是为了保障招行深圳分行信贷资金安全，化解招行深圳分行贷款风险，实质目的则为确保宜连公司获得贷款。最后，从《承诺函》载明内容"若该公司（指宜连公司）出现没有按时履行其到期债务等违反借款合同约定的行为，或者存在危及银行贷款本息偿付的情形，出于保护投资商利益，保障贵行信贷资金安全的目的，我局承诺按《特许合同》第15.6条之规定全额回购宜连高速公路经营权，以确保化解银行贷款风险，我局所支付款项均先归还贵行贷款本息"分析,《承诺函》系针对特定的银行贷款出具,并已经清楚表明当宜连公司出现没有按时履行其到期债务等违反借款合同约定的行为,或者存在危及银行贷款本息偿付的情形时,高管局承诺以回购经营权的方式确保招行深圳分行的债权实现。依照《担保法》(已失效)第六条"本法所称保证,是指保证人和债权人约定,当债务人不履行债务时,保证人按照约定履行债务或者承担责任的行为"及《最高人民法院关于适用〈中华人民共和国担保法〉若干问题的解释》(已失效)第二十二条第一款关于"第三人单方以书面形式向债权人出具担保书,债权人接受且未提出异议的,保证合同成立"的规定可知,保证人提供保证,目的是保证债权能够得到实现。本案中,高管局并非仅对宜连公司清偿债务承担道义上的义务或督促履行之责,其通过出具《承诺函》的形式为自身设定的代为清偿义务的意思表示具体明确,故《承诺函》具有保证担保性质。该《承诺函》被招行深圳分行接收,双方成立保证合同。

关于《承诺函》的效力。法院认为,根据《担保法》第九条关于"学校、幼儿园、医院等以公益为目的的事业单位、社会团体不得为保证人"的规定,高管局作为湖南基础设施高速公路的建设、管理事业单位,不得作为保证人。《承诺函》因违反法律强制性规定应认定无效。《最高人民法院关于适用〈中华人民共和国担保法〉若干问题的解释》(已失效)第七条规定:"主合同有效而担保合同无效,债权人无过错的,担保人与债务人对主合同债权人的经济损失,承担连带赔偿责任;债权人、担保人有过错的,担保人承担民事责任的部分,不应超过债务人不能清偿部分的二分之一。"本案中,如前所述,《承诺函》因违反法律强制性规定而无效。高管局作为出具人,明知自身不具备保证人资格仍出具《承诺函》,具有过错。而招行深圳分行作为专业的金融机构,明知高管局作为事业单位,不能成为保证人,其仍要求高管局出具《承诺函》,招行深圳分行亦存在过错。故综合本案成讼原因、当事人的实际损失及过错程度,酌定高管局对宜连公司不能偿还招行深圳分行的债权承担三分之一的赔偿责任。

【实务解析】

安慰函、承诺函、承诺书等在商业实践中屡见不鲜。安慰函,英文一般表述为 Letter of Comfort 或 Console Letter,是指母公司为其子公司融资而向贷款人出具的一种书面陈述,表示知悉并支持、愿意为该下属机构或该子公司的还款提供适当帮助。安慰函为英美法系项下的概念，一般不具有强制执行力。但进入中国本土后，单纯的"安慰函""承诺函"等名称已经不重要，更重要的是看具体内容所传达的意思表示。保证合同是为保障债权的实现，保证人和债权人约定，当债务人不履行到期债务或者发生当事人约定的情形时，保证人履行债务或者承担责任的合同。第三人单方以书面形式向债权人作出保证，债权人接收且未提出异议的，保证合同成立。因此，对于各类函件是否构成保证，要看所载内容是否具有具体明确的为自身设定代为清偿义务的意思表示。针对实践中第三人对债权人提供差额不足、流动性支持等类似承诺文件的问题，《最高人民法院关于适用〈中华人民共和国民法典〉有关担保制度的解释》第三十六条规定："第三人向债权人提供差额补足、流动性支持等类似承诺文件作为增信措施，具有提供担保的意思表示，债权人请求第三人承担保证责任的，人民法院应当依照保证的有关规定处理。第三人向债权人提供的承诺文件，具有加入债务或者与债务人共同承担债务等意思表示的，人民法院应当认定为民法典第五百五十二条规定的债务加入。前两款中第三人提供的承诺文件难以确定是保证还是债务加入的，人民法院应当将其认定为保证。第三人向债权人提供的承诺文件不符合前三款规定的情形，债权人请求第三人承担保证责任或者连带责任的，人民法院不予支持，但是不影响其依据承诺文件请求第三人履行约定的义务或者承担相应的民事责任。"

本案中，基于具体内容表述，承诺函被认定为保证合同，但因法律禁止以公益为目的的非营利法人、非法人组织为保证人，故涉案保证合同无效。保证合同无效，债务人、保证人、债权人有过错的，应当根据其过错各自承担相应的民事责任。具体而言，如果因为主合同无效导致保证合同无效，则担保人无过错的，不承担赔偿责任；担保人有过错的，其承担的赔偿责任不应超过债务人不能清偿部分的三分之一。如果主合同有效而单纯保证合同无效，债权人与担保人均有过错的，担保人承担的赔偿责任不应超过债务人不能清偿部分的二分之一；担保人有过错而债权人无过错的，担保人对债务人不能清偿的部分承担赔偿责任；债权人有过错而担保人无过错的，担保人不承担赔偿责任。本案中承诺函因违反法律强制性规定而无效，高管局明知自身不具备保证人资格仍出具承诺函，招行深圳分行明知高管局不能成为保证人，仍要求高管局出具承诺函，双方均存在过错，担保人承担的赔偿责任不应超过债务人不能清偿部分的二分之一。最终法院综合本案成讼原因、当事人的实际损失及过错程度等因素酌定保证人承担的赔偿责任为债务人不能清偿部分的三分之一。

【法条链接】

《中华人民共和国民法典》

第六百八十一条　保证合同是为保障债权的实现，保证人和债权人约定，当债务人不履行到期债务或者发生当事人约定的情形时，保证人履行债务或者承担责任的合同。

第六百八十二条　保证合同是主债权债务合同的从合同。主债权债务合同无效的，保证合同无效，但是法律另有规定的除外。

保证合同被确认无效后，债务人、保证人、债权人有过错的，应当根据其过错各自承担相应的民事责任。

第六百八十三条　机关法人不得为保证人，但是经国务院批准为使用外国政府或者国际经济组织贷款进行转贷的除外。

以公益为目的的非营利法人、非法人组织不得为保证人。

《最高人民法院关于适用〈中华人民共和国民法典〉有关担保制度的解释》（法释〔2020〕28号）

第十七条　主合同有效而第三人提供的担保合同无效，人民法院应当区分不同情形确定担保人的赔偿责任：

（一）债权人与担保人均有过错的，担保人承担的赔偿责任不应超过债务人不能清偿部分的二分之一；

（二）担保人有过错而债权人无过错的，担保人对债务人不能清偿的部分承担赔偿责任；

（三）债权人有过错而担保人无过错的，担保人不承担赔偿责任。

主合同无效导致第三人提供的担保合同无效，担保人无过错的，不承担赔偿责任；担保人有过错的，其承担的赔偿责任不应超过债务人不能清偿部分的三分之一。

第二节
一般保证和连带责任保证

一、保证合同中约定的保证人在债务人"不能偿还"和"不能按期偿还"时承担保证责任具有不同的含义，前者为一般保证，后者为连带责任保证
——中国信达资产管理公司贵阳办事处与贵阳开磷有限责任公司借款合同纠纷案

【案件来源】最高人民法院公报案例：最高人民法院（2008）民二终字第106号

【争议焦点】保证合同中约定保证人在债务人"不能按期"偿还时代为偿还，该保证方式为一般保证还是连带责任保证？

【裁判要旨】单纯使用"不能"字样，具有客观上债务人确无能力偿还借款的含义，此时保证人方承担保证责任认定为一般保证责任。但是当"不能"与"按期"结合在一起使用，则仅表明到期不能偿还即产生保证责任，应认定为连带保证责任。

【基本案情】

上诉人（原审原告）：中国信达资产管理公司贵阳办事处（以下简称信达公司贵阳办事处）

被上诉人（原审被告）：贵州开磷有限责任公司（以下简称开磷公司）

1989年10月6日，中国人民建设银行黔南布依族苗族自治州中心支行（以下简称黔南中心支行）与贵州剑江化肥厂签订合同编号为黔信字第4号《借款合同》，贵州剑江化肥厂向黔南中心支行借款800万元，借款期限从1989年10月起至1996年12月止，利息按年息13.68%计收。全部贷款到期，贷款方发出逾期通知三个月后，仍未归还，贷款方可以直接从借款方或担保方的各项投资和存款中扣收。开磷公司在担保单位一栏中签章。

1990年8月7日，黔南中心支行与贵州剑江化肥厂签订合同编号为黔信字第5号《借款合同》，贵州剑江化肥厂向黔南中心支行借款600万元，借款期限从1995年8月30日起至1997年10月20日止，利息按年息8.64%计收。贷款到期，借款方如不能按期偿还，由担保单位代为偿还，担保单位在接到贷款方还款通知三个月后仍未归还，贷款方可直接从借款方或担保单位的各项投资或存款中扣收。开磷公司在担保单位一栏中签章。其后，黔南中心支行又与贵州剑江化肥厂签订合同编号为（91）贷字第009号的《借款合同》、（92）建贷字第2号、（93）匀建贷字第2号的《借款合同》，分别借款300万元、350万元、400万元，担保部分内容同黔信字第5号。

上述合同签订后，黔南中心支行均如约支付了借款，贵州剑江化肥厂未予偿还。2007年11月2日，信达公司贵阳办事处受让上述债权后向法院提起诉讼，请求判令开磷公司向其履行保证责任。双方对于开磷公司提供保证的方式为一般保证还是连带责任保证产生争议。

信达公司贵阳办事处起诉请求：开磷公司向信达公司贵阳办事处履行保证责任，代被保证人贵州剑江化肥厂偿还信达公司贵阳办事处欠款本息合计72,381,616.5元。

一审法院认为，信达公司贵阳办事处的诉请已经超过了法律规定的诉讼时效期间，故判决：驳回信达公司贵阳办事处的诉讼请求。

信达公司贵阳办事处不服一审判决，提起上诉，请求：依法撤销一审判决，判决开磷公司向信达公司贵阳办事处履行保证责任，代被保证人贵州剑江化肥厂偿还信达公司贵阳办事处欠款本息合计72,381,616.5元。

二审法院认为，因债权人在法定期间内向保证人主张了权利，开磷公司抗辩不承担保证责任的理由不能成立，故判决：一、撤销贵州省高级人民法院（2007）黔高民二初字第35号民事判决。二、开磷公司在本判决生效之日起30日内，向信达公司贵阳办事处支付人民币72,381,616.5元。

【法院观点】

关于本案开磷公司提供保证的方式。本案中，开磷公司提供的保证在借款合同中有两种表述。一是黔信字第4号《借款合同》中的表述："全部贷款到期，贷款方发出逾期通知三个月后，仍未归还，贷款方可以直接从借款方或担保方的各项投资和存款中扣收。"二是黔信字第 5 号、（91）贷字第 009 号、（92）建贷字第 2 号、（93）匀建贷字第 2 号《借款合同》中的表述："贷款到期，借款方如不能按期偿还，由担保单位代为偿还，担保单位在接到贷款方还款通知三个月后仍未归还，贷款方可直接从借款方或担保单位的各项投资或存款户中扣收。"此外，开磷公司还就（93）匀建贷字第 2 号《借款合同》向黔南中心支行出具《借款担保书》，承诺"当借款单位不能履行借款合同如期偿还借款本息条件时，本公司（厂）将无条件承担责任，保证按照借款合同的规定，代借款单位偿还所欠借款本息。本担保书不可撤销。本担保书作为（93）匀建贷字第 2 号借款合同的附属文件，其有效期直至全部还清借款单位应归还借款本息为止"。区分连带责任保证和一般保证的重要标志就是保证人是否享有先诉抗辩权，即债权人是否必须先行对主债务人主张权利并经强制执行仍不能得到清偿时，方能要求保证人承担保证责任。上述借款合同中的第一种表述，只要贷款达到约定期限仍未归还，即将担保方与借款方的责任一并对待，并未区分保证人应否在主债务人客观偿还不能，即先向主债务人主张权利不能后，方承担保证责任，因此，此处保证责任约定是清楚的，为连带责任保证。上述借款合同中的第二种表述有"不能"字样，如单纯使用"不能"字样，则具有客观上债务人确无能力偿还借款的含义，此时保证人方承担保证责任可以认定为一般保证责任。但是，该"不能"字样与"按期"结合在一起使用，则不能将其理解为确实无力偿还借款的客观能力的约定，仅是表明到期不能偿还即产生保证责任。因此，第二种表述亦应认定为连带保证责任。至于开磷公司为（93）匀建贷字第 2 号借款合同提供的《借款担保书》则更为明确地将保证责任界定为无条件承担，亦为约定清楚的连带责任保证。综上，本案讼争的保证责任为连带责任保证。由于本案讼争借款的主债务人贵州剑江化肥厂已经破产，且破产程序已经终结，即使借款合同约定为一般保证责任，此时保证人的责任也已经因主债务人的破产而产生。

【实务解析】

保证方式分为一般保证和连带责任保证。一般保证是指当事人在保证合同中约定，债务人不能履行债务时，由保证人承担保证责任的保证。连带责任保证是指当事人在保证合同中约定保证人和债务人对债务承担连带责任的保证。

一般保证和连带责任保证的核心不同主要体现在有无先诉抗辩权上[①]。一般保证中保证人享有先诉抗辩权，即在主合同纠纷未经审判或者仲裁，并就债务人财产依法强制执行仍不能履行债务前，有权拒绝向债权人承担保证责任，除非存在法律规定的特殊情形（如债务人下落不明，且无财产可供执行；人民法院已经受理债务人破产案件；债权人有证据证明债务人的财产不足以履行全部债务或者丧失履行债务能力；保证人书面表示放弃本款规定的权利）。连带责任保证中保证人不享有先诉抗辩权，保证人和债务人对债权人承担连带责任。一般保证人虽然享有先诉抗辩权，但并不意味着必须先起诉主债务人，再起诉保证人，否则将造成程序上的不经济。先诉抗辩权虽然名为"先诉"抗辩，但其实质更接近"先执行"抗辩。因此，债权人选择先起诉债务人，再起诉保证人的，当然可以。债权人选择一并起诉的，人民法院也应当受理，但是为了保护保证人的权益，应当在判决书主文中明确，保证人仅对债务人财产依法强制执行后仍不能履行的部分承担保证责任。此外，债权人未对债务人的财产申请保全，或者保全的债务人的财产足以清偿债务，债权人申请对一般保证人的财产进行保全的，人民法院不予准许。

本案的主要争议焦点在于保证责任的方式究竟为一般保证还是连带责任保证。理论上认为，当具有债务人先承担责任的意思表示时为一般保证，不具有的为连带责任保证。一般保证典型的如约定保证人在债务人"不能履行债务"或者"无力偿还债务"时承担保证责任。连带责任保证如约定保证人在债务人"不履行债务"或者"未按期偿还债务"时承担保证责任。本案中，一种约定为"当借款单位不能履行借款合同如期偿还借款本息条件时，本公司将无条件承担责任"，意味着只要贷款未如期偿还，保证人就承担责任，不具有债务人先承担责任的意思，为连带责任保证。一种约定为"贷款到期，借款方如不能按期偿还，由担保单位代为偿还"，如单纯使用"不能"字样，可以认定为一般保证责任，但是"不能按期"，重点在"按期"上，意味着到期不还即产生保证责任也为连带保证责任。值得注意的是，在保证责任方式未约定或约定不明的推定上，原《担保法》规定按照"连带责任保证"承担保证责任，而《民

---

① 参见最高人民法院民法典贯彻实施工作领导小组主编：《中华人民共和国民法典合同编理解与适用》，人民法院出版社2020年版，第1320页。

法典》考虑到各方利益平衡、司法实践效果、域外经验等因素[1]，对此作出重大调整，重回民法传统，按照"一般保证"进行处理。

【法条链接】

《中华人民共和国民法典》

第六百八十六条　保证的方式包括一般保证和连带责任保证。

当事人在保证合同中对保证方式没有约定或者约定不明确的，按照一般保证承担保证责任。

第六百八十七条　当事人在保证合同中约定，债务人不能履行债务时，由保证人承担保证责任的，为一般保证。

一般保证的保证人在主合同纠纷未经审判或者仲裁，并就债务人财产依法强制执行仍不能履行债务前，有权拒绝向债权人承担保证责任……

第六百八十八条　当事人在保证合同中约定保证人和债务人对债务承担连带责任的，为连带责任保证。

连带责任保证的债务人不履行到期债务或者发生当事人约定的情形时，债权人可以请求债务人履行债务，也可以请求保证人在其保证范围内承担保证责任。

《最高人民法院关于适用〈中华人民共和国民法典〉有关担保制度的解释》（法释〔2020〕28号）

第二十五条　当事人在保证合同中约定了保证人在债务人不能履行债务或者无力偿还债务时才承担保证责任等类似内容，具有债务人应当先承担责任的意思表示的，人民法院应当将其认定为一般保证。

当事人在保证合同中约定了保证人在债务人不履行债务或者未偿还债务时即承担保证责任、无条件承担保证责任等类似内容，不具有债务人应当先承担责任的意思表示的，人民法院应当将其认定为连带责任保证。

二、"借新还旧"情形下新贷旧贷担保人相同的，担保人继续承担担保责任

——中国民生银行股份有限公司信阳分行与丰某等金融借款合同纠纷案

【案件来源】河南省信阳市中级人民法院（2021）豫15民终1633号

---

[1] 参见黄薇主编：《中华人民共和国民法典合同编释义》，法律出版社2020年版，第518页。

【争议焦点】"借新还旧"情形下担保人责任如何承担？担保人是否可以抗辩合同中关于保证责任和保证期间的内容为格式合同中的免责条款？

【裁判要旨】主合同当事人协议以新贷偿还旧贷，新旧贷担保人相同的，担保人继续承担担保责任；担保人以保证责任方式和保证期间为格式合同中的免责条款进行抗辩的，人民法院不予支持。

【基本案情】

上诉人（原审原告）：中国民生银行股份有限公司信阳分行（以下简称民生银行信阳分行）

被上诉人（原审被告）：丰某、胡某文、程某东、黄某雨、信阳市昌东商贸有限公司、刘某菲、信阳市豫茗香茶叶有限公司

2018年3月30日，原告与被告丰某、胡某文签订《借款合同》，约定贷款金额为人民币175万元，授信有效期限为2018年4月20日至2019年4月19日，年利率为10.788%，约定还款方式为按月结息，到期一次性偿还本金的还款方式。同时，被告程某东、黄某雨、刘某菲、信阳市豫茗香茶叶有限公司、信阳市昌东商贸有限公司与原告签订《担保合同》为丰某、胡某文的贷款提供连带责任保证担保。《借款合同》签订后，原告履行了放款义务。丰某、胡某文在贷款期间未偿还贷款，原告起诉至法院。又查明，2014年原告与被告胡某文、丰某签订180万元借款合同，被告程某东、黄某雨、刘某菲、信阳市昌东商贸有限公司、信阳市豫茗香茶叶有限公司提供连带担保。其间被告胡某文支付借款利息，借款本金未能偿还；2015年原告与被告丰某签订借款合同，约定所借贷款优先偿还胡某文贷款，每年办理续贷一次，同时由原告与被告程某东、黄某雨、刘某菲、信阳市昌东商贸有限公司、信阳市豫茗香茶叶有限公司签订担保合同。

民生银行信阳分行向一审法院起诉请求：一、依法判令被告丰某、胡某文偿还欠付本金及利息1,664,908.51元（其中本金1,646,868.57元，利息18,039.94元）；二、依法判令被告丰某、胡某文偿还逾期利息（自2019年4月20日起，按年利率16.182%，计算至欠款全部结清之日止）；三、依法判令被告程某东、黄某雨、刘某菲、信阳市豫茗香茶叶有限公司、信阳市昌东商贸有限公司对上述第一项、第二项欠款承担连带保证责任。

一审法院认为，被告程某东、黄某雨、刘某菲、信阳市豫茗香茶叶有限公司、信阳市昌东商贸有限公司依法不应承担担保的民事责任。一审法院判决：一、被告丰某、胡某文于本判决生效后十日内偿还民生银行信阳分行欠付本金及利息1,664,908.51元（其中本金1,646,868.57元，利息18,039.94元）。二、被告丰某、胡某文于本判决生效后十日内偿还原告民生银行信阳分行逾期利息（自2019年4月20日起，按年利率16.182%，计算至欠款全部结清之日止）。三、被告程某东、黄某雨、刘某菲、信阳市昌东商贸有限公司、信阳市豫茗香茶叶有限公司不承担担保责任。

民生银行信阳分行不服提起上诉，请求：依法撤销原审判决第三项，改判被上诉人程某东、黄某雨、刘某菲、信阳市昌东商贸有限公司、信阳市豫茗香茶叶有限公司对被上诉人丰某、胡某文欠付的本金及利息、逾期利息承担连带还款担保责任或将本案发回重审。

二审法院认为，民生银行信阳分行的上诉请求成立，判决：一、维持河南省信阳市浉河区人民法院（2021）豫1502民初742号民事判决第一项、第二项及诉讼费负担部分。二、变更河南省信阳市浉河区人民法院（2021）豫1502民初742号民事判决第三项为：程某东、黄某雨、信阳市昌东商贸有限公司、刘某菲、信阳市豫茗香茶叶有限公司对上述第一项、第二项判决金额承担连带清偿责任。

【法院观点】

本案的争议焦点是：程某东、黄某雨、信阳市昌东商贸有限公司、刘某菲、信阳市豫茗香茶叶有限公司应否承担担保责任？本案中，案涉《担保合同》系自愿签订，当事人认可《担保合同》的真实性及各自签名、盖章的真实性，该《担保合同》系各方当事人真实意思表示，且未违反法律、行政法规的强制性规定，合同依法成立并有效。程某东、黄某雨、信阳市昌东商贸有限公司虽辩称在签订《担保合同》时并不清楚借款主体及借款用途，但《担保合同》上明确显示"主合同债务人为丰某、胡某文"，且对主合同债务人与民生银行信阳分行签订的《借款合同》具体编号有注明，而该《借款合同》上载明"借款用途"为"借新还旧"，程某东、黄某雨、信阳市昌东商贸有限公司作为完全民事行为能力人，理应知晓在合同上签名盖章所产生的法律后果，其在签订《担保合同》时未对合同具体条款及内容严格审查属于己方过错,不能成为免除其担保责任的理由。

所谓"借新还旧"是指债权人与债务人在旧贷款尚未全部清偿完毕的情况下,签订新的借款合同,以新贷出的款项清偿部分或全部旧贷款的行为,其实质在于以新贷还旧贷。根据《最高人民法院关于适用〈中华人民共和国民法典〉有关担保制度的解释》第十六条规定,主合同当事人协议以新贷偿还旧贷,债权人请求新贷的担保人承担担保责任,新贷与旧贷的担保人相同的,人民法院应予支持,案涉贷款的性质为"借新还旧",新贷和旧贷的担保人均为程某东、黄某雨、信阳市昌东商贸有限公司、刘某菲、信阳市豫茗香茶叶有限公司。依照各方自愿签订的《担保合同》的约定,程某东、黄某雨、信阳市昌东商贸有限公司、刘某菲、信阳市豫茗香茶叶有限公司为主合同项下的债务提供连带责任保证,且保证期间为主合同约定的主合同债务人履行债务期限届满之日后两年,该《担保合同》虽是民生银行信阳分行提供的格式合同,但合同中关于保证责任方式和保证期间的内容均为合同一般条款,而非免责条款,一审法院以民生银行信阳分行未就"涉及免除被告保证责任的格式条款进行解释、说明,该保证期间条款不应成为担保合同的内容"为由判决五保证人不予承担担保责任显属不当,民生银行信阳分行在保证期间内要求上述五保证人承担连带保证责任的主张应予支持。

【实务解析】

借新还旧是指债权人与债务人在旧的贷款尚未清偿完毕的情况下,再次签订贷款合同,以新贷出的款项清偿部分或全部旧的贷款[①]。借新还旧属于债务更新,与债的展期具有本质不同。借新还旧情形下,当事人通过设立新债消灭旧贷,旧贷上的担保随之消灭。债务展期则属于债务履行期限的变更,债仍然是同一个债,只是履行期限延长,未经保证人书面同意的,保证期间不受影响。

根据《最高人民法院关于适用〈中华人民共和国民法典〉有关担保制度的解释》的规定,借新还旧情形下,旧贷消灭,旧贷担保人的担保责任同时消灭。

---

① 参见最高人民法院民事审判第二庭编著:《全国法院民商事审判工作会议纪要理解与适用》,人民法院出版社 2019 年版,第 354 页。

新贷的担保人是否承担担保责任，要根据新旧贷的担保人是否相同而分情况处理。若新贷与旧贷的担保人相同，借新还旧的方式并不增加担保人的责任，新贷的担保人自然应当承担担保责任。若新贷与旧贷的担保人不同，或者旧贷无担保而新贷有担保，考虑到借新还旧的方式将增加新贷担保人的风险，有必要对债权人科以告知义务，从而平衡各方利益，故除非债权人有证据证明新贷的担保人提供担保时对以新贷偿还旧贷的事实知道或者应当知道，否则新贷的担保人不承担责任。

　　本案的另一个争议焦点为格式条款问题。格式条款是当事人为了重复使用而预先拟定，并在订立合同时未与对方协商的条款。民法典规定，采用格式条款订立合同的，提供格式条款的一方应当遵循公平原则确定当事人之间的权利和义务，并采取合理的方式提示对方注意免除或者减轻其责任等与对方有重大利害关系的条款，按照对方的要求，对该条款予以说明。提供格式条款的一方未履行提示或者说明义务，致使对方没有注意或者理解与其有重大利害关系的条款的，对方可以主张该条款不成为合同的内容。本案中，一审法院认为，民生银行信阳分行提交的担保合同系格式合同，并未采取合理、适当的方式对案涉保证合同第二部分涉及免除保证责任的格式条款进行解释、说明，该保证期间条款不应成为担保合同的内容。二审法院对此予以纠正，认为《担保合同》虽是民生银行信阳分行提供的格式合同，但合同中关于保证责任方式和保证期间的内容均为合同一般条款，而非免责条款。因此，鉴于法律对保证责任方式和保证期间均有规定，不应视为免责条款。

　　此外，值得注意的是，借新还旧情形下担保物权的顺序如何确定，司法实践中一直存在争议。《全国法院民商事审判工作会议纪要》第五十七条提到了担保物权是否消灭的问题，但并未对顺序问题进行规定。《最高人民法院关于适用〈中华人民共和国民法典〉有关担保制度的解释》对此予以明确，只要旧贷担保人同意继续为新贷提供担保且登记仍未涂销，就赋予债权人对担保物享有原来的顺位利益，以此维护现行金融秩序[①]。

[①] 参见最高人民法院民事审判第二庭编著:《最高人民法院民法典担保制度司法解释理解与适用》，人民法院出版社2021年版，第205页。

【法条链接】

《最高人民法院关于适用〈中华人民共和国民法典〉有关担保制度的解释》（法释〔2020〕28号）

第十六条 主合同当事人协议以新贷偿还旧贷，债权人请求旧贷的担保人承担担保责任的，人民法院不予支持；债权人请求新贷的担保人承担担保责任的，按照下列情形处理：

（一）新贷与旧贷的担保人相同的，人民法院应予支持；

（二）新贷与旧贷的担保人不同，或者旧贷无担保新贷有担保的，人民法院不予支持，但是债权人有证据证明新贷的担保人提供担保时对以新贷偿还旧贷的事实知道或者应当知道的除外。

主合同当事人协议以新贷偿还旧贷，旧贷的物的担保人在登记尚未注销的情形下同意继续为新贷提供担保，在订立新的贷款合同前又以该担保财产为其他债权人设立担保物权，其他债权人主张其担保物权顺位优先于新贷债权人的，人民法院不予支持。

《全国法院民商事审判工作会议纪要》（法〔2019〕254号）

57.【借新还旧的担保物权】贷款到期后，借款人与贷款人订立新的借款合同，将新贷用于归还旧贷，旧贷因清偿而消灭，为旧贷设立的担保物权也随之消灭。贷款人以旧贷上的担保物权尚未进行涂销登记为由，主张对新贷行使担保物权的，人民法院不予支持，但当事人约定继续为新贷提供担保的除外。

三、最高额保证中，鉴于具体每笔被担保债权的发生无需经过保证人同意，债权人不能证明保证人知道或应当知道所担保的债权属于借新还旧的，保证人免责

——中国信达资产管理股份有限公司山西省分公司与宁夏圣雪绒国际企业集团有限公司、宁夏圣雪绒房地产开发有限公司借款合同纠纷案

【案件来源】最高人民法院（2018）最高法民申6172号

【争议焦点】最高额保证中，主合同列明了借款用途为"借新还旧"，是否可以推定保证人对此知道或应当知道？关于保证人知道或应当知道"借新还旧"的举证责任应如何分配？

【裁判要旨】最高额保证中，鉴于具体每笔被担保债权的发生无需经过保证人同意，债权人不能证明保证人知道或应当知道所担保的债权属于借新还旧的，保证人免责。

【基本案情】

再审申请人（一审被告、二审上诉人）：宁夏圣雪绒国际企业集团有限公司（以下简称圣雪绒企业集团公司）、宁夏圣雪绒房地产开发有限公司（以下简称圣雪绒房地产公司）

被申请人（一审原告、二审被上诉人）：中国信达资产管理股份有限公司山西省分公司（以下简称信达公司）

一审被告、二审上诉人：山西丰瑞环宇科技有限公司（以下简称丰瑞公司）

原审被告：山西邦泰工贸有限责任公司（以下简称邦泰公司）、山西曜鑫煤焦有限公司（以下简称曜鑫公司）、胡某1、胡某2

2014年5月30日，建设银行山西分行与被告邦泰公司签订《人民币流动资金贷款合同》。合同约定，被告邦泰公司因经营周转需要向建设银行山西分行借款，借款金额分别为1600万元、3500万元。其后，被告胡某1、胡某2、丰瑞公司、圣雪绒企业集团公司、圣雪绒房地产公司、山西曜鑫公司，分别签订《最高额保证合同》，约定为被告邦泰公司于2014年5月27日至2016年5月27日期间在建设银行山西分行处的人民币/外币贷款、开立信用证、国际贸易融资、国内贸易融资，提供连带责任担保，担保范围为主合同项下全部债务。合同签订后，建设银行山西分行依约向被告邦泰公司发放贷款4600万元。2015年10月21日，原告信达公司与建设银行山西分行签订《债权转让协议》，协议约定建设银行山西分行将本金186,537,000元人民币转让给原告信达公司，包括本案中的《最高额担保合同》。2015年10月29日，建设银行山西分行与原告信达公司在山西经济日报上刊登《中国建设银行股份有限公司山西省分行与中国信达资产管理股份有限公司山西省分公司债权转让暨债务催收联合公告》。

信达公司向一审法院起诉请求：1.依法判令被告邦泰公司还欠付本金4600万元及利息；2.依法判令各担保人在最高限额内对第一项承担连带责任。

一审法院判决：一、被告邦泰公司于本判决生效之日起10日内偿还信达公司借款本金 4600 万元、利息 508,737.56 元（算至 2014 年 12 月 26 日）及从 2014 年 12 月 27 日起至本判决确定给付之日止的利息（利息按合同约定执行）。二、被告曜鑫公司、胡某 1、胡某 2 对上述第一项的债务承担连带清偿责任。三、被告圣雪绒企业集团公司对上述第一项的债务在 3850 万元范围内承担连带清偿责任。四、被告圣雪绒房地产公司对上述第一项的债务在 3850 万元范围内承担连带清偿责任。五、被告丰瑞公司对上述第一项的债务在 3000 万元范围内承担连带清偿责任。六、被告曜鑫公司、胡某 1、胡某 2、丰瑞公司、圣雪绒企业集团公司、被告圣雪绒房地产公司承担担保责任后，有权向被告邦泰公司追偿。七、驳回原告信达公司其他诉讼请求。

丰瑞公司、圣雪绒企业集团公司、圣雪绒房地产公司不服一审判决，向山西省高级人民法院提起上诉，请求：依法撤销（2015）并民初字第 309 号民事判决，请求二审法院查清本案事实后改判上诉人不承担连带清偿责任或依法将本案发回重审。二审法院判决：驳回上诉，维持原判。

圣雪绒企业集团公司、圣雪绒房地产公司向最高人民法院申请再审称，被申请人在 2014 年 5 月 30 日以发放新贷款的形式偿还以前产生的信用证贷款，其本质就是借新贷还旧贷。依据《最高人民法院关于适用〈中华人民共和国担保法〉若干问题的解释》第三十九条规定，主合同当事人双方协议以新贷偿还旧贷，除保证人知道或应当知道的外，保证人不承担责任。最高人民法院裁定：一、指令山西省高级人民法院再审本案；二、再审期间，中止山西省高级人民法院（2017）晋民终 414 号民事判决书的执行。

【法院观点】

法院经审查认为，本案的焦点问题是：圣雪绒企业集团公司和圣雪绒房地产公司对案涉主合同贷款系借新还旧的事实是否知道或应当知道。

首先，本案新贷涉及的两笔流动资金贷款均形成于 2014 年 5 月 30 日，均在最高额保证期间。但是，上述主合同项下贷款用途约定系借新还旧，对应偿还的旧贷分别为 2013- 国内信用证 -06 号《国内信用证开证合同》项下邦泰公司所欠债务和 2013- 贸易融资 -01 号《贸易融资额度合同》项下远期信用证邦泰公司所欠债务。法院认为，新贷为流动资金贷款，旧贷为开立信用证债务，二者种类不同。案涉《最高额保证合同》约定保证人圣雪绒企业集团公司和圣雪绒房地产公司担保的债权是人民币/外币贷款，故旧贷不属于圣雪绒企业集团公司和圣雪绒房地产公司担保的债权范围，新贷和旧贷的保证人不是同一人。二审法院关于"圣雪绒企业集团公司、圣雪绒房地产公司系新贷的保证人，并非旧贷的保证人"的认定是正确的。

其次，虽然主合同均列明借款用途为偿还旧贷，但仅凭主合同上列明借款用途不能认定保证人应当对借新还旧的事实是知情的。理由是：（1）案涉保证合同为《最高额保证合同》，即保证人在最高债权额限度内就一定期间连续发生的借款向债权人提供保证，但具体每笔被担保债权的发生则无需经过保证人的同意。《最高额保证合同》履行方式的特殊性导致除非相关主体主动告知，否则保证人难以及时知晓被担保债权的发生、用途、数额等情况。（2）案涉两份《最高额保证合同》订立时间为2013年5月30日，早于主合同订立的时间，圣雪绒企业集团公司和圣雪绒房地产公司在订立《最高额保证合同》时，客观上无法知道案涉主债权的发生和用途。（3）案涉《最高额保证合同》也没有相关约定，使保证人圣雪绒企业集团公司和圣雪绒房地产公司有途径了解到包括案涉主债权在内的被担保债权的用途。（4）担保人是否知道或应当知道所担保的债权属于借新还旧，该事实应有直接证据证明，且举证责任在债权人。本案中，债权人在原审和再审申请期间均没有提供证据证明"担保人知道或应当知道所担保的债权属于借新还旧"的事实存在。故，原审判决仅基于主合同列明贷款用途为借新还旧，就认定保证人圣雪绒企业集团公司和圣雪绒房地产公司应当知道该事实缺乏事实和法律依据。

【实务解析】

最高额保证合同是指保证人与债权人约定，保证人在最高债权额限度内就一定期间连续发生的债权提供保证的合同。与普通的保证合同相比，最高额保证合同具有如下特点[①]：一是最高额保证合同为"将来"发生的债权作担保。担保具有从属性，原则上先有主债权，后有担保。但为方便系列、联系的交易，最高额担

---

① 参见最高人民法院民法典贯彻实施工作领导小组主编：《中华人民共和国民法典合同编理解与适用》，人民法院出版社2020年版，第1330-1332页。

保对成立上的从属性有所突破。二是最高额保证所担保的债权数额在最高额限度内是不确定的，只有到决算期，才能确定。三是最高额保证是对"将来一定期间连续发生的债权"作担保。四是最高额保证所担保的数额具有最高限额。实践中，有别于普通保证，最高额保证中具体每笔被担保债权的发生无需经过保证人的同意，于是产生各方当事人利益平衡问题。

本案中，虽然主合同列明借款用途为偿还旧贷，但在最高额保证中，仅凭主合同上列明借款用途不能认定保证人是知情的。最高额保证中，具体每笔被担保债权的发生无需经过保证人的同意，保证人在客观上也无法知道案涉主债权的用途为何。因此，为了规避"借新还旧"情形下新保证人的巨大风险，基于诚信和公平原则，需要由债权人举证证明新贷的担保人提供担保时知道或者应当知道"借新还旧"的事实。

【法条链接】

《中华人民共和国民法典》

第六百九十条　保证人与债权人可以协商订立最高额保证的合同，约定在最高债权额限度内就一定期间连续发生的债权提供保证。

最高额保证除适用本章规定外，参照适用本法第二编最高额抵押权的有关规定。

《最高人民法院关于适用〈中华人民共和国民法典〉有关担保制度的解释》（法释〔2020〕28号）

第十六条第一款　主合同当事人协议以新贷偿还旧贷，债权人请求旧贷的担保人承担担保责任的，人民法院不予支持；债权人请求新贷的担保人承担担保责任的，按照下列情形处理：

（一）新贷与旧贷的担保人相同的，人民法院应予支持；

（二）新贷与旧贷的担保人不同，或者旧贷无担保新贷有担保的，人民法院不予支持，但是债权人有证据证明新贷的担保人提供担保时对以新贷偿还旧贷的事实知道或者应当知道的除外。

第三节

保证期间与诉讼时效

一、保证合同无效，保证期间对债权人仍具有约束力；债权人未在保证期间内主张权利的，保证人免责

——甘肃思潮家居有限公司与但某奎、白银市市政工程管理处民间借贷纠纷案

【案件来源】最高人民法院（2017）最高法民申 3769 号

【争议焦点】保证合同无效，保证期间对债权人是否仍具有约束力？

【裁判要旨】保证合同无效，合同约定的保证期间对当事人仍有约束力；债权人在保证期间内没有向保证人主张权利的，保证人不再承担无效保证的赔偿责任。

【基本案情】

再审申请人（一审原告、二审被上诉人）：甘肃思潮家居有限公司（以下简称思潮家居公司）

被申请人（一审被告、二审被上诉人）：但某奎

被申请人（一审被告、二审上诉人）：白银市市政工程管理处

2013 年 10 月 24 日，思潮家居公司与但某奎、白银市市政工程管理处签订借款合同一份，合同约定，但某奎向思潮家居公司借款 1000 万元，借款期限自 2013 年 10 月 24 日至 2014 年 4 月 23 日，借款期限为 6 个月。白银市市政工程管理处作为保证人为但某奎的借款提供保证，在但某奎到期不偿还借款时，白银市市政工程管理处须承担无限连带责任，有义务向思潮家居公司偿还但某奎所欠借款及由此所产生的违约金、罚息等费用，白银市市政工程管理处的保证期限为二年，自合同签订之日起生效。同日，但某奎向思潮家居公司出具收到 1000 万元收条一份。同日，白银市市政工程管理处还向思潮家居公

司出具担保函及担保函补充约定各一份。担保函内容为："兹有但某奎申请在贵公司贷款人民币壹仟万元整，2014年5月31日前还清。用于承包修筑国道109线白银过境段（东段）拓宽改造三标段工程，我单位愿为此出面担保，如若但某奎发生资金困难不能按期还贷，我处愿负担保责任，由我处在支付国道109线专项拨款内全权负责支付归还贵公司借款本息。"贷款担保函补充约定内容为："兹有但某奎在贵公司贷款人民币壹仟万元整，专项用于承包修筑国道109线白银过境段（东段）拓宽改造工程三标段工程，我单位愿为此进行担保，在出具担保函的基础上，作如下补充约定：1.如若但某奎发生资金困难不能按期归还贷款，我单位将停止支付国道109线白银过境段（东段）拓宽改造工程三标段所有工程进度款，并经司法或仲裁机构判决、裁定，将贷款本息从工程进度款中一次性支付给甘肃思潮家居有限公司。2.每笔贷款的发放必须经我单位审核，专项用于国道109线白银过境段（东段）拓宽改造工程三标段工程建设，否则该担保无效。"

后因但某奎未按约还款，思潮家居公司向一审法院提起诉讼：1.判令但某奎支付思潮家居公司借款本金1000万元；2.判令但某奎支付思潮家居公司2015年9月24日前利息810万元，之后利息直至付清为止；3.判令白银市市政工程管理处对借款本息承担连带清偿责任；4.判令但某奎、白银市市政工程管理处承担本案诉讼费及其他费用。

一审法院认为，思潮家居公司与但某奎的借款关系合法有效，与白银市市政工程管理处的担保关系因违反法律禁止性规定而无效。但某奎应当承担还本付息的民事责任，白银市市政工程管理处在其过错范围内承担赔偿责任。判决：一、但某奎于判决生效后十五日内偿还思潮家居公司借款本金1000万元，并支付自2013年10月24日至2015年9月24日利息460万元，之后利息按照年息24%计算，利随本清；二、若但某奎不能按期履行判决第一项确认的债务，则白银市市政工程管理处在但某奎不能清偿债务总额的二分之一范围内向思潮家居公司承担赔偿责任；三、驳回思潮家居公司的其他诉讼请求。

白银市市政工程管理处不服一审判决，向甘肃省高级人民法院提起上诉，请求：1.依法撤销兰州市中级人民法院（2016）甘01民初255号民事判决，改判白银市市政工程管理处对思潮家居公司的损失不承担赔偿责任。2.判令由思潮家居公司承担本案全部上诉费用。二审法院认为思潮家居公司请求白银市市政工程管理处承担连带清偿责任显然已经超过保证期间，故判决：一、维持兰州市中级人民法院（2016）甘01民初255号民事判决主文第一项；二、撤销兰州市中级人民法院（2016）甘01民初255号民事判决主文第二、三项；三、驳回思潮家居公司的其他诉讼请求。

思潮家居公司向最高人民法院申请再审，请求：1.撤销原判决第二项；2.维持一审判决；3.本案诉讼费由但某奎、白银市市政工程管理处承担。最高人民法院裁定，驳回思潮家居公司的再审申请。

【法院观点】

法院经审查认为，虽担保函载明的还款期限为2014年5月31日，但担保函上仅有思潮家居公司与白银市市政工程管理处的盖章，并没有借款人但某奎的签名及认可；而各方当事人均认可白银市市政工程管理处在借款合同签订前已经出具了该担保函，故从时间的先后顺序上，可以认定各方当事人在签订借款合同时才对借款期限做了最终的确认。因此，白银市市政工程管理处作为保证人的保证期间应从借款合同约定的借款期限届满之次日即2014年4月24日开始计算二年至2016年4月24日。思潮家居公司于2016年4月27日才向一审法院提起诉讼，已经超过约定的保证期间。原判决认定的上述基本事实并不缺乏证据证明。《担保法》（已失效）第九条规定，学校、幼儿园、医院等以公益为目的的事业单位、社会团体不得为保证人。《最高人民法院关于适用〈中华人民共和国担保法〉若干问题的解释》（已失效）第三条规定，国家机关和以公益为目的的事业单位、社会团体违反法律规定提供担保的，担保合同无效。因此给债权人造成损失的，应当根据《担保法》第五条第二款的规定处理。《担保法》第五条第二款规定，担保合同被确认无效后，债务人、担保人、债权人有过错的，应当根据其过错各自承担相应的民事责任。根据上述法律及司法解释的规定，由于白银市市政工程管理处为无经营性收益的事业单位，其为但某奎的借款提供保证担保的行为应属无效。但即使保证合同无效，合同约定的保证期间仍对当事人有约束力，债权人在保证期间内没有向保证人主张权利的，保证人不再承担无效保证的赔偿责任。由于思潮家居公司并未在保证期间内向白银市市政工程管理处主张权利，故白银市市政工程管理处对无效保证的赔偿责任相应免除。

【实务解析】

保证合同无效，保证期间对债权人是否仍具有约束力，由于相关规定的空白，在《最高人民法院关于适用〈中华人民共和国民法典〉有关担保制度的解释》出台之前，一直存在重大争议。

否定说认为，保证期间为保证人承担保证责任的期间，适用前提是保证合同有效。在保证合同无效的情形下，保证人承担的不是保证责任而是缔约过失的损害赔偿责任。故保证合同无效时，不存在保证期间的适用余地，而应适用诉讼时效。肯定说认为，在保证合同有效的情形下，权利人未在保证期间内向保证人主张权利，保证人免除保证责任。依据公平原则，权利人在合同无效情形下取得的利益不能大于合同有效情形下取得的利益，故保证合同无效，保证人承担的损失赔偿责任仍应受保证期间的限制，债权人未在保证期间内主张权利的，保证人免责。[1]

《最高人民法院关于适用〈中华人民共和国民法典〉有关担保制度的解释》第三十三条对该问题进行了有效回应，规定"保证合同无效，债权人未在约定或者法定的保证期间内依法行使权利，保证人主张不承担赔偿责任的，人民法院应予支持"。由此可见，司法解释采取了肯定说的观点。主要理由如下：一是从法理上讲，当事人在合同无效情形下所获得利益不能大于合同有效情形下所获得的利益为一般法理。在受限于履行利益为最大利益之要求，如果保证合同无效时不受制于保证期间，可能出现无效时债权人所获利益大于有效时债权人所获利益的情形，有违法理。二是从法政策上讲，民法典出台后，整个担保制度更加重视保障担保人之权利。在保证合同有效的情形下，保证人承担保证责任存在保证期间的限制，在保证合同无效的情形下，如果不受制于保证期间，则保证人的责任更重，不符合保证期间保护保证人利益的初衷。因此，适用保证期间，有利于妥善平衡各方利益。三是从法解释上讲，合同无效，不影响清算条款和争议解决条款的效力。保证合同无效，可以将保证期间解读为保证合

---

[1] 参见贺小荣主编：《最高人民法院民事审判第二庭法官会议纪要》，人民法院出版社2018年版，第234-235页。支持肯定说的案例有（2016）黑8105民初287号、（2011）民四终字第40号、（2004）沪高民二（商）终字第5号、（2014）沪一中民四（商）终字第S786号。支持否定说的案例有（2011）民申字第167号、（2016）鄂民终119号、（2008）一中民初字第11529号。

同的清算条款,即各方应当在保证期间内进行清算。

此外,《最高人民法院关于适用〈中华人民共和国民法典〉有关担保制度的解释》(征求意见稿)第三十一条曾规定,"保证合同无效、被撤销或者确定不发生效力,债权人未在保证期间内依法行使权利,保证人主张不承担赔偿责任的,人民法院应予支持",正式出台的文本中该条第一小句调整为"保证合同无效",值得关注。

【法条链接】

《中华人民共和国民法典》

第六百九十二条 保证期间是确定保证人承担保证责任的期间,不发生中止、中断和延长。

债权人与保证人可以约定保证期间,但是约定的保证期间早于主债务履行期限或者与主债务履行期限同时届满的,视为没有约定;没有约定或者约定不明确的,保证期间为主债务履行期限届满之日起六个月。

债权人与债务人对主债务履行期限没有约定或者约定不明确的,保证期间自债权人请求债务人履行债务的宽限期届满之日起计算。

第六百九十三条 一般保证的债权人未在保证期间对债务人提起诉讼或者申请仲裁的,保证人不再承担保证责任。

连带责任保证的债权人未在保证期间请求保证人承担保证责任的,保证人不再承担保证责任。

《最高人民法院关于适用〈中华人民共和国民法典〉有关担保制度的解释》(法释〔2020〕28号)

第三十三条 保证合同无效,债权人未在约定或者法定的保证期间内依法行使权利,保证人主张不承担赔偿责任的,人民法院应予支持。

二、同一债务有两个以上保证人,债权人在保证期间内向部分保证人主张权利的,效力不及于其他保证人

——恒丰银行股份有限公司重庆涪陵支行与杨某霞、周某志金融借款合同纠纷案

【案件来源】重庆市第三中级人民法院(2020)渝03民终1881号

【争议焦点】同一债务有两个以上保证人,债权人在保证期间内向部分保证人主张权利的行为,效力是否及于其他保证人?

【裁判要旨】同一债务有两个以上保证人,债权人以其已经在保证期间内依法向部分保证人行使权利为由,主张已经在保证期间内向其他保证人行使权利的,人民法院不予支持。

【基本案情】

上诉人(原审被告):周某志、杨某霞

被上诉人(原审原告):恒丰银行股份有限公司重庆涪陵支行

2014年6月13日,恒丰银行股份有限公司重庆涪陵支行与案外人冉某刚、游某兰签订《个人授信额度借款合同》约定:本合同项下额度授信最高本金限额为人民币450万元,授信有效期为39个月,自2014年6月9日起至2017年9月9日止;担保有:(1)担保人为李某,担保方式为抵押担保;(2)担保人为重庆瑞益建筑工程有限公司,担保方式为连带责任保证担保;(3)担保人为李某,担保方式为连带责任保证担保;(4)担保人为毛某贵,担保方式为连带责任保证担保;(5)担保人为周某志,担保方式为连带责任保证担保。同月,周某志、杨某霞作为保证人与恒丰银行股份有限公司重庆涪陵支行对上述借款合同签订《个人借款最高额保证合同》。因主债务人无财产可供执行,恒丰银行股份有限公司重庆涪陵支行对保证人周某志、杨某霞提起诉讼。

恒丰银行股份有限公司重庆涪陵支行向一审法院提出诉讼请求:一、判决周某志、杨某霞对冉某刚、游某兰所欠该行的全部债务承担连带清偿责任,并立即支付冉某刚、游某兰应支付给该行的借款本金1,698,243.68元、利息12,441元,截至2020年3月26日的罚息734,692.04元、复利3086.87元,以及自2020年3月27日起的罚息、复利(其中罚息以冉某刚、游某兰未偿还的借款本金1,698,243.68元为基数,按中国人民银行同期同类贷款利率上浮30%基础上再上浮50%的标准计收至借款本金清偿完毕之日止;复利以冉某刚、游某兰未偿还的利息12,441元为基数,按罚息利率计收至利息清偿完毕之日止),律师费26,745.28元、评估费25,000元、违约金88万元。二、判决本案诉讼费用由周某志、杨某霞负担。

一审法院认为，在连带共同保证中，保证人是作为一个整体共同对债权人承担保证责任，债权人在保证期间内向连带共同保证人中的任何一人主张权利的行为，其法律效力均应及于其他尚在保证期间内的连带共同保证人。一审法院判决：一、周某志、杨某霞于判决生效之日起十日内，就冉某刚、游某兰对恒丰银行股份有限公司重庆涪陵支行未偿还的借款本金1,698,243.68元、利息12,441元、律师费26,745.28元、评估费25,000元、违约金880,000元及罚息和复利诸款项之和扣除36,989.79元后的金额承担连带清偿责任（恒丰银行股份有限公司重庆涪陵支行主张所得的利息、复利、罚息、违约金和其他费用的总和，以不超过按年利率24%计算所得金额为限）；二、驳回恒丰银行股份有限公司重庆涪陵支行其他诉讼请求。

周某志、杨某霞不服一审判决，提起上诉，请求：1.撤销重庆市涪陵区人民法院（2020）渝0102民初1891号民事判决书第一项。2.依法改判驳回恒丰银行股份有限公司重庆涪陵支行的诉讼请求。二审法院判决：一、撤销重庆市涪陵区人民法院（2020）渝0102民初1891号民事判决；二、驳回恒丰银行股份有限公司重庆涪陵支行的诉讼请求。

【法院观点】

本案焦点问题：债权人向连带责任保证人之一主张权利的效力是否及于其他连带保证人，即恒丰银行股份有限公司重庆涪陵支行可否向周某志、杨某霞主张承担其担保责任。

首先，本案并不是承担了担保责任的保证人向其他保证人进行追偿的案件，而是同一债务有两个以上保证人，债权人以其已经在保证期间内依法向部分保证人行使权利为由，主张已经在保证期间内向其他保证人行使权利的，人民法院是否应予支持的案件。其次，《担保法》（已失效）及其司法解释的基本精神是，不论共同担保的形态如何，均允许担保人之间相互追偿。但《物权法》（已失效）以及《民法典》均未规定承担了担保责任的保证人可向其他保证人追偿。从《物权法》到《民法典》的相关规定看，不论是共同保证人之间、共同抵押人之间还是混合担保的各担保人之间，立法机关似乎都不认可担保人之间可以相互求偿。担保人承担了担保责任，意味着债权人的债权已经实现，债权债务关系消灭，其上的担保也随之消灭,承担了担保责任的担保人再向其他担保人求偿也缺乏逻辑依据。《担保法》并未规定代位求偿权,承担了担保责任的担保人不能代替原债权人,享有原债权债务关系中原债权人的权利。《全国法院民商事审判工作会议纪要》第五十六条规定:"承担了担保责任的担保人向其他担保人追偿的,人民法院不予支持,但担保人在担保合同中约定可以相互追偿的除外。"从以上规定来看,一审法院根据《担保法》及其司法解释,特别是参照《最高人民法院关于已承担保证责任的保证人向其他保证人行使追偿权问题的批复》(法释〔2002〕37号)进行处理,不符合《全国法院民商事审判工作会议纪要》第五十六条精神,且与《最高人民法院关于适用〈中华人民共和国民法典〉有关担保制度的解释》(法释〔2020〕28号)第二十九条关于"同一债务有两个以上保证人,债权人以其已经在保证期间内依法向部分保证人行使权利为由,主张已经在保证期间内向其他保证人行使权利的,人民法院不予支持"的规定明显相悖。根据《最高人民法院关于适用〈中华人民共和国民法典〉时间效力的若干规定》第三条规定:"民法典施行前的法律事实引起的民事纠纷案件,当时的法律、司法解释没有规定而民法典有规定的,可以适用民法典的规定,但是明显减损当事人合法权益、增加当事人法定义务或者背离当事人合理预期的除外。"本案应当适用《民法典》的新规定。因此,恒丰银行股份有限公司重庆涪陵支行请求周某志、杨某霞承担担保责任于法无据,不应得到支持。

【实务解析】

关于同一债务有两个以上连带保证人,债权人在保证期间内向部分保证人主张权利,效力是否及于其他保证人的问题,在《最高人民法院关于适用〈中华人民共和国民法典〉有关担保制度的解释》出台前后司法裁判观点出现较大变化。

《最高人民法院关于适用〈中华人民共和国民法典〉有关担保制度的解释》出台前,一般认为债权人在保证期间内向连带共同保证人中的任何一人主张权利的行为,其法律效力均应及于其他尚在保证期间内的连带共同保证人,其他保证人不因债权人未在保证期内向其主张权利而免责。如最高人民法院(2018)

最高法民终 1118 号[①]、(2018) 最高法民终 1241 号判决书等均持该观点。主要原因还是受制于《最高人民法院关于已承担保证责任的保证人向其他保证人行使追偿权问题的批复》(法释〔2002〕37 号，已失效)关于"承担连带责任保证的保证人一人或者数人承担保证责任后，有权要求其他保证人清偿应当承担的份额，不受债权人是否在保证期间内向未承担保证责任的保证人主张过保证责任的影响"的规定。

《最高人民法院关于适用〈中华人民共和国民法典〉有关担保制度的解释》出台后，对该问题予以明确回应，第二十九条第一款规定债权人对部分保证人主张权利，其效力不及于其他保证人。主要理由有三：第一，《民法典》第六百九十三条第二款规定，"连带责任保证的债权人未在保证期间请求保证人承担保证责任的，保证人不再承担保证责任"。从文义解释来看，债权人只要未在保证期间内向保证人主张权利，保证人即免责，没有例外。在连带责任保证情况下，债权人没有在保证期间内向部分保证人主张，则该部分保证人免责是题中应有之义。第二，《民法典》第五百二十条规定，"部分连带债务人履行、抵销债务或者提存标的物的，其他债务人对债权人的债务在相应范围内消灭；该债务人可以依据前条规定向其他债务人追偿。部分连带债务人的债务被债权人免除的，在该连带债务人应当承担的份额范围内，其他债务人对债权人的债务消灭。部分连带债务人的债务与债权人的债权同归于一人的，在扣除该债务人应当承担的份额后，债权人对其他债务人的债权继续存在。债权人对部分连

[①] 最高人民法院（2018）最高法民终 1118 号判决书：本院认为，《最高人民法院关于适用〈中华人民共和国担保法〉若干问题的解释》（已失效）第二十条第一款规定，连带共同保证的债务人在主合同规定的债务履行期届满没有履行债务的，债权人可以要求债务人履行债务，也可以要求任何一个保证人承担全部保证责任。依据《最高人民法院关于已承担保证责任的保证人向其他保证人行使追偿权问题的批复》（法释〔2002〕37 号，已失效），承担连带责任保证的保证人一人或者数人承担保证责任后，有权要求其他保证人清偿应当承担的份额，不受债权人是否在保证期间内向未承担保证责任的保证人主张过保证责任的影响。上述规定表明，在连带共同保证中，保证人是作为一个整体共同对债权人承担保证责任，债权人为实现其债权，无需向全部保证人逐一主张权利，可向任何一个保证人主张权利，而该保证人承担保证责任后，有权要求其他保证人清偿，其他保证人的保证责任不会因债权人未在保证期间内向其主张权利而免除。也就是说，债权人在保证期间内向连带共同保证人中的任何一人主张权利的行为，其法律效力均应及于其他尚在保证期间内的连带共同保证人。

带债务人的给付受领迟延的,对其他连带债务人发生效力"。因此,连带债务中,只有履行、抵销、提存、免除、混同、给付受领迟延这六种情形具有绝对效力。除此之外,债权人向部分连带保证人主张权利,其效果不及于其他债权人[①]。第三,鉴于保证的单务、无偿性,民法典后整个保证制度倾向于保护保证人之利益,债权人未向部分保证人主张权利的,该部分保证责任免除,同时导致其他保证人在承担保证责任后丧失追偿权,其他保证人在其不能追偿的范围内亦免除保证责任,有利于实现各方利益之平衡。值得注意的是,保证期间与诉讼时效制度不同,对于连带债权人中的一人发生诉讼时效中断效力的事由,对其他连带债权人也发生诉讼时效中断的效力。对于连带债务人中的一人发生诉讼时效中断效力的事由,对其他连带债务人也发生诉讼时效中断的效力。

【法条链接】

《最高人民法院关于适用〈中华人民共和国民法典〉有关担保制度的解释》（法释〔2020〕28号）

第二十九条 同一债务有两个以上保证人,债权人以其已经在保证期间内依法向部分保证人行使权利为由,主张已经在保证期间内向其他保证人行使权利的,人民法院不予支持。

同一债务有两个以上保证人,保证人之间相互有追偿权,债权人未在保证期间内依法向部分保证人行使权利,导致其他保证人在承担保证责任后丧失追偿权,其他保证人主张在其不能追偿的范围内免除保证责任的,人民法院应予支持。

三、与诉讼时效不同,债权人是否在保证期间向保证人主张权利是人民法院审理中应当查明的案件事实,不以保证人提出抗辩为前提

——漯河市召陵区农村信用合作联社与贾某花金融借款合同纠纷案

【案件来源】 河南省高级人民法院（2020）豫民申6820号

【争议焦点】 保证人未提出保证期间届满、债权人未在保证期间内依法行

[①] 参见最高人民法院民事审判第二庭编著：《最高人民法院民法典担保制度司法解释理解与适用》,人民法院出版社2021年版,第301页。

使权利等抗辩的，人民法院是否可以主动查明？

【裁判要旨】人民法院在审理保证合同纠纷案件时，应当将保证期间是否届满、债权人是否在保证期间内依法行使权利等事实作为案件基本事实予以查明。

【基本案情】

再审申请人（一审原告、二审被上诉人）：漯河市召陵区农村信用合作联社（以下简称召陵信用社）

被申请人（一审被告、二审上诉人）：贾某花

一审被告：贾某莲、李某得

2010年7月26日，贾某莲以养猪需要资金为由向召陵信用社贷款50,000元，并签订有小额担保贷款合同一份，借款期限为2010年7月26日至2012年7月26日，月息8.4‰，逾期不还，按日万分之四点二计收利息，贾某花、李某得为连带责任保证人。截至2014年4月2日，所欠贷款本金及利息共计68,123元。

一审法院在审理过程中，经调解，双方当事人一致达成调解，一审法院据此作出漯河市召陵区人民法院（2014）召民初字第277号民事调解书。

贾某花向一审法院再审请求：撤销漯河市召陵区人民法院（2014）召民初字第277号民事调解书。

一审法院以担保人签字伪造为由，判决：一、撤销本院（2014）召民初字第277号民事调解书；二、被告贾某莲在本判决生效后十日内向原告偿还借款本金50,000元及从2011年11月20日至2012年7月26日借款期限内的利息，利息按照约定为月息8.4‰计算，逾期利息从2012年7月27日起，按照月息12.6‰计算至被告贾某莲还清借款本金之日止，被告贾某花对上述债务承担连带责任；三、驳回原告漯河市召陵区农村信用合作联社的其他诉讼请求。

贾某花不服，提起上诉，请求撤销漯河市召陵区人民法院（2019）豫1104民再11号民事判决，依法予以改判或发回重审。

二审法院认为，贾某花的保证期间已经超过，其保证责任已经免除，故其不应再承担保证责任，故判决：一、维持漯河市召陵区人民法院（2019）豫1104民再11号民事判决第一项；二、撤销漯河市召陵区人民法院（2019）豫1104民再11号民事判决第二、三项及诉讼费负担部分；三、贾某莲在本判决

生效后十日内向漯河市召陵区农村信用合作联社偿还借款本金 50,000 元及利息（2011 年 12 月 20 日至 2012 年 7 月 26 日借款期限内的利息，按照约定月息 8.4‰计算，逾期利息从 2012 年 7 月 27 日起，按照月息 12.6‰计算至还清之日止）；四、驳回召陵信用社的其他诉讼请求。

召陵信用社不服，向河南省高级人民法院申请再审称，保证期间作为保证人对抗债权人的抗辩理由之一，是否主张应为当事人对自己诉讼权利的处分。根据一审判决查明的事实，借款担保合同的签字是贾某花亲自书写，贾某花在一审诉讼过程中并未提出关于保证期间的抗辩，一审判决其承担连带保证责任后，虽提起上诉，但在其上诉请求和二审庭审过程中，贾某花亦未能就保证期间提出异议，故双方当事人并未就此形成争议。二审法院主动审查并不存在争议的地方，有违民事诉讼不告不理原则，二审判决适用法律错误。特依法申请再审。

【法院观点】

法院经审查认为，根据《担保法》（已失效）规定，对于连带责任保证，在保证期间，债权人未要求保证人承担保证责任的，保证人免除保证责任。保证期间是保证人依据约定或者法律规定承担保证责任的期限，债权人是否在保证期间向保证人主张权利是人民法院审理中查明的案件事实，不以保证人提出抗辩为前提。同时，《最高人民法院关于适用〈中华人民共和国担保法〉若干问题的解释》（已失效）第三十一条规定，保证期间不因任何事由发生中断、中止、延长的法律后果。保证期间属于除斥期间，并不适用诉讼时效制度的有关规定。二审法院对申请人是否在保证期间向保证人主张权利进行审查并予以事实认定并无不当。原审判决认定事实清楚，适用法律正确。申请人的再审申请理由不能成立。依照《民事诉讼法》第二百零四条第一款、《最高人民法院关于适用〈中华人民共和国民事诉讼法〉的解释》第三百九十五条第二款规定，裁定如下：驳回漯河市召陵区农村信用合作联社的再审申请。

【实务解析】

保证期间是确定保证人承担保证责任的期限，债权人未在保证期间内主张权利，则保证人免责。实践中，关于人民法院是否应当主动审查保证期间，存在不同的观点。

肯定观点认为，保证期间属于人民法院主动审查的范畴①。保证期间不同于诉讼时效，不发生中止、中断、延长，债权人必须在保证期间内主张权利，其权利才能得到保护，否则保证人免责。将保证期间作为人民法院主动审查的事项，更有利于平衡债权人、保证人与主债务人之间的利益关系。否定观点认为，保证期间经过，属于保证人对债权人的抗辩理由之一，属于私权，是否主张应当充分尊重当事人自己的处分②。保证人自己未主张的，人民法院不宜主动审查。③ 考虑到保证期间与诉讼时效存在的差异（诉讼时效经过，权利本身并不消灭，而保证期间经过，实体责任消灭），保证责任的从属性（保证责任是从债务，是代债务人履行债务或承担责任，诉讼时效制度中的债务人的债务是自身的债务），各方之间的利益平衡（现阶段未提出保证期间届满抗辩的群体多为自然人或小微企业，欠缺法律知识，相对弱势），最高人民法院采纳了肯定说，认为保证期间属于人民法院主动审查的范畴，不宜以当事人是否抗辩为前提④。实践中，人民法院在审理案件中，应当将保证期间是否届满、债权

---

① 福建省高级人民法院（2016）闽民申 1596 号裁定书认为：根据《最高人民法院关于适用〈中华人民共和国担保法〉若干问题的解释》（已失效）第三十一条关于"保证期间不因任何事由发生中断、中止、延长的法律后果"的规定，保证期间为除斥期间，债权人未在保证期间要求保证人承担保证责任的，保证人免除保证责任。故不论保证人是否抗辩，人民法院对保证期间是已超过的事实应当依职权主动审查，进而确定是否免除保证人的保证责任。一、二审法院均未主动审查保证期间，一审法院以郑某章及赵某坤均未答辩及出庭应诉，判决赵某坤承担担保责任。二审法院以赵某坤在一审中放弃诉讼权利，为合法保护债权人利益为由，驳回赵某坤的上诉。依照前述法律规定，一、二审法院明显适用法律错误。

② 上海市高级人民法院（2016）沪民申 2781 号裁定书认为：人民法院审理案件，是围绕双方当事人的争议进行。保证期间作为保证人对抗债权人的抗辩理由之一，是否主张为当事人对自己诉讼权利的处分。根据一审判决载明的事实，潘某荣在本案一审诉讼过程中并未提出关于保证期间的抗辩，并在一审判决其承担连带保证责任后，并未提起上诉。而在二审庭审中，潘某荣亦未就保证期间提出异议，故双方当事人并未就此形成争议。现潘某荣却就此主张一审、二审判决错误并申请再审，本院认为其有违诉讼诚信，其申请再审理由不能成立。原审法院作出的判决，合法合理，理由阐述充分。本院认可原审法院对事实的分析认定及对相关法律法规的理解与适用，潘某荣再审申请理由缺乏事实及法律依据，本院难以支持。

③ 参见高圣平：《担保法前沿问题与判解研究（第五卷）：最高人民法院新担保制度司法解释条文释评》，人民法院出版社 2021 年版。

④ 参见最高人民法院民事审判第二庭编著：《最高人民法院民法典担保制度司法解释理解与适用》，人民法院出版社 2021 年版，第 327-329 页。

人是否在保证期间内依法行使权利等事实作为案件基本事实予以查明，可作为争议焦点之一由各方充分阐明意见。

【法条链接】

《最高人民法院关于适用〈中华人民共和国民法典〉有关担保制度的解释》（法释〔2020〕28号）

第三十四条 人民法院在审理保证合同纠纷案件时，应当将保证期间是否届满、债权人是否在保证期间内依法行使权利等事实作为案件基本事实予以查明。

债权人在保证期间内未依法行使权利的，保证责任消灭。保证责任消灭后，债权人书面通知保证人要求承担保证责任，保证人在通知书上签字、盖章或者按指印，债权人请求保证人继续承担保证责任的，人民法院不予支持，但是债权人有证据证明成立了新的保证合同的除外。

四、一般保证的债权人在保证期间届满前对债务人提起诉讼或者申请仲裁的，从保证人拒绝承担保证责任的权利消灭之日起，开始计算保证债务的诉讼时效

——洛阳市浪潮消防科技股份有限公司与高某灵等借款合同纠纷再审案

【案件来源】最高人民法院（2020）最高法民再130号

【争议焦点】一般保证的保证期间与诉讼时效如何衔接适用？

【裁判要旨】保证期间适用在前，保证债务诉讼时效在后。一般保证的债权人在保证期间届满前对债务人提起诉讼或者申请仲裁的，从保证人拒绝承担保证责任的权利消灭之日起，开始计算保证债务的诉讼时效。

【基本案情】

抗诉机关：中华人民共和国最高人民检察院

申诉人（一审原告、二审上诉人）：洛阳市浪潮消防科技股份有限公司（以下简称浪潮公司）

被申诉人（一审被告、二审被上诉人）：高某灵、三门峡市金山工贸有限责任公司（以下简称金山公司）、李某忠

2009年6月，因债权债务关系，高某灵欠浪潮公司300万元等。2009年

7月21日各方签订《担保协议》,约定金山公司、李某忠为高某灵的债务提供保证。

2013年1月8日,浪潮公司将高某灵、金山公司、李某忠诉至三门峡市中级人民法院,请求判令:三被告归还担保借款217万元及利息555,610.35元,罚息277,805.18元(暂算至2013年4月13日,利息按中国人民银行同期贷款利率计算,直至本息还清为止);判令三被告赔偿其因追要借款而发生的差旅杂费等共计11万元。

一审法院判决:一、高某灵于本判决生效后十日内归还浪潮公司217万元及利息(按中国人民银行同期贷款利率自2009年10月22日起计算至本判决指定的付款之日止);二、驳回浪潮公司的其他诉讼请求。浪潮公司不服一审判决,向河南省高级人民法院提起上诉,请求撤销一审判决第二项,改判金山公司及李某忠承担连带保证责任。二审法院判决:驳回上诉,维持原判。

浪潮公司不服,向检察机关申诉。最高人民检察院认为本案符合抗诉规定,以高检民监〔2019〕36号民事抗诉书向最高人民法院提出抗诉。

最高人民检察院抗诉认为,原审生效判决适用法律确有错误。理由如下:《民法通则》第一百四十条规定:"诉讼时效因提起诉讼、当事人一方提出要求或者同意履行义务而中断。从中断时起,诉讼时效期间重新计算。"对"提起诉讼"这一诉讼时效中断事由如何认定,《最高人民法院关于审理民事案件适用诉讼时效制度若干问题的规定》第十二条明确规定:"当事人一方向人民法院提交诉状或者口头起诉的,诉讼时效从提交诉状或者口头起诉之日起中断",根据该条规定,"提起诉讼"是指权利人认为自己的民事权益受到侵害,或者与他人发生民事权益的争议,以自己的名义请求法院通过审判给予司法保护的行为,权利人一旦向人民法院提出了救济权利的请求,就应当认定权利人积极行使了自己的诉讼权利,诉讼时效期间继续进行的法律基础不再存在,诉讼时效期间因权利人主张权利而中断。因此只要权利人向法院提交了起诉材料或是口头起诉,就应认定为诉讼时效中断,而无需等待法院受理,也就是说"提起诉讼"是指权利人主动起诉的行为,而不是指法院的受理行为。根据灵宝市人民法院出具的"诉前调解告知函"及申请人提交的相关银行存取款凭证等材料,可证实申请人浪潮公司曾于2011年9月26日,也就是原审生效判决认定的2011年10月20日保证期限届满之前,就其与高某灵、金山公司、李某忠债权纠纷一案向灵宝市人民法院提起诉讼，灵宝市人民法院已接受了诉状并进行诉前调解编号，以及申请人已按告知函的要求缴纳了预收诉讼费等事实，至于人民法院是否进入立案程序不是当事人的意志能够决定的，只要当事人提起的诉讼具备法律规定的基本要件，足以认定权利人向义务人以提起诉讼的方式主张了权利，其行为就具有诉讼时效中断的效力。因此申请人浪潮公司于2011年9月26日向灵宝市人民法院提起诉讼的行为已构成诉讼时效的中断，诉讼时效应从2011年9月26日起重新起算，申请人于2013年1月18日提起本案诉讼未超过诉讼时效。原审生效判决依据《最高人民法院关于适用〈中华人民共和国担保法〉若干问题的解释》第三十四条第一款的规定，认为该案不存在调解和判决结果，"从而无从开始计算本案2009年7月21日三方签订的保证合同的诉讼时效"，属适用法律错误。

最高人民法院判决：一、撤销河南省高级人民法院（2014）豫法民三终字第67号民事判决、河南省三门峡市中级人民法院（2013）三民二初字第1号民事判决第二项；二、维持河南省三门峡市中级人民法院（2013）三民二初字第1号民事判决第一项；三、金山公司、李某忠对河南省三门峡市中级人民法院（2013）三民二初字第1号民事判决第一项确定的高某灵的债务承担一般保证责任；金山公司、李某忠对上述债务清偿后可依法向高某灵追偿。

【法院观点】

关于本案保证责任期间是否超过的问题。浪潮公司系于保证期限届满前向灵宝市人民法院提起诉讼的，其主张保证责任未超过保证责任期间。至于灵宝市法院未立案而将浪潮公司的起诉列入诉前调解程序，非当事人的意志能够决定，不影响浪潮公司已提起诉讼这一事实的认定。保证期间与保证债务诉讼时效的适用是互斥且存在先后顺序的。一方面，保证期间与保证债务诉讼时效不可同时适用；另一方面，保证期间适用在前，保证债务诉讼时效在后。具体来说，若债权人在保证期间内未向保证人行使权利，则保证期间经过，保证人可据此免除保证责任，无需计算保证债务的诉讼时效；若债权人在保证期间内向保证人行使了权利，那么保证人便不能以保证期间届满主张免除保证责任，此时保证债务诉讼时效开始计算。本案中，浪潮公司已经在保证期间内向金山公司、李某忠主张保证责任，则应开始计算保证责任的诉讼时效。《最高人民法院关于适用〈中华人民共和国担保法〉若干问题的解释》（已失效）第三十四条第一款规定："一般保证的债权人在保证期间届满前对债务人提起诉讼或者申请仲裁的，从判决或者仲裁裁决生效之日起，开始计算保证合同的诉讼时效。"浪潮公司于2011年9月26日向灵宝市人民法院提起诉讼后，灵宝市人民法院将该案列入诉前调解程序，最终并未出具裁判文书。举重以明轻，即使从提起诉讼的2011年9月26日起计算两年的保证责任诉讼时效（2011年9月26日至2013年9月25日），2013年1月18日浪潮公司向三门峡市中级人民法院提起本案诉讼，也并未超过上述诉讼时效期间。原审法院认为该案不存在调解或判决结果，从而无从开始计算本案2009年7月21日三方签订的保证合同的诉讼时效，属于适用法律错误。

【实务解析】

保证期间与诉讼时效的衔接问题，一直是司法实践中的重点和难点问题。保证期间适用在前，保证债务诉讼时效在后。债权人在保证期间内向保证人主张权利后，方开始计算保证责任的诉讼时效。若债权人未在保证期间内向债务人主张权利，则保证期间经过，保证人免责，无需再计算诉讼时效。一般保证与连带责任保证诉讼时效的计算存在较大差异。

在一般保证中，保证人享有先诉抗辩权，在主合同纠纷未经审判或者仲裁，并就债务人财产依法强制执行仍不能履行债务之前，有权拒绝向债权人承担保证责任。正因如此，基于先诉抗辩权，债权人并未取得对保证人的请求权，只有待先诉抗辩权消灭之日，债权人方可取得针对保证人的请求权，保证债务的诉讼时效开始计算。在一般保证中，债权人需要在保证期间内对债务人提起诉讼或者仲裁，方有保证债务诉讼时效计算的空间。如果债权人未在保证期间内向债务人提起诉讼或仲裁，则保证期间经过，保证人的保证责任免责。

《最高人民法院关于适用〈中华人民共和国担保法〉若干问题的解释》（已失效）曾规定，"一般保证的债权人在保证期间届满前对债务人提起诉讼或者申请仲裁的，从判决或者仲裁裁决生效之日起，开始计算保证合同的诉讼时效"。《民法典》规定，"一般保证的债权人在保证期间届满前对债务人提起诉讼或者申请仲裁的，从保证人拒绝承担保证责任的权利消灭之日起，开始计算保证债务的诉讼时效"。可见，民法典将"从判决或者仲裁裁决生效之日"调整为"从保证人拒绝承担保证责任的权利消灭之日",更为科学合理。所谓的"保证人拒绝承担保证责任的权利消灭之日"即为"先诉抗辩权消灭之日"。那何种情况属于"先诉抗辩权消灭之日"呢？实际就是主合同纠纷经过审判或仲裁，并就债务人财产依法强制执行仍不能履行债务时。实践中，要分情况予以处理：第一，对于强制执行后人民法院作出终结本次执行程序裁定或者作出终结执行裁定的，自裁定书送达债权人之日起开始计算保证债务的诉讼时效。第二，对于法院收到申请执行书后一年内未作出相关终本或终结执行裁定的，自人民法院收到申请执行书满一年开始计算，但有证据证明债务人仍有财产可供执行的除外。第三，对于存在《民法典》第六百八十七条第二款但书规定情形的（债务人下落不明，且无财产可供执行；人民法院已经受理债务人破产案件；债权人有证据证明债务人的财产不足以履行全部债务或者丧失履行债务能力；保证人书面表示放弃本款规定的权利），保证债务的诉讼时效自债权人知道或者应当知道该情形之日起开始计算。

值得注意的是，一般保证中，债权人是只能先起诉债务人后起诉保证人，还是可以一并起诉，存在一定争议。考虑到司法实践的一贯做法与诉讼经济原理，减少诉累，最终仍延续一并起诉的模式[①]。债权人未就主合同纠纷提起诉讼或者申请仲裁，仅起诉一般保证人的，应当驳回起诉。债权人一并起诉债务人和保证人的，可以受理，但是在作出判决时，应当在判决书主文中明确，保证人仅对债务人财产依法强制执行后仍不能履行的部分承担保证责任。

【法条链接】

《中华人民共和国民法典》

第六百九十三条第一款 一般保证的债权人未在保证期间对债务人提起诉讼或者申请仲裁的，保证人不再承担保证责任。

第六百九十四条第一款 一般保证的债权人在保证期间届满前对债务人提起诉讼或者申请仲裁的，从保证人拒绝承担保证责任的权利消灭之日起，开始计算保证债务的诉讼时效。

---

① 参见最高人民法院民事审判第二庭编著：《最高人民法院民法典担保制度司法解释理解与适用》，人民法院出版社 2021 年版，第 374—376 页。

《最高人民法院关于适用〈中华人民共和国民法典〉有关担保制度的解释》（法释〔2020〕28号）

第二十八条 一般保证中，债权人依据生效法律文书对债务人的财产依法申请强制执行，保证债务诉讼时效的起算时间按照下列规则确定：

（一）人民法院作出终结本次执行程序裁定，或者依照民事诉讼法第二百五十七条第三项、第五项的规定作出终结执行裁定的，自裁定送达债权人之日起开始计算；

（二）人民法院自收到申请执行书之日起一年内未作出前项裁定的，自人民法院收到申请执行书满一年之日起开始计算，但是保证人有证据证明债务人仍有财产可供执行的除外。

一般保证的债权人在保证期间届满前对债务人提起诉讼或者申请仲裁，债权人举证证明存在民法典第六百八十七条第二款但书规定情形的，保证债务的诉讼时效自债权人知道或者应当知道该情形之日起开始计算。

五、连带责任保证中，债权人在保证期间内向保证人主张权利后，诉讼时效自债权人请求保证人承担保证责任之日起计算

——中国长城资产管理公司沈阳办事处与抚顺市粮谷加工一厂等保证合同纠纷案

【案件来源】最高人民法院（2013）民申字第1522号

【争议焦点】连带责任保证中保证期间与诉讼时效如何衔接，诉讼时效自何时起计算？

【裁判要旨】连带责任保证的债权人在保证期间届满前请求保证人承担保证责任的，从债权人请求保证人承担保证责任之日起，开始计算保证债务的诉讼时效。

【基本案情】

再审申请人（一审被告、二审上诉人）：抚顺市粮谷加工一厂

被申请人（一审被告、二审上诉人）：抚顺市第一粮油工业储运公司

被申请人（一审原告、二审被上诉人）：中国长城资产管理公司沈阳办事处

粮谷加工厂申请再审称：（1）《担保法》规定超过保证期间，保证人不承

担保证责任。在连带责任保证法律关系中，债权人要求保证人承担保证责任的，必须在保证期间提出，超出保证期间，保证人免除保证责任。本案《保证合同》第二条第二款约定，保证期间为两年，保证期间从 2000 年 8 月 20 日起算。2011 年长城资产公司向人民法院提起诉讼，已超过保证期间。（2）保证期间不因任何事由发生中断、中止、延长的法律后果。当 2011 年长城资产公司向人民法院提起诉讼时，已超过担保期间，原判决判令粮谷加工厂给付贷款本金及利息，没有事实与法律依据。

长城资产公司答辩称：（1）原债权人中国工商银行抚顺市分行（以下简称抚顺工行）已经在保证期间内向粮谷加工厂主张过权利，粮谷加工厂不能免除保证责任。（2）长城资产公司要求保证人承担保证责任没有超过诉讼时效，粮谷加工厂应当承担保证责任。

【法院观点】

法院认为：关于本案的债权人是否在保证期间内主张权利以及是否超过诉讼时效的问题。《担保法》（已失效）第二十六条第二款规定，连带责任保证在合同约定或者法律规定的保证期间，债权人未要求保证人承担保证责任的，保证人免除保证责任。《最高人民法院关于适用〈中华人民共和国担保法〉若干问题的解释》（已失效）第三十四条第二款规定，连带责任保证的债权人在保证期间届满前要求保证人承担保证责任的，从债权人要求保证人承担保证责任之日起，开始计算保证合同的诉讼时效。本案中，保证合同约定的保证期间为二年，从 2000 年 8 月 20 日至 2002 年 8 月 20 日。2000 年 10 月 16 日，原债权人抚顺工行在保证期间内向保证人粮谷加工厂发出逾期贷款催收通知单，粮谷加工厂在该催收单（回执）上加盖公章和法定代表人名章，并明确表示愿意为该笔借款承担连带保证责任。根据担保法以及司法解释的上述规定，应当认定原债权人抚顺工行已经在保证期间内要求保证人粮谷加工厂承担保证责任，保证责任的诉讼时效应从 2000 年 10 月 16 日起开始计算。其后，原债权人抚顺工行分别于 2002 年 7 月 31 日、2004 年 5 月 24 日、2005 年 9 月 30 日、2007 年 6 月 30 日、2009 年 6 月 15 日主张权利。2011 年 1 月 26 日，长城资产公司向一审法院提起本案诉讼。从上述事实可以认定，本案中债权人在保证期间内要求保证人承担保证责任，并且在以后的诉讼时效期间内依法主张了权利、履行了债权转让的依法通知义务。粮谷加工厂主张的债权人未在保证期间内主张权利的理由不能成立。至于粮谷加工厂认为保证期间不因任何事由发生中断、中止、延长的法律后果,债权人在其后主张权利亦不发生法律效力的意见,因债权人在保证期间届满前主张了权利,已开始计算保证责任的诉讼时效,故粮谷加工厂的该项申请理由亦不成立。

【实务解析】

连带责任保证中保证期间与诉讼时效衔接问题比较简单。不同于一般保证,连带责任保证中,债权人向债务人或者保证人主张债权并无先后次序之分,债权人既可以要求债务人履行债务,也可以要求连带保证人承担保证责任,保证人不享有先诉抗辩权。债权人在保证期间内请求连带保证人承担保证责任后,即开始计算保证债务的诉讼时效。可以说,连带责任保证中,保证期间与诉讼时效无缝衔接。

实践中,债权人提起诉讼或仲裁后又撤回的,能否视为债权人依法向保证人主张过权利,应当区分一般保证和连带责任保证进行处理。一般保证的债权人在保证期间内向人民法院提起诉讼或申请仲裁后又撤回的,如果未在保证期间届满前再行提起诉讼或者仲裁,保证人不再承担保证责任。连带责任保证的债权人在保证期间届满前对保证人提起诉讼或仲裁又撤回的,起诉状或者仲裁申请书已经送达保证人的,应当视为在保证期间内行使了权利。

【法条链接】

《中华人民共和国民法典》

第六百九十四条第二款 连带责任保证的债权人在保证期间届满前请求保证人承担保证责任的,从债权人请求保证人承担保证责任之日起,开始计算保证债务的诉讼时效。

《最高人民法院关于适用〈中华人民共和国民法典〉有关担保制度的解释》(法释〔2020〕28号)

第三十一条第二款 连带责任保证的债权人在保证期间内对保证人提起诉讼或者申请仲裁后,又撤回起诉或者仲裁申请,起诉状副本或者仲裁申请书副本已经送达保证人的,人民法院应当认定债权人已经在保证期间内向保证人行使了权利。

第四节

保证责任承担

一、金融不良债权转让情形下,保证合同中关于禁止债权转让的约定,对主债权和担保权利转让没有约束力

——共青城市某华金融资产管理有限公司与共青城某龙通信技术有限责任公司、共青城某赛房地产开发有限公司金融不良债权转让合同纠纷案

【案件来源】江西省高级人民法院(2017)赣民初79号

【争议焦点】金融借款合同担保中,保证人约定"变更主合同,须征得保证人同意方可生效"等类似内容的,如金融债权转让未征得保证人同意,保证人是否仍应承担担保责任?

【裁判要旨】金融不良资产债权转让情形下,保证合同中关于禁止债权转让的约定,对主债权和担保权利转让没有约束力,保证人仍应承担保证责任。

【基本案情】

原告:共青城市某华金融资产管理有限公司(以下简称某华公司)

被告:共青城某龙通信技术有限责任公司(以下简称某龙公司)、共青城某赛房地产开发有限公司(以下简称某赛公司)、代某权、某龙通信技术(深圳)有限公司(以下简称深圳某龙)

2015年9月,某龙公司与九江银行共青支行签订了一份《借款合同》,约定某龙公司向九江银行共青支行借款,借款额度为120,000,000元,借款期限自合同生效之日起至2016年9月30日止。同时约定保证人共青城某管理投资有限公司、代某权、深圳某龙提供连带保证担保。代某权在2015年9月30日签订的《最高额保证合同》补充条款中声明:不同意本协议第十一条内容,如变更主合同,须征得本人同意方可生效。借款到期后,某龙公司无力归还贷款,2016年12月,九江银行共青支行与某华公司签订了《债权转让协议》,将上

述债权全部转让给某华公司。某华公司提起本案诉讼：1. 请求法院判令某龙公司立即向原告归还借款本息共计 118,928,400 元（至 2016 年 10 月 10 日），并以本金 113,242,000 元为基数，自 2016 年 10 月 11 日起按月息 5.7501‰ 计算直至判决确定之日止。2. 某赛公司在抵押担保范围内承担连带清偿责任。3. 代某权和深圳某龙对以上请求承担连带清偿责任。4. 请求法院确认原告对某龙公司、某赛公司提供的抵押物拍卖、变卖款在上诉请求范围内享有优先受偿权。

诉讼中，代某权辩称，应当免除代某权的保证责任。第一，代某权在补充条款中声明：不同意本协议第十一条内容，如变更主合同，须征得本人同意方可生效。九江银行共青支行将债权转让给某华公司，未征得代某权同意，也未告知。第二，《最高人民法院关于适用〈中华人民共和国担保法〉若干问题的解释》第二十八条规定："保证期间，债权人依法将主债权转让给第三人的，保证债权同时转让，保证人在原保证担保的范围内对受让人承担保证责任。但是保证人与债权人事先约定仅对特定的债权人承担保证责任或者禁止债权转让的，保证人不再承担保证责任。"

法院判决：一、某龙公司于本判决生效之日起 10 日内向某华公司归还欠款本金人民币 113,242,000 元并支付相应利息（以 113,242,000 元为基数，2015 年 9 月 30 日至 2016 年 10 月 10 日按月利率 3.8334‰ 计息，2016 年 10 月 11 日以后按月利率 5.7501‰ 计息至还清欠款之日止）；二、就第一项判决确定的给付款项，某华公司有权就某龙公司提供的抵押物［共国用（2010）第 058-01 号土地使用权］拍卖、变卖的价款优先受偿；三、在某华公司就共国用（2010）第 058-01 号土地使用权实现债权后，代某权、深圳某龙对剩余的第一项判决确定的给付款项承担连带清偿责任；四、代某权、深圳某龙在承担保证责任后，有权向某龙公司进行追偿；五、驳回某华公司的其他诉讼请求。

【法院观点】

法院认为，虽然代某权在《最高额保证合同》补充条款中声明变更主合同，需征得其本人同意方可生效。但本次转让的债权是 2015 年 9 月 30 日代某权签订《最高额保证合同》时既已确定的，只是变更了权利人，并未对权利内容发生变更，不会加重保证人的责任。《纪要》第三条规定，国有银行向金融资产管理公司转让不良债权，或者金融资产管理公司收购、处置不良债权的,担保债权同时转让,无须征得担保人的同意,担保人仍应在原担保范围内对受让人继续承担担保责任。担保合同中关于合同变更需经担保人同意或者禁止转让主债权的约定,对主债权和担保权利转让没有约束力。因此代某权在《最高额保证合同》中的声明并不影响某华公司对其主张权利。

【实务解析】

《民法典》合同编第六章合同的变更和转让完善了债权转让制度。除根据债权性质、当事人约定及法律规定不得转让外,债权人可以将债权的全部或部分转让给第三人。当事人约定非金钱债权不得转让的,不得对抗善意第三人。债权人转让债权的,受让人取得与债权有关的从权利。因此,债权人转让全部或者部分债权,通知保证人后,对保证人发生效力。未通知保证人的,该转让对保证人不发生效力。不发生效力的意思为,如果此时保证人向原债权人清偿,将产生消灭债务的效果。法律允许当事人之间对保证合同另行作出约定,如保证人与债权人约定禁止债权转让,仅对特定的债权人承担保证责任的。受意思自治的约束并不意味着债权人不能转让债权。债权人仍可以转让债权,只是如果未经保证人书面同意,保证人对受让人不再承担保证责任。[1]

但在金融不良资产转让情况下,为便于金融不良资产处置工作的开展,法律政策上进行了特殊的选择。《纪要》明确规定:"国有银行向金融资产管理公司转让不良债权,或者金融资产管理公司收购、处置不良债权的,担保债权同时转让,无须征得担保人的同意,担保人仍应在原担保范围内对受让人继续承担担保责任。担保合同中关于合同变更需经担保人同意或者禁止转让主债权的约定,对主债权和担保权利转让没有约束力。"由此可见,金融不良资产转让的情况下,即便合同条款中约定了"禁止转让,否则不承担保证责任"等类似约定,对各方无约束力,与一般债权转让的原理有所不同,此为特殊政策选择的结果,具有合理性。

【法条链接】

《中华人民共和国民法典》

第六百九十六条 债权人转让全部或者部分债权,未通知保证人的,该转

---

[1] 参见黄薇主编:《中华人民共和国民法典合同编释义》,法律出版社2020年版,第508页。

让对保证人不发生效力。

保证人与债权人约定禁止债权转让，债权人未经保证人书面同意转让债权的，保证人对受让人不再承担保证责任。

《最高人民法院关于审理涉及金融不良债权转让案件工作座谈会纪要》（法发〔2009〕19号）

三、关于债权转让生效条件的法律适用和自行约定的效力

……国有银行向金融资产管理公司转让不良债权，或者金融资产管理公司收购、处置不良债权的，担保债权同时转让，无须征得担保人的同意，担保人仍应在原担保范围内对受让人继续承担担保责任。担保合同中关于合同变更需经担保人同意或者禁止转让主债权的约定，对主债权和担保权利转让没有约束力。

二、案件审理期间保证人为被执行人提供担保，法院据此未对被执行人采取保全措施或解除保全措施的，即使生效法律文书中未确定保证人责任，法院亦有权直接执行

——青海金泰融资担保有限公司与上海金桥工程建设发展有限公司、青海三工置业有限公司执行复议案

【案件来源】最高人民法院指导案例120号：（2017）最高法执复38号

【争议焦点】在案件审理期间保证人为被执行人提供保证，承诺在被执行人无财产可供执行或者财产不足清偿债务时承担保证责任，但生效法律文书中未确定保证人承担责任，人民法院能否直接执行保证人财产？

【裁判要旨】在案件审理期间保证人为被执行人提供保证，承诺在被执行人无财产可供执行或者财产不足清偿债务时承担保证责任的，执行法院对保证人应当适用一般保证的执行规则。在被执行人虽有财产但严重不方便执行时，可以执行保证人在保证责任范围内的财产。

【基本案情】

复议申请人（利害关系人）：青海金泰融资担保有限公司（以下简称金泰公司）

申请执行人：上海金桥工程建设发展有限公司（以下简称金桥公司）

被执行人：青海海西家禾酒店管理有限公司（后更名为青海三工置业有限

公司，以下简称家禾公司）

青海高院在审理金桥公司与家禾公司建设工程施工合同纠纷一案期间，依金桥公司申请采取财产保全措施，冻结家禾公司账户存款 1500 万元（账户实有存款余额 23 万余元），并查封该公司 32,438.8 平方米土地使用权。之后，家禾公司以需要办理银行贷款为由，申请对账户予以解封，并由担保人宋某玲以银行存款 1500 万元提供担保。青海高院冻结宋某玲存款 1500 万元后，解除对家禾公司账户的冻结措施。2014 年 5 月 22 日，金泰公司向青海高院提供担保书，承诺家禾公司无力承担责任时，愿承担家禾公司应承担的责任，担保最高限额 1500 万元，并申请解除对宋某玲担保存款的冻结措施。青海高院据此解除对宋某玲 1500 万元担保存款的冻结措施。案件进入执行程序后，经青海高院调查，被执行人家禾公司除已经抵押的土地使用权及在建工程外（在建工程价值 4 亿余元），无其他可供执行财产。保全阶段冻结的账户，因提供担保解除冻结后，进出款 8900 余万元。执行中，青海高院作出执行裁定，要求金泰公司在三日内清偿金桥公司债务 1500 万元，并扣划担保人金泰公司银行存款 820 万元。金泰公司对此提出异议称，被执行人家禾公司尚有在建工程及相应的土地使用权，请求返还已扣划的资金。

【法院观点】

最高人民法院认为，《最高人民法院关于人民法院执行工作若干问题的规定（试行）》第八十五条规定："人民法院在审理案件期间，保证人为被执行人提供保证，人民法院据此未对被执行人的财产采取保全措施或解除保全措施的，案件审结后如果被执行人无财产可供执行或其财产不足清偿债务时，即使生效法律文书中未确定保证人承担责任，人民法院有权裁定执行保证人在保证责任范围内的财产。"[1] 上述规定中的保证责任及金泰公司所作承诺，类似于担保法规定的一般保证责任。《担保法》（已失效）第十七条第一款及第二款规定："当事人在保证合同中约定，债务人不能履行债务时，由保证人承担保证责任的，为一般保证。一般保证的保证人在主合同纠纷未经审判或者仲裁，并就债

---

[1] 对应 2020 年修正后的《最高人民法院关于人民法院执行工作若干问题的规定（试行）》第五十四条。

务人财产依法强制执行仍不能履行债务前,对债权人可以拒绝承担保证责任。"《最高人民法院关于适用〈中华人民共和国担保法〉若干问题的解释》(已失效)第一百三十一条规定:"本解释所称'不能清偿'指对债务人的存款、现金、有价证券、成品、半成品、原材料、交通工具等可以执行的动产和其他方便执行的财产执行完毕后,债务仍未能得到清偿的状态。"依据上述规定,在一般保证情形,并非只有在债务人没有任何财产可供执行的情形下,才可以要求一般保证人承担责任,即债务人虽有财产,但其财产严重不方便执行时,可以执行一般保证人的财产。参照上述规定精神,由于青海三工置业有限公司仅有在建工程及相应的土地使用权可供执行,既不经济也不方便,在这种情况下,人民法院可以直接执行金泰公司的财产。

【实务解析】

不良资产处置中,债权人必然选择对被执行人财产采取查封、扣押等措施,以确保权利的实现。在此过程中,被执行人为了经营需要,往往提供第三人的保证,以此免除保全措施。在案件审结后,生效法律文书主文中并未确认保证人的保证责任,人民法院能否不经审判程序,直接对保证人的财产在保证责任范围内进行执行呢?为解决这个问题,法律明确规定,即使生效法律文书中未确定保证人承担责任,人民法院也有权裁定执行保证人在保证责任范围内的财产。

值得注意的是,此种情况下的担保与狭义的执行程序中的"执行担保"具有异曲同工之妙,也可被视为广义上的执行担保。《最高人民法院关于人民法院执行工作若干问题的规定(试行)》第五十四条位于大标题"执行担保"项下,即可印证。广义的执行担保与普通的民事担保有何区别?参考《浙江省高级人民法院执行局关于执行担保若干疑难问题解答》的解答,本书认为:执行担保发生在执行程序中或保全程序中,系对债权人利益和法院执行/保全程序顺利进行的双重担保;民事担保发生在借贷、买卖等民事活动中,系向债权人提出,担保的目的是保证债权人的债权实现。执行担保因担保人的单方意思表示而成立,不需要与债权人订立担保合同;民事担保需要担保人与债权人达成合意。对于执行担保,法院可直接裁定执行担保财产或裁定担保人向债权人承担责任;对于民事担保,债权人需要通过诉讼、仲裁或实现担保物权的特别程序等途径实现担保权利。当然，两者也有共同之处，如案件中保证人承诺在被执行人无财产可供执行或者财产不足清偿债务时承担保证责任的，法院应对保证人适用一般保证的执行规则。关于狭义的执行担保的问题，《最高人民法院关于执行担保若干问题的规定》进行了明确规定，在此不再展开。

【法条链接】

《最高人民法院关于人民法院执行工作若干问题的规定（试行）》（法释〔2020〕21号）

54.人民法院在审理案件期间，保证人为被执行人提供保证，人民法院据此未对被执行人的财产采取保全措施或解除保全措施的，案件审结后如果被执行人无财产可供执行或其财产不足清偿债务时，即使生效法律文书中未确定保证人承担责任，人民法院有权裁定执行保证人在保证责任范围内的财产。

三、人民法院裁定受理主债务人破产申请后，主债务停止计息，担保债务亦停止计息

——中国光大银行股份有限公司嘉兴分行与上海华辰能源有限公司保证合同纠纷案

【案件来源】最高人民法院（2019）最高法民申6453号

【争议焦点】主债务人破产后，主债务停止计息，担保债务是否停止计息？

【裁判要旨】人民法院裁定受理主债务人破产申请后，主债务停止计息。根据担保从属性的原则，担保人的担保责任应以主债务为限，故担保债务亦应停止计息。

【基本案情】

再审申请人（一审原告、二审上诉人）：中国光大银行股份有限公司嘉兴分行（以下简称光大银行嘉兴分行）

被申请人（一审被告、二审被上诉人）：上海华辰能源有限公司（以下简称上海华辰公司）、海丰华城能源有限公司（以下简称海丰华城公司）、蔡某化

2016年2月4日，主债务人中嘉华宸公司与光大银行嘉兴分行签订流动

资金贷款合同。同日，光大银行嘉兴分行作为债权人分别与上海华辰公司、海丰华城公司、蔡某化及天津物产化轻公司签订了保证合同。四份保证合同中均约定：为了确保上述流动资金贷款合同的切实履行，保证人愿意向债权人提供连带责任保证担保。

后因主债务人未按约还本付息，光大银行嘉兴分行向一审法院提起诉讼，请求：1.判令上海华辰公司、海丰华城公司、蔡某化对借款人中嘉华宸公司的借款本金 88,846,014.01 元、利息（含罚息）2,039,406.36 元（该利息计算至 2017 年 5 月 5 日，此后的利息及罚息按合同约定利率计算至借款本息清偿之日止）和实现债权律师费 300,000 元承担连带清偿责任。

一审法院认为，平湖市人民法院于 2016 年 7 月 1 日裁定受理中嘉华宸公司的破产清算申请，故本案借款在 2016 年 7 月 1 日视为到期，并同时停止计息，故对破产申请后的利息不予支持，判决：一、上海华辰公司、海丰华城公司和蔡某化于本判决生效之日起十日内，向光大银行嘉兴分行支付借款本金 84,877,864.16 元和实现债权律师费 90,000 元；二、驳回光大银行嘉兴分行的其他诉讼请求。

光大银行嘉兴分行不服提起上诉，请求：将原审判决书第一项判决内容中的支付借款本金 84,877,864.16 元改判为支付借款本金 88,846,014.01 元；依法改判支持原审诉讼请求中"支付利息（含罚息）2,039,406.36 元（该利息计算至 2017 年 5 月 5 日，此后的利息及罚息按合同约定利率计算至借款本金清偿之日止）"的内容。二审法院判决：驳回上诉，维持原判。

光大银行嘉兴分行申请再审称，本案存在《民事诉讼法》第二百条第六项规定的情形，应予再审。事实与理由：第一，《破产法》第四十六条"停止计息"的规定不适用于保证人。破产程序不调整债权人与保证人的关系，保证人应按照保证合同约定承担责任。如限制保证人责任范围将会助长保证人利用破产程序逃避法律责任。第二，债权人与天津物产化轻公司约定 4,170,321.06 元系用于归还利息，不得将其中部分用于抵扣本金。因"停止计息"规定不适用于保证人，故天津物产化轻公司归还利息 4,170,321.06 元不应冲抵本金。

【法院观点】

法院经审查认为，根据相关事实和法律规定，光大银行嘉兴分行的再审申请事由不能成立,理由如下:首先,担保债务具有从属性。根据《担保法》(已失效)第五条第一款规定,担保合同是主合同的从合同。担保人承担的担保责任范围不应当大于主债务是担保从属性的必然要求。根据《企业破产法》第四十六条第二款的规定,人民法院裁定受理主债务人破产申请后,主债务停止计息。根据担保从属性的原则,担保人的担保责任应以主债务为限,故担保债务亦应停止计息。其次,从担保制度体系来看,其不仅规定了保证人的代偿义务,保障债权人的合法权益,同时也规定了保证人的追偿权,兼顾保证人的合法权益。破产案件受理后对主债权停止计息,债权人受损的仅是利息损失。如果对保证债务不停止计息,将影响保证人的追偿权,对保证人较为不公。因此,二审判决认定主债务人进入破产程序后,保证债务停止计息并不属于法律适用确有错误。根据一、二审查明的事实,截至 2016 年 7 月 1 日,中嘉华宸能源有限公司尚欠借款本金 189,631,878.25 元及利息 229,138.52 元。案涉债务的保证人天津物产化轻公司于 2016 年 12 月 29 日的付款为 104,197,288.37 元。虽然光大银行嘉兴分行与天津物产化轻公司达成《协议书》中明确天津物产化轻公司自愿支付"利息 4,170,321.06 元"。但因中嘉华宸能源有限公司被裁定破产后,主债务已停止计息,在天津物产化轻公司付款之时,中嘉华宸公司欠付的利息仅为 229,138.52 元。《最高人民法院关于适用〈中华人民共和国合同法〉若干问题的解释(二)》(已失效)第二十一条规定:"债务人除主债务之外还应当支付利息和费用,当其给付不足以清偿全部债务时,并且当事人没有约定的,人民法院应当按照下列顺序抵充:(一)实现债权的有关费用;(二)利息;(三)主债务。"据此,一、二审判决保证人天津物产化轻公司的还款在清偿利息后剩余款项充抵本金,并无不当。

【实务解析】

司法实践中,关于债务人破产后,担保债权是否停止计息,一直存在两种观点。第一种观点认为,担保的本质在于增加责任财产以维护债权人的利益,从维护债权人利益出发,不应停止计息。在(2020)最高法民申 1054 号案件中,法院对此进行了详细论述:首先,《企业破产法》第四十六条规定旨在尽快确定债务人破产债权总额以推进破产程序的顺利进行,实现破产程序概括式集体清偿立法目的,故规定附利息的债权自破产申请受理时停止计息。

本条立法目的并非免除保证人的保证债务。其次，债务因清偿、抵销、提存、免除、混同而消灭，主债务人破产并非保证债务消灭的原因。债务人破产申请受理后，付利息的债权停止计息系基于法律的特别规定，并非债权人自愿免除该部分利息。再次，虽然从属性系担保的基本属性，担保人承担的担保责任范围不应当大于主债务。承前所述，平安银行深圳分行对天人生态公司的债权基于法律的特别规定予以停息，但是，该债权并未实质消灭，故自天人生态公司停止计息后的期间内所产生的利息，天祥通用公司仍应承担保证责任并未违背担保债务从属性的基本原则。最后，保证人签订保证合同的目的即在于承担债务人不能清偿债务时替代债务人向债权人履行清偿责任的义务，本质在于保障债权人的债权能够全部得到有效清偿，此系合同当事人订立保证合同的本意。债权人请求担保人就其因债务人已进入破产程序而未能受偿部分的债权承担保证责任符合双方签订《保证担保合同》的真意，亦未超出保证合同的预期。虽然保证人承担保证责任后将因主债务人已破产丧失清偿能力而无法进行有效追偿，但该风险理应由保证人自行承担。

第二种观点认为，基于担保的从属性，其责任范围不应超过主债务，主债务停止计息，担保债务也应当停止计息。两种观点各有道理，域外立法例也各有代表。《最高人民法院关于适用〈中华人民共和国民法典〉有关担保制度的解释》从基于现实情况和政策考量的因素出发[①]，最终采用第二种观点，坚持了担保责任的从属性，认为人民法院受理债务人破产案件后，主债务停止计息，担保债务亦自人民法院受理破产申请之日起停止计息。

【法条链接】

《最高人民法院关于适用〈中华人民共和国民法典〉有关担保制度的解释》（法释〔2020〕28号）

第二十二条 人民法院受理债务人破产案件后，债权人请求担保人承担担保责任，担保人主张担保债务自人民法院受理破产申请之日起停止计息的，人民法院对担保人的主张应予支持。

[①] 参见最高人民法院民事审判第二庭编著：《最高人民法院民法典担保制度司法解释理解与适用》，人民法院出版社2021年版，第242页。

专题八

金融不良资产诉讼中的抵押权

综述 〉〉〉

抵押权是指为担保债务的履行，债务人或第三人不转移财产的占有，将该财产抵押给债权人，债务人不履行到期债务或者发生当事人约定的实现抵押权的情形，债权人有权就该财产优先受偿的权利。抵押权被誉为"担保之王"，在不良资产处置中具有举足轻重的地位，是保障债权人实现债权的压舱石。正因如此，不良资产诉讼中与抵押权相关的问题异常复杂，时常成为诉讼中的主战场。想要理解司法实践中涉及抵押权的种种疑难问题，要深刻把握抵押权的特征，这是解决相关问题的钥匙。

抵押权具有如下特征：

第一，抵押权属于担保物权，具有从属性。抵押权是为了担保主债权的实现而设定的，在成立、内容、处分、消灭上均从属于主债权。因此，理论上一般将抵押权的从属性区分为成立上的从属性、内容上的从属性、处分上的从属性、消灭上的从属性[1]。（1）成立上的从属性是指抵押权的成立以主债权的有效成立为前提，主债权不存在或无效的，抵押权亦不存在或无效。（2）内容上的从属性是指抵押人所应承担的责任范围，从属于主债务人所应承担的责任范围，可以随主债务的增减而增减，但不能超过主债务的范围。当事人约定的担保责任范围大于主债务的，如针对担保责任范围约定专门的违约责任、担保责任的数额高于主债务、担保责任约定的利息高于主债务利息、担保责任的履行期先于主债务履行期届满，等等，均应认定大于主债务部分的约定无效，从而使担保责任缩减至主债务的范围。当然，从最高人民法院的态度来看，倾向于认为关于担保责任超出主债务部分无效，只能在担保人提出主张的情况下才进

---

[1] 最高人民法院民法典贯彻实施工作领导小组主编：《中华人民共和国民法典物权编理解与适用》，人民法院出版社2020年版，第394页。

行审查，法院无需主动审查[①]。(3)处分上的从属性是指抵押权不得与主债权分离而单独转让，主债权转让的，抵押权一并转让。(4)消灭上的从属性是指主债权因清偿、提存、免除、混同、抵押等原因消灭的，抵押权原则上也随之消灭。

第二，抵押权具有特定性。抵押权的特定性是抵押权作为担保物权的必然要求，既要求被担保的主债权特定，也要求抵押财产特定。被担保的主债权特定，要求抵押权设定时本身需要存在特定的主债权。抵押财产特定要求抵押财产明确、具体，能够与其他财产区分开来。

第三，抵押权具有不可分性。抵押权的不可分性指不论是抵押物的分割还是主债权的分割，均不影响抵押权的效力及实现。易言之，抵押权不因抵押物或主债权的分割而贬损。当抵押物因继承、离婚、合伙结算等被分割时，抵押权的效力及于分割后的抵押物。当主债权被分割或部分转让时，各债权人可以依据其享有的份额继续行使抵押权。当主债权部分受偿的，抵押物的范围并不缩减，仍以全部抵押物的价值为限对剩余的主债权承担清偿责任。

第四，抵押权具有物上代位性。抵押权的物上代位性主要指担保期间，担保财产毁损、灭失或者被征收等，主债权人可以就获得的保险金、赔偿金或者补偿金等按照原抵押权的顺位优先受偿，主债权履行期限未届满的，也可以先行提存。抵押权等担保物权之所以具有物上代位性，主要原因在于担保物权本质上是价值权，利用的是抵押财产的"交换价值"，只要抵押物的交换价值没有消失，无论其存在于何种物之上，均为担保物权的效力所及。值得注意的是，给付义务人、抵押权人、抵押人均应本着诚实信用的原则妥善处理彼此利益，给付义务人接到抵押权人要求向其支付的通知后，应当核实相关信息，不能继续向抵押人给付，以免抵押权人的利益落空。

第五，抵押权无需转移财产占有。抵押权设定时，无需将抵押物交付抵押权人占有，这是抵押区别于质押和留置的显著特征。在质押中，出质人必须将质押物出质给债权人占有，质权自出质人交付质押财产时设立。在留置中，留置权的产生需要债权人合法占有留置物为前提。正是因为抵押权设定中"无需

[①] 参见最高人民法院民事审判第二庭编著：《全国法院民商事审判工作会议纪要理解与适用》，人民法院出版社 2019 年版，第 359—361 页。

转移财产占有"的特性，抵押权可以充分发挥抵押财产的使用价值和交换价值，具有较强的优越性，因此被誉为"担保之王"。

第六，抵押权具有优先受偿性。优先受偿是抵押权的核心和本质。此处的优先性主要体现在两个方面：一是抵押权人对抵押财产的价值变现享有优先于普通债权人获得清偿的权利；二是当数个抵押权竞存时，登记在先的抵押权优先于登记在后的抵押权获得清偿。

涉及抵押权的重要法律规范、司法文件主要集中在：《民法典》物权编第四分编担保物权第十六章一般规定、第十七章抵押权，《最高人民法院关于适用〈中华人民共和国民法典〉有关担保制度的解释》以及《全国法院民商事审判工作会议纪要》第五十四条至第六十五条。本章从最高人民法院的众多案件中精选了十一个有代表性的案例，涵盖了不良资产诉讼中经常遇到的涉抵押权典型问题，包括抵押权和抵押合同效力的区分原则、抵押权的设立和转让、抵押权的实现和消灭、最高额抵押权等问题。

第一节主要涉及抵押权和抵押合同的区分原则。抵押合同是当事人之间通过意思表示一致达成的旨在设立抵押权的合同，是设立抵押权的原因行为。抵押权是担保物权，是抵押合同顺利履行后的结果行为。无论动产抵押还是不动产抵押，抵押合同一般自成立后生效，抵押权则有不同。不动产抵押采登记生效主义，抵押权自登记时设立，未经登记的，只影响抵押权的设立，并不影响抵押合同的效力。动产抵押采登记对抗主义，抵押权自抵押合同生效时设立，未经登记，不得对抗善意第三人。实践中经常出现抵押人不配合办理抵押登记的情况，法律规定债权人可以要求抵押人以抵押物的价值为限承担违约赔偿责任。

第二节主要涉及抵押权的设立和转让。基于区分原则，抵押权的设定首先需要签署抵押合同，其后根据抵押财产的类型区分不动产和动产，分别采登记生效主义和登记对抗主义进行处理。根据民法典规定，以建筑物、其他土地附着物、建设用地使用权、海域使用权、正在建造中的建筑物抵押的，抵押权自登记时设立。基于房地一体原则，以建筑物抵押的，该建筑物占用范围内的建设用地使用权一并抵押，反之亦然。以动产抵押的，抵押权自抵押合同生效时设立，未经登记的，不得对抗善意第三人。仅笼统约定用公司名下所有资产提供抵押担保的，因为抵押财产没有特定化，应当认定抵押权未有效设立。不良资产处置中，经常遇到抵押权随主债权转让而转让后，是否需要重新办理抵押登记手续或抵押人变更手续的问题，法律明确规定抵押权随主债权转让是抵押权从属性的必然要求，无需变更登记也发生转让的效果，当事人不能以未变更来对抗抵押权。

第三节主要涉及抵押权的实现和消灭。抵押权的实现是债权人对抵押财产行使优先受偿权利的基本方式。在债务人不履行到期债务或者发生当事人约定的实现抵押权的情形时，抵押权人可以与抵押人协议以抵押财产折价或者以拍卖、变卖该抵押财产所得的价款优先受偿。抵押权应当在主债权诉讼时效期内行使，未行使的，不予保护，抵押人可要求涂销登记。抵押权的具体实现过程中，经常遇到与建设工程价款优先受偿权、租赁权、法院查封扣押处分等强制行为的协调问题。简言之，建设工程价款优先受偿权优于抵押权；在先承租人可基于"抵押不破租赁"原则继续承租，但不能阻却执行；抵押权同样无法阻却执行，但具有优先受偿的权利。

第四节主要涉及最高额抵押权。最高额抵押权属于特殊的抵押形式，对于保障连续发生的债权具有普通抵押权所不具有的功能。最高额抵押权是为将来一定期限内连续发生的债权提供担保，对于最高额抵押权设立前已经存在的债权，经当事人同意，也可以转入最高额抵押权担保的债权范围。最高额抵押权的登记适用一般抵押权的规则，在不动产上设立最高额抵押权的，必须办理抵押登记；在动产上设立最高额抵押权的，未经登记不得对抗善意第三人。实践中，对于最高额抵押权中最高债权额所指的范围，是债权最高限额还是本金最高限额？登记的最高债权额与当事人约定的最高债权额不一致的，人民法院应当依据何种债权额确定债权人优先受偿的范围？一直具有较大争议。从目前最新的规定来看，最高额担保中的最高债权额，原则上是指包括主债权及其利息、违约金、损害赔偿金、保管担保财产的费用、实现债权或者实现担保物权的费用等在内的全部债权。登记的最高债权额与当事人约定的最高债权额不一致的，人民法院应当依据登记的最高债权额确定债权人优先受偿范围。

第一节

抵押权与抵押合同

一、不动产抵押合同签订后未办理抵押登记的，抵押权未设立，但不影响合同效力，债权人有权请求抵押人以抵押物价值为限承担补充赔偿责任

——营口元亨曦地置业有限公司与青岛天一集团樱珠山房地产开发有限公司等企业借贷纠纷案

【案件来源】最高人民法院（2017）最高法民申 2340 号

【争议焦点】不动产抵押合同签订后因可归责于抵押人的原因未办理抵押登记，债权人可以要求抵押人承担何种责任？

【裁判要旨】不动产抵押合同签订后未办理抵押登记的，不影响抵押合同效力，抵押义务人负有为债权人设立不动产抵押权的合同义务。抵押义务人未履行上述义务的，债权人有权请求抵押人以抵押物价值为限承担补充赔偿责任。

【基本案情】

再审申请人（一审被告、二审上诉人）：营口元亨曦地置业有限公司（以下简称元亨曦地公司）

被申请人（一审原告、二审被上诉人）：青岛天一集团樱珠山房地产开发有限公司（以下简称青岛天一公司）

原审被告：青岛信恒基商贸有限责任公司（以下简称信恒基公司）、青岛澳海资产管理有限公司（以下简称澳海公司）、王某壁、宫某鹏

2014 年 4 月，青岛天一公司与信恒基公司、澳海公司、王某壁、宫某鹏签订《借款协议》一份，约定：信恒基公司向青岛天一公司借款 2500 万元，借款期限

为 10 日，借款期间免收利息，到期还本。澳海公司、王某壁、宫某鹏为该笔借款提供连带责任保证。2014 年 8 月，青岛天一公司与信恒基公司和元亨曦地公司的法定代表人宫某鹏签订《借款补充协议》一份，约定：元亨曦地公司为信恒基公司于 2014 年 4 月向青岛天一公司的借款 2500 万元提供抵押担保；提供的抵押物包括盖州国用 2012 第 148 号的土地使用权等。该笔借款到期后，信恒基公司未偿还借款本金，澳海公司、王某壁、宫某鹏、元亨曦地公司未履行担保责任。

青岛天一公司向一审法院起诉请求：1. 信恒基公司、澳海公司、王某壁、宫某鹏、元亨曦地公司偿还借款本金 2500 万元及利息（以 2500 万元为基数，自 2014 年 5 月 9 日起至借款本息还清之日止，按银行同期贷款利率的四倍计算）；2. 信恒基公司、澳海公司、王某壁、宫某鹏、元亨曦地公司给付青岛天一公司律师费 43 万元。一审法院判决：一、信恒基公司于本判决生效之日起十日内偿还青岛天一公司借款本金 2500 万元及违约金（以借款本金 2500 万元为基数，自 2014 年 5 月 10 日起至本判决确定的给付之日止，按银行同期贷款利率的四倍计算）。二、信恒基公司于本判决生效之日起十日内给付青岛天一公司律师代理费 43 万元。三、澳海公司对上述第一项给付义务承担连带清偿责任。澳海公司承担保证责任后，有权向信恒基公司追偿。四、王某壁对上述第一项给付义务承担连带清偿责任。王某壁承担保证责任后，有权向信恒基公司追偿。五、宫某鹏对上述第一项给付义务承担连带清偿责任。宫某鹏承担保证责任后，有权向信恒基公司追偿。六、元亨曦地公司在其提供的抵押物的价值范围内对上述第一项给付义务承担赔偿责任。七、驳回青岛天一公司的其他诉讼请求。

元亨曦地公司不服提起上诉，请求：撤销山东省青岛市中级人民法院（2014）青金商初字第 677 号民事判决第六项，发回重审或依法改判驳回对上诉人的诉讼请求。

二审法院认为，《借款补充协议》签订后，元亨曦地公司与青岛天一公司都未办理土地使用权抵押登记，均构成违约，责任相当，应当承担同等违约责任。本案中，青岛天一公司损失的是抵押权，应当以抵押物的价值为限。由于元亨曦地公司与青岛天一公司存在同等程度的违约行为，负有同等违约责任，元亨曦地公司赔偿损失的范围应为抵押物价值的二分之一，而非抵押物价值的全部。而且，元亨曦地公司承担的是抵押权损失赔偿责任，应当以债务人信恒基公司不能清偿的部分为限。最终判决：一、维持山东省青岛市中级人民法院（2014）青金商初字第677号民事判决第一项、第二项、第三项、第四项、第五项、第七项；二、变更山东省青岛市中级人民法院（2014）青金商初字第677号民事判决第六项为"元亨曦地公司在其提供的抵押物价值的二分之一范围内对上述第一项给付义务的不能清偿部分承担赔偿责任。元亨曦地公司承担赔偿责任后有权向信恒基公司追偿"。

元亨曦地公司对上述认定不服，向最高人民法院申请再审。最高人民法院裁定：驳回元亨曦地公司的再审申请。

【法院观点】

关于二审法院判决元亨曦地公司承担赔偿责任是否错误问题。《借款补充协议》约定，元亨曦地公司以其名下的三块土地使用权为信恒基公司向青岛天一公司的借款提供抵押担保。合同签订后，因双方均未办理上述土地使用权的抵押登记手续，故抵押权并未有效设立，在此情况下，青岛天一公司无权对上述土地使用权行使优先受偿权。虽然抵押权并未有效设立，青岛天一公司无权对抵押物行使优先受偿权，但在主合同《借款协议》和从合同《借款补充协议》均合法有效的情况下，元亨曦地公司对于因此给青岛天一公司造成的损失，应当承担赔偿责任。原审法院根据双方的过错程度，判决元亨曦地公司在其提供的抵押物价值的二分之一范围内对信恒基公司不能清偿的部分承担赔偿责任具有事实和法律依据，并无不当。元亨曦地公司关于原审法院判决元亨曦地公司承担赔偿责任错误的申请再审理由不能成立。

【实务解析】

实践中要注意区分抵押合同与抵押权。抵押合同是当事人之间通过意思表示一致达成的旨在设立抵押权的合同，是设立抵押权的原因行为。抵押权是担保物权，是抵押合同顺利履行后的结果行为。抵押合同的订立、效力、履行等适用民法典合同编的规则。抵押权的设立、变更、转让和消灭，适用民法典物权编的规则。无论动产抵押还是不动产抵押，抵押合同一般自成立后生效，抵押权则有不同。不动产抵押采登记生效主义，抵押权自登记时设立。动产抵押采登记对抗主义，抵押权自抵押合同生效时设立，未经登记，不得对抗善意第三人。

基于区分原则，不动产抵押物未进行抵押登记的，只影响抵押权的设立，并不影响抵押合同的效力，抵押合同继续有效。如果抵押人不配合办理抵押登记，则抵押权未设立，债权人对抵押物不享有优先受偿权，但抵押合同是有效的，债权人可以行使什么权利呢？针对这个问题，《全国法院民商事审判工作会议纪要》第六十条作出明确规定，"因抵押物灭失以及抵押物转让他人等原因不能办理抵押登记，债权人请求抵押人以抵押物的价值为限承担责任的，人民法院依法予以支持"。由此可见，当发生抵押人不及时办理抵押登记手续时，债权人可以要求抵押人继续履行抵押合同项下约定的办理抵押登记的义务。当出现抵押登记因抵押物灭失、转让等客观履行不能时，债权人可以要求抵押人在抵押物的价值范围内承担违约赔偿责任。《最高人民法院关于适用〈中华人民共和国民法典〉有关担保制度的解释》第四十六条延续上述精神，规定"因抵押人转让抵押财产或者其他可归责于抵押人自身的原因导致不能办理抵押登记，债权人请求抵押人在约定的担保范围内承担责任的，人民法院依法予以支持，但是不得超过抵押权能够设立时抵押人应当承担的责任范围"。

值得注意的是，此处的赔偿责任是补充责任还是连带责任，实践中一度有不同观点。如北京市高级人民法院在某银行股份有限公司北京分行与某商务科技有限公司等金融借款合同纠纷民事判决书［（2018）京民初67号］①中

---

① （2018）京民初67号判决书说理精彩、值得品鉴：本院认为，由于本案抵押义务人直至本案二审审理期间，均未办理案涉房屋的抵押登记，未履行抵押合同的主要义务，应当承担违约责任。抵押人拒不协助办理抵押权登记时，债权人的损失应认定为"合同履行后可以获得的利益"，即在债务人未能履行到期债务的情况下，直接要求抵押人在担保范围和抵押物当前价值范围内承担连带清偿责任。为救济其法律效力的瑕疵，刘某伟除可以请求通过补办登记手续这种方式加以补正使其发生法律效力或者请求承担违约责任赔偿损失外，还可以通过解释上的转换这一方式，将其转换为有效的担保行为，以节约交易成本，促进交易发展。根据民法基本原理，无效法律行为的转换是指原有行为如果具备替代行为的要件，并且可以认为当事人如果知道原有行为不生效力或无效而希望替代行为生效的，可以将原有行为转换为替代行为而生效。该制度不拘泥于法律行为的外观，而是在尊重当事人的真实意思的基础上，对交易作出新的评价，用一种适当的行为去替换当事人所选择的不适当的行为，以平衡当事人之间的利益。针对本案，张某捷、郭某利、某捷公司与刘某伟关于以房产抵押为案涉《借款合同》提供担保的约定，是各方缔约时的真实意思表示，在抵押未经登记不产生优先受偿权的情况下，各方基于有效担保的真实意思产生的责任转化为以物的价值为限的限额连带清偿责任，根据《民法总则》（已失效）第七条规定，"民事主体从事民事活动，应当遵循诚信原则，秉持诚实，恪守承诺"。抵押义务人诚信履约办理抵押登记时，抵押人承担抵押担保责任，是一种比连带清偿责任更重的责任，且无先履行抗辩权；抵押人背信违约拒不办理抵押登记时，如果仅让其承担补充清偿责任或者不承担责任，变相使违约者从违约行为中获利，有悖基本诚信，也明显背离一般社会大众的公平认知。本院认为，张某捷、郭某利、某捷公司应当以其提供抵押房产价值为限对案涉《借款合同》承担连带清偿责任，张某捷、郭某利、某捷公司承担上述责任后有权向某开公司追偿。

认定为连带清偿责任。但从《全国法院民商事审判工作会议纪要》发布之后的最高人民法院观点来看，倾向于认为属于以抵押物价值为限的补充赔偿责任。主要理由在于根据民法典规定，连带责任需要由法律规定或当事人约定，该种情况下推定为连带责任可能与法律规定不符[①]。

【法条链接】

《中华人民共和国民法典》

第一百七十八条第三款　连带责任，由法律规定或者当事人约定。

第四百零二条　以本法第三百九十五条第一款第一项至第三项规定的财产或者第五项规定的正在建造的建筑物抵押的，应当办理抵押登记。抵押权自登记时设立。

第五百七十七条　当事人一方不履行合同义务或者履行合同义务不符合约定的，应当承担继续履行、采取补救措施或者赔偿损失等违约责任。

《最高人民法院关于适用〈中华人民共和国民法典〉有关担保制度的解释》（法释〔2020〕28号）

第四十六条　不动产抵押合同生效后未办理抵押登记手续，债权人请求抵押人办理抵押登记手续的，人民法院应予支持。

抵押财产因不可归责于抵押人自身的原因灭失或者被征收等导致不能办理抵押登记，债权人请求抵押人在约定的担保范围内承担责任的，人民法院不予支持；但是抵押人已经获得保险金、赔偿金或者补偿金等，债权人请求抵押人在其所获金额范围内承担赔偿责任的，人民法院依法予以支持。

因抵押人转让抵押财产或者其他可归责于抵押人自身的原因导致不能办理抵押登记，债权人请求抵押人在约定的担保范围内承担责任的，人民法院依法予以支持，但是不得超过抵押权能够设立时抵押人应当承担的责任范围。

《全国法院民商事审判工作会议纪要》（法〔2019〕254号）

60.【未办理登记的不动产抵押合同的效力】不动产抵押合同依法成立，但未办理抵押登记手续，债权人请求抵押人办理抵押登记手续的，人民法院依

---

① 参见最高人民法院民事审判第二庭编著：《全国法院民商事审判工作会议纪要理解与适用》，人民法院出版社2019年版，第364页。

法予以支持。因抵押物灭失以及抵押物转让他人等原因不能办理抵押登记，债权人请求抵押人以抵押物的价值为限承担责任的，人民法院依法予以支持，但其范围不得超过抵押权有效设立时抵押人所应当承担的责任。

二、主合同涉及犯罪行为无效导致第三人提供的抵押合同无效，抵押人无过错的，不承担赔偿责任

——长春发展农村商业银行股份有限公司与长春市金达机械设备有限公司等金融借款合同纠纷案

【案件来源】最高人民法院（2018）最高法民申 61 号

【争议焦点】贷款合同无效后，第三人提供的抵押合同效力如何？是否应当承担赔偿责任？

【裁判要旨】主合同无效导致第三人提供的抵押合同无效，抵押人无过错的，不承担赔偿责任。

【基本案情】

再审申请人（一审原告、二审上诉人）：长春发展农村商业银行股份有限公司（以下简称发展农村银行）

被申请人（一审被告、二审被上诉人）：长春市金达机械设备有限公司（以下简称金达公司）

被申请人（一审被告、二审被上诉人）：长春市圣鑫轨道客车配件有限公司（以下简称圣鑫公司）

2014 年 3 月 6 日，发展农村银行作为贷款人与金达公司作为借款人签订借款合同，约定贷款人核定借款人借款额度为人民币 4000 万元。2014 年 3 月 14 日，发展农村银行向金达公司发放贷款 4000 万元，月利率为 7.75‰，即年利率 9.3%。同日，发展农村银行与圣鑫公司签订抵押合同，由圣鑫公司以其自有财产为金达公司的借款提供最高额抵押担保。合同约定：担保责任最高限额为 6000 万元；抵押担保范围为包括但不限于债务人支用的本金、利息（含复利和罚息）、违约金、赔偿金、债务人应向原告支付的其他款项、原告为实现债权与担保权而发生的一切费用；债务人不履行主合同项下到期债务或不履行被宣布提前到期的债务，或违反主合同的其他约定，原告有权处分抵押财产。

2014年3月13日，发展农村银行取得抵押财产的他项权利证书。

2014年8月11日，长春市公安局向法院送达《长春市公安局关于金达公司涉嫌骗取贷款案情况告知函》，主要内容为：圣鑫公司向我局举报，金达公司法人庞某红伙同刘某伟、庞某冬、庞某志私刻圣鑫公司公章、法定代表人名章为金达公司担保，从发展农村银行骗取贷款4000万元……金达公司触犯了《刑法》第一百七十五条之一规定，涉嫌骗取贷款罪，我局立案侦查，特此函告。后长春市人民检察院就庞某冬贷款诈骗罪、杨某违法发放贷款罪提起公诉，该案现在该院刑事审判第二庭审理。

发展农村银行向一审法院起诉请求：1.判令金达公司立即向发展农村银行偿还借款本金人民币4000万元及自2014年4月21日起至本息全部清偿之日止的利息、逾期罚息；2.判令金达公司给付发展农村银行为实现债权支付的律师代理费26万元及公证费2000元；3.判令发展农村银行对于圣鑫公司提供的抵押物享有抵押权，即发展农村银行对抵押物依法享有经折价或者拍卖、变卖所得价款在最高额抵押合同范围内有限受偿；4.圣鑫公司就金达公司的债务承担连带清偿责任。

一审法院判决：一、金达公司于本判决生效之日立即给付发展农村银行欠款本金4000万元；二、金达公司于本判决生效之日立即给付发展农村银行利息（以4000万元为本金，以月利率7.75‰为标准，自2014年3月14日计算至2014年5月3日，并扣除392,666.66元）及罚息（以4000万元为本金，以月利率11.625‰为标准，自2014年5月4日起至实际给付之日，并扣除631,140.53元）；三、金达公司于本判决生效之日立即给付发展农村银行律师费26万元、公证费2000元；四、被告圣鑫公司对金达公司上述第一项、第二项、第三项债务承担连带给付责任；五、驳回发展农村银行其他诉讼请求。

发展农村银行、圣鑫公司均不服上述民事判决，提起上诉。二审法院判决：一、撤销吉林省长春市中级人民法院（2014）长民四初字第94号民事判决；二、金达公司于本判决生效之日立即在借款本金4000万元及利息损失（以借款本金4000万元为基数按中国人民银行同期贷款基准利率自2014年3月14日起计至清偿之日止，扣除1,023,807.19元）范围内对庞某冬基于吉林省长春市中级人民法院（2015）长刑二初字第26号刑事判决书和本院（2017）吉刑终71号刑事裁定书裁判退赔金额之不能退赔部分向发展农村银行承担赔偿责任；三、驳回发展农村银行上诉请求；四、驳回圣鑫公司其他上诉请求。

发展农村银行不服向最高人民法院申请再审。最高人民法院裁定：驳回发展农村银行的再审申请。

【法院观点】

金达公司在办理涉案贷款过程中存在犯罪行为，已经被生效的（2015）长刑二初字第26号刑事判决书、（2017）吉刑终71号刑事裁定书查明和认定，已构成骗取贷款罪。信贷人员杨某，系本案涉案贷款的具体经办人……违反国家规定，违法发放贷款4000万元，数额特别巨大，构成违法发放贷款罪。如杨某不构成违法发放贷款之犯罪，则金达公司"骗取银行贷款"之非法目的难以实现，由此可以认定，杨某的行为属于发展农村银行的职务行为，在杨某已经构成违法发放贷款罪的情况下，足可认定发展农村银行在涉案贷款合同签订和履行过程中存在明显过错，并因此导致金达公司在采取多种违法行为之后以"签订《借款合同》"之合法形式进而掩盖"骗取银行贷款"的非法目的得以实现，因此，本案《借款合同》明显构成"以合法形式掩盖非法目的"的合同无效情形，故《借款合同》应当被认定为无效合同。

关于案涉《保证合同》和《抵押合同》是否合法有效，圣鑫公司应否承担金达公司所欠贷款连带责任的问题。《担保法》（已失效）第五条第一款规定："担保合同是主合同的从合同，主合同无效，担保合同无效。担保合同另有约定的，按照约定。"《最高人民法院关于适用〈中华人民共和国担保法〉若干问题的解释》（已失效）第八条规定："主合同无效而导致担保合同无效，担保人无过错的，担保人不承担民事责任；担保人有过错的，担保人承担民事责任的部分，不应超过债务人不能清偿部分的1/3。"本案中，因案涉《借款合同》被认定为无效，案涉《保证合同》和《抵押合同》为从合同，应认定为无效。发展农村银行主张圣鑫公司承担借款损失，应当举证证明圣鑫公司存在过错。发展农村银行工作人员违法发放贷款造成损失，其在没有证明圣鑫公司参与了犯罪或者对该犯罪行为知情并仍然提供抵押担保的情况下，要求圣鑫公司承担民事责任缺乏法律依据。综上，二审法院认定圣鑫公司对金达公司所承担债务不承担连带给付责任，该认定并无不当，再审法院予以维持。

【实务解析】

抵押合同作为担保合同的一种，根据其从属性要求，其效力受主合同的影响。主合同有效的，担保合同的效力需要独立判断，可能有效也可能无效。担保合同有效的，按担保合同承担责任。担保合同无效的，应当区分不同情形判断担保人的赔偿责任：债权人与担保人均有过错的，担保人承担的赔偿责任不应超过债务人不能清偿部分的二分之一；担保人有过错而债权人无过错的，担保人对债务人不能清偿的部分承担赔偿责任；债权人有过错而担保人无过错的，担保人不承担赔偿责任。主合同无效的，担保合同无效，担保人无过错的，不承担赔偿责任；担保人有过错的，其承担的赔偿责任不应超过债务人不能清偿部分的三分之一。最高人民法院指出，在审判实践中，要注意上述二分之一、三分之一最高责任限额的含义，在裁判中不能简单地一律适用最高责任限额，而应结合案件的具体情况和各方过错程度合理确定。同时，"不能清偿的部分承担赔偿责任"意味着应当首先执行债务人财产，执行未果的才可以执行担保人财产。[①]

本案中，因为《借款合同》中银行工作人员亦涉及犯罪行为，法院认定发展农村银行在涉案贷款合同签订和履行过程中存在明显过错，《借款合同》明显构成"以合法形式掩盖非法目的"的合同无效情形，依法认定《借款合同》为无效合同。《借款合同》无效后，《抵押合同》亦无效，因发展农村银行工作人员违法发放贷款造成损失，本案没有证明抵押人参与了犯罪或者对该犯罪行为知情并仍然提供抵押担保的情况，故抵押人无过错，无需承担赔偿责任。

【法条链接】

《中华人民共和国民法典》

第三百八十八条 设立担保物权，应当依照本法和其他法律的规定订立担保合同。担保合同包括抵押合同、质押合同和其他具有担保功能的合同。担保合同是主债权债务合同的从合同。主债权债务合同无效的，担保合同无效，但

[①] 参见最高人民法院民法典贯彻实施工作领导小组主编：《中华人民共和国民法典物权编理解与适用》，人民法院出版社2020年版，第998页。

是法律另有规定的除外。

担保合同被确认无效后，债务人、担保人、债权人有过错的，应当根据其过错各自承担相应的民事责任。

《最高人民法院关于适用〈中华人民共和国民法典〉有关担保制度的解释》（法释〔2020〕28号）

第十七条 主合同有效而第三人提供的担保合同无效，人民法院应当区分不同情形确定担保人的赔偿责任：

（一）债权人与担保人均有过错的，担保人承担的赔偿责任不应超过债务人不能清偿部分的二分之一；

（二）担保人有过错而债权人无过错的，担保人对债务人不能清偿的部分承担赔偿责任；

（三）债权人有过错而担保人无过错的，担保人不承担赔偿责任。

主合同无效导致第三人提供的担保合同无效，担保人无过错的，不承担赔偿责任；担保人有过错的，其承担的赔偿责任不应超过债务人不能清偿部分的三分之一。

第二节

抵押权的设立和转让

一、仅笼统约定用公司名下所有资产提供抵押担保的，因未就动产范围作出明确约定，也未办理不动产抵押登记，抵押权未有效设立

——兰州市城关区民丰小额贷款有限责任公司与林某法民间借贷纠纷案

【案件来源】最高人民法院（2018）最高法民终329号

【争议焦点】抵押合同仅笼统约定抵押人"用公司名下所有资产为贷款提供抵押担保"，但未就范围作出明确约定，亦未办理抵押登记，抵押权人主张对抵押人名下所有的动产享有优先受偿权的是否支持？

【裁判要旨】合同关于"用其公司名下所有资产为本项目贷款提供抵押担保"的约定系公司对外承担责任的概括性描述，未特定化具体的抵押物。双方未就具体不动产办理抵押登记，也没有就设定浮动抵押的动产作出明确约定，因此不动产抵押权和动产浮动抵押权均未有效设定，不享有优先受偿权。

【基本案情】

上诉人（原审原告）：兰州市城关区民丰小额贷款有限责任公司（以下简称民丰小贷公司）

被上诉人（原审被告）：北海市佳德信海产品有限公司（以下简称佳德信公司）

被上诉人（原审被告）：林某法

2013年6月21日，佳德信公司（借款人）与民丰小贷公司（贷款人）签订编号为民丰借字（2013023）号《人民币借款合同》，约定：借款金额为3000万元，借款期限为180天，贷款人同意将借款一次性划入借款人指定的账户。同日，佳德信公司（借款人、抵押人）与民丰小贷公司（贷款人）签订编号为民丰担字（2013023）号《担保合同》，约定：根据主合同约定借款人向贷款人借款3000万元，借款期限为180天。担保人愿意就借款人偿付主合同项下全部借款本金、利息、罚息、补偿金、违约金、损害赔偿金和实现债权的费用向贷款人提供担保。第三条由抵押人佳德信公司用其公司名下所有资产为本项目贷款提供抵押担保。第四条本合同的担保期间为主合同项下每笔债务履行期届满之日起一年。该合同所附《抵（质）押物权力清单》为空白。后佳德信公司未按约还款，民丰小贷公司提起诉讼，请求：1. 林某法偿还借款本金2200万元；2. 确认民丰小贷公司对佳德信公司名下所有资产（包括厂房、设备等）享有优先受偿权。

一审法院判决：一、林某法于本判决生效之日起15日内偿还民丰小贷公司借款本金2200万元；二、驳回民丰小贷公司其他诉讼请求。

民丰小贷公司不服提起上诉，请求：1. 依法撤销一审判决第二项；2. 判令佳德信公司对本案债务承担连带责任；3. 依法确认民丰小贷公司对佳德信公司名下所有担保财产（包括厂房、设备等）享有优先受偿权。二审法院判决：驳回上诉，维持原判。

【法院观点】

法院认为，根据民丰小贷公司的上诉请求，本案当事人二审争议的焦点问题是：民丰小贷公司对佳德信公司名下的动产是否享有优先受偿权。根据原审查明，民丰小贷公司与佳德信公司签订案涉借款合同之后，当日签订《担保合同》约定：担保人愿意就借款人偿付主合同项下全部借款本金、利息、罚息、补偿金、违约金、损害赔偿金和实现债权的费用向贷款人提供担保；由抵押人佳德信公司用其公司名下所有资产为本项目贷款提供抵押担保；本合同的担保期间为主合同项下每笔债务履行期届满之日起一年。该合同所附"《抵（质）押物权力清单》"为空白。担保合同之成立生效与抵押权之有效设立并不相同，合同是否成立主要考虑当事人的意思表示是否达成一致。就双方的《担保合同》而言，佳德信公司有明确的提供担保的意思表示，合同并不存在无效之情形，《担保合同》在双方当事人之间已经成立并生效。但上述《担保合同》所附"《抵（质）押物权力清单》"空白，合同关于"用其公司名下所有资产为本项目贷款提供抵押担保"的约定与法律上公司以其全部财产对外承担责任之规定并无不同，系公司对外承担责任的概括性描述，未特定化具体的抵押物。公司名下所有资产十分笼统，既包括不动产也包括动产，双方未就具体不动产办理抵押登记，也没有就设定浮动抵押的动产作出明确约定，因此不动产抵押权和动产浮动抵押权都未能有效设定。民丰小贷公司关于其对佳德信公司名下的动产享有优先受偿权的主张，系以抵押权有效设立为基础，在抵押权未能有效设立的情况下，其关于优先受偿权的主张不成立。综上，由于案涉抵押权未有效设定，故原审法院认为案涉《担保合同》因约定不明不具备成立的必备条款虽有不当，但不影响本案处理结果。民丰小贷公司上诉主张缺乏依据，不予支持。

【实务解析】

第一，不动产抵押未办理抵押登记，抵押合同效力不受影响。《民法典》第二百一十五条规定了区分原则，即当事人之间订立有关设立、变更、转让和消灭不动产物权的合同，除法律另有规定或者当事人另有约定外，自合同成立时生效，未办理物权登记的，不影响合同效力。正是基于区分原则，虽然抵押权未能有效设立,但不影响抵押合同的效力,包括不影响继续履行,不影响解约、追责条款的约束力,不影响已履行部分取得的合法权益免于非法剥夺[1]。值得说明的是,《民法典》第四百条虽然规定了抵押合同包括的一般内容,但仅系警示性条款,原审法院据此认定抵押合同缺乏必备条款未成立属于法律适用有误。

第二,本案中当事人的约定是否构成浮动抵押的问题。浮动抵押是指企业、个体工商户、农业生产经营者可以将现有的以及将有的生产设备、原材料、半成品、产品抵押,债务人不履行到期债务或者发生当事人约定的实现抵押权的情形,债权人有权就抵押财产确定时的动产优先受偿。浮动抵押是相对于固定抵押而言。浮动抵押具有不同于固定抵押的两个特性:一是浮动抵押后,抵押财产不断发生变化,直到约定或者法定的事由发生,抵押财产才确定。二是浮动抵押期间,抵押人处分抵押财产的,抵押权人对抵押财产无追及力。浮动抵押有利于简化抵押手续,不影响企业正常经营,克服了传统抵押灵活性不足的弊端,为缺少不动产的中小企业融资开辟了新的途径,受到世界各国的普遍采纳[2]。《民法典》第三百九十六条规定,企业、个体工商户、农业生产经营者可以将现有的以及将有的生产设备、原材料、半成品、产品抵押,债务人不履行到期债务或者发生当事人约定的实现抵押权的情形,债权人有权就抵押财产确定时的动产优先受偿。本案中,首先,当事人仅是笼统地约定"用其公司名下所有资产为本项目贷款提供抵押担保",并没有浮动抵押的意思表示。其次,本案中《担保合同》所附《抵(质)押物权力清单》为空白,不符合浮动抵押的惯例,也未指向具体的抵押物。因此,浮动抵押亦未能有效设立。

【法条链接】

《中华人民共和国民法典》

第三百九十六条 企业、个体工商户、农业生产经营者可以将现有的以及

---

[1] 参见最高人民法院民法典贯彻实施工作领导小组主编:《中华人民共和国民法典物权编理解与适用》,人民法院出版社2020年版,第86页。

[2] 参见黄薇主编:《中华人民共和国民法典物权编释义》,法律出版社2020年版,第396—397页。

将有的生产设备、原材料、半成品、产品抵押，债务人不履行到期债务或者发生当事人约定的实现抵押权的情形，债权人有权就抵押财产确定时的动产优先受偿。

第四百零二条 以本法第三百九十五条第一款第一项至第三项规定的财产或者第五项规定的正在建造的建筑物抵押的，应当办理抵押登记。抵押权自登记时设立。

第四百零三条 以动产抵押的，抵押权自抵押合同生效时设立；未经登记，不得对抗善意第三人。

二、根据"房地一体"原则，以建设用地使用权抵押的，即使该土地上的建筑物未办理抵押登记，也视为一并抵押，反之亦然

——中国银行股份有限公司海口龙珠支行与海南国托科技有限公司、海南美源房地产开发有限公司等金融借款合同纠纷案

【案件来源】最高人民法院（2015）民二终字第269号

【争议焦点】当事人仅就建设用地使用权办理抵押登记，未就地上建筑物办理抵押登记，抵押权人主张其抵押权效力及于地上建筑物的，是否支持？

【裁判要旨】以建筑物抵押的，该建筑物占用范围内的建设用地使用权一并抵押。以建设用地使用权抵押的，该土地上的建筑物一并抵押。抵押人未依据前款规定一并抵押的，未抵押的财产视为一并抵押。

【基本案情】

上诉人（原审原告）：中国银行股份有限公司海口龙珠支行（以下简称中行龙珠支行）

被上诉人（原审被告）：海南国托科技有限公司（以下简称国托公司）、海南美源房地产开发有限公司（以下简称美源公司）、海南粤荣建筑园林工程有限公司（以下简称粤荣公司）

2007年11月15日、2008年8月1日及2008年12月1日，国托公司与中行龙珠支行分别签订《人民币借款合同（中期）》及两份《人民币借款合同补充协议》，约定由中行龙珠支行向国托公司提供贷款21,000万元。国托公司以其名下的土地及地上建筑物为上述贷款提供抵押担保，美源公司、粤荣公

司分别以其持有的国托公司的股权为该笔贷款提供质押担保，并依法办理了抵押、质押登记手续。截至 2014 年 6 月 30 日，国托公司尚欠中行龙珠支行借款本金 79,497,423.91 元及相应利息。

中行龙珠支行向一审法院起诉请求：1. 判令国托公司偿还中行龙珠支行借款本金 79,497,423.91 元及至本金还清之日止的利息（截至 2014 年 6 月 30 日，利息 31,260,795.37 元，含利息、复利、罚息）；2. 判令中行龙珠支行对国托公司名下坐落于海口市滨海大道填海区的 36,414.02 平方米土地使用权及地上建筑物的抵押财产享有优先受偿权；3. 判令中行龙珠支行对美源公司及粤荣公司的质押财产享有优先受偿权。

一审法院认为，中行龙珠支行请求判决国托公司偿还借款本息并对抵押的土地、质押的股权享有优先受偿权的诉讼请求于法有据，应予支持。但其对抵押土地地上建筑物享有优先受偿权的理由不成立，不予支持。故判决：一、国托公司应于本判决生效之日起十日内偿还中行龙珠支行借款本金 79,497,423.91 元及相应利息；二、中行龙珠支行对国托公司名下坐落于海口市滨海大道填海区的 36,414.02 平方米土地使用权在第一项判决主文确定的债权范围内享有优先受偿权；三、中行龙珠支行对美源公司持有的国托公司 58.824% 股权、粤荣公司持有的国托公司 41.176% 股权在第一项判决主文确定的债权范围内享有优先受偿权。

中行龙珠支行不服上述民事判决，向本院提起上诉，请求：撤销原审判决主文第二项内容，改判为：中行龙珠支行对国托公司名下坐落于海口市滨海大道填海区的 36,414.02 平方米土地使用权及地上建筑物在第一项判决主文确定的债权范围内享有优先受偿权。

二审法院认为，中行龙珠支行主张案涉地上建筑物随土地使用权一并抵押，其对案涉地上建筑物亦享有优先受偿权，于法有据，本院予以支持。判决：一、维持海南省高级人民法院（2014）琼民二初字第 9 号民事判决主文第一项、第三项；二、变更海南省高级人民法院（2014）琼民二初字第 9 号民事判决主文第二项为：中行龙珠支行对国托公司名下坐落于海口市滨海大道填海区的 36,414.02 平方米土地使用权及其地上建筑物在第一项判决主文确定的债权范围内享有优先受偿权。

【法院观点】

中行龙珠支行主张即使其未办理地上建筑物抵押登记，但基于其已依法办理了土地抵押登记手续，可依据《物权法》（已失效）第一百八十二条的规定，将该土地的抵押效力及于地上建筑物。法院认为，在房地产抵押权设立的实践中，如何协调土地使用权抵押和地上建筑物之间的关系，我国《物权法》施行前的相关法律规定并不明确。为此，《物权法》第一百八十二条第一款规定："以建筑物抵押的，该建筑物占用范围内的建设用地使用权一并抵押。以建设用地使用权抵押的，该土地上的建筑物一并抵押。"该条第二款进一步明确规定："抵押人未依照前款规定一并抵押的，未抵押的财产视为一并抵押。"该规定遵循了房地产交易中"房随地走"和"地随房走"的双向统一原则，其立法旨意在于重申房地一体的原则，防止引发抵押权实现时的困境，使债权人的利益受到损害。依据该规定，当事人应对土地使用权及其地上建筑物一并抵押，如果当事人未按照该条第一款规定一并抵押时，则法律直接规定"视为一并抵押"。即只要土地使用权或地上建筑物之一项办理抵押登记，即使另外一项没有办理抵押登记，亦依法推定为两者一并抵押。另外，从市场交易的风险防范角度来看，《物权法》已经确立了房地应一并抵押的原则，并明确规定土地或者地上建筑物未一并抵押的也视为一并抵押，参与或从事房地产抵押实践的市场主体应当知悉该规定。其在设立土地抵押权时，对该土地上的建筑物是否已设定抵押权负有注意义务，并应积极向登记机关进行查询，以避免出现风险，反之亦然。市场主体如果因未尽到上述注意义务而遭受风险，则该损失应由其自行负担。

本案中，中行龙珠支行与国托公司已就土地使用权办理了抵押登记，依法设立了抵押权，即便在土地他项权利证明书中未注明抵押物包括地上建筑物，依据《物权法》第一百八十二条第二款之规定，案涉地上建筑物也应视为一并抵押，该土地使用权之抵押权效力及于地上建筑物，中行龙珠支行亦应就本案享有的债权依法对案涉地上建筑物享有优先受偿权。且中行龙珠支行与国托公司在诉讼中均确认该地上建筑物未为其他债权设立抵押担保，案涉地上建筑物抵押权在未来实现时也不存在权利冲突。中行龙珠支行主张案涉地上建筑物随土地使用权一并抵押，其对案涉地上建筑物亦享有优先受偿权，于法有据，予以支持。

【实务解析】

　　由于土地及建筑物不可分离，故我国立法也采取"房地一体"原则，修建商品房、写字楼等建筑物的，需要先取得建设用地使用权，建筑物所有权与建设用地使用权无法单独转让，转让建设用地使用权的，必然同时转让建筑物所有权，转让建筑物所有权的，也必然同时转让建设用地使用权，这被形象地称为"房随地走、地随房走"。具体到抵押方面，也是同理，抵押建设用地使用权的，必然同时抵押地上建筑物，抵押建筑物的，必然同时抵押建设用地使用权。故此，《民法典》第三百九十七条规定，以建筑物抵押的，该建筑物范围内的建设用地使用权一并抵押；以建设用地使用权抵押的，该土地上的建筑物一并抵押。抵押人未一并抵押的，未抵押的财产视为一并抵押。当然，如果当事人在抵押合同中对抵押财产作出了特别约定，明确抵押的财产只有建设用地使用权或地上建筑物的，基于意思自治，并无不可，在当事人实现抵押权时，应当将建设用地使用权和地上建筑物同时拍卖，分别计价，抵押权人仅在约定的抵押财产上享有优先受偿权[1]。

　　基于历史原因，不少案例出现了建设用地使用权和地上建筑物分别抵押给不同债权人的情形，此时如何协调两个抵押权人之间的清偿顺序利益呢？由于房地一体抵押的法定原则，两个抵押权人对于建设用地使用权和地上建筑物均享有抵押权，其清偿顺位则按照抵押权登记的先后顺序进行清偿。《全国法院民商事审判工作会议纪要》对此也进行了明确回应，认为基于房地一体原则，此时应当将建筑物和建设用地使用权视为同一财产，从而依据抵押权的清偿顺序规则进行清偿。建设用地使用权抵押后，该土地上新增的建筑物不属于抵押财产，但该建设用地使用权实现抵押权时，应当将土地上新增的建筑物与建设用地使用权一并处分，分别计价，抵押权人仅对建设用地使用权享有优先受偿权，对新增建筑物所得价款无权优

---

　　[1] 参见最高人民法院民法典贯彻实施工作领导小组主编：《中华人民共和国民法典物权编理解与适用》，人民法院出版社2020年版，第1053-1054页。

先受偿，只能作为普通债权人行使权利[①]。集体土地实现抵押权后，未经法定程序，不得改变土地所有权的性质和土地用途。《最高人民法院关于适用〈中华人民共和国民法典〉有关担保制度的解释》第五十一条对上述精神予以采纳，规定当事人仅以建设用地使用权抵押的，抵押权的效力及于土地上已有的建筑物以及正在建造的建筑物已完成部分，不及于正在建造的建筑物的续建部分以及新增建筑物；当事人以正在建造的建筑物抵押，抵押权的效力范围限于已办理抵押登记的部分，不及于续建部分、新增建筑物以及规划中尚未建造的建筑物；抵押人将建设用地使用权、土地上的建筑物或者正在建造的建筑物分别抵押给不同债权人的，人民法院应当根据抵押登记的时间先后确定清偿顺序。

【法条链接】

《中华人民共和国民法典》

第三百九十七条　以建筑物抵押的，该建筑物占用范围内的建设用地使用权一并抵押。以建设用地使用权抵押的，该土地上的建筑物一并抵押。

抵押人未依据前款规定一并抵押的，未抵押的财产视为一并抵押。

《最高人民法院关于适用〈中华人民共和国民法典〉有关担保制度的解释》（法释〔2020〕28号）

第五十一条　当事人仅以建设用地使用权抵押，债权人主张抵押权的效力及于土地上已有的建筑物以及正在建造的建筑物已完成部分的，人民法院应予支持。债权人主张抵押权的效力及于正在建造的建筑物的续建部分以及新增建筑物的，人民法院不予支持。

当事人以正在建造的建筑物抵押，抵押权的效力范围限于已办理抵押登记的部分。当事人按照担保合同的约定，主张抵押权的效力及于续建部分、新增建筑物以及规划中尚未建造的建筑物的，人民法院不予支持。

抵押人将建设用地使用权、土地上的建筑物或者正在建造的建筑物分别抵押给不同债权人的，人民法院应当根据抵押登记的时间先后确定清偿顺序。

---

① 参见最高人民法院民事审判第二庭编著：《全国法院民商事审判工作会议纪要理解与适用》，人民法院出版社2019年版，第368页。

《全国法院民商事审判工作会议纪要》(法〔2019〕254号)

61.【房地分别抵押】根据《物权法》第182条之规定,仅以建筑物设定抵押的,抵押权的效力及于占用范围内的土地;仅以建设用地使用权抵押的,抵押权的效力亦及于其上的建筑物。在房地分别抵押,即建设用地使用权抵押给一个债权人,而其上的建筑物又抵押给另一个人的情况下,可能产生两个抵押权的冲突问题。基于"房地一体"规则,此时应当将建筑物和建设用地使用权视为同一财产,从而依照《物权法》第199条的规定确定清偿顺序:登记在先的先清偿;同时登记的,按照债权比例清偿。同一天登记的,视为同时登记。应予注意的是,根据《物权法》第200条的规定,建设用地使用权抵押后,该土地上新增的建筑物不属于抵押财产。

三、主债权转让的,抵押权一并转让,抵押人以受让人不是抵押合同的当事人、未办理变更登记等为由提出抗辩的,人民法院不予支持

——湖南绿兴源糖业有限公司、丁某耀等与怀化市鹤城区城市建设投资有限公司等借款合同纠纷案

【案件来源】最高人民法院(2015)民申字第2040号

【争议焦点】主债权转让后,受让人向抵押人主张行使抵押权,抵押人以受让人不是抵押合同的当事人、未办理变更登记等为由提出抗辩的,如何处理?

【裁判要旨】主债权转让的,抵押权一并转让。受让人向抵押人主张行使抵押权,抵押人以受让人不是抵押合同的当事人、未办理变更登记等为由提出抗辩的,人民法院不予支持。

【基本案情】

再审申请人(一审被告、二审上诉人):湖南绿兴源糖业有限公司(以下简称绿兴源公司)、丁某耀

被申请人(一审原告、二审被上诉人):怀化市鹤城区城市建设投资有限公司(以下简称城建投公司)

一审第三人:庄某

2012年9月20日,中国农业发展银行怀化市分行(以下简称农发行怀化分行)与绿兴源公司签订了一份《流动资金借款合同》,绿兴源公司向农

发行怀化分行借款2000万元，用于大米等原材料收购，借款期限为2012年9月21日起至2013年9月21日止，年利率为6%。双方还签订了《最高额抵押合同》，绿兴源公司用其名下的厂房、土地使用权和全部设备作为抵押，并办理了抵押登记。另丁某耀与农发行怀化分行签订了《自然人保证合同》，为绿兴源公司的该笔贷款提供连带责任保证。农发行怀化分行依约提供了贷款。贷款到期后，绿兴源公司仅归还农发行怀化分行贷款本金100万元。农发行怀化分行在告知绿兴源拟将所拥有的债权转让给城建投公司后，城建投公司与农发行怀化分行于2013年11月21日签订了《债权转让协议》，农发行怀化分行将其对绿兴源的前述贷款债权和抵押权转让给城建投公司，城建投公司没有重新办理抵押权登记。同日，城建投公司代为清偿了绿兴源公司所欠农发行怀化分行的贷款本金及利息。2013年12月4日，城建投公司向绿兴源公司送达了《清偿到期债务通知书》，通知其于2013年12月9日前归还欠款，但此后绿兴源公司并没有在限定的期限内清偿债务。

城建投公司于2013年12月24日提起本案诉讼，请求判决：1.绿兴源公司立即偿还城建投公司欠款19,127,616.66元（截至2013年11月21日）及支付至还款时止的损失；2.丁某耀对绿兴源公司的本案债务承担连带赔偿责任；3.城建投公司对绿兴源公司提供的抵押物享有优先受偿权。绿兴源公司辩称，虽然绿兴源公司与农发行怀化分行在贷款时签订了《最高额抵押合同》并办理了抵押登记，城建投公司受让债权时并未依法办理涉及厂房、土地使用权在内的抵押权变更登记手续。因此，城建投公司对绿兴源公司不享有抵押物权。

一审法院判决：一、绿兴源公司偿还城建投公司借款本金19,127,616.66元并支付利息（利息从2013年11月22日起计算至付清之日止，按年利率6%计算），限于判决生效之日起10日内付清；二、丁某耀对上述债务承担连带清偿责任；三、城建投公司对绿兴源公司向农发行怀化分行借款时提供的抵押物继续享有抵押权。

绿兴源公司、丁某耀不服上述判决，向本院提起上诉，请求：确认城建投公司与农发行怀化分行签订的《债权转让协议》无效；撤销原判。

二审法院判决：驳回上诉，维持原判。

绿兴源公司、丁某耀向最高人民法院申请再审。最高人民法院裁定：驳回绿兴源公司、丁某耀的再审申请。

【法院观点】

关于城建投公司对案涉抵押物是否享有抵押权。《物权法》(已失效)第一百九十二条规定:"抵押权不得与债权分离而单独转让或者作为其他债权的担保。债权转让的,担保该债权的抵押权一并转让,但法律另有规定或者当事人另有约定的除外。"本条系关于抵押权处分从属性的规定,抵押权作为从权利应随债权转让而转让。债权受让人取得的抵押权系基于法律的明确规定,并非基于新的抵押合同重新设定抵押权,故不因受让人未及时办理抵押权变更登记手续而消灭。本案中城建投公司受让农发行怀化分行对绿兴源公司享有的债权,依据法律规定有权受让与案涉债权相关的抵押权,一、二审法院据此判定抵押权继续有效,并无不当。

【实务解析】

抵押权作为主债权的从权利,原则上随主债权转让而转让,不得与主债权分离而单独转让,特殊情况下法律另有规定或者当事人另有约定的除外。法律另有规定,如在最高额抵押中,部分债权转让的,最高额抵押权不发生转让。当事人另有约定,主要是为了充分尊重当事人意思自治。实务中值得注意的问题是,抵押权随主债权转让而转让后,是否需要重新办理抵押登记手续或抵押权人变更手续?此前一直存在两种观点,一种观点认为需要办理变更登记,理由是不动产物权的设立、变更、转让和消灭以登记为生效要件,未经登记,不发生物权变动效力。另一种观点认为,抵押权随主债权转让是抵押权从属性的必然要求,无需变更登记也发生转让的效果,当事人不能以未变更来对抗抵押权[①]。

目前比较统一的意见认为基于抵押权的从属性,主债权转让的抵押权一并转让,此系法律的直接规定,并非基于民事法律行为重新设定抵押权,无需办理抵押权转移登记手续,也符合实践中的经济原则。对此,《全国法院民商事审判工作会议纪要》第六十二条明确指出,受让人向抵押人主张行使抵押权,抵押人以受让人不是抵押合同的当事人、未办理变更登记等为由提出抗辩的,

---

① 参见最高人民法院民事审判第二庭编著:《全国法院民商事审判工作会议纪要理解与适用》,人民法院出版社2019年版,第370—371页。

人民法院不予支持。民法典吸收上述精神，规定"债权人转让债权的，受让人取得与债权有关的从权利，但是该从权利专属于债权人自身的除外。受让人取得从权利不因该从权利未办理转移登记手续或者未转移占有而受到影响"。

【法条链接】

《中华人民共和国民法典》

第五百四十七条 债权人转让债权的，受让人取得与债权有关的从权利，但是该从权利专属于债权人自身的除外。

受让人取得从权利不因该从权利未办理转移登记手续或者未转移占有而受到影响。

《全国法院民商事审判工作会议纪要》（法〔2019〕254号）

62.【抵押权随主债权转让】抵押权是从属于主合同的从权利，根据"从随主"规则，债权转让的，除法律另有规定或者当事人另有约定外，担保该债权的抵押权一并转让。受让人向抵押人主张行使抵押权，抵押人以受让人不是抵押合同的当事人、未办理变更登记等为由提出抗辩的，人民法院不予支持。

第三节

抵押权的实现与消灭

一、建设工程价款优先受偿权优于抵押权，但抵押权人对建设工程价款优先受偿权的有无以及范围大小有异议的，可以提起第三人撤销之诉进行救济

——中国民生银行股份有限公司温州分行与浙江山口建筑工程有限公司、青田依利高鞋业有限公司第三人撤销之诉案

【案件来源】最高人民法院指导案例150号：浙江省高级人民法院（2018）

浙民申 3524 号

【争议焦点】抵押权与建设工程价款优先受偿权指向同一标的物，抵押权人对建设工程价款优先受偿权的有无以及范围大小有异议的，是否可以提起第三人撤销之诉进行救济？

【裁判要旨】建设工程价款优先受偿权与抵押权指向同一标的物，抵押权的实现因建设工程价款优先受偿权的有无以及范围大小受到影响的，应当认定抵押权的实现同建设工程价款优先受偿权案件的处理结果有法律上的利害关系，抵押权人对确认建设工程价款优先受偿权的生效裁判具有提起第三人撤销之诉的原告主体资格。

【基本案情】

再审申请人（一审被告、二审上诉人）：浙江山口建筑工程有限公司（以下简称山口建筑公司）

被申请人（一审原告、二审被上诉人）：中国民生银行股份有限公司温州分行（以下简称温州民生银行）

一审被告：青田依利高鞋业有限公司（以下简称青田依利高鞋业公司）

温州民生银行因与青田依利高鞋业公司、浙江依利高鞋业有限公司等金融借款合同纠纷一案诉至温州中院，温州中院判令：一、浙江依利高鞋业有限公司于判决生效之日起十日内偿还温州民生银行借款本金 5690 万元及期内利息、期内利息复利、逾期利息；二、如浙江依利高鞋业有限公司未在上述第一项确定的期限内履行还款义务，温州民生银行有权以拍卖、变卖被告青田依利高鞋业公司提供抵押的坐落于青田县船寮镇赤岩工业区房产及工业用地的所得价款优先受偿……上述判决生效后，因该案各被告未在判决确定的期限内履行义务，温州民生银行向温州中院申请强制执行。

在执行过程中，温州民生银行于 2017 年 2 月 28 日获悉，浙江省青田县人民法院向温州中院发出编号为（2016）浙 1121 执 2877 号的《参与执行分配函》，以（2016）浙 1121 民初 1800 号民事判决为依据，要求温州中院将该判决确认的山口建筑公司对青田依利高鞋业公司享有的 559.3 万元建设工程款债权优先于抵押权和其他债权受偿，对坐落于青田县船寮镇赤岩工业区建设工程项目折价或拍卖所得价款优先受偿。

温州民生银行认为案涉建设工程于 2011 年 10 月 21 日竣工验收合格，但山口建筑公司直至 2016 年 4 月 20 日才向法院主张优先受偿权，显然已超过了六个月的期限，故请求撤销（2016）浙 1121 民初 1800 号民事判决，并确认山口建筑公司就案涉建设工程项目折价、拍卖或变卖所得价款不享有优先受偿权。

【法院观点】

关于本案是否符合第三人撤销之诉的起诉条件。第三人撤销之诉的审理对象是原案生效裁判，为保障生效裁判的权威性和稳定性，第三人撤销之诉的立案审查相比一般民事案件更加严格。正如山口建筑公司所称，《最高人民法院关于适用〈中华人民共和国民事诉讼法〉的解释》规定，第三人提起撤销之诉的，应当提供存在发生法律效力的判决、裁定、调解书的全部或者部分内容错误情形的证据材料，即在受理阶段需对原生效裁判内容是否存在错误从证据材料角度进行一定限度的实质审查。但该司法解释规定本质上仍是对第三人撤销之诉起诉条件的规定，起诉条件与最终实体判决的证据要求存在区别，并不意味着第三人在起诉时就要完成全部的举证义务，毋宁说，第三人在提起撤销之诉时应对原案判决可能存在错误并损害其民事权益的情形提供初步证据材料加以证明。温州民生银行提起撤销之诉时已经提供证据材料证明自己是同一标的物上的抵押权人，山口建筑公司依据原案生效判决第一项要求参与抵押物折价或者拍卖所得价款的分配将直接影响温州民生银行债权的优先受偿，而且山口建筑公司自案涉工程竣工验收至提起原案诉讼远远超过六个月期限，山口建筑公司主张在六个月内行使建设工程价款优先权时并未采取起诉、仲裁等具备公示效果的方式。因此，从起诉条件审查角度看，温州民生银行已经提供初步证据证明原案生效判决第一项内容可能存在错误并将损害其抵押权的实现。其提起诉讼要求撤销原案生效判决主文第一项符合法律规定的起诉条件。

关于原案生效判决是否存在错误并损害温州民生银行的民事权益。建设工程价款优先受偿权作为法定优先权，与抵押权等优先权确实存在不同。以本案所涉抵押权为例，抵押权设定需抵押合同双方当事人签订抵押合同确定抵押物和抵押担保范围并办理抵押登记，而建设工程价款优先权则无需建设工程施工合同双方当事人约定优先权的行使对象以及优先受偿范围，亦无需以登记等方式进行公示。但正因为建设工程价款优先受偿权是法定优先权，其行使对象、优先受偿范围以及行使期限、行使方式均应符合法律规定的要求。根据《合同法》（已失效）第二百八十六条以及《最高人民法院关于建设工程价款优先受偿权问题的批复》的相关规定，除按照建设工程的性质不宜折价、拍卖的以外，承包人行使优先权的方式是与发包人协议将该工程折价或者申请人民法院将该工程依法拍卖，承包人行使优先权的期限为六个月，自建设工程竣工之日或者建设工程合同约定的竣工之日起计算。司法实务中，在建设工程合同约定争议解决方式为仲裁或者建设工程已经被拍卖的情况下，普遍认可承包人可以通过申请仲裁要求确认其建设工程价款优先受偿权或者以优先权人身份申请参加建设工程拍卖价款的参与分配程序等方式行使优先权。具体到本案，案涉工程并非不宜折价、拍卖的建设工程，已于2011年10月21日通过竣工验收，山口建筑公司2012年3月18日向青田依利高鞋业公司发出《催款通知书》时，案涉建筑工程价款已经结算清楚，山口建筑公司发出《催款通知书》主张优先权、对方回函认可并非法律规定的行使优先权方式，也不是司法实务普遍认可的行使方式；山口建筑公司于2014年5月23日第一次通过诉讼方式主张享有优先权，已经超出法定期限。原案生效判决主文第一项对此予以支持错误，损害了温州民生银行抵押权的实现，原审据此撤销原案生效判决主文第一项并无明显不当。

【实务解析】

本案是较为典型的抵押权与建设工程价款优先受偿权之间的对抗问题。建设工程价款优先受偿权是指建设工程承包人就工程价款对建设工程折价或者拍卖所得价款享有的优先受偿权利。考虑到建设工程是承包人劳动物化的结果，尤其是广大农民工作为建筑工人将心血浇筑成建筑物，为了保护劳动者的劳动报酬，从1999年实施的《合同法》（已失效）到2002年《最高人民法院关于建设工程价款优先受偿权问题的批复》（已失效）再到民法典及现行有效的《最高人民法院关于审理建设工程施工合同纠纷案件适用法律问题的解释（一）》（法释〔2020〕25号）均规定了建设工程价款优先受偿权。关于权利主体，是直接与发包人签订施工合同的承包人。关于工程价款的范围，是合同约定施工范围内的工程总价。逾期支付工程价款的利息、违约金及损害赔偿金不属于建设工程价款优先受偿的范围，但可以作为普通债权主张。关于权利行使期限，最长不得超过十八个月，自发包人应当给付建设工程价款之日起算。为了保护建筑工人利益，法律规定损害建筑工人利益的放弃和限制建设工程价款优先受偿权的约定无效。

同一建筑工程之上存在多种权利时，一般认为商品房买受方作为消费者的权利优先于承包人的建设工程价款优先受偿权，承包人的建设工程价款优先受偿权优先于抵押权和其他债权[1]。建设工程价款优先受偿权与抵押权指向同一标的物，对于折价、拍卖价款必然是建设工程价款优先，抵押权在其后。在先的建设工程价款的有无及金额大小，必然影响到后面抵押权的实现。如果抵押权人对建设工程价款有异议的，可以寻求何种救济呢？本案认为，抵押权人可以通过对确认建设工程价款优先受偿权的生效裁判提起第三人撤销之诉来实现权利救济。民事诉讼法确立了第三人撤销之诉制度，规定第三人因不能归责于本人的事由未参加诉讼，但有证据证明发生法律效力的判决、裁定、调解书的部分或者全部内容错误，损害其民事权益的，可以自知道或者应当知道其民事权益受到损害之日起六个月内，向作出该判决、裁定、调解书的人民法院提起诉讼。第三人撤销之诉的核心问题之一是哪些人是适格的第三人。本案的争议焦点之一即抵押权人是否可以成为第三人撤销之诉的适格第三人。法院经分析认为，抵押权的实现因建设工程价款优先受偿权的有无以及范围大小受到影响的，应当认定抵押权的实现同建设工程价款优先受偿权案件的处理结果有法律上的利害关系，抵押权人对确认建设工程价款优先受偿权的生效裁判具有提起第三人撤销之诉的原告主体资格。

【法条链接】

《中华人民共和国民法典》

第八百零七条 发包人未按照约定支付价款的，承包人可以催告发包人在合理期限内支付价款。发包人逾期不支付的，除根据建设工程的性质不宜折价、拍卖外，承包人可以与发包人协议将该工程折价，也可以请求人民法院将该工

---

[1] 参见最高人民法院民事审判第一庭编著：《最高人民法院建设工程合同司法解释（二）理解与适用》，人民法院出版社2019年版，第371—372页。

程依法拍卖。建设工程的价款就该工程折价或者拍卖的价款优先受偿。

《最高人民法院关于审理建设工程施工合同纠纷案件适用法律问题的解释（一）》（法释〔2020〕25号）

第三十五条 与发包人订立建设工程施工合同的承包人，依据民法典第八百零七条的规定请求其承建工程的价款就工程折价或者拍卖的价款优先受偿的，人民法院应予支持。

第三十六条 承包人根据民法典第八百零七条规定享有的建设工程价款优先受偿权优于抵押权和其他债权。

《中华人民共和国民事诉讼法》

第五十九条 对当事人双方的诉讼标的，第三人认为有独立请求权的，有权提起诉讼。

对当事人双方的诉讼标的，第三人虽然没有独立请求权，但案件处理结果同他有法律上的利害关系的，可以申请参加诉讼，或者由人民法院通知他参加诉讼。人民法院判决承担民事责任的第三人，有当事人的诉讼权利义务。

前两款规定的第三人，因不能归责于本人的事由未参加诉讼，但有证据证明发生法律效力的判决、裁定、调解书的部分或者全部内容错误，损害其民事权益的，可以自知道或者应当知道其民事权益受到损害之日起六个月内，向作出该判决、裁定、调解书的人民法院提起诉讼。人民法院经审理，诉讼请求成立的，应当改变或者撤销原判决、裁定、调解书；诉讼请求不成立的，驳回诉讼请求。

二、"抵押不破租赁"赋予在先承租人继续承租的权利，但承租人并不享有阻却抵押权人处置抵押物并就价款优先受偿的权利

——苏某梅与中国农业银行股份有限公司酒泉分行金融借款合同纠纷案

【案件来源】最高人民法院（2019）最高法民终1206号

【争议焦点】在不动产先出租后抵押的情况下，在先承租人以"抵押不破租赁"为由，请求阻却抵押权人以折价、拍卖或变卖等方式处置抵押物并就价款优先受偿的权利，人民法院是否应当支持？

【裁判要旨】租赁在先的承租人可以"抵押不破租赁"对抗抵押权人或者标的物受让人，在租赁期限内继续承租标的物。在抵押权人实现抵押权时，承

租人不享有以在先租赁权阻却抵押权人以折价、拍卖或变卖等方式处置抵押物并就价款优先受偿的权利。无论租赁在先还是租赁在后,均不影响抵押权人请求人民法院对依法设立的抵押权进行确认。

【基本案情】

上诉人(原审第三人):苏某梅

被上诉人(原审原告):中国农业银行股份有限公司酒泉分行(以下简称农行酒泉分行)

被上诉人(原审被告):玉门甘来矿业有限责任公司(以下简称甘来矿业公司)、玉门宾馆甘来金业有限公司(以下简称玉门宾馆)、傅某霖

玉门宾馆与苏某梅于2013年3月9日签订《租赁合同》,租赁期限十五年,自2013年4月18日至2028年4月17日止。2016年9月至12月,甘来矿业公司分别与农行酒泉分行签订三份《借款合同》,约定甘来矿业公司向农行酒泉分行借款300万元、2000万元和700万元。借款期限均为一年,借款用途均为借新还旧,结息方式均为按月结息,结息日为每月20日。其后玉门宾馆出具《抵押承诺书》,以其位于甘肃省酒泉市玉门市新市区玉苑路北侧的31,418.86平方米国有土地使用权及位于甘肃省酒泉市玉门市新市区玉苑路北侧5幢1层至6层的7639平方米商业用房为甘来矿业公司前述贷款提供抵押担保。

贷款逾期后,农行酒泉分行向一审法院起诉请求:1.判令甘来矿业公司偿还贷款本金3000万元,截至2017年12月20日的利息、罚息及复利计926,629.61元;2.判令甘来矿业公司承担自2017年12月21日起至借款清偿之日期间的利息;3.判令玉门宾馆对前述债务承担连带清偿责任,如甘来矿业公司不履行还款义务,则农行酒泉分行有权对玉门宾馆抵押的位于甘肃省酒泉市玉门市新市区玉苑路北侧的7639平方米房产、31,418.86平方米土地使用权折价或拍卖、变卖的价款优先受偿;4.判令农行酒泉分行对玉门宾馆的前述抵押财产行使抵押权时,苏某梅与玉门宾馆签订的《租赁合同》自行终止;5.判令甘来矿业公司、玉门宾馆实际控制人傅某霖承担连带清偿责任。

一审法院判决:一、甘来矿业公司于判决生效六十日内向农行酒泉分行偿还借款本金3000万元及利息;二、如甘来矿业公司未履行前述第一项确定的义务,农行酒泉分行可对玉门宾馆位于甘肃省酒泉市玉门市新市区玉苑路

北侧的 31,418.86 平方米国有土地使用权及位于甘肃省酒泉市玉门市新市区玉苑路北侧 5 幢 1 层至 6 层 7639 平方米商业用房折价、拍卖或变卖的价款在前述第一项债权范围内享有优先受偿的权利；三、玉门宾馆在农行酒泉分行实现前述第二项确定的优先受偿权后，有权向甘来矿业公司追偿；四、傅某霖对案涉借款本息不承担连带清偿责任；五、驳回农行酒泉分行的其他诉讼请求。

苏某梅不服一审判决，提起上诉请求：1.撤销一审法院（2018）甘民初 91 号民事判决第二项；2.确认玉门宾馆与苏某梅 2015 年 6 月 16 日签订的《承租人出租人承诺书》无效；3.将本案发回重审或直接改判农行酒泉分行对案涉出租房屋（即玉门宾馆）的国有土地使用权和商业用房不享有优先受偿权。二审法院判决：驳回上诉，维持原判。

【法院观点】

农行酒泉分行与玉门宾馆于 2014 年 10 月 17 日签订的《最高额抵押合同》系双方真实意思表示，不违反法律、行政法规强制性规定，不损害他人利益，合法有效。抵押合同签订后双方进行了抵押权登记，农行酒泉分行取得他项权利证书，抵押权有效设立。在甘来矿业公司未能按期足额偿还主债务时，农行酒泉分行有权请求玉门宾馆以案涉房屋和土地使用权承担抵押担保责任。至于案涉抵押物上存在租赁权的问题，《物权法》（已失效）第一百九十条规定："订立抵押合同前抵押财产已出租的，原租赁关系不受该抵押权的影响。抵押权设立后抵押财产出租的，该租赁关系不得对抗已登记的抵押权。"此条规定可以看出，法律未限制在已出租的标的物上设定抵押。抵押权系担保物权，所追求的是标的物的交换价值；租赁权系债权，所追求的是标的物的使用价值，二者在同一标的物上同时设立并不冲突。虽然在抵押权人实现抵押权时，租赁在先的承租人可以"抵押不破租赁"对抗抵押权人或者标的物受让人，在租赁期限内继续承租标的物，但承租人不享有以在先租赁权阻却抵押权人以折价、拍卖或变卖等方式处置抵押物并就价款优先受偿的权利。无论租赁在先还是租赁在后，均不影响抵押权人请求人民法院对依法设立的抵押权进行确认。因此，一审法院在查明事实的基础上，判决农行酒泉分行可就案涉房屋和土地使用权折价或拍卖、变卖价款在主债权范围内优先受偿，有事实和法律依据。苏某梅请求撤销一审判决该项判决内容并确认农行酒泉分行对案涉房屋和土地使用权折价或拍卖、变卖价款不享有优先受偿权的主张不能成立。

【实务解析】

民法典合同编中有"买卖不破租赁"的规则,物权编中也存在"抵押不破租赁"的规则,即"抵押权设立前,抵押财产已经出租并转移占有的,原租赁关系不受该抵押权的影响"。早在原《物权法》第一百九十条中就曾规定"订立抵押合同前抵押财产已出租的,原租赁关系不受该抵押权的影响。抵押权设立后抵押财产出租的,该租赁关系不得对抗已登记的抵押权"。民法典制定过程中,为回应实践中出现的通过虚构租赁关系、倒签租赁合同侵犯抵押权,或者通过虚构抵押合同、倒签抵押合同侵犯租赁权等现象,对上述规则进行了修正,将"订立抵押合同前"修改为"抵押权设立前",将"抵押财产已出租的"修改为"抵押财产已出租并转移占有的",进一步严格适用条件[①]。对于"抵押不破租赁"如何理解?本案作出了精彩的阐述。抵押权系担保物权,所追求的是标的物的交换价值;租赁权系债权,所追求的是标的物的使用价值,二者在同一标的物上同时设立并不冲突。无论租赁在先还是租赁在后,均不影响抵押权人请求人民法院对依法设立的抵押权进行确认。承租人也不享有以在先租赁权阻却抵押权人以折价、拍卖或变卖等方式处置抵押物并就价款优先受偿的权利。当然,在抵押权人实现抵押权时,租赁在先的承租人可以"抵押不破租赁"对抗抵押权人或者标的物受让人,在租赁期限内继续承租标的物。简言之,"抵押不破租赁"是赋予在先承租人继续承租的权利,而非阻却抵押权的实现。

实践中,除了上述先出租后抵押的情形,还存在先抵押后出租的情形。原《物权法》规定"抵押权设立后抵押财产出租的,该租赁关系不得对抗已登记的抵押权",出于物权的公示效力,自是应有之义。但对于先设立的未登记的抵押权与租赁权的关系如何处理?可以根据动产抵押未经登记不得对抗善意第三人的规则来进行处理。如果承租人是善意的,则抵押权无法对抗租赁权;如果承租人是恶意的,如明知已经设立的抵押权,则抵押权可以对抗租赁权。对于善意恶意的举证责任分配,应当首先推定为善意,由抵押权人承担系恶意的

---

① 参见黄薇主编:《中华人民共和国民法典物权编释义》,法律出版社2020年版,第506页。

举证责任[①]。

【法条链接】

《中华人民共和国民法典》

第四百零五条　抵押权设立前，抵押财产已经出租并转移占有的，原租赁关系不受该抵押权的影响。

《最高人民法院关于适用〈中华人民共和国民法典〉有关担保制度的解释》（法释〔2020〕28号）

第五十四条　动产抵押合同订立后未办理抵押登记，动产抵押权的效力按照下列情形分别处理：

……

（二）抵押人将抵押财产出租给他人并移转占有，抵押权人行使抵押权的，租赁关系不受影响，但是抵押权人能够举证证明承租人知道或者应当知道已经订立抵押合同的除外；

……

三、法院对负担抵押权或抵押预告登记的财产可以采取查封和处分措施，抵押权或抵押预告登记均不能阻却强制执行

——大连市住房公积金管理中心与花旗银行（中国）有限公司大连分行等执行异议之诉案

【案件来源】 最高人民法院（2019）最高法民申1049号

【争议焦点】 人民法院查封已经被抵押或办理抵押预告登记的财产后，抵押权人或预告登记权利人享有的权利是否具有阻却强制执行的效力？

【裁判要旨】 对于其他人享有抵押权的被执行人财产，人民法院可以采取强制执行措施，抵押权人/预告登记权利人则可以通过对拍卖变卖的价款参与分配、主张优先受偿维护自己的合法权益，但不能排除强制执行。

---

① 最高人民法院民法典贯彻实施工作领导小组主编：《中华人民共和国民法典物权编理解与适用》，人民法院出版社2020年版，第1087页。

【基本案情】

再审申请人（一审原告、二审上诉人）：大连市住房公积金管理中心（以下简称公积金中心）

被申请人（一审被告、二审被上诉人）：花旗银行（中国）有限公司大连分行（以下简称花旗银行）、大连恒大高新材料开发有限公司（以下简称恒大公司）、大连奥斯卡专用车有限公司（以下简称奥斯卡公司）、大连远大恒基环保有限公司（以下简称远大公司）、卢某霞、郭某、郭某阳

花旗银行与恒大公司、奥斯卡公司、远大公司、卢某霞、郭某、郭某阳金融借款合同纠纷一案，法院于2015年6月12日作出（2015）大民四初字第25号民事判决书，判决恒大公司于该判决生效之日起十日内偿还花旗银行借款本金、利息、罚息、复利、实现债权费用等，并判决奥斯卡公司、郭某等对该判决确定的恒大公司所负担的前述债务承担连带清偿责任。在该案审理过程中，花旗银行提出财产保全申请，法院将案涉房屋查封，查封期限三年，自2015年4月3日至2018年4月2日。该判决发生法律效力后，因恒大公司未予履行判决内容，花旗银行于2015年7月31日申请强制执行。在执行过程中，公积金中心于2016年9月13日提出书面执行异议，主张公积金中心在涉案房屋上享有抵押权预告登记，公积金中心的贷款债权及担保该贷款债权实现的权利应当予以保护，请求确认公积金中心对于设定了抵押权预告登记房屋的变现款项拥有优先受偿权并停止执行。一审法院判决：驳回公积金中心的诉讼请求。

公积金中心不服一审判决，上诉请求：撤销原判，发回重审或者改判为支持其原审的诉讼请求。二审法院判决：驳回上诉，维持原判。

公积金中心不服向最高人民法院申请再审，最高人民法院裁定：驳回公积金中心的再审申请。

【法院观点】

法院认为，公积金中心申请再审的理由不能成立。《最高人民法院关于人民法院执行工作若干问题的规定（试行）》第四十条规定："人民法院对被执行人所有的其他人享有抵押权、质押权或留置权的财产，可以采取查封、扣押措施。财产拍卖、变卖后所得价款，应当在抵押权人、质押权人或留置权人优先

受偿后，其余额部分用于清偿申请执行人的债权。"①《最高人民法院关于适用〈中华人民共和国民事诉讼法〉的解释》第五百零八条第二款规定："对人民法院查封、扣押、冻结的财产有优先权、担保物权的债权人，可以直接申请参与分配，主张优先受偿权。"② 根据前述规定，对于其他人享有抵押权的被执行人财产，人民法院可以采取强制执行措施，抵押权人则可以通过对拍卖变卖的价款参与分配、主张优先受偿维护自己的合法权益，但不能排除强制执行。本案中，公积金中心对案涉房屋仅办理了抵押权预告登记，尚未享有抵押权，根据前述司法解释的规定，人民法院显然可以采取强制执行措施，即被执行财产上的抵押权预告登记并不具有阻却人民法院强制执行的效力。《最高人民法院关于人民法院办理执行异议和复议案件若干问题的规定》第三十条规定："金钱债权执行中，对被查封的办理了受让物权预告登记的不动产，受让人提出停止处分异议的，人民法院应予支持；符合物权登记条件，受让人提出排除执行异议的，应予支持。"根据文义可知，该条司法解释中可以排除人民法院执行处分行为的，系不动产买卖关系中已对标的物办理了预告登记的买受人，而并非抵押权预告登记的权利人。公积金中心以其对案涉房屋办理了抵押权预告登记为由要求排除人民法院的强制执行，没有法律依据。

【实务解析】

抵押权是一种担保物权，担保物权的目的是以担保财产的交换价值担保债权的履行，并不享有排除强制执行的效力。根据《最高人民法院关于人民法院执行工作若干问题的规定（试行）》第三十一条"人民法院对被执行人所有的其他人享有抵押权、质押权或留置权的财产，可以采取查封、扣押措施。财产拍卖、变卖后所得价款，应当在抵押权人、质押权人或留置权人优先受偿后，其余额部分用于清偿申请执行人的债权"、《最高人民法院关于适用〈中华人民共和国民事诉讼法〉的解释》第五百零六条第二款"对人民法院查封、扣押、

---

① 对应2020年修正的《最高人民法院关于人民法院执行工作若干问题的规定（试行）》第三十一条。

② 对应2022年修正的《最高人民法院关于适用〈中华人民共和国民事诉讼法〉的解释》第五百零六条第二款。

冻结的财产有优先权、担保物权的债权人，可以直接申请参与分配，主张优先受偿权"之规定，执行法院对其他人享有抵押权的被执行人财产，可以采取查封和处分措施。抵押权人享有的是对处分被执行人财产所得价款优先受偿的权利，只是一种顺位权，不能达到阻却执行的效果。

抵押权尚且不能阻却执行，举重以明轻，抵押权预告登记当然也无法阻却执行。预告登记是指为保全一项请求权而进行的不动产登记，该项请求权所要达到的目的，是在将来发生不动产物权变动①。预告登记是相对于"终局登记"而言的登记制度。实践中，当事人签订房屋买卖合同或者签订抵押合同等不动产物权协议，为保障将来实现物权，可以向登记机构申请预告登记。预告登记后，未经预告登记的权利人同意，处分该不动产的，不发生物权效力。

如果当事人对抵押财产上设定抵押权办理了预告登记，是否具有优先受偿的效果？实践中一直存在不同观点。根据《最高人民法院关于适用〈中华人民共和国民法典〉有关担保制度的解释》第五十二条规定，当事人办理抵押预告登记后，预告登记权利人请求就抵押财产优先受偿，经审查存在尚未办理建筑物所有权首次登记、预告登记的财产与办理建筑物所有权首次登记时的财产不一致、抵押预告登记已经失效等情形，导致不具备办理抵押登记条件的，人民法院不予支持；经审查已经办理建筑物所有权首次登记，且不存在预告登记失效等情形的，人民法院应予支持，并应当认定抵押权自预告登记之日起设立。

【法条链接】

《最高人民法院关于人民法院执行工作若干问题的规定（试行）》（法释〔2020〕21号）

31.人民法院对被执行人所有的其他人享有抵押权、质押权或留置权的财产，可以采取查封、扣押措施。财产拍卖、变卖后所得价款，应当在抵押权人、质押权人或留置权人优先受偿后，其余额部分用于清偿申请执行人的债权。

《最高人民法院关于适用〈中华人民共和国民事诉讼法〉的解释》（法释〔2022〕11号）

第五百零六条　被执行人为公民或者其他组织，在执行程序开始后，被执

---

① 参见黄薇主编：《中华人民共和国民法典物权编释义》，法律出版社2020年版，第28页。

行人的其他已经取得执行依据的债权人发现被执行人的财产不能清偿所有债权的，可以向人民法院申请参与分配。

对人民法院查封、扣押、冻结的财产有优先权、担保物权的债权人，可以直接申请参与分配，主张优先受偿权。

《最高人民法院关于适用〈中华人民共和国民法典〉有关担保制度的解释》（法释〔2020〕28号）

第五十二条 当事人办理抵押预告登记后，预告登记权利人请求就抵押财产优先受偿，经审查存在尚未办理建筑物所有权首次登记、预告登记的财产与办理建筑物所有权首次登记时的财产不一致、抵押预告登记已经失效等情形，导致不具备办理抵押登记条件的，人民法院不予支持；经审查已经办理建筑物所有权首次登记，且不存在预告登记失效等情形的，人民法院应予支持，并应当认定抵押权自预告登记之日起设立。

当事人办理了抵押预告登记，抵押人破产，经审查抵押财产属于破产财产，预告登记权利人主张就抵押财产优先受偿的，人民法院应当在受理破产申请时抵押财产的价值范围内予以支持，但是在人民法院受理破产申请前一年内，债务人对没有财产担保的债务设立抵押预告登记的除外。

四、抵押权人在主债权诉讼时效期间未行使抵押权的，抵押人可要求解除抵押登记

——王某与李某抵押合同纠纷案

【案件来源】最高人民法院公报案例：北京市第三中级人民法院（2016）京03民终8680号

【争议焦点】抵押权人在主债权诉讼时效期间未行使抵押权，产生何种效果？抵押人是否可以要求解除抵押权登记？

【裁判要旨】抵押权人在主债权诉讼时效期间未行使抵押权将导致抵押权消灭，而非胜诉权的丧失。抵押权消灭后，抵押人要求解除抵押权登记的，人民法院应当支持。

【基本案情】

上诉人（原审被告）：李某

被上诉人（原审原告）：王某

2009年8月11日，王某（甲方）与李某（乙方）签订协议书，约定："一、甲方从乙方处借款人民币伍拾万元，期限自2009年8月11日至2009年9月10日。期满一次性偿还全部借款。二、若借款期限届满甲方未能偿还全部债务，自期满之日起至甲方实际偿还乙方全部债务之日止按日向乙方支付借款额的3‰作为逾期还款的利息。三、为保证乙方的权益，甲方将位于北京市通州区A房屋抵押于乙方处。同时，甲方将该房屋产权证、购房合同、购房发票、房主身份证等证件交乙方保存。"王某在甲方处签字确认，李某在乙方处签字确认。同日，王某向李某出具收条，写明："今收到李某现金人民币伍拾万元整。"2009年8月12日，王某和李某在北京市通州区建设委员会办理了关于涉案房屋的抵押登记手续，2009年9月2日，李某被登记为上述房屋的他项权利人，取得A房屋他项权利证书，其上记载房屋所有权人为王某，债权数额为人民币50万元。

王某主张李某未在主债权诉讼时效期间行使抵押权，故诉至法院请求判令：李某协助王某办理注销通州区A房屋的抵押登记手续。一审法院判决：原告王某与被告李某于本判决生效之日起七日内，办理解除原告王某名下的位于通州区A房屋的抵押登记手续。

李某不服一审判决，提起上诉，请求二审法院撤销原判，改判驳回王某的诉讼请求。二审法院判决：驳回上诉，维持原判。

【法院观点】

法院认为，在主债权已过诉讼时效的前提下，李某的抵押权已消灭，抵押人王某主张解除抵押登记的请求应予支持。然需特别指出的是，由于该争议焦点的本质涉及对《物权法》（已失效）第二百零二条的理解，且与当事人的诉求和抗辩直接相关，故法院以法理为基，以规范为据，对于作出如上认定的理由阐释如下：《物权法》规定，抵押权人应当在主债权诉讼时效期间行使抵押权，未行使的，人民法院不予保护，该条款中"不予保护"含义的明确依赖于对诉讼时效和抵押权性质的分析。

首先，就诉讼时效而言，其以请求权人怠于行使权利持续至法定期间的状态为规制对象，目的在于让罹于时效的请求权人承受不利益，以起到促其及时行使权利之作用，依民法理论通说，其适用范围限于债权请求权。而就抵押权而言，其属于支配权，并非请求权的范围，更非债权请求权的范围，如将抵押权纳入诉讼时效的规制范围，无疑有违民法原理。

其次，就抵押权而言，其目的在于担保债务的履行，以确保抵押权人对抵押物的价值享有优先受偿的权利。为实现上述目的，抵押权对物之本身必将产生权能上的限制，对物的使用和转让均会发生影响。故，若对抵押权人行使抵押权的期限不进行限制，将使抵押财产的归属长期处于不稳定状态，不仅不利于保护当事人的合法权益，亦不利于物之使用和流通效能的发挥。此外，如果允许抵押权人在任何时候均可行使抵押权，则意味着在主债权经过诉讼时效且债务人因此取得抗辩权之后，债权人依然可从抵押人处获得利益，进而将抵押人和债务人之间的追偿和抗辩置于困境，换言之，也意味着抵押人将长期处于一种不利益的状态，其义务也具有不确定性，若如此，对于抵押人来说未免过于苛刻亦有失公允。

最后，从权利分类角度分析，在数项权利并存时，依据权利的相互依赖关系，有主权利与从权利之分，凡可以独立存在、不依赖于其他权利者，为主权利；必须依附于其他权利、不能独立存在的则为从权利。举例而言，在债权与为担保债的履行的抵押权并存时，债权是主权利，抵押权为从权利。在主权利已经丧失国家强制力保护的状态下，抵押物上所负担的抵押权也应消灭方能更好地发挥物的效用，亦符合物权法之担保物权体系的内在逻辑。故《物权法》规定抵押权行使期间的重要目的之一当在于促使抵押权人积极地行使抵押权，迅速了结债权债务关系，维系社会经济秩序的稳定。综合上述分析，应当认定在法律已设定行使期限后，抵押权人仍长期怠于行使权利时，法律对之也无特别加以保护的必要，应使抵押权消灭。具体到本案中，因上诉人李某在主债权诉讼时效期间并未向被上诉人王某主张行使抵押权，故对李某的抵押权，人民法院不予保护，该抵押权消灭，王某请求解除抵押登记的请求应予支持。

【实务解析】

抵押权的实现应当在主债权诉讼时效期内进行，未行使的，人民法院不予保护。对于"不予保护"的理解，一直存在两种观点。第一种观点认为，抵押权人未在主债权诉讼时效期间内行使权利，其后果是抵押人产生诉讼时效抗辩，抵押权本身并不消灭，仅是丧失胜诉权，无法获得司法的强制力保护。第二种观点认为，抵押权人未在主债权诉讼时效期间内行使权利，抵押权因经过除斥期间而彻底归于消灭，而非胜诉权的丧失。考虑到如果采取第一种观点，则会出现一方面抵押权人因未在主债权诉讼时效期间内主张权利，无法获得强制力保护，实现抵押权的目的落空；另一方面抵押权本身没有消灭，诉讼时效经过作为一种防御性的抗辩权利，抵押人亦无法要求涂销登记，结果出现"双输"局面，不利于物尽其用。因此，最高人民法院在《全国法院民商事审判工作会议纪要》中采取了较为务实的第二种观点，明确规定"抵押权人在主债权诉讼时效届满前未行使抵押权，抵押人在主债权诉讼时效届满后请求涂销抵押权登记的，人民法院依法予以支持"[①]。

此外，主债权诉讼时效期间届满前，债权人仅对主债务人提起诉讼，经人民法院判决或者调解后未在民事诉讼法规定的申请执行时效期间[②]内对债务人申请强制执行，债权人向抵押人主张行使抵押权的，不予支持。当然，如果抵押人自愿履行的当然允许。

【法条链接】

《中华人民共和国民法典》

第四百一十九条　抵押权人应当在主债权诉讼时效期间行使抵押权；未行使的，人民法院不予保护。

《最高人民法院关于适用〈中华人民共和国民法典〉有关担保制度的解释》（法释〔2020〕28号）

第四十四条　主债权诉讼时效期间届满后，抵押权人主张行使抵押权的，

[①] 参见最高人民法院民事审判第二庭编著：《全国法院民商事审判工作会议纪要理解与适用》，人民法院出版社2019年版，第359—361页。

[②] 根据《民事诉讼法》第二百四十六条规定，申请执行的期间为二年。申请执行时效的中止、中断，适用法律有关诉讼时效中止、中断的规定。前款规定的期间，从法律文书规定履行期间的最后一日起计算；法律文书规定分期履行的，从规定的每次履行期间的最后一日起计算；法律文书未规定履行期间的，从法律文书生效之日起计算。《最高人民法院关于适用〈中华人民共和国民事诉讼法〉的解释》第四百八十一条规定，申请执行人超过申请执行时效期间向人民法院申请强制执行的，人民法院应予受理。被执行人对申请执行时效期间提出异议，人民法院经审查异议成立的，裁定不予执行。被执行人履行全部或者部分义务后，又以不知道申请执行时效期间届满为由请求执行回转的，人民法院不予支持。

人民法院不予支持；抵押人以主债权诉讼时效期间届满为由，主张不承担担保责任的，人民法院应予支持。主债权诉讼时效期间届满前，债权人仅对债务人提起诉讼，经人民法院判决或者调解后未在民事诉讼法规定的申请执行时效期间内对债务人申请强制执行，其向抵押人主张行使抵押权的，人民法院不予支持。

主债权诉讼时效期间届满后，财产被留置的债务人或者对留置财产享有所有权的第三人请求债权人返还留置财产的，人民法院不予支持；债务人或者第三人请求拍卖、变卖留置财产并以所得价款清偿债务的，人民法院应予支持。

主债权诉讼时效期间届满的法律后果，以登记作为公示方式的权利质权，参照适用第一款的规定；动产质权、以交付权利凭证作为公示方式的权利质权，参照适用第二款的规定。

《全国法院民商事审判工作会议纪要》（法〔2019〕254号）

59.【主债权诉讼时效届满的法律后果】抵押权人应当在主债权的诉讼时效期间内行使抵押权。抵押权人在主债权诉讼时效届满前未行使抵押权，抵押人在主债权诉讼时效届满后请求涂销抵押权登记的，人民法院依法予以支持。

以登记作为公示方法的权利质权，参照适用前款规定。

第四节

最高额抵押权

一、最高额抵押权设立前已经存在的债权，经当事人同意，可以转入最高额抵押担保的债权范围

——中国工商银行股份有限公司宣城龙首支行诉宣城柏冠贸易有限公司、江苏凯盛置业有限公司等金融借款合同纠纷案

【案件来源】最高人民法院指导案例95号：安徽省高级人民法院（2014）皖民二终字第00395号

【争议焦点】当事人约定将最高额抵押权设立前已经存在的债权转入最高额抵押担保债权范围的，该最高额抵押权的效力是否及于被转入的债权？

【裁判要旨】当事人另行达成协议将最高额抵押权设立前已经存在的债权转入该最高额抵押担保的债权范围，只要转入的债权数额仍在该最高额抵押担保的最高债权额限度内，即使未对该最高额抵押权办理变更登记手续，该最高额抵押权的效力仍然及于被转入的债权，但不得对第三人产生不利影响。

【基本案情】

上诉人（原审被告）：江苏凯盛置业有限公司（以下简称凯盛公司）

被上诉人（原审原告）：中国工商银行股份有限公司宣城龙首支行（以下简称工行宣城龙首支行）

被上诉人（原审被告）：宣城柏冠贸易有限公司（以下简称柏冠公司）、宣城金亿达贸易有限公司（以下简称金亿达公司）、宣城闽航物资贸易有限公司（以下简称闽航公司）、宣城航嘉贸易有限公司（以下简称航嘉公司）、宣城兰博贸易有限公司（以下简称兰博公司）、宣城市亿中业融资担保有限公司（以下简称亿中业公司）、宣城市亿荣达市场管理有限公司（以下简称亿荣达公司）及黄某浪

2012年4月20日，工行宣城龙首支行与柏冠公司签订《小企业借款合同》，约定柏冠公司向工行宣城龙首支行借款300万元，借款期限为7个月，自实际提款日起算，2012年11月1日还100万元，2012年11月17日还200万元。涉案合同还对借款利率、保证金等作了约定。同年4月24日，工行宣城龙首支行向柏冠公司发放了上述借款。

2012年10月16日，凯盛公司股东会决议决定，同意将该公司位于江苏省宿迁市宿豫区江山大道118号—宿迁红星凯盛国际家居广场（房号：B-201、产权证号：宿豫字第201104767）房产，抵押于工行宣城龙首支行，用于亿荣达公司商户柏冠公司、闽航公司、航嘉公司、金亿达公司四户企业在工行宣城龙首支行办理融资抵押，因此产生一切经济纠纷均由凯盛公司承担。同年10月23日，凯盛公司向工行宣城龙首支行出具一份房产抵押担保的承诺函，同意以上述房产为上述四户企业在工行宣城龙首支行融资提供抵押担保，并承诺如该四户企业不能按期履行工行宣城龙首支行的债务，上述抵押物在处置后的价值又不足以偿还全部债务，凯盛公司同意用其他财产偿还剩余债务。该承

诺函及上述股东会决议均经凯盛公司全体股东签名及加盖凯盛公司公章。2012年10月24日，工行宣城龙首支行与凯盛公司签订《最高额抵押合同》，约定凯盛公司以宿房权证宿豫字第201104767号房地产权证项下的商铺为自2012年10月19日至2015年10月19日期间，在4000万元的最高余额内，工行宣城龙首支行依据与柏冠公司、闽航公司、航嘉公司、金亿达公司签订的借款合同等主合同而享有对债务人的债权，无论该债权在上述期间届满时是否已到期，也无论该债权是否在最高额抵押权设立之前已经产生，提供抵押担保，担保的范围包括主债权本金、利息、实现债权的费用等。同日，双方对该抵押房产依法办理了抵押登记，工行宣城龙首支行取得宿房他证宿豫第201204387号房地产他项权证。2012年11月3日，凯盛公司再次经过股东会决议，并同时向工行宣城龙首支行出具房产抵押承诺函，股东会决议与承诺函的内容及签名盖章均与前述相同。当日，凯盛公司与工行宣城龙首支行签订《补充协议》，明确双方签订的《最高额抵押合同》担保范围包括2012年4月20日工行宣城龙首支行与柏冠公司、闽航公司、航嘉公司和金亿达公司签订的四份贷款合同项下的债权。

柏冠公司未按期偿还涉案借款，工行宣城龙首支行诉至宣城市中级人民法院，请求判令柏冠公司偿还借款本息及实现债权的费用，并要求凯盛公司以其抵押的宿房权证宿豫字第201104767号房地产权证项下的房地产承担抵押担保责任。

宣城市中级人民法院作出（2013）宣中民二初字第00080号民事判决：一、柏冠公司于判决生效之日起五日内给付工行宣城龙首支行借款本金300万元及利息……四、如柏冠公司未在判决确定的期限内履行上述第一项给付义务，工行宣城龙首支行以凯盛公司提供的宿房权证宿豫字第201104767号房地产权证项下的房产折价或者以拍卖、变卖该房产所得的价款优先受偿……

宣判后，凯盛公司以涉案《补充协议》约定的事项未办理最高额抵押权变更登记为由，向安徽省高级人民法院提起上诉。该院于2014年10月21日作出（2014）皖民二终字第00395号民事判决：驳回上诉，维持原判。

【法院观点】

凯盛公司与工行宣城龙首支行于2012年10月24日签订《最高额抵押合

同》，约定凯盛公司自愿以其名下的房产作为抵押物，自2012年10月19日至2015年10月19日期间，在4000万元的最高余额内，为柏冠公司在工行宣城龙首支行所借贷款本息提供最高额抵押担保，并办理了抵押登记，工行宣城龙首支行依法取得涉案房产的抵押权。2012年11月3日，凯盛公司与工行宣城龙首支行又签订《补充协议》，约定前述最高额抵押合同中述及抵押担保的主债权及于2012年4月20日工行宣城龙首支行与柏冠公司所签《小企业借款合同》项下的债权。该《补充协议》不仅有双方当事人的签字盖章，也与凯盛公司的股东会决议及其出具的房产抵押担保承诺函相印证，故该《补充协议》应系凯盛公司的真实意思表示，且所约定内容符合《物权法》（已失效）第二百零三条第二款的规定，也不违反法律、行政法规的强制性规定，依法成立并有效，其作为原最高额抵押合同的组成部分，与原最高额抵押合同具有同等法律效力。由此，本案所涉2012年4月20日《小企业借款合同》项下的债权已转入前述最高额抵押权所担保的最高额为4000万元的主债权范围内。就该《补充协议》约定事项，是否需要对前述最高额抵押权办理相应的变更登记手续，《物权法》没有明确规定，应当结合最高额抵押权的特点及相关法律规定来判定。

根据《物权法》第二百零三条第一款的规定，最高额抵押权有两个显著特点：一是最高额抵押权所担保的债权额有一个确定的最高额度限制，但实际发生的债权额是不确定的；二是最高额抵押权是对一定期间内将要连续发生的债权提供担保。由此，最高额抵押权设立时所担保的具体债权一般尚未确定，基于尊重当事人意思自治原则，该条第二款对第一款作了但书规定，即允许经当事人同意，将最高额抵押权设立前已经存在的债权转入最高额抵押担保的债权范围，但此并非重新设立最高额抵押权，也非该法第二百零五条规定的最高额抵押权变更的内容。同理，根据《房屋登记办法》（已失效）第五十三条的规定，当事人将最高额抵押权设立前已存在债权转入最高额抵押担保的债权范围，不是最高抵押权设立登记的他项权利证书及房屋登记簿的必要记载事项，故亦非应当申请最高额抵押权变更登记的法定情形。

本案中，工行宣城龙首支行和凯盛公司仅是通过另行达成补充协议的方式，将上述最高额抵押权设立前已经存在的债权转入该最高额抵押权所担保的债权范围内，转入的涉案债权数额仍在该最高额抵押担保的4000万元最高债权额限度内,该转入的确定债权并非最高抵押权设立登记的他项权利证书及房屋登记簿的必要记载事项,在不会对其他抵押权人产生不利影响的前提下,对于该意思自治行为,应当予以尊重。此外,根据商事交易规则,法无禁止即可为,即在法律规定不明确时,不应给市场交易主体强加准用严格交易规则的义务。况且,就涉案2012年4月20日借款合同项下的债权转入最高额抵押担保的债权范围,凯盛公司不仅形成了股东会决议,出具了房产抵押担保承诺函,且和工行宣城龙首支行达成了《补充协议》,明确将已经存在的涉案借款转入前述最高额抵押权所担保的最高额为4000万元的主债权范围内。现凯盛公司上诉认为该《补充协议》约定事项必须办理最高额抵押权变更登记才能设立抵押权,不仅缺乏法律依据,也有悖诚实信用原则。

综上,工行宣城龙首支行和凯盛公司达成《补充协议》,将涉案2012年4月20日借款合同项下的债权转入前述最高额抵押权所担保的主债权范围内,虽未办理最高额抵押权变更登记,但最高额抵押权的效力仍然及于被转入的涉案借款合同项下的债权。

【实务解析】

最高额抵押权是指为担保债务的履行,债务人或第三人对一定期间内将要连续发生的债权提供担保财产,债务人不履行到期债务或者发生当事人约定的实现抵押权的情形,抵押权人有权在最高债权额限度内就该担保财产优先受偿的权利。最高额抵押权属于特殊的抵押形式,对于保障连续发生的债权具有普通抵押权所不具有的功能。尤其是在长期贷款合同、商主体之间的继续性交易合同中,如果每次贷款、交易均需设定抵押权,则程序烦琐、效率低下,于是最高额抵押权应运而生。最高额抵押权有以下特点:第一,最高额抵押权是为将来一定期限内连续发生的债权提供担保,对于最高额抵押权设立前已经存在的债权,经当事人同意,也可以转入最高额抵押权担保的债权范围。第二,最高额抵押权在从属性上具有特殊性。最高额抵押担保的债权确定前,债权转让的,最高额抵押权不随债权转让而转让。最高额抵押权担保的债权确定前,债权消灭的,最高额抵押权不随债权消灭而消灭。第三,最高额抵押权必须有最高限额。其中不动产最高额抵押权需要在不动产登记部门登记最高限额;动产最高额抵押权需要约定最高限额,并通过登记取得对抗效力。没有约定最高限额的，无法构成最高额抵押权。第四，最高额抵押权的登记适用一般抵押权的规则，在不动产上设立最高额抵押权的，必须办理抵押登记，否则最高额抵押权未设立；在动产上设立最高额抵押权的，未经登记不得对抗善意第三人。第五，最高额抵押担保的债权确定后，最高额抵押权转化为普通抵押权，失去其特殊性，适用普通抵押权的规则。

最高额抵押担保的债权确定，对于最高额抵押的实现具有重要意义。根据民法典规定，有下列情形之一的，抵押权人的债权确定：一是约定的债权确定期限届满。二是没有约定债权确定期间或者约定不明确，抵押权人或者抵押人自最高额抵押权设立之日起满两年后请求确定债权。设定两年时间限制，充分平衡了双方的利益，既满足了最高额抵押为系列交易提供担保的目的，又考虑到了抵押人的利益。三是新的债权不可能发生，如基础法律关系消灭，连续交易终止等。四是抵押权人知道或者应当知道抵押财产被查封、扣押。此处需要强调抵押权人知道或者应当知道，否则即便被查封，最高额抵押担保的债权也不确定[1]。五是债务人、抵押人被宣告破产或者解散。六是法律规定债权确定的其他情形，系兜底性条款。[2] 本案系最高人民法院指导案例95号，法院观点部分已经阐述得较为充分详细，其余内容不再展开。

---

[1] 参见（2017）皖民终717号案。法院生效裁判认为：《物权法》（已失效）第二百零六条规定，抵押财产被查封、扣押为最高额抵押所担保债权确定的法定事由之一。根据《最高人民法院关于人民法院民事执行中查封、扣押、冻结财产的规定》，人民法院查封、扣押被执行人设定最高额抵押权的抵押物的，应当通知抵押权人。抵押权人受抵押担保的债权数额自人民法院通知时起不再增加。人民法院虽然没有通知抵押权人，但有证据证明抵押权人知道查封、扣押事实的，受抵押担保的债权数额从其知道该事实时起不再增加。从上述法律及司法解释规定的内容上看，并不矛盾，上述司法解释系对法律实施过程的细化，对抵押权人合法利益的一种保护。最高额抵押本身系对一定期间内连续发生债权的一种便捷性的担保方式。涉案船舶办理抵押登记在先，采取查封措施在后，光大芜湖分行基于抵押登记公示行为所产生的公信力和确认依登记方式取得抵押物权具有对抗第三人的效力。韩某文、凌某泉、向某全在本案中并未提供芜湖市弋江区人民法院查封涉案抵押船舶后已通知光大芜湖分行的证据，亦无证据证明光大芜湖分行在最高额抵押期间内发放贷款时已经知道抵押物被查封的事实。故光大芜湖分行就前述债权，对"国用19号钢质散货船"折价或者以拍卖、变卖所得价款享有优先受偿权于法有据。

[2] 参见最高人民法院民法典贯彻实施工作领导小组主编：《中华人民共和国民法典物权编理解与适用》，人民法院出版社2020年版，第1160-1162页。

【法条链接】

《中华人民共和国民法典》

第四百二十条　为担保债务的履行，债务人或者第三人对一定期间内将要连续发生的债权提供担保财产的，债务人不履行到期债务或者发生当事人约定的实现抵押权的情形，抵押权人有权在最高债权额限度内就该担保财产优先受偿。

最高额抵押权设立前已经存在的债权，经当事人同意，可以转入最高额抵押担保的债权范围。

二、登记的担保范围与当事人约定的担保范围不一致的，人民法院应当依据登记的范围确定债权人的优先受偿权

——海口农村商业银行股份有限公司龙昆支行与海口明光大酒店有限公司金融借款合同纠纷案

【案件来源】 最高人民法院（2017）最高法民终230号

【争议焦点】 最高额抵押权中最高债权额所指的范围是债权最高限额还是本金最高限额？登记的最高债权额与当事人约定的最高债权额不一致的，人民法院应当依据何种债权额确定债权人优先受偿的范围？

【裁判要旨】 最高额担保中的最高债权额，原则上是指包括主债权及其利息、违约金、损害赔偿金、保管担保财产的费用、实现债权或者实现担保物权的费用等在内的全部债权。登记的最高债权额与当事人约定的最高债权额不一致的，人民法院应当依据登记的最高债权额确定债权人优先受偿范围。

【基本案情】

上诉人（原审被告）：海口明光大酒店有限公司（以下简称明光酒店公司）

上诉人（原审原告）：海口农村商业银行股份有限公司龙昆支行（以下简称海口农商银行）

被上诉人（原审被告）：海口明光酒店管理有限公司（以下简称明光管理公司）、海南明光新天地餐饮娱乐管理有限公司（以下简称明光餐饮公司）、吕某1、武某民、吕某2、吕某桃

2014年10月16日，海口农商银行与明光酒店公司签订了《固定资产贷

款合同》，合同约定贷款种类为固定资产贷款，贷款金额为人民币 15,000 万元，贷款期限 96 个月。2014 年 10 月 16 日，海口农商银行与明光酒店公司签订《最高额抵押合同》，以明光酒店公司名下房产及其所占的面积共 4063.57 平方米的土地使用权为上述贷款提供最高额抵押担保并办理了最高额抵押登记，最高额贷款余额 19,000 万元，担保范围包括主合同项下全部借款本金、利息、复利、罚息、违约金、赔偿金、实现抵押权的费用和所有其他应付的费用。

明光酒店公司未能依约还款，海口农商银行提起诉讼，请求：还本付息，并就抵押物优先受偿。诉讼中，双方对抵押物担保的范围除了 19,000 万元本金外，是否还应包括产生的利息、罚息、复利等产生争议。

一审法院认为，从海口农商银行在海口市国土资源局办理的最高额抵押登记及在中国人民银行征信中心办理的质押登记看，最高债权限额均为 19,000 万元。故判决在 19,000 万元范围内行使优先受偿权。

海口农商银行不服提起上诉。二审法院判决：驳回上诉，维持原判。

【法院观点】

本案中，海口农商银行和明光酒店公司、明光管理公司对最高债权额的理解存有分歧。海口农商银行上诉主张，此债权即《贷款合同》约定的贷款本金 19,000 万元，由本金产生的利息、复利、违约金等其他费用与本金相加即便超过最高额抵押登记的限额，海口农商银行仍享有优先受偿权。明光酒店公司、明光管理公司则认为，此债权包括本金、利息、违约金、损害赔偿金等费用，所有费用总和不得超过已登记的约定最高限额。对此，法院认为，从海口农商银行在海口市国土资源局办理的最高额抵押登记及在中国人民银行征信中心办理的质押登记看，最高债权限额均为 19,000 万元。《最高额抵押合同》第 4.1 条虽约定抵押担保的范围包括主合同项下全部借款本金、利息、复利、罚息、违约金、赔偿金、实现抵押权的费用和所有其他应付的费用，但该担保范围内本金、利息、复利、罚息、违约金等合计已超过了登记的最高限额 19,000 万元。若依此，将使抵押权所担保的债权突破最高债权额，事实上成为无限额。这与抵押人签订《最高额抵押合同》的合同预期不符，亦与物权法、担保法的立法本意相悖。同时，根据《物权法》（已失效）第二百二十二条关于最高额质权的规定，最高额质权除适用该节有关规定外，参照《物权法》第十六章第二节最高额抵押权的规定。同理，海口农商银行所享有的最高额质权也不应超过最高债权额 19,000 万元。故一审判令海口农商银行在 19,000 万元限额内享有优先受偿权，并无不当。海口农商银行关于在登记的 19,000 万元限额外行使优先受偿权的上诉请求，理据不足，不予支持。

【实务解析】

关于最高额抵押权中最高债权额所指的范围，司法实践中对此存在不同的理解，一是债权最高限额说，二是本金最高限额说。债权最高限额说认为，最高额为本金、利息、违约金等的所有总和的限额，即所有债权总额在最高额内的，享有优先受偿权；而本金最高限额说认为，最高额仅指本金的限额，即只要本金在最高额内，即便由本金产生的利息、违约金等费用与本金相加超过最高额，债权人仍就本金、利息、违约金等费用享有优先受偿权[①]。为解决这个问题，《最高人民法院关于适用〈中华人民共和国民法典〉有关担保制度的解释》第十五条规定，"最高额担保中的最高债权额，是指包括主债权及其利息、违约金、损害赔偿金、保管担保财产的费用、实现债权或者实现担保物权的费用等在内的全部债权，但是当事人另有约定的除外"。

理论上，上述问题已经解决，但实践中，经常出现登记的担保范围和担保合同约定的担保范围不一致的情况，主要原因在于不少地区登记机构提供的登记表中仅有"被担保主债权数额（最高债权数额）"的表述，且只能填写固定的数字。而担保合同中约定的一般包括主债权及其利息、违约金等，从而出现两者不一致的困局。有的意见认为应当优先保护相对人的合理信赖，维护登记的公示公信效力，以登记的范围为准[②]。有的意见认为应当以合同约定为准，

[①] 参见最高人民法院民法典贯彻实施工作领导小组主编：《中华人民共和国民法典物权编理解与适用》，人民法院出版社 2020 年版，第 1150 页。

[②] 如《江苏省高级人民法院民二庭关于当前商事审判若干问题的解答》指出："房地产抵押权属于物权，房地产抵押登记属于不动产物权登记。《物权法》第 16 条规定，不动产登记簿是物权归属和内容的根据。不动产登记簿由登记机构管理。因此，抵押担保的范围应以登记机关不动产登记簿的记载内容为准，除非有证据表明登记簿的记载错误。对抵押权人主张就抵押物价值超出登记价值的部分优先受偿的，不应予以支持。"

否则为对债权人不公平①。《全国法院民商事审判工作会议纪要》第五十八条规定，以登记作为公示方式的不动产担保物权的担保范围，一般应当以登记的范围为准。但是，我国目前不动产担保物权登记，不同地区的系统设置及登记规则并不一致，人民法院在审理案件时应当充分注意制度设计上的差别，作出符合实际的判断：一是多数省区市的登记系统未设置"担保范围"栏目，仅有"被担保主债权数额（最高债权额）"的表述，且只能填写固定数字。而当事人在合同中又往往约定担保物权的担保范围包括主债权及其利息、违约金等附属债权，致使合同约定的担保范围与登记不一致。显然，这种不一致是由于该地区登记系统设置及登记规则造成的该地区的普遍现象。人民法院以合同约定认定担保物权的担保范围，是符合实际的妥当选择。二是一些省区市不动产登记系统设置与登记规则比较规范，担保物权登记范围与合同约定一致在该地区是常态或者普遍现象，人民法院在审理案件时，应当以登记的担保范围为准。

《最高人民法院关于适用〈中华人民共和国民法典〉有关担保制度的解释》对上述问题进一步明确。其中第十五条第二款规定："登记的最高债权额与当事人约定的最高债权额不一致的，人民法院应当依据登记的最高债权额确定债权人优先受偿的范围。"第四十七条规定，不动产登记簿就抵押财产、被担保的债权范围等所作的记载与抵押合同约定不一致的，人民法院应当根据登记簿的记载确定抵押财产、被担保的债权范围等事项。值得注意的是，《最高人民法院关于适用〈中华人民共和国民法典〉有关担保制度的解释》出台后，《全国法院民商事审判工作会议纪要》第五十八条是否继续适用，可能存在不同的看法。从《最高人民法院关于适用〈中华人民共和国民法典〉有关担保制度的解释》的出台目的看，有进一步强化登记公示公信的努力。最高人民法院也表示，纯粹从理论上讲，倾向于以登记范围为准，基于现实考虑，《全国法院民

---

① 如《重庆市高级人民法院关于办理实现担保物权案件若干问题的解答》指出："担保合同约定的担保范围与抵押登记、出质登记中记载的担保范围不一致的，原则上应以登记的担保范围为准。但由于行政行为不规范造成登记的担保范围与约定担保范围不一致的，在合同内容合法有效，合同约定担保范围及于主债权、利息、违约金等，且双方对担保范围均无异议，而登记仅载明了主债权本金的情况下，登记效力应及于符合法律规定及合同约定的利息、违约金等其他费用，申请人可在据以登记的担保合同约定的范围内依法享有优先受偿权。"《四川省高级人民法院关于审理实现担保物权案件若干问题的意见》指出："当事人在担保合同中约定的债权范围包括利息及实现债权的费用，担保物权仅登记主债权的，担保物权的范围以当事人的约定为准。"

商事审判工作会议纪要》规定的合同约定为准也不无道理[1]。所以,问题的最终解决,还有赖于不动产登记栏目设计的完善,如将"权利价值"改为"担保范围",或者允许当事人查询合同附件。

【法条链接】

《最高人民法院关于适用〈中华人民共和国民法典〉有关担保制度的解释》(法释〔2020〕28号)

第十五条　最高额担保中的最高债权额,是指包括主债权及其利息、违约金、损害赔偿金、保管担保财产的费用、实现债权或者实现担保物权的费用等在内的全部债权,但是当事人另有约定的除外。

登记的最高债权额与当事人约定的最高债权额不一致的,人民法院应当依据登记的最高债权额确定债权人优先受偿的范围。

第四十七条　不动产登记簿就抵押财产、被担保的债权范围等所作的记载与抵押合同约定不一致的,人民法院应当根据登记簿的记载确定抵押财产、被担保的债权范围等事项。

《全国法院民商事审判工作会议纪要》(法〔2019〕254号)

58.【担保债权的范围】以登记作为公示方式的不动产担保物权的担保范围,一般应当以登记的范围为准。但是,我国目前不动产担保物权登记,不同地区的系统设置及登记规则并不一致,人民法院在审理案件时应当充分注意制度设计上的差别,作出符合实际的判断：一是多数省区市的登记系统未设置"担保范围"栏目,仅有"被担保主债权数额(最高债权数额)"的表述,且只能填写固定数字。而当事人在合同中又往往约定担保物权的担保范围包括主债权及其利息、违约金等附属债权,致使合同约定的担保范围与登记不一致。显然,这种不一致是由于该地区登记系统设置及登记规则造成的该地区的普遍现象。人民法院以合同约定认定担保物权的担保范围,是符合实际的妥当选择。二是一些省区市不动产登记系统设置与登记规则比较规范,担保物权登记范围与合同约定一致在该地区是常态或者普遍现象,人民法院在审理案件时,应当以登记的担保范围为准。

---

[1] 参见最高人民法院民法典贯彻实施工作领导小组主编：《中华人民共和国民法典物权编理解与适用》,人民法院出版社2020年版,第1067—1068页。

专题九

金融不良资产诉讼中的新型担保方式

综述 〉〉〉

除抵押外,不良资产诉讼中常见的其他担保方式,还有质押和非典型担保。

质押是指为担保债务的履行,债务人或者第三人将其动产或权利出质给债权人占有,债务人不履行到期债务或者发生当事人约定的实现质权的情形,债权人有权就该动产或权利优先受偿。债务人或第三人为出质人,债权人为质权人,交付的动产或权利为质押财产。由此可见,质权可以分为动产质权和权利质权。动产质权因需要转移占有,且财产价值相对较低,大额融资中所用较少,权利质权在不良资产诉讼中更为常见。可以出质的权利类型很多,根据《民法典》规定,主要包括:汇票、本票、支票;债券、存款单;仓单、提单;可以转让的基金份额、股权;可以转让的注册商标专用权、专利权、著作权等知识产权中的财产权;现有的以及将有的应收账款;法律行政法规规定可以出质的其他财产权利。权利质权的设立,有的自权利凭证交付质权人时设立,有的自办理出质登记时设立。

非典型担保是相对于《民法典》已经类型化的担保而言,是随着经济社会生活实践不断衍生出来的新型的担保方式。《民法典》制定过程中积极回应社会需求,将担保合同定义为包括"抵押合同、质押合同和其他具有担保功能的合同",为金融担保创新预留了空间。近年来,涌现出的新类型担保包括让与担保、后让与担保、商铺租赁权、汽车经营权等特殊权益的质押、保兑仓交易等,还有一直以来长期存在的保证金账户质押、定金、所有权保留买卖、融资租赁、保理等涉及担保功能发生的纠纷。

本章涉及的重要法律规范、司法文件主要集中在:民法典物权编第四分编第十八章质权,《最高人民法院关于适用〈中华人民共和国民法典〉有关担保制度的解释》以及《全国法院民商事审判工作会议纪要》第六十六条至第七十一条。本章从众多案件中精选了部分有代表性的案例,涵盖了应收账款、汇票、提单质押、保兑仓交易、股权让与担保、保证金账户等典型问题。

第一,应收账款的概念范围不断扩大,属于因合同产生的金钱之债,涵盖现有的及将有的金钱债权，成为金融担保制度创新的重要载体。供应水、电、气、暖，知识产权的许可使用，能源、交通运输、水利、环境保护、市政工程等基础设施和公用事业项目收益权等，均成为应收账款的范畴，并可作为应收账款进行出质登记，质权人享有优先受偿权。鉴于应收账款属于权利人对义务人所享有的付款请求权，基础交易关系的真实性是一个重要问题。为解决实践中常见的虚构应收账款的问题，相关司法解释明确应收账款债务人向质权人确认应收账款的真实性后，又以应收账款不存在或者已经消灭为由主张不承担责任的，人民法院不予支持。

第二，票据质押既涉及《民法典》权利质押规定的一般共性，又具有票据的特性，应当格外注意。除了要掌握权利质权自权利凭证交付质权人时设立等共性规定之外，也要关注《票据法》《最高人民法院关于审理票据纠纷案件若干问题的规定》的个性规定。简言之，汇票出质要满足三要件：一是以背书记载"质押"字样；二是在汇票上签章；三是交付质权人。因此，未记载"质押"字样，或者虽记载了"质押"字样未在票据上签章的，均不构成票据质押。

第三，跟单信用证项下的提单质押是国际货物交易中常用的担保方式。提单具有债权凭证属性，是运输合同证明，是货物收据，是承运人保证据以交付货物的单据。对于开证行而言，其持有提单的目的并不在于取得对应货物的所有权，而在于为开证申请人的付款义务进行担保，其享有的权利本质上是权利质权，开证行可以主张对提单及提单项下的货物折价、变卖、拍卖后所得价款享有优先受偿权，但无法主张享有所有权。

第四，保兑仓指以银行信用为载体，以银行承兑汇票为结算工具，由银行控制货权，卖方（或者仓储方）受托保管货物并对承兑汇票与保证金之间的差额提供担保的一种金融服务。保兑仓交易是一系列交易的组合，包括买卖合同、融资合同、委托合同、保证金质押、动产质押、保证担保等众多法律关系。保兑仓交易中，银行的主要义务是及时签发承兑汇票并按约定方式将其交给卖方，卖方的主要义务是根据银行签发的提货单发货，并在买方未及时销售或者回赎货物时，就保证金与承兑汇票之间的差额部分承担担保责任。

第五，股权让与担保，是指债务人或者第三人为担保债务人的债务，将担保标的物股权转移于担保权人名下，于债务清偿后将股权返还于债务人或第三人；债务不履行时，担保权人得就该股权优先受偿的一种担保形式。由于股权本身不仅具有财产权，也具有成员权，股权让与担保虽发生在股权让与人与受让人之间，但也引发了与公司、公司外部债权人之间的复杂关系问题。目前司法实践中的主流观点认为，鉴于股权让与担保的本质为担保，在债权人与公司关系上，债权人仅享有财产性权利，不享有身份性权利，公司或者公司的债权人以股东未履行或者未全面履行出资义务、抽逃出资等为由，请求作为名义股东的债权人与股东承担连带责任的，人民法院不予支持。

第六，保证金账户质押，是用金钱作为担保的一种方式，指借款人将部分金钱存于固定账户内，并承诺以账户内的款项作为偿还借款的担保，当借款人不履行债务时，银行等债权人可以直接划扣账户内的保证金用于偿还债务。保证金账户质押的设定需要满足两个条件，一是财产特定化；二是转移占有。财产特定化要求保证金账户内的金钱不能与债务人的其他财产混同，具有独立性。值得注意的是，财产特定化不等于固定化，保证金账户可能因保证金补充、利息增加等而发生余额浮动，但不影响财产的特定化。保证金账户质押依法成立后，在债务人不履行债务时，债权人对保证金账户内的资金享有优先受偿权。

第一节
权利质押

一、特许经营权的收益权可以质押，并可作为应收账款进行出质登记

——福建海峡银行股份有限公司福州五一支行与长乐亚新污水处理有限公司、福州市政工程有限公司金融借款合同纠纷案

【案件来源】最高人民法院指导案例 53 号：福建省高级人民法院（2013）闽民终字第 870 号

【争议焦点】特许经营权的收益权是否可以质押？不宜折价、拍卖或变卖的，应当如何处理？

【裁判要旨】特许经营权的收益权可以质押，并可作为应收账款进行出质登记。特许经营权的收益权依其性质不宜折价、拍卖或变卖，质权人主张优先受偿权的，人民法院可以判令出质债权的债务人将收益权的应收账款优先支付质权人。

【基本案情】

上诉人（原审原告）：福建海峡银行股份有限公司福州五一支行（以下简称海峡银行五一支行）

上诉人（原审被告）：长乐亚新污水处理有限公司（以下简称长乐亚新公司）

被上诉人（原审被告）：福州市政工程有限公司（以下简称福州市政公司）

海峡银行五一支行诉称：其与长乐亚新公司签订单位借款合同后向长乐亚新公司贷款 3000 万元。福州市政公司为上述借款提供连带责任保证。海峡银行五一支行、长乐亚新公司、福州市政公司、案外人长乐市建设局四方签订了

《特许经营权质押担保协议》，福州市政公司以长乐市污水处理项目的特许经营权提供质押担保。因长乐亚新公司未能按期偿还贷款本金和利息，故诉请法院判令：长乐亚新公司偿还原告借款本金和利息；确认《特许经营权质押担保协议》合法有效，拍卖、变卖该协议项下的质物，海峡银行五一支行有优先受偿权；将长乐市建设局支付给两被告的污水处理服务费优先用于清偿应偿还海峡银行五一支行的所有款项；福州市政公司承担连带清偿责任。长乐亚新公司和福州市政公司辩称：长乐市城区污水处理厂特许经营权，并非法定的可以质押的权利，且该特许经营权并未办理质押登记，故海峡银行五一支行诉请拍卖、变卖长乐市城区污水处理厂特许经营权，于法无据。

法院经审理查明：2003年，长乐市建设局为让与方，福州市政公司为受让方，长乐市财政局为见证方，三方签订《长乐市城区污水处理厂特许建设经营合同》，约定：长乐市建设局授予福州市政公司负责投资、建设、运营和维护长乐市城区污水处理厂项目及其附属设施的特许权，并就合同双方权利义务进行了详细约定。2004年10月22日，长乐亚新公司成立。该公司系福州市政公司为履行《长乐市城区污水处理厂特许建设经营合同》而设立的项目公司。

2005年3月24日，福州市商业银行五一支行与长乐亚新公司签订《单位借款合同》，约定：长乐亚新公司向福州市商业银行五一支行借款3000万元；借款用途为长乐市城区污水处理厂BOT项目；借款期限为13年，自2005年3月25日至2018年3月25日；还就利息及逾期罚息的计算方式作了明确约定。福州市政公司为长乐亚新公司的上述借款承担连带责任保证。同日，福州市商业银行五一支行与长乐亚新公司、福州市政公司、长乐市建设局共同签订《特许经营权质押担保协议》，约定：福州市政公司以《长乐市城区污水处理厂特许建设经营合同》授予的特许经营权为长乐亚新公司向福州市商业银行五一支行的借款提供质押担保，长乐市建设局同意该担保；福州市政公司同意将特许经营权收益优先用于清偿借款合同项下的长乐亚新公司的债务，长乐市建设局和福州市政公司同意将污水处理费优先用于清偿借款合同项下的长乐亚新公司的债务；福州市商业银行五一支行未受清偿的，有权依法通过拍卖等方式实现质押权利等。上述合同签订后，福州市商业银行五一支行依约向长乐亚新公司发放贷款3000万元。长乐亚新公司于2007年10月21日起未依约按期足额还本付息。另查明，福州市商业银行五一支行于2007年4月28日名称变更为福州市商业银行股份有限公司五一支行；2009年12月1日其名称再次变更为福建海峡银行股份有限公司福州五一支行。

福州市中级人民法院于2013年5月16日作出（2012）榕民初字第661号民事判决：一、长乐亚新公司应于本判决生效之日起十日内向海峡银行五一支行偿还借款本金28,714,764.43元及利息（暂计至2012年8月21日为2,142,597.6元，此后利息按《单位借款合同》的约定计至借款本息还清之日止）；二、长乐亚新公司应于本判决生效之日起十日内向海峡银行五一支行支付律师代理费人民币123,640元；三、海峡银行五一支行于本判决生效之日起有权直接向长乐市建设局收取应由长乐市建设局支付给长乐亚新公司、福州市政工程有限公司的污水处理服务费，并对该污水处理服务费就本判决第一项、第二项所确定的债务行使优先受偿权；四、福州市政工程有限公司对本判决第一项、第二项确定的债务承担连带清偿责任；五、驳回海峡银行五一支行的其他诉讼请求。宣判后，两被告均提起上诉。福建省高级人民法院于2013年9月17日作出（2013）闽民终字第870号民事判决，驳回上诉，维持原判。

【法院观点】

本案争议焦点主要涉及污水处理项目特许经营权质押是否有效以及该质权如何实现问题。

关于污水处理项目特许经营权能否出质问题。污水处理项目特许经营权是对污水处理厂进行运营和维护，并获得相应收益的权利。污水处理厂的运营和维护，属于经营者的义务，而其收益权，则属于经营者的权利。由于对污水处理厂的运营和维护，并不属于可转让的财产权利，故讼争的污水处理项目特许经营权质押，实质上系污水处理项目收益权的质押。关于污水处理项目等特许经营的收益权能否出质问题，应当考虑以下方面：其一，本案讼争污水处理项目《特许经营权质押担保协议》签订于2005年，尽管当时法律、行政法规及相关司法解释并未规定污水处理项目收益权可质押，但污水处理项目收益权与公路收益权性质上相类似。《最高人民法院关于适用〈中华人民共和国担保法〉若干问题的解释》（已失效）第九十七条规定，"以公路桥梁、公路隧道或者公路渡口等不动产收益权出质的，按照担保法第七十五条第（四）项的规定处理"，明确公路收益权属于依法可质押的其他权利，与其类似的污水处理收益权亦应允许出质。其二，国务院办公厅2001年9月29日转发的《国务院西部开发办〈关于西部大开发若干政策措施的实施意见〉》（国办发〔2001〕73号）中提出，"对具有一定还贷能力的水利开发项目和城市环保项目（如城市污水处理和垃圾处理等），探索逐步开办以项目收益权或收费权为质押发放贷款的业务"，首次明确可试行将污水处理项目的收益权进行质押。其三，污水处理项目收益权虽系将来金钱债权，但其行使期间及收益金额均可确定，其属于确定的财产权利。其四，在《物权法》（已失效）颁布实施后，因污水处理项目收益权系基于提供污水处理服务而产生的将来金钱债权，依其性质亦可纳入依法可出质的"应收账款"的范畴。因此，讼争污水处理项目收益权作为特定化的财产权利，可以允许其出质。

关于污水处理项目收益权质权的公示问题。对于污水处理项目收益权的质权公示问题，在《物权法》自2007年10月1日起施行后，因收益权已纳入该法第二百二十三条第六项的"应收账款"范畴，故应当在中国人民银行征信中心的应收账款质押登记公示系统进行出质登记，质权才能依法成立。由于本案的质押担保协议签订于2005年，在《物权法》施行之前，故不适用该法关于应收账款的统一登记制度。因当时并无统一的登记公示的规定，故参照当时公路收费权质押登记的规定，由其主管部门进行备案登记，有关利害关系人可通过其主管部门了解该收益权是否存在质押之情况，该权利即具备物权公示的效果。本案中，长乐市建设局在《特许经营权质押担保协议》上盖章，且协议第七条明确约定"长乐市建设局同意为原告和福州市政公司办理质押登记出质登记手续"，故可认定讼争污水处理项目的主管部门已知晓并认可该权利质押情况，有关利害关系人亦可通过长乐市建设局查询了解讼争污水处理厂的有关权利质押的情况。因此，本案讼争的权利质押已具备公示之要件，质权已设立。

关于污水处理项目收益权的质权实现方式问题。《担保法》和《物权法》均未具体规定权利质权的具体实现方式，仅就质权的实现作出一般性的规定，即质权人在行使质权时，可与出质人协议以质押财产折价，或就拍卖、变卖质押财产所得的价款优先受偿。但污水处理项目收益权属于将来金钱债权，质权人可请求法院判令其直接向出质人的债务人收取金钱并对该金钱行使优先受偿权，故无需采取折价或拍卖、变卖之方式。况且收益权均附有一定之负担，且其经营主体具有特定性，故依其性质亦不宜拍卖、变卖。因此，原告请求将《特许经营权质押担保协议》项下的质物予以拍卖、变卖并行使优先受偿权，不予支持。根据协议约定，原告海峡银行五一支行有权直接向长乐市建设局收取污水处理服务费，并对所收取的污水处理服务费行使优先受偿权。由于被告仍应依约对污水处理厂进行正常运营和维护，若无法正常运营，则将影响到长乐市城区污水的处理，亦将影响原告对污水处理费的收取，故原告在向长乐市建设局收取污水处理服务费时，应当合理行使权利，为被告预留经营污水处理厂的必要合理费用。

【实务解析】

应收账款是会计学上的一个概念，通常指权利人因提供一定的商品、服务或者劳务而获得的要求义务人付款的权利，属于货币性资产的一种。中国人民银行《应收账款质押登记办法》（已失效）曾规定："本办法所称应收账款是指权利人因提供一定的货物、服务或设施而获得的要求义务人付款的权利以及依法享有的其他付款请求权，包括现有的和未来的金钱债权，但不包括因票据或其他有价证券而产生的付款请求权，以及法律、行政法规禁止转让的付款请求权。本办法所称的应收账款包括下列权利：（一）销售、出租产生的债权，包括销售货物，供应水、电、气、暖，知识产权的许可使用，出租动产或不动产等；（二）提供医疗、教育、旅游等服务或劳务产生的债权；（三）能源、交通运输、水利、环境保护、市政工程等基础设施和公用事业项目收益权；（四）提供贷款或其他信用活动产生的债权；（五）其他以合同为基础的具有金钱给付内容的债权。"由此可见，应收账款范围概念较为广泛，属于因合同产生的金钱之债。原《物权法》已经将应收账款作为权利质押的客体，但当时的应收账款仅指现有的应收账款，不包括将有的应收账款。《民法典》将应收账款的范围予以扩大，既包括现有的，也包括将有的应收账款。《动产和权利担保统一登记办法》进一步明确细化。

本案系最高人民法院发布的指导案例，明确特许经营权的收益权可以质押，并可作为应收账款进行出质登记；特许经营权的收益权依其性质不宜折价、拍卖或变卖，质权人主张优先受偿权的，人民法院可以判令出质债权的债务人将收益权的应收账款优先支付质权人。《最高人民法院关于适用〈中华人民共和国民法典〉有关担保制度的解释》第六十一条将上述指导案例的精神予以吸收。值得注意的是，特许经营权、项目收益权等将有的应收账款与现有的应收账款在权利行使上存在一定区别：一是在行权对象上，现有的应收账款债务人是特定的，质权人可直接要求应收账款债务人履行。而将有的应收账款其义务人是不特定的，只能要求应收账款债权人履行。二是行权方式上，当事人为应收账款设立特定账户的，质权人原则上先就特定账户内的款项优先受偿；特定账户内的款项不足以清偿债务或者未设立特定账户，质权人请求折价或者拍卖、变卖将有的应收账款并以所得的价款优先受偿。①

【法条链接】

《最高人民法院关于适用〈中华人民共和国民法典〉有关担保制度的解释》（法释〔2020〕28号）

第六十一条第四款 以基础设施和公用事业项目收益权、提供服务或者劳务产生的债权以及其他将有的应收账款出质，当事人为应收账款设立特定账户，发生法定或者约定的质权实现事由时，质权人请求就该特定账户内的款项优先受偿的，人民法院应予支持；特定账户内的款项不足以清偿债务或者未设立特定账户，质权人请求折价或者拍卖、变卖项目收益权等将有的应收账款，并以所得的价款优先受偿的，人民法院依法予以支持。

《动产和权利担保统一登记办法》（中国人民银行令〔2021〕7号）

第三条 本办法所称应收账款是指应收账款债权人因提供一定的货物、服务或设施而获得的要求应收账款债务人付款的权利以及依法享有的其他付款请求权，包括现有的以及将有的金钱债权，但不包括因票据或其他有价证券而产生的付款请求权，以及法律、行政法规禁止转让的付款请求权。

本办法所称的应收账款包括下列权利：

（一）销售、出租产生的债权，包括销售货物，供应水、电、气、暖，知识产权的许可使用，出租动产或不动产等；

（二）提供医疗、教育、旅游等服务或劳务产生的债权；

---

① 参见最高人民法院民事审判第二庭编著：《最高人民法院民法典担保制度司法解释理解与适用》，人民法院出版社2021年版，第523页。

（三）能源、交通运输、水利、环境保护、市政工程等基础设施和公用事业项目收益权；

（四）提供贷款或其他信用活动产生的债权；

（五）其他以合同为基础的具有金钱给付内容的债权。

二、应收账款质权人对应收账款债务人主张质权时，质权人应对应收账款的真实性承担举证责任，不能仅以已办理登记为由主张优先受偿

——广发银行股份有限公司本溪分行与满孚首成（本溪）实业有限公司等金融借款合同纠纷案

【案件来源】最高人民法院（2019）最高法民终1445号

【争议焦点】应收账款质押中，应收账款债务人抗辩应收账款不真实的，人民法院如何处理，谁应当承担举证证明责任？质权人能否以已经办理登记为由主张优先受偿？

【裁判要旨】以现有的应收账款出质，质权人不能举证证明办理出质登记时应收账款真实存在，仅以已经办理出质登记为由，请求就应收账款优先受偿的，人民法院不予支持。

【基本案情】

上诉人（原审原告）：广发银行股份有限公司本溪分行（以下简称广发银行本溪分行）

被上诉人（原审被告）：满孚首成（本溪）实业有限公司（以下简称满孚公司）、俊安（天津）实业有限公司（以下简称俊安实业公司）、俊安（中国）投资有限公司（以下简称俊安投资公司）、俊安资源（香港）有限公司（以下简称俊安资源公司）、陈某宜、蔡某新、本溪长隆实业有限公司（以下简称长隆公司）、沈阳煤业（集团）国源物流有限公司（以下简称国源公司）

2017年6月30日，广发银行本溪分行（甲方）与满孚公司（乙方）签订《人民币短期贷款合同》，约定：借款金额为人民币97,622,235.77元；借款期限为1年（自2017年6月30日至2018年6月29日）；利率为固定利率。该《人民币短期贷款合同》对违约事件及处理约定如下：下列事项之一即构成或视为满孚公司在该合同项下违约事件：满孚公司未按该合同的约定履行对广发银行本溪分行的支付和清偿义务……；出现前款规定的违约事件时，广发银行本溪分行有权视具体情况分别或同时采取下列措施：终止或解除该合同，全部、部分终止或解除广发银行本溪分行与满孚公司之间的其他合同。2017年6月30日，广发银行本溪分行放款97,614,055.17元，借款借据标明年利率为5.655%。同日，俊安投资公司、俊安实业公司、俊安资源公司、蔡某新、陈某宜、长隆公司分别对上述借款提供连带责任保证。

2017年6月30日，广发银行本溪分行作为质权人（甲方），与满孚公司作为出质人（乙方）签订《应收账款质押合同》，为《人民币短期贷款合同》提供担保，应收账款义务人为国源公司。同日，广发银行本溪分行作为质权人（甲方），与满孚公司作为出质人（乙方）签订《应收账款质押登记协议》。约定：为配合广发银行本溪分行在中国人民银行征信中心应收账款质押登记公示系统办理质押登记手续，根据相关规定以及双方签订的《应收账款质押合同》，乙方自愿作为出质人，提供其所合法拥有的应收账款作为出质权利，担保主合同项下所发生的主合同债务人的债务。中国人民银行征信中心动产权属统一登记初始登记记载，满孚公司将《应收账款质押合同》项下财产价值为149,047,762.8元的应收账款质押给广发银行本溪分行。

后满孚公司违约，广发银行本溪分行提起诉讼，请求：一、解除广发银行本溪分行与满孚公司于2017年6月30日签订的《人民币短期贷款合同》；二、满孚公司偿还本金97,614,055.17元，支付利息、罚息、复利；三、俊安实业公司、俊安投资公司、俊安资源公司、陈某宜、蔡某新对第二项诉讼请求承担连带保证责任；四、长隆公司在2000万元范围内承担连带保证责任；五、广发银行本溪分行针对满孚公司对国源公司享有的应收账款1.49亿元有优先权，并判令国源公司将欠付满孚公司的应收账款支付给广发银行本溪分行。

一审法院对广发银行本溪分行的主债权及相关担保主张予以支持，但认为虽然广发银行本溪分行与满孚公司签订了《应收账款质押合同》为有效合同，但国源公司不认可广发银行本溪分行举证的满孚公司对国源公司的1.49亿元应收账款出质债权，无法确认满孚公司对国源公司存在1.49亿元应收账款债权的真实性，故广发银行本溪分行请求确认其质权有效并有权对该质押债权享有优先受偿权的诉讼请求，缺乏充分的证据支持，对其此项诉讼请求，不予支持。故判决：一、满孚公司于判决生效之日起十日内偿还广发银行本溪分行借款本金97,614,055.17元；二、满孚公司于判决生效之日起十日内给付广发银行本溪分行97,614,055.17元借款的利息以及复利；三、俊安实业公司、俊安资源公司、俊安投资公司、陈某宜、蔡某新对满孚公司所负的上述第一项、第二项债务承担连带保证责任，承担连带保证责任后有权向满孚公司追偿；四、长隆公司对满孚公司所负的上述第一项、第二项债务按照《最高额保证合同》约定的最高额限度内承担连带保证责任，承担连带保证责任后有权向满孚公司追偿；五、驳回广发银行本溪分行的其他诉讼请求。

广发银行本溪分行对此不服提起上诉，请求：一、维持一审判决第一项、第二项、第三项、第四项；二、改判一审判决第五项为"广发银行本溪分行针对满孚公司对国源公司享有的应收账款债权1.49亿元享有优先权，国源公司将欠付满孚公司的应收账款1.49亿元支付给广发银行本溪分行"。二审法院判决：驳回上诉，维持原判。

【法院观点】

本案纠纷为广发银行本溪分行已经办理了应收账款质权登记，但是在行使质权时却遭遇到该基础交易关系的债务人国源公司关于该应收账款并不客观存在的抗辩。有些金融机构或其他债权人在开展应收账款质押时仍然停留在依据《物权法》（已失效）第二百二十八条的规定，仅凭债务人提供基础交易关系的债权合同及相应增值税发票等资料，即办理质权登记，而疏于核实基础交易关系中应收账款债权的客观真实性，由此导致行使质权时可能面临基础交易关系债务人对应收账款并未客观存在或行使抵销权的抗辩。本案广发银行本溪分行主张行使应收账款质权，与国源公司关于应收账款并不客观存在抗辩的冲突，即系该问题的直接体现。

《物权法》第二百二十九条规定："权利质权除适用本节规定外，适用本章第一节动产质权的规定。"对于动产质权而言，系通过质权人对动产有体物的占有以实现该物权的支配权能。而在设定权利质权时，亦需要满足质权人对该权利的支配权能。欲满足质权人对该权利标的之支配，在应收账款质权设立时需要满足以下两个要求：

首先，需要所支配的标的物在质权设立时，或者在质权实现时能够得以特定。在应收账款质权所对应的应收账款特定上，应仅指基础交易关系中债权人因销售产品、提供劳务等，有权向购货单位或接受劳务单位收取的款项。其次，在要求应收账款为纯债权性利益的情况下，还应要求质权人在设定及行使质权时能够实际支配该应收账款。虽然《物权法》将应收账款与汇票、支票、本票、债券、存款单、仓单、提单、基金份额、股权、知识产权中的财产权等财产权利并列为权利质权的标的，但应收账款与汇票、支票等其他出质权利在性质上有显著区别，主要体现为：汇票、支票、本票等权利载体所记载的财产权利是确定的，这些权利基于权利凭证即可取得或者证明，无论是占有该权利凭证，还是在该权利凭证上记载质权，均能公示该质权的支配性特征，故遭遇债务人道德风险及不能实现权利质权的风险较小；而应收账款作为一种债权，其确定及支配依赖于基础交易关系的债务人对债务的认同和协助，或者为生效裁判文书的确认。由此，对于应收账款这种质权标的来说，在确定质权人对该应收账款的支配权能上，首先需要基础交易关系债务人对该债务的认同和协助。而如何获得该基础关系债务人的认同和协助，涉及设立质权时对应收账款债权客观真实性的核实义务和通知义务的问题。

  关于应收账款客观真实性的核实义务主体问题。应收账款作为一种债权，在基础交易关系当事人之外，并不具有对外的公示要件，因此该权利内容和有效存在除了合同当事人之外，第三人很难知悉，仅凭出质人单方提供的材料或说明难以确保该债权的客观真实存在；而出质人的道德风险亦系引发应收账款质权纠纷的一个重要因素，本案即为出质人道德风险之典型体现。为确保所出质之应收账款权利的客观真实有效，需要获得基础交易关系之债务人的确认。虽然《物权法》并未要求应收账款质押担保的主债权人在设立质权时负担调查核实应收账款客观真实性的义务，但是根据应收账款为纯债权性利益及其原则上属于相对权的特性，在该质权设立时应首先核实该权利客观真实有效存在或将来客观真实有效存在，以满足物权人对该担保标的物特定性及支配的要求。至于核实义务的履行主体，考虑到交易成本的降低、交易效率的提高和风险控制的可能性，及该核实义务的目的在于防止出质人的道德风险所引发的权利冲突问题，不宜将该核实义务放任由出质人负担，而应由质押担保的主债权人负担。在质押担保的主债权人怠于核实该应收账款客观真实性的情况下，该应收账款并不客观真实存在及存在抵销权等抗辩的风险，应由质押担保的主债权人自行承担，而不能由应收账款基础交易关系的债务人承担，否则有害交易安全，损及第三人合法权益。

关于应收账款质权设立的通知义务问题，在质押担保的债权人核实了该应收账款客观真实存在的情况下，其还应通知基础交易关系债务人该设立应收账款质权的情况，并在通知中明确该债务人不得再行向基础交易关系债权人或者第三人予以清偿或行使抵销权的要求，以确保质权人对该应收账款质权的留置性支配。至于具体通知的形式和内容，是通过三方协议，还是通过询证函及止付通知的形式实现，需以能够满足对应收账款的留置性支配为足。

综合本案证据，本案不能作出国源公司欠付满孚公司债务的认定。在广发银行本溪分行没有提供证据证明满孚公司对国源公司享有1.49亿元应收账款债权的情况下，一审法院认定现有证据无法证明国源公司欠付满孚公司货物买卖款，理据充分。本案应收账款质权虽然已经登记，但是在广发银行本溪分行不能提供证据证明案涉应收账款客观真实存在的情况下，则广发银行本溪分行在设立案涉应收账款质权时疏于核实该应收账款客观真实性的风险，应自行承担；在广发银行本溪分行不能提供证据证明满孚公司对国源公司享有1.49亿元应收账款债权的情况下，广发银行本溪分行主张对该无法确定客观真实性的1.49亿元应收账款债权行使优先受偿权的上诉请求，缺乏理据，不予支持。

【实务解析】

原《物权法》第二百二十八条规定，"以应收账款出质的，当事人应当订立书面合同。质权自信贷征信机构办理出质登记时设立"。现行《民法典》第四百四十五规定，"以应收账款出质的，质权自办理出质登记时设立"。实践中，质权人首先与出质人签订书面的应收账款质押合同，出质人在出质时多仅提供应收账款基础交易合同、履行基础交易合同的增值税发票及应收账款金额等材料，然后便在中国人民银行征信中心办理应收账款质押登记。产生纠纷后，债权人起诉请求针对该应收账款行使优先受偿权时，应收账款债务人往往抗辩应收账款的债权并不存在或已经抵销。因此，应收账款出质中存在较大的道德风险。实践中部分金融机构会核实该应收账款的客观真实性，并以签署三方协议或询证函及止付通知的形式确保该应收账款客观存在，然后再行办理应收账款质权登记，但也经常遇到被应收账款债务人及债权人联合欺骗的情形。对此，民法典在保理合同章中明确规定，"应收账款债权人与债务人虚构应收账款作为转让标的，与保理人订立保理合同的，应收账款债务人不得以应收账款不存在为由对抗保理人，但是保理人明知虚构的除外"。《最高人民法院关于适用〈中华人民共和国民法典〉有关担保制度的解释》吸收上述精神，对于应收账款债务人向质权人确认应收账款的真实性后，又以应收账款不存在或者已经消灭为由主张不承担责任的，不予支持。对于应收账款债务人未确认应收账款的真实性，质权人要证明办理出质登记时应收账款真实存在，否则就要承担不利后果，而不能仅以应收账款已经办理出质登记为由主张优先受偿。主要原因在于，在应收账款质押登记中，登记由权利人自行登记，登记簿仅具有警示和确定优先顺位的功能，不像不动产登记簿那样具有公信力，所以办理质押登记本身不当然意味着应收账款真实存在。考虑到交易成本的降低、交易效率的提高和风险控制的可能性，法律将核实义务科以质权人负担，要求质权人开展应收账款质押融资业务时，应当严格审核确认应收账款的真实性，并在登记公示系统中查询应收账款的权利负担状况。

【法条链接】

《中华人民共和国民法典》

第四百四十五条　以应收账款出质的，质权自办理出质登记时设立。

应收账款出质后，不得转让，但是出质人与质权人协商同意的除外。出质人转让应收账款所得的价款，应当向质权人提前清偿债务或者提存。

《最高人民法院关于适用〈中华人民共和国民法典〉有关担保制度的解释》（法释〔2020〕28号）

第六十一条　以现有的应收账款出质，应收账款债务人向质权人确认应收账款的真实性后，又以应收账款不存在或者已经消灭为由主张不承担责任的，人民法院不予支持。

以现有的应收账款出质，应收账款债务人未确认应收账款的真实性，质权人以应收账款债务人为被告，请求就应收账款优先受偿，能够举证证明办理出质登记时应收账款真实存在的，人民法院应予支持；质权人不能举证证明办理出质登记时应收账款真实存在，仅以已经办理出质登记为由，请求就应收账款优先受偿的，人民法院不予支持。

以现有的应收账款出质，应收账款债务人已经向应收账款债权人履行了债务，质权人请求应收账款债务人履行债务的，人民法院不予支持，但是应收账款债务人接到质权人要求向其履行的通知后，仍然向应收账款债权人履行的除外。

……

三、以汇票出质时，需要满足背书记载"质押"字样并在汇票上签章，且将汇票交付质权人，才能认定质权自交付时设立

——中信银行股份有限公司武汉分行与武汉市金储物资贸易有限公司等金融借款合同纠纷再审案

【案件来源】最高人民法院（2019）最高法民申 3089 号

【争议焦点】汇票质押需要满足何种条件才能设立？

【裁判要旨】以汇票出质，当事人以背书记载"质押"字样并在汇票上签章，汇票已经交付质权人的，人民法院应当认定质权自汇票交付质权人时设立。

【基本案情】

再审申请人（一审原告、二审被上诉人）：中信银行股份有限公司武汉分行（以下简称中信银行武汉分行）

被申请人（一审被告、二审被上诉人）：武汉市金储物资贸易有限公司（以下简称金储物资公司）

被申请人（一审被告、二审上诉人）：武汉钢铁江北集团冷弯型钢有限公司（以下简称武钢冷弯型钢公司）

2015 年 2 月 3 日，中信银行武汉分行与金储物资公司签订《银行承兑汇票承兑协议》。同日，双方签订《权利质押合同》。该合同约定：为确保中信银行武汉分行与金储物资公司签订的《银行承兑汇票承兑协议》的履行，金储物资公司愿将其享有的权利为中信银行武汉分行依据主合同对金储物资公司享有的全部债权提供质押担保，质押担保的范围包括主合同项下主债权、利息、罚息、复利、诉讼费等费用。

后因金储物资公司违约，中信银行武汉分行向一审法院起诉请求：1. 金储物资公司偿还所欠中信银行武汉分行 2380 万元垫款本金及罚息；2. 武钢冷弯型钢公司立即向中信银行武汉分行支付票据款 2652 万元及自票据到期日至清

偿日按中国人民银行人民币同期同类贷款基准利率计算的利息，中信银行武汉分行就该票据款及利息在 2386.8 万元债权本金及相应利息、罚息和实现债权、质权所发生的费用范围内优先受偿。

一审法院判决：一、中信银行武汉分行在《银行承兑汇票承兑协议》项下债权范围内，对金储物资公司提供的《权利质押合同》项下质押物（出票人为武钢冷弯型钢公司，编号为××××的商业承兑汇票）享有优先受偿权。二、驳回中信银行武汉分行其他诉讼请求。

武钢冷弯型钢公司不服提起上诉，请求：1.纠正一审判决关于中信银行武汉分行有权行使追索权的认定；2.改判驳回中信银行武汉分行的全部诉讼请求。

二审法院判决：一、撤销湖北省武汉市中级人民法院（2017）鄂01民初第2192号民事判决；二、武钢冷弯型钢公司于本判决生效后十日内向中信银行武汉分行支付 2,193,979.97 元及利息；三、驳回中信银行武汉分行其他诉讼请求。

中信银行武汉分行向最高人民法院申请再审称：金储物资公司出质票据符合《票据法》对票据质押的规定，中信银行武汉分行所取得的案涉商业承兑汇票质押权合法有效，对该票据享有《票据法》规定的票据质押权利。1.金储物资公司已经完成质押背书，案涉票据背书有明确的"质押"字样，背书人金储物资公司也加盖了财务章和法人章，符合《票据法》第三十五条第二款的规定，故案涉票据质押背书签章完整有效，中信银行武汉分行依法享有票据质押权利。2.案涉票据质押背书"委托收款"字样被划线后未签章并不影响质押背书的成立并生效。因金储物资公司笔误书写的"委托收款"字样，已由金储物资公司自行划线进行更正，金储物资公司还提交《说明》进一步明确"委托收款"系笔误，其已将票据背书质押给中信银行武汉分行。《票据法》第九条规定："票据上的记载事项必须符合本法的规定。票据金额、日期、收款人名称不得更改，更改的票据无效。对票据上的其他记载事项，原记载人可以更改，更改时应当由原记载人签章证明。"因此，金储物资公司对背书"委托收款"有权更改，且金储物资公司出具的《说明》明确将"委托收款"更改为"质押"是其真实意思表示，虽然更改后未签章不符合《票据法》的规定，但根据《票据管理实施办法》第十七条"出票人在票据上的签章不符合票据法和本办法规定的，票据无效；背书人、承兑人、保证人在票据上的签章不符合票据法和本办法规定的，其签章无效，但是不影响票据上其他签章的效力"的规定，背书更改不符合规定不影响质押签章的效力，应认定案涉票据的质押背书合法有效。3. 中信银行武汉分行通过质押背书转让合法取得案涉票据，为票据持有人，根据《票据法》第十三条第一款"票据债务人不得以自己与出票人或者与持票人的前手之间的抗辩事由，对抗持票人"的规定，武钢冷弯型钢公司作为票据的债务人不得以其与票据权利人前手之间的基础合同关系对抗中信银行武汉分行。最高人民法院裁定：驳回中信银行武汉分行的再审申请。

【法院观点】

本案中，中信银行武汉分行与金储物资公司签订了 2015 鄂银权质第 103 号《权利质押合同》，金储物资公司将案涉商业承兑汇票交付给中信银行武汉分行，根据《物权法》（已失效）第二百二十四条"以汇票、支票、本票、债券……出质的，当事人应当订立书面合同。质权自权利凭证交付质权人时设立；没有权利凭证的，质权自有关部门办理出质登记时设立"、第八条"其他相关法律对物权另有特别规定的，依照其规定"的规定，中信银行武汉分行若要以票据权利人的身份向票据债务人主张票据质权，则应举证证明案涉票据的质押背书符合《票据法》相关规定。关于票据质权的设立，《票据法》第三十五条第二款规定："汇票可以设定质押；质押时应当以背书记载'质押'字样。被背书人依法实现其质权时，可以行使汇票权利。"《最高人民法院关于审理票据纠纷案件若干问题的规定》规定，以票据设定质押时，出质人未在票据或粘单上记载质押字样而另行签订质押合同、质押条款的，不构成票据质押。《最高人民法院关于适用〈中华人民共和国担保法〉若干问题的解释》（已失效）第九十八条规定："以汇票、支票、本票出质，出质人与质权人没有背书记载'质押'字样，以票据出质对抗善意第三人的，人民法院不予支持。"以上规定均体现了票据质押的背书公示原则，即设立票据质权应以背书的文义记载为依据。故中信银行武汉分行若要行使票据质权，需证明案涉票据背书连续且记载"质押"字样。案涉票据背书原记载"委托收款"字样，金储物资公司在背书人签章处加盖了财务章及法人章，后该字样被划去并加盖"质押"字样，金储物资公司并未在修改的背书"质押"处签章。虽然金储物资公司出具《说明》一份，表示由于工作人员失误，在背书人签章处误写上"委托收款"字样并划去，金储物资公司愿意承担由此带来的所有经济责任及损失，但根据前述法律和司法解释规定，票据权利应以背书记载为准，该《说明》并不能产生票据法上的背书效力，故不能认定案涉票据质权已设立。

【实务解析】

汇票质押是融资中常用的方式。关于汇票质押的设立是否以背书记载"质押"字样为必要条件，一直存在不同的认识。一种观点认为，《票据法》第三十五条第二款规定，"汇票可以设定质押；质押时应当以背书记载'质押'字样。被背书人依法实现其质权时，可以行使汇票权利"，因此汇票质押必须以背书记载"质押"字样为有效条件。另一种观点认为，根据原《物权法》有关权利质权的规定，以汇票出质的，当事人应当签订质押合同，质权自权利凭证交付质权人时设立。在最高人民法院发布的公报案例滕州市城郊信用社诉建行枣庄市薛城区支行票据纠纷案中，法院即持有该观点[1]，并进行了详细论述。产生以上不同理解的主要原因在于相关法律及司法解释规定存在一定冲突，带来理解上的困惑，甚至产生了物权法上的票据质押和票据法上的票据质押等不

---

[1] 法院认为，关于城郊信用社与洗煤厂之间是否形成有效的质押关系，既应适用票据法、担保法，也应适用《最高人民法院关于适用〈中华人民共和国担保法〉若干问题的解释》（已失效）和《最高人民法院关于审理票据纠纷案件若干问题的规定》。《票据法》第三十五条第二款规定，汇票质押时应当以背书记载"质押"字样。但并未规定如果未记载"质押"字样的，质押不生效或无效。《担保法》（已失效）第七十六条规定："以汇票、支票、本票、债券、存款单、仓单、提单出质的，应当在合同约定的期限内将权利凭证交付质权人。质押合同自权利凭证交付之日起生效。"因此，背书质押不是设定票据质权的唯一方式，订立质押合同、交付票据也可以设定票据质权。《票据法》第三十一条第一款规定："以背书转让的汇票，背书应当连续。持票人以背书的连续，证明其汇票权利；非经背书转让，而以其他合法方式取得汇票的，依法举证，证明其汇票权利。"以票据出质的，质押背书是表明票据持有人享有票据质权的直接证据，如果无质押背书，书面的质押合同就是票据持有人证明其享有票据质权的合法证据。在票据持有人持有票据，并有书面质押合同的情况下，应当认定持有人享有票据质权。《最高人民法院关于适用〈中华人民共和国担保法〉若干问题的解释》（已失效）第九十八条规定："以汇票、支票、本票出质，出质人与权人没有背书记载'质押'字样，以票据出质对抗善意第三人的，人民法院不予支持。"由此，背书"质押"字样不是票据质权的取得要件，仅是票据质权的对抗要件。虽然《最高人民法院关于审理票据纠纷案件若干问题的规定》第五十五条规定，"依照票据法第三十五条第二款的规定，以汇票设定质押时，……或者出质人未在汇票、粘单上记载'质押'字样而另行签订质押合同、质押条款的，不构成票据质押"，但因该规定的颁布时间早于《最高人民法院关于适用〈中华人民共和国担保法〉若干问题的解释》（已失效），故对本案应适用该司法解释中的规定。综上，本案城郊信用社与洗煤厂间订有质押合同、洗煤厂将银行汇票交付城郊信用社占有，双方在8号银行汇票上成立了有效的票据质押关系，城郊信用社取得票据质权。

同观点。

为解决该争议,一方面,《民法典》第四百四十一条在原《物权法》的基础上,增加"法律另有规定的,依照其规定"的表述,为在票据质押关系上明确《票据法》之适用,做好铺垫。易言之,《民法典》解决的是票据质权的原因关系,将票据视为同债券、仓单、提单等相似的权利质权加以规定。《票据法》解决的是票据的特殊问题,设质行为如何进行、效力如何等均应由《票据法》规制。另一方面,最高人民法院以司法解释的形式对该问题予以明确回应。《最高人民法院关于适用〈中华人民共和国民法典〉有关担保制度的解释》第五十八条明确规定了汇票出质的三要件:一是以背书记载"质押"字样;二是在汇票上签章;三是交付质权人。因此,未记载"质押"字样,或者虽记载了"质押"字样未在票据上签章的,均不构成票据质押。

【法条链接】

《中华人民共和国民法典》

第四百四十一条 以汇票、本票、支票、债券、存款单、仓单、提单出质的,质权自权利凭证交付质权人时设立;没有权利凭证的,质权自办理出质登记时设立。法律另有规定的,依照其规定。

《中华人民共和国票据法》

第三十五条 背书记载"委托收款"字样的,被背书人有权代背书人行使被委托的汇票权利。但是,被背书人不得再以背书转让汇票权利。

汇票可以设定质押;质押时应当以背书记载"质押"字样。被背书人依法实现其质权时,可以行使汇票权利。

《最高人民法院关于适用〈中华人民共和国民法典〉有关担保制度的解释》(法释〔2020〕28号)

第五十八条 以汇票出质,当事人以背书记载"质押"字样并在汇票上签章,汇票已经交付质权人的,人民法院应当认定质权自汇票交付质权人时设立。

《最高人民法院关于审理票据纠纷案件若干问题的规定》(法释〔2020〕18号)

第五十四条 依照票据法第三十五条第二款的规定,以汇票设定质押时,出质人在汇票上只记载了"质押"字样未在票据上签章的,或者出质人未在汇票、粘单上记载"质押"字样而另行签订质押合同、质押条款的,不构成票据质押。

四、开证行持有提单,结合当事人的真实意思表示以及信用证交易的特点,可认定开证行对信用证项下单据中的提单以及提单项下的货物享有质权

——中国建设银行股份有限公司广州荔湾支行与广东蓝粤能源发展有限公司等信用证开证纠纷案

【案件来源】最高人民法院指导案例 111 号:最高人民法院(2015)民提字第 126 号

【争议焦点】提单为债权凭证还是物权凭证?开证行持有提单,是否依法享有质权?

【裁判要旨】提单具有债权凭证和所有权凭证的双重属性,提单持有人是否因受领提单的交付而取得物权以及取得何种类型的物权,取决于合同的约定。本案中,开证行根据其与开证申请人之间的合同约定持有提单,结合当事人的真实意思表示以及信用证交易的特点,应认定开证行对信用证项下单据中的提单以及提单项下的货物享有质权,开证行行使提单质权的方式与行使提单项下动产质权的方式相同,即对提单项下货物折价、变卖、拍卖后所得价款享有优先受偿权。

【基本案情】

再审申请人(一审原告、二审上诉人):中国建设银行股份有限公司广州荔湾支行(以下简称建行荔湾支行)

被申请人(一审被告、二审被上诉人):广东蓝粤能源发展有限公司(以下简称蓝粤能源)、惠来粤东电力燃料有限公司(以下简称粤东电力)、广东蓝海海运有限公司(以下简称蓝海海运)、蓝某彬

2011 年 12 月 5 日,建行荔湾支行与蓝粤能源签订《贸易融资额度合同》及相关附件,约定自 2011 年 12 月 22 日起至 2012 年 11 月 25 日,建行荔湾支行向蓝粤能源提供最高不超过等值 5.5 亿元的贸易融资额度,其中包括开立承付期限 90 天(含)以内、额度为等值 5.5 亿元整的远期信用证。2011 年 12 月 5 日,粤东电力、蓝海海运、蓝某彬签订了《最高额保证合同》,为上述融

资提供担保。2012年11月2日,蓝粤能源向建行荔湾支行申请开立贸易融资额度为8592万元的远期信用证。同时为申请开立上述信用证,蓝粤能源向建行荔湾支行出具了《信托收据》和《保证金质押合同》。《信托收据》确认自该收据出具之日起,建行荔湾支行即取得上述信用证项下所涉单据和货物的所有权,建行荔湾支行与蓝粤能源之间确立信托法律关系,建行荔湾支行为委托人和受益人,而蓝粤能源则作为上述信托货物的受托人。建行荔湾支行于2012年11月2日为蓝粤能源开出了跟单信用证,并向蓝粤能源发出《开立信用证通知书》。信用证开立后,蓝粤能源进口了164,998吨煤炭。随后建行荔湾支行对该信用证进行了承兑,并向蓝粤能源放款84,867,952.27元,用于蓝粤能源偿还建行首尔分行信用证垫付款。蓝粤能源在款项到期后未能足额清偿欠款,构成违约。

另查明,蓝粤能源进口的164,998吨煤炭提货单由蓝粤能源交付给了建行荔湾支行。但因其他纠纷,该批煤炭被广西防城港市港口区人民法院查封。建行荔湾支行就该保全查封已向广西北海海事法院提起了异议,该异议尚在审理中。因该批煤炭被法院查封,建行荔湾支行未能提货变现。

再查,建行荔湾支行与蓝粤能源于2011年12月5日签订的《贸易融资额度合同》有一个名为《关于开立信用证的特别约定》的附件,其中第九条"违约责任"的第二款约定,甲方(蓝粤能源)违约或发生《贸易融资额度合同》中约定的可能危及乙方(建行荔湾支行)债权的情形之一的,乙方有权行使下述一项或几项权利:(1)如果乙方垫款的,自垫款之日起,乙方有权按逾期贷款利率计收逾期利息,逾期贷款利率由双方在办理单笔业务时具体约定;(2)对于甲方应付款项,乙方有权从甲方在乙方开立的保证金账户直接划收或从甲方在中国建设银行系统开立的其他账户划收,或从甲方其他应收账款中划收;(3)处分信用证项下单据及/或货物;(4)行使担保权利;(5)要求甲方追加保证金或乙方认可的其他担保;(6)《贸易融资额度合同》约定的乙方救济措施;(7)法律许可的其他措施。

2012年10月23日,RANNELDELAPUERTA船长向斯特拉塔营销代理公司(XSTRATACOALMARKETINGAG)签发提单,"收货人"栏显示为"凭指示"(TOORDER)。2012年12月6日,建行荔湾支行收到了受益人通过中国银行(香港)有限公司寄交的包括本案所涉提单在内的全套单据,建行荔湾支行以《信用证单据通知书》告知了蓝粤能源信用证项下有关单据内容，蓝粤能源明确表示接受单据并承诺于 2013 年 3 月 6 日付款。此后，建行荔湾支行委托中国建设银行股份有限公司首尔分行于 2012 年 12 月 14 日对外支付信用证项下款项 15,226,015.44 美元。信用证项下付款期限届满后，蓝粤能源未向建行荔湾支行足额支付该笔款项。

广州市中级人民法院于 2014 年 4 月 21 日作出（2013）穗中法金民初字第 158 号民事判决，支持建行荔湾支行关于蓝粤能源还本付息以及担保人承担相应担保责任的诉请，但以信托收据及提单交付不能对抗第三人为由，驳回建行荔湾支行关于请求确认煤炭所有权以及优先受偿权的诉请。建行荔湾支行不服一审判决，提起上诉。广东省高级人民法院于 2014 年 9 月 19 日作出（2014）粤高法民二终字第 45 号民事判决，驳回上诉，维持原判。建行荔湾支行不服向最高人民法院申请再审。最高人民法院于 2015 年 10 月 19 日作出（2015）民提字第 126 号民事判决，支持建行广州荔湾支行对案涉信用证项下提单对应货物处置所得价款享有优先受偿权，驳回其对案涉提单项下货物享有所有权的诉讼请求。

【法院观点】

关于建行荔湾支行是否对案涉提单项下货物享有所有权。提单具有债权凭证与所有权凭证的双重属性。提单持有人是否当然就享有提单所表征的债权请求权及物权请求权，或者说谁持有提单谁是否当然就对提单项下货物享有所有权，不能一概而论，应区别情况作具体分析。对承运人而言，一般情况下，提单是承运人决定放货与否的唯一凭证和依据，见单就可以放货，且见单就应该放货。至于提单持有人有无法律上的原因或依据，以及基于何种法律上的原因或依据而持有提单，均无需审查、无需过问。但是，对于提单持有人而言，其依法正当地向承运人行使提单权利，应具有法律上的原因或依据，亦即以一定的法律关系存在为前提。同样是交付提单，既可能是基于委托保管提单关系，亦可能是基于货物买卖关系，还可能是基于设立提单权利质押或提单项下货物动产质押关系……也就是说，虽然提单的交付可以与提单项下货物的交付一样产生提单项下货物物权变动的法律效果，但提单持有人是否就因受领提单的交付而取得物权以及取得何种类型的物权，均取决于其所依据的合同如何约定。

关于建行荔湾支行对处置案涉货物所得的价款是否享有优先受偿权。根据《物权法》（已失效）第二百二十四条有关设立权利质押的规定，设立提单权利质押应当同时具备两个要件：一是双方签订了设立提单权利质押的书面合同；二是满足物权公示要件，将权利凭证即提单交付质权人。建行荔湾支行持有提单，具备了提单权利质押设立的公示要件，故考察其是否享有提单权利质权，关键要考量是否具有合同依据。《关于开立信用证的特别约定》第九条第二款约定，一旦蓝粤能源违约或发生《贸易融资额度合同》中约定的可能危及建行荔湾支行债权的情形之一的，建行荔湾支行有权行使下述一项或几项权利，其中第四项约定有权"行使担保权利"……至于第四项约定所称的"担保权利"是一种什么性质的担保，综合合同约定以及案件事实，可以认为其指的就是提单权利质押，理由如下：其一，跟单信用证的基本机制和惯例就是开证行持有提单，开证申请人付款赎单，开证申请人不付款，开证行就不放单，可见，开证行持有提单的目的是担保其债权的实现。如前所述，开证行对提单项下货物并不享有所有权，如果不认定其对提单或提单项下货物享有担保物权，这将完全背离跟单信用证制度关于付款赎单的交易习惯及基本机制，亦完全背离跟单信用证双方当事人以提单等信用证项下的单据担保开证行债权实现的交易目的。其二，《关于开立信用证的特别约定》第九条第二款除约定了上述第四项、第五项内容外，还约定了第三项，即一旦蓝粤能源违约或发生《贸易融资额度合同》中约定的可能危及建行荔湾支行债权的情形之一的，建行荔湾支行有权"处分信用证项下单据及/或货物"。该约定表明，建行荔湾支行有权以自己的意思处分提单及/或提单项下货物，处分当然包括设定提单质押。由于这种处分权的事先赋予，建行荔湾支行事后作出将自己所持有的提单设定质权的意思表示完全符合第三项的约定……综上，建行荔湾支行持有提单，提单可以设立权利质权，有关合同既有设定担保的一般约定，又有以自己的意思处分提单的明确约定，依据《合同法》（已失效）第一百二十五条有关合同解释的规定以及《物权法》第二百二十四条关于权利质押的规定，应当认定建行荔湾支行享有提单权利质权。

【实务解析】

跟单信用证项下，开证行基于提单享有何种权利内容是司法实务中的重点难点问题。要解决这个问题，首先要了解跟单信用证。为解决国际贸易领域中的信任问题，跟单信用证应运而生。跟单信用证交易主要涉及三个基本的法律关系：一是开证申请人和开证行之间的开证申请关系；二是受益人和开证行基于信用证的开立和接受而产生的交单和付款关系；三是开证申请人与受益人之间的货物买卖关系①。主要流程如下：第一，买卖双方经协商，约定以信用证方式结算；第二，进口方/买方向开证行提交开证申请，约定信用证内容；第三，开证行接受开证申请后，开立信用证，正本邮寄通知行；第四，通知行通知出口方/卖方信用证已到；第五，出口方核对信用证无误后发货，船运公司装船后将提单交给出口方/卖方；第六，出口商/卖方家将单据提交给通知行；第七，通知行审查单证相符后垫付款项，并将单据邮寄给开证行；第八，开证行收到单据核对无误后，向通知行付款，并通知开证申请人赎单；第九，进口方/买方向开证行付款后取得提单等单据，并凭单提货。上述流程中，如果在第九阶段买方未能如约向开证行赎单，则产生本案争议，即开证行持有的提单具有何种效力。

根据海商法规定，提单是指证明海上货物运输合同和货物已经由承运人接收或者装船，以及承运人保证据以交付货物的单证。因此，提单具有债权凭证属性，是运输合同证明，是货物收据，是承运人保证据以交付货物的单据。要想了解提单的属性，需要放到具体的法律关系项下。在运输法律关系项下，提单属于提货凭证，但这种提货不是基于所有权，而是基于运输合同约定、提单载明的行使运输合同约定下的债权请求权，具体原因在所不问。但是，对于提单持有人而言，其依法正当地向承运人行使提单权利，应以一定的法律关系存在为前提。同样是交付提单，既可能是基于委托保管提单关系，亦可能是基于货物买卖关系，还可能是基于设立提单权利质押或提单项下货物动产质押关系，等等。基于不同的法律关系，提单持有人享有不同的权利。对于开证行而言，其持有提单的目的并不在于取得对应货物的所有权，而在于为开证申请人的付款义务进行担保，其享有的权利本质上是权利质权。

民法典规定，以提单出质的，质权自权利凭证交付质权人时设立。跟单信

---

① 参见最高人民法院民事审判第二庭编著：《最高人民法院民法典担保制度司法解释理解与适用》，人民法院出版社2021年版，第510页。

用证交易中，如果开证行与开证申请人已经明确约定提单为质押，自是无疑。在双方没有约定的情况下，开证行基于跟单信用证的惯例持有提单，其本质系为自身债权提供担保，而该种担保即为权利质押。开证行可以主张对提单及提单项下的货物折价、变卖、拍卖后所得价款享有优先受偿权，但无法主张享有所有权。

【法条链接】

《中华人民共和国民法典》

第四百四十一条 以汇票、本票、支票、债券、存款单、仓单、提单出质的，质权自权利凭证交付质权人时设立；没有权利凭证的，质权自办理出质登记时设立。法律另有规定的，依照其规定。

第四百四十二条 汇票、本票、支票、债券、存款单、仓单、提单的兑现日期或者提货日期先于主债权到期的，质权人可以兑现或者提货，并与出质人协议将兑现的价款或者提取的货物提前清偿债务或者提存。

《最高人民法院关于适用〈中华人民共和国民法典〉有关担保制度的解释》（法释〔2020〕28号）

第六十条 在跟单信用证交易中，开证行与开证申请人之间约定以提单作为担保的，人民法院应当依照民法典关于质权的有关规定处理。

在跟单信用证交易中，开证行依据其与开证申请人之间的约定或者跟单信用证的惯例持有提单，开证申请人未按照约定付款赎单，开证行主张对提单项下货物优先受偿的，人民法院应予支持；开证行主张对提单项下货物享有所有权的，人民法院不予支持。

在跟单信用证交易中，开证行依据其与开证申请人之间的约定或者跟单信用证的惯例，通过转让提单或者提单项下货物取得价款，开证申请人请求返还超出债权部分的，人民法院应予支持。

前三款规定不影响合法持有提单的开证行以提单持有人身份主张运输合同项下的权利。

第二节
非典型担保

一、保兑仓交易是以银行信用为载体、以银行承兑汇票为结算工具的融资担保方式；买卖双方存在违约行为的，应当依照约定对银行债权承担担保责任

——兴业银行股份有限公司济南分行与山东钢铁股份有限公司、山东钢铁股份有限公司济南分公司等保兑仓业务合作合同纠纷案

【案件来源】最高人民法院 2014 年发布的首例保兑仓典型案例：山东省高级人民法院（2013）鲁商终字第 243 号

【争议焦点】保兑仓交易合同的性质及效力应如何认定？买卖双方违约应对银行承担何种责任？

【裁判要旨】保兑仓交易作为一种新类型融资担保方式，其基本交易模式是，以银行信用为载体、以银行承兑汇票为结算工具、由银行控制货权、卖方（或者仓储方）受托保管货物并以承兑汇票与保证金之间的差额作为担保。在三方协议中，一般来说，银行的主要义务是及时签发承兑汇票并按约定方式将其交给卖方，卖方的主要义务是根据银行签发的提货单发货，并在买方未及时销售或者回赎货物时，就保证金与承兑汇票之间的差额部分承担责任。

【基本案情】

上诉人（原审被告）：山东钢铁股份有限公司（以下简称山钢公司，原名济钢公司）

上诉人（原审被告）：山东钢铁股份有限公司济南分公司（以下简称山钢济南公司）

被上诉人（原审原告）：兴业银行股份有限公司济南分行（以下简称兴业银行济南分行）

原审被告：福建省旺隆贸易有限公司（以下简称旺隆公司）

2012年2月24日，兴业银行济南分行、旺隆公司与济钢公司签订《保兑仓业务三方合作协议》，约定：为保障兴业银行济南分行与旺隆公司在2012年2月24日至2013年2月23日期间发生的各类授信业务项下协议的履行，旺隆公司、济钢公司双方同意以银行承兑汇票作为双方贸易合同的付款方式，并由兴业银行济南分行作为汇票的承兑银行，济钢公司作为汇票的收款人。兴业银行济南分行同意贷款给旺隆公司，用以支付旺隆公司在上述贸易合同项下的货款。提货采用旺隆公司从济钢公司自行提货的模式。银行承兑汇票开出后，旺隆公司即可向济钢公司提取与初始保证金100%等值的货物。此后旺隆公司每次向济钢公司提货时，济钢公司均应凭兴业银行济南分行签发的《提货通知书》办理。济钢公司收到《提货通知书》的当日立即向兴业银行济南分行签发《发货通知书》，并按《提货通知书》规定向旺隆公司办理发货事宜。济钢公司违反上述规定给旺隆公司办理提货手续的，应当向兴业银行济南分行承担连带还款责任。

2012年2月27日，济钢公司更名为山钢公司，2012年2月28日，设立山钢济南公司。山钢公司同意由山钢济南公司继续履行《保兑仓业务三方合作协议》中济钢公司的相关责任和义务，另两方对此也予以认可。

2012年8月14日，兴业银行济南分行（承兑人）与旺隆公司（承兑申请人）签订《商业汇票银行承兑合同》。约定兴业银行济南分行为旺隆公司办理银行承兑汇票8150万元，期限为2012年8月14日至2013年2月14日。2012年8月15日，兴业银行济南分行将出票人为旺隆公司、收款人为山钢济南公司的17份共计8150万元的银行承兑汇票交付山钢济南公司，按照《保兑仓业务三方合作协议》约定履行了义务。此后，山钢济南公司在未收到兴业银行济南分行的提货通知的情况下，未按《保兑仓业务三方合作协议》约定将剩余5705万元承兑汇票退回兴业银行济南分行，自行将等值货物交付旺隆公司。

兴业银行济南分行与旺隆公司签订《商业汇票银行承兑合同》于2013年2月14日到期，旺隆公司未按合同约定履行还款义务。截至2013年3月25日，旺隆公司共欠兴业银行济南分行银行承兑汇票垫付款本金56,707,177.04元及利息1,081,765.24元。

兴业银行济南分行诉至一审法院，请求：判令旺隆公司偿还银行承兑汇票项下款项 5705 万元，并承担利息 1,081,765.24 元；山钢公司、山钢济南公司对上述债务承担连带清偿责任。一审法院判决予以支持。

山钢公司不服提起上诉，请求依法撤销原审判决，判令驳回兴业银行济南分行对山钢公司的诉讼请求。二审法院判决：驳回上诉，维持原判。

【法院观点】

兴业银行济南分行与济钢公司、旺隆公司签订的《保兑仓业务三方合作协议》，系为了保障旺隆公司在 2012 年 2 月 24 日至 2013 年 2 月 23 日期间与兴业银行济南分行发生的各类授信业务的履行而签订。根据该协议约定，旺隆公司与济钢公司之间设立贸易合同关系，旺隆公司以向兴业银行济南分行申请开立银行承兑汇票的融资方式，将收款人为济钢公司的银行承兑汇票，由兴业银行济南分行直接支付到济钢公司，旺隆公司在银行承兑汇票到期前将票款足额支付到兴业银行济南分行，兴业银行济南分行根据旺隆公司支付票款的数额和进度向济钢公司发出提货通知书，济钢公司依据兴业银行济南分行发出的提货通知书向旺隆公司发货；如济钢公司未接到兴业银行济南分行的提货通知书就向旺隆公司发货，应对旺隆公司的债务承担连带还款责任。后因济钢公司更名为山钢公司，原济钢公司的资产、负债、权益、业务及其他权利与义务由山钢济南公司承继。山钢济南公司未按照约定履行《保兑仓业务三方合作协议》，构成违约，兴业银行济南分行要求山钢济南公司承担连带还款责任符合合同约定和法律规定，故山钢公司应与山钢济南公司共同对旺隆公司的债务承担连带还款责任。兴业银行济南分行依合同约定为旺隆公司垫付了银行承兑汇票款，履行了合同义务。旺隆公司未按合同约定在银行承兑汇票到期前向兴业银行济南分行足额交存票款，应承担还款责任，并按合同约定支付利息。遂判决旺隆公司偿还兴业银行济南分行银行承兑汇票垫付款本金 56,707,177.04 元及利息 1,081,765.24 元；山钢公司、山钢济南公司就旺隆公司的偿还义务承担连带清偿责任。

【实务解析】

本案是最高人民法院于 2014 年发布的首例保兑仓典型案例。保兑仓在银行业务中已经运作多年，近年来相关纠纷进入司法程序，引起了法律界的关注和研究。保兑仓指以银行信用为载体、以银行承兑汇票为结算工具、由银行控制货权，卖方（或者仓储方）受托保管货物并对承兑汇票与保证金之间的差额提供担保的一种金融服务。通俗理解，这里的"保"指"保证"，"兑"指"银行承兑汇票"，"仓"指"仓储方、仓库"。其基本的业务流程为：（1）买方向银行缴存一定比例的承兑保证金；（2）银行签发以卖方为收款人的银行承兑汇票；（3）买方将银行承兑汇票交付卖方，要求提货；（4）银行根据买方交纳的保证金的一定比例签发提货单；（5）卖方根据提货单向买方发货；（6）买方实现销售后，再缴存保证金，重复以上流程；（7）汇票到期后，由买方支付承兑汇票与保证金之间的差额部分，卖方承担差额补足责任。

保兑仓交易是一系列交易的组合，包括买卖合同、融资合同、委托合同、保证金质押、动产质押、保证担保等众多法律关系。其中，买卖双方属于买卖合同关系。买方和银行之间存在以下关系：一是买卖合同项下的委托付款关系；二是买方与银行之间的票据关系，买方是出票人，银行是承兑人；三是买方与银行之间的融资关系，本质上是借贷关系；四是买方通过交纳保证金为融资提供担保，属于保证金质押；五是在卖方根据银行的指示将货物交给银行指定的当事人监管时，可能涉及留置权和质权等物上担保问题。卖方与银行存在以下关系：一是卖方与银行之间的票据关系，卖方可请求银行付款；二是卖方和银行之间的委托关系，银行委托卖方将货物交给指定的当事人监管，以确保对买方债权的实现；三是卖方就敞口部分向银行承担差额补足责任或者货物回购责任，其性质属于保证。[①] 保兑仓交易中，银行的主要义务是及时签发承兑汇票并按约定方式将其交给卖方，卖方的主要义务是根据银行签发的提货单发货，并在买方未及时销售或者回赎货物时，就保证金与承兑汇票之间的差额部分承担责任，而该种责任，就是一种非典型的担保责任。

【法条链接】

《全国法院民商事审判工作会议纪要》（法〔2019〕254号）

68.【保兑仓交易】保兑仓交易作为一种新类型融资担保方式，其基本交

---

① 参见最高人民法院民法典贯彻实施工作领导小组主编：《中华人民共和国民法典合同编理解与适用》，人民法院出版社2020年版，第395-396页。

易模式是，以银行信用为载体、以银行承兑汇票为结算工具、由银行控制货权、卖方（或者仓储方）受托保管货物并以承兑汇票与保证金之间的差额作为担保。其基本的交易流程是：卖方、买方和银行订立三方合作协议，其中买方向银行缴存一定比例的承兑保证金，银行向买方签发以卖方为收款人的银行承兑汇票，买方将银行承兑汇票交付卖方作为货款，银行根据买方缴纳的保证金的一定比例向卖方签发提货单，卖方根据提货单向买方交付对应金额的货物，买方销售货物后，将货款再缴存为保证金。

在三方协议中，一般来说，银行的主要义务是及时签发承兑汇票并按约定方式将其交给卖方，卖方的主要义务是根据银行签发的提货单发货，并在买方未及时销售或者回赎货物时，就保证金与承兑汇票之间的差额部分承担责任。银行为保障自身利益，往往还会约定卖方要将货物交给由其指定的当事人监管，并设定质押，从而涉及监管协议以及流动质押等问题。实践中，当事人还可能在前述基本交易模式基础上另行作出其他约定，只要不违反法律、行政法规的效力性强制性规定，这些约定应当认定有效。

一方当事人因保兑仓交易纠纷提起诉讼的，人民法院应当以保兑仓交易合同作为审理案件的基本依据，但买卖双方没有真实买卖关系的除外。

二、保兑仓交易因无真实的交易关系被认定为借款合同关系的，不影响卖方和银行之间担保关系的效力，卖方仍应当依据合同约定承担担保责任

——中信银行股份有限公司西安分行与山煤国际能源集团晋城有限公司、陕西省石化产业集团有限公司合同纠纷案

【案件来源】最高人民法院（2019）最高法民终 870 号

【争议焦点】保兑仓交易无真实的交易关系，合同性质应当如何认定？卖方和银行的担保关系效力如何？

【裁判要旨】保兑仓交易应以买卖双方存在真实买卖关系为前提。双方无真实买卖关系的，该交易属于名为保兑仓交易实为借款合同，如不存在其他合同无效情形，应当认定有效。保兑仓交易认定为借款合同关系的，不影响卖方和银行之间担保关系的效力，卖方仍应当依据合同约定承担担保责任。

【基本案情】

上诉人（原审被告）：山煤国际能源集团晋城有限公司（以下简称山煤晋城公司）。

被上诉人（原审原告）：中信银行股份有限公司西安分行（以下简称中信银行西安分行）、陕西省石化产业集团有限公司（以下简称陕西石化公司）。

2013年9月10日，山煤晋城公司与陕西石化公司签订《煤炭买卖合同》，约定：山煤晋城公司向陕西石化公司供应煤炭160万吨。同日，山煤晋城公司（甲方）与陕西石化公司（乙方）及中信银行西安分行（丙方）签订《三方业务合作协议》，约定鉴于甲方与乙方已经或即将订立以煤炭为合同标的的购销合同，乙方与丙方已经或即将签订一个或多个融资合同，丙方同意依照融资合同的约定向乙方提供融资以支付在购销合同项下的甲方货款。同时还约定：如乙方未按协议约定在提货期到期日前存入全额保证金或偿付全额融资款项，且丙方在单笔融资下或协议项下出具的《提货通知书》所载累计提货价值少于该笔融资或本协议所对应的甲方实际收款金额的，甲方承担差额退款责任。

2013年9月12日，陕西石化公司（甲方）与中信银行西安分行（乙方）签订《综合授信合同》。随后，根据陕西石化公司的申请，中信银行西安分行分次开立了以山煤晋城公司为收款人的电子银行承兑汇票共计6.5亿元，陕西石化公司在清偿部分票款后，仍欠中信银行西安分行票款本金162,732,800元、利息53,475,600元。

中信银行西安分行向一审法院提起诉讼，请求：1.由陕西石化公司偿还中信银行西安分行融资款本金162,732,800元及利息；2.由山煤晋城公司向中信银行西安分行退款162,732,800元并赔偿中信银行西安分行利息损失，陕西石化公司、山煤晋城公司任何一方履行上述付款义务的，则相应减少另一方的清偿责任。

一审法院判决：陕西石化公司和山煤晋城公司应于本判决发生法律效力之日起三十日内向中信银行西安分行支付票款本金162,732,800元及利息。

山煤晋城公司不服一审判决，上诉请求：1.依法撤销一审判决，改判驳回中信银行西安分行要求山煤晋城公司向其退款162,732,800元并赔偿利息损失的诉讼请求。最高人民法院二审判决：一、变更（2017）陕民初 11 号民事判决为陕西石化公司应于本判决发生法律效力之日起三十日内向中信银行西安分行支付票款本金 162,732,800 元及利息。二、山煤晋城公司对陕西石化公司应当支付中信银行西安分行的票款本金 162,732,800 元及利息承担连带保证责任；山煤晋城公司承担保证责任后，有权向陕西石化公司追偿。三、驳回山煤晋城公司的其他上诉请求。四、驳回中信银行西安分行的其他诉讼请求。

【法院观点】

根据案涉《三方业务合作协议》载明的内容，本案当事人在该协议中约定的交易方式是较为典型的保兑仓交易。但保兑仓交易以买卖双方有真实买卖关系为前提。案涉《三方业务合作协议》虽然体现的交易方式为保兑仓交易，但根据查明的事实，山煤晋城公司与陕西石化公司之间并不存在真实的货物买卖交易。案涉保兑仓交易没有真实的贸易背景，因此当事人之间并不存在真实有效的保兑仓交易法律关系。案涉《三方业务合作协议》的各方当事人之间真实的法律关系应为借款及担保合同关系，即中信银行西安分行向陕西石化公司提供融资借款，山煤晋城公司为陕西石化公司向中信银行西安分行的借款提供担保，上述借款及担保均是当事人真实意思表示，不违反法律规定，故案涉《三方业务合作协议》实质为借款及担保合同，应认定为有效。虽然案涉《三方业务合作协议》载明了差额退款和差额保证两种责任形式，且本案当事人协议选择了差额退款的责任形式，但无论是差额退款还是差额保证，实质都是山煤晋城公司在陕西石化公司未向中信银行西安分行偿付融资款时，就该融资款差额向中信银行西安分行承担保证责任。根据《担保法》（已失效）的规定及案涉《三方业务合作协议》的约定，山煤晋城公司承担的应当是连带保证责任。

【实务解析】

本案系最高人民法院第六巡回法庭 2019 年度参考案例。保兑仓交易以双方存在真实的买卖关系为前提。实践中，部分企业虚构基础交易关系，向银行融资。根据《民法典》规定，行为人与相对人以虚假的意思表示实施的民事法律行为无效；以虚假的意思表示隐藏的民事法律行为的效力，依照有关法律规定处理。因此，此种情况下，保兑仓交易因构成虚伪意思表示而无效，被隐藏的借款合同是当事人的真实意思表示，如不存在其他合同无效情形，合法有效。

保兑仓交易被认定为借款合同后，关于担保关系的效力存在不同理解。有观点认为，主合同无效，担保合同无效。保兑仓交易中，担保针对的是整个保兑仓交易，保兑仓基础合同无效，担保也应当归于无效。对此，最高人民法院明确规定，保兑仓交易认定为借款合同关系的，不影响卖方和银行之间担保关系的效力，卖方仍应当承担担保责任。易言之，保兑仓交易因无真实的交易关系被认定为借款合同关系的，不影响卖方和银行之间担保关系的效力。主要原因在于，保兑仓交易属于混合合同，混合合同是指两个以上的合同相对松散的结合，一个合同的效力瑕疵不影响其他合同的效力。买卖双方之间的买卖合同归于无效，但并不影响买方与银行之间的融资借贷关系，而保兑仓交易中的担保，所担保的对象本质上买方与银行的借款关系，而非基础交易的买卖合同关系。因此，卖方仍应依约承担担保责任。

【法条链接】

《全国法院民商事审判工作会议纪要》（法〔2019〕254号）

69.【无真实贸易背景的保兑仓交易】保兑仓交易以买卖双方有真实买卖关系为前提。双方无真实买卖关系的，该交易属于名为保兑仓交易实为借款合同，保兑仓交易因构成虚伪意思表示而无效，被隐藏的借款合同是当事人的真实意思表示，如不存在其他合同无效情形，应当认定有效。保兑仓交易认定为借款合同关系的，不影响卖方和银行之间担保关系的效力，卖方仍应当承担担保责任。

70.【保兑仓交易的合并审理】当事人就保兑仓交易中的不同法律关系的相对方分别或者同时向同一人民法院起诉的，人民法院可以根据民事诉讼法司法解释第221条的规定，合并审理。当事人未起诉某一方当事人的，人民法院可以依职权追加未参加诉讼的当事人为第三人，以便查明相关事实，正确认定责任。

三、债务人通过将股权转让至债权人名下为债务提供担保的，成立股权让与担保法律关系

——西藏信托有限公司等与胡某奇等股东资格确认纠纷案

【案件来源】北京市第一中级人民法院（2019）京01民终2736号

【争议焦点】债务人通过将股权转让至债权人名下为债务提供担保的,效力如何认定?股东资格如何认定?

【裁判要旨】债务人通过将股权转让至债权人名下为债务提供担保的,成立股权让与担保法律关系。由于股权权能的分离,在债权人与公司关系上,债权人仅享有财产性权利,不享有身份性权利;在债务人与公司关系上,债务人仅享有身份性权利,不享有财产性权利。

【基本案情】

上诉人(原审第三人):西藏信托有限公司(以下简称西藏信托公司)

被上诉人(原审原告):胡某奇

原审被告:北京博源工贸有限责任公司(以下简称博源公司)

博源公司系依法设立的有限责任公司,于1998年1月7日设立。股东为胡某奇、曹某,法定代表人为胡某奇。胡某奇出资880万元,出资比例为80%,曹某出资220万元,出资比例为20%。

胡某奇系金威中嘉公司实际控制人。颐海出租车公司、恒通出租车公司、东华门出租车公司均为金威中嘉公司所投资的企业。

2013年12月,甲方(金威中嘉公司)与乙方(西藏信托公司)以及丙方(颐海出租车公司、鑫颐海出租车公司、恒通出租车公司、东华门出租车公司、胡某奇、曹某)三方签订《股东借款合同》约定:甲方向乙方借款9950万元,丙方同意作为共同借款人履行甲方在本合同项下的义务。后,西藏信托公司与博源公司签订《抵押合同》,约定将博源公司所有的位于石景山区八大处路39号的房屋和土地使用权作为抵押物,为编号为《股东借款合同》项下金威中嘉公司的债务(包括但不限于本金、利息、罚息、复利、违约金、赔偿金、实现债务的费用等)提供抵押担保,并约定主合同条款发生变更,博源公司对变更后的主合同项下债务承担担保责任,同时约定不论是否存在其他担保,西藏信托公司有权直接要求承担担保责任。上述房屋、土地均办理了抵押登记,取得房屋他项权证和土地他项权利证明书。

2015年5月5日,博源公司做出股东会决议,内容为:同意胡某奇将其在博源公司80%的股权(880万元货币出资)转让给西藏信托公司,同时退出股东会,不再享有和承担相应的权利和义务……同意免去胡某奇执行董事及法定代表人职务。同意解聘胡某奇经理职务……全体股东在股东会决议上签字。同日,胡某奇作为转让方与受让人西藏信托公司签署股权转让协议。协议约定:胡某奇同意将其在博源公司80%股权(880万元货币出资)转让给西藏信托公司。西藏信托公司同意接收胡某奇转让的博源公司(880万元货币出资)。转让双方自签字之日起,股权交割清楚,转让前引起的债权债务由转让人承担,转让后再发生的债权债务由受让人承担。股权转让协议对于股权转让的价格没有约定。2015年6月17日,博源公司办理工商变更登记手续,西藏信托公司被登记为博源公司股东。另查,办理股权变更登记后,博源公司固定资产及人员仍由胡某奇进行日常管理。胡某奇、曹某和西藏信托公司均称,博源公司与西藏信托公司存在3笔债权债务关系,借款本金约3亿元。

胡某奇向一审法院起诉请求:确认西藏信托公司不是博源公司股东;确认胡某奇具有博源公司的股东资格,持有博源公司80%的公司股权。一审法院判决:一、确认胡某奇系持有博源公司80%股权的实际股东;二、驳回胡某奇的其他诉讼请求。

西藏信托公司不服一审判决,提起上诉,请求:撤销一审判决,改判驳回胡某奇的全部诉讼请求。二审法院判决:驳回上诉,维持原判。

【法院观点】

从客观价值立场判断,本案胡某奇与西藏信托公司的缔约目的在于:胡某奇通过转让股权并办理变更登记,使西藏信托公司取得名义股东地位,在债务不能清偿时,西藏信托公司可依其股东身份取得资产处置的主动权。因此胡某奇及西藏信托公司之间的股权转让行为系双方通谋虚伪意思表示,实为以涉案股权为标的的让与担保性质。让与担保作为非典型担保形式并不违反法律及行政法规禁止性规定,应属有效。而股权让与担保的法律构造为:债务人将股权转移至债权人名下,债务清偿后,股权应返还于债务人;债务人履行不能时,债权人可就股权变价并经过债务清算后受偿。因此本案西藏信托公司依据股权转让协议在工商登记中公示为股东,但相关记载应为名义股东性质,并非实际股东。有限公司股权权能中包含财产权及社员权,而股权让与担保本身仅涉及其中的财产权部分,但不应影响实际股东社员权利的行使。胡某奇并不因此完全丧失股东身份,故本案胡某奇仍为博源公司的实际股东并行使相应的股东权利,而西藏信托公司作为名义股东,其权利的行使应受到实际股东权利的合理限制。关于西藏信托公司在工商登记仍记载为股东的情况,系双方为实现债权担保及特定商业目的自主安排,名义股东与实际股东并存之情形并不违反公共利益及法律、行政强制性规范,也符合常见的商业惯例,故应尊重当事人的商业判断和权利处分。

【实务解析】

让与担保,是指债务人或者第三人为担保债务人的债务,将担保标的物的所有权等权利转移于担保权人,而使担保权人在不超过担保之目的范围内,于债务清偿后,担保标的物返还于债务人或第三人;债务不履行时,担保权人得就该标的物优先受偿的一种担保形式。鉴于法律并未规定让与担保制度及"物权法定原则"之限制,一般将让与担保视为一种非典型担保制度。由于让与担保能够扩大融资担保范围,节约交易成本,其在实践中屡见不鲜。股权让与担保系让与担保的代表类型之一,顾名思义,是以股权作为担保标的物的非典型担保制度。近年来,司法实践对股权让与担保日益秉持开放态度,对股权让与担保的效力一般均充分尊重各方当事人的意思自治,认可股权让与担保在双方间产生效力。在股权让与担保法律关系有效成立下,依据让与担保理论,在债务清偿后,股权应当返还转让方;在债务无法清偿时,债权人得就该股权受偿。至于债权人就该股权是否具有"优先受偿权",此前理论上和实务中有不同的观点。《全国法院民商事审判工作会议纪要》及《最高人民法院关于适用〈中华人民共和国民法典〉有关担保制度的解释》均确认了让与担保的优先受偿权,理由在于股权让与担保这种形式,已经通过变更登记方式进行了类似的"公示",享有优先受偿权并无不可。

需要进一步思考的是,在股权让与担保已经形成,股权也已经工商变更登记的情况下,受让人作为公司登记之股东,与公司之间的关系如何处理?转让方虽将股权变更到他人名下,但未放弃对公司经营管理之意图,其与公司之间的关系又该如何处理?目标公司的其他债权人要求目标公司股东承担义务时,其指向是转让方还是受让方?传统公司理论将股权分为财产权和社员权,自益权和共益权。一般认为,自益权均为财产性权利,如分红权、新股优先认购权、剩余财产分配权等;共益权主要指社员权,即参与公司经营事务的权利,如表决权、召开临时股东会议请求权、股东知情权等。从本质上讲，财产性权利为目的权利，公司事务参与权为手段权利，因此有学者认为，股权实际上是目的权利和手段权利的有机结合，是个体性权利和团体性权利的辩证统一。从财产性权利和身份性权利相分离的角度看，可以将股权让与担保理解为转让方仅将股权中的财产性权利予以转让，而将身份性权利予以保留。在这种意义上讲，由于股权权能的分离，在债权人与公司关系上，债权人仅享有财产性权利，不享有身份性权利；在担保人与公司关系上，担保人仅享有身份性权利，不享有财产性权利；在公司与外部债权人关系上，亦根据债权人的具体请求指向，在债权人和担保人之间进行权利义务分配。如在公司其他债权人请求公司股东就抽逃出资承担补偿赔偿责任的情况下，应当以转让方为责任承担主体。在受让方再次转让股权情况下，其他债权人亦可基于善意取得股权。

【法条链接】

《最高人民法院关于适用〈中华人民共和国民法典〉有关担保制度的解释》（法释〔2020〕28号）

第六十八条　债务人或者第三人与债权人约定将财产形式上转移至债权人名下，债务人不履行到期债务，债权人有权对财产折价或者以拍卖、变卖该财产所得价款偿还债务的，人民法院应当认定该约定有效。当事人已经完成财产权利变动的公示，债务人不履行到期债务，债权人请求参照民法典关于担保物权的有关规定就该财产优先受偿的，人民法院应予支持。

债务人或者第三人与债权人约定将财产形式上转移至债权人名下，债务人不履行到期债务，财产归债权人所有的，人民法院应当认定该约定无效，但是不影响当事人有关提供担保的意思表示的效力。当事人已经完成财产权利变动的公示，债务人不履行到期债务，债权人请求对该财产享有所有权的，人民法院不予支持；债权人请求参照民法典关于担保物权的规定对财产折价或者以拍卖、变卖该财产所得的价款优先受偿的，人民法院应予支持；债务人履行债务后请求返还财产，或者请求对财产折价或者以拍卖、变卖所得的价款清偿债务的，人民法院应予支持。

债务人与债权人约定将财产转移至债权人名下，在一定期间后再由债务人或者其指定的第三人以交易本金加上溢价款回购，债务人到期不履行回购义务，财产归债权人所有的，人民法院应当参照第二款规定处理。回购对象自始不存在的，人民法院应当依照民法典第一百四十六条第二款的规定，按照其实际构成的法律关系处理。

第六十九条 股东以将其股权转移至债权人名下的方式为债务履行提供担保，公司或者公司的债权人以股东未履行或者未全面履行出资义务、抽逃出资等为由，请求作为名义股东的债权人与股东承担连带责任的，人民法院不予支持。

四、保证金账户符合金钱特定化和移交占有的要求后，即使账户内资金余额发生浮动，也不影响金钱质权的设立

——中国农业发展银行安徽省分行与张某标、安徽长江融资担保集团有限公司执行异议之诉纠纷案

【案件来源】最高人民法院指导案例 54 号；安徽省高级人民法院（2013）皖民二终字第 00261 号

【争议焦点】金钱质权有效的标志为何？账户资金浮动是否影响金钱特定化？

【裁判要旨】当事人依约为出质的金钱开立保证金专门账户，且质权人取得对该专门账户的占有控制权，符合金钱特定化和移交占有的要求，即使该账户内资金余额发生浮动，也不影响该金钱质权的设立。

【基本案情】

原告：中国农业发展银行安徽省分行（以下简称农发行安徽分行）

被告：张某标

第三人：安徽长江融资担保集团有限公司（以下简称长江担保公司）

农发行安徽分行诉称：其与第三人长江担保公司按照签订的《信贷担保业务合作协议》，就信贷担保业务按约进行了合作。长江担保公司在农发行安徽分行处开设的担保保证金专户内的资金实际是长江担保公司向其提供的质押担保，请求判令其对该账户内的资金享有质权。被告张某标辩称：农发行安徽分行与第三人长江担保公司之间的《贷款担保业务合作协议》没有质押的意思表示；案涉账户资金本身是浮动的，不符合金钱特定化要求，农发行安徽分行对案涉保证金账户内的资金不享有质权。

法院经审理查明：2009年4月7日，农发行安徽分行与长江担保公司签订一份《贷款担保业务合作协议》。其中第三条"担保方式及担保责任"约定：甲方（长江担保公司）向乙方（农发行安徽分行）提供的保证担保为连带责任保证；保证担保的范围包括主债权及利息、违约金和实现债权的费用等。第四条"担保保证金（担保存款）"约定：甲方在乙方开立担保保证金专户，担保保证金专户行为农发行安徽分行营业部，账号尾号为9511；甲方需将具体担保业务约定的保证金在保证合同签订前存入担保保证金专户，甲方需缴存的保证金不低于贷款额度的10%；未经乙方同意，甲方不得动用担保保证金专户内的资金。第六条"贷款的催收、展期及担保责任的承担"约定：借款人逾期未能足额还款的，甲方在接到乙方书面通知后五日内按照第三条约定向乙方承担担保责任，并将相应款项划入乙方指定账户。第八条"违约责任"约定：甲方在乙方开立的担保专户的余额无论因何原因而小于约定的额度时，甲方应在接到乙方通知后三个工作日内补足，补足前乙方可以中止本协议项下业务。甲方违反本协议第六条的约定，没有按时履行保证责任的，乙方有权从甲方在其开立的担保基金专户或其他任一账户中扣划相应的款项。2009年10月30日、2010年10月30日，农发行安徽分行与长江担保公司还分别签订与上述合作协议内容相似的两份《信贷担保业务合作协议》。上述协议签订后，农发行安徽分行与长江担保公司就贷款担保业务进行合作，长江担保公司在农发行安徽分行处开立担保保证金账户，账号尾号为9511。长江担保公司按照协议约定缴存规定比例的担保保证金，并据此为相应额度的贷款提供了连带保证责任担保。自2009年4月3日至2012年12月31日，该账户共发生了107笔业务，其中贷方业务为长江担保公司缴存的保证金；借方业务主要涉及两大类，一类是贷款归还后长江担保公司申请农发行安徽分行退还的保证金，部分退至债务人的账户；另一类是贷款逾期后农发行安徽分行从该账户内扣划的保证金。

2011年12月19日，安徽省合肥市中级人民法院在审理张某标诉安徽省六本食品有限责任公司、长江担保公司等民间借贷纠纷一案过程中，根据张某标的申请，对长江担保公司上述保证金账户内的资金1495.7852万元进行保全。该案判决生效后，合肥市中级人民法院将上述保证金账户内的资金1338.313257万元划至该院账户。农发行安徽分行作为案外人提出执行异议，2012年11月2日被合肥市中级人民法院裁定驳回异议。随后，农发行安徽分行因与被告张某标、第三人长江担保公司发生执行异议纠纷,提起本案诉讼。合肥市中级人民法院于2013年3月28日作出(2012)合民一初字第00505号民事判决:驳回农发行安徽分行的诉讼请求。宣判后,农发行安徽分行提出上诉。安徽省高级人民法院于2013年11月19日作出(2013)皖民二终字第00261号民事判决:一、撤销安徽省合肥市中级人民法院(2012)合民一初字第00505号民事判决;二、农发行安徽分行对长江担保公司账户(账号尾号9511)内的13,383,132.57元资金享有质权。

【法院观点】

法院生效裁判认为:本案二审的争议焦点为农发行安徽分行对案涉账户内的资金是否享有质权。对此应当从农发行安徽分行与长江担保公司之间是否存在质押关系以及质权是否设立两个方面进行审查。

1.农发行安徽分行与长江担保公司是否存在质押关系。《物权法》(已失效)第二百一十条规定:"设立质权,当事人应当采取书面形式订立质权合同。质权合同一般包括下列条款:(一)被担保债权的种类和数额;(二)债务人履行债务的期限;(三)质押财产的名称、数量、质量、状况;(四)担保的范围;(五)质押财产交付的时间。"本案中,农发行安徽分行与长江担保公司之间虽没有单独订立带有"质押"字样的合同,但依据该协议第四条、第六条、第八条约定的条款内容,农发行安徽分行与长江担保公司之间协商一致,对以下事项达成合意:长江担保公司为担保业务所缴存的保证金设立担保保证金专户,长江担保公司按照贷款额度的一定比例缴存保证金;农发行安徽分行作为开户行对长江担保公司存入该账户的保证金取得控制权,未经同意,长江担保公司不能自由使用该账户内的资金;长江担保公司未履行保证责任,农发行安徽分行有权从该账户中扣划相应的款项。该合意明确约定了所担保债权的种类和数量、债务履行期限、质物数量和移交时间、担保范围、质权行使条件,具备《物权法》第二百一十条规定的质押合同的一般条款,故应认定农发行安徽分行与长江担保公司之间订立了书面质押合同。

2.案涉质权是否设立。《物权法》第二百一十二条规定:"质权自出质人交付质押财产时设立。"《最高人民法院关于适用〈中华人民共和国担保法〉若干问题的解释》(已失效)第八十五条规定,债务人或者第三人将其金钱以特户、封金、保证金等形式特定化后，移交债权人占有作为债权的担保，债务人不履行债务时，债权人可以以该金钱优先受偿。依照上述法律和司法解释规定，金钱作为一种特殊的动产，可以用于质押。金钱质押作为特殊的动产质押，不同于不动产抵押和权利质押，还应当符合金钱特定化和移交债权人占有两个要件，以使金钱既不与出质人其他财产相混同，又能独立于质权人的财产。本案中，首先金钱以保证金形式特定化。长江担保公司于2009年4月3日在农发行安徽分行开户，且与《贷款担保业务合作协议》约定的账号一致，即双方当事人已经按照协议约定为出质金钱开立了担保保证金专户。保证金专户开立后，账户内转入的资金为长江担保公司根据每次担保贷款额度的一定比例向该账户缴存保证金；账户内转出的资金为农发行安徽分行对保证金的退还和扣划，该账户未作日常结算使用，故符合《最高人民法院关于适用〈中华人民共和国担保法〉若干问题的解释》（已失效）第八十五条规定的金钱以特户等形式特定化的要求。其次，特定化金钱已移交债权人占有。占有是指对物进行控制和管理的事实状态。案涉保证金账户开立在农发行安徽分行，长江担保公司作为担保保证金专户内资金的所有权人，本应享有自由支取的权利，但《贷款担保业务合作协议》约定未经农发行安徽分行同意，长江担保公司不得动用担保保证金专户内的资金。同时，《贷款担保业务合作协议》约定在担保的贷款到期未获清偿时，农发行安徽分行有权直接扣划担保保证金专户内的资金，农发行安徽分行作为债权人取得了案涉保证金账户的控制权，实际控制和管理该账户，此种控制权移交符合出质金钱移交债权人占有的要求。据此，应当认定双方当事人已就案涉保证金账户内的资金设立质权。

3. 关于账户资金浮动是否影响金钱特定化的问题。保证金以专门账户形式特定化并不等于固定化。案涉账户在使用过程中，随着担保业务的开展，保证金账户的资金余额是浮动的。担保公司开展新的贷款担保业务时，需要按照约定存入一定比例的保证金，必然导致账户资金的增加；在担保公司担保的贷款到期未获清偿时，扣划保证金账户内的资金，必然导致账户资金的减少。虽然账户内资金根据业务发生情况处于浮动状态，但均与保证金业务相对应，除缴存的保证金外，支出的款项均用于保证金的退还和扣划，未用于非保证金业务的日常结算。即农发行安徽分行可以控制该账户，长江担保公司对该账户内的资金使用受到限制，故该账户资金浮动仍符合金钱作为质权的特定化和移交占有的要求，不影响该金钱质权的设立。

【实务解析】

保证金账户质押，是用金钱作为担保的一种方式，指借款人将部分金钱存于固定账户内，并承诺以账户内的款项作为偿还借款的担保，当借款人不履行债务时，银行等债权人可以直接划扣账户内的保证金用于偿还债务。相较于其他担保方式，因为保证金账户内款项可以直接划扣，免除了折价、拍卖、变卖带来的麻烦，简便易行，因此保证金账户质押成为常用的担保方式之一。[1]《最高人民法院关于适用〈中华人民共和国担保法〉若干问题的解释》（已失效）第八十五条规定："债务人或者第三人将其金钱以特户、封金、保证金等形式特定化后，移交债权人占有作为债权的担保，债务人不履行债务时，债权人可以以该金钱优先受偿。"《最高人民法院关于适用〈中华人民共和国民法典〉有关担保制度的解释》将保证金账户质押视为一种非典型担保加以规定。

保证金账户质押的设定需要满足两个条件：一是财产特定化；二是转移占有。财产特定化要求保证金账户内的金钱不能与债务人的其他财产混同，要能够区分，做到专款专用，具有独立性。实践中，设立保证金账户，既可以是专门的保证金账户，也可以是银行账户下面的保证金分户，但不管如何，均要确保其与一般账户、基本账户的区别性。值得注意的是，财产特定化不等于固定化，这也是本案的争议焦点。保证金账户的特定化实质上是要求账户和资金区别于其他财产，并非要求金额固定不变。保证金账户可能因保证金补充、利息增加、债务到期未获清偿被划扣等原因而发生余额浮动，该种浮动只要与保证金业务相对应，不属于非保证的结算业务，即不影响财产的特定化[2]。转移占有，是普通动产质权的核心要件，在保证金账户质押情形下，体现为债权人需要对保证金账户内的资金具有实际控制和管理的权利。实践中一般体现为保证

---

[1] 参见高圣平：《担保法前沿问题与判解研究（第五卷）：最高人民法院新担保制度司法解释条文释评》，人民法院出版社2021年版，第519页。

[2] 参见最高人民法院民事审判第二庭编著：《最高人民法院民法典担保制度司法解释理解与适用》，人民法院出版社2021年版，第580-581页。

金账户直接开立在债权人名下，债权人能够作为账户所有人控制资金；或者保证金账户虽不在债权人名下，但具有监管或共管权利，非经债权人同意无法对账户内资金进行任何操作。满足上述财产特定化和转移占有的要件后，保证金账户质押依法成立，在债务人不履行债务时，债权人对保证金账户内的资金享有优先受偿权。

司法实践中，保证金账户争议问题除了发生在债权人与债务人之间，也经常发生在债权人与债务人的其他债权人之间，债务人的其他债权人如将保证金账户予以查封冻结，可能引发债权人之间的执行异议之诉。原则上讲，只要保证金账户质押依法设立，设定保证人账户质押的债权人就可以排除其他债权人对保证金账户内款项的强制执行，享有足以排除强制执行的民事权益。

【法条链接】

《最高人民法院关于适用〈中华人民共和国民法典〉有关担保制度的解释》（法释〔2020〕28号）

第七十条 债务人或者第三人为担保债务的履行，设立专门的保证金账户并由债权人实际控制，或者将其资金存入债权人设立的保证金账户，债权人主张就账户内的款项优先受偿的，人民法院应予支持。当事人以保证金账户内的款项浮动为由，主张实际控制该账户的债权人对账户内的款项不享有优先受偿权的，人民法院不予支持。

在银行账户下设立的保证金分户，参照前款规定处理。

当事人约定的保证金并非为担保债务的履行设立，或者不符合前两款规定的情形，债权人主张就保证金优先受偿的，人民法院不予支持，但是不影响当事人依照法律的规定或者按照当事人的约定主张权利。

专题十

担保物权的非诉实现程序与以物抵债

综述 〉〉〉

不良资产处置实务中,担保物权的非诉实现程序与以物抵债均较为常见。一般来讲,当事人实现担保物权既可以向人民法院起诉,通过诉讼程序取得生效法律文书后申请强制执行,又可以向人民法院申请通过特别程序取得民事裁定书后申请强制执行。适用特别程序实现担保物权案件,与适用诉讼程序的案件相比,具有以下特点:实现担保物权案件应在立案之日起三十日内审结,审限较短,可以有效提高担保物权实现效率;实现担保物权案件采取一审终审,可以减少讼累,节约诉讼成本;实现担保物权案件可以节约司法资源,加快担保物权实现的程序进程。可见,申请实现担保物权程序有自身的特色和优势,可以与诉讼程序有效互补。在债务人的资产难以变现时,主动或被动地以物抵债,则可以成为债权人实现债权的可能方式。

申请实现担保物权案件为非诉程序案件,不良资产处置实务中有以下几个问题比较常见。第一,当事人与管辖。申请实现担保物权案件一般由担保物权人依照法律规定,向担保财产所在地或者担保物权登记地基层人民法院提出。担保物权人,包括抵押权人、质权人、留置权人。此外,其他有权请求实现担保物权的人包括抵押人、出质人、财产被留置的债务人或者所有权人等。担保物权人作为申请人,请求适用实现担保物权程序的,担保人列为被申请人;担保人作为申请人,请求适用实现担保物权程序的,担保物权人列为被申请人。同一债权的担保物有多个且所在地不同,申请人分别向有管辖权的人民法院申请实现担保物权的,人民法院应当依法受理。同一债权有多个担保物,其中一个担保物所在地或登记地在受案法院管辖范围的,申请人可以在受案法院申请实现全部担保物权,由受案法院对主债权项下的全部担保物权一并进行审查。当事人在主合同或担保合同中达成仲裁协议,约定因担保合同产生争议采用仲裁方式解决的,当事人向人民法院申请实现担保物权,人民法院裁定不予受理;立案后审查发现当事人就担保合同争议约定有仲裁协议的,裁定驳回申请。第二,受理与审查。申请实现担保物权,应当提交申请书、证明担保物权存在的材料、证明实现担保物权条件成就的材料、担保财产现状的说明等材料。人民法院受理申请后，应当在五日内向被申请人送达申请书副本、异议权利告知书等文书。被申请人有异议的，应当在收到人民法院通知后的五日内向人民法院提出，同时说明理由并提供相应的证据材料。实现担保物权案件可以由审判员一人独任审查。担保财产标的额超过基层人民法院管辖范围的，应当组成合议庭进行审查。人民法院应当就主合同的效力、期限、履行情况，担保物权是否有效设立、担保财产的范围、被担保的债权范围、被担保的债权是否已届清偿期等担保物权实现的条件，以及是否损害他人合法权益等内容进行审查。第三，处理与救济。人民法院受理申请后，经审查，符合法律规定的，裁定拍卖、变卖担保财产，当事人依据该裁定可以向人民法院申请执行；不符合法律规定的，裁定驳回申请，当事人可以向人民法院提起诉讼。当事人对实现担保物权无实质性争议且实现担保物权条件成就的，裁定准许拍卖、变卖担保财产；当事人对实现担保物权有部分实质性争议的，可以就无争议部分裁定准许拍卖、变卖担保财产；当事人对实现担保物权有实质性争议的，裁定驳回申请，并告知申请人向人民法院提起诉讼。适用特别程序作出的判决、裁定，当事人、利害关系人认为有错误的，可以向作出该判决、裁定的人民法院提出异议。人民法院经审查，异议成立或者部分成立的，作出新的判决、裁定撤销或者改变原判决、裁定；异议不成立的，裁定驳回。

涉及担保物权非诉实现程序的重要法律规范主要集中在《民事诉讼法》第二百零三条、第二百零四条，《最高人民法院关于适用〈中华人民共和国民事诉讼法〉的解释》第三百六十一条至第三百七十四条。此外各地方法院（如浙江高院、重庆高院、四川高院、深圳中院等）也出台了相应操作指引，进行了卓有成效的探索。涉及以物抵债的重要法律规范主要集中在《全国法院民商事审判工作会议纪要》第四十四条、第四十五条，《最高人民法院关于人民法院民事执行中拍卖、变卖财产的规定》等。本章从众多案件中精选了部分有代表性的案例，涵盖了不良资产处置中担保物权非诉实现程序与以物抵债的典型问题。

本章第一节担保物权非诉程序涉及四个典型案例。一是受理问题。明确债权人可通过非诉方式，经申请实现担保物权特别程序实现担保物权，以拍卖、变卖担保物所得的价款优先受偿。与诉讼程序相比，非诉程序具有自身特点和优势。二是管辖问题。申请实现担保物权，由担保财产所在地或者担保物权登记地基层人民法院管辖。部分特殊情形中，如质押的股票为深交所上市交易的A股股票，登记地法院有管辖权。三是审查问题。申请实现担保物权案件，人民法院应当就主合同的效力、期限、履行情况，担保物权是否有效设立、担保财产的范围、被担保的债权范围、被担保的债权是否已届清偿期等担保物权实现的条件，以及是否损害他人合法权益等内容进行审查。审查后，当事人对实现担保物权无实质性争议且实现担保物权条件成就的，裁定准许拍卖变卖担保财产。四是非诉与诉讼程序的协调问题。实现担保物权非讼特别程序尚未执行终结，一方当事人不得针对同一法律关系，提起诉讼要求对抵押物优先受偿。如果法院审查裁定驳回申请的，当事人可以向人民法院提起诉讼。

　　本章第二节以物抵债涉及两个典型案例。一是当事人自行达成以物抵债协议的效力问题。以债务履行期限届满前后为界，当事人在债务履行期限届满后达成以物抵债协议的，只要双方当事人的意思表示真实，合同内容不违反法律、行政法规的强制性规定，合同即为有效。抵债物尚未交付债权人，债权人请求债务人交付的，人民法院依法予以支持。当事人在债务履行期届满前达成以物抵债协议，抵债物尚未交付债权人，债权人请求债务人交付的，人民法院不予支持，应告知当事人根据原债权债务关系提起诉讼。二是执行中的以物抵债。以网络司法拍卖的方式处置财产的，可以拍卖两次。每次流拍后，申请执行人申请或者同意以该次拍卖所定的保留价接受拍卖财产的，应当将该财产交其抵债。

第一节

担保物权的非诉实现程序

一、债权人可通过非诉方式，经申请实现担保物权程序实现担保物权，以拍卖、变卖担保物所得的价款优先受偿

——上海海通证券资产管理有限公司与陈某昌申请实现担保物权案

【案件来源】上海市奉贤区人民法院（2021）沪0120民特122号

【争议焦点】债权人已经享有担保物权，债务人违约后，债权人如何通过非诉程序寻求救济？

【裁判要旨】债权人可通过非诉方式，经申请实现担保物权特别程序实现担保物权，以拍卖、变卖担保物所得的价款优先受偿。

【基本案情】

申请人：上海海通证券资产管理有限公司

被申请人：陈某昌

2016年10月26日，申请人与陈某昌、海通证券股份有限公司签订《海通证券股份有限公司股票质押式回购交易业务协议》《股票质押式回购交易协议（三方）》（两协议以下统称主合同）。主合同签订后，陈某昌以108,000,000股保千里（证券代码：600074）限售股通过股票质押式回购交易通过海通证券向申请人质押融资830,000,000元。融资期限为729天，初始交易日为2016年10月26日，购回交易日为2018年10月25日。主合同对年利率、提前购回等权利义务作了明确约定。但因保千里公司经营恶化，前述股票质押式回购交易的维持担保比例低于主合同的约定，申请人与被申请人遂于2017年

12月22日签订了《权利质押合同》，约定陈某昌以其持有的上海纳克润滑技术有限公司25%股权（以下简称标的股权）为主合同项下债权提供担保，并办理了股权出质登记。后陈某昌主合同违约，申请人通过赋强公证债权文书的强制执行程序向宁波市中级人民法院申请执行其质押的保千里股票，并通过以物抵债方式以每股0.5824元的价格抵偿63,363,801.60元债务。现陈某昌迟迟未能清偿剩余债务，申请人特向贵院申请拍卖、变卖陈某昌质押的标的股权，并就所得价款优先受偿，以维护申请人的合法权益。

申请人提出的申请请求为：准许拍卖、变卖被申请人陈某昌持有的上海纳克润滑技术有限公司25%的股权（对应出资：34,750,000元），申请人对所得价款在1,436,842,390.42元（其中延期利息与违约金暂计至2021年4月30日，最终金额计算至应付未付本金及利息收回日止）范围内优先受偿。

法院裁定如下：准许拍卖、变卖被申请人陈某昌持有的上海纳克润滑技术有限公司25%的股权（对应出资：34,750,000元），所得价款由申请人上海海通证券资产管理有限公司在1,436,842,390.42元（其中延期利息及违约金应计算至应付未付本金就利息收回日止，以上金额暂计算至2021年4月30日）范围内优先受偿。

【法院观点】

法院经审查认为，申请人上海海通证券资产管理有限公司与被申请人陈某昌签署的《权利质押合同》合法有效，双方应依约履行各自的义务。现因被申请人陈某昌未能履行《海通证券股份有限公司股票质押式回购交易业务协议》《股票质押式回购交易协议（三方）》项下的有关义务，申请人已根据中华人民共和国上海市黄浦区公证处（2019）沪黄证执字第3号执行证书向浙江省宁波市中级人民法院申请强制执行，最终通过以物抵债方式以每股0.5824元的价格抵偿63,363,801.60元债务。根据经过公证的执行证书显示，被申请人陈某昌应向申请人支付的购回交易金额为694,430,010.95元，延期利息（以尚未归还的本金655,000,000元+利息38,132,462.50元为基数，按年利率9.57%计算，全部款项计算至应付未付本金及利息收回日或相关交易了结日，申请人在申请中列明的金额暂计算至2021年4月30日）、违约金（以尚未归还的本金655,000,000元+利息38,132,462.50元为基数，按日0.1%计算，全部款项计算至应付未付本金及利息收回日或相关交易了结日，申请人在申请中列明的金额暂计算至 2021 年 4 月 30 日），在经过浙江省宁波市中级人民法院进行强制执行后，截至 2021 年 4 月 30 日被申请人陈某昌仍有 1,436,842,390.42 元未支付，则申请人有权就涉案质押股权实现质押权，以拍卖、变卖质押股权所得的价款优先受偿。综上，本案中实现担保物权的条件已经成就，故法院对申请人的请求予以准许。

【实务解析】

不良资产处置实务中，担保物权的非诉实现程序较为常见。一般来讲，当事人实现担保物权既可以向人民法院起诉，通过诉讼程序取得生效法律文书后申请强制执行，又可以向人民法院申请通过特别程序取得民事裁定书后申请强制执行。适用特别程序实现担保物权案件，与适用诉讼程序的案件相比，具有以下特点：实现担保物权案件应在立案之日起三十日内审结，审限较短，可以有效提高担保物权实现效率；实现担保物权案件采取一审终审，可以减少讼累，节约诉讼成本；实现担保物权案件可以节约司法资源，加快担保物权实现的程序进程。[①]

担保物权实现程序，并不体现权利义务的争议性，具有非诉性。申请人（包括担保物权人以及其他有权请求实现担保物权的人）申请法院拍卖、变卖担保物，实质是要求确认并实现其担保物权的程序。易言之，担保物权人以及其他有权请求实现担保物权的人是申请人，而被申请人是担保人，这种申请与被申请的关系并非请求法院解决民事争议。虽然在担保物权实现程序中被申请人可能提出异议，但这并不影响该程序的非诉性质。实现担保物权案件适用非诉程序，经核实权利存在且权利实现条件成就等事项，法院即可作出准予拍卖、变卖的裁定，以迅速实现担保物权。申请实现担保物权案件中的担保物权人，包括抵押权人、质权人、留置权人；其他有权请求实现担保物权的人，包括抵押人、出质人、财产被留置的债务人或者所有权人等。可以说，对于各方没有实质性争议的案件，债权人通过担保物权的非诉实现程序实现担保物权是更优选择。

---

① 参见《重庆市高级人民法院关于办理实现担保物权案件若干问题的解答》（渝高法〔2015〕164 号）。

【法条链接】

《中华人民共和国民事诉讼法》

第二百零四条 人民法院受理申请后，经审查，符合法律规定的，裁定拍卖、变卖担保财产，当事人依据该裁定可以向人民法院申请执行；不符合法律规定的，裁定驳回申请，当事人可以向人民法院提起诉讼。

《最高人民法院关于适用〈中华人民共和国民事诉讼法〉的解释》（法释〔2022〕11号）

第三百五十九条 民事诉讼法第二百零三条规定的担保物权人，包括抵押权人、质权人、留置权人；其他有权请求实现担保物权的人，包括抵押人、出质人、财产被留置的债务人或者所有权人等。

二、申请实现担保物权，由担保财产所在地或者担保物权登记地基层法院管辖

——中国民生银行股份有限公司深圳分行与深圳兴航融投股权投资基金合伙企业等申请实现担保物权案

【案件来源】 深圳市福田区人民法院（2021）粤0304民特249号之一

【争议焦点】 申请实现担保物权的管辖如何确定？

【裁判要旨】 申请实现担保物权，由担保财产所在地或者担保物权登记地基层人民法院管辖。本案质押的股票为深交所上市交易的A股股票。深交所上市交易A股股票质押回购业务的质押登记机关为中国证券登记结算有限责任公司深圳分公司，作为担保物权登记地基层人民法院，对本案具有管辖权。

【基本案情】

申请人：中国民生银行股份有限公司深圳分行

被申请人：深圳兴航融投股权投资基金合伙企业（有限合伙）

债务人：海航航空集团有限公司

2017年1月17日，债务人（借款人）与申请人（贷款人）签署《流动资金贷款借款合同》（编号：2017年深交通子部贷字第001号），约定申请人向借款人提供流动资金贷款6亿元，借款用途为采购航材，借款期限为2017年1

月17日至2018年1月17日，贷款利率为年利率6.8%，贷款人对借款人到期应付而未付的借款本金，自逾期之日起（含该日）按合同贷款利率上浮（50%）（称为逾期利率）计收逾期罚息，对借款人不能按时支付的利息和逾期罚息，按逾期利率按月在结息日或结息日的对日计收复利，按实际逾期天数计算，逐月累算。

同日，为确保上述合同的履行，申请人与被申请人签署《质押合同》（编号为2017年深交通子部贷字第001号），约定被申请人以其持有的渤海金控投资股份有限公司（股票代码：000415，以下简称渤海金控）的131,795,716股股票为借款人在上述《流动资金贷款借款合同》项下的债务提供质押担保，并于2017年1月19日办理了《证券质押登记证明》（编号：170119××××）。

2017年1月6日，被申请人合伙人会议审议并通过，同意以公司持有的渤海租赁股份有限公司13,179.5716万股股权，为债务人向申请人申请的6亿元授信提供质押担保。决议落款的合伙人签章处有海航航空集团有限公司、××华航空有限公司、××控股有限责任公司、××航远创融创业投资管理有限公司的签章。

2017年1月19日，申请人向债务人发放贷款6亿元。申请人与债务人共同在《借款凭证》签章确认借款金额6亿元，借款起始日2017年1月19日，借款到期日2018年1月19日，执行年利率6.8%。

上述贷款期限届满后，申请人与债务人于2018年3月28日签署《借款展期协议》（编号：公贷展字第集团—18002号），约定对剩余4.5亿元贷款本金展期至2019年1月18日。同时，申请人与被申请人签署《质押合同》（编号：公担质字第集团—1800201号），约定被申请人以其持有的担保财产为债务人4.5亿元贷款提供质押担保，并于2018年3月29日办理《证券质押登记证明》（编号：45000000××××）。随后，申请人与债务人、被申请人等先后共同签署了《流动资金贷款借款合同变更协议》（编号：公贷变字第集团—19003号）、《流动资金贷款借款合同变更协议之一》（编号：公贷变字第集团—19012号），最终将4.5亿元的贷款到期日调整至2020年10月17日，由被申请人对上述贷款承担担保责任。

2018年3月26日、2019年3月27日、2019年12月17日，被申请人合伙人会议分别审议并通过，同意以公司持有的渤海租赁股份有限公司

13,179.5716万股股权，为债务人在上述《流动资金贷款借款合同》《借款展期协议》《流动资金贷款借款合同变更协议》《流动资金贷款借款合同变更协议之一》项下对申请人的人民币4.5亿元借款本金及其利息等全部债务提供质押担保。决议落款的合伙人签章处均有海航航空集团有限公司、××华航空有限公司、××控股有限责任公司、××航远创融创业投资管理有限公司的签章。

申请人提交利息罚息计算表，主张截至2021年2月11日，债务人尚欠申请人本金4.5亿元、利息6922.5万元、罚息7,181,739.84元。

另查，2021年2月10日，海南省高级人民法院作出（2021）琼破申1号《民事裁定书》，裁定受理海南银行股份有限公司对海航集团有限公司的重整申请。同日，海南省高级人民法院作出（2021）琼破1号《决定书》，指定由海航集团清算组担任海航集团有限公司管理人。2021年3月13日，海南省高级人民法院作出（2021）琼破1号之一《民事裁定书》，裁定对海航集团有限公司、海航航空集团有限公司等321家公司进行实质合并重整。

申请人当庭确认，其已向海南省高级人民法院申报涉及本案利息部分的债权，本金部分并未向法院进行申报。

再查，渤海租赁股份有限公司于2018年11月13日将原名称"渤海金控投资股份有限公司"变更登记为现名称"渤海租赁股份有限公司"。同日，渤海金控投资股份有限公司董事会发布关于变更公司名称和证券简称的公告，载明经公司申请，并经深圳证券交易所核准，公司证券简称自2018年11月14日起由"渤海金控"变更为"渤海租赁"，公司证券代码"000415"保持不变。被申请人深圳兴航融投股权投资基金合伙企业（有限合伙）于2015年4月15日成立，股东为海航航空集团有限公司、××华航空有限公司、××控股有限责任公司、××航远创融创业投资管理有限公司。

申请人现行使质权，申请拍卖、变卖担保财产，并对所得价款在贷款本金人民币450,000,000.00元、利息人民币76,406,739.84元（暂计至2021年2月10日）、律师费人民币1,200,000.00元及其他实现申请人担保债权费用的范围内优先受偿。

被申请人称：（1）深圳市福田区人民法院对本案无管辖权。本案担保财产所在地应为股票发行公司住所地即渤海租赁公司住所地新疆乌鲁木齐市×××；而本案担保物权登记于中国证券登记结算有限责任公司，位于北京市西城区。

综上，本案担保财产所在地和担保物权登记地均非深圳市福田区，福田区人民法院并无管辖权。（2）债务金额存在实质性争议。涉案担保债务的主债务人海航航空集团有限公司、其他担保人均已进入破产重整程序，申请人已分别申报债权，目前债权申报审核工作正在进行中，尚未对其申报的债权金额进行确认，涉案担保债务金额存在不确定性，须待破产重整受理法院依法作出生效裁定后方能确定涉案担保债务范围和金额。另，律师费非权利实现的必要支出，不应被支持。（3）本案属于《企业破产法》第二十一条规定的有关债务人的民事诉讼，应由海南省高级人民法院管辖。已被海南省高级人民法院裁定进行实质合并重整的海航航空集团有限公司、××控股有限责任公司、××华航空有限公司及××航远创融创业投资管理有限公司等4家企业为被申请人的合伙人，涉案担保财产实际属于上述已实质合并重整企业所有的财产。（4）本案涉及对破产重整程序债务人财产的担保权行使，根据《企业破产法》第七十五条规定，在重整期间，对债务人的特定财产享有的担保权应暂停行使。故本案亦应依法驳回申请人的申请。

债务人称，同意被申请人的意见，另外，补充如下：首先，本案中申请人主张的债权存在明确的不确定性，继续审理的结果可能与在先受理的破产重整程序中债权审查的结果存在冲突。其次，参照《全国法院破产审判工作会议纪要》（法〔2018〕53号）有关实质合并审理的精神，被申请人全体合伙人因法人人格高度混同，不具备法人独立性而均被纳入实质合并重整，被申请人作为合伙企业实质上不具备二个以上合伙人，合伙企业的存续基础已不存在，根据《最高人民法院关于审理企业破产案件若干问题的规定》（法释〔2002〕23号）第七十六条规定，被申请人应属于实质合并债务人设立的没有法人资格的全资机构，其财产应当一并纳入破产程序进行清理。

法院裁定：驳回申请人中国民生银行股份有限公司深圳分行的申请。

【法院观点】

法院认为，《民事诉讼法》规定，申请实现担保物权，由担保物权人以及其他有权请求实现担保物权的人依照法律，向担保财产所在地或者担保物权登记地基层人民法院提出。本案质押的股票渤海租赁为深圳证券交易所（以下简称深交所）上市交易的A股股票。根据《中国证券登记结算有限责任公司深圳分公司股票质押式回购登记结算业务指南（2015年版）》规定，本指南适用于以深交所上市交易的A股股票或其他经深交所和中国结算认可的证券为标的证券的股票质押回购业务；本公司根据交易所确认的初始交易指令，在T日（指交易日，下同）收市后对融入方的证券和融出方的资金按照货银对付的原则进行检查，均足额的，将融入方证券账户中相应的证券转入指令申报交易单元对应的证券公司质押特别交易单元进行质押登记。由此可知，深交所上市交易A股股票质押回购业务的质押登记机关为中国证券登记结算有限责任公司深圳分公司，深圳市福田区人民法院作为担保物权登记地基层人民法院，对本案具有管辖权。被申请人的相关异议，不予采纳。

本案中，经海南省高级人民法院裁定，债务人已进入重整程序。申请人当庭确认并未向海南省高级人民法院申报涉案债权本金，虽已申报债权利息但目前并未得到债权确认。债务人及被申请人均对主债权金额提出异议不予认可，结合案件情况，无法认定主债权金额，本案已构成实质性争议。根据《最高人民法院关于适用〈中华人民共和国民事诉讼法〉的解释》的规定，当事人对实现担保物权有实质性争议的，裁定驳回申请，并告知申请人向人民法院提起诉讼。综上，对申请人的申请事项依法予以驳回。

【实务解析】

申请实现担保物权属于非诉特别程序，法律对管辖法院有特别规定。申请实现担保物权，申请人可向担保财产所在地或者担保物权登记地基层人民法院提出申请；案件属于海事法院等专门人民法院管辖的，申请人须向专门人民法院提出申请。实现票据、仓单、提单等有权利凭证的权利质权案件，申请人可向权利凭证持有人住所地基层人民法院提出申请；无权利凭证的权利质权，申请人可向出质登记地基层人民法院提出申请。实现担保物权案件不适用约定管辖。当事人在主债权合同或担保合同中约定的管辖法院与前述规定不一致的，适用前述规定确定管辖法院。

同一债权的担保物有多个且所在地不同，申请人分别向有管辖权的人民法院申请实现担保物权的，人民法院应当依法受理。同一债权有多个担保物，其中一个担保物所在地或登记地在受案法院管辖范围的，申请人可以在受案法院申请实现全部担保物权，由受案法院对主债权项下的全部担保物权一并进行审查。

值得注意的是，实现担保物权案件属非讼案件，不适用管辖异议制度。立案庭在立案审查阶段发现案件不属于本院管辖的，应向申请人释明，告知申请人向有管辖权的基层法院提出申请；立案后发现不属于本院管辖的，裁定驳回申请，告知申请人向有管辖权的基层法院提出申请。

【法条链接】

《中华人民共和国民事诉讼法》

第二百零三条　申请实现担保物权，由担保物权人以及其他有权请求实现担保物权的人依照民法典等法律，向担保财产所在地或者担保物权登记地基层人民法院提出。

《最高人民法院关于适用〈中华人民共和国民事诉讼法〉的解释》（法释〔2022〕11号）

第三百六十条　实现票据、仓单、提单等有权利凭证的权利质权案件，可以由权利凭证持有人住所地人民法院管辖；无权利凭证的权利质权，由出质登记地人民法院管辖。

第三百六十二条　同一债权的担保物有多个且所在地不同，申请人分别向有管辖权的人民法院申请实现担保物权的，人民法院应当依法受理。

三、当事人对实现担保物权无实质性争议且实现担保物权条件成就的，裁定准许拍卖、变卖担保财产

——中国农业银行股份有限公司北京朝阳支行与李某申请实现担保物权案

【案件来源】北京市通州区人民法院（2021）京0112民特81号

【争议焦点】申请实现担保物权案件，人民法院应当如何审查并处理？

【裁判要旨】申请实现担保物权案件，人民法院应当就主合同的效力、期限、履行情况，担保物权是否有效设立、担保财产的范围、被担保的债权范围、被担保的债权是否已届清偿期等担保物权实现的条件，以及是否损害他人合法权益等内容进行审查。审查后，当事人对实现担保物权无实质性争议且实现担保物权条件成就的，裁定准许拍卖变卖担保财产。

【基本案情】

申请人：中国农业银行股份有限公司北京朝阳支行（以下简称农业银行朝阳支行）

被申请人：李某

2011年5月26日，申请人与被申请人签订《个人购房担保借款合同》（以下简称《借款合同》），约定申请人向被申请人发放贷款人民币135万元，用于购买涉案房产，被申请人以涉案房产进行抵押。《借款合同》签订后，申请人依约向被申请人发放贷款，双方亦就涉案房产办理了抵押登记手续，申请人于2014年8月19日取得他项权证。现因被申请人与北京太合娱乐文化发展股份有限公司存在纠纷，北京市第三中级人民法院对涉案房产进行了查封，并于2020年10月27日发布《拍卖公告》，决定将于2020年11月26日10时至2020年11月27日10时止在京东网司法拍卖网络平台进行拍卖。申请人认为，申请人是涉案房产的抵押权人，依法对涉案房产的拍卖、变卖价款享有优先受偿权，现依据《民事诉讼法》之规定，向作为担保物所在地基层法院的贵院申请实现担保物权，请求裁定申请人对被申请人名下北京市通州区翠屏南里105号楼5层3单元×××房产拍卖或者变卖所得价款在1,138,791.8元范围内优先受偿。

法院裁定：申请人农业银行朝阳支行对北京市通州区翠屏南里105号楼5层3单元×××房产拍卖、变卖所得价款在1,138,791.8元范围内优先受偿。

【法院观点】

法院经审查认为，依据《最高人民法院关于适用〈中华人民共和国民事诉讼法〉的解释》第三百七十一条、第三百七十二条之规定，[①] 人民法院应当就主合同的效力、期限、履行情况，担保物权是否有效设立、担保财产的范围、被担保的债权范围、被担保的债权是否已届清偿期等担保物权实现的条件，以及是否损害他人合法权益等内容进行审查。审查后，当事人对实现担保物权无

---

① 对应2022年修正的《最高人民法院关于适用〈中华人民共和国民事诉讼法〉的解释》第三百六十九条、第三百七十条。

实质性争议且实现担保物权条件成就的，裁定准许拍卖、变卖担保财产。本案中，农业银行朝阳支行与李某签订的《个人购房担保借款合同》系双方当事人真实意思表示，内容不违反国家法律、行政法规的强制性规定，属合法有效。李某以其名下房屋向农业银行朝阳支行提供抵押担保，并办理了抵押登记，但协议约定的还款期届满后李某并未如约偿还欠款。经询，双方确认李某欠付本金、利息、罚息、复利之和为 1,138,791.8 元，法院对此不持异议。故申请人农业银行朝阳支行的申请符合法律规定，法院予以准许。

【实务解析】

申请实现担保物权案件立案后，人民法院应当如何审查呢？根据《最高人民法院关于适用〈中华人民共和国民事诉讼法〉的解释》第三百六十九条、第三百七十条的规定，人民法院应当就主合同的效力、期限、履行情况，担保物权是否有效设立、担保财产的范围、被担保的债权范围、被担保的债权是否已届清偿期等担保物权实现的条件，以及是否损害他人合法权益等内容进行审查。审查后，当事人对实现担保物权无实质性争议且实现担保物权条件成就的，裁定准许拍卖、变卖担保财产；当事人对实现担保物权有部分实质性争议的，可以就无争议部分裁定准许拍卖、变卖担保财产；当事人对实现担保物权有实质性争议的，裁定驳回申请，并告知申请人向人民法院另行提起诉讼。人民法院发现担保财产已毁损灭失的，应当裁定驳回申请。

不良资产处置实务中，债务人、被申请人经常提出异议。如何理解"实质性争议"成为关键。对此，《浙江省高级人民法院关于审理实现担保物权案件若干问题的解答》（2020 年修订）第六条明确指出，"'当事人对实现担保物权有实质性争议'，是指法院在综合审查的基础上，对主合同和担保合同的订立、生效、履行、债权额确定等影响担保物权实现的事实认定还存有疑问，无法在该特别程序中形成内心确信。实践中，要注意防止被申请人滥用异议权利。除非案件明显存在民事权益争议，被申请人对所提出的异议，一般应提供初步证据，作为法院综合审查判断的依据。被申请人没有明确依据、仅笼统表示异议的情形，显然不足以构成'实质性争议'，不宜简单地据此驳回申请"。《深圳市中级人民法院关于审查实现担保物权案件的工作指引》（深中法〔2020〕197号）第二十二条规定，"在审查实现担保物权案件过程中，有以下情形之一的，视为有实质性争议：（一）担保人或债务人否认主债权存在，法院根据案件证据不能认定主债权存在的；（二）担保人或债务人对主债权金额提出异议，法院根据案件证据不能认定主债权金额的；（三）担保人或债务人对主债务合同实际履行情况持有异议，申请人不能证明实际履行情况的；（四）担保人或债务人对主债权的诉讼时效、效力等提出异议，经审查异议成立的；（五）担保物权按法律规定需要登记，担保物权未办理登记手续的；（六）被担保的债权既有物的担保又有人的担保，当事人对实现担保物权的顺序有约定，担保人或债务人认为实现担保物权的申请违反该约定，经审查异议成立的；（七）被申请人提出当事人约定因担保合同产生争议采用仲裁方式解决，经审查仲裁协议有效的；（八）对实现担保物权有实质性争议的其他情况"。以上各地法院的规定为解决如何理解"实质性争议"提供了有益指引。

此外，当事人在实现担保物权特别程序中提起鉴定的，应如何处理呢？鉴于实现担保物权程序作为非诉程序，具有非争议性的特点，如果被申请人对担保合同中的盖章或签字的真实性等问题提出合理异议并要求鉴定，应作为争议性纠纷在诉讼程序中解决，法院可驳回实现担保物权申请，并告知当事人可以另行起诉。此外，为防止当事人滥用权利，对明显无合理理由提起的鉴定申请，应当不予准许，特别程序可继续适用。

【法条链接】

《最高人民法院关于适用〈中华人民共和国民事诉讼法〉的解释》（法释〔2022〕11号）

第三百六十九条 人民法院应当就主合同的效力、期限、履行情况，担保物权是否有效设立、担保财产的范围、被担保的债权范围、被担保的债权是否已届清偿期等担保物权实现的条件，以及是否损害他人合法权益等内容进行审查。

被申请人或者利害关系人提出异议的，人民法院应当一并审查。

第三百七十条 人民法院审查后，按下列情形分别处理：

（一）当事人对实现担保物权无实质性争议且实现担保物权条件成就的，裁定准许拍卖、变卖担保财产；

（二）当事人对实现担保物权有部分实质性争议的，可以就无争议部分裁定准许拍卖、变卖担保财产；

（三）当事人对实现担保物权有实质性争议的，裁定驳回申请，并告知申请人向人民法院提起诉讼。

四、实现担保物权特别程序尚未执行终结，当事人不得再提起诉讼要求对抵押物优先受偿

——宁安市农村信用合作联社东京城信用社与牡丹江天福利亨房地产开发有限公司民间借贷纠纷案

【案件来源】最高人民法院（2018）最高法民终562号

【争议焦点】实现担保物权特别程序尚未执行终结，当事人另行提起诉讼的如何处理？

【裁判要旨】实现担保物权非讼特别程序尚未执行终结，一方当事人不得针对同一法律关系，提起诉讼要求对抵押物优先受偿。

【基本案情】

上诉人（原审原告）：宁安市农村信用合作联社东京城信用社（以下简称东京城信用社）

被上诉人（原审被告）：牡丹江天福利亨房地产开发有限公司（以下简称天福利亨公司）

2017年8月24日，天福利亨公司就本案所涉借款向宁安市人民法院申请实现担保物权，宁安市信用社作为该案被申请人应诉，认可其为案涉借款本金9729万元及利息债权人。宁安市人民法院于2017年9月20日作出（2017）黑1084民特3号民事裁定，裁定准许拍卖、变卖天福利亨公司所有的房产偿还案涉部分债权，该裁定已经发生法律效力并且在执行过程中。

2017年11月15日，东京城信用社向一审法院再次提起诉讼，请求：（1）天福利亨公司偿还借款罚息80,227,741.65元（暂计算到2017年12月20日，请求支付至实际清偿日止）；（2）天福利亨公司偿还2017年12月20日前借款利息及复利131,463,351.10元，2017年12月20日之后，以9729万元为基数，按合同约定利率计算至实际清偿日止；（3）对天福利亨公司抵押的财产拍卖或变卖后所得款项优先受偿。

一审法院认为，2017年8月24日，天福利亨公司就本案所涉借款向黑龙江省宁安市人民法院申请实现担保物权，宁安合作联社作为该案被申请人应诉，认可其为案涉借款本金9729万元及利息债权人。黑龙江省宁安市人民法院于2017年9月20日作出（2017）黑1084民特3号民事裁定，裁定准许拍卖、变卖天福利亨公司所有的房产偿还案涉部分债权，该裁定已经发生法律效力并且在执行过程中。东京城信用社在本案中主张天福利亨公司偿还其借款本金9729万元及利息，这与黑龙江省宁安市人民法院（2017）黑1084民特3号民事裁定中所涉借款系同一笔借款，该笔借款已经由生效法律文书确认，东京城信用社作为不具有法人资格的分支机构，在其法人单位已经参加诉讼并主张权利的情况下，再次以其名义就同一笔债权另行提起诉讼不当。东京城信用社提起本案诉讼属于重复诉讼，应裁定驳回东京城信用社的起诉。尽管东京城信用社的诉讼请求中可能包含黑龙江省宁安市人民法院（2017）黑1084民特3号民事裁定中未审查的部分，但同一债权不应由宁安合作联社与东京城信用社分别提起诉讼，且黑龙江省宁安市人民法院（2017）黑1084民特3号案件中所涉及债务，实际实现借款本金或利息的数额、时间均不确定，即本案所涉主债权实现的范围尚无法确定，本案尚无法进行审理，宁安合作联社可在实现债权范围确定后，就其尚未获清偿的债权另行主张权利。综上，一审法院裁定：驳回东京城信用社的起诉。

东京城信用社不服，向最高人民法院提起上诉，请求：撤销黑龙江省高级人民法院（2017）黑民初218号民事裁定，指令原审法院审理本案。最高人民法院裁定：驳回上诉，维持原裁定。

【法院观点】

最高人民法院认为，东京城信用社提起的本案民间借贷纠纷，与天福利亨公司作为申请人先行提起的黑龙江省宁安市人民法院（2017）黑1084民特3号申请实现担保物权一案，均是针对东京城信用社对天福利亨公司享有的同一借款债权。前案是当事人通过非诉程序实现担保物权，而本案是当事人通过诉讼程序请求对抵押物优先受偿以实现担保物权。尽管本案的诉讼请求与前案申请并不完全重合，但争议法律关系同一，且均是申请实现担保物权。《民事诉讼法》在第一百九十六条规定了"申请实现担保物权"的特别程序（非诉程序），在第一百九十七条规定了"申请实现担保物权"的特别程序与通过诉讼程序实现担保物权的程序衔接。[①] 依据前述两条法律规定，申请实现担保物权，由担保物权人以及其他有权请求实现担保物权的人依照物权法等法律，向担保财产所在地或者担保物权登记地基层人民法院提出；人民法院受理申请后，经审查，符合法律规定的，裁定拍卖、变卖担保财产，当事人根据该裁定可以向人民法院申请执行；不符合法律规定的，裁定驳回申请，当事人可以向人民法院提起诉讼。据此，在借款担保法律关系中的一方当事人已经通过非诉程序申请实现担保物权的情况下，只有其申请被人民法院裁定驳回，或者申请实现担保物权的非诉案件已经执行完毕，债权人还存在尚未清偿的债权的，当事人才可以就同一借款担保法律关系另行向人民法院提起诉讼。若申请实现担保物权非诉案件的生效民事裁定准许拍卖、变卖抵押财产优先偿还借款债务，且该非诉案件正在执行过程中，实现担保物权的范围尚未最终确定，则债权人不得就同一借款担保法律关系再行提起诉讼，主张对抵押物优先受偿。这一原则，体现了民事诉讼一事不再理的基本原则。本案中，因黑龙江省宁安市人民法院（2017）黑1084民特3号民事裁定准许拍卖、变卖天福利亨公司所有的房产偿还案涉欠款及利息，该裁定现已发生法律效力并且在执行过程中，故东京城信用社不得针对同一借款担保法律关系，提起本案诉讼请求对抵押物优先受偿。原审法院裁定驳回东京城信用社的起诉，结果并无不当。在黑龙江省宁安市人民法院（2017）黑1084民特3号民事裁定执行终结后，宁安合作联社或者其分支机构东京城信用社可就其未实现的债权另行提起诉讼。

【实务解析】

不良资产处置实务中，如果当事人已经进入了申请实现担保物权特别程序，是否允许当事人再行起诉呢？对于该问题，最高人民法院认为，在同一法律关系中的一方当事人已经通过非诉程序申请实现担保物权的情况下，只有其申请被人民法院裁定驳回，或者申请实现担保物权的非诉案件已经执行完毕，债权人还存在尚未清偿的债权的，当事人才可以就同一法律关系另行向人民法

---

① 分别对应2021年修正的《民事诉讼法》第二百零三条、第二百零四条。

院提起诉讼。若申请实现担保物权非诉案件的生效民事裁定准许拍卖、变卖抵押财产优先偿还借款债务，且该非诉案件正在执行过程中，实现担保物权的范围尚未最终确定，则债权人不得就同一法律关系再行提起诉讼，主张对抵押物优先受偿。这一原则，体现了民事诉讼一事不再理的基本原则。简言之，实现担保物权特别程序尚未执行终结，当事人不得再提起诉讼要求对抵押物优先受偿。原因在于申请实现担保物权非诉程序和诉讼程序功能一致，在已经通过非诉程序实现救济的情况下，没有必要再通过诉讼程序重复救济。

值得注意的是，如果当事人另行提起诉讼针对的对方当事人不同，如申请实现担保物权针对的是第三方担保人，另行起诉针对的是主债务人，则另行起诉不受影响。如果另行起诉的诉讼请求与申请实现担保物权的请求不同，我们认为也应当赋予当事人就申请实现担保权不能涵盖的部分同时进行起诉的权利。上述案件一个关键点在于法院认为"实现担保物权的范围尚未最终确定"，所以不允许当事人现阶段另行起诉。如果实现担保物权的范围能够明确，且与当事人另诉的范围不存在重合，则应当允许当事人另诉。该种情况下，"后诉与前案的诉讼请求不同"，已然不属于重复诉讼。如在（2021）京74民终753号案件中，北京金融法院认为："根据本案查明的事实，朝阳法院（2021）京0105民特856号民事裁定书裁定内容为'准许拍卖、变卖张某红名下的抵押房产，云为公司对所得款项按照抵押登记顺序在本金250万元、截至2021年7月23日的逾期违约金125万元及后续逾期违约金（以250万元为基数，自2021年7月24日起计算至实际清偿日止，按年利率24%的标准计算）范围内享有优先受偿权'，前述裁定仅对云为公司部分诉讼请求所涉权利予以实现。现云为公司通过诉讼程序主张包括其他有争议部分的债权，系其对自身权利的处分，不违反法律规定，亦不与实现担保物权的特别程序构成重复起诉。故一审法院裁定驳回云为公司的起诉，依据不足，本院予以纠正。"

【法条链接】

《中华人民共和国民事诉讼法》

第一百五十七条 裁定适用于下列范围：

（一）不予受理；

（二）对管辖权有异议的；

（三）驳回起诉；

……

对前款第一项至第三项裁定，可以上诉。

……

《最高人民法院关于适用〈中华人民共和国民事诉讼法〉的解释》（法释〔2022〕11号）

第三百七十二条 适用特别程序作出的判决、裁定，当事人、利害关系人认为有错误的，可以向作出该判决、裁定的人民法院提出异议。人民法院经审查，异议成立或者部分成立的，作出新的判决、裁定撤销或者改变原判决、裁定；异议不成立的，裁定驳回。

对人民法院作出的确认调解协议、准许实现担保物权的裁定，当事人有异议的，应当自收到裁定之日起十五日内提出；利害关系人有异议的，自知道或者应当知道其民事权益受到侵害之日起六个月内提出。

第二节

以物抵债

一、在认定以物抵债协议的性质和效力时，要根据订立协议时履行期限是否已经届满予以区别对待

——驻马店市伟恒百允置业有限公司与李某勤等借款合同纠纷案

【案件来源】 河南省驻马店市中级人民法院（2020）豫17民终3378号

【争议焦点】 以物抵债协议的效力和认定。

【裁判要旨】 当事人在债务履行期限届满后达成以物抵债协议，抵债物尚未交付债权人，债权人请求债务人交付的，人民法院要着重审查以物抵

债协议是否存在恶意损害第三人合法权益等情形,避免虚假诉讼的发生。经审查,不存在以上情况,且无其他无效事由的,人民法院依法予以支持。

【基本案情】

上诉人(一审被告):驻马店市伟恒百允置业有限公司(以下简称伟恒百允公司)

被上诉人(一审原告):李某勤

一审第三人:驻马店市开发区金源小额贷款有限公司(以下简称金源小贷公司)

2013年9月28日,第三人金源小贷公司向原告李某勤借款96万元,并约定借期12个月,收益率为2%。借款到期后,第三人未能及时偿还借款本息。2016年7月4日,原告李某勤与被告伟恒百允公司签订商品房买卖合同一份,合同约定原告购买被告开发的位于驻马店市枫叶城小区××住宅楼×单元××房屋。建筑面积115.14平方米,总房款438,683.40元,合同约定交房时间为2017年3月31日前,逾期交房出卖人按照原告已付房款的日万分之零点五支付违约金等内容。另查明,原告提交房款收据一份,写明:"兹收到李某勤交来房款(××房)438,683.40元",收据下方注明"会计:金某"。

李某勤向一审法院起诉请求:(1)依法判令被告向原告交付位于枫叶城小区××住宅楼×单元××房屋,并协助办理房屋过户手续;(2)依法判令被告支付原告逾期交房违约金(自2017年4月1日至本案涉案房屋交付给原告之日止,按已付购房款日万分之零点五计算)。

一审法院认为,本案以物抵债协议即诉争商品房买卖合同系因民事主体之间的债权转移而签订,并无损害国家利益、社会公共利益以及他人合法权益的情形,且无其他无效事由,故以物抵债而形成的商品房买卖合同应为有效合同。在合同有效的情况下,当事人应当按照约定全面履行自己的义务。现原告依据原、被告之间签订的商品房买卖合同请求被告向原告交付房屋并协助办理该房屋产权手续,有事实和法律依据。一审法院判决:一、限被告伟恒百允公司在判决生效后十日内向原告李某勤交付位于驻马店市枫叶城小区××住宅楼×单元××房屋;二、限被告伟恒百允公司在判决生效后二十日内协助原告李某勤将位于驻马店市枫叶城小区××住宅楼×单元××房屋的不动产权证书办理至原告李某勤名下;三、限被告伟恒百允公司在判决生效后十日内向原告李某勤支付逾期交房违约金(以438,683.40元为基数,自2017年4月1日起计至房屋交付之日止,按日万分之零点五计算)。

伟恒百允公司不服提起上诉,请求:依法撤销驻马店市驿城区人民法院作出的(2020)豫1702民初449号民事判决,依法改判。二审法院判决:驳回上诉,维持原判。

【法院观点】

法院认为,根据一审查明的事实,李某勤与一审第三人金源小贷公司之间存在债权债务关系,李某勤为债权人,金源小贷公司为债务人;金源小贷公司与伟恒百允公司之间亦存在债权债务关系。经三方同意,金源小贷公司将其对伟恒百允公司的债权转让给李某勤,抵顶其欠李某勤的债务,伟恒百允公司与李某勤签订房屋买卖合同,双方以以物抵债的形式偿还该转让债务。双方的以物抵债协议即诉争商品房买卖合同系因民事主体之间的债权转移而签订,并无损害国家利益、社会公共利益以及他人合法权益的情形,且无其他无效事由,故由以物抵债而形成的商品房买卖合同应为有效合同。在合同有效的情况下,当事人应当按照约定全面履行自己的义务。一审法院根据双方签订的房屋买卖合同,判决伟恒百允公司交付房屋、协助办理登记手续及支付相应违约金,该处理并无不当。伟恒百允公司上诉称其与李某勤不存在合法有效的房屋买卖合同关系的理由不足,对其上诉请求,不予支持。

【实务解析】

不良资产处置中经常遇到以物抵债问题。顾名思义,"以物抵债"指债务人与债权人之间达成的通过将债务人或第三人享有所有权之物交付给债权人从而在同等数额内抵销双方在先债务的协议。以物抵债包含旧债和新债两个法律关系,那旧债是否会因新债成立而消灭呢?司法实践主流观点认为,以物抵债协议成立后,同时存在新旧两债,债务人不履行以物抵债协议的,债权人既可以请求履行以物抵债协议,也可以请求恢复履行旧债。履行期限是否届满,对于以物抵债协议具有重要意义。简言之,履行期届满后达成的以物抵债协议，债权人可以诉请债务人交付。履行期届满前达成的以物抵债协议，债权人无权要求债务人交付，背后的主要考量在于禁止流质、流押和避免利益显著失衡。

关于以物抵债协议的分析论证，最高人民法院公报案例（2016）最高法民终字第 484 号进行了充分的说理。在该案中，最高人民法院明确：（1）对以物抵债协议的效力、履行等问题的认定，应以尊重当事人的意思自治为基本原则。一般而言，除当事人有明确约定外，当事人于债务清偿期届满后签订的以物抵债协议，并不以债权人现实地受领抵债物，或取得抵债物所有权、使用权等财产权利，为成立或生效要件。只要双方当事人的意思表示真实，合同内容不违反法律、行政法规的强制性规定，合同即为有效。（2）当事人于债务清偿期届满后达成的以物抵债协议，可能构成债的更改，即成立新债务，同时消灭旧债务；亦可能属于新债清偿，即成立新债务，与旧债务并存。基于保护债权的理念，债的更改一般需有当事人明确消灭旧债的合意，否则，当事人于债务清偿期届满后达成的以物抵债协议，性质一般应为新债清偿。（3）在新债清偿情形下，旧债务于新债务履行之前不消灭，旧债务和新债务处于衔接并存的状态；在新债务合法有效并得以履行完毕后，因完成了债务清偿义务，旧债务才归于消灭。（4）在债权人与债务人达成以物抵债协议、新债务与旧债务并存时，确定债权是否得以实现，应以债务人是否按照约定全面履行自己义务为依据。若新债务届期不履行，致使以物抵债协议目的不能实现的，债权人有权请求债务人履行旧债务，且该请求权的行使，并不以以物抵债协议无效、被撤销或者被解除为前提。

【法条链接】

《全国法院民商事审判工作会议纪要》（法〔2019〕254 号）

44.【履行期届满后达成的以物抵债协议】当事人在债务履行期限届满后达成以物抵债协议，抵债物尚未交付债权人，债权人请求债务人交付的，人民法院要着重审查以物抵债协议是否存在恶意损害第三人合法权益等情形，避免虚假诉讼的发生。经审查，不存在以上情况，且无其他无效事由的，人民法院依法予以支持。

当事人在一审程序中因达成以物抵债协议申请撤回起诉的，人民法院可予准许。当事人在二审程序中申请撤回上诉的，人民法院应当告知其申请撤回起诉。当事人申请撤回起诉，经审查不损害国家利益、社会公共利益、他人合法权益的，人民法院可予准许。当事人不申请撤回起诉，请求人民法院出具调解书对以物抵债协议予以确认的，因债务人完全可以立即履行该协议，没有必要由人民法院出具调解书，故人民法院不应准许，同时应当继续对原债权债务关系进行审理。

45.【履行期届满前达成的以物抵债协议】当事人在债务履行期届满前达成以物抵债协议，抵债物尚未交付债权人，债权人请求债务人交付的，因此种情况不同于本纪要第71条规定的让与担保，人民法院应当向其释明，其应当根据原债权债务关系提起诉讼。经释明后当事人仍拒绝变更诉讼请求的，应当驳回其诉讼请求，但不影响其根据原债权债务关系另行提起诉讼。

二、网络司法拍卖流拍的，债权人可选择以该次拍卖所定的保留价以物抵债

——长安国际信托股份有限公司与银河天成集团有限公司执行复议案

【案件来源】北京市高级人民法院（2021）京执复164号

【争议焦点】网络司法拍卖流拍，是否可以直接以物抵债？

【裁判要旨】以网络司法拍卖的方式处置财产的，可以拍卖两次。每次流拍后，申请执行人申请或者同意以该次拍卖所定的保留价接受拍卖财产的，应当将该财产交其抵债。被执行人主张法院未经第三次拍卖、变卖，直接裁定以物抵债违反法律规定的，不予支持。

【基本案情】

复议申请人（被执行人）：银河天成集团有限公司（以下简称银河天成公司）

申请执行人：长安国际信托股份有限公司（以下简称长安信托公司）

2020年10月22日，北京一中院依据北京市方圆公证处作出的（2016）京方圆内经证字第25068号公证书、（2016）京方圆内经证字第25069号公证书、（2016）京方圆内经证字第25070号公证书、（2016）京方圆内经证字第25071号公证书、（2016）京方圆内经证字第25072号公证书、（2016）京方圆内经证

字第 25073 号公证书，受理了长安信托公司申请执行银河天成公司公证债权文书一案。2020 年 12 月 18 日，北京一中院作出（2020）京 01 执恢 279 号执行裁定，该裁定载明：该院冻结的银河天成公司持有的银河股票 14,210 万股股票经上海立信资产评估有限公司广西分公司评估后，在淘宝网司法拍卖平台上进行两次公开拍卖均流拍后，长安信托公司申请以物抵债，北京一中院裁定：一、将被执行人银河天成公司持有的申请执行人长安信托公司享有质押权的银河股票 14,210 万股作价人民币 173,930,400 元，交付申请执行人长安信托公司以折抵相应债务。上述股票所有权自本裁定书送达申请执行人长安信托公司时起转移。二、申请执行人长安信托公司可持本裁定书到登记机构办理相关产权过户登记手续。2020 年 12 月 22 日，该案结案。

银河天成公司向北京一中院提出执行异议，请求撤销（2020）京 01 执恢 279 号执行裁定。北京一中院认为，银河天成公司对该院以物抵债行为提出异议，应当在该案执行程序终结前提出。银河天成公司提出异议时该案已经结案，其异议申请不符合执行异议案件受理条件。北京一中院裁定：驳回银河天成公司提出的执行异议申请。

银河天成公司不服申请复议，请求：撤销北京一中院（2021）京 01 执异 155 号执行裁定，支持其异议成立。事实与理由为：在对本案的执行过程中，法院应当采取拍卖、变卖的方式处置执行标的，法律并未赋予法院直接裁定抵债的处理方式。同时，本案执行标的在二次流拍后，根据相关规定，法院应当进行第三次拍卖以及变卖，而法院未经第三次拍卖、变卖，直接裁定以物抵债违反了法律规定，侵害了我公司的合法权益，属于程序违法。二审法院裁定：驳回复议申请人银河天成公司的复议申请，维持（2021）京 01 执异 155 号执行裁定。

【法院观点】

法院认为，依据《最高人民法院关于人民法院办理执行异议和复议案件若干问题的规定》第六条第一款的规定，当事人、利害关系人依照《民事诉讼法》第二百二十五条[1]规定提出异议的，应当在执行程序终结之前提出。本案中，

---

[1] 对应 2021 年修正后的《民事诉讼法》第二百三十二条。

执行法院仅对被执行人银河天成公司提供质押担保的股票执行完毕，申请执行人尚有未受偿的债权，整个案件的执行程序尚未终结，被执行人银河天成公司可以依照《民事诉讼法》第二百二十五条规定对执行法院裁定以物抵债的执行行为提出异议。北京一中院以银河天成公司"提出异议时本案已经结案，其异议申请不符合执行异议案件受理条件"为由驳回其异议申请，与事实不符，法院予以纠正。依据《最高人民法院关于人民法院网络司法拍卖若干问题的规定》第二十六条的规定，以网络司法拍卖的方式处置财产的，可以拍卖两次。每次流拍后，依据《最高人民法院关于人民法院网络司法拍卖若干问题的规定》第三十七条第三款、《最高人民法院关于人民法院民事执行中拍卖、变卖财产的规定》第十九条、第二十八条第一款的规定，申请执行人申请或者同意以该次拍卖所定的保留价接受拍卖财产的，应当将该财产交其抵债。本案中，被执行人银河天成公司持有的股票在第二次拍卖流拍后，申请执行人长安信托公司对该股票申请以物抵债，执行法院将其作价交申请执行人抵债符合司法解释的上述规定。银河天成公司主张法院未经第三次拍卖、变卖，直接裁定以物抵债违反法律规定，于法无据。综上，银河天成公司的复议申请和异议申请，理由不能成立，均应当予以驳回。

【实务解析】

司法拍卖程序中的以物抵债问题，是不良资产处置中的常见问题。被执行人的财产被查封、扣押、冻结后，人民法院应当及时进行拍卖、变卖或者采取其他执行措施。人民法院对查封、扣押、冻结的财产进行变价处理时，应当首先采取拍卖的方式。人民法院以拍卖方式处置财产的，应当采取网络司法拍卖方式。网络司法拍卖，即人民法院依法通过互联网拍卖平台，以网络电子竞价方式公开处置财产的行为。鉴于网络司法拍卖的便捷、高效、公开，成为最常见的资产处理方式。网络司法拍卖应当确定保留价，拍卖保留价即为起拍价。起拍价由人民法院参照评估价确定；未作评估的，参照市价确定，并征询当事人意见。起拍价不得低于评估价或者市价的70%。

网络司法拍卖成交的，由网络司法拍卖平台以买受人的真实身份自动生成确认书并公示。拍卖财产所有权自拍卖成交裁定送达买受人时转移。网络司法拍卖竞价期间无人出价的，本次拍卖流拍。流拍后应当在三十日内在同一网络司法拍卖平台再次拍卖，拍卖动产的应当在拍卖七日前公告；拍卖不动产或者其他财产权的应当在拍卖十五日前公告。再次拍卖的起拍价降价幅度不得超过前次起拍价的20%。网拍二拍流拍后，人民法院应当于十日内询问申请执行人或其他执行债权人是否接受以物抵债。不接受以物抵债的，人民法院应当于网拍二拍流拍之日起十五日内发布网络司法变卖公告。网络司法变卖的变卖价为网络司法拍卖二拍流拍价。

此外，为促进执行当事人有效化解债务纠纷，吸引更多社会主体参与执行财产的竞买处置，盘活资产，促进资源再分配。最高人民法院于2019年12月16日发布《关于在执行工作中进一步强化善意文明执行理念的意见》，其中第九条规定，财产经拍卖后流拍且执行债权人不接受抵债，第三人申请以流拍价购买的，可以准许。

根据《最高人民法院关于在执行工作中进一步强化善意文明执行理念的意见》第九条规定，财产经拍卖后流拍且执行债权人不接受抵债，第三人申请以流拍价购买的，可以准许。网络司法拍卖第二次流拍后，被执行人提出以流拍价融资的，人民法院应结合拍卖财产基本情况、流拍价与市场价差异程度以及融资期限等因素，酌情予以考虑。准许融资的，暂不启动以物抵债或强制变卖程序。值得注意的是，司法拍卖流拍后以物抵债的，人民法院将出具以物抵债裁定书，标的物所有权自抵债裁定送达时转移。当事人在执行中达成以物抵债执行和解协议的，人民法院不得依据该协议作出以物抵债裁定。主要理由在于执行和解协议本身并不具有强制执行力，当事人自行达成的以物抵债协议情形多样、原因复杂、纠纷多发，如人民法院依据和解协议出具以物抵债裁定，相当于赋予了强制执行效力，容易损害相关方利益。

【法条链接】

《最高人民法院关于人民法院民事执行中拍卖、变卖财产的规定》（法释〔2020〕21号）

第二十四条 对于第二次拍卖仍流拍的动产，人民法院可以依照本规定第十六条的规定将其作价交申请执行人或者其他执行债权人抵债。申请执行人或者其他执行债权人拒绝接受或者依法不能交付其抵债的，人民法院应当解除查封、扣押，并将该动产退还被执行人。

第二十五条 对于第二次拍卖仍流拍的不动产或者其他财产权，人民法院可以依照本规定第十六条的规定将其作价交申请执行人或者其他执行债权人抵债。申请执行人或者其他执行债权人拒绝接受或者依法不能交付其抵债的，应当在六十日内进行第三次拍卖。

第三次拍卖流拍且申请执行人或者其他执行债权人拒绝接受或者依法不能接受该不动产或者其他财产权抵债的，人民法院应当于第三次拍卖终结之日起七日内发出变卖公告。自公告之日起六十日内没有买受人愿意以第三次拍卖的保留价买受该财产，且申请执行人、其他执行债权人仍不表示接受该财产抵债的，应当解除查封、冻结，将该财产退还被执行人，但对该财产可以采取其他执行措施的除外。

《最高人民法院关于人民法院网络司法拍卖若干问题的规定》（法释〔2016〕18号）

第二十六条 网络司法拍卖竞价期间无人出价的，本次拍卖流拍。流拍后应当在三十日内在同一网络司法拍卖平台再次拍卖，拍卖动产的应当在拍卖七日前公告；拍卖不动产或者其他财产权的应当在拍卖十五日前公告。再次拍卖的起拍价降价幅度不得超过前次起拍价的百分之二十。

再次拍卖流拍的，可以依法在同一网络司法拍卖平台变卖。

《最高人民法院关于在执行工作中进一步强化善意文明执行理念的意见》（法发〔2019〕35号）

9.适当增加财产变卖程序适用情形。要在坚持网络司法拍卖优先原则的基础上，综合考虑变价财产实际情况、是否损害执行债权人、第三人或社会公共利益等因素，适当采取直接变卖或强制变卖等措施。

……

（4）财产经拍卖后流拍且执行债权人不接受抵债，第三人申请以流拍价购买的，可以准许。

（5）网络司法拍卖第二次流拍后，被执行人提出以流拍价融资的，人民法院应结合拍卖财产基本情况、流拍价与市场价差异程度以及融资期限等因素，酌情予以考虑。准许融资的，暂不启动以物抵债或强制变卖程序。

……

专题十一

金融不良资产公证债权文书的强制执行

综述 〉〉〉

公证债权文书是指经公证程序赋予强制执行效力的债权文书。根据公证法规定，对经公证的以给付为内容并载明债务人愿意接受强制执行承诺的债权文书，债务人不履行或者履行不适当的，债权人可以依法向有管辖权的人民法院申请执行。鉴于公证债权文书具有效率高、成本低的优势，深受金融机构青睐，被金融业广泛应用。在不良资产处置中，公证债权文书强制执行的相关问题也变得越发重要。

公证债权文书，同人民法院的生效判决、仲裁委的仲裁裁决一样，均是人民法院强制执行的依据。当事人取得具有强制执行效力的公证债权文书后，可以不经诉讼、仲裁程序，直接向人民法院申请强制执行。公证债权文书执行案件，由被执行人住所地或者被执行的财产所在地人民法院管辖。实践中，关于案件的级别管辖，按照人民法院受理第一审民商事案件级别管辖的规定确定。债权人申请执行公证债权文书，除应当提交作为执行依据的公证债权文书等申请执行所需的材料外，还应当提交证明履行情况等内容的执行证书。收到执行申请后，法院会对案件进行初步审查，看是否符合受理条件。一般来讲，如果存在债权文书属于不得经公证赋予强制执行效力的文书、公证债权文书未载明债务人接受强制执行的承诺、公证证词载明的权利义务主体或者给付内容不明确、债权人未提交执行证书等情形的，人民法院将裁定不予受理，已经受理的，会裁定驳回执行申请。实践中，被执行人以严重违反法定公证程序为由申请不予执行的，执行法院可以直接审查。被执行人以公证债权文书的内容与事实不符或者违反法律强制性规定等实体事由申请不予执行的，人民法院应当告知当事人可以在执行程序终结前，以债权人为被告，向执行法院提起诉讼。

人民法院审查不予执行公证债权文书案件，应当在受理之日起六十日内审查完毕并作出裁定；有特殊情况需要延长的，经本院院长批准，可以延长三十日。人民法院审查不予执行公证债权文书案件期间，不停止执行。被执行人提供充分、有效的担保，请求停止相应处分措施的，人民法院可以准许；申请执行人提供充分、有效的担保，请求继续执行的，应当继续执行。公证债权文书被裁定不予执行的，当事人可以就该公证债权文书涉及的民事权利义务争议向人民法院提起诉讼；公证债权文书被裁定部分不予执行的，当事人可以就该部分争议提起诉讼。当事人对不予执行裁定提出执行异议或者申请复议的，人民法院不予受理。当事人不服驳回不予执行申请裁定的，可以自裁定送达之日起十日内向上一级人民法院申请复议。上一级人民法院应当自收到复议申请之日起三十日内审查。经审查，理由成立的，裁定撤销原裁定，不予执行该公证债权文书；理由不成立的，裁定驳回复议申请。复议期间，不停止执行。

涉及不良资产公证债权文书强制执行的重要法律规范主要集中于《公证法》《最高人民法院关于公证债权文书执行若干问题的规定》《最高人民法院关于审理涉及公证活动相关民事案件的若干规定》。本章从众多案件中精选了部分有代表性的案例，涵盖了不良资产处置中公证债权文书强制执行的典型程序问题和实体问题。

本章第一节主要涉及公证债权文书强制执行的相关程序问题。对于有强制执行效力的公证债权文书，发生争议后债权人应当申请强制执行，直接提起诉讼的，法院不予受理。公证债权文书执行案件被指定执行、提级执行、委托执行后，被执行人申请不予执行的，由提出申请时负责该案件执行的人民法院审查。债务人进入破产程序后，应基于破产集中管辖原则确定受理公证债权文书执行的法院。

本章第二节主要涉及公证债权文书强制执行的相关实体问题。针对当事人提出的不予执行申请，执行法院应当根据其不同理由作出不同程序指引。具体而言，针对其提出的公证债权文书的内容与事实不符或者违反法律强制性规定等实体事由，应当告知其提起诉讼。针对其提出的程序严重违法事由，执行法院应当依法予以审查。人民法院在审查处理不予执行公证债权文书的案件时，应当全面审查公证债权文书的内容是否确有错误，包括审查程序问题和实体问题；实体审查的对象原则上应限定于被赋予强制执行效力的公证债权文书本身，而不涉及公证债权文书形成的基础事实。当事人以合同所涉不动产未按规定向不动产所在地机构申请公证为由申请不予执行的，不予支持。在公证文书所涉给付内容能够区分执行的情况下，如部分内容具有不予执行情形，则应当仅对该部分不予执行，而对其余部分准许执行。

第一节

公证债权文书强制执行之程序问题

一、对有强制执行效力的公证债权文书，债权人应申请强制执行，直接提起诉讼的，不予受理，但当事人对部分债权另行约定采取诉讼方式解决的，可就该部分提起诉讼

——李某与辽宁金鹏房屋开发有限公司金融不良债权追偿纠纷案

【案件来源】最高人民法院公报案例：最高人民法院（2014）民二终字第199号

【争议焦点】对于有强制执行效力的公证债权文书，债权人能否直接提起诉讼？

【裁判要旨】对于有强制执行效力的公证债权文书，发生争议后债权人应当申请强制执行，直接提起诉讼的，人民法院不予受理。合同当事人的意思表示是赋予强制执行效力的公证债权文书强制执行效力的重要来源，当事人可以通过合意的方式约定直接申请强制执行的内容，法律亦不禁止当事人变更直接申请强制执行的内容，放弃对债权的特殊保障。在存在有强制执行效力的公证债权文书的情况下，双方当事人后又对部分债权约定可以采取诉讼方式解决纠纷，是通过合意的方式变更了可以直接申请强制执行的内容，当事人可以就该部分债权提起诉讼。

【基本案情】

上诉人（一审原告）：李某

上诉人（一审被告）：辽宁金鹏房屋开发有限公司（以下简称金鹏公司）

2001年3—4月，金鹏公司与中国工商银行沈阳市常德支行（以下简称工行常德支行）签订《借款合同》及《抵押合同》。

2001年4—6月，沈阳市公证处分别出具了《具有强制执行效力的债权文书公证书》。沈阳市公证处在公证书中，分别赋予了上述合同强制执行的效力。

2004年1月5日，工行常德支行向金鹏公司送达《中国工商银行催收欠息通知书》（以下简称欠息通知书），内容为：截至2003年12月31日，贵单位已积欠我行贷款利息241万元，请抓紧筹措资金，偿还欠息。否则，我行将采取下列相应措施：……依法向法院申请支付令、申请强制执行或直接提起诉讼，追偿欠息。金鹏公司对上述内容没有异议，并于2004年1月6日签章确认。

2005年7月15日，中国工商银行辽宁省分行与中国长城资产管理公司沈阳办事处（以下简称长城公司沈阳办）签订了《债权转让协议》，中国工商银行辽宁省分行将金鹏公司所欠工行常德支行上述借款本金5000万元及相应利息转让给长城公司沈阳办。长城公司沈阳办受让该债权之后，在《辽宁日报》《辽宁法制报》上对金鹏公司等债务人发布催收公告。但金鹏公司始终没有向长城公司沈阳办履行偿还义务。

2012年12月3日，长城公司沈阳办与李某签订《债权转让协议》，约定长城公司沈阳办将其对金鹏公司享有的债权本金5000万元及利息4950.87万元，本息合计9950.87万元，以人民币1440万元的价格转让给李某。协议签订后，李某付清了全部转让价款，并办理了上述债权的移交手续。长城公司沈阳办于2012年12月7日，在《辽宁法制报》上发布了债权转让公告。

2014年2月25日，李某向辽宁省高级人民法院起诉，请求：判令金鹏公司向李某偿还借款本金人民币5000万元，截止到2013年3月30日的利息人民币5260万元，合计人民币10,260万元；李某对本案抵押物依法享有优先受偿权；由金鹏公司承担本案全部诉讼费用。

一审法院认为，本案原债权人工行常德支行应依据该公证债权文书，向公证处申请出具《执行证书》，并持该《执行证书》向有管辖权的法院申请执行。但原债权人工行常德支行与债务人金鹏公司对241万元部分利息重新达成了还款协议，原债权人可以选择提起诉讼的方式主张241万元利息。因此，对李某请求法院判令金鹏公司偿还借款利息中的241万元利息应予以支持。故判决：一、金鹏公司于判决生效后十日内偿还所欠李某借款利息241万元；二、李某对金鹏公司抵押的财产在241万元范围内享有优先受偿权；三、驳回原告、被告其他诉讼请求。

双方均不服提起上诉。二审法院判决：驳回上诉，维持原判。

【法院观点】

关于有强制执行效力的公证债权文书所涉债务纠纷，未经执行程序，当事人能否直接提起诉讼的问题。《民事诉讼法》规定："对公证机关依法赋予强制执行效力的债权文书，一方当事人不履行的，对方当事人可以向有管辖权的人民法院申请执行，受申请的人民法院应当执行。公证债权文书确有错误的，人民法院裁定不予执行，并将裁定书送达双方当事人和公证机关。"《最高人民法院关于当事人对具有强制执行效力的公证债权文书的内容有争议提起诉讼人民法院是否受理问题的批复》（已失效）指出："根据《中华人民共和国民事诉讼法》第二百一十四条和《中华人民共和国公证法》第三十七条的规定，经公证的以给付为内容并载明债务人愿意接受强制执行承诺的债权文书依法具有强制执行效力。债权人或者债务人对该债权文书的内容有争议直接向人民法院提起民事诉讼的，人民法院不予受理。但公证债权文书确有错误，人民法院裁定不予执行的，当事人、公证事项的利害关系人可以就争议内容向人民法院提起民事诉讼。"根据上述规定，具有强制执行效力的公证债权文书与生效判决书、仲裁裁决书一样，是人民法院的执行依据，当事人可以据此申请强制执行。对于有强制执行效力的公证债权文书，发生争议后债权人应当申请强制执行，直接提起诉讼的，人民法院不予受理。前述司法解释的明确规定，排除了当事人对直接提起诉讼这一方式的选择权。由于本案亦不存在公证债权文书确有错误，人民法院不予执行的裁定，故李某关于其提起本案诉讼符合法律规定的主张，不能予以支持。

关于存在有强制执行效力的公证债权文书，当事人对部分债权又约定可以通过诉讼解决纠纷，当事人能否就该部分债权提起诉讼的问题。《最高人民法院、司法部关于公证机关赋予强制执行效力的债权文书执行有关问题的联合通知》第一条规定："一、公证机关赋予强制执行效力的债权文书应当具备以下条件：（一）债权文书具有给付货币、物品、有价证券的内容；（二）债权债务关系明确，债权人和债务人对债权文书有关给付内容无疑义；（三）债权文书中载明债务人不履行义务或不完全履行义务时,债务人愿意接受依法强制执行的承诺。"根据该规定,赋予强制执行效力的公证债权文书必须符合当事人已经就强制执行问题在债权文书中达成书面合意的条件。换言之,如果仅有公证的形式,而没有当事人关于执行问题的特殊合意,也不能产生可以申请强制执行的效果。因此,合同当事人的意思表示是赋予强制执行效力的公证债权文书强制执行效力的重要来源,当事人可以通过合意的方式约定直接申请强制执行的内容,法律亦不禁止当事人变更直接申请强制执行的内容,放弃对债权的特殊保障。金鹏公司主张申请强制执行是"法定前置程序"而不考虑当事人的意思表示,没有法律依据。本案中,虽然涉案债权存在有强制执行效力的公证债权文书,但双方当事人后对部分利息又约定可以采取诉讼方式解决纠纷,是通过合意的方式变更了可以直接申请强制执行的内容,故一审法院对该部分内容进行审理并无不当。

李某主张双方当事人系对全部债权归还方式进行重新约定。但金鹏公司签收涉案欠息通知书时,涉案两份长期借款合同均未到期,从涉案欠息通知书的内容看,涉及的仅为241万元利息。故李某提出双方当事人对全部债权归还方式进行重新约定的主张,不予支持。涉案欠息通知书对于欠息部分债务约定了诉讼等纠纷解决方式,变更了原来的约定,金鹏公司收到前述通知书之后并未提出异议,而是签章确认,应视为双方就欠息部分归还的方式达成了新的合意。

关于未经执行程序,当事人提起诉讼主张具有强制执行效力的公证债权文书确有错误,不具执行效力,能否予以支持的问题。《最高人民法院关于当事人对具有强制执行效力的公证债权文书的内容有争议提起诉讼人民法院是否受理问题的批复》(已失效)指出:"……但公证债权文书确有错误,人民法院裁定不予执行的,当事人、公证事项的利害关系人可以就争议内容向人民法院提起民事诉讼。"该条款是对公证债权文书所涉当事人权利救济的规定。人民法院裁定不予执行,说明经过审查,公证债权文书本身有错误,不具有强制执行效力,在此情况下,当事人关于直接申请执行的合意不再有效,债权债务关系处于不稳定的状态,当事人可以依法提起民事诉讼解决存在的争议,明确各方权利义务关系。公证债权文书是否确有错误,应在执行程序中予以认定。根据本案查明的事实,目前尚无确认涉案公证债权文书确有错误,不予执行的生效裁定。李某在诉讼中提出公证债权文书确有错误的主张，不属于本案诉讼的审理范围。

【实务解析】

不良资产处置中，公证债权文书的执行问题一直备受关注。民事诉讼法规定，对公证机关依法赋予强制执行效力的债权文书，一方当事人不履行的，对方当事人可以向有管辖权的人民法院申请执行，受申请的人民法院应当执行。公证债权文书确有错误的，人民法院裁定不予执行，并将裁定书送达双方当事人和公证机关。由此可见，具有强制执行效力的公证债权文书与法院的判决书、仲裁裁决书效力一样，均可以直接申请强制执行。那是否允许当事人不直接申请执行，而是另行诉讼呢？针对该问题，《最高人民法院关于当事人对具有强制执行效力的公证债权文书的内容有争议提起诉讼人民法院是否受理问题的批复》（已失效）曾明确，债权人或者债务人对该债权文书的内容有争议直接向人民法院提起民事诉讼的，人民法院不予受理。上述内容后被《最高人民法院关于审理涉及公证活动相关民事案件的若干规定》（2020年修正）第三条吸收。

因此，如果存在赋予强制执行效力的公证债权文书，当事人不能直接另行起诉，而是应当申请执行。人民法院裁定不予执行的，当事人可以就争议内容向人民法院提起民事诉讼。实践中，如果公证机关只是出具了公证书，而决定不予出具执行证书的，当事人可以就公证债权文书涉及的民事权利义务争议直接向人民法院提起诉讼。特殊情况下，有在公证债权文书中载明的民事权利义务关系与事实不符；经公证的债权文书具有法律规定的无效、可撤销等情形；公证债权文书载明的债权因清偿、提存、抵销、免除等原因全部或者部分消灭等情形的，债务人可以在执行程序终结前，以债权人为被告，向执行法院提起诉讼，请求不予执行公证债权文书。但债务人提起诉讼，不影响人民法院对公证债权文书的执行。

【法条链接】

《中华人民共和国民事诉讼法》

第二百四十五条 对公证机关依法赋予强制执行效力的债权文书，一方当事人不履行的，对方当事人可以向有管辖权的人民法院申请执行，受申请的人民法院应当执行。

公证债权文书确有错误的，人民法院裁定不予执行，并将裁定书送达双方当事人和公证机关。

《最高人民法院关于审理涉及公证活动相关民事案件的若干规定》（法释〔2020〕20号）

第三条 当事人、公证事项的利害关系人对公证书所公证的民事权利义务有争议的，可以依照公证法第四十条规定就该争议向人民法院提起民事诉讼。

当事人、公证事项的利害关系人对具有强制执行效力的公证债权文书的民事权利义务有争议直接向人民法院提起民事诉讼的，人民法院依法不予受理。但是，公证债权文书被人民法院裁定不予执行的除外。

二、公证债权案件文书执行案件被指定执行、提级执行、委托执行后，被执行人申请不予执行的，由提出申请时负责该案件执行的人民法院审查

——成都沃沐置业有限公司与柏某光合同纠纷执行复议案

【案件来源】 最高人民法院（2019）最高法执复138号

【争议焦点】 公证债权文书执行案件被指定执行、提级执行、委托执行后，被执行人申请不予执行的，应该由哪个法院审查？

【裁判要旨】 公证债权文书执行案件被指定执行、提级执行、委托执行后，被执行人申请不予执行的，由提出申请时负责该案件执行的人民法院审查。

【基本案情】

复议申请人（异议人、被执行人）：成都沃沐置业有限公司（原名称为成都大鼎置业有限公司，以下简称沃沐公司）

申请执行人：柏某光

被执行人：孙某生、孙某榕

高新公证处（2017）成高证经字第5000、5001、5002、5003号公证债权文书分别载明，柏某光与沃沐公司于2017年5月31日签订《借款合同》《抵押合同》，并与孙某生、孙某榕签订《保证合同》，约定出借资金1.8亿元及利息、还款方式等；由孙某生、孙某榕提供保证，沃沐公司提供抵押担保。自抵押担保合同生效、抵押登记之日及债权债务形成之日起，本公证债权文书具有强制执行效

力。2018年6月28日，根据柏某光的申请，高新公证处出具（2018）川成高证执字第51号执行证书。

柏某光依据高新公证处（2017）成高证经字第5000、5001、5002、5003号公证债权文书、高新公证处（2018）川成高证执字第51号执行证书，于2018年8月7日向四川高院申请强制执行，四川高院于2018年8月7日立案受理，于2018年8月15日以（2018）川执56号执行裁定指定自贡中院执行，自贡中院于2018年9月6日以（2018）川03执89号立案执行。

2019年7月23日，沃沐公司提交执行异议申请书，请求撤销四川高院（2018）川执56号执行裁定及执行法院与本案有关的所有裁定。2019年7月25日，四川高院立案受理沃沐公司执行异议一案。四川高院认为沃沐公司的异议请求均不能成立，裁定驳回沃沐公司的异议请求。

沃沐公司不服，向最高人民法院申请复议。最高人民法院认为，四川高院对沃沐公司提出的执行异议未区分情形，即进行审查处理，显属不当。故裁定：一、撤销四川省高级人民法院（2019）川执异5号裁定；二、发回四川省高级人民法院重新审查。

【法院观点】

关于沃沐公司能否对四川高院指定执行提出异议的问题。根据《最高人民法院关于高级人民法院统一管理执行工作若干问题的规定》第一条、第八条规定，高级人民法院在最高人民法院的监督和指导下，对本辖区执行工作的整体部署、执行案件的监督和协调、执行力量的调度以及执行装备的使用等，实行统一管理；高级人民法院对本院及下级人民法院的执行案件，认为需要指定执行的，可以裁定指定执行。根据《民事诉讼法》规定，当事人、利害关系人认为执行行为违反法律规定的，可以向负责执行的人民法院提出书面异议。本案中，四川高院将案件指定自贡中院执行，系其行使管理职责，并非具体执行行为，沃沐公司对四川高院指定执行提出异议，不属于执行异议审查的范围。

关于四川高院对沃沐公司提出的不予执行公证债权文书申请进行立案审查是否符合规定的问题。《最高人民法院关于公证债权文书执行若干问题的规定》第十三条规定，被执行人申请不予执行公证债权文书，应当在执行通知书送达之日起十五日内向执行法院提出书面申请，并提交相关证据材料；有本规定第十二条第一款第三项、第四项规定情形且执行程序尚未终结的，应当自知道或者应当知道有关事实之日起十五日内提出。公证债权文书执行案件被指定执行、提级执行、委托执行后，被执行人申请不予执行的，由提出申请时负责该案件执行的人民法院审查。根据查明的事实，四川高院已于 2018 年 8 月 15 日将案件指定自贡中院执行，自贡中院于 2018 年 9 月 6 日立案执行，沃沐公司于 2019 年 7 月 23 日提出不予执行公证债权文书申请。因此，对于沃沐公司提出的不予执行的申请，依法应当由自贡中院立案审查。四川高院立案审查沃沐公司的不予执行申请，并作出裁决，于法无据，应予撤销。

【实务解析】

不良资产执行实践中，指定执行、提级执行、委托执行并不鲜见。本案明确了相关的两个问题：一是能否对指定执行、提级执行、委托执行等提出执行异议。二是公证债权文书执行案件被指定执行、提级执行、委托执行后，被执行人申请不予执行的，应由哪个法院进行处理。

关于第一个问题，指定执行、提级执行、委托执行系人民法院内部的协调管理问题，并非具体的执行行为，不属于执行异议审查的范围。关于第二个问题，公证债权文书执行案件被指定执行、提级执行、委托执行后，被执行人申请不予执行的，由提出申请时负责该案件执行的人民法院审查。

值得注意的是，除了公证债权文书的执行案件外，所有的执行案件当事人均有可能提出执行异议，在指定执行、提级执行、委托执行后，法院之间如何协调处理呢？根据《最高人民法院关于人民法院办理执行异议和复议案件若干问题的规定》第四条规定，执行案件被指定执行、提级执行、委托执行后，当事人、利害关系人对原执行法院的执行行为提出异议的，由提出异议时负责该案件执行的人民法院审查处理；受指定或者受委托的人民法院是原执行法院的下级人民法院的，仍由原执行法院审查处理。执行案件被指定执行、提级执行、委托执行后，案外人对原执行法院的执行标的提出异议的，参照前款规定处理。

【法条链接】

《最高人民法院关于公证债权文书执行若干问题的规定》（法释〔2018〕18 号）

第十三条 被执行人申请不予执行公证债权文书，应当在执行通知书送达之日起十五日内向执行法院提出书面申请，并提交相关证据材料；有本规定第十二条第一款第三项、第四项规定情形且执行程序尚未终结的，应当自知道或者应当知道有关事实之日起十五日内提出。

公证债权文书执行案件被指定执行、提级执行、委托执行后，被执行人申请不予执行的，由提出申请时负责该案件执行的人民法院审查。

三、债务人进入破产程序后，应基于破产集中管辖原则确定公证债权文书执行案件的管辖法院

——宁夏林业研究院股份有限公司与华融国际信托有限责任公司公证债权文书执行复议案

【案件来源】最高人民法院（2019）最高法执复110号

【争议焦点】公证债权文书强制执行的管辖原则是什么？债务人破产情况下管辖法院如何确定？

【裁判要旨】公证债权文书执行案件，由被执行人住所地或者被执行的财产所在地人民法院管辖。前款规定案件的级别管辖，参照人民法院受理第一审民商事案件级别管辖的规定确定。债务人进入破产程序后，应基于破产集中管辖原则确定受理公证债权文书执行的法院。

【基本案情】

异议人（被执行人）：宁夏林业研究院股份有限公司（以下简称林业公司）

申请执行人：华融国际信托有限责任公司（以下简称华融公司）

被执行人：宁夏上陵实业（集团）有限公司（以下简称上陵集团）

2019年，华融公司与上陵集团、林业公司等公证债权文书执行一案，天津高院指定天津一中院执行，天津一中院根据北京市方圆公证处作出的执行证书，作出（2019）津01执311号执行通知书。

被执行人林业公司对天津一中院作出的（2019）津01执311号执行通知书不服，向天津高院提出书面管辖异议，请求依法撤销（2019）津01执311号公证债权文书强制执行一案，并告知申请执行人华融公司向宁夏回族自治区有管辖权的法院申请执行。

天津高院经审查认为，关于执行异议是否应在天津高院予以立案审查的

问题。根据《最高人民法院关于适用〈中华人民共和国民事诉讼法〉执行程序若干问题的解释》第三条"人民法院受理执行申请后,当事人对管辖权有异议的,应当自收到执行通知书之日起十日内提出。人民法院对当事人提出的异议,应当审查。异议成立的,应当撤销执行案件,并告知当事人向有管辖权的人民法院申请执行;异议不成立的,裁定驳回。当事人对裁定不服的,可以向上一级人民法院申请复议"的规定,林业公司针对天津一中院作出的(2019)津01执311号执行通知书有权提出执行管辖异议。此外,根据《最高人民法院关于人民法院办理执行异议和复议案件若干问题的规定》第四条"执行案件被指定执行、提级执行、委托执行后,当事人、利害关系人对原执行法院的执行行为提出异议的,由提出异议时负责该案件执行的人民法院审查处理;受指定或者受委托的人民法院是原执行法院的下级人民法院的,仍由原执行法院审查处理"的规定,因天津高院系天津一中院上级法院,案件系天津高院指定天津一中院执行的,故林业公司提出的执行管辖异议应当由天津高院审查。

关于天津高院执行立案是否符合法律规定。首先,本案属于公证债权文书的执行,依照《最高人民法院关于公证债权文书执行若干问题的规定》第二条"公证债权文书执行案件,由被执行人住所地或者被执行的财产所在地人民法院管辖。前款规定案件的级别管辖,参照人民法院受理第一审民商事案件级别管辖的规定确定"的规定,以及《最高人民法院关于调整高级人民法院和中级人民法院管辖第一审民商事案件标准的通知》,本次公证执行文书的执行标的,符合本院受理的级别管辖。根据《民事诉讼法》"法律规定由人民法院执行的其他法律文书,由被执行人住所地或者被执行的财产所在地人民法院执行"的规定,因该案系生效公证债权文书执行,故应当由被执行人住所地或者被执行人的财产所在地人民法院执行。此外,《最高人民法院执行局关于法院能否以公司证券登记结算地为财产所在地获得管辖权的复函》([2010]执监字第16号)的主要内容为:"被执行的财产为股权或者股份的,该股权或者股份的发行公司住所地为被执行的财产所在地。"

因此,天津高院认为,生效执行证书确定了被执行的财产为上陵集团等15个被执行人的全部财产,且该案根据申请执行人华融公司的执行申请,被执行的财产包括上陵集团持有天津上陵平行汽车进出口有限公司(以下简称汽车公司）60% 的股权，而汽车公司位于天津自贸试验区，故天津高院依此为管辖连结点予以立案执行，符合法律规定，执行立案依法应当予以维持。因此，天津高院于 2019 年 5 月 8 日作出（2019）津执异 5 号执行裁定书，驳回了林业公司的异议。

林业公司不服上述异议裁定，向最高人民法院申请复议。最高人民法院裁定：一、撤销天津市高级人民法院（2019）津执异 5 号执行裁定；二、撤销天津市第一中级人民法院（2019）津 01 执 311 号执行通知书。

【法院观点】

本案的焦点问题为案件依法是否应由天津高院立案管辖。根据申请执行人华融公司的执行申请，天津高院因被执行的财产包括上陵集团持有汽车公司 60% 的股权，而汽车公司位于天津自贸试验区，故以此为管辖连结点予以立案执行。根据《民事诉讼法》第二百二十四条第二款"法律规定由人民法院执行的其他法律文书，由被执行人住所地或者被执行的财产所在地人民法院执行"的规定[①]与《最高人民法院关于公证债权文书执行若干问题的规定》第二条"公证债权文书执行案件，由被执行人住所地或者被执行的财产所在地人民法院管辖"的规定，因该案系生效公证债权文书执行案件，故应当由被执行人住所地或者被执行的财产所在地人民法院执行。但根据银川中院于 2018 年 12 月 19 日作出的（2018）宁 01 破申 24 号民事裁定书，上陵集团当日已经进入破产重整程序，且在华融公司向天津高院提出执行申请之前。根据《企业破产法》第十九条"人民法院受理破产申请后，有关债务人财产的保全措施应当解除，执行程序应当中止"的规定，因上陵集团已经进入破产程序，其财产包括上陵集团持有位于天津自贸试验区的汽车公司 60% 的股权属于破产程序中的债务人财产，基于破产集中管辖原则，天津高院不能对上陵集团的财产实施执行措施。因此，天津高院以此为管辖连结点受理执行案件并不适当。天津高院应告知华融公司依法向其他有管辖权的法院申请执行。

---

① 对应 2021 年修正的《民事诉讼法》第二百三十一条第二款。

【实务解析】

公证债权文书的执行管辖问题,是实务操作中当事人首先遇到的问题。从地域管辖看,公证债权文书的执行案件,由被执行人住所地或者被执行的财产所在地人民法院管辖。从级别管辖看,参照人民法院受理第一审民商事案件级别管辖的规定确定,即中级人民法院管辖1亿元或5亿元以上案件(当事人住所地均在或者均不在受理法院所处省级行政辖区的,中级人民法院管辖金额为5亿元以上的第一审民事案件;当事人一方住所地不在受理法院所处省级行政辖区的,中级人民法院管辖1亿元以上的第一审民事案件);高级法院管辖50亿元以上案件。特殊情况下,如债务人进入破产重整程序后,应基于破产集中管辖原则确定公证债权文书执行案件的管辖法院。《企业破产法》规定,人民法院受理破产申请后,有关债务人财产的保全措施应当解除,执行程序应当中止。有关债务人的民事诉讼,只能向受理破产申请的人民法院提起。故,债务人进入破产程序后,应基于破产集中管辖原则确定受理公证债权文书执行的法院。

【法条链接】

《中华人民共和国企业破产法》

第十九条 人民法院受理破产申请后,有关债务人财产的保全措施应当解除,执行程序应当中止。

第二十一条 人民法院受理破产申请后,有关债务人的民事诉讼,只能向受理破产申请的人民法院提起。

《最高人民法院关于公证债权文书执行若干问题的规定》(法释〔2018〕18号)

第二条 公证债权文书执行案件,由被执行人住所地或者被执行的财产所在地人民法院管辖。

前款规定案件的级别管辖,参照人民法院受理第一审民商事案件级别管辖的规定确定。

第二节

公证债权文书强制执行之实体问题

一、法院对当事人提出的不予执行申请,应根据不同理由作出不同程序指引,如主张公证债权文书的内容与事实不符或违反法律规定等实体事由的,应告知其提起诉讼;如主张程序严重违法的,应通过执行异议程序审查

——山西恒实平阳房地产开发有限公司与深圳平安大华汇通财富管理有限公司借款合同纠纷执行复议案

【案件来源】最高人民法院(2019)最高法执复58号

【争议焦点】人民法院对当事人提出的不予执行公证债权文书申请,应当通过什么程序审查?

【裁判要旨】针对本案当事人提出的不予执行申请,执行法院应当根据其不同理由作出不同程序指引。针对其提出的公证债权文书的内容与事实不符或者违反法律强制性规定等实体事由,应当告知其提起诉讼;针对其提出的程序严重违法事由,执行法院应当依法予以审查。

【基本案情】

复议申请人(被执行人):山西恒实平阳房地产开发有限公司

申请执行人:深圳平安大华汇通财富管理有限公司

被执行人:山西恒实天和房地产开发有限公司、山西恒实房地产开发有限责任公司、孙某太、马某卿

2015年,山西恒实平阳房地产开发有限公司、山西恒实天和房地产开发有限公司、山西恒实房地产开发有限责任公司、孙某、孙某太、马某卿与深圳平安大华汇通财富管理有限公司就天和福地项目开发签订了《平安汇通平安智富定制93号专项资产管理计划之框架协议》(以下简称《资管计划》),约定原

案被执行人向深圳平安大华汇通财富管理有限公司融资9.5亿元。双方确定的债权为9.5亿元，并办理公证。其后，因产生争议，北京市中信公证处出具了（2018）京中信执字00735号执行证书。

深圳平安大华汇通财富管理有限公司申请执行后，山西高院依据已经发生法律效力的北京市中信公证处（2018）京中信执字00735号执行证书，作出（2018）晋执26号执行裁定。山西恒实平阳房地产开发有限公司不服提出异议，认为深圳平安大华汇通财富管理有限公司提供的《公证债权书》确定的债权金额确有错误，非其认为的9.5亿元。另外在公证债权文书中已经确认归还了1000万元。在山西高院听证时，山西恒实平阳房地产开发有限公司称虽是以执行异议立案，但实际是申请不予执行公证债权文书。

山西高院认为，第一，山西恒实平阳房地产开发有限公司，明确表示不主张执行异议，亦未提交书面执行异议申请。第二，根据山西恒实平阳房地产开发有限公司在听证中陈述的请求和事实理由，其并非对执行行为或执行标的提出异议，而是对本案的执行依据公证债权文书提出的不予执行申请，不符合《民事诉讼法》规定的执行异议案件的受理条件。第三，执行异议审查程序与不予执行公证债权文书审查或审理程序是不同的法律程序。三者从法律依据、受理条件、审查事项、审理期限、救济途径等方面均有不同，无法在执行异议程序中解决不予执行公证债权文书之诉请。第四，被执行人若认为公证机构具有严重违反法定公证程序的情形，可依照《最高人民法院关于公证债权文书执行若干问题的规定》第十二条的规定，申请不予执行公证债权文书。被执行人若以公证债权文书的内容与事实不符或者违反法律强制性规定等实体事由申请不予执行的，可依照《最高人民法院关于公证债权文书执行若干问题的规定》第二十二条第一款之规定提起诉讼。综上，山西恒实平阳房地产开发有限公司的申请不符合法律规定，山西高院不予支持。综上，作出（2019）晋执异7号执行裁定，裁定驳回山西恒实平阳房地产开发有限公司的申请。

山西恒实平阳房地产开发有限公司不服向最高人民法院申请复议，最高人民法院认为，山西高院应当参照执行异议案件审查程序，对被执行人提出的不予执行公证债权文书申请中是否有程序严重违法事由、程序严重违法事由是否成立及申请执行人的答辩事由等依法进行审查。故裁定：一、撤销山西省高级人民法院（2019）晋执异7号执行裁定；二、发回山西省高级人民法院重新审查。

【法院观点】

法院经审查认为，本案争议焦点是人民法院对当事人提出的不予执行公证债权文书申请，应当通过什么程序审查。

《最高人民法院关于公证债权文书执行若干问题的规定》明确了对当事人提出的不予执行公证债权文书申请的两种不同救济程序。第一，被执行人以公证债权文书的内容与事实不符或者违反法律强制性规定等实体事由申请不予执行的，人民法院应当告知其依照该司法解释第二十二条第一款规定提起诉讼。第二，被执行人以严重违反法定公证程序为由申请不予执行的，执行法院可以直接审查，经审查认为理由成立的，裁定不予执行；理由不成立的，裁定驳回不予执行申请。公证债权文书被裁定不予执行的，当事人可以就该公证债权文书涉及的民事权利义务争议向人民法院提起诉讼；公证债权文书被裁定部分不予执行的，当事人可以就该部分争议提起诉讼。当事人不服驳回不予执行申请裁定的，可以自裁定送达之日起十日内向上一级人民法院申请复议。针对本案当事人提出的不予执行申请，执行法院应当根据其不同理由作出不同程序指引。针对其提出的公证债权文书的内容与事实不符或者违反法律强制性规定等实体事由，应当告知其提起诉讼。针对其提出的程序严重违法事由，执行法院应当依法予以审查。对于执行法院审查不予执行公证债权文书的程序，该司法解释第十五条作了原则性规定，即人民法院审查不予执行公证债权文书案件，案情复杂、争议较大的，应当进行听证。必要时可以向公证机构调阅公证案卷，要求公证机构作出书面说明，或者通知公证员到庭说明情况。该程序规定不同于诉讼程序，本质上属于执行审查程序，可以参照执行异议案件审查程序办理。对此，《最高人民法院关于执行案件立案、结案若干问题的意见》第九条明确规定，"下列案件，人民法院应当按照执行异议案件予以立案：……被执行人对仲裁裁决或者公证机关赋予强制执行效力的公证债权文书申请不予执行的；……"因此，如果当事人提出了程序严重违法事由并请求不予执行公证债权文书的，执行法院应当按照执行异议案件予以立案审查。山西高院未审查及区分当事人提出的程序事由及实体事由，一概认为无法在执行异议程序中解决不予执行公证债权文书诉请，将对不予执行公证债权文书的审查程序与执行异议案件审查程序完全割裂，不完全符合现行规定精神。

【实务解析】

本案为当事人在执行中提出各种异议要求不予执行公证债权文书，人民法院应当如何处理的典型案例。现有的法律规定明确了对当事人提出的不予执行公证债权文书申请的两种救济途径。

第一，被执行人以公证债权文书的内容与事实不符或者违反法律强制性规定等实体事由申请不予执行的，人民法院应当告知当事人可以在执行程序终结前，以债权人为被告，向执行法院提起诉讼，请求不予执行公证债权文书。债务人提起诉讼，不影响人民法院对公证债权文书的执行。债务人提供充分、有效的担保，请求停止相应处分措施的，人民法院可以准许；债权人提供充分、有效的担保，请求继续执行的，应当继续执行。人民法院经审理认为理由成立的，判决不予执行或者部分不予执行；理由不成立的，判决驳回诉讼请求。

第二，被执行人以严重违反法定公证程序（如被执行人未到场且未委托代理人到场办理公证的；无民事行为能力人或者限制民事行为能力人没有监护人代为办理公证的；公证员为本人、近亲属办理公证，或者办理与本人、近亲属有利害关系的公证的；公证员办理该项公证有贪污受贿、徇私舞弊行为，已经由生效刑事法律文书等确认的；其他严重违反法定公证程序的情形等）为由申请不予执行的，执行法院可以直接审查。案情复杂、争议较大的，应当进行听证。必要时可以向公证机构调阅公证案卷，要求公证机构作出书面说明，或者通知公证员到庭说明情况。人民法院审查不予执行公证债权文书案件期间，不停止执行。经审查认为理由成立的，裁定不予执行；理由不成立的，裁定驳回不予执行申请。公证债权文书被裁定不予执行的，当事人可以就该公证债权文书涉及的民事权利义务争议向人民法院提起诉讼。

【法条链接】

《最高人民法院关于公证债权文书执行若干问题的规定》（法释〔2018〕18号）

第十二条　有下列情形之一的，被执行人可以依照民事诉讼法第二百三十八条第二款规定申请不予执行公证债权文书：

（一）被执行人未到场且未委托代理人到场办理公证的；

（二）无民事行为能力人或者限制民事行为能力人没有监护人代为办理公证的；

（三）公证员为本人、近亲属办理公证，或者办理与本人、近亲属有利害关系的公证的；

（四）公证员办理该项公证有贪污受贿、徇私舞弊行为，已经由生效刑事法律文书等确认的；

（五）其他严重违反法定公证程序的情形。

被执行人以公证债权文书的内容与事实不符或者违反法律强制性规定等实体事由申请不予执行的，人民法院应当告知其依照本规定第二十二条第一款规定提起诉讼。

二、当事人以合同所涉不动产未按规定向不动产所在地机构申请公证为由申请不予执行的，人民法院不予支持

——衡阳鸿源房地产开发有限责任公司与中国长城资产管理公司湖南省分公司合同纠纷执行监督案

【案件来源】最高人民法院（2019）最高法执监240号

【争议焦点】《公证法》规定的"申请办理涉及不动产的公证，应当向不动产所在地的公证机构提出"，应如何理解？抵押合同办理公证，是否受限于此？

【裁判要旨】对不动产进行的公证，应当由不动产所在地的公证机构办理。从该条文的立法本意来分析，应当是针对不动产本身办理公证时，对公证机构进行了限定，即不动产所在地的公证机构。如果当事人申请办理的公证事项虽然与不动产有关，但并不是针对不动产本身，而是针对双方签订的协议等进行的公证，则不受法律规定的应在不动产所在地办理公证之约束。

【基本案情】

申诉人（复议申请人、异议人、被执行人）：衡阳鸿源房地产开发有限责任公司（以下简称鸿源公司）

申请执行人：中国长城资产管理公司湖南省分公司（以下简称长城公司）

被执行人：陈某泽、罗某建、罗某利

鸿源公司不服湖南省高级人民法院（以下简称湖南高院）作出的（2018）

湘执复228号执行裁定,向本院申诉。

2013年12月16日,长城公司与鸿源公司、陈某泽、罗某建、罗某利签订《债务重组协议》,由长城公司对鸿源公司实施债务重组,债务本金5983.81万元,重组期限为2013年12月24日至2015年12月23日。长城公司同时与鸿源公司签订《抵押合同》;与陈某泽、罗某建分别签订《股权质押合同》;与陈某泽、罗某建、罗某利签订《连带保证合同》。长城公司向湖南省长沙市望城公证处(以下简称望城公证处)申请对前述《债务重组协议》《抵押合同》《股权质押合同》《连带保证合同》赋予强制执行效力。2015年3月31日,望城公证处作出6号执行证书,对前述《债务重组协议》《抵押合同》《股权质押合同》《连带保证合同》进行公证并赋予强制效力。2015年4月9日,衡阳中院受理长城公司申请强制执行6号执行证书一案。

鸿源公司向衡阳中院提出异议称,6号执行证书违反管辖规定,侵害民营企业的权利,申请裁定不予执行。衡阳中院认为,异议人鸿源公司提出案涉公证事项违反管辖规定,但异议人未提供证据证明望城公证处违法受理的依据,且异议人对管辖提起异议应在前述《债务重组协议》《抵押合同》《股权质押合同》《连带保证合同》公证期间提出,在公证书作出后即便该公证处没有管辖权亦不导致公证书不予执行的法律后果,裁定:驳回异议人鸿源公司的异议请求。

鸿源公司不服衡阳中院异议裁定,向湖南高院申请复议。湖南高院认为,公证机构违反管辖规定不能作为不予执行的依据。公证书系对债务重组协议及附件进行公证,鸿源公司认为公证债权文书的内容不合法、违反法律强制性规定,其可以向执行法院提起诉讼,请求不予执行公证债权文书,而不是向人民法院提出执行异议,请求不予执行。故裁定:驳回鸿源公司的复议申请,维持衡阳中院(2018)湘04执异306号执行裁定。

鸿源公司不服湖南高院复议裁定,向最高人民法院申诉,最高人民法院裁定:驳回鸿源公司的申诉请求。

【法院观点】

法院认为,本案争议焦点问题为本案公证程序是否违反管辖规定。

《公证法》第二十五条规定,自然人、法人或者其他组织申请办理公证,可以向住所地、经常居住地、行为地或者事实发生地的公证机构提出。申请办理涉及不动产的公证，应当向不动产所在地的公证机构提出；申请办理涉及不动产的委托、声明、赠与、遗嘱的公证，可以适用前述规定。根据该条规定，针对不动产进行的公证，应当由不动产所在地的公证机构办理。从该条文的立法本意来分析，应当是针对不动产本身办理公证时，对公证机构进行了限定，即不动产所在地的公证机构。《最高人民法院关于公证债权文书执行若干问题的规定》第十二条规定："有下列情形之一的，被执行人可以依照民事诉讼法第二百三十八条第二款规定申请不予执行公证债权文书：……（五）其他严重违反法定公证程序的情形……"本案中，当事人申请办理的公证事项虽然与不动产有关，但并不是针对不动产本身，而是针对双方签订的《债务重组协议》《抵押合同》等进行的公证。长城公司在其住所地的公证机构办理公证，符合上述《公证法》第二十五条第一款的规定，且在办理公证时，鸿源公司亦对此未提出异议。因此，望城公证处根据当事人的申请办理公证，并未违反法律规定。鸿源公司以具有严重违反法定公证程序的情形为由，提出不予执行的主张，缺乏事实和法律依据，不予支持。湖南高院以《公证法》并未对违反管辖规定出具公证书的行为如何处理作出规定，以及《民事诉讼法》及司法解释等也未对违反管辖规定出具公证书的行为作为不予执行赋予强制执行效力公证债权文书的情形为由，认定公证机构违反管辖规定不能作为不予执行的依据，显属认定事实和适用法律错误，应予纠正。但湖南高院作出驳回鸿源公司复议请求的结果并无不当，应予维持。

【实务解析】

公证债权文书如果存在严重违反法定公证程序的情形，则被执行人可以申请不予执行。本案的争议焦点即为，《公证法》规定的"申请办理涉及不动产的公证，应当向不动产所在地的公证机构提出"，应如何理解？抵押合同办理公证，是否受限于此？能否以办理抵押公证未在不动产所在地的公证机构办理，进而认为属于严重违反法定公证程序的情形，从而要求不予执行公证债权文书？本典型案例给出了答案。《公证法》规定的"对不动产进行的公证，应当由不动产所在地的公证机构办理"，应当是针对不动产本身办理公证时，对公证机构进行了限定，即不动产所在地的公证机构。但如果当事人申请办理的公证事项虽然与不动产有关，但并不是针对不动产本身，而是针对双方签订的抵押合同等进行的公证，则不受法律规定的应在不动产所在地办理公证之约束。

【法条链接】

《中华人民共和国公证法》

第二十五条 自然人、法人或者其他组织申请办理公证，可以向住所地、经常居住地、行为地或者事实发生地的公证机构提出。

申请办理涉及不动产的公证，应当向不动产所在地的公证机构提出；申请办理涉及不动产的委托、声明、赠与、遗嘱的公证，可以适用前款规定。

三、在公证文书所涉给付内容能够区分执行的情况下，如部分内容具有不予执行情形，则应当仅对该部分不予执行，而对其余部分准许执行

——金某兴与江苏银盛建设有限公司借款合同纠纷执行监督案

【案件来源】最高人民法院（2015）执申字第 12 号

【争议焦点】公证文书部分内容具有不予执行情形的，应当如何处理？

【裁判要旨】在公证文书所涉给付内容能够区分执行的情况下，如部分内容具有不予执行情形，则应当仅对该部分不予执行，而对其余部分准许执行。文书中载明的利率超过人民法院依照法律、司法解释规定应予支持的上限的，对超过的利息部分不纳入执行范围。

【基本案情】

申诉人（申请复议人、申请异议人、被执行人）：江苏银盛建设有限公司（以下简称银盛公司）

申请执行人：金某兴

2013 年 5 月 6 日，金某兴向无锡中院申请执行，请求根据公证债权文书和执行证书，强制执行银盛公司 1 亿元及其利息、滞纳金和金某兴为实现债权支出的相关费用。后金某兴提交《关于申请强制执行内容和金额的说明》，明确执行标的为：借款本金 1 亿元及该款自 2013 年 1 月 25 日起至清偿之日止，按银行同期同类贷款基准利率的四倍计算利息或滞纳金以及执行过程中的相关费用。

银盛公司提出异议，主要理由之一为：无锡市锡城公证处（2013）锡证民内字第402号公证书、（2013）锡证执字第1号公证书内容违反国家强制性、禁止性法律规定，应裁定不予执行。银盛公司与金某兴签订的借款合同约定月息2%，还约定逾期还款每天万分之八的滞纳金，远超人民银行同期流动资金贷款的四倍利率，金某兴的借款属于高利贷。根据规定，公证债权确有错误的，人民法院应裁定不予执行。法院及申请执行人均无权变更公证书内容或采取变通方法。

无锡中院于2013年10月8日作出（2013）锡执异字第0037号执行裁定，驳回了银盛公司提出的执行异议。银盛公司不服，向江苏高院申请复议。江苏高院裁定：驳回银盛公司的复议申请，维持江苏省无锡市中级人民法院（2013）锡执异字第0037号执行裁定。

银盛公司不服，向最高人民法院申诉，最高人民法院裁定：驳回银盛公司的申诉请求。

【法院观点】

关于案涉公证文书是否不予执行。（1）案涉借款合同所约定利息，确已超出相关司法解释规定的银行同期贷款利率四倍标准。银盛公司据此认为，公证文书已违反强制性规定，即使金某兴放弃超出四倍利率部分，仍应当整体不予执行。关于公证文书部分内容具有不予执行情形如何处理，现行立法与司法解释并未直接规定，需要按照相关法律精神与类比制度加以阐释解决。法院认为，如果因公证文书部分内容具有不予执行情形而整体不予执行，对债权人而言显失公平，也不利于维护公证文书效力的稳定性。因此，在公证文书所涉给付内容能够区分执行的情况下，如部分内容具有不予执行情形，则应当仅对该部分不予执行，而对其余部分准许执行。《最高人民法院关于适用〈中华人民共和国仲裁法〉若干问题的解释》第十九条与《最高人民法院关于适用〈中华人民共和国民事诉讼法〉的解释》第四百七十七条，对于仲裁裁决部分内容具有撤销或不予执行情形的处理规则，亦体现了上述法律精神，公证文书的司法审查应当加以参照。本案中，申请执行人金某兴已放弃超出四倍利率部分的执行，无锡中院亦仅按照四倍利率予以执行，这种执行方式既公平保护债权人权益、合理维护公证文书效力，又避免银盛公司合法权益遭受实际损害。因此，法院对银盛公司的该项主张不予支持。（2）金某兴向银盛公司出借款项来源问题，不影响人民法院对双方当事人借款合同成立及借贷行为实际发生作出判定，故不属于本案审查范围。银盛公司如认为金某兴涉嫌金融犯罪，可以向相关部门举报。

【实务解析】

公证债权文书强制执行案件中，时常遇到部分内容具有不予执行情形的情况，应当如何处理？在公证文书所涉给付内容能够区分执行的情况下，如部分内容具有不予执行情形，则应当仅对该部分不予执行，而对其余部分准许执行。公证债权文书被裁定部分不予执行的，当事人可以就该部分争议提起诉讼。当事人对不予执行裁定提出执行异议或者申请复议的，人民法院不予受理。

《民法典》第六百八十条规定，禁止高利放贷，借款的利率不得违反国家有关规定。司法实践中，民间借贷领域利率的司法保护上限一般为四倍的贷款市场报价利率（LPR），金融借款领域利率的司法保护上限一般为24%。本案中，合同约定的利息、罚息、违约金远超上述标准，对超过的利息部分不纳入执行范围。值得注意的是，2017年，司法部发布《关于公证执业"五不准"的通知》，其中明确"不准办理非金融机构融资合同公证。在有关管理办法出台之前，公证机构不得办理自然人、法人、其他组织之间及其相互之间（经人民银行、银监会、证监会、保监会，商务主管部门、地方人民政府金融管理部门批准设立的从事资金融通业务的机构及其分支机构除外）的融资合同公证及赋予强制执行效力公证"。因此，目前公证机关只能为金融机构办理配资合同公证。

【法条链接】

《最高人民法院关于公证债权文书执行若干问题的规定》（法释〔2018〕18号）

第十一条　因民间借贷形成的公证债权文书，文书中载明的利率超过人民法院依照法律、司法解释规定应予支持的上限的，对超过的利息部分不纳入执行范围；载明的利率未超过人民法院依照法律、司法解释规定应予支持的上限，被执行人主张实际超过的，可以依照本规定第二十二条第一款规定提起诉讼。

第二十条　公证债权文书被裁定不予执行的，当事人可以就该公证债权文书涉及的民事权利义务争议向人民法院提起诉讼；公证债权文书被裁定部分不予执行的，当事人可以就该部分争议提起诉讼。

当事人对不予执行裁定提出执行异议或者申请复议的，人民法院不予受理。

四、公证书中含有不明确的给付内容，但该部分内容未被纳入实际执行范围的，不应据此裁定驳回执行申请

——刘某平与长城证券股份有限公司等执行复议案

【案件来源】北京市高级人民法院（2021）京执复20号

【争议焦点】公证书中载明的部分内容不明确是否一律不予受理或裁定驳回执行？

【裁判要旨】公证书中含有不明确的给付内容，但该部分内容未被纳入实际执行范围的，符合立案受理条件，不应据此裁定不予受理或驳回执行申请。

【基本案情】

复议申请人（原案被执行人）：刘某平

原案申请执行人：长城证券股份有限公司（以下简称长城证券）

原案被执行人：陈某涛

2020年3月23日，北京市精诚公证处作出（2020）京精诚执字第00003号执行证书，确认：一、被申请执行人：陈某涛、刘某平。二、执行标的：第一笔交易。1.未偿还本金：人民币385,000,000.00元。2.利息：自2019年9月21日（含）至债务实际清偿之日（不含）的利息（计算公式：385,000,000.00元×9.5%×实际天数/360）。3.违约金：（1）根据业务协议第四十九条第三项及第五十条第一款第二项约定，因未在指定日期进行购回交易产生的违约金，计算公式：未偿还本金人民币385,000,000.00元×自2020年1月21日（含）起至债务实际清偿之日（不含）的实际天数×0.05%。（2）根据业务协议第四十九条第一项及第五十条第一款第一项约定，因未按约定及时足额支付期间利息产生的违约金，计算公式为：自2019年9月21日（含）至12月21日（不含）的已结未付利息人民币9,245,347.22元×自2020年1月21日（含）起至实际清偿之日（不含）的实际天数×0.05%。上述利息及违约金合计数额按不超过未偿还本金的年利率24%计算，以受法律保护为限。

4.长城证券为实现债权与担保权利而发生的费用:包括但不限于财产保全费、差旅费、执行费、评估费、拍卖费、公证费、送达费、公告费、律师费(以长城证券在申请强制执行过程中律师事务所出具的发票金额为依据)等。其中长城证券先行垫付而应由陈某涛、刘某平补交的公证费为人民币717,000元。以法院认可为准,以受法律保护为限……四、申请执行期限:根据《民事诉讼法》第二百三十九条的规定,申请执行的期间为二年。

2020年1月22日,长城证券就上述公证书赋予强制执行效力的债权文书向北京市精诚公证处申请签发执行证书。2020年3月23日,北京市精诚公证处作出(2020)京精诚执字第00003号执行证书。

因陈某涛、刘某平未履行生效法律文书确定的义务,长城证券向北京一中院申请执行。2020年4月21日,该院向刘某平、陈某涛发出执行通知书,要求刘某平、陈某涛履行生效法律文书确定的义务。

刘某平不服提出书面异议,请求驳回长城证券的执行申请。

北京一中院认为,长城证券的执行申请符合执行案件的受理条件,裁定驳回刘某平提出的异议请求。刘某平向北京高院申请复议称,案涉公证债权文书载明的权利义务主体和给付内容不明确,请求撤销北京一中院作出的(2020)京01执异275号执行裁定。北京高院裁定:驳回复议申请人刘某平的复议申请,维持(2020)京01执异275号执行裁定。

【法院观点】

法院认为,针对执行案件不符合受理条件提出的异议,参照《民事诉讼法》规定的程序进行审查。依照《最高人民法院关于适用〈中华人民共和国民事诉讼法〉的解释》的规定,当事人申请人民法院执行的生效法律文书应当权利义务主体明确、给付内容明确。依照《最高人民法院关于公证债权文书执行若干问题的规定》第三条、第十条的规定,公证债权文书是执行依据,执行证书仅是证明履行情况等内容的文书。人民法院在执行实施中,根据公证债权文书并结合申请执行人的申请依法确定给付内容。本案中,作为执行依据的北京市精诚公证处(2017)京精诚内经证字第05725号公证书、(2017)京精诚内经证字第05726号公证书、(2018)京精诚内经证字第04147号公证书、(2019)京精诚内经证字第01196号公证书、(2019)京精诚内经证字第 01197 号公证书、(2019)京精诚内经证字第 01198 号公证书、(2019)京精诚内经证字第 05519 号公证书、(2019)京精诚内经证字第 05520 号公证书、(2019)京精诚内经证字第 05521 号公证书载明长城证券系公证事项的申请人、债权人,陈某涛、刘某平系公证事项的申请人、债务人,对权利义务主体作出了明确界定,且该公证书所公证的债权文书及相关协议对长城证券与陈某涛、刘某平之间的债权债务作出了明确约定,故刘某平关于长城证券不是案涉公证事项的当事人、案涉公证债权文书权利义务主体和给付内容不明确的主张没有事实根据。(2020)京 01 执 415 号执行通知虽错将(2020)京精诚执字第 00003 号执行证书作为执行依据,但并未将财产保全费、差旅费、执行费、评估费、拍卖费、公告费、律师费等给付内容纳入实际执行范围。综上,(2020)京 01 执 415 号执行案件符合执行案件立案受理条件,刘某平的复议申请应予驳回。对于(2020)京 01 执 415 号执行通知和(2020)京 01 执异 275 号执行裁定将(2020)京精诚执字第 00003 号执行证书作为执行依据的部分,予以指正。

【实务解析】

生效法律文书应当权利义务主体明确、给付内容明确,如果存在给付内容不明确的情形,人民法院应当裁定不予受理;已经受理的,裁定驳回执行申请。有疑问的是,如果部分执行内容没有明确的执行金额,应当如何处理?如本案中公证债权文书载明,"长城证券为实现债权与担保权利而发生的费用:包括但不限于财产保全费、差旅费、执行费、评估费、拍卖费、公证费、送达费、公告费、律师费等",该种条款如何处理?《北京市法院执行局局长座谈会(第七次会议)纪要——关于公证债权文书执行与不予执行若干问题的意见》中明确,执行证书载明由债务人给付"律师费""实现债权的必要费用"等,但未明确其金额或计算方式等内容的,属于给付内容不明确、不具体,对该部分的执行申请不纳入执行范围。可见,人民法院应当区分处理。对于给付内容明确的部分,裁定予以执行;对于给付内容不明确的部分,裁定不予执行。不能仅以部分内容不明确而裁定不予受理或驳回执行申请。本案中,虽然公证债权文书中含有不明确的给付内容,但该部分内容未被申请人纳入实际执行范围的,符合立案受理条件,不应据此裁定不予受理或驳回执行申请。对此我们建议,对于已经发生、能够明确金额的费用要在执行证书中列明；对于尚未发生的费用，尽可能将合同约定的各项费用列入执行证书中并注明计算方式。

此外，关于何谓执行依据的问题，到底是公证书还是执行证书，抑或两者均为执行依据？本案给出答案为公证书，依据为《最高人民法院关于公证债权文书执行若干问题的规定》第三条（债权人申请执行公证债权文书，除应当提交作为执行依据的公证债权文书等申请执行所需的材料外，还应当提交证明履行情况等内容的执行证书），所以法院认为部分对于（2020）京01执415号执行通知和（2020）京01执异275号执行裁定将（2020）京精诚执字第00003号执行证书作为执行依据的部分，进行了纠正。

【法条链接】

《最高人民法院关于公证债权文书执行若干问题的规定》（法释〔2018〕18号）

第五条 债权人申请执行公证债权文书，有下列情形之一的，人民法院应当裁定不予受理；已经受理的，裁定驳回执行申请：

（一）债权文书属于不得经公证赋予强制执行效力的文书；

（二）公证债权文书未载明债务人接受强制执行的承诺；

（三）公证证词载明的权利义务主体或者给付内容不明确；

（四）债权人未提交执行证书；

（五）其他不符合受理条件的情形。

专题十二

金融不良资产案件执行主体的变更与追加

综述 〉〉〉

不良资产处置的特点决定了变更申请执行人，变更、追加被执行人均为常见操作。银行等金融机构产生不良资产后，将不良债权剥离给资产管理公司，资产管理公司受让后又将该债权转让给其他市场主体，由此引发变更申请执行人问题。在不良资产处置的漫长过程中，作为自然人的被执行人可能出现死亡，作为法人及其他组织的被执行人可能出现吊销、注销等问题，由此引发变更、追加被执行人问题。

所谓的不良资产转让，本质上是债权的转让。债权转让，需要遵循法律规定的债权转让规则。根据民法典规定，债权人可以将债权的全部或者部分转让给第三人；债权人转让债权，通知债务人后，即对债务人发生效力；债权人转让债权的，受让人取得与债权有关的从权利，受让人取得从权利不因该从权利未办理转移登记手续或者未转移占有而受到影响。司法实践中，从转让的时间来看，不良债权转让可以分为以下 4 种情形：（1）不良债权在诉讼前即完成转让。完成转让后，受让人取得债权人地位，可以直接以自己的名义提起诉讼。（2）不良债权转让发生的诉讼中。此时，因为转让方已经以债权人身份提起了诉讼，后面的诉讼程序如何继续进行成为需要考虑问题。实践中，受让方可以申请替代转让方承担诉讼，但决定权在法院。人民法院需要根据案件的具体情况决定是否准许。如果人民法院准许受让人替代转让方承担诉讼的，裁定变更当事人。变更当事人后，诉讼程序以受让人为当事人继续进行，转让方应当退出诉讼。转让方已经完成的诉讼行为对受让人具有拘束力。如果人民法院不予准许的，可以追加受让人为无独立请求权的第三人。也就是说，在诉讼中，争议的民事权利义务转移的，不影响当事人的诉讼主体资格和诉讼地位。人民法院作出的发生法律效力的判决、裁定对受让人具有拘束力，此即当事人恒定原则。（3）不良债权转让发生的判决生效后，申请执行前。此时，受让人有权以自己的名义直接申请执行，受让人即为申请执行人，无需后续法院再出具变更主体裁定。（4）不良债权转让发生的转让方申请执行后。因为转让方已经为申请执行人，受让人需要变更自己为申请执行人，故需要法院出具变更主体裁定。

关于被执行人的变更和追加，主要集中在《最高人民法院关于民事执行中变更、追加当事人若干问题的规定》中，具体可分为16种情形：（1）作为被执行人的自然人死亡或被宣告死亡，申请执行人可以申请变更、追加该自然人的遗产管理人、继承人、受遗赠人或其他因该自然人死亡或被宣告死亡取得遗产的主体为被执行人，在遗产范围内承担责任。（2）作为被执行人的自然人被宣告失踪的，申请执行人可以申请变更该自然人的财产代管人为被执行人，在代管的财产范围内承担责任。（3）作为被执行人的法人或非法人组织因合并而终止，申请执行人可以申请变更合并后存续或新设的法人、非法人组织为被执行人。（4）作为被执行人的法人或非法人组织分立，申请执行人可以申请变更、追加分立后新设的法人或非法人组织为被执行人。（5）作为被执行人的个人独资企业，不能清偿生效法律文书确定的债务，申请执行人可以申请变更、追加其出资人为被执行人。（6）作为被执行人的合伙企业，不能清偿生效法律文书确定的债务，申请执行人可以申请变更、追加普通合伙人为被执行人。（7）作为被执行人的法人分支机构，不能清偿生效法律文书确定的债务，申请执行人可以申请变更、追加该法人为被执行人。（8）个人独资企业、合伙企业、法人分支机构以外的非法人组织作为被执行人，不能清偿生效法律文书确定的债务，申请执行人可以申请变更、追加依法对该非法人组织的债务承担责任的主体为被执行人。（9）作为被执行人的营利法人，财产不足以清偿生效法律文书确定的债务，申请执行人可以申请变更、追加抽逃出资的股东、出资人为被执行人，在抽逃出资的范围内承担责任。（10）作为被执行人的公司，财产不足以清偿生效法律文书确定的债务，其股东未依法履行出资义务即转让股权，申请执行人可以申请变更、追加该原股东或依公司法规定对该出资承担连带责任的发起人为被执行人，在未依法出资的范围内承担责任。（11）作为被执行人的一人有限责任公司，财产不足以清偿生效法律文书确定的债务，股东不能证明公司财产独立于自己的财产，申请执行人可以申请变更、追加该股东为被执行人，对公司债务承担连带责任。（12）作为被执行人的公司，未经清算即办理注销登记，导致公司无法进行清算，申请执行人可以申请变更、追加有限责任公司的股东、股份有限公司的董事和控股股东为被执行人，对公司债务承担连带清偿责任。（13）作为被执行人的法人或非法人组织,被注销或出现被吊销营业执照、被撤销、被责令关闭、歇业等解散事由后,其股东、出资人或主管部门无偿接受其财产,致使该被执行人无遗留财产或遗留财产不足以清偿债务,申请执行人可以申请变更、追加该股东、出资人或主管部门为被执行人,在接受的财产范围内承担责任。(14)作为被执行人的法人或非法人组织,未经依法清算即办理注销登记,在登记机关办理注销登记时,第三人书面承诺对被执行人的债务承担清偿责任,申请执行人可以申请变更、追加该第三人为被执行人,在承诺范围内承担清偿责任。(15)执行过程中,第三人向执行法院书面承诺自愿代被执行人履行生效法律文书确定的债务,申请执行人可以申请变更、追加该第三人为被执行人,在承诺范围内承担责任。(16)作为被执行人的法人或非法人组织,财产依行政命令被无偿调拨、划转给第三人,致使该被执行人财产不足以清偿生效法律文书确定的债务,申请执行人可以申请变更、追加该第三人为被执行人,在接受的财产范围内承担责任。

涉及不良资产执行主体的变更与追加的重要法律规范主要集中在《最高人民法院关于民事执行中变更、追加当事人若干问题的规定》以及《民法典》关于债权转让的规定。本章从众多案件中精选了部分有代表性的案例,涵盖了不良资产执行主体变更与追加中经常遇到的典型问题。值得说明的是,执行程序中追加被执行人,意味着直接通过执行程序确定由生效法律文书列明的被执行人以外的人承担实体责任,对各方当事人的实体和程序权利将产生极大影响。因此,追加被执行人必须遵循法定主义原则,即应当限于法律和司法解释明确规定的追加范围,既不能超出法定情形进行追加,也不能直接引用有关实体裁判规则进行追加。

第一节
变更申请执行人

一、生效法律文书确定的权利人在进入执行程序前转让债权的，受让人可以作为申请执行人直接申请执行，无需执行法院作出变更申请执行人的裁定

——李某玲、李某裕申请执行厦门海洋实业（集团）股份有限公司、厦门海洋实业总公司执行复议案

【案件来源】最高人民法院指导案例34号：最高人民法院（2012）执复字第26号

【争议焦点】在执行开始之前，生效判决确定的原权利人将其债权合法转让给第三人的，第三人能否以自己的名义直接申请执行？

【裁判要旨】生效法律文书确定的权利人在进入执行程序前合法转让债权的，债权受让人即权利承受人可以作为申请执行人直接申请执行，无需执行法院作出变更申请执行人的裁定。

【基本案情】

申请复议人（申请执行人）：李某玲

原申请执行人：李某裕

被执行人（原异议人）：厦门海洋实业（集团）股份有限公司（以下简称海洋股份公司）

被执行人：厦门海洋实业总公司（以下简称海洋实业公司）

原告投资2234中国第一号基金公司（Investments 2234 China Fund

I B.V.，以下简称2234公司）与被告海洋股份公司、海洋实业公司借款合同纠纷一案，2012年1月11日由最高人民法院作出终审判决，判令：海洋实业公司应于判决生效之日起偿还2234公司借款本金2274万元及相应利息；2234公司对蜂巢山路3号的土地使用权享有抵押权。在该判决作出之前的2011年6月8日，2234公司将其对于海洋股份公司和海洋实业公司的2274万元本金债权转让给李某玲、李某裕，并签订《债权转让协议》。2012年4月19日，李某玲、李某裕依据上述判决和《债权转让协议》向福建省高级人民法院（以下简称福建高院）申请执行。4月24日，福建高院向海洋股份公司、海洋实业公司发出（2012）闽执行字第8号执行通知。海洋股份公司不服该执行通知，以执行通知中直接变更执行主体缺乏法律依据，申请执行人李某裕系公务员，其受让不良债权行为无效，由此债权转让合同无效为主要理由，向福建高院提出执行异议。福建高院在异议审查中查明：李某裕系国家公务员，其本人称，在债权转让中，未实际出资，并已于2011年9月退出受让的债权份额。

福建高院认为：一、关于债权转让合同效力问题。根据《纪要》（法发〔2009〕19号）第六条关于金融资产管理公司转让不良债权存在"受让人为国家公务员、金融监管机构工作人员"的情形无效和《公务员法》第五十三条第十四项明确禁止国家公务员从事或者参与营利性活动等相关规定，作为债权受让人之一的李某裕为国家公务员，其本人购买债权受身份适格的限制。李某裕称已退出所受让债权的份额，该院受理的执行案件未作审查仍将李某裕列为申请执行人显属不当。二、关于执行通知中直接变更申请执行主体的问题。《最高人民法院关于判决确定的金融不良债权多次转让人民法院能否裁定变更申请执行主体请示的答复》（〔2009〕执他字第1号，以下简称1号答复）认为："《最高人民法院关于人民法院执行工作若干问题的规定（试行）》，已经对申请执行人的资格予以明确。其中第18条第1款规定：'人民法院受理执行案件应当符合下列条件：……（2）申请执行人是生效法律文书确定的权利人或其继承人、权利承受人。'该条中的'权利承受人'，包含通过债权转让的方式承受债权的人。依法从金融资产管理公司受让债权的受让人将债权再行转让给其他普通受让人的，执行法院可以依据上述规定，依债权转让协议以及受让人或者转让人的申请，裁定变更申请执行主体。"据此，该院在执行通知中直接将本案受让人作为申请执行主体，未作出裁定变更，程序不当，遂于 2012 年 8 月 6 日作出（2012）闽执异字第 1 号执行裁定，撤销（2012）闽执行字第 8 号执行通知。

李某玲不服，向最高人民法院申请复议，其主要理由如下：一、李某裕的公务员身份不影响其作为债权受让主体的适格性。二、申请执行前，两申请人已同 2234 公司完成债权转让，并通知了债务人（即被执行人），是合法的债权人；根据《最高人民法院关于人民法院执行工作若干问题的规定（试行）》有关规定，申请人只要提交生效法律文书、承受权利的证明等，即具备申请执行人资格，这一资格在立案阶段已予审查，并向申请人送达了案件受理通知书；1 号答复适用于执行程序中依受让人申请变更的情形，而本案申请人并非在执行过程中申请变更执行主体，因此不需要裁定变更申请执行主体。

最高人民法院于 2012 年 12 月 11 日作出（2012）执复字第 26 号执行裁定：撤销福建高院（2012）闽执异字第 1 号执行裁定书，由福建高院向两被执行人重新发出执行通知书。

【法院观点】

最高人民法院认为：本案申请复议中争议焦点问题是，生效法律文书确定的权利人在进入执行程序前合法转让债权的，债权受让人即权利承受人可否作为申请执行人直接申请执行，是否需要裁定变更申请执行主体，以及执行中如何处理债权转让合同效力争议问题。

1. 关于是否需要裁定变更申请执行主体的问题。变更申请执行主体是在根据原申请执行人的申请已经开始了的执行程序中，变更新的权利人为申请执行人。根据《最高人民法院关于人民法院执行工作若干问题的规定（试行）》第十八条、第二十条的规定，[①] 权利承受人有权以自己的名义申请执行，只要向人民法院提交承受权利的证明文件，证明自己是生效法律文书确定的权利承受人的，即符合受理执行案件的条件。这种情况不属于严格意义上的变更申请执行主体，但二者的法律基础相同，故也可以理解为广义上的申请执行主体变更，即通过立案阶段解决主体变更问题。1 号答复的意见是，《最高人

---

① 分别对应 2020 年修正的《最高人民法院关于人民法院执行工作若干问题的规定（试行）》第十六条、第十八条。

民法院关于人民法院执行工作若干问题的规定（试行）》第十八条可以作为变更申请执行主体的法律依据，并且认为债权受让人可以视为该条规定中的权利承受人。本案中，生效判决确定的原权利人2234公司在执行开始之前已经转让债权，并未作为申请执行人参加执行程序，而是权利受让人李某玲、李某裕依据该条的规定直接申请执行。因其申请已经法院立案受理，受理的方式不是通过裁定而是发出受理通知，债权受让人已经成为申请执行人，故并不需要执行法院再作出变更主体的裁定，然后发出执行通知，而应当直接发出执行通知。实践中有的法院在这种情况下先以原权利人作为申请执行人，待执行开始后再作出变更主体裁定，因其只是增加了工作量，而并无实质性影响，故并不被认为程序上存在问题。但不能由此反过来认为没有作出变更主体裁定是程序错误。

2. 关于债权转让合同效力争议问题，原则上应当通过另行提起诉讼解决，执行程序不是审查判断和解决该问题的适当程序。被执行人主张转让合同无效所援引的《纪要》第五条也规定：在受让人向债务人主张债权的诉讼中，债务人提出不良债权转让合同无效抗辩的，人民法院应告知其向同一人民法院另行提起不良债权转让合同无效的诉讼；债务人不另行起诉的，人民法院对其抗辩不予支持。关于李某裕的申请执行人资格问题。因本案在异议审查中查明，李某裕明确表示其已经退出债权受让，不再参与本案执行，故后续执行中应不再将李某裕列为申请执行人。但如果没有其他因素，该事实不影响另一债权受让人李某玲的受让和申请执行资格。李某玲要求继续执行的，福建高院应以李某玲为申请执行人继续执行。

【实务解析】

不良资产处置中因债权转让引发权利人变动是常见现象。根据民法典规定，债权人可以将债权的全部或者部分转让给第三人；债权人转让债权，通知债务人后，即对债务人发生效力；债权人转让债权的，受让人取得与债权有关的从权利，受让人取得从权利不因该从权利未办理转移登记手续或者未转移占有而受到影响。实践操作中，从转让时间点来看，生效法律文书确定的权利人转让债权可以分为两种形式：一种是执行立案前转让，一种是执行立案后转让。执行立案前转让的，受让人有权以自己的名义直接申请立案，受让人即为申请执行人,无需后续法院再出具变更主体裁定;执行立案后转让的,因为原来的权利人为执行人,受让人需要变更自己为申请执行人,故需要法院出具变更主体裁定。

本案即为区分不同时间点权利人变动的典型案例。最高人民法院认为,根据《最高人民法院关于人民法院执行工作若干问题的规定(试行)》,权利承受人有权以自己的名义申请执行,只要向人民法院提交承受权利的证明文件,证明自己是生效法律文书确定的权利承受人的,即符合受理执行案件的条件。这种情况不属于严格意义上的变更申请执行主体。当然二者的法律基础相同,故也可以理解为广义上的申请执行主体变更,即通过立案阶段解决主体变更问题。本案中权利受让人是依据该司法解释的规定直接申请执行。因其申请已经法院立案受理,受理的方式不是通过裁定而是发出受理通知,债权受让人已经成为申请执行人,故并不需要执行法院再作出变更主体的裁定。关于1号答复中提到的"依法从金融资产管理公司受让债权的受让人将债权再行转让给其他普通受让人的,执行法院可以依据上述规定,依债权转让协议以及受让人或者转让人的申请,裁定变更申请执行主体",针对的是执行立案后债权才转让的情形。同时1号答复明确,普通受让人再行转让给其他普通受让人时也可以变更申请执行主体,仅是对普通受让人不能适用诉讼费用减半收取和公告通知债务人等专门适用于金融资产管理公司处置不良债权的特殊政策规定。

【法条链接】

《最高人民法院关于民事执行中变更、追加当事人若干问题的规定》(法释〔2020〕21号)

第九条 申请执行人将生效法律文书确定的债权依法转让给第三人,且书面认可第三人取得该债权,该第三人申请变更、追加其为申请执行人的,人民法院应予支持。

《最高人民法院关于人民法院执行工作若干问题的规定(试行)》(法释〔2020〕21号)

18.申请执行,应向人民法院提交下列文件和证件:

(1)申请执行书……

（2）生效法律文书副本。

（3）申请执行人的身份证明……

（4）继承人或权利承受人申请执行的，应当提交继承或承受权利的证明文件。

（5）其他应当提交的文件或证件。

《最高人民法院关于审理涉及金融不良债权转让案件工作座谈会纪要》（法发〔2009〕19号）

十、关于诉讼或执行主体的变更

会议认为，金融资产管理公司转让已经涉及诉讼、执行或者破产等程序的不良债权的，人民法院应当根据债权转让合同以及受让人或者转让人的申请，裁定变更诉讼主体或者执行主体……

《最高人民法院关于判决确定的金融不良债权多次转让人民法院能否裁定变更申请执行主体请示的答复》（〔2009〕执他字第1号）

湖北省高级人民法院：

你院鄂高法（2009）21号请示收悉。经研究，答复如下：

《最高人民法院关于人民法院执行若干问题的规定（试行）》，已经对申请执行人的资格以明确。其中第十八条第一款规定"人民法院受理执行案件应当符合下列条件：……（2）申请执行人是生效法律文书确定的权利人或继承人、权利承受人。"该条中的"权利承受人"，包含通过债权转让的方式承受债权的人。依法从金融资产管理公司受让债权的受让人将债权再行转让给其他普通受让人的，执行法院可以依据上述规定，依债权转让协议以及受让人或者转让人的申请，裁定变更申请执行主体。

《最高人民法院关于金融资产管理公司收购、处置银行不良资产有关问题的补充通知》第三条，虽只就金融资产管理公司转让金融不良债权环节可以变更申请执行主体作了专门规定，但并未排除普通受让人再行转让给其他普通受让人时变更申请执行主体。此种情况下裁定变更申请执行主体，也符合该通知及其他相关文件中关于支持金融不良债权处置工作的司法政策，但对普通受让人不能适用诉讼费用减半收取和公告通知债务人等专门适用金融资产管理公司处置不良债权的特殊政策规定。

二、执行法院作出变更申请执行人裁定后,通过送达裁定书的方式通知债务人,债务人仅以其未收到债权人的债权转让通知为由提出异议,人民法院不应支持

——江西德广投资有限公司与中国工商银行新余市分行玉紫山办事处借款合同纠纷执行异议案

【案件来源】江西省高级人民法院(2020)赣执复80号

【争议焦点】申请执行人将债权转让给第三人后,第三人申请变更其为申请执行人,债务人以未收到债权转让通知为由提起执行异议应如何处理?

【裁判要旨】申请执行人将生效法律文书确定的债权依法转让给第三人,且书面认可第三人取得该债权,该第三人申请变更其为申请执行人的,人民法院应予支持。执行法院作出变更申请执行人裁定后,通过向债务人送达裁定书的方式通知债务人,债务人仅以其未收到债权人的债权转让通知为由提出执行异议,人民法院不应支持。

【基本案情】

复议申请人(异议人、申请人):江西德广投资有限公司

申请执行人:中国工商银行新余市分行玉紫山办事处(原房地产信贷部)

被执行人:新余市物资市场交易中心、新余市物资总公司

申请执行人与被执行人借款合同纠纷一案,新余中院于1996年9月9日作出(1995)余经初字第40号民事调解书,申请执行人向该院申请强制执行后,该院于1997年10月9日作出(1997)余法执字46号民事裁定书,以上述两被执行人无偿还能力,无可供执行的财产为由,裁定"该院的(1995)余经初字第40号民事调解书中止执行"。

2005年5月27日,工商银行新余市分行将该债权剥离给中国华融资产公司南昌办事处,于2006年12月20日转让给珠海恒强投资有限公司,于2012年10月20日转让给武汉运捷投资咨询有限公司,于2014年5月20日转让给江西德广投资有限公司,该债权仍有109万元未结清。

2020年1月8日,江西德广投资有限公司向新余中院提交书面申请,请求将中止执行的(1997)余法执字第046号案件的申请执行人变更为江西德广

投资有限公司,并恢复该案执行。新余中院认为申请人江西德广投资有限公司的变更申请执行人和恢复执行的请求不符合法律规定,裁定:驳回申请人江西德广投资有限公司的请求。

江西德广投资有限公司不服,向江西高院申请复议。江西高院裁定:一、撤销江西省新余市中级人民法院(2020)赣05执异5号执行裁定;二、本案申请执行人由中国工商银行新余市分行玉紫山办事处(原房地产信贷部)变更为江西德广投资有限公司;三、江西省新余市中级人民法院(1997)余法执字第046号执行案依法恢复执行。

【法院观点】

本案争议焦点是江西德广投资有限公司申请变更其为申请执行人并要求恢复执行是否符合法律规定。从上述查明的事实可知,申请执行人中国工商银行新余市分行玉紫山办事处对被执行人新余市物资市场交易中心、新余市物资总公司的债权,工商银行新余市分行将该债权剥离给中国华融资产公司南昌办事处后,该债权转让给珠海恒强投资有限公司,此后又转让给武汉运捷投资咨询有限公司,现转让至江西德广投资有限公司,债权转让采取在《江西日报》《信息日报》等债务人所在地有影响力的省级报刊上刊发债权催收公告,主张债权。根据《最高人民法院关于金融资产管理公司收购、处置银行不良资产有关问题的补充通知》(法发〔2005〕62号)第三条规定,金融资产管理公司转让、处置已经涉及诉讼、执行或者破产等程序的不良债权时,人民法院应当根据债权转让协议和转让人或者受让人的申请,裁定变更诉讼或者执行主体。《纪要》(法发〔2009〕19号)第五条规定,如果受让人的债权系金融资产管理公司转让给其他受让人后,因该受让人再次转让或多次转让而取得的,人民法院应当将金融资产管理公司和该转让人以及后手受让人列为案件当事人。《纪要》第十条规定,金融资产管理公司转让已经涉及诉讼、执行或者破产等程序的不良债权的,人民法院应当根据债权转让合同以及受让人或者转让人的申请,裁定变更诉讼主体或者执行主体。依照《最高人民法院关于民事执行中变更、追加当事人若干问题的规定》第九条规定,申请执行人将生效法律文书确定的债权依法转让给第三人,且书面认可第三人取得该债权,该第三人申请变更、追加其为申请执行人的,人民法院应予支持。复议申请人江西德广投资有限公司申请变更其为本案申请执行人的请求符合上述法律规定。本案原债权人在全国或者省级有影响的报纸上发布的债权转让公告或通知，可以认定为已经履行债权转让通知。执行法院作出变更申请执行人裁定后，通过向债务人送达裁定书的方式通知债务人，债务人仅以其未收到债权人的债权转让通知为由提出执行异议，人民法院不应支持。因此，新余中院（2020）赣05执异5号执行裁定以申请人江西德广投资有限公司提交的证据材料，不能证实受让人都履行了债权转让通知义务并送达到该案各债务人，债权转让对债务人不发生法律效力为由，驳回申请人江西德广投资有限公司变更申请，缺乏事实和法律依据。新余中院自1997年10月9日作出（1997）余法执字第046号民事裁定中止执行至今，长达十余年，现债权人江西德广投资有限公司反映，被执行人新余市物资市场交易中心、新余市物资总公司具备履行能力。根据《民事诉讼法》规定，中止的情形消失后，恢复执行。新余市物资总公司属于有财产可供执行的被执行人，本执行案应当依法恢复执行。

【实务解析】

《民法典》第五百四十六条第一款规定："债权人转让债权，未通知债务人的，该转让对债务人不发生效力。"不良资产处置实务中，时常涉及多次债权转让，债务人经常以未收到债权转让通知为由提出执行异议，主张债权转让对债务人不发生效力。

债权转让之所以要通知债务人，主要是考虑到合同当事人利益的平衡。通知要件的确立，可以使债务人及时了解债权转让的事实，避免因债务人对债权转让毫不知情而发生对原债权人清偿的情况。从促进交易便捷的角度来看，实践中一般允许债权的受让人成为通知的主体，甚至可以在诉讼、执行中进行通知。最高人民法院在（2016）最高法民申3020号案中认定，"债权人转让权利的，应当通知债务人。未经通知，该转让对债务人不发生效力，应当理解为，在债权转让通知未送达债务人时，债务人对债权转让人的清偿仍发生债务清偿之法律效果，但并不影响债权受让人取得受让债权。虽然法律规定的债权转让通知行为人，从文义上应理解为债权转让人，但在可以确认债权转让行为真实性的前提下，亦不应否定债权受让人为该通知行为的法律效力。即应以债务人是否知晓债权转让事实作为认定债权转让通知法律效力之关键。故债权受让人直接向人民法院起诉，并借助人民法院送达起诉状的方式，向债务人送达债权转让通知，亦可以发生通知转让之法律效力"[1]。具体到本案中，最高人民法院认定，本案原债权人已经在全国或者省级有影响的报纸上发布的债权转让公告或通知，可以认定为已经进行了债权转让通知。执行法院作出变更申请执行人裁定后，通过向债务人送达裁定书的方式通知债务人，符合规定。

【法条链接】

《最高人民法院关于民事执行中变更、追加当事人若干问题的规定》（法释〔2020〕21号）

第九条　申请执行人将生效法律文书确定的债权依法转让给第三人，且书面认可第三人取得该债权，该第三人申请变更、追加其为申请执行人的，人民法院应予支持。

《最高人民法院关于审理涉及金融不良债权转让案件工作座谈会纪要》（法发〔2009〕19号）

十、关于诉讼或执行主体的变更

会议认为，金融资产管理公司转让已经涉及诉讼、执行或者破产等程序的不良债权的，人民法院应当根据债权转让合同以及受让人或者转让人的申请，裁定变更诉讼主体或者执行主体……

三、申请执行人的行为表明其实质上不认可受让人取得债权的，执行程序依法不应变更申请执行人

——谢某初、重庆市黔江区先登小额贷款有限公司与郭某彦等企业借贷纠纷执行监督案

【案件来源】最高人民法院（2019）最高法执监340号

【争议焦点】申请执行人的行为表明其实质上不认可受让人取得债权的，执行程序是否应变更申请执行人？

---

[1] 此外，最高人民法院在（2021）最高法民申1580号案件中也认为，元化公司从农投金控处受让案涉债权后，通过诉讼的方式通知债务人债权转让事宜，符合《合同法》（已失效）第八十条第一款债权人转让权利的，应当通知债务人的规定，属于有效通知，元化公司原告主体资格适格。

【裁判要旨】因生效法律文书确定的债权发生转让而变更申请执行人的，须具备两个前提条件：第一，申请执行人已将生效法律文书确定的债权依法予以转让；第二，申请执行人在执行程序中书面认可受让人取得该债权。如果申请执行人有宣称自己已接受清偿并保留清偿效果的行为，表明其在实质上并不认可受让人取得债权。故并不具备申请执行人在执行程序中书面认可受让人取得债权的条件，执行程序依法不应变更申请执行人。

【基本案情】

申诉人：谢某初

申请执行人：重庆市黔江区先登小额贷款有限公司（以下简称先登公司）

被执行人：郭某彦、郭某波、张某治

申请执行人先登公司与被执行人郭某彦、张某治借款合同纠纷一案，重庆仲裁委员会作出（2012）渝仲字第742号调解书，载明：郭某彦、张某治确认欠先登公司借款本金110万元；截至2013年8月31日，本息共计200万元。先登公司申请执行后，重庆市第四中级人民法院（以下简称重庆四中院）于2014年4月2日立案执行。执行过程中，谢某初向该院提出申请，请求变更谢某初为本案申请执行人。

重庆四中院查明，2014年4月22日，该院组织先登公司、郭某彦、张某治和执行担保人郭某波（郭某彦之子）达成《执行和解协议》，载明：执行中双方和解债务总额为200万元，不分本金和利息，按调解确定的其他费用和利息，申请人放弃，郭某波对该债务承担执行连带保证责任。郭某波、席某、郭某彦、张某治均在该和解笔录签字。

2014年11月1日，先登公司（甲方）、谢某初（乙方）、高维娜（丙方）、谭雄（丁方）达成《债权转让协议》，约定各方经友好协商，就甲方应向郭某彦、郭某波、张某治收取的借款本金、利息、逾期利息等债权转让给乙方。

2015年2月4日，谢某初依据重庆仲裁委员会（2015）渝仲字第367号、368号、369号调解书，分别申请执行先登公司。重庆四中院以（2015）渝四中法仲执字第00004号、00005号、00006号案件立案执行。2016年7月6日，该院作出（2014）渝四中法仲执字第0000220号执行裁定，对拍卖郭某彦房屋的款项进行了分配。该裁定中载明：重庆四中院将被执行人郭某彦、张某治应支付给先登公司的款项，裁定执行支付谢某初，用以清偿先登公司应支付给谢某初的相应借款；主文载明申请执行人先登公司先受偿 300,000 元、平均受偿 86,197.88 元，合计受偿 386,197.88 元，由谢某初代为受偿。该裁定已于 2016 年 8 月 3 日送达郭某彦、8 月 4 日送达张某治、8 月 5 日送达席某和谢某初。谢某初于 2015 年 5 月 12 日出具《收条》，载明收到该院转交其申请执行先登公司仲裁一案抵案款 20 万元；于 2015 年 6 月 10 日出具《收条》，载明收到该院转交其申请执行先登公司案款 10 万元，该款系张某治应支付先登公司案款；于 2015 年 12 月 29 日出具《收条》，载明收到该院转交其申请执行先登公司案款（拍卖款）30 万元；于 2016 年 9 月 9 日出具《收条》，载明收到该院转交郭某彦拍卖款 386,197.88 元。

2018 年 2 月 8 日，先登公司向重庆四中院出具《关于先登公司诉郭某彦等人借贷纠纷案件兑现情况说明》，载明郭某波已于 2018 年 2 月 7 日向先登公司支付贷款本息合计 200 万元，双方确认涉案执行案款已经兑现完毕。该院对该行为的效力尚在审查中。

重庆四中院另查明，本案执行卷宗内存有《债权转让通知书》复印件一份（落款时间 2014 年 11 月 1 日），载明：尊敬的郭某彦、张某治、郭某波，根据《合同法》和相关法律的规定，以及我公司与谢某初达成的债权转让协议，现将我公司对你重庆仲裁委员会（2012）渝仲字第 742 号调解书、《执行和解协议》项下全部权利转让给谢某初，与此转让债权相关的其他权利也一并转让，请贵方自接到该债权转让通知书后直接向谢某初履行全部义务，落款处有先登公司盖章。2018 年 4 月 11 日，该院组织郭某彦、张某治、郭某波听证，并当庭告知了 2014 年 11 月 1 日先登公司与谢某初达成债权转让协议书，先登公司将调解书和《执行和解协议》的债权转让给谢某初，并由谢某初送达债务人，但郭某波、张某治称未收到《债权转让通知书》。2018 年 12 月 1 日谢某初在《重庆晨报》上刊登债权转让通知，内容为：郭某彦、张某治、郭某波，你们基于（2012）渝仲字第 742 号调解书对先登公司的债务，已于 2014 年 11 月 1 日全部权利转让给了谢某初，此转让债权相关的其他权利也一并转让，先登公司及谢某初曾就此事宜多次通知你们，现再行公告通知。通知人：谢某初，2018 年 11 月 30 日。

2014 年 3 月 3 日，先登公司委托席某为本案执行阶段的代理人。2017

年7月1日，先登公司出具《授权委托书》，委托谢某初为本案执行代理人。2018年2月6日，先登公司委托朱某君为本案执行阶段的代理人。

重庆四中院认为，谢某初申请变更为本案的申请执行人，符合法律规定，对其申请予以支持。重庆四中院作出（2018）渝04执异722号执行裁定，裁定变更谢某初为本案申请执行人。

郭某彦、郭某波不服，向重庆高院申请复议，请求撤销（2018）渝04执异722号执行裁定，驳回谢某初申请变更其为申请执行人的请求。主要事实和理由为：（1）谢某初与先登公司签订《债权转让协议》后，谢某初没有举证证明已经向郭某彦、郭某波、张某治送达《债权转让通知书》，故债权转让对复议申请人不发生效力。（2）先登公司与郭某彦、郭某波、张某治的债权债务已经兑现完毕，变更谢某初为申请执行人将导致债务人重复履行债务。

重庆高院认为，因谢某初所举示的证据均不能证明原债权人先登公司向债务人郭某彦、郭某波、张某治履行了债权转让通知义务的事实。故其主张不能得到支持。重庆高院作出（2019）渝执复22号执行裁定，裁定撤销重庆四中院（2018）渝04执异722号执行裁定，驳回谢某初变更申请执行人的请求。

谢某初不服，向最高人民法院申诉，请求撤销（2019）渝执复22号执行裁定。最高人民法院裁定：驳回申诉人谢某初的申诉请求。

【法院观点】

法院认为，本案的争议焦点是依法能否变更谢某初为本案的申请执行人。对此分析如下：

《最高人民法院关于民事执行中变更、追加当事人若干问题的规定》第九条规定："申请执行人将生效法律文书确定的债权依法转让给第三人，且书面认可第三人取得该债权，该第三人申请变更、追加其为申请执行人的，人民法院应予支持。"据此，因生效法律文书确定的债权发生转让而变更申请执行人的，须具备两个前提条件：第一，申请执行人已将生效法律文书确定的债权依法予以转让；第二，申请执行人在执行程序中书面认可受让人取得该债权。

关于第一个条件。《合同法》（已失效）第八十条第一款规定："债权人转让权利的，应当通知债务人。未经通知，该转让对债务人不发生效力。"根据该规定，在债权转让中，是否通知债务人，并不是决定债权转让本身是否有效的因素，未经通知债务人，不能成为否定债权在债权人和受让人之间发生转让的理由；之所以规定债权转让在未通知债务人的情况下，对债务人不发生效力，主要是为了保护债务人合法权益，避免其在不知情的情况下向原债权人作出的清偿行为被认定为无效。本案中，先登公司、谢某初等各方当事人，对于签订了案涉债权转让协议并无异议，其仅是对转让是否通知了债务人存在异议。如前所述，不论转让是否通知了债务人，均不影响债权转让本身的效力，但是重庆四中院、重庆高院却围绕债权转让是否通知债务人来审查、判断债权转让是否有效，偏离了审查重点，不符合法律规定，应予纠正。

关于第二个条件。之所以在债权已合法转让的情况下，再要求申请执行人向执行法院作出第三人取得债权的书面认可，原因在于债权转让是当事人之间的民事法律行为，未经过生效法律文书确认，通过申请执行人向执行法院作出该书面认可，表明其对债权转让的行为及结果已经没有实体争议，避免执行程序变更申请执行人陷入不必要的实体争议之中。本案中，先登公司虽然已经与谢某初签订了转让协议，将案涉债权转让给谢某初，但先登公司又于2018年2月8日向重庆四中院出具《关于先登公司诉郭某彦等人借贷纠纷案件兑现情况说明》，声称案涉债权已由债务人向其履行完毕。不论债务人是否实际向其清偿，先登公司宣称自己已接受清偿并保留清偿效果的行为，表明其在实质上并不认可谢某初取得案涉债权。故本案并不具备申请执行人在执行程序中书面认可受让人取得债权的条件，执行程序依法不应变更谢某初为申请执行人。因此，重庆四中院于2019年1月4日裁定变更谢某初为申请执行人错误。谢某初如果认为先登公司违反了债权转让协议，可以依法另行向先登公司起诉主张权利。

【实务解析】

为避免已经进入执行程序的债权转让出现争议，进而导致执行程序陷入实体争议带来程序拖延，法律对生效法律文书确定的债权的转让作出规定，即"申请执行人将生效法律文书确定的债权依法转让给第三人，且书面认可第三人取得该债权，该第三人申请变更、追加其为申请执行人的，人民法院应予支持"。易言之，上述变更需要满足两个要件：第一，申请执行人已将生效法律文书确定的债权依法予以转让；第二，申请执行人在执行程序中书面认可受让人取得该债权。

债权转让需要申请执行人与第三方就债权转让达成合意即可。值得注意的是，《民法典》规定，"债权人转让债权，未通知债务人的，该转让对债务人不发生效力"。实质上是为了保护债务人合法权益，让其知晓应当向何方当事人进行清偿。但不论转让是否通知了债务人，均不影响债权转让本身的效力，即便未通知，申请执行人与第三方之间的转让仍然有效，只不过在债务人不知情的情况下，向原来的申请执行人清偿仍然产生消灭债务的效果。除了依法转让之要件外，司法解释明确要求申请执行人书面认可第三人取得债权，主要原因在于申请执行人与第三人之间的转让行为未经生效的法律文书确认，可能产生争议，通过申请执行人书面的认可，即可表明转让双方在实体上没有争议，法院即可依申请将第三人变更为现在的申请执行人。如果原来的申请执行人没有出具书面认可文件，或者已经以自己后续的行为表明对转让存疑，则不宜在执行程序中直接变更申请执行人。第三人认为自身权利受到损害的，可以另诉主张权利。

【法条链接】

《中华人民共和国民法典》

第五百四十六条 债权人转让债权，未通知债务人的，该转让对债务人不发生效力。

债权转让的通知不得撤销，但是经受让人同意的除外。

《最高人民法院关于民事执行中变更、追加当事人若干问题的规定》（法释〔2020〕21号）

第九条 申请执行人将生效法律文书确定的债权依法转让给第三人，且书面认可第三人取得该债权，该第三人申请变更、追加其为申请执行人的，人民法院应予支持。

第二节

追加被执行人

一、追加被执行人必须遵循法定主义原则，即应当限于法律和司法解释明确规定的追加范围，既不能超出法定情形进行追加，也不能直接引用有关实体裁判规则进行追加

——上海瑞新恒捷投资有限公司与保定市满城振兴化工厂、王某军执行纠纷案

【案件来源】最高人民法院（2015）执申字第 111 号

【争议焦点】在执行程序中是否可以直接追加被执行人的配偶或原配偶为共同被执行人？

【裁判要旨】追加被执行人必须遵循法定主义原则，即应当限于法律和司法解释明确规定的追加范围，既不能超出法定情形进行追加，也不能直接引用有关实体裁判规则进行追加。从现行法律和司法解释的规定看，并无关于在执行程序中可以追加被执行人的配偶或原配偶为共同被执行人的规定，因此不能在执行程序中直接追加。

【基本案情】

申诉人（申请执行人）：上海瑞新恒捷投资有限公司（以下简称上海瑞新）

被执行人：保定市满城振兴化工厂（以下简称振兴化工厂）

被执行人：王某军

利害关系人：吴某霞

2006 年 3 月 7 日，兰州中院对中国石油兰州石油化工公司有机厂（以下简称兰化有机厂）与振兴化工厂货款合同纠纷一案作出（2005）兰法民二初字第 182 号民事判决，判令振兴化工厂给付兰化有机厂货款 3,075,100.75 元，并承担案件受理费 30,462 元。判决生效后，因振兴化工厂未自动履行，申请执

行人兰化有机厂于2007年5月25日向兰州中院申请强制执行。之后，兰化有机厂将其债权经四次转让至上海瑞新，上海瑞新于2013年8月19日向兰州中院申请变更申请执行人，兰州中院作出（2013）兰执变字第1号执行裁定，变更上海瑞新为申请执行人。

原审查明：振兴化工厂于1999年11月3日成立，企业类型为私营企业，负责人为王某军，2008年6月6日注销。王某军、吴某霞于1983年4月10日结婚，于2010年6月11日离婚，离婚协议内容为：王辛庄村老宅基上北方五间及房内生活用具归王某军所有，王某军个人债务由王某军负担；保定拜耳凯生化有限公司的股东为吴某霞，王某军自愿放弃分割股权，股权全归吴某霞所有。

2013年10月26日，上海瑞新向兰州中院申请追加王某军、吴某霞为被执行人。兰州中院于2013年12月30日作出（2013）兰法执追字第4号执行裁定：追加王某军为本案被执行人；驳回追加吴某霞为被执行人的申请。

上海瑞新不服兰州中院驳回其追加吴某霞为被执行人的申请，提出执行异议称，振兴化工厂的债务是在王某军和吴某霞婚姻关系存续期间发生，系共同债务。请求撤销（2013）兰法执追字第4号执行裁定第二项，追加吴某霞为本案被执行人。兰州中院认为，王某军以其全部财产对振兴化工厂的债务承担责任，该债务形成于吴某霞与王某军婚姻关系存续期间，因此，依据《最高人民法院关于适用〈中华人民共和国婚姻法〉若干问题的解释（二）》第二十四条等相关规定，于2015年3月10日作出（2014）兰执异字第19号执行裁定：撤销（2013）兰法执追字第4号执行裁定第二项；追加吴某霞为本案被执行人。

王某军、吴某霞均不服上述异议裁定，向甘肃高院申请复议。甘肃高院认为，（2014）兰执异字第19号执行裁定追加吴某霞为被执行人，与王某军无关。王某军不服该裁定，应向执行法院提出执行异议，而不能直接向上级法院申请复议。王某军复议申请不属于审查范围，不予审查。《民事诉讼法》和最高人民法院相关司法解释均未规定执行程序中可以根据属于夫妻共同债务而直接追加被执行人的配偶为被执行人，兰州中院依据婚姻法司法解释的实体性裁判规则追加吴某霞为本案被执行人不当，应告知当事人另诉解决。综上，甘肃高院于2015年7月24日作出（2015）甘执复字第9号执行裁定：撤销兰州中院（2014）兰执异字第19号执行裁定。

上海瑞新不服甘肃高院上述复议裁定，向最高人民法院申请执行监督。最高人民法院裁定：驳回上海瑞新的申诉请求。

【法院观点】

法院认为，本案焦点问题为：执行程序中能否以王某军所负债务属夫妻共同债务为由追加吴某霞为被执行人。

执行程序中追加被执行人，意味着直接通过执行程序确定由生效法律文书列明的被执行人以外的人承担实体责任，对各方当事人的实体和程序权利将产生极大影响。因此，追加被执行人必须遵循法定主义原则，即应当限于法律和司法解释明确规定的追加范围，既不能超出法定情形进行追加，也不能直接引用有关实体裁判规则进行追加。从现行法律和司法解释的规定看，并无关于在执行程序中可以追加被执行人的配偶或原配偶为共同被执行人的规定，申请执行人上海瑞新根据《婚姻法》（已失效）及司法解释等实体裁判规则，以王某军前妻吴某霞应当承担其二人婚姻关系存续期间之共同债务为由，请求追加吴某霞为被执行人，甘肃高院因现行法律或司法解释并未明确规定而裁定不予追加，并无不当，上海瑞新的申诉请求应予驳回。但是，法院驳回上海瑞新的追加请求，并非对王某军所负债务是否属于夫妻共同债务或者吴某霞是否应承担该项债务进行认定，上海瑞新仍可以通过其他法定程序进行救济。综上，上海瑞新的申诉请求缺乏事实与法律依据。

【实务解析】

夫妻共同债务问题涉及夫妻双方作为独立民事主体与债权人之间的利益平衡问题，不管是在审判阶段还是执行阶段，均为司法实践中的热点问题，也广受社会各界关注。

在审判阶段，主要体现为债权人可能一并将债务人配偶起诉，要求夫妻共同承担清偿责任。对此，《民法典》在吸收此前司法解释经验的基础上明确规定："夫妻双方共同签名或者夫妻一方事后追认等共同意思表示所负的债务，以及夫妻一方在婚姻关系存续期间以个人名义为家庭日常生活需要所负的债务，属于夫妻共同债务。夫妻一方在婚姻关系存续期间以个人名义超出家庭日常生活需要所负的债务，不属于夫妻共同债务；但是，债权人能够证明该债务用于夫妻共同生活、共同生产经营或者基于夫妻双方共同意思表示的除外。"

简言之，夫妻双方有共同意思表示所负的债务为共同债务，可以事前认可，也可以事后追认；一方以个人名义为家庭日常生活需要所负的债务为夫妻共同债务，此为家事代理权的体现；超出家庭日常生活所负的债务原则上不属于共同债务，特例除外。

在执行阶段，主要体现为如果债权人仅取得了对一方的生效文书，是否可以追加其配偶为被执行人。经过长期的司法实践，目前较为一致的意见认为，执行程序中追加被执行人，意味着直接通过执行程序确定由生效法律文书列明的被执行人以外的人承担实体责任，对各方当事人的实体和程序权利将产生极大影响。因此，追加被执行人必须遵循法定主义原则，即应当限于法律和司法解释明确规定的追加范围，既不能超出法定情形进行追加，也不能直接引用有关实体裁判规则进行追加。鉴于目前法律未规定可以在执行程序中直接追加，故不应在执行程序中直接追加债务人配偶为被执行人，而应通过实体审判程序判断。早在2016年3月3日，时任最高人民法院审判委员会副部级专职委员杜万华接受记者采访时就明确表达了不得在执行阶段认定夫妻共同债务，也不得在执行程序中追加配偶为被执行人的立场。"为什么社会对《最高人民法院关于适用〈中华人民共和国婚姻法〉若干问题的解释（二）》第二十四条反响这么大？一个原因是，在执行阶段直接认定夫妻共同债务。实践中确实出现过这样的情况，债权人拿着法院判决直接向法院申请强制执行，有的基层法院直接引用第二十四条，把未参加诉讼的配偶另一方直接追加为被执行人，这显然不合适。我们当时制定这个司法解释本身就是司法审判的裁判标准，夫妻共同债务的认定只能在审判阶段不能在执行阶段。在2015年12月召开的第八次全国法院民事商事审判工作会议上，我们专门强调，夫妻共同债务应当通过审判程序来认定，不能由执行程序认定。因为如果夫妻共同债务可以通过执行程序认定，那没有参加诉讼的配偶一方就失去了利用一审、二审和审判监督程序维护自己合法权益的机会，这是不公平的。我们认为，在执行过程中，被追加为被执行人的夫妻一方认为不能执行自己的财产，有权依法提出执行异议。"[1]

---

[1] 《家事审判改革为相关立法提供实践依据——专访最高人民法院审判委员会专职委员杜万华》，载《人民法院报》2016年3月3日。

【法条链接】

《中华人民共和国民法典》

第一千零六十四条 夫妻双方共同签名或者夫妻一方事后追认等共同意思表示所负的债务，以及夫妻一方在婚姻关系存续期间以个人名义为家庭日常生活需要所负的债务，属于夫妻共同债务。

夫妻一方在婚姻关系存续期间以个人名义超出家庭日常生活需要所负的债务，不属于夫妻共同债务；但是，债权人能够证明该债务用于夫妻共同生活、共同生产经营或者基于夫妻双方共同意思表示的除外。

《最高人民法院关于民事执行中变更、追加当事人若干问题的规定》（法释〔2020〕21号）

第一条 执行过程中，申请执行人或其继承人、权利承受人可以向人民法院申请变更、追加当事人。申请符合法定条件的，人民法院应予支持。

《最高人民法院关于在执行工作中规范执行行为切实保护各方当事人财产权益的通知》（法〔2016〕401号）

……在执行程序中直接变更、追加被执行人的，应严格限定于法律、司法解释明确规定的情形。各级人民法院应严格依照即将施行的《最高人民法院关于民事执行中变更、追加当事人若干问题的规定》，避免随意扩大变更、追加范围……

二、作为被执行人的法人分支机构，不能清偿生效法律文书确定的债务，申请执行人申请追加该法人为被执行人的，人民法院应予支持

——重庆建工第七建筑工程有限责任公司与都兰县水利局等民事执行复议纠纷案

【案件来源】最高人民法院（2021）最高法执复17号

【争议焦点】法人分支机构作为被执行人时，何种情况下可以追加法人为被执行人？

【裁判要旨】作为被执行人的法人分支机构，不能清偿生效法律文书确定的债务，申请执行人申请变更、追加该法人为被执行人的，人民法院应予支持。法人直接管理的责任财产仍不能清偿债务的，人民法院可以直接执行该

法人其他分支机构的财产。根据前述规定,追加法人为被执行人的前提有二,一是法人分支机构不能清偿生效法律文书确定的债务,二是经申请执行人申请,只有两个条件同时满足时,人民法院才对变更、追加申请予以支持。

【基本案情】

复议申请人(被执行人):重庆建工第七建筑工程有限责任公司(以下简称重庆七建公司)

申请执行人:都兰县水利局

被执行人:重庆建工第七建筑工程有限责任公司青海分公司(以下简称重庆七建青海公司)

青海高院在执行都兰县水利局与重庆七建公司、重庆七建青海公司执行回转一案中,重庆七建公司不服青海高院(2020)青执29号执行裁定,向青海高院提出异议称,其不是诉讼案件当事人,生效判决书中也未判决重庆七建公司承担责任,之前的执行案款也全部支付给了重庆七建青海公司,将重庆七建公司列为被执行人不符合法律规定;重庆七建青海公司拟启动对该案的审判监督程序,该案应等上级法院作出明确裁定后再进入执行程序。

2020年11月3日,青海高院组织双方当事人就执行回转的费用进行详细计算,主要争议点为利息的计算标准是按活期利率还是三年定期存款利率,以及利息的计算起始日期。青海高院异议案件承办人向执行案件承办人核实,该案裁定冻结数额15,204,653.39元中包含本金13,954,425.2元,利息1,183,218.9元及暂计的迟延履行期间的债务利息,利息是按三年定期存款利率计算,利息计算至执行回转裁定确定的被执行人应履行还款日期止,即2020年6月27日。

青海高院查明,重庆七建青海公司为重庆七建公司的分支机构,成立于2009年11月17日。青海高院作出(2016)青民初41号民事判决后,都兰县水利局自动履行23,529,977元,青海高院于2017年5月22日强制执行16,787,874.4元,重庆七建青海公司在(2016)青民初41号民事判决书生效后共收到40,317,851.4元。后青海高院(2018)青民再77号民事判决撤销该院(2016)青民初41号民事判决,判决都兰县水利局向重庆七建青海公司支付工程款及违约金共计26,183,718.21元。2020年6月12日,都兰县水利局申请执行回转,青海高院于2020年6月17日作出(2020)青执29号执行裁定,裁定重庆七建青海公司、重庆七建公司在该裁定生效之日起 10 日内向都兰县水利局返还 15,204,653.39 元。

青海高院认为，本案中，重庆建工青海公司作为法人分支机构不能清偿生效法律文书确定的债务，法院裁定执行重庆七建公司的财产，并无不当。故裁定：驳回重庆七建公司的异议请求。

重庆七建公司向最高人民法院申请复议称：（1）根据《最高人民法院关于人民法院执行工作若干问题的规定（试行）》第一百零九条规定，执行回转需要原申请执行人返还已取得的财产及孳息，但对孳息应以何种标准进行计算的问题，现行法律和司法解释未作明确规定。既然法无明文规定，且重庆七建青海公司当初并不是基于非法行为而占有案涉款项，而是基于当时的合法生效判决，故不应计算利息或应按活期存款利率为计算标准。（2）重庆七建公司在收到青海高院（2020）青执29号执行裁定书后立即向青海高院提起了执行异议，到2020年12月2日才收到青海高院作出的（2020）青执异16号执行裁定书，在此期间青海高院已扣划足额款项至法院账户，故不存在迟延履行的行为，因此不应计算迟延履行期间的债务利息。综上，请求撤销青海高院异议裁定，支持其异议请求。

最高人民法院裁定：一、撤销青海省高级人民法院（2020）青执异16号裁定；二、发回青海省高级人民法院重新审查。

【法院观点】

本案争议焦点为：重庆七建公司的异议是否应予支持。

关于是否应追加重庆七建公司为被执行人的问题。在执行程序中变更、追加当事人，对各方当事人的实体和程序权利将产生极大影响，因此变更、追加当事人必须遵循法定主义原则。《最高人民法院关于民事执行中变更、追加当事人若干问题的规定》第十五条第一款规定，作为被执行人的法人分支机构，不能清偿生效法律文书确定的债务，申请执行人申请变更、追加该法人为被执行人的，人民法院应予支持。法人直接管理的责任财产仍不能清偿债务的，人民法院可以直接执行该法人其他分支机构的财产。根据前述规定，追加法人为被执行人的前提有二，一是法人分支机构不能清偿生效法律文书确定的债务，二是经申请执行人申请，只有两个条件同时满足时，人民法院才应对变更、追加申请予以支持。就本案而言，都兰县水利局在执行回转申请中以重庆七建青海公司是不具备独立承担民事责任的分支机构为由，将重庆七建公司列为被执行人，此时青海高院首先应当审查重庆七建青海公司是否确无能力清偿生效法律文书确定的债务，而青海高院的执行回转裁定及异议裁定均未对此予以查明。青海高院直接在执行回转裁定中将重庆七建公司列为被执行人，基本事实查明不清，程序不当。

关于执行回转金额的问题。青海高院组织双方当事人就执行回转的费用进行了详细计算，明确主要争议点为利息的计算标准是按活期利率还是三年定期存款利率，以及利息的计算起始日期。但异议裁定中，青海高院对重庆七建青海公司收到款项的具体时间未予查明，对利息计算的起始时间未予认定，基本事实查明不清，遗漏异议请求。关于执行回转财产的孳息计算标准问题。现行法律和司法解释对题述问题未作明确规定，执行法院要区分执行回转的具体情况，通过综合分析本案执行回转的发生原因、当事人是否具有过错、受损失的程度等因素，对孳息计算标准公平、合理确定。综上，重庆七建公司的异议理由部分成立。

【实务解析】

总分公司的关系，是司法实践中经常遇到的问题。《民法典》规定，法人可以依法设立分支机构。分支机构以自己的名义从事民事活动，产生的民事责任由法人承担；也可以先以该分支机构管理的财产承担，不足以承担的，由法人承担。《公司法》规定，公司可以设立分公司；分公司不具有法人资格，其民事责任由公司承担。司法实践中，依法设立并领取营业执照的法人的分支机构被赋予诉讼主体资格，可以作为民事诉讼的当事人参与诉讼程序[①]。

---

① 《民事诉讼法》第五十一条规定，公民、法人和其他组织可以作为民事诉讼的当事人。法人由其法定代表人进行诉讼。其他组织由其主要负责人进行诉讼。《最高人民法院关于适用〈中华人民共和国民事诉讼法〉的解释》第五十二条规定，《民事诉讼法》第五十一条规定的"其他组织"是指合法成立、有一定的组织机构和财产，但又不具备法人资格的组织，包括："（一）依法登记领取营业执照的个人独资企业；（二）依法登记领取营业执照的合伙企业；（三）依法登记领取我国营业执照的中外合作经营企业、外资企业；（四）依法成立的社会团体的分支机构、代表机构；（五）依法设立并领取营业执照的法人的分支机构；（六）依法设立并领取营业执照的商业银行、政策性银行和非银行金融机构的分支机构；（七）经依法登记领取营业执照的乡镇企业、街道企业；（八）其他符合本条规定条件的组织。"

如果生效判决的被执行人为法人的分支机构，是否可以直接追加法人为被执行人，并强制执行其资产？从民法典和公司法的表述来看，并未区分法人分支机构的财产和法人的财产，似乎可以一并执行，不区分顺序。但从《最高人民法院关于民事执行中变更、追加当事人若干问题的规定》第十五条的规定来看，将法人和法人分支机构直接管理的财产进行了区分，明确被执行人是分支机构的，在不能清偿生效法律文书确定的债务时，才追加法人；法人直接管理的资产仍不能清偿时，再执行其他分支机构的资产。被执行人是法人的，亦同理，即先执行法人直接管理的责任财产，不能清偿的再执行分支机构的财产。

值得注意的是，有学者对此提出不同意见，认为"分支机构作为法人的一部分，不具有主体资格，故无论其是否依法成立，无论登记与否，后果均由法人承受。法人清偿分支机构的债务时，究竟是以分支机构管理的资产还是法人的其他财产清偿，是法人自己的选择，对于债权人的权利不发生影响。债权人提起诉讼或仲裁时，有权申请法院一并保全法人及其分支机构的财产；涉及执行时，有权申请法院强制执行法人及其分支机构的财产。法人不得以先用分支机构管理的财产清偿债务为由进行抗辩。规定分支机构财产优先清偿，将导致债权人只能先申请强制执行分支机构的财产，经强制执行不能时，方可申请执行法人的其他资产，则在执行分支机构财产期间，如果法人其他财产贬值、毁损、灭失、转移、隐匿等情事，债权人只能徒呼奈何。与现行法律抵触的相应规定，不应继续适用"[1]。鉴于《最高人民法院关于民事执行中变更、追加当事人若干问题的规定》第十五条并未修改，区分财产执行顺序也有一定道理，本书采最高人民法院观点。

【法条链接】

《中华人民共和国民法典》

第七十四条 法人可以依法设立分支机构。法律、行政法规规定分支机构应当登记的，依照其规定。

分支机构以自己的名义从事民事活动，产生的民事责任由法人承担；也可以先以该分支机构管理的财产承担，不足以承担的，由法人承担。

---

[1] 李宇：《民法总则要义——规范释论与判解集注》，法律出版社2017年版，第201页。

《中华人民共和国公司法》

第十四条第一款 公司可以设立分公司。设立分公司,应当向公司登记机关申请登记,领取营业执照。分公司不具有法人资格,其民事责任由公司承担。

《最高人民法院关于民事执行中变更、追加当事人若干问题的规定》(法释〔2020〕21号)

第十五条 作为被执行人的法人分支机构,不能清偿生效法律文书确定的债务,申请执行人申请变更、追加该法人为被执行人的,人民法院应予支持。法人直接管理的责任财产仍不能清偿债务的,人民法院可以直接执行该法人其他分支机构的财产。

作为被执行人的法人,直接管理的责任财产不能清偿生效法律文书确定债务的,人民法院可以直接执行该法人分支机构的财产。

三、作为被执行人的营利法人,财产不足以清偿生效法律文书确定的债务,申请执行人申请追加未缴纳出资的股东为被执行人,在尚未缴纳出资的范围内依法承担责任的,人民法院应予支持

——中银集团投资有限公司与山东神娃企业管理咨询有限公司等案外人执行异议之诉纠纷案

【案件来源】最高人民法院(2020)最高法民申5153号

【争议焦点】原股东未缴纳增资款,在原股东退出公司后公司进行了减资。现公司欠债权人款项,原股东是否需要在此前未缴纳增资款的范围内承担责任?

【裁判要旨】作为被执行人的营利法人,财产不足以清偿生效法律文书确定的债务,申请执行人申请变更、追加未缴纳或未足额缴纳出资的股东、出资人或依公司法规定对该出资承担连带责任的发起人为被执行人,在尚未缴纳出资的范围内依法承担责任的,人民法院应予支持。

【基本案情】

再审申请人(一审原告、追加被执行人、二审上诉人):中银集团投资有限公司(以下简称中银公司)

被申请人(一审被告、申请执行人、二审被上诉人):山东神娃企业管

咨询有限公司（以下简称神娃公司）

一审第三人（被执行人）：威海建威毛纺织有限公司（以下简称建威公司）

建威公司系由六毛纺织厂和中银公司于1992年成立的中外合作经营企业。双方签订的《中外合作威海建威毛纺织有限公司合作合同》规定，建威公司为有限责任公司，合作各方以出资额为限对公司的债务承担责任，自中银公司出资之日至第四年建威公司应分四期向中银公司分利95万美元及相应利息，自第五年至第十四年建威公司应每年向中银公司分利9.5万美元，中银公司收到上述全部分利后，将其余各年利润及合作期满后的剩余资产权益全部无条件让与六毛纺织厂。建威公司成立时注册资本380万美元，其中六毛纺织厂出资285万美元，占注册资本的75%，中银公司出资95万美元，占注册资本的25%。1994年建威公司核准增资70万美元，其中六毛纺织厂认缴增资52.5万美元，中银公司认缴增资17.5万美元。1995年建威公司核准增资120万美元，其中六毛纺织厂认缴增资90万美元，中银公司认缴增资30万美元。两次增资均经威海市对外经济贸易委员会核准，并由山东省人民政府颁发相应的台港澳侨投资企业批准证书。1995年2月15日，威海市工商行政管理局作出核准变更企业通知书，载明：建威公司变更前投资总额500万美元，变更后690万美元；变更前注册资本380万美元，变更后570万美元；变更前注册中方285万美元，变更后427.5万美元；变更前注册外方95万美元，变更后142.5万美元。1995年2月15日，威海市工商局为建威公司换发了营业执照，载明：注册资本570万美元。

2002年9月，中银公司将其在建威公司的全部出资及按合同约定的分利以2万元人民币价格全部转让给威海市大洋纺织有限公司，中银公司退出建威公司。2002年10月12日，威海英华联合会计师事务所出具验资报告，载明：建威公司注册资本为570万美元，实收资本380万美元。各股东投入的资本380万美元已经山东威海会计师事务所于1992年6月审验。所附验资事项说明载明：经威海市对外经济贸易批准，建威公司注册资本1994年12月20日增至450万美元，1995年2月11日增至570万美元。因客观原因，该增加的注册资本190万美元未能到位。同年10月建威公司在威海市工商局进行了变更登记，注册资本变更为人民币2078.6万元。

2000年12月29日，建威公司向中信实业银行威海分行借款220万美元，未按约偿还，诉至一审法院。2002年3月18日，一审法院作出（2001）威经初字第164号民事调解书，确认：建威公司于2002年6月18日前偿还中信实业银行威海分行借款本金220万美元；威海市纺织工业公司（保证人，已注销）承担连带责任；案件受理费21,010元，财产保全费11,525元，由建威公司与威海市纺织工业公司承担。该案执行过程中，2005年5月12日一审法院作出（2005）威执一字第24-1号民事裁定书，确认建威公司与威海市纺织工业公司无财产可供执行，裁定（2001）威经初字第164号民事调解书中止执行。2017年7月18日，一审法院作出（2005）威执一字第24-2号民事裁定书，裁定变更神娃公司为申请执行人。2018年1月3日，神娃公司以中银公司未缴纳出资、抽逃出资为由，向一审法院申请追加其为（2001）威经初字第164号民事调解书的被执行人，并在未出资的47.5万美元及利息范围内以及在其抽逃95万美元出资范围内，对建威公司的债务承担责任。一审法院于2018年8月3日作出（2018）鲁10执异1号执行裁定书，裁定：一、追加中银公司为被执行人，在未缴纳47.5万美元本金及利息范围内对建威公司不能清偿的债务部分承担补充清偿责任；二、驳回神娃公司的其他申请。中银公司不服该执行裁定，提起执行异议之诉，请求：判决不得追加中银公司为（2001）威经初字第164号民事调解书的被执行人。

一审法院判决：驳回中银公司的诉讼请求。中银公司不服提起上诉，请求：撤销一审判决，判令不得追加中银公司为（2001）威经初字第164号民事调解书的被执行人。二审法院判决：驳回上诉，维持原判。

中银公司不服申请再审称：2002年10月减少注册资本后，建威公司注册资本已经全部到位。中信银行股份有限公司威海分行对建威公司减资从未提出异议，也未要求建威公司清偿债务或提供担保，神娃公司作为后手债权人无权要求中银公司承担责任。原判决认定中银公司应在未缴纳出资范围内承担责任是错误的。神娃公司在债权转让合同中已放弃追究中银公司法律责任的权利。神娃公司不是案涉债权的合法债权人，中银公司并非建威公司的现有股东，也不存在抽逃出资，原判决适用《最高人民法院关于民事执行中变更、追加当事人若干问题的规定》第十七条、第十八条的规定认定中银公司承担责任是错误的。最高人民法院裁定：驳回中银公司的再审申请。

【法院观点】

法院认为，本案系当事人申请再审案件，应当围绕中银公司申请再审的理由是否成立进行审查。

《中外合作经营企业法》（已失效）第九条第一款规定："中外合作者应当依照法律、法规的规定和合作企业合同的约定，如期履行缴足投资、提供合作条件的义务。逾期不履行的，由工商行政管理机关限期履行；限期届满仍未履行的，由审查批准机关和工商行政管理机关依照国家有关规定处理。"根据二审判决查明的事实，侯某藻作为中银公司委任的副董事长，签署合作合同、章程及其他有关文件，建威公司两次增资均经过了董事会决议，决议落款处均有侯某藻的签字，中银公司对两次增资是明知的。两次增资已报威海市对外经济贸易委员会同意，经山东省人民政府批准，由威海市工商局核准后进行了变更登记。原判决认定中银公司在明知两次增资已经依法审批并完成了工商登记变更的情况下，应当承担缴纳增资的义务是正确的。

神娃公司系从山东省金融资产管理股份有限公司受让债权，并经一审法院执行裁定书确认为本案债权人。2016年4月27日，中信银行股份有限公司青岛分行、中信银行股份有限公司威海分行共同作为甲方，与山东省金融资产管理股份有限公司作为乙方签订《债权转让合同》，该合同约定："乙方同意并保证，如果标的债权中存在能够追究银行（包括甲方）任何法律责任的权利，乙方承诺放弃并承诺在其与后手签署的协议中要求后手也放弃该等权利。"中银公司不是该债权转让合同约定的银行，与该债权转让合同所约定的权利义务无关。中银公司关于神娃公司在债权转让合同中已放弃追究中银公司法律责任的理由不能成立，原判决认定中银公司不能依据其他合同相对方的约定主张神娃公司已放弃追究中银公司的责任，并无不当。

2002年9月，中银公司将其在建威公司的全部出资及按合同约定的分利以人民币2万元的价格全部转让给威海市大洋纺织有限公司，中银公司退出建威公司。同年10月，建威公司在威海市工商局变更注册资本为人民币2078.6万元。建威公司2002年变更为增资前的注册资本并不能免除中银公司先前应当依照法律、法规的规定和合作合同约定所应承担的缴纳增资的义务。中银公司未全面履行出资义务，仍应对转让前的瑕疵出资承担民事责任。原判决适用

《最高人民法院关于民事执行中变更、追加当事人若干问题的规定》第十七条、第十八条的规定,认定中银公司系神娃公司申请追加的未足额缴纳出资的出资人,应当在尚未缴纳出资的范围内依法承担责任并无不当。

【实务解析】

股东出资是公司的重要资产,股东依法、足额、及时出资,对公司健康稳定运营具有重要意义。股东未依法履行出资义务将直接影响公司、其他股东、公司外部债权人的利益。《公司法》确立了公司注册资本的认缴制和股东的有限责任原则,股东享有出资的期限利益,同时以其对公司认缴的出资额为限对公司的债务承担责任。依据《公司法》及相关法律、司法解释的规定,股东未依法全面履行出资义务的,需要承担相应违约责任或赔偿责任。

在审判阶段,根据《最高人民法院关于适用〈中华人民共和国公司法〉若干问题的规定(三)》第十三条[①]规定,公司债权人可以要求未履行或者未全面履行出资义务的股东在未出资本息范围内对公司债务不能清偿的部分承担补充赔偿责任。第十四条[②]规定,公司债权人可以要求抽逃出资的股东在抽逃出资本息范围

---

① 第十三条:"股东未履行或者未全面履行出资义务,公司或者其他股东请求其向公司依法全面履行出资义务的,人民法院应予支持。

"公司债权人请求未履行或者未全面履行出资义务的股东在未出资本息范围内对公司债务不能清偿的部分承担补充赔偿责任的,人民法院应予支持;未履行或者未全面履行出资义务的股东已经承担上述责任,其他债权人提出相同请求的,人民法院不予支持。

"股东在公司设立时未履行或者未全面履行出资义务,依照本条第一款或者第二款提起诉讼的原告,请求公司的发起人与被告股东承担连带责任的,人民法院应予支持;公司的发起人承担责任后,可以向被告股东追偿。

"股东在公司增资时未履行或者未全面履行出资义务,依照本条第一款或者第二款提起诉讼的原告,请求未尽公司法第一百四十七条第一款规定的义务而使出资未缴足的董事、高级管理人员承担相应责任的,人民法院应予支持;董事、高级管理人员承担责任后,可以向被告股东追偿。"

② 第十四条:"股东抽逃出资,公司或者其他股东请求其向公司返还出资本息、协助抽逃出资的其他股东、董事、高级管理人员或者实际控制人对此承担连带责任的,人民法院应予支持。

"公司债权人请求抽逃出资的股东在抽逃出资本息范围内对公司债务不能清偿的部分承担补充赔偿责任、协助抽逃出资的其他股东、董事、高级管理人员或者实际控制人对此承担连带责任的,人民法院应予支持;抽逃出资的股东已经承担上述责任,其他债权人提出相同请求的,人民法院不予支持。"

内对公司债务不能清偿的部分承担补充赔偿责任。第十八条①规定，公司债权人可以要求未履行或者未全面履行出资义务即转让股权的原股东履行出资义务。

在执行阶段，根据《最高人民法院关于民事执行中变更、追加当事人若干问题的规定》第十七条至第十九条，申请执行人可以追加未缴纳或未足额缴纳出资的股东为被执行人，在尚未缴纳出资的范围内依法承担责任；可以追加抽逃出资的股东为被执行人，在抽逃出资的范围内承担责任；可以追加未依法履行出资义务即转让股权的原股东为被执行人，在未依法出资的范围内承担责任。

本案为追加未全面履行出资义务之股东为被执行人的典型案例。原生效判决（2019）鲁民终2609号中法院在说理部分认定："关于建威公司于2002年将注册资本变更为增资前的注册资本，是否影响中银公司在本案中责任的问题，本院认为，建威公司2002年变更为增资前的注册资本并不能免除其先前应依照法律、法规的规定和合作企业合同约定所应承担的缴纳增资的义务。中银公司主张其缴纳增资的义务已灭失没有事实和法律依据。中银公司主张其并非建威公司现有股东，亦非抽逃出资的股东，不存在未履行缴纳增资义务和抽逃出资的情况，不应适用《最高人民法院关于民事执行中变更、追加当事人若干问题的规定》第十七条、第十八条的规定。本院认为，中银公司系神娃公司申请追加的未足额缴纳出资的出资人，中银公司应当在尚未缴纳出资的范围内依法承担责任。"考虑到根据查明的案件事实，中银公司已经通过转让股权的方式退出建威公司，本书倾向于认为应援引上述第十九条更为妥当。

【法条链接】

《最高人民法院关于民事执行中变更、追加当事人若干问题的规定》（法释〔2020〕21号）

第十七条　作为被执行人的营利法人，财产不足以清偿生效法律文书确定

---

① 第十八条："有限责任公司的股东未履行或者未全面履行出资义务即转让股权，受让人对此知道或者应当知道，公司请求该股东履行出资义务、受让人对此承担连带责任的，人民法院应予支持；公司债权人依照本规定第十三条第二款向该股东提起诉讼，同时请求前述受让人对此承担连带责任的，人民法院应予支持。

"受让人根据前款规定承担责任后，向该未履行或者未全面履行出资义务的股东追偿的，人民法院应予支持。但是，当事人另有约定的除外。"

的债务，申请执行人申请变更、追加未缴纳或未足额缴纳出资的股东、出资人或依公司法规定对该出资承担连带责任的发起人为被执行人，在尚未缴纳出资的范围内依法承担责任的，人民法院应予支持。

第十八条 作为被执行人的营利法人，财产不足以清偿生效法律文书确定的债务，申请执行人申请变更、追加抽逃出资的股东、出资人为被执行人，在抽逃出资的范围内承担责任的，人民法院应予支持。

第十九条 作为被执行人的公司，财产不足以清偿生效法律文书确定的债务，其股东未依法履行出资义务即转让股权，申请执行人申请变更、追加该原股东或依公司法规定对该出资承担连带责任的发起人为被执行人，在未依法出资的范围内承担责任的，人民法院应予支持。

四、作为被执行人的一人有限责任公司，财产不足以清偿生效法律文书确定的债务，股东不能证明公司财产独立于自己的财产，申请执行人申请追加该股东为被执行人对公司债务承担连带责任的，人民法院应予支持

——庞某与山东达盛集团建工有限公司等申请执行人执行异议之诉纠纷案

【案件来源】最高人民法院（2020）最高法民终1240号

【争议焦点】一人有限责任公司追加股东为被执行人的条件

【裁判要旨】作为被执行人的一人有限责任公司，财产不足以清偿生效法律文书确定的债务，股东不能证明公司财产独立于自己的财产，申请执行人申请变更、追加该股东为被执行人，对公司债务承担连带责任的，人民法院应予支持。

【基本案情】

上诉人（原审被告）：庞某

被上诉人（原审原告）：山东达盛集团建工有限公司（以下简称达盛公司）

原审被告：山东华洋置业有限公司（以下简称华洋公司）

2006年10月，山东省高级人民法院作出（2006）鲁民一初字第10号民事调解书，确认华洋公司需分期支付达盛公司工程欠款及利息1350万元。2007年，达盛公司向山东省高级人民法院申请强制执行。经查，华洋公司类型为自然人独资的有限责任公司，为一人有限责任公司；成立日期为1998年9

月 14 日，营业期限截至 2028 年 9 月 14 日，其间经过华洋公司 2001 年 12 月 18 日进行的一次股东变更，庞某成为公司唯一股东。

因强制执行未果，达盛公司申请追加股东庞某，请求：判决追加庞某为被执行人，并判决其对华洋公司债务承担连带责任。一审法院判决：追加庞某为被执行人，对华洋公司债务承担连带责任。庞某不服提起上诉，二审判决：驳回上诉，维持原判。

【法院观点】

本案二审的争议焦点为本案是否应当追加庞某为被执行人。根据二审查明的事实，华洋公司与达盛公司的案涉纠纷进入执行程序后，在 2007 年 6 月 20 日至今 14 年时间里，执行法院没有强制执行到华洋公司任何款项，足以表明华洋公司的财产已不足以清偿案涉生效法律文书确定的债务。《最高人民法院关于民事执行中变更、追加当事人若干问题的规定》第二十条规定："作为被执行人的一人有限责任公司，财产不足以清偿生效法律文书确定的债务，股东不能证明公司财产独立于自己的财产，申请执行人申请变更、追加该股东为被执行人，对公司债务承担连带责任的，人民法院应予支持。"华洋公司作为一人有限公司，庞某系其唯一股东。根据该条规定，在达盛公司申请追加庞某为被执行人的情况下，庞某应当承担证明华洋公司财产独立于其个人财产的举证责任。

本案中，庞某虽提交了会计师事务所出具的华洋公司审计报告等证据材料已证明公司财产独立，但根据二审查明的事实，以上审计报告对可通过公开查询获知的案涉执行债务都没有纳入华洋公司的资产负债表，存在明显的审计失败情形，依法不能采信。华洋公司成为一人有限责任公司后，违反《公司法》第六十二条的规定，没有在每一会计年度终了时编制财务会计报告并经会计师事务所审计。以上审计失败情形的发生，已足以表明公司财务管理混乱，庞某作为公司唯一股东，应当承担公司财产混同的不利后果。另外，（2015）民一终字第 13 号民事判决书亦指出，庞某控制的华洋公司和九顶塔公司亦存在财产混同，因而准许就华洋公司的案涉债务对九顶塔公司名下财产进行执行，以上事实足以证明庞某滥用公司法人独立地位逃废债务。根据《公司法》第六十三条的规定，庞某应当对华洋公司的债务承担连带责任。因此，达盛公司的本案诉请符合《最高人民法院关于民事执行中变更、追加当事人若干问题的规定》第二十条的规定，庞某的上诉主张没有事实和法律依据，依法不能成立。

【实务解析】

一人有限责任公司，是指只有一个自然人股东或者一个法人股东的有限责任公司。《公司法》第六十三条明确规定一人有限责任公司的股东不能证明公司财产独立于股东自己的财产的，应当对公司债务承担连带责任。据此，公司法对于一人有限责任公司与股东财产独立的证明责任设定了更高要求，认定一人有限责任公司股东是否就公司债务承担连带责任时，不再单纯考虑股东是否存在滥用公司法人独立地位和股东有限责任的情形，在一人有限责任公司股东不能举证证明公司财产独立于股东个人财产的情况下，即应对公司债务承担连带责任。这主要是考虑到一人有限责任公司缺乏股东之间的权利监督和制衡，更容易出现公司财产与股东财产混同情形。

在审判程序中，债权人可以直接依据《公司法》第六十三条将一人有限责任公司的股东列入被告，要求对公司债务承担连带责任。在执行程序中，债权人可以要求追加一人有限责任公司的股东为被执行人，对公司债务承担连带责任。从举证责任的角度看，一人有限责任公司的股东需要证明公司财产独立于股东自身财产，否则面临被追加的风险。

值得探究的是，一人有限责任公司及其股东应当如何证明财产独立呢？根据《公司法》规定，一人有限责任公司应当在每一会计年度终了时编制财务会计报告，并经会计师事务所审计。因此，一人有限责任公司应当提交审计报告，证明公司与股东之间财务独立、业务独立。在（2019）最高法民终1668号案件中，最高人民法院认为，"虽然A公司是B公司的唯一股东，但依据《公司法》第六十三条的规定，只有公司人格与股东人格混同时，股东才对公司债务承担连带责任，而人格混同最主要的表现是公司的财产与股东的财产混同且无法区分。本案中，首先，一审期间B公司已向一审法庭提交了B公司各年度经审计的财务报表等证据，证明B公司与A公司之间财务独立、业务独立，不存在人格混同问题。其次，没有证据证明A公司与B公司之间存在股东无偿使用公司资金或者财产，不作财务记载；股东用公司的资金偿还股东的债务，或者将公司的资金供关联公司无偿使用，不作财务记载；公司账簿与股东账簿不分，致使公司财产与股东财产无法区分；股东自身收益与公司盈利不加区分，致使双方利益不清；公司的财产记载于股东名下，由股东占有、使用等情形。因此，现有证据不足以证明 A 公司与 B 公司存在人格混同"。当然，如果审计报告存在明显瑕疵，则股东仍要承担责任。在本案中，最高人民法院认为，"庞某虽提交了会计师事务所出具的华洋公司审计报告等证据材料已证明公司财产独立，但根据本院二审查明的事实，以上审计报告对可通过公开查询获知的案涉执行债务都没有纳入华洋公司的资产负债表，存在明显的审计失败情形，依法不能采信。华洋公司成为一人有限责任公司后，违反公司法规定，没有在每一会计年度终了时编制财务会计报告并经会计师事务所审计。以上审计失败情形的发生，已足以表明公司财务管理混乱，庞某作为公司唯一股东，应当承担公司财产混同的不利后果"。

【法条链接】

《中华人民共和国公司法》

　　第六十三条　一人有限责任公司的股东不能证明公司财产独立于股东自己的财产的，应当对公司债务承担连带责任。

《最高人民法院关于民事执行中变更、追加当事人若干问题的规定》（法释〔2020〕21 号）

　　第二十条　作为被执行人的一人有限责任公司，财产不足以清偿生效法律文书确定的债务，股东不能证明公司财产独立于自己的财产，申请执行人申请变更、追加该股东为被执行人，对公司债务承担连带责任的，人民法院应予支持。

五、作为被执行人的公司，未经清算即办理注销登记，导致公司无法进行清算，申请执行人申请追加有限责任公司的股东为被执行人，对公司债务承担连带清偿责任的，人民法院应予支持

——郭某鸽与蚌埠市雅佳丽百货有限责任公司等执行异议之诉纠纷案

【案件来源】最高人民法院（2021）最高法民申 997 号

【争议焦点】未经清算即办理注销登记导致公司无法进行清算，申请执行人是否可以追加股东为被执行人？清算在形式上履行了相应程序，但因未依法通知已知债权人,是否属于未经清算即办理注销登记?

【裁判要旨】 作为被执行人的公司,未经清算即办理注销登记,导致公司无法进行清算,申请执行人申请变更、追加有限责任公司的股东、股份有限公司的董事和控股股东为被执行人,对公司债务承担连带清偿责任的,人民法院应予支持。

【基本案情】

再审申请人(一审原告、被执行人、二审上诉人):郭某鸽

被申请人(一审被告、申请执行人、二审被上诉人):蚌埠市雅佳丽百货有限责任公司(以下简称雅佳丽公司)

原审第三人:朱某红、时某芳

雅佳丽公司与金成公司、时某芳等财产损害赔偿纠纷一案,一审法院于2013年9月5日作出(2013)蚌民一重初字第00001号民事判决后,当事人不服,向安徽省高级人民法院提起上诉。安徽省高级人民法院于2015年1月4日作出(2014)皖民一终字第00114号民事判决,驳回上诉、维持原判。判决生效后,雅佳丽公司于2015年5月7日向一审法院申请对金成公司、时某芳等强制执行,该院于同日立案执行。执行过程中,一审法院以金成公司的股东郭某鸽、朱某红办理注销登记时向行政主管部门提交的清算报告的内容与实际情况严重不符,属虚假清算为由,于2016年11月29日作出执恢37号裁定,追加郭某鸽、朱某红为被执行人。2016年12月8日,一审法院作出(2016)皖03执恢37号之一执行裁定,冻结郭某鸽、朱某红的银行存款130万元或查封其价值130万元的其他财产。

另查明,金成公司成立于2002年12月23日,注册资本100万元,系有限责任公司,主要经营粮食加工新技术的研究、开发等。2016年2月23日,金成公司召开由股东朱某红、郭某鸽参加的股东会,以公司经营不善为由,决定公司解散,成立公司清算组,朱某红任清算组负责人,郭某鸽为清算组成员。同日,郑州市工商行政管理局核准了金成公司清算组成员备案。2016年2月26日,金成公司清算组在《河南科技报》发布了公司解散和进行清算的公告。2016年4月19日,金成公司清算组组长朱某红以公司名义向工商部门提交《公司注销登记申请书》并附《清算报告》,以公司无对外投资、无债权债务为由,

申请注销公司登记。《清算报告》载明："支付清算费用0元，支付职工工资0元，支付社会保险费用和法定补偿金0元，缴纳所欠税款0元，清算公司债务0元，剩余财产0元。"同年4月21日，郑州市工商行政管理局核准金成公司注销登记。截至2016年5月10日，金成公司账户尚有10,898.41元。

郭某鸽向一审法院起诉请求：停止对郭某鸽财产的执行。一审法院判决：驳回郭某鸽的诉讼请求。郭某鸽不服提起上诉，二审法院判决：驳回上诉，维持原判。

郭某鸽向最高人民法院申请再审称：一二审判决将"未经清算"等同于"未经依法清算"，直接适用《最高人民法院关于民事执行中变更、追加当事人若干问题的规定》第二十一条，追加其为被执行人，属于扩大解释，适用法律不当。本案金成公司是在清算后注销的，不属于"未经清算"。金成公司的账簿至今保存完好，随时可以清算。公司在清算过程中遗漏债权人的，或者未经依法清算的，适用《最高人民法院关于适用〈中华人民共和国公司法〉若干问题的规定（二）》第二十条第一款规定，应由雅佳丽公司以债权人的身份另行提起诉讼，而不能直接追加郭某鸽为被执行人。雅佳丽公司和一审法院执行局从未向金成公司送达过催债通知或执行文书，导致郭某鸽未能知悉金成公司的债权。最高人民法院裁定：驳回郭某鸽的再审申请。

【法院观点】

法院经审查认为，根据原审查明，雅佳丽公司就其与金成公司、时某芳等财产损害赔偿纠纷向法院提起诉讼，一审法院于2013年9月5日作出（2013）蚌民一重初字第00001号民事判决，二审法院于2015年1月4日作出（2014）皖民一终字第00114号民事判决，雅佳丽公司同年即向一审法院申请强制执行。可见，金成公司和雅佳丽公司之间的财产损害赔偿纠纷案件，业已经过原审法院多次审理，金成公司作为当事人参加诉讼，对于原审法院判决确定的雅佳丽公司债权显然知悉。郭某鸽作为金成公司股东称其对前述案件判决所确定的雅佳丽公司的债权不知情，理据不足，不予采信。

《最高人民法院关于民事执行中变更、追加当事人若干问题的规定》第二十一条规定，作为被执行人的公司，未经清算即办理注销登记，导致公司无法进行清算，申请执行人申请变更、追加有限责任公司的股东、股份有限的董事和控股股东为被执行人,对公司债务承担连带清偿责任的,人民法院应予支持。2016年2月23日,金成公司成立清算组,由金成公司股东、法定代表人、总经理兼执行董事朱某红担任清算组负责人,股东郭某鸽为清算组成员,在未通知已知债权人雅佳丽公司的情况下进行清算并注销公司。金成公司虽在形式上履行了相应程序,但因未依法通知已知债权人雅佳丽公司,清算程序实质上不符合法律规定。郭某鸽申请再审提交的清算报告复印件显示仅对金成公司2014—2015年两年财务状况进行审核,不能如实全面反映金成公司财务状况,亦不足以证明金成公司尚能再次进行清算。况且,在金成公司财务资料不够完整齐备且已办理注销登记的情况下,所谓再行清算客观上并无实现的可能。因此,原审法院以金成公司未经清算办理注销登记导致公司无法进行清算为由,将郭某鸽追加为被执行人,符合法律规定。综上,郭某鸽的再审申请不符合规定。

【实务解析】

不良资产处置中,经常遇到作为债务人的公司被注销的情形。该种情况下债权如何救济成为当事人的关切。根据《公司法》的相关规定,公司注销前,应当依法清算。具体而言,公司应当在解散事由出现之日起十五日内成立清算组,开始清算。有限责任公司的清算组由股东组成,股份有限公司的清算组由董事或者股东大会确定的人员组成。公司清算时,清算组应当在成立之日起十日内将公司解散清算事宜书面通知全体已知债权人,并在六十日之内根据公司规模和营业地域范围在全国或者公司注册登记地省级有影响的报纸上进行公告。债权人应当自接到通知书之日起三十日内,未接到通知书的自公告之日起四十五日内,向清算组申报其债权。清算组应当对债权进行登记。清算组在清理公司财产、编制资产负债表和财产清单后,应当制定清算方案,并报股东会确认。清算组在清理公司财产、编制资产负债表和财产清单后,发现公司财产不足清偿债务的,应当依法向人民法院申请宣告破产。公司经人民法院裁定宣告破产后,清算组应当将清算事务移交给人民法院。清算组在清理公司财产、编制资产负债表和财产清单后,发现公司财产足以清偿债务的,应当及时清理债权债务,并制作清算报告,报股东会确认,并报送公司登记机关,申请注销公司登记。

为充分保护债权人的利益，规范清算行为，《公司法》规定在申报债权期间，清算组不得对债权人进行清偿；清算期间，公司不得开展与清算无关的经营活动；公司财产需要首先支付清算费用、职工的工资、社会保险费用和法定补偿金，缴纳所欠税款，清偿公司债务后，有剩余的才可以对股东进行分配。同时，《公司法》科以清算组成员忠于职守、依法履职之义务，要求清算组成员不得利用职权收受贿赂或者其他非法收入，不得侵占公司财产，清算组成员因故意或者重大过失给公司或者债权人造成损失的，应当承担赔偿责任。

在审判程序中，债权人可以根据《最高人民法院关于适用〈中华人民共和国公司法〉若干问题的规定（二）》第二十条，主张有限责任公司的股东、股份有限公司的董事和控股股东，以及公司的实际控制人对公司债务承担清偿责任。在执行程序中，债权人可以依据《最高人民法院关于民事执行中变更、追加当事人若干问题的规定》第二十一条，要求变更、追加有限责任公司的股东、股份有限公司的董事和控股股东为被执行人，对公司债务承担连带清偿责任。执行中，股东等对执行法院追加、变更裁定不服的，可以向执行法院提起执行异议之诉。

【法条链接】

《最高人民法院关于适用〈中华人民共和国公司法〉若干问题的规定（二）》（法释〔2020〕18号）

第二十条 公司解散应当在依法清算完毕后，申请办理注销登记。公司未经清算即办理注销登记，导致公司无法进行清算，债权人主张有限责任公司的股东、股份有限公司的董事和控股股东，以及公司的实际控制人对公司债务承担清偿责任的，人民法院应依法予以支持。

公司未经依法清算即办理注销登记，股东或者第三人在公司登记机关办理注销登记时承诺对公司债务承担责任，债权人主张其对公司债务承担相应民事责任的，人民法院应依法予以支持。

《最高人民法院关于民事执行中变更、追加当事人若干问题的规定》（法释〔2020〕21号）

第二十一条 作为被执行人的公司，未经清算即办理注销登记，导致公司无法进行清算，申请执行人申请变更、追加有限责任公司的股东、股份有限公司的董事和控股股东为被执行人，对公司债务承担连带清偿责任的，人民法院应予支持。

六、第三人向执行法院书面承诺自愿代被执行人履行生效法律文书确定的债务，可以追加该第三人为被执行人。但如果系执行担保或一般担保，则不能追加

——海南（重庆）经济开发总公司、海南深琼实业开发公司合同纠纷执行案

【案件来源】最高人民法院（2017）最高法执监137号

【争议焦点】当事人出具担保书，是否可以在执行程序中直接追加为被执行人？执行担保与一般担保应当如何区分与救济？

【裁判要旨】执行过程中，第三人向执行法院书面承诺自愿代被执行人履行生效法律文书确定的债务，申请执行人申请变更、追加该第三人为被执行人，在承诺范围内承担责任的，人民法院应予支持。但如果系执行担保或一般担保，则不能追加。执行担保可直接裁定执行担保财产或者保证人的财产，一般担保则无法在执行程序中处理，可另行起诉。

【基本案情】

申诉人（申请执行人）：海南（重庆）经济开发总公司（以下简称开发公司）

被执行人：海南深琼实业开发公司（以下简称深琼公司）

第三人（异议人）：海南省南部农业综合开发公司（以下简称农业公司）、李某南、海南华夏南部农业综合开发有限公司（以下简称华夏公司）

1997年，开发公司与深琼公司建设项目合同转让纠纷一案，海南一中院作出（1997）海南民二初字第2号民事判决，判令：深琼公司应在本判决发生法律效力之日起15日内返还给开发公司1700万元及其利息。海南高院后作出（1998）琼民终字第18号民事判决：驳回深琼公司上诉，维持原判。开发公司向海南一中院申请执行，海南一中院于1998年8月31日立案执行。执行中，因未能执行到深琼公司的财产，且被执行人下落不明，海南一中院裁定中止执行。2009年9月24日，海南一中院以本案已中止执行两年以上，中止执行的情形仍然没有消失为由，作出（1998）海南执字第72-4号执行裁定书，裁定终结本案本次执行程序。

后开发公司向海口中院起诉深琼公司、农业公司、李某南、华夏公司、海南盛隆农业有限公司（以下简称盛隆公司）。海口中院以债务纠纷案立案审理，在其作出的（2013）海中法民二初字第45号民事裁定书中载明：2011年9月30日，开发公司持一份加盖该公司公章的《偿债协议书》到海口黄金大酒店1516房要求李某南盖章。李某南持深琼公司和农业公司的公章在《偿债协议书》上盖章。该《偿债协议书》约定的主要内容为：一、由于种种原因，深琼公司未能履行（1997）海南民二初字第2号民事判决书和（1998）琼民终字第18号民事判决书确定的1700万元债务和利息，农业公司愿意以其资产代深琼公司偿还所欠开发公司债务；二、截至签约本日开发公司和深琼公司同意按本金1700万元、利息2298万元确定债权债务数额；三、深琼公司和农业公司同意6个月（分次）向开发公司偿付700万元现金，余款由深琼公司和农业公司指定他人代深琼公司抵偿并办理资产过户，如资产不足抵债，农业公司负责再以其资产偿还；四、逾期一日深琼公司和农业公司按债务数额的3‰支付违约金；五、农业公司在签约本日，向开发公司提供不少于华夏公司和李某南出具的自愿对深琼公司和农业公司依约履行本协议及一审判决承担连带责任的担保书文件和资产；六、本协议签订后，开发公司承诺不以民事以外的方式追究深琼公司的责任，但如未依约履行支付首期现金，开发公司保留该权利。在该协议签订的同时，李某南分别在落款时间为2011年10月1日的《担保书》和落款时间为2011年11月3日的《还偿债款承诺书》上签名，并在落款时间为2011年10月1日的《担保书》上加盖华夏公司的公章，李某南签字的《担保书》所载内容为：2011年10月1日李某南愿意对《偿债协议书》中约定的深琼公司等应偿还的700万元现金承担连带保证责任。落款时间为2011年11月3日的《还偿债款承诺书》所载内容为：2011年11月2日为偿还100万元的最后还款期限，深琼公司承诺在10个工作日内偿还，否则按每日3‰支付违约金。落款时间为2011年10月1日的盖有华夏公司和盛隆公司公章的两份《担保书》分别载明内容为：如深琼公司未能按《偿债协议书》等文件履行债务，华夏公司和盛隆公司承担连带责任，并对本公司资产[万冲国用（1998）字第11号、第49号和第1104号国土使用证]不做抵押、转让等处分。上述《偿债协议书》《担保书》和《还偿债款承诺书》签署的同时，李某南将登记在农业公司名下的410亩、483亩、465亩和华夏公司名下的434亩农业用地的万冲国用（1998）字第4号、第11号、第

19号和第49号《国有土地使用证》交给开发公司。上述《偿债协议书》《担保书》和《还偿债款承诺书》签署后,深琼公司分别于2011年10月19日和2012年10月19日支付给开发公司人民币100万元和50万元,余款未付,深琼公司和农业公司向开发公司发函,认为所有债务已用土地抵清。海口中院认为,本案当事人签署的《偿债协议书》《担保书》和《2013年10月28日还偿债款承诺书》均为对生效判决书和执行该案中所确定的债务,上述所达成的协议应认定为和解协议。开发公司可根据上述抵债协议、担保书和承诺书以《最高人民法院关于适用〈中华人民共和国民事诉讼法〉若干问题的意见》第二百六十九条、第二百七十条的规定,向原执行法院申请恢复执行。据此,海口中院作出(2013)海中法民二初字第45号民事裁定书,裁定驳回开发公司的起诉。

开发公司不服海口中院裁定,上诉至海南高院。海南高院经审理认为,从开发公司、深琼公司、农业公司2011年9月3日签订的《偿债协议书》的内容来看,该协议书是对已发生法律效力的(1997)海南民二初字第2号及(1998)琼民终字第18号民事判决所确认的深琼公司应对开发公司偿还的债务的确认。上述协议及担保协议属于在执行过程中各方当事人达成的和解协议,适用《最高人民法院关于人民法院执行工作若干问题的规定(试行)》第八十六条之规定。在未提供证据证明该和解协议已经履行完毕或者执行完毕的情况下,开发公司提起本案诉讼属于重复起诉,原审裁定驳回开发公司的起诉正确。2014年1月23日海南高院作出(2014)琼立一终字第10号民事裁定,裁定驳回上诉,维持原裁定。

开发公司曾向海南一中院申请追加农业公司、李某南、华夏公司、盛隆公司为本案被执行人。海南一中院于2014年8月8日作出(1998)海南法执字第72-6号执行裁定书,驳回其申请。

2015年1月14日,海南一中院作出(1998)海南法执字第72-7号执行裁定书,内容为:开发公司依据(2013)海中法民二初字第45号民事裁定书和(2014)琼立一终字第10号民事裁定书向海南一中院申请恢复执行并查封担保人农业公司、李某南、华夏公司的相应财产,海南一中院裁定:一、查封担保人农业公司名下位于乐东黎族自治县万冲镇岭加岭483亩土地使用权[土地证号:万冲国用(1998)字第49号]。二、查封担保人农业公司名下位于乐东黎族自治县万冲镇白吉岭465亩土地使用权[土地证号:万冲国用(1998)

字第 4 号]。三、查封担保人华夏公司名下位于乐东黎族自治县万冲镇白吉岭 434 亩土地使用权[土地证号：万冲国用（1998）字第 19 号]。四、冻结担保人李某南在海南福来德实业有限公司持有的 99.5% 的股权。

农业公司、李某南、华夏公司不服，于 2015 年 6 月 30 日共同向海南一中院提出异议，请求依法撤销（1998）海南法执字第 72-7 号执行裁定，解除"担保人"相关财产的查封和冻结。

海南一中院于 2015 年 8 月 10 日作出（2015）海南一中执异字第 11 号执行裁定，撤销 2015 年 1 月 14 日作出的（1998）海南法执字第 72-7 号执行裁定。

开发公司不服申请复议，海南高院于 2015 年 12 月 9 日作出（2015）琼执复字第 47 号执行裁定，驳回开发公司的复议申请，维持异议裁定。

开发公司向最高人民法院申诉，最高人民法院裁定：驳回开发公司的申诉请求。

【法院观点】

最高人民法院认为，本案的争议焦点问题，是本案中《偿债协议书》《担保书》《还偿债款承诺书》是否构成执行担保，以及申请执行人因和解协议不履行如何救济。

本案中《偿债协议书》《担保书》《还偿债款承诺书》是作为执行依据的法律文书生效后当事人在执行程序外自行达成的协议，不是一般意义上所说的在执行程序中达成的执行和解协议。此类和解协议的各方当事人之间产生纠纷，可以通过审判程序解决。如果当事人因该种协议不履行而回到执行程序中寻求救济，可以将《偿债协议书》《担保书》《还偿债款承诺书》比照执行和解协议处理。依照《民事诉讼法》第二百三十条"当事人不履行和解协议的，人民法院可以根据当事人的申请，恢复对原生效法律文书的执行"的规定，[①]本案中当事人不履行和解协议的，其在执行程序中的法律后果，只能是恢复（1997）海南民二初字第 2 号民事判决的执行，且只能是对该判决中所列明的债务人恢复执行，而不能强制按照和解协议的约定执行。

本案《偿债协议书》《担保书》中，还约定了第三人自愿承担债务和提供担保的内容。对于其中的担保内容是否构成执行担保，应当按照执行担保

---

① 对应 2021 年修正的《民事诉讼法》第二百三十七条。

的有关法律条文进行审查。执行担保强调的是向人民法院提供担保，而不仅仅是担保人向申请执行人提供担保。本案中，《偿债协议书》《担保书》的签订均是各方之间自行签订，并没有向执行法院提供担保，不符合法律及司法解释规定的"向人民法院提供担保"这一执行担保成立的前提条件，故不能认定成立执行担保。因此担保人是否承担担保责任，则只能按照一般民事担保关系认定处理。对于其中的自愿承担债务的条款，也应当按照民法原理认定是否应当承担法律责任。而此种认定处理属于审判上的权力，上述协议是否构成民事债务加入和民事担保法律关系及产生相应实体法上的后果，适合且应当通过审判程序解决，而不适合在执行程序中直接认定处理。海南高院（2014）琼立一终字第10号民事裁定只是认定了《偿债协议书》等协议相对于作为本案执行依据的原判决所确定的债权债务关系而言构成重复起诉，但并不能妨碍申请执行人依据《偿债协议书》《担保书》中所含有的自愿承担债务和提供担保的条款对相关第三方另行起诉。综上所述，海南高院（2015）琼执复字第47号执行裁定认定事实和适用法律并无错误，应予维持。

【实务解析】

不良资产处置中，执行担保、执行和解、一般担保、自行和解等问题并不鲜见。

执行担保，是指担保人依照《民事诉讼法》规定，为担保被执行人履行生效法律文书确定的全部或者部分义务，向人民法院提供的担保。根据《民事诉讼法》第二百三十八条规定，"在执行中，被执行人向人民法院提供担保，并经申请执行人同意的，人民法院可以决定暂缓执行及暂缓执行的期限。被执行人逾期仍不履行的，人民法院有权执行被执行人的担保财产或者担保人的财产"。执行担保可以由被执行人提供财产担保，也可以由他人提供财产担保或者保证。被执行人或者他人提供执行担保的，应当向人民法院提交担保书。担保书中应当载明担保人的基本信息、暂缓执行期限、担保期间、被担保的债权种类及数额、担保范围、担保方式、被执行人于暂缓执行期限届满后仍不履行时担保人自愿接受直接强制执行的承诺等内容。按规定，暂缓执行的期限应当与担保书约定一致，但最长不得超过一年。暂缓执行期限届满后被执行人仍不履行义务，人民法院可以依申请执行人的申请恢复执行，并直接裁定执行担保财产或者保证人的财产，不得将担保人变更、追加为被执行人。

执行和解，是当事人可以自愿协商达成和解协议，依法变更生效法律文书确定的权利义务主体、履行标的、期限、地点和方式等内容。执行和解协议履行完毕的，人民法院作执行结案处理。被执行人一方不履行执行和解协议的，申请执行人可以申请恢复执行原生效法律文书，也可以就履行执行和解协议向执行法院提起诉讼。执行和解协议中约定担保条款，且担保人向人民法院承诺在被执行人不履行执行和解协议时自愿接受直接强制执行的，恢复执行原生效法律文书后，人民法院可以依申请执行人申请及担保条款的约定，直接裁定执行担保财产或者保证人的财产。

当事人在执行程序之外自行达成的担保协议、和解协议，为一般担保和自行和解，不符合执行担保与执行和解的构成要件。具体到本案，本案情形即为一般担保和自行和解，不属于执行担保与执行和解，无法在执行程序中直接认定及处理，更不符合《最高人民法院关于民事执行中变更、追加当事人若干问题的规定》第二十四条规定。

【法条链接】

《最高人民法院关于民事执行中变更、追加当事人若干问题的规定》（法释〔2020〕21号）

第二十四条　执行过程中，第三人向执行法院书面承诺自愿代被执行人履行生效法律文书确定的债务，申请执行人申请变更、追加该第三人为被执行人，在承诺范围内承担责任的，人民法院应予支持。

《最高人民法院关于执行担保若干问题的规定》（法释〔2020〕21号）

第一条　本规定所称执行担保，是指担保人依照民事诉讼法第二百三十一条规定，为担保被执行人履行生效法律文书确定的全部或者部分义务，向人民法院提供的担保。

第六条　被执行人或者他人提供执行担保，申请执行人同意的，应当向人民法院出具书面同意意见，也可以由执行人员将其同意的内容记入笔录，并由申请执行人签名或者盖章。

《最高人民法院关于执行和解若干问题的规定》（法释〔2020〕21号）

第九条　被执行人一方不履行执行和解协议的，申请执行人可以申请恢复执行原生效法律文书，也可以就履行执行和解协议向执行法院提起诉讼。

专题十三

金融不良资产诉讼中的民刑交叉问题

综述 〉〉〉

近年来，不良资产诉讼中的民刑交叉问题日益突出，成为不良资产诉讼追偿中当事人争议的焦点问题。民刑交叉也称为刑民交叉，作为一种法律研究对象的表述，并非一个严谨的法律概念。一般来讲，民刑交叉案件是指民事案件与刑事案件在法律事实、法律关系方面存在完全重合或者部分重合，从而导致案件的刑事、民事部分之间在程序处理、责任承担等方面相互交叉和渗透。正是由于案件法律事实产生了交叉（完全重合或部分重合），根据不同的法律规范（刑事法律规范和民事法律规范），产生不同的法律责任（刑事责任和民事责任），涉及完全相同或部分相同的主体承担，需要不同的诉讼程序（刑事诉讼和民事诉讼）来实现救济。[1]

民刑交叉的程序问题是当存在一定交叉关系的法律事实分别引起刑事和民事两种法律责任时，如何协调刑事和民事两大程序。民事诉讼与刑事诉讼在价值取向、诉讼目的、证据认定标准、责任构成要件等方面存在较大差异，在两种程序审理交叉案件时，两种程序之间将形成一定冲突。如刑事诉讼程序正在进行，能否同时启动民事诉讼程序？民事诉讼程序提起后发现涉嫌刑事犯罪的，是否一概不予受理？民事诉讼何种情况下应当中止，等待刑事诉讼的结果？对于上述问题的回答，需要对"先刑后民""刑民并行"等原则有一定的了解。民刑交叉的实体问题主要是如果涉嫌刑事犯罪，民事案件中各类合同效力应当如何认定以及责任如何承担。

涉及本章的重要法律规范、司法文件主要集中在：《民法典》第一百八十七条、《刑法》第六十四条、《最高人民法院关于适用刑法第六十四条有关问题的批复》、《最高人民法院关于在审理经济纠纷案件中涉及经济犯罪嫌疑若干问题的规定》、《最高人民法院关于审理民间借贷案件适用法律若干问题的规

---

[1] 参见最高人民法院民事审判第一庭编著：《最高人民法院民间借贷司法解释理解与适用》，人民法院出版社2015年版，第123页。

定》、《最高人民法院、最高人民检察院、公安部关于办理非法集资刑事案件适用法律若干问题的意见》、《最高人民法院、最高人民检察院、公安部关于办理非法集资刑事案件若干问题的意见》、《全国法院民商事审判工作会议纪要》第一百二十八条至第一百三十条。本章从众多案件中精选了部分有代表性的案例，涵盖了民刑交叉领域的各类程序和实体典型问题。

案例一明确同一自然人、法人或非法人组织因不同的法律事实，分别涉及经济纠纷和经济犯罪嫌疑的，经济纠纷案件和经济犯罪嫌疑案件应当分开审理。即以"同一法律事实"为标准进行判断是"先刑后民"还是"刑民并行"。如果案件涉及的刑民争议由"同一法律事实"引起，则原则上应当优先"刑事处理"，如果并非"同一法律事实"而是法律事实之间因具一定的牵连关系而形成的民刑交叉案件，则"刑民并行"。

案例二、案例三是金融借款纠纷中，主债务人涉嫌骗取贷款罪被立案调查，银行起诉主债务人及担保人要求还本付息的处理。针对银行起诉主债务人，刑事和民事涉及"同一法律事实"，因此应当通过刑事手段处理。债权人针对主债务人提起的民事诉讼要求主债务人承担民事责任的，人民法院应当裁定驳回其起诉。至于担保人，因无法落入"同一法律事实"的范畴，应当继续受理。

案例四是"民刑并行"的典型情况，即法人或者非法人组织的法定代表人、负责人或者其他工作人员的职务行为涉嫌刑事犯罪或者刑事裁判认定其构成犯罪，受害人请求该法人或非法人组织承担民事责任的，民事纠纷与刑事犯罪分别处理。司法实务中，当事人提起诉讼主要基于两种法律关系：一种是主张构成表见代理或表见代表，要求行为人所在单位承担合同法律关系项下的民事责任；一种是合同相对人认为单位对行为人具有管理上的过错，由于单位的过错，导致相对人信赖而受到损失，请求单位承担赔偿责任。

案例五是刑事追缴退赔程序与民事程序的协调问题。当事人基于刑事犯罪的同一事实另行提起民事诉讼，诉讼请求所主张的财产属于刑事诉讼法规定的追缴、责令退赔情形的，人民法院应当裁定不予受理。当然，如果当事人诉讼请求所主张的财产不属于刑事诉讼法规定的追缴、责令退赔情形或生效刑事裁判未予追缴、责令退赔，起诉符合民事诉讼法之规定的，人民法院应当予以受理。

案例六是在已经涉嫌刑事犯罪的情况下，民事案件是否需要中止审理的判断问题。如果民商事案件必须以相关刑事案件的审理结果为依据，而刑事案件尚未审结的，应当裁定中止诉讼。待刑事案件审结后，再恢复民商事案件的审理。如果民商事案件不是必须以相关的刑事案件的审理结果为依据，则民商事案件应当继续审理。

案例七是民刑交叉中的合同效力问题。一般认为，金融借贷行为涉嫌犯罪，或者已经生效的裁判认定构成犯罪，当事人提起民事诉讼的，借款合同并不当然无效。人民法院应当依据民法典相关规定认定合同的效力。也就是说，涉嫌刑事犯罪，合同并非当然无效，还是应当按照民法典关于合同效力的判定规则进行认定。例如，刑事上构成诈骗罪，在民事上，应认定行为人在签订合同时，主观上构成欺诈。该欺诈行为损害的是相对方或第三人的利益，应认定为合同可撤销。受欺诈方不主张撤销的，合同应认定为有效。

一、同一自然人、法人或非法人组织因不同的法律事实,分别涉及经济纠纷和经济犯罪嫌疑的,经济纠纷案件和经济犯罪嫌疑案件应当分开审理

——大连银行股份有限公司中山支行与大连丽园再生资源回收有限公司金融借款合同纠纷案

【案件来源】 辽宁省高级人民法院(2021)辽民终712号

【争议焦点】 同一自然人、法人或非法人组织因不同的法律事实,分别涉及经济纠纷和经济犯罪嫌疑的,应如何处理?

【裁判要旨】 同一自然人、法人或非法人组织因不同的法律事实,分别涉及经济纠纷和经济犯罪嫌疑的,经济纠纷案件和经济犯罪嫌疑案件应当分开审理。

【基本案情】

上诉人(原审原告):大连银行股份有限公司中山支行

被上诉人(原审被告):大连丽园再生资源回收有限公司、环嘉集团有限公司、王某平

2018年9月19日,大连银行股份有限公司中山支行与被告大连丽园再生资源回收有限公司签订《流动资金借款合同》约定,大连丽园再生资源回收有限公司向原告借款人民币3000万元整。环嘉集团有限公司、王某平等提供连带责任保证担保。

2020年,大连银行股份有限公司中山支行起诉请求大连丽园再生资源回收有限公司偿还借款本金人民币3000万元整及利息,环嘉集团有限公司、王某平等担保人承担连带清偿责任。

一审法院认为,王某平因违纪和职务违法问题被武汉市监察委员会立案调查,并于2019年6月14日作出武青监立通(2019)8号立案通知书;同日,武汉市青山区监察委员会作出武青监留通(2019)10号留置通知书,以被调查人王某平因涉嫌违法犯罪为由,对其自2019年6月14日起实施留置。案外人葛洲坝环嘉(大连)再生资源有限公司原董事长陈某因职务违法问题被武汉

市监察委员会立案调查，并于 2019 年 5 月 16 日作出武监立通（2019）18 号立案通知书；次日，武汉市监察委员会作出武监留通（2019）10 号留置通知书，被调查人陈某因涉嫌职务违法，对其自 2019 年 5 月 17 日起实施留置。根据葛洲坝环嘉（大连）再生资源有限公司工商登记信息显示，王某平系该公司持股 45% 的股东，并担任董事、总经理，葛洲坝环嘉（大连）再生资源有限公司与本案大连丽园再生资源回收有限公司的经营范围都包括废旧物资回收。本案中，大连银行股份有限公司中山支行起诉各被告所基于的主要事实发生于陈某在葛洲坝环嘉（大连）再生资源有限公司担任董事长以及王某平在该公司担任总经理期间，现二人已被武汉市监察委员会立案调查，本案所涉贷款存在经济犯罪嫌疑，依照《最高人民法院关于在审理经济纠纷案件中涉及经济犯罪嫌疑若干问题的规定》第十一条"人民法院作为经济纠纷受理的案件，经审理认为不属经济纠纷案件而有经济犯罪嫌疑的，应当裁定驳回起诉，将有关材料移送公安机关或检察机关"之规定，应由监察委员会先行处理，本案应当裁定驳回大连银行股份有限公司中山支行的起诉。

大连银行股份有限公司中山支行不服提起上诉，请求撤销辽宁省大连市中级人民法院（2020）辽 02 民初 109 号之一民事裁定，指令辽宁省大连市中级人民法院审理。辽宁省高级人民法院裁定：一、撤销辽宁省大连市中级人民法院（2020）辽 02 民初 109 号之一民事裁定；二、本案指令辽宁省大连市中级人民法院审理。

【法院观点】

法院审理认为，《民事诉讼法》第一百一十九条规定："起诉必须符合下列条件：（一）原告是与本案有直接利害关系的公民、法人和其他组织；（二）有明确的被告；（三）有具体的诉讼请求和事实、理由；（四）属于人民法院受理民事诉讼的范围和受诉人民法院管辖。"[①] 第一百二十四条规定："人民法院对下列起诉，分别情形，予以处理：（一）依照行政诉讼法的规定，属于行政诉讼受案范围的，告知原告提起行政诉讼；（二）依照法律规定，双方当事人达成书面仲裁协议申请仲裁、不得向人民法院起诉的，告知原告

---

① 对应 2021 年修正的《民事诉讼法》第一百二十二条。

向仲裁机构申请仲裁;(三)依照法律规定,应当由其他机关处理的争议,告知原告向有关机关申请解决;(四)对不属于本院管辖的案件,告知原告向有管辖权的人民法院起诉;(五)对判决、裁定、调解书已经发生法律效力的案件,当事人又起诉的,告知原告申请再审,但人民法院准许撤诉的裁定除外;(六)依照法律规定,在一定期限内不得起诉的案件,在不得起诉的期限内起诉的,不予受理;(七)判决不准离婚和调解和好的离婚案件,判决、调解维持收养关系的案件,没有新情况、新理由,原告在六个月内又起诉的,不予受理。"[①]《最高人民法院关于适用〈中华人民共和国民事诉讼法〉的解释》第二百零八条第三款规定:"立案后发现不符合起诉条件或者属于民事诉讼法第一百二十四条规定情形的,裁定驳回起诉。"[②] 上述法律及司法解释对当事人向人民法院提起诉讼应当符合的条件作出了规定,并明确了人民法院应当裁定驳回起诉的一般情形。

本案中,大连银行股份有限公司中山支行提供《流动资金借款合同》《保证合同》借款借据等证据,以大连丽园再生资源回收有限公司、环嘉集团有限公司、王某平等为被告提起本案诉讼,诉请判令大连丽园再生资源回收有限公司给付拖欠的借款,环嘉集团有限公司、王某平等对大连丽园再生资源回收有限公司的债务承担连带清偿责任。大连银行股份有限公司中山支行的起诉符合上述第一百一十九条规定的诉讼成立条件,而不属于第一百二十四条规定的任一情形。虽然陈某、王某平被武汉市监察委员会立案审查,但两人职务违法案与大连丽园再生资源回收有限公司、环嘉集团有限公司、王某平等人基于金融借款合同及保证合同引发的民事纠纷均非同一事实、同一法律关系。《最高人民法院关于在审理经济纠纷案件中涉及经济犯罪嫌疑若干问题的规定》第一条规定:"同一自然人、法人或非法人组织因不同的法律事实,分别涉及经济纠纷和经济犯罪嫌疑的,经济纠纷案件和经济犯罪嫌疑案件应当分开审理。"因此,一审法院以陈某、王某平被立案调查,大连银行股份有限公司中山支行起诉各被告所基于的主要事实发生于陈某在葛洲坝

---

① 对应2021年修正的《民事诉讼法》第一百二十七条。
② 对应2022年修正的《最高人民法院关于适用〈中华人民共和国民事诉讼法〉的解释》第二百零八条第三款。

环嘉（大连）再生资源有限公司担任董事长以及王某平在该公司担任总经理期间为由驳回大连银行股份有限公司中山支行的起诉依据不足。本案若确须以刑事案件审理结果为依据，依照《民事诉讼法》之规定也仅应裁定中止本案诉讼，故对大连银行股份有限公司中山支行提起的本案诉讼，应当进行实体审理。

【实务解析】

不良资产处置中经常遇到民刑交叉问题。对于民刑交叉案件，首先需要解决的问题是民事案件是否应当受理。民事诉讼与刑事诉讼在价值取向、诉讼目的、证据认定标准、责任构成要件等方面存在较大差异，刑事法律关系与民事法律关系，刑事责任与民事责任无法相互取代。长期以来，为克服"先刑后民"的惯性，司法实践中形成了以"同一法律事实"为标准进行判断"先刑后民"或"刑民并行"的方式，即如果案件涉及的刑民争议由"同一法律事实"引起，则原则上应当优先"刑事处理"，如果并非"同一法律事实"而是法律事实之间因具一定的牵连关系而形成的民刑交叉案件，则"刑民并行"。

什么是"同一法律事实"呢？根据最高人民法院刘贵祥专委的解释，要从行为主体、相对人以及行为本身三个方面认定是否属于同一事实：一是从行为实施主体的角度判断。同一事实指的是同一主体实施的行为，不同主体实施的行为不属于同一事实。二是从法律关系的角度进行认定。刑事案件的受害人同时也是民事法律关系的相对人的，一般可以认定该事实为同一事实。三是从要件事实的角度认定。只有在民事案件争议的事实，同时也是构成刑事犯罪的要件事实的情况下，才属于同一事实。[①] 本案中，虽然陈某、王某平涉嫌刑事犯罪被调查，但由两人的违法行为与本案诉争的金融借款合同及保证合同引发的民事纠纷并非同一事实、同一法律关系。本案属于同一民事主体因不同法律事实分别涉及刑事法律关系和民事法律关系，因法律事实之间具有一定的牵连关系而形成的民刑交叉。因民事诉讼和刑事诉讼分别涉及经济纠纷和经济犯罪的情况，经济纠纷案件和经济犯罪案件应当分开审理。

---

① 参见刘贵祥：《关于人民法院民商事审判若干问题的思考》，载《中国应用法学》2019年第5期。

【法条链接】

《最高人民法院关于在审理经济纠纷案件中涉及经济犯罪嫌疑若干问题的规定》(法释〔2020〕17号)

第一条 同一自然人、法人或非法人组织因不同的法律事实,分别涉及经济纠纷和经济犯罪嫌疑的,经济纠纷案件和经济犯罪嫌疑案件应当分开审理。

二、债务人的金融借款行为涉嫌刑事犯罪,债权人请求债务人承担民事责任的,人民法院应当裁定驳回起诉,将有关材料移送公安机关

——锦州银行股份有限公司大连黄河路支行与大连长波物流有限公司金融借款合同纠纷案

【案件来源】最高人民法院(2020)最高法民终531号

【争议焦点】债务人的金融借款行为涉嫌刑事犯罪,债权人请求债务人承担民事责任的,人民法院如何处理?

【裁判要旨】债务人的金融借款行为涉嫌刑事犯罪,债权人请求债务人承担民事责任的,人民法院应当裁定驳回起诉,将有关材料移送公安机关。

【基本案情】

上诉人(一审原告):锦州银行股份有限公司大连黄河路支行(以下简称锦州银行黄河路支行)

被上诉人(一审被告):大连长波物流有限公司(以下简称长波物流公司)

被上诉人(原审原告):大连远东房屋开发有限公司(以下简称远东公司)

2018年,锦州银行黄河路支行与长波物流公司签订借款合同,远东公司提供抵押担保。

2019年,锦州银行黄河路支行向一审法院起诉请求:(1)判令长波物流公司偿还锦州银行黄河路支行本金319,500,000元及暂计算至2019年1月22日的利息、罚息共计49,122,433.17元,自2019年1月22日起至偿清全部欠款之日止按借款合同约定标准支付利息、罚息,本息合计暂为368,622,433.17元;(2)判令锦州银行黄河路支行对远东公司名下的抵押物享有的抵押权合法有效,并有权就抵押物折价或拍卖、变卖所得价款优先受偿。

一审法院审理查明，大连市人民检察院于 2019 年 8 月 16 日作出大检公诉刑诉〔2019〕69 号起诉书，查明长波物流公司涉嫌以采购汽车轮胎、汽车配件及燃油为由，通过向银行提供虚假的公司财务报表和购销合同等方式，骗取锦州银行黄河路支行委托贷款 3.2 亿元的犯罪事实。

一审法院经审查认为：长波物流公司因涉嫌骗取贷款罪等犯罪，已由大连市公安局立案侦查，并由大连人民检察院提起公诉。根据《最高人民法院关于在审理经济纠纷案件中涉及经济犯罪嫌疑若干问题的规定》第十一条关于"人民法院作为经济纠纷受理的案件，经审理认为不属经济纠纷案件而有经济犯罪嫌疑的，应当裁定驳回起诉，将有关材料移送公安机关或检察机关"的规定，由于本案中借款人长波物流公司的相关行为已涉嫌经济犯罪，且本案所涉的纠纷在该刑事案件的侦查处理范围之内，刑事诉讼程序对本案民事权益争议的影响有待进一步确定，故本案暂不宜作为民事纠纷处理，依法应驳回起诉，待该刑事案件有定论后，锦州银行黄河路支行可依据相关事实依法向有管辖权的人民法院提起诉讼主张权利。一审法院依照《民事诉讼法》第一百五十四条第一款第三项和《最高人民法院关于在审理经济纠纷案件中涉及经济犯罪嫌疑若干问题的规定》第十一条之规定，裁定驳回锦州银行黄河路支行的起诉。

锦州银行黄河路支行不服提起上诉。最高人民法院裁定：一、撤销辽宁省高级人民法院（2019）辽民初 43 号民事裁定；二、驳回锦州银行黄河路支行对长波物流公司的起诉；三、指令辽宁省高级人民法院审理锦州银行黄河路支行对远东公司的诉讼。

【法院观点】

法院认为，本案系金融借款合同纠纷，锦州银行黄河路支行依据《委托贷款借款合同》《最高额融资合同》《最高额抵押合同》等，向一审法院提起诉讼，请求判决长波物流公司偿还借款本金及利息，远东公司对案涉债务承担担保责任。因大连市检察院起诉书查明的长波物流公司的涉嫌犯罪事实与本案金融借款合同纠纷系基于同一法律关系，一审法院依照《最高人民法院关于在审理经济纠纷案件中涉及经济犯罪嫌疑若干问题的规定》第十一条关于"人民法院作为经济纠纷受理的案件，经审理认为不属经济纠纷案件而有经济犯罪嫌疑的，应当裁定驳回起诉，将有关材料移送公安机关或检察机关"的规定，裁定驳回锦州银行黄河路支行对长波物流公司的起诉并无不当。锦州银行黄河路支行关于长波物流公司涉嫌骗取贷款罪与本案金融借款合同纠纷不是基于同一法律事实或同一法律关系的上诉理由不能成立。但是，从现有证据来看，远东公司作为担保人，并未涉嫌刑事犯罪，参照《最高人民法院关于审理民间借贷案件适用法律若干问题的规定》第八条关于"借款人涉嫌犯罪或者生效判决认定其有罪，出借人起诉请求担保人承担民事责任的，人民法院应予受理"的规定，对于借款人长波物流公司涉嫌刑事犯罪情形下，锦州银行黄河路支行请求担保人远东公司承担民事责任的，刑事案件与民事案件应当分别审理，一审法院裁定驳回锦州银行黄河路支行对远东公司的起诉错误。

【实务解析】

本案是金融借款纠纷中，主债务人涉嫌骗取贷款罪被立案调查，银行起诉主债务人及担保人要求还本付息的典型案例。如前述分析，对于民刑交叉案件，需要以"同一法律事实"为判断标准。本案中，主债务人系同一主体实施一个行为，"通过向银行提供虚假的公司财务报表和购销合同等方式，骗取锦州银行黄河路支行委托贷款3.2亿元"，同一行为同时涉嫌刑事犯罪和民事法律纠纷；刑事案件的受害人银行也是民事金融借款合同关系的相对人；民事案件争议的事实同时也构成刑事犯罪的要件事实。综上，针对银行起诉主债务人，因刑事和民事涉及"同一法律事实"，应当通过刑事手段处理。债权人针对主债务人提起的民事诉讼要求主债务人承担民事责任的，人民法院应当裁定驳回其起诉。至于担保人，因无法落入"同一法律事实"的范畴，应当继续受理。因此，最高人民法院最后裁定，驳回银行对主债务人的起诉，在刑事诉讼中进行追缴和退赔；同时指令实体审理银行对担保人的起诉，解决保证合同项下的责任问题。

【法条链接】

《最高人民法院关于在审理经济纠纷案件中涉及经济犯罪嫌疑若干问题的规定》（法释〔2020〕17号）

第十一条 人民法院作为经济纠纷受理的案件，经审理认为不属经济纠纷案件而有经济犯罪嫌疑的，应当裁定驳回起诉，将有关材料移送公安机关或检察机关。

三、金融借款合同的债务人涉嫌刑事犯罪，债权人请求担保人承担民事责任的，人民法院应予受理

——山西侯马农村商业银行股份有限公司与山西省侯马市绿洲食品有限公司金融借款合同纠纷再审案

【案件来源】最高人民法院（2020）最高法民再311号

【争议焦点】主合同的债务人涉嫌刑事犯罪或者刑事裁判认定其构成犯罪，债权人请求担保人承担民事责任的，应当如何处理？

【裁判要旨】主合同的债务人涉嫌刑事犯罪或者刑事裁判认定其构成犯罪，债权人请求担保人承担民事责任的，人民法院应予受理。

【基本案情】

再审申请人（一审原告、二审被上诉人）：山西侯马农村商业银行股份有限公司（以下简称侯马农商行）

被申请人（一审被告、二审上诉人）：山西省侯马市绿洲食品有限公司（以下简称绿洲公司）、山西福瑞广医药有限公司（以下简称福瑞广公司）

2019年，侯马农商行起诉要求福瑞广公司返还借款4500万元借款本金并支付利息，绿洲公司承担担保责任。一审法院判决予以支持。绿洲公司不服提起上诉。二审法院查明：2019年8月28日，侯马市公安局对福瑞广公司、彭某利涉嫌骗取贷款案立案侦查。2019年9月16日，侯马市公安局经济犯罪侦查大队出具《关于山西福瑞广医药有限公司涉嫌骗取贷款案的情况说明》（以下简称《情况说明》），称已受理福瑞广公司、彭某利涉嫌骗取贷款案，在调查中，发现福瑞广公司存在提供虚假财务资料、虚构贷款用途嫌疑，福瑞广公司的行为触犯了《刑法》第一百七十五条之规定，涉嫌骗取贷款罪。二审法院认为，本案与侯马市公安局已立案侦查的福瑞广公司、彭某利涉嫌骗取贷款案系同一法律关系，故裁定撤销一审判决；驳回侯马农商行的起诉，将案件材料移送公安机关。

侯马农商行不服，向最高人民法院申请再审称，二审法院裁定驳回起诉的依据是，侯马市公安局经济犯罪侦查大队出具的《情况说明》未经侯马农商行质证，不应作为定案的依据。二审法院适用法律错误，不应驳回侯马农商行的

起诉。侯马农商行系金融机构，其起诉要求福瑞广公司和绿洲公司分别承担还款责任和担保责任，系金融借款合同纠纷，属于经济纠纷。二审法院依据《最高人民法院关于在审理经济纠纷案件中涉及经济犯罪嫌疑若干问题的规定》第十一条和第十二条的规定认定本案不属于经济纠纷，驳回侯马农商行的起诉，是错误的。而且，2019年11月最高人民法院公布《全国法院民商事审判工作会议纪要》时本案尚在二审期间。根据该会议纪要第一百二十八条的规定，主债务人福瑞广公司涉嫌刑事犯罪时担保人绿洲公司是否承担担保责任的问题应当与刑事犯罪案件分别审理。最高人民法院裁定：一、撤销山西省高级人民法院（2019）晋民终360号民事裁定；二、指令山西省高级人民法院对本案进行审理。

【法院观点】

法院再审认为，本案二审中侯马农商行未能就侯马市公安局经济犯罪侦查大队出具的《情况说明》发表意见，二审法院依据该《情况说明》裁定驳回侯马农商行的起诉，程序不当。根据2019年11月最高人民法院发布的《全国法院民商事审判工作会议纪要》第一百二十八条的规定，主合同的债务人福瑞广公司涉嫌刑事犯罪，债权人侯马农商行请求担保人绿洲公司承担民事责任的，民商事案件与刑事案件应当分别审理。即使借款人福瑞广公司、彭某利涉嫌骗取贷款案，出借人侯马农商行起诉请求担保人绿洲公司承担民事责任，人民法院应予受理。因此，二审裁定以本案与侯马市公安局侦查中的福瑞广公司、彭某利涉嫌骗取贷款案系同一法律关系为由驳回侯马农商行的起诉，有失妥当。

【实务解析】

主合同债务人涉嫌犯罪，债权人请求担保人承担民事责任如何处理，司法实践中长期存在不同的处理方式。《最高人民法院关于审理民间借贷案件适用法律若干问题的规定》第八条规定，"借款人涉嫌犯罪或者生效判决认定其有罪，出借人起诉请求担保人承担民事责任的，人民法院应予受理"，这对于指导解决民间借贷中的民刑交叉问题具有重要意义。但对于金融借款诉讼中是否可以参照适用仍存在一定疑问。2019年《全国法院民商事审判工作会议纪要》明确"同一当事人因不同事实分别发生民商事纠纷和涉嫌刑事犯罪，民商事案件与刑事案件应当分别审理，主要有下列情形：（1）主合同的债务人涉嫌刑事犯罪或者刑事裁判认定其构成犯罪，债权人请求担保人承担民事责任的；……"，以此确立了债务人涉嫌犯罪，不影响债权人向担保人主张权利的处理思路。因为刑事诉讼的当事人与民事诉讼的当事人并不相同，前者为刑事被告，后者为刑事被告外的第三人即担保人，不存在两种诉讼审理的法律事实同一、民事诉讼能够被刑事诉讼吸收的问题，故人民法院应当受理民事诉讼。此外，刑事诉讼中相关的追缴、退赔、刑事附带民事诉讼等均不能解决担保责任的承担问题，有必要通过民事诉讼予以解决。[①]类似的典型案例还有（2020）最高法民终1041号[②]，一审法院裁定驳回银行对担保人的起诉后，最高人民法院终审确认一审裁定驳回对担保人起诉处理有误，指令一审法院进行审理。

【法条链接】

《全国法院民商事审判工作会议纪要》（法〔2019〕254号）

128.【分别审理】同一当事人因不同事实分别发生民商事纠纷和涉嫌刑事犯罪，民商事案件与刑事案件应当分别审理，主要有下列情形：

[①] 参见最高人民法院民事审判第二庭编著：《全国法院民商事审判工作会议纪要理解与适用》，人民法院出版社2019年版，第651—652页。

[②] 法院认为，本案系金融借款合同纠纷，吉林银行大连分行依据《人民币借款合同》《最高额保证合同》，向一审法院提起诉讼，请求法院判令长波物流公司偿还借款本金及利息，长富瑞华公司、船舶配套公司、徐某波、闫某梅、徐某威、钟某对案涉债务承担连带保证责任。因大连市人民检察院起诉书中查明的长波物流公司涉嫌犯罪的事实，与本案金融借款合同纠纷系基于同一法律关系，一审法院依照《最高人民法院关于在审理经济纠纷案件中涉及经济犯罪嫌疑若干问题的规定》第十一条关于"人民法院作为经济纠纷受理的案件，经审理认为不属经济纠纷案件而有经济犯罪嫌疑的，应当裁定驳回起诉，将有关材料移送公安机关或检察机关"的规定，裁定驳回吉林银行大连分行对长波物流公司的起诉并无不当。吉林银行大连分行关于长波物流公司涉嫌骗取贷款罪，与本案金融借款合同纠纷，不是基于同一法律事实或同一法律关系的上诉理由不能成立。但是，从现有证据看，长富瑞华公司、船舶配套公司、徐某波、闫某梅、徐某威、钟某作为保证人，并未基于案涉保证合同涉嫌刑事犯罪。参照《最高人民法院关于审理民间借贷案件适用法律若干问题的规定》第八条关于"借款人涉嫌犯罪或者生效判决认定其有罪，出借人起诉请求担保人承担民事责任的，人民法院应予受理"的规定，对于借款人长波物流公司涉嫌刑事犯罪情形下，吉林银行大连分行请求保证人长富瑞华公司、船舶配套公司、徐某波、闫某梅、徐某威、钟某承担民事责任的，刑事案件与民事案件应当分别审理，一审法院裁定驳回吉林银行大连分行对长富瑞华公司、船舶配套公司、徐某波、闫某梅、徐某威、钟某的起诉错误。

（1）主合同的债务人涉嫌刑事犯罪或者刑事裁判认定其构成犯罪，债权人请求担保人承担民事责任的；

（2）行为人以法人、非法人组织或者他人名义订立合同的行为涉嫌刑事犯罪或者刑事裁判认定其构成犯罪，合同相对人请求该法人、非法人组织或者他人承担民事责任的；

（3）法人或者非法人组织的法定代表人、负责人或者其他工作人员的职务行为涉嫌刑事犯罪或者刑事裁判认定其构成犯罪，受害人请求该法人或者非法人组织承担民事责任的；

（4）侵权行为人涉嫌刑事犯罪或者刑事裁判认定其构成犯罪，被保险人、受益人或者其他赔偿权利人请求保险人支付保险金的；

（5）受害人请求涉嫌刑事犯罪的行为人之外的其他主体承担民事责任的。

审判实践中出现的问题是，在上述情形下，有的人民法院仍然以民商事案件涉嫌刑事犯罪为由不予受理，已经受理的，裁定驳回起诉。对此，应予纠正。

四、公司法定代表人涉嫌刑事犯罪，金融机构请求公司承担还款责任的，人民法院依法应予受理

——吉林舒兰农村商业银行股份有限公司与济南农村商业银行股份有限公司合同纠纷案

【案件来源】最高人民法院（2020）最高法民终733号

【争议焦点】公司法定代表人涉嫌刑事犯罪，受害人请求公司承担民事责任的，人民法院应如何处理？

【裁判要旨】法人或者非法人组织的法定代表人、负责人或者其他工作人员的职务行为涉嫌刑事犯罪或者刑事裁判认定其构成犯罪，受害人请求该法人或者非法人组织承担民事责任的，民商事案件与刑事案件应当分别审理。

【基本案情】

上诉人（一审原告）：吉林舒兰农村商业银行股份有限公司（以下简称舒兰农商行）

被上诉人（一审被告）：济南农村商业银行股份有限公司（以下简称济南农商行）

2016年6月7日，晋商银行股份有限公司（以下简称晋商银行）与百瑞信托有限责任公司（以下简称百瑞信托公司）签订《百瑞恒益364号单一资金信托合同》，约定受托人百瑞信托公司按照委托人晋商银行要求，将信托资金2亿元用于向山东仁聚商贸有限公司（以下简称仁聚公司）发放贷款。同日，百瑞信托公司与仁聚公司签订《借款合同》，约定其向仁聚公司发放2亿元贷款，资金来源于《百瑞恒益364号单一资金信托合同》的信托资金，委托人为晋商银行。2016年6月8日，晋商银行与舒兰农商行签订《信托受益权转让合同》，约定晋商银行将其享有的案涉信托受益权转让给舒兰农商行。同日，舒兰农商行与济南农商行签订《信托受益权转让合同》，约定舒兰农商行将其享有的案涉信托受益权转让给济南农商行。

2018年5月2日，舒兰农商行向一审法院提起诉讼，请求判令济南农商行支付信托受益权转让款及违约金。

另查，济南市公安局以骗取贷款罪对犯罪嫌疑人刘某某等依法执行逮捕。嗣后，济南市公安局经济犯罪侦查支队向一审法院移送《关于吉林舒兰农商行诉济南农商行合同纠纷一案涉及重大刑事犯罪的通报》《情况说明》及济南市公安局立案决定书等相关材料，通报和情况说明载明：经查，犯罪嫌疑人刘某某通过购买13家空壳公司，伪造济南农商行公章、法人章以及相关贷款资料的方式，骗取舒兰农商行贷款2亿元；本案涉及其他刑事犯罪正在侦查过程中，因上述犯罪行为与贵院正在审理的民事案件属同一法律事实，建议案件移交公安机关处理。一审法院民事案件开庭审理后，济南农商行申请对案涉信托受益权转让合同盖有公章印文和法定代表人名章印文进行司法鉴定，鉴定意见均为不是同一枚公章和名章所盖印。

一审法院认为：根据《经济犯罪规定》第十一条、第十二条规定，济南市公安局已将刘某某涉嫌犯罪及舒兰农商行与济南农商行合同纠纷一案涉及重大刑事犯罪的相关情况函告一审法院，本案民事案件涉及的事实同时涉及刑事犯罪，一审法院应将相关材料移送公安机关。鉴于济南市公安局已作出立案决定，且案涉交易经手人李某某亦涉嫌犯罪，根据"先刑后民"原则，对舒兰农商行的民事起诉应当裁定驳回。

舒兰农商行不服提起上诉。最高人民法院认为舒兰农商行的上诉请求成立，一审法院适用法律错误，故裁定：一、撤销吉林省高级人民法院（2018）吉民初39号之一民事裁定；二、本案指令吉林省高级人民法院审理。

【法院观点】

本案二审争议的焦点问题是本案应否移送公安机关通过刑事程序处理。《最高人民法院关于在审理经济纠纷案件中涉及经济犯罪嫌疑若干问题的规定》第十条规定:"人民法院在审理经济纠纷案件中,发现与本案有牵连,但与本案不是同一法律关系的经济犯罪嫌疑线索、材料,应将犯罪嫌疑线索、材料移送有关公安机关或检察机关查处,经济纠纷案件继续审理。"民刑交叉案件系因刑事案件和民事案件所涉法律事实之间具有一定的牵连关系而形成,但究竟是作为刑事案件进行处理还是作为民事案件与刑事案件分别审理,取决于民事纠纷和刑事案件是否属于同一法律关系,尤其要考察二者审理的对象是否为同一事实。案涉《信托受益权转让合同》的当事人为舒兰农商行与济南农商行,济南市公安局立案侦查的犯罪嫌疑人为刘某某、李某某等,舒兰农商行与济南农商行不是刑事案件的犯罪嫌疑人,二者当事人并不相同,刑事诉讼无法解决民事诉讼被告方是否应承担相关民事责任问题。从内容看,本案民事纠纷要解决的是案涉《信托受益权转让合同》的性质、效力及责任承担问题,刑事案件解决的是犯罪嫌疑人刘某某、李某某等是否构成犯罪及定罪量刑的问题。在李某某等人以济南农商行名义订立合同的行为涉嫌刑事犯罪、舒兰农商行请求济南农商行承担民事责任的情况下,个人犯罪所涉民事行为对本案合同关系产生的后果,应当在民事案件受理后以民商事法律规范来进行评价。《全国法院民商事审判工作会议纪要》(法〔2019〕254号)第一百二十八条也提出,法人或者非法人组织的法定代表人、负责人或者其他工作人员的职务行为涉嫌刑事犯罪或者刑事裁判认定其构成犯罪,受害人请求该法人或者非法人组织承担民事责任的,民商事案件与刑事案件应当分别审理。本案舒兰农商行与济南农商行之间的民事纠纷与刘某某、李某某等涉嫌犯罪行为不属于同一法律关系,二者诉讼目的、事实基础及法律依据均不相同,民事纠纷与刑事案件应分别处理。故一审法院根据"先刑后民"原则驳回舒兰农商行的起诉,缺乏事实基础和法律依据,不予支持。

【实务解析】

行为人以公司的名义订立合同的行为涉嫌刑事犯罪,合同相对人请求公司承担民事责任的,人民法院应当受理。公司的法定代表人、负责人或其他工作人员的职务行为涉嫌犯罪，受害人请求公司承担民事责任的，人民法院应当受理。这两种情况都属于民事和刑事分别审理的范畴。主要原因在于刑事案件的被告人是行为人，而民事诉讼的被告是公司，民事诉讼和刑事诉讼的法律主体和法律关系并不相同，刑事诉讼并不解决民事诉讼被告方的责任问题，故权利人需另行提起民事诉讼救济自己的权利，民事案件与刑事案件应当分别受理、审理。司法实务中，当事人提起诉讼主要基于两种法律关系：（1）主张构成表见代理或表见代表，要求行为人所在单位承担合同法律关系项下的民事责任。如在（2018）最高法民终1169号案件中，最高人民法院认为：在新兴厦门分公司及新兴公司不认可《厂商银合作协议》真实性的情况下，应当着重审查代表新兴厦门分公司签署该协议的郭卫的行为是否构成表见代理。根据原《合同法》第四十九条"行为人没有代理权、超越代理权或者代理权终止后以被代理人名义订立合同，相对人有理由相信行为人有代理权的，该代理行为有效"的规定，本案应审查招商银行在签订《厂商银合作协议》及后续履行过程中，有无对新兴厦门分公司及新兴公司营业执照、法定代表人或负责人身份、授权委托书、郭卫的身份及权限、交易惯例等基本情况进行审查，进而判断招商银行在从事案涉厂商银合作业务过程中是否有理由相信郭卫有代理权、是否属于善意无过失。原审法院对该部分重要事实未予审查，明显有误。（2）合同相对人认为单位对行为人具有管理上的过错，由于单位的过错，导致相对人信赖而受到损失，请求单位承担赔偿责任。[①] 本案中，案涉《信托受益权转让合同》的当事人为舒兰农商行与济南农商行，犯罪嫌疑人为刘某某、李某某等，舒兰农商行与济南农商行不是刑事案件的犯罪嫌疑人，刑事诉讼无法解决民事诉讼被告方是否应承担相关民事责任问题，民事纠纷与刑事案件应分别处理。

【法条链接】

《最高人民法院关于在审理经济纠纷案件中涉及经济犯罪嫌疑若干问题的规定》（法释〔2020〕17号）

第十条　人民法院在审理经济纠纷案件中，发现与本案有牵连，但与本案

[①] 参见最高人民法院民事审判第二庭编著：《全国法院民商事审判工作会议纪要理解与适用》，人民法院出版社2019年版，第652页。

不是同一法律关系的经济犯罪嫌疑线索、材料，应将犯罪嫌疑线索、材料移送有关公安机关或检察机关查处，经济纠纷案件继续审理。

《全国法院民商事审判工作会议纪要》（法〔2019〕254号）

128.【分别审理】同一当事人因不同事实分别发生民商事纠纷和涉嫌刑事犯罪，民商事案件与刑事案件应当分别审理，主要有下列情形：

……

（3）法人或者非法人组织的法定代表人、负责人或者其他工作人员的职务行为涉嫌刑事犯罪或者刑事裁判认定其构成犯罪，受害人请求该法人或者非法人组织承担民事责任的；

……

审判实践中出现的问题是，在上述情形下，有的人民法院仍然以民商事案件涉嫌刑事犯罪为由不予受理，已经受理的，裁定驳回起诉。对此，应予纠正。

五、刑事判决已经认定被告人犯骗取贷款罪并依法追缴或者责令退赔的，金融机构另行提起民事诉讼请求返还贷款的，人民法院不予受理

——中国农业银行股份有限公司梨树县支行与吉林亚美农业科技有限公司、四平金士百纯生啤酒股份有限公司等金融借款合同纠纷案

【案件来源】最高人民法院（2016）最高法民申2869号

【争议焦点】刑事判决已经认定被告人犯骗取贷款罪并依法追缴或者责令退赔的，被害人另行提起民事诉讼请求返还贷款的，人民法院应如何处理？

【裁判要旨】被告人非法占有、处置被害人财产的，应当依法予以追缴或者责令退赔。追缴或者责令退赔的具体内容，应当在判决主文中写明；其中，判决前已经发还被害人的财产，应当注明。被害人提起附带民事诉讼，或者另行提起民事诉讼请求返还被非法占有、处置的财产的，人民法院不予受理。

【基本案情】

再审申请人（一审原告、二审上诉人）：中国农业银行股份有限公司梨树县支行（以下简称农行梨树支行）

被申请人（一审被告、二审被上诉人）：吉林亚美农业科技有限公司（以下简称亚美农业公司）

二审被上诉人（一审被告）：四平金士百纯生啤酒股份有限公司（以下简称金士百公司）、王某、杜某、李某杰。

2011年9月29日，亚美农业公司在农行梨树支行处借款两笔，一笔是980万元，到期日为2012年8月29日；另一笔是900万元，到期日为2012年9月12日。又于2012年10月14日在农行梨树支行处借款1120万元，到期日为2012年9月27日。三笔借款约定利率为年息7.872%，到期后一次性还本，按约还息，超期加罚50%。贷款到期后，农行梨树支行多次催要，亚美农业公司偿还部分借款，现尚欠借款本金28,695,796.34元未还。王某、杜某、李某杰、金士百公司为连带责任担保人。另查，吉林省梨树县人民法院、吉林省四平市中级人民法院以骗取贷款罪已经判处亚美农业公司罚金30万元，并责令退赔农行梨树支行经济损失2869.58万元。农行梨树支行提起诉讼，要求亚美农业公司还本付息，其他各方承担连带担保责任。一审法院裁定驳回农行梨树支行的起诉。二审法院裁定：一、撤销一审民事裁定；二、驳回农行梨树支行对亚美农业公司的起诉；三、指令对农行梨树支行诉金士百公司、王某、杜某、李某杰一案进行审理。

农行梨树支行不服二审裁定申请再审称：（1）农行梨树支行对亚美农业公司的权利主张，是基于其在民事借贷法律关系所应承担的民事责任；在审理亚美农业公司骗取贷款犯罪的刑事案件过程中，法院并未对本案双方当事人之间的民事合同进行审理和判决。因此，二审裁定属于认定的基本事实缺乏证据证明，符合《民事诉讼法》第二百条第二项应当再审的情形。刑事判决认定说明其没有占有银行贷款目的，并且仍有还款意愿，双方签订的《流动资金借款合同》是双方当事人真实意思表示，具备民事法律行为构成要件，双方存在真实民事借贷法律关系；刑事审判程序中未对涉案农行梨树支行基于民事法律关系提出权利主张，即亚美农业公司应承担民事责任进行审理；刑事判决中的责令退赔与民事责任范围不同，责令退赔仅相当于尚未偿还的贷款本金，利息和罚息不在该范围内。（2）本案不属于《最高人民法院关于适用刑法第六十四条有关问题的批复》规定的附带民事诉讼或另行提起民事诉讼的情形，也不符合"返还被非法占有、处置的财产"的适用条件，属于适用法律有误，符合《民事诉讼法》第二百条第六项之情形，应予再审。一是本案民事案件在先，上述批复未对民事诉讼启动在先如何处理进行规定，因此本案应按《最高人民法院关于在审理经济纠纷案件中涉及经济犯罪嫌疑若干问题的规定》，"如认为确属经济纠纷案件的，应当依法继续审理"。二是涉案本金、利息和罚息不属于亚美农业公司"非法占有、处置"的"赃款赃物"，农行梨树支行对其有民事诉权。三是《最高人民法院关于适用刑法第六十四条有关问题的批复》规定财产从立法精神看是实物资产，银行贷款属不特定物，不适用该规定。（3）二审法院驳回农行梨树支行对亚美农业公司起诉，侵犯了农行梨树支行民事诉权，还减轻了亚美农业公司的民事责任，属于确定民事责任违背当事人约定或法律规定，亦符合《民事诉讼法》第二百条第六项规定之情形，应予再审。一是二审裁定驳回农行梨树支行起诉，违背最高人民法院对民刑交叉案件的"未启动附带民事诉讼程序的，商事案件可以与刑事案件分别审理"处理原则。二是因亚美农业公司骗取贷款犯罪行为否认农行梨树支行的贷款本金和利息请求权，侵犯了农行梨树支行的民事权利。民事责任承担同刑事案件中的追缴、责令退赔不冲突，被害人在刑事诉讼程序无法充分保护其权利时选择通过民事诉讼保护其权利具有正当性。三是驳回农行梨树支行对亚美农业公司的起诉，减轻了其民事责任，有违公平。最高人民法院经审理，裁定：驳回农行梨树支行的再审申请。

【法院观点】

四平中院（2015）四刑终字第181号生效刑事判决认定亚美农业公司犯骗取贷款罪，并判令其退赔农行梨树支行经济损失2869.58万元，与本案属同一事实、同一主客体、同一法律关系，本案部分事实已经由上述刑事生效判决所认定，即案涉本金部分2869.58万元已经确定，并可以通过退赔程序强制进行追缴，故二审法院在充分考虑上述事实的基础上，依据《最高人民法院关于适用刑法第六十四条有关问题的批复》之规定，对农行梨树支行的该项诉讼请求予以驳回，并无不妥。本案中，农行梨树支行提起诉请依据的基础事实同生效刑事判决是基于同一贷款行为及主体，该刑事判决部分认定的事实无须举证证明，涉案贷款属于适用上述批复规定的"非法占有、处置被害人财产"情形。农行梨树支行认为其基于民事借贷关系所享有的权益包括本金、利息和罚息三部分，上述批复从立法精神看应是实物资产的主张，以及其二审认定基本事实缺乏证据证明和适用法律错误的再审事由，无事实和法律依据，不予支持。

保证人同农行梨树支行所签订保证合同是否有效及保证人应否承担连带责任等，不属于刑事案件审理涉及的问题，二审法院据此认定农行梨树支行诉保证人符合相关法律规定，予以支持，并于判决主文中明示："指令吉林省四平市中级人民法院对中国农业银行股份有限公司梨树县支行诉四平金士百纯生啤酒股份有限公司、王某、杜某、李某杰一案进行审理"，为农行梨树支行指明救济渠道，农行梨树支行可以通过该指令审理向保证人四方提出相关民事请求，对其因贷款合同发生的利息等相关款项可一并求偿。该指令审理，保证了对农行梨树支行合法权益的救济渠道，通过指令审理查清其是否可以依据相关法律规定，通过保证人实现权利。在此还必须指出的是，农行梨树支行如已经通过刑事退赔强制措施获得部分退赔款项，则不得另行再向保证人主张相关款项，指令审理时，应于诉请中相应扣减。

【实务解析】

民刑交叉案件的受理应当与刑事附带民事诉讼程序进行协调。《刑事诉讼法》第一百零一条规定，被害人由于被告人的犯罪行为而遭受物质损失的，在刑事诉讼过程中，有权提起附带民事诉讼。《最高人民法院关于适用〈中华人民共和国刑事诉讼法〉的解释》第一百七十五条规定，被害人因人身权利受到犯罪侵犯或者财物被犯罪分子毁坏而遭受物质损失的，有权在刑事诉讼过程中提起附带民事诉讼，但要求赔偿精神损失的，人民法院一般不予受理。第一百七十六条规定被告人非法占有、处置被害人财产的，应当依法予以追缴或者责令退赔。被害人提起附带民事诉讼的，人民法院不予受理。再结合《最高人民法院关于适用刑法第六十四条有关问题的批复》（法〔2013〕229号），可见，如果刑事判决中已经予以追缴或者责令退赔，被害人提起附带民事诉讼，或者另行提起民事诉讼请求返还被非法占有、处置的财产的，人民法院不予受理。

值得注意的是，《最高人民法院关于在审理民事纠纷案件中涉及刑事犯罪若干问题的规定》（征求意见稿）第二条规定："当事人基于刑事犯罪的同一事实另行提起民事诉讼，诉讼请求所主张的财产属于刑事诉讼法规定的追缴、责令退赔情形的，人民法院应当裁定不予受理。当事人诉讼请求所主张的财产不属于刑事诉讼法规定的追缴、责令退赔情形或生效刑事裁判未予追缴、责令退赔,起诉符合民事诉讼法第一百一十九条之规定的,人民法院应当予以受理。"该规定重新确立了追缴退赔的基本原则,并同时留下了民事诉讼处理的空间。但上述司法解释尚未正式颁布,需进一步关注最新动态。

【法条链接】

《中华人民共和国刑法》

第六十四条 犯罪分子违法所得的一切财物,应当予以追缴或者责令退赔;对被害人的合法财产,应当及时返还;违禁品和供犯罪所用的本人财物,应当予以没收。没收的财物和罚金,一律上缴国库,不得挪用和自行处理。

《最高人民法院关于适用〈中华人民共和国刑事诉讼法〉的解释》(法释〔2021〕1号)

第一百七十五条 被害人因人身权利受到犯罪侵犯或者财物被犯罪分子毁坏而遭受物质损失的,有权在刑事诉讼过程中提起附带民事诉讼;被害人死亡或者丧失行为能力的,其法定代理人、近亲属有权提起附带民事诉讼。

因受到犯罪侵犯,提起附带民事诉讼或者单独提起民事诉讼要求赔偿精神损失的,人民法院一般不予受理。

第一百七十六条 被告人非法占有、处置被害人财产的,应当依法予以追缴或者责令退赔。被害人提起附带民事诉讼的,人民法院不予受理。追缴、退赔的情况,可以作为量刑情节考虑。

《最高人民法院关于适用刑法第六十四条有关问题的批复》(法〔2013〕229号)

河南省高级人民法院:

你院关于刑法第六十四条法律适用问题的请示收悉。经研究,批复如下:

根据刑法第六十四条和《最高人民法院关于适用〈中华人民共和国刑事诉讼法〉的解释》第一百三十八条、第一百三十九条的规定,被告人非法占有、处置被害人财产的,应当依法予以追缴或者责令退赔。据此,追缴或者责令退赔的具体内容,应当在判决主文中写明;其中,判决前已经发还被害人的财产,应当注明。被害人提起附带民事诉讼,或者另行提起民事诉讼请求返还被非法占有、处置的财产的,人民法院不予受理。

六、民事案件必须以相关刑事案件的审理结果为依据，而刑事案件尚未审结的，应裁定中止诉讼

——某银行股份有限公司天津分行与某煤炭销售有限公司、中国某经济发展有限公司金融借款合同纠纷案

【案件来源】天津市高级人民法院（2018）津民初 17 号

【争议焦点】民事案件必须以相关刑事案件的审理结果为依据，而刑事案件尚未审结的，如何处理？

【裁判要旨】人民法院在审理民商事案件时，如果民商事案件必须以相关刑事案件的审理结果为依据，而刑事案件尚未审结的，应当裁定中止诉讼。待刑事案件审结后，再恢复民商事案件的审理。

【基本案情】

原告：某银行股份有限公司天津分行（以下简称某银行天津分行）

被告：某煤炭销售有限公司（以下简称某销售公司）、中国某经济发展有限公司（以下简称某发展公司）、某能源控股有限公司（以下简称某能源公司）、某银行股份有限公司嘉峪关分行（以下简称某银行嘉峪关分行）、准格尔旗某发煤炭有限责任公司（以下简称某发公司）

2014 年 9 月 23 日，某银行天津分行与某销售公司签订《综合授信额度合同》，授信额度为 4 亿元人民币。2014 年 12 月 5 日，某银行嘉峪关分行为某销售公司出具了《借款保函》，为上述授信额度项下的债务提供连带保证。其后，某发公司、某发展公司、某能源公司分别成为连带保证责任人，分别签订了《最高额保证担保合同》。

贷款到期后，某销售公司未能如期清偿，尚欠贷款本金人民币 84,084,299.87 元及利息。某银行天津分行依法提起诉讼，诉讼请求：判令某销售公司偿还贷款本金人民币 84,084,299.87 元及利息；判令某发展公司、某能源公司、某银行嘉峪关分行、某发公司对上述款项承担连带保证责任；判令某发公司对上述款项承担抵押担保责任，某银行天津分行有权以拍卖、变卖或折价等形式处分抵押物，并对所得款项优先受偿。

天津高院在审理过程中，某银行嘉峪关分行以某银行天津分行、某销售

公司签订本案相关合同及办理贷款的相关人员涉嫌经济犯罪，相关刑事案件正在审理中为由，申请中止审理。甘肃省嘉峪关市中级人民法院也来函称，其正在审理的（2017）甘02刑初4号刑事案件涉及本案天津高院银行天津分行工作人员，且与本案为同一事实。天津高院经审理后裁定如下：本案中止诉讼。

【法院观点】

法院经审查认为，上述刑事案件的审理结果有可能作为本案的审理依据，由于上述刑事案件尚未审结，故某银行嘉峪关分行的中止审理申请，符合法律规定，予以批准。

【实务解析】

在民刑交叉诉讼程序中，经常遇到已经涉嫌刑事犯罪的情况下，民事案件是否需要中止审理的判断问题。"先刑后民"并非处理民刑交叉案件的金科玉律，是否中止，仍需要看具体情况。《民事诉讼法》规定，"本案必须以另一案的审理结果为依据，而另一案尚未审结的"属于法定的中止情形。因此，如果民商事案件必须以相关刑事案件的审理结果为依据，而刑事案件尚未审结的，应当裁定中止诉讼。待刑事案件审结后，再恢复民商事案件的审理。如果民商事案件不是必须以相关的刑事案件的审理结果为依据，则民商事案件应当继续审理。

《民事诉讼法》规定，中止诉讼的原因消除后，恢复诉讼。关于"中止诉讼的原因"，主要是指公安、检察、监察机关不予立案；或者撤销案件；或者不予起诉；或者人民法院已经作出生效刑事判决等情况。根据《最高人民法院关于适用〈中华人民共和国民事诉讼法〉的解释》第二百四十六条，裁定中止诉讼的原因消除，恢复诉讼程序时，不必撤销原裁定，从人民法院通知或者准许当事人双方继续进行诉讼时起，中止诉讼的裁定即失去效力。简言之，恢复审理，不必另行出具法律文书，自人民法院通知或准许当事人继续诉讼时，中止裁定自然失效。

【法条链接】

《中华人民共和国民事诉讼法》

第一百五十三条　有下列情形之一的，中止诉讼：

……

（五）本案必须以另一案的审理结果为依据，而另一案尚未审结的；

……

中止诉讼的原因消除后，恢复诉讼。

《全国法院民商事审判工作会议纪要》（法〔2019〕254号）

130.【民刑交叉案件中民商事案件中止审理的条件】人民法院在审理民商事案件时，如果民商事案件必须以相关刑事案件的审理结果为依据，而刑事案件尚未审结的，应当根据《民事诉讼法》第150条第5项的规定裁定中止诉讼。待刑事案件审结后，再恢复民商事案件的审理。如果民商事案件不是必须以相关的刑事案件的审理结果为依据，则民商事案件应当继续审理。

七、金融借款行为涉嫌刑事犯罪，但借款合同并非当然无效

——芜湖某农村商业银行股份有限公司桥北支行、王某、黄某、芜湖市某中小企业信用投资担保有限公司金融借款合同纠纷案

【案件来源】安徽省芜湖市中级人民法院（2013）芜中民二初字第00406号①

【争议焦点】涉及刑事案件的借款合同效力如何认定？刑事上未经追赃是否影响民事案件的受理和审理？

【裁判要旨】刑事上构成诈骗罪，在民事上，应认定行为人在签订合同时，主观上构成欺诈。该欺诈行为损害的是相对方或第三人的利益，应认定为合同可撤销。受欺诈方不主张撤销的，合同应认定为有效。

【基本案情】

原告：芜湖某农村商业银行股份有限公司桥北支行（以下简称某银行桥北

---

① 2015年"促公正·法官梦"第二届全国青年法官优秀案例评选一等奖。

支行）

被告：芜湖市某远针织有限公司（以下简称某远针织）、上海某锦房地产开发中心有限公司（以下简称某锦公司）、王某、黄某、芜湖市某中小企业信用投资担保有限公司（以下简称某中小担保）

2011年6月30日，某银行桥北支行与某远针织（法定代表人王某）签订《借款合同》，约定某远针织贷款400万元用于采购棉布，并对借款期限、利率、罚息等作了约定。同日，某银行桥北支行与某中小担保签订《保证合同》，约定某中小担保为上述主合同提供连带责任保证。2011年7月4日，某银行桥北支行向某远针织放款400万元。2011年6月30日，王某、黄某与某中小担保签订了《自然人保证反担保合同》。2011年7月14日，王某、黄某与某中小担保签订了《股权质押反担保合同》并办理股权出质设立登记手续。

安徽省芜湖市弋江区人民法院于2013年9月18日作出（2013）弋刑初字第00127号刑事判决：被告王某犯骗取贷款罪，判处有期徒刑二年，并处罚金20万元。该案判决已生效。

原告某银行桥北支行请求法院：判决某远针织归还借款本金400万元和利息、罚息等合计601,467.9元及至本息全部清偿之日止的罚息；判决某远针织立即偿付某银行桥北支行实现债权费用（律师费）20万元；判决某中小担保、王某、黄某就上述借款本息、费用承担连带清偿责任。

安徽省芜湖市中级人民法院判决：某远针织归还某银行桥北支行贷款本金400万元并支付利息及罚息；某远针织支付某银行桥北支行实现债权费用8万元；某中小担保对某远针织上述款项承担连带清偿责任；某中小担保在承担清偿责任后有权向被告某远针织追偿；驳回某银行桥北支行的其他诉讼请求。

【法院观点】

本案是一起涉及刑事案件的借款合同案件，焦点问题是：借款合同效力如何认定？刑事上未经追赃是否影响本案的受理和审理？

关于焦点一：刑事上构成诈骗罪，在民事上，应认定行为人在签订合同时，主观上构成欺诈。该欺诈行为损害的是相对方或第三人的利益，应认定为合同可撤销。（1）王某构成骗取贷款罪，行为人为取得贷款往往要与银行订立借款合同，刑法否定评价对象只是采取虚假手段取得银行贷款行为，而在此过程中所订立合同本身并非刑法评价对象。符合《合同法》（已失效）第五十二条规定，才能认定合同无效。（2）涉案合同不属于损害国家利益合同，不能一概认为犯罪行为都会损害国家利益，且损害国家利益主要指国家经济利益、政治利益、安全利益等，而不应包括国有企业利益。"以合法形式掩盖非法目的"属合同无效情形之一，必然是合同双方存在共同规避法律故意才符合立法原意。因银行对王某构成骗取贷款罪并不知情，其无规避法律故意，不符合"以合法形式掩盖非法目的"情形。（3）涉案合同不属于"违反法律、行政法规的强制性规定"的合同。违反法律、行政法规的强制性规定是指合同内容以及合同内容所体现的法律关系违反法律、行政法规的强制性规定，而不应当是签订合同的手段、方式。订立合同的手段、行为违法所侵犯的是合同相对方的意思表示真实、自由，不能因此彻底否定合同的效力，而应对合同相对方被侵犯的自由予以救济，即赋予其是否撤销合同的选择权。（4）王某刑事上构成诈骗罪，民事上应认定行为人在签订合同时，主观上构成欺诈。该欺诈行为损害的是相对方或第三人利益，应认定为合同可撤销。某银行桥北支行对某远针织提起本案诉讼，应视为其已放弃行使撤销权，故判决确认合同有效，某远针织偿还借款本息及实现债权费用，担保公司承担连带清偿责任。王某、黄某向担保公司提供反担保，反担保权利人系某中小担保，且某银行桥北支行未提供充分证据证明王某、黄某存在滥用公司法人独立地位行为，故银行要求王某、黄某连带清偿的诉请，不予支持。

关于焦点二：基于民事案件与刑事案件分别受理、审理的基本原则，民事案件的受理以及对于被告方损失的认定、民事责任的承担，应依据民事实体法和程序法的规定进行，而不受是否追赃的影响。（1）民事案件与刑事案件在诉讼目的、诉讼原则、责任构成要件、归责原则等各方面存在本质差异，故除被害人提起刑事附带民事诉讼且当事人的民事权利完全在刑事附带民事诉讼中得以实现之外，刑民案件应该分别立案审理。民事案件中对于被告方损失的认定以及民事责任的承担，应依据民事实体法和程序法的规定进行，而不受是否追赃的影响。（2）《最高人民法院关于刑事附带民事诉讼范围问题的规定》（已失效）规定，因人身权利受到犯罪侵害而遭受物质损失或者财物被犯罪分子毁坏而遭受物质损失的，才可以提起刑事附带民事诉讼。该规定使得对诈骗等经济犯罪引起的损害赔偿问题不得适用刑事附带民事诉讼程序，而只能由受害人在人民法院依法追缴或责令退赔之后，另行提起民事诉讼。如果一定要等待追赃的结果才能提起民事诉讼，无疑对失去刑事附带民事诉讼途径救济的受害人再次设置了一道障碍，对受害人明显不公。（3）将刑事退赃数额和民事赔偿数额综合考虑，使得受害人不会获得双重赔偿，对被告方亦是公平的。

综上，本案所涉的借款合同、企业融资申请书、股东会决议、保证合同、借款借据、贷款催收通知书等均系各方当事人真实意思表示，且不违反法律规定，应属有效，对合同各方均有法律约束力。某银行桥北支行已按约履行合同，某远针织未按合同约定履行还款义务，已构成违约，应按合同约定承担违约责任。故对某银行桥北支行要求某远针织归还借款本金及利息、逾期罚息的请求予以支持。（2013）弋刑初字第00127号判决已生效，且未对赃款进行处理，故某银行桥北支行可在本案中要求某远针织归还借款本息，至于借款到底被谁使用，某远针织可与某中小担保另行解决。

【实务解析】

合同效力问题是民刑交叉中的关键问题之一。关于刑事上构成诈骗罪，行为人签订的民事合同是否有效的问题，实践中主要有以下三种观点：第一种观点认为，刑事上构成诈骗罪，故根据《民法典》第一百五十三条的规定，应认定合同无效。第二种观点认为，刑事上构成诈骗罪，在民事上应认定行为人在签订合同时，主观上构成欺诈。该欺诈行为损害的是相对方或第三人的利益，故根据《民法典》第一百四十八条的规定，应认定为合同可撤销。将决定合同有效与否的权利赋予受欺诈方，既有利于保护权利人的权益，也体现了私法领域意思自治的基本原则。第三种观点认为，应以合同相对人或其工作人员参与犯罪与否为标准进行划分。合同相对人或其工作人员参与犯罪的，对该单位与合同相对人之间签订的合同应当认定无效；合同相对人或其工作人员没有参与犯罪的，对该单位与合同相对人之间签订的合同不因行为人构成刑事犯罪而认定无效。[①]

---

① 参见《陕西省高级人民法院民二庭关于公司纠纷、企业改制、不良资产处置及刑民交叉等民商事疑难问题的处理意见》第五条。

对于该问题,《最高人民法院关于审理民间借贷案件适用法律若干问题的规定》第十二条进行了回应:"借款人或者出借人的借贷行为涉嫌犯罪,或者已经生效的裁判认定构成犯罪,当事人提起民事诉讼的,民间借贷合同并不当然无效。人民法院应当依据民法典第一百四十四条、第一百四十六条、第一百五十三条、第一百五十四条以及本规定第十三条之规定,认定民间借贷合同的效力。"易言之,涉嫌刑事犯罪,合同并非当然无效,还是应当按照民法典关于合同效力的判定规则进行认定。本案中,王某构成骗取贷款罪,但银行对王某构成骗取贷款罪并不知情,其无规避法律故意,案涉合同也不属于"违反法律、行政法规的强制性规定"的合同。民事上应认定行为人在签订合同时,主观上构成欺诈。该欺诈行为损害的是相对方或第三人利益,应认定为合同可撤销。如果银行方不主张撤销,合同有效,最高人民法院(2016)最高法民终655号也持该观点[①]。

【法条链接】

《中华人民共和国民法典》

第一百四十八条 一方以欺诈手段,使对方在违背真实意思的情况下实施的民事法律行为,受欺诈方有权请求人民法院或者仲裁机构予以撤销。

第一百八十七条 民事主体因同一行为应当承担民事责任、行政责任和刑事责任的,承担行政责任或者刑事责任不影响承担民事责任;民事主体的财产不足以支付的,优先用于承担民事责任。

---

① 金场沟公司及其法定代表人那文志使用虚假审计报告提高信用等级,骗取案涉借款,在刑法上,因其欺诈手段和非法目的构成骗取贷款罪,应当据此承担刑事责任;但在合同法上,其行为构成单方欺诈。根据《合同法》(已失效)第五十四条第二款"一方以欺诈、胁迫的手段或者乘人之危,使对方在违背真实意思的情况下订立的合同,受损害方有权请求人民法院或者仲裁机构变更或者撤销"之规定,鸡西建行享有撤销权。因鸡西建行未按照该条规定主张撤销案涉借款合同,故原审判决认定借款合同有效并无不当。

专题十四

金融不良资产诉讼与破产程序的衔接

综述 〉〉〉

不良资产处置中遇到的破产问题越来越多，诉讼程序与破产程序的衔接日益紧密，了解破产制度相关问题，对于推进不良资产处置意义重大。相关数据统计，2007年至2020年，全国法院共受理破产案件59,604件，审结破产案件48,045件。党的十八大以来，随着供给侧结构性改革持续深化，加快建立和完善市场主体挽救和退出机制，破产案件数量快速上升，2017年至2020年受理和审结的破产案件分别占到法律实施以来案件总量的54%和41%。从地域分布看，东部地区破产案件数量占到全国的近80%，浙江、江苏、广东三省约占60%。从破产企业类型看，随着国企改革持续推进，国有困难企业完成集中退出，民营企业破产案件占绝大多数，2020年民营企业破产案件占案件总量的近90%。[①]

破产法是规范企业破产程序，公平清理债权债务，保护债权人和债务人合法利益的基础法律。破产的基本程序包括破产重整、破产和解及破产清算程序。第一，破产重整集中体现了破产法的拯救功能，代表了现代破产法的发展趋势。破产重整的对象是具有挽救价值和可能的困境企业。重整不限于债务减免和财务调整，重整的重点是维持企业的营运价值。人民法院在审查重整计划时，除了合法性审查外，还应审查经营方案的可行性。对于企业重新获得营利能力的经验方案具有可行性、表决程序合法、内容不损害各表决组中反对者的清偿利益的，人民法院可以裁定批准重整计划，终止重整程序。第二，破产清算是淘汰落后产能，优化市场资源配置的基础程序。对于缺乏拯救价值和可能性的债务人，人民法院要及时通过破产宣告，妥善进行破产处置和依法分配，实现企业有效退出。第三，破产和解是通过债务人与债权

[①] 参见《全国人民代表大会常务委员会执法检查组关于检查〈中华人民共和国企业破产法〉实施情况的报告》，载全国人大官网，http://www.npc.gov.cn/npc/kgfb/202108/0cf4f41b72fe4ddeb3d536dfe3103eb3.shtml。

人协商，就债务的减免及清偿达成协议，从而终结破产案件、实现各方利益有效协调的破产程序。第四，当企业法人不能清偿到期债务，并且资产不足以清偿全部债务或者明显缺乏清偿能力时，债权人、债务人可以向人民法院提出重整、和解或者破产清算申请。人民法院受理破产申请后，经审查符合破产条件的，裁定受理破产申请；不符合条件的，裁定不予受理。受理破产申请的案件，人民法院同时指定管理人，由管理人接管债务人财产、印章等资料，调查债务人财产状况，制作财产状况报告，接受、审核债权人债权申报并编制债权表，筹备第一次债权人会议。债权人会议是破产程序中的重要一环，依法申报债权的债权人为债权人会议的成员，有权参加债权人会议，享有表决权。债权人会议享有核查债权、监督管理人、选任和更换债权人委员会成员、通过重整计划、通过和解协议、通过债务人财产的管理方案、通过破产财产的变价方案、通过破产财产的分配方案等职权。

涉及破产的重要法律规范、司法文件主要集中在：《企业破产法》及其司法解释、《全国法院破产审判工作会议纪要》等。本章从众多案件中精选了部分有代表性的案例，涵盖了不良资产诉讼中经常遇到的与破产程序的衔接问题，既有诉讼程序中的衔接问题，也有非诉程序中的典型案例。

第一节主要聚焦于破产程序中的常见问题。案例一明确债务人不能清偿到期债务，债权人即可向法院申请破产清算。至于破产可能引发的后续问题，不能作为判断是否应当启动程序的理由，而是应当在进入破产清算程序后依法妥善处理。该案例对于畅通破产立案渠道，具有重要意义。案例二是破产程序中衍生诉讼管辖问题的特殊规定。鉴于破产程序的特殊性，人民法院受理破产申请后，有关债务人的民事诉讼，只能向受理破产申请的人民法院提起。对于破产申请受理前已经开始的民事诉讼，管辖不受影响，只是在程序上先暂时中止，等待管理人接管破产企业的财产后继续进行。案例三涉及债权人已经对债务人提起给付之诉，人民法院受理破产申请后，原给付之诉如何处理的问题。司法实践中债权人已经对债务人提起的给付之诉，破产申请受理后，人民法院应当继续审理，但是在判定相关当事人实体权利义务时，应当注意与企业破产法及其司法解释的规定相协调。案例四涉及破产程序中破产财产的清偿顺序，依次为担保物权人就特定财产优先受偿、破产费用和共益债务、职工债权、社会保险费用和税款、普通破产债权、其他劣后债权。破产财产不足以清偿同一顺序的清偿要求的，按照比例分配。

第二节主要介绍了有关破产案件的典型案例，来自最高人民法院及各地高级人民法院发布的破产典型案例，内容包括基本案情和典型意义，全面涉及破产清算、破产重整、破产和解等程序，有助于读者全面了解破产程序。

第一节
破产程序

一、债务人不能清偿到期债务，债权人即可向法院申请破产清算；至于破产可能引发的后续问题，不能作为判断是否应当启动程序的理由，而是应当在进入破产清算程序后依法妥善处理

——中国工商银行股份有限公司邵阳广场支行与邵阳市制伞总厂申请破产清算案

【案件来源】湖南省高级人民法院（2017）湘破终3号

【争议焦点】债权人以债务人资不抵债提起破产清算申请，法院应如何认定企业是否符合破产清算条件？债务人以进入破产程序可能引发社会矛盾，引发群体性上访为理由进行抗辩如何处理？

【裁判要旨】企业法人不能清偿到期债务，并且资产不足以清偿全部债务或者明显缺乏清偿能力的，债权人可以向人民法院提出破产清算申请，人民法院应当依法受理。至于破产可能引发的后续问题，不能作为判断是否应当启动程序的理由，而是应当在进入破产清算程序后依法妥善处理。

【基本案情】

上诉人（原审申请人）：中国工商银行股份有限公司邵阳广场支行（以下简称广场支行）

被上诉人（原审被申请人）：邵阳市制伞总厂

2005年11月，邵阳市中级人民法院作出了（2005）邵中民二初字第28号民事判决，判令邵阳市制伞总厂向广场支行清偿所欠债务本息1936万元，

2005年12月，邵阳市中级人民法院作出（2005）邵中执字第62号民事裁定，确认该企业严重亏损，确无可供执行财产。至2015年9月，邵阳市制伞总厂拖欠广场支行的本息为4380余万元。广场支行向邵阳市中级人民法院提起破产清算申请。邵阳市制伞总厂辩称其属于特困集体企业，企业严重亏损，资产负债率高，严重资不抵债，改制成本缺口大，故一直未向邵阳市企业改制办公室申请改制。如不能启动企业改制程序不能保障职工个人的基本利益，强制启动清算程序，可能引起社会群体性事件，不利于社会稳定。广场支行与邵阳市制伞总厂的债权债务关系是计划经济时代的产物，不能按照普通市场经济领域的债权债务来处理，也不能以申请破产清算的方式进行处理，应当由政府出面处理。启动破产清算，清算方的投资人先行出资改制安置职工，政府出面处理，在政府的监证下协商处理。邵阳市中级人民法院裁定驳回广场支行的破产清算申请。广场支行不服提起上诉。湖南省高级人民法院裁定：一、撤销湖南省邵阳市中级人民法院（2016）湘05民破4号民事裁定；二、受理广场支行对邵阳市制伞总厂的破产清算申请。

【法院观点】

本案的焦点问题是邵阳市制伞总厂是否符合法定的破产条件。一审法院以从广场支行提交的证据不足以证实邵阳市制伞总厂的资产不足以清偿债务或者明显缺乏清偿能力，对其提出对邵阳市制伞总厂破产清算申请不予受理。法院认为，广场支行提交了以下证据：（1）湖南省邵阳市中级人民法院2005年11月16日作出的（2005）邵中民二初字第28号民事判决，判令邵阳市制伞总厂偿还广场支行510万元，利息1435.903158万元。（2）湖南省邵阳市中级人民法院于2005年12月9日作出的（2005）邵中执字第62号民事裁定书，裁定内容为：在执行过程中，邵阳市制伞总厂系困难企业，企业严重亏损，职工最低生活保障都难以保障，确无可供执行的财产，据此（2005）邵中民二初字第28号民事判决中止执行。（3）邵阳市制伞总厂在全国企业信用信息公开系统登记的2013年至2015年的年度报告，该系列年度报告均显示该企业负债总额远远超出资产总额。上述证据可以证明邵阳市制伞总厂不能清偿到期债务并且已经严重资不抵债。此外，从邵阳市制伞总厂向法院提交的《破产清算异议书》来看，其自认其总资产为250万元，总负债7972万元，资产负债率高达

3187%，已经严重资不抵债。《企业破产法》第二条规定，企业法人不能清偿到期债务，并且资产不足以清偿全部债务或者明显缺乏清偿能力的，依照本法规定清理债务。第七条规定，债务人有本法第二条规定的情形，可以向人民法院提出重整、和解或者破产清算申请。债务人不能清偿到期债务，债权人可以向人民法院提出对债务人进行重整或者破产清算的申请。从上述条文的规定来看，邵阳市制伞总厂已经符合破产清算的条件，且依照《企业破产法》第七条的规定广场支行作为债权人，其只要提出债务人邵阳市制伞总厂不能清偿到期债务，即可向法院提出对其进行破产清算的申请。故广场支行提起对邵阳市制伞总厂的破产清算申请，法院应予受理，一审法院处理不当，二审法院依法予以纠正。邵阳市制伞总厂提出启动清算应当由政府出面处理，否则会引起群体性事件，法院认为，该理由不能作为本案应否启动破产清算程序的抗辩理由，而是邵阳市制伞总厂进入破产清算程序后应当注意处理的相关具体问题。

【实务解析】

　　破产是企业有序退出市场的重要渠道。根据《企业破产法》规定，企业不能清偿到期债务，并且资产不足以清偿全部债务或者明显缺乏清偿能力，债权人即可申请破产。只要债权债务关系依法成立、债务履行期限已经届满、债务人未完全清偿债务，就可以认定为不能清偿到期债务。判断资产是否足以清偿全部债务，主要看债务人的资产负债表、审计报告、资产评估报告等显示的全部资产是否足以偿付全部负债。明显缺乏清偿能力，是指企业账面资产虽大于负债，但存在缺乏变现能力、长期亏损且扭亏困难等情形。债务人有上述情形的，债务人自身或债权人，即可向人民法院申请债务人破产。

　　徒法不足以自行。受制于种种因素，企业"生易死难"的问题比较突出，对于运用破产方式实现市场出清，政府、法院、企业在一定程度上均存在顾虑。根据《全国人民代表大会常务委员会执法检查组关于检查〈中华人民共和国企业破产法〉实施情况的报告》，符合破产条件的企业并未完全选择破产方式退出，2020年全国企业注销数量289.9万户，其中因破产原因注销的企业3908户，占比仅约1‰。主要原因如下：一是企业申请破产顾虑多。实践中企业符合条件但是不想破、不敢破的现象比较普遍。有些企业由于治理结构不健全、经营不规范，担心破产暴露经营问题被追究责任，有些企业在陷入困境后，继续冒险经营或放任公司亏损，造成破产申请普遍不及时。二是一些地方政府对企业破产退出有较多顾虑。特别是对于规模以上企业破产，由于担忧影响当地经济发展和人员就业，政府态度更加谨慎，造成一些企业"应破未破"，矛盾不断积累。三是一些基层法院受理破产案件的能力和动力不足。破产审判人才储备总体不足，许多基层法院缺乏破产审判专业团队，一些法官缺乏办案能力，对受理破产案件存在畏难情绪。破产案件在审理方式上与一般民事诉讼案件不同，在考核机制上缺少专门的绩效考核办法，也影响了法官审判破产案件的动力。四是"无产可破"企业缺乏破产费用。许多破产企业严重资不抵债，一些"僵尸企业"甚至无产可破，无法支付办理破产的相关费用。[①]

本案正是人民法院积极履行职责，推动企业市场出清的典型案例。本案中，生效判决明确，企业不能清偿到期债务，并且资产不足以清偿全部债务的，债权人可以向人民法院提出破产清算申请，人民法院应当依法受理。至于破产可能引发的后续社会问题，不能作为判断破产程序是否启动的理由，而是应当在进入破产清算后，加强"府院协调"，制定相应预案，依法妥善处理，不能以"影响社会稳定"之名，行消极不作为之实。

【法条链接】

《中华人民共和国企业破产法》

第二条 企业法人不能清偿到期债务，并且资产不足以清偿全部债务或者明显缺乏清偿能力的，依照本法规定清理债务。

企业法人有前款规定情形，或者有明显丧失清偿能力可能的，可以依照本法规定进行重整。

第七条第一款、第二款 债务人有本法第二条规定的情形，可以向人民法院提出重整、和解或者破产清算申请。

债务人不能清偿到期债务，债权人可以向人民法院提出对债务人进行重整或者破产清算的申请。

---

① 参见《全国人民代表大会常务委员会执法检查组关于检查〈中华人民共和国企业破产法〉实施情况的报告》，载全国人大官网，http：//www.npc.gov.cn/npc/kgfb/202108/0cf4f41b72fe4ddeb3d536dfe3103eb3.shtml。

《最高人民法院关于适用〈中华人民共和国企业破产法〉若干问题的规定（一）》（法释〔2011〕22号）

第一条　债务人不能清偿到期债务并且具有下列情形之一的，人民法院应当认定其具备破产原因：

（一）资产不足以清偿全部债务；

（二）明显缺乏清偿能力。

相关当事人以对债务人的债务负有连带责任的人未丧失清偿能力为由，主张债务人不具备破产原因的，人民法院应不予支持。

第二条　下列情形同时存在的，人民法院应当认定债务人不能清偿到期债务：

（一）债权债务关系依法成立；

（二）债务履行期限已经届满；

（三）债务人未完全清偿债务。

第三条　债务人的资产负债表，或者审计报告、资产评估报告等显示其全部资产不足以偿付全部负债的，人民法院应当认定债务人资产不足以清偿全部债务，但有相反证据足以证明债务人资产能够偿付全部负债的除外。

第四条　债务人账面资产虽大于负债，但存在下列情形之一的，人民法院应当认定其明显缺乏清偿能力：

（一）因资金严重不足或者财产不能变现等原因，无法清偿债务；

（二）法定代表人下落不明且无其他人员负责管理财产，无法清偿债务；

（三）经人民法院强制执行，无法清偿债务；

（四）长期亏损且经营扭亏困难，无法清偿债务；

（五）导致债务人丧失清偿能力的其他情形。

《全国法院民商事审判工作会议纪要》（法〔2019〕254号）

107.【继续推动破产案件的及时受理】充分发挥破产重整案件信息网的线上预约登记功能，提高破产案件的受理效率。当事人提出破产申请的，人民法院不得以非法定理由拒绝接收破产申请材料。如果可能影响社会稳定的，要加强府院协调，制定相应预案，但不应当以"影响社会稳定"之名，行消极不作为之实。破产申请材料不完备的，立案部门应当告知当事人在指定期限内补充材料，待材料齐备后以"破申"作为案件类型代字编制案号登记立案，并及时将案件移送破产审判部门进行破产审查……

二、人民法院受理破产申请后，有关债务人的民事诉讼，只能向受理破产申请的人民法院提起

——江西江锂科技有限公司与平安银行股份有限公司福州分行金融借款合同纠纷案

【案件来源】最高人民法院（2018）最高法民辖终204号

【争议焦点】人民法院受理破产申请后，有关债务人的民事诉讼应当如何进行管辖？

【裁判要旨】人民法院受理破产申请后，当事人提起的有关债务人的民事诉讼案件，应当由受理破产申请的人民法院管辖。

【基本案情】

上诉人（原审被告）：江西江锂科技有限公司（以下简称江锂公司）

被上诉人（原审原告）：平安银行股份有限公司福州分行（以下简称平安银行福州分行）

原审被告：四川省尼科国润新材料有限公司（以下简称尼科公司）、江西攀森贸易有限公司（以下简称攀森公司）、张某

2015年10月29日，江西省分宜县人民法院根据债权人的申请，裁定江锂公司重整。之后，江西省分宜县人民法院发现江锂公司资产及其财务与分宜涌泉贸易有限公司高度混同，于2016年7月20日再次裁定分宜涌泉贸易有限公司与江锂公司合并重整。

2017年4月13日，平安银行福州分行向福建省高级人民法院提起诉讼要求江锂公司偿还贷款本息，要求尼科公司、攀森公司、张某承担连带清偿责任。江锂公司提出管辖权异议，要求移送江西省分宜县人民法院管辖。福建省高级人民法院作出（2017）闽民初41号民事裁定，裁定驳回管辖权异议。

江锂公司不服提起上诉，请求撤销原审裁定，将本案移送江西省分宜县人民法院审理。最高人民法院裁定：一、撤销福建省高级人民法院（2017）闽民初41号民事裁定；二、本案由江西省分宜县人民法院管辖。

【法院观点】

法院经审查认为,《企业破产法》第二十一条规定:"人民法院受理破产申请后,有关债务人的民事诉讼,只能向受理破产申请的人民法院提起。"《最高人民法院关于适用〈中华人民共和国企业破产法〉若干问题的规定(二)》第四十七条第一款规定:"人民法院受理破产申请后,当事人提起的有关债务人的民事诉讼案件,应当依据企业破产法第二十一条的规定,由受理破产申请的人民法院管辖。"本案中,平安银行福州分行于 2017 年 4 月 13 日提起诉讼要求江锂公司偿还贷款本息,要求尼科公司、攀森公司、张某承担连带清偿责任。然而,江西省分宜县人民法院已于 2015 年 10 月 29 日作出(2015)分破(预)字第 00002-1 号民事裁定,受理平安银行福州分行、分宜县城市建设投资开发有限公司对江锂公司的重整申请;于 2016 年 8 月 19 日作出(2015)分破字第 00002-3 号民事裁定,将分宜涌泉贸易有限公司与江锂公司合并重整。此种情况下,依照前述法律规定,本案应由受理破产申请的江西省分宜县人民法院管辖。原审裁定驳回江锂公司对本案管辖权提出的异议不当,予以纠正。

【实务解析】

本案涉及破产程序中衍生诉讼管辖问题的特殊规定。根据民事诉讼的基本原则,当事人之间发生民事纠纷,对管辖有约定的从约定,没约定的通常由被告住所地人民法院管辖。但鉴于破产程序的特殊性,为加强破产企业涉诉案件沟通管理,便利破产程序推进,《企业破产法》明确规定,人民法院受理破产申请后,有关债务人的民事诉讼,只能向受理破产申请的人民法院提起,进行集中管辖。

司法实务中,充分理解上述集中管辖规定,需要注意几个问题:第一,破产案件集中于受理破产申请的法院进行管辖,针对的是有关债务人的民事诉讼,行政诉讼和刑事诉讼不受破产程序的影响。第二,对于破产申请受理前已经开始的民事诉讼,管辖不受影响,只是在程序上先暂时中止,等待管理人接管破产企业的财产后,原诉讼继续进行。第三,"有关债务人的民事诉讼",一般应当理解为在该诉讼中具有独立的诉讼请求,即债务人作为原被告的案件,对于债务人作为第三人不涉及具体诉讼请求的,因无法律上的利益关系,无需集中管辖。第四,鉴于管辖问题的复杂性，如有涉及破产企业的海事纠纷、专利纠纷、证券市场因虚假陈述引发的民事赔偿纠纷等特殊案件，因同样存在特殊的管辖规定及机构设置，受理破产申请的人民法院客观上不能行使管辖权的，可以依据民事诉讼法规定，由上级法院指定管辖。第五，破产受理前签订书面仲裁协议的，在债务人破产申请受理后，仲裁约定继续有效，一般认为可以排除人民法院的集中管辖。

【法条链接】

《中华人民共和国企业破产法》

第二十一条　人民法院受理破产申请后，有关债务人的民事诉讼，只能向受理破产申请的人民法院提起。

最高人民法院关于适用《中华人民共和国企业破产法》若干问题的规定（二）（法释〔2020〕18号）

第四十七条　人民法院受理破产申请后，当事人提起的有关债务人的民事诉讼案件，应当依据企业破产法第二十一条的规定，由受理破产申请的人民法院管辖。

受理破产申请的人民法院管辖的有关债务人的第一审民事案件，可以依据民事诉讼法第三十八条的规定，由上级人民法院提审，或者报请上级人民法院批准后交下级人民法院审理。

受理破产申请的人民法院，如对有关债务人的海事纠纷、专利纠纷、证券市场因虚假陈述引发的民事赔偿纠纷等案件不能行使管辖权的，可以依据民事诉讼法第三十七条的规定，由上级人民法院指定管辖。

三、债权人已经对债务人提起的给付之诉，破产申请受理后，人民法院应当继续审理；该争议不涉及破产法意义上的债务清偿，不适用停止计息的规定

——常州凯纳房地产开发有限公司与东亚银行（中国）有限公司苏州分行金融借款合同纠纷案

【案件来源】 最高人民法院（2019）最高法民终422号

【争议焦点】 债务人进入破产程序后，此前债权人针对债务人已经提起的民事诉讼如何处理？是否应该当判决停止计息？

【裁判要旨】"附利息的债权自破产申请受理时起停止计息"是针对破产案件受理后,债权申报所作的规定,目的是保障所有债权人均能得到一定程度的财产分配。本案发生于破产程序受理之前,是对有争议的债权债务关系及给付内容的具体确定,不涉及破产法意义上的债务清偿,不适用上述规定。

【基本案情】

上诉人(原审被告):常州凯纳房地产开发有限公司(以下简称凯纳公司)

被上诉人(原审原告):东亚银行(中国)有限公司苏州分行(以下简称东亚银行苏州分行)

原审被告:常州落察纳实业有限公司(以下简称落察纳公司)、杨某芳

2014年4月23日,东亚银行苏州分行与洛察纳公司签署《人民币抵押贷款合同》。约定贷款额度为2.8亿元,贷款期限为8年,自2014年4月30日至2022年4月30日。贷款用途分别为偿还中国银行股份有限公司常州分行贷款2.05亿元,以及归还凯纳公司借款7500万元。贷款利率为,五年期以上中国人民币贷款基准利率(最终应以提款日当时的相应期限档次的基准利率为准)基础上浮25%或五年期以上中国人民币贷款基准利率加1.6375%,两者取高者。罚息利率:逾期贷款,按逾期款额在本合同所定的贷款利率水平上加收50%确定。

东亚银行苏州分行向一审法院提起诉讼请求:洛察纳公司返还剩余贷款本金2.49亿元和截至2017年10月30日的利息8,364,186.46元,并支付自2017年10月31日起至实际清偿之日止的逾期利息、复利等。一审法院判决:落察纳公司于本判决生效之日起十日内向东亚银行苏州分行归还2.49亿元,支付利息8,364,186.46元,并支付罚息、复利。

凯纳公司不服一审判决,提起上诉称:(1)根据《企业破产法》第十六条的规定,人民法院受理破产申请后,债务人对个别债权人的债务清偿无效。根据《企业破产法》第四十六条的规定,附利息的债权自破产申请受理时起停止计息。一审判决判令洛察纳公司在十日内支付借款本金、利息及罚息、复利,并计算至实际支付之日止,适用法律错误。(2)原审法院违反法定程序。江苏省常州市中级人民法院于2018年10月22日裁定受理了凯纳公司和洛察纳公司破产清算案。上述两案均指定常州市钟楼区人民法院审理。2018年11月9日,该院指定凯纳公司清算组和洛察纳公司清算组为管理人。《企业破产法》

第二十条规定："人民法院受理破产申请后，已经开始而尚未终结的有关债务人的民事诉讼或者仲裁应当中止；在管理人接管债务人的财产后，该诉讼或者仲裁继续进行。"人民法院受理破产申请后，已经受理而尚未终结的以债务人为被告的债权给付之诉，应当变更为债权确认之诉。综上，请求撤销一审判决，发回重审或改判。最高人民法院判决：驳回上诉，维持原判。

【法院观点】

本案诉讼对当事人债权债务的确定不等同于企业破产时的债务清偿。《企业破产法》第四十六规定："未到期的债权，在破产申请受理时视为到期。附利息的债权自破产申请受理时起停止计息。"上述规定是针对破产案件受理后，债权申报所作的规定，目的是保障所有债权人均能得到一定程度的财产分配。本案发生于破产程序受理之前，是对有争议的债权债务关系及给付内容的具体确定，不涉及破产法意义上的债务清偿，不适用上述规定。凯纳公司关于本案主债务自破产案件受理之日起不应计算利息、复利以及罚息的主张不能成立，不予支持。

原审法院的审理程序并无不当。《企业破产法》第二十条规定："人民法院受理破产申请后，已经开始而尚未终结的有关债务人的民事诉讼或者仲裁应当中止；在管理人接管债务人的财产后，该诉讼或者仲裁继续进行。"本案诉讼始于2017年11月1日。江苏省常州市中级人民法院2018年10月22日裁定受理江苏云开景观工程有限公司对洛察纳公司的破产清算申请，并指定常州市钟楼区人民法院审理。一审诉讼此时属于前述法律规定的"人民法院受理破产申请后，已经开始而尚未终结的有关债务人的民事诉讼"的情形。但钟楼区人民法院指定了洛察纳公司的破产管理人，破产管理人任命后，其法律上已完成了接管，恢复诉讼的事由出现，诉讼应当继续进行。凯纳公司管理人于2018年11月29日申请中止诉讼时，本案诉讼客观上已无需中止。凯纳公司关于原审法院未中止诉讼违反法定程序以及洛察纳公司破产后本案应变更为确认之诉的主张不能成立，不予支持。

【实务解析】

本案是债权人已经对债务人提起给付之诉，人民法院受理破产申请后，原给付之诉如何处理的问题。对于该问题，此前司法实践一直有不同观点。第一种观点认为,法院受理破产申请之后就不应再审理给付之诉,除非改为确认之诉或者为债务人利益追收财产,否则应当判决驳回债权人的诉讼请求。第二种观点认为,法院可以继续审理并作出支持给付请求的裁决,但权利人只能在破产程序中申报债权,除非法院驳回破产申请或终结破产程序。第三种观点认为,人民法院应当向原告释明,告知债权人可以撤回诉请并通过申报债权主张权利,若债权人坚持诉讼则法院应当继续审理并作出裁决,但应注意判项与破产规定的协调。① 第二、三种观点无实质的冲突。《全国法院民商事审判工作会议纪要》规定,债权人已经对债务人提起的给付之诉,破产申请受理后,人民法院应当继续审理,但是在判定相关当事人实体权利义务时,应当注意与企业破产法及其司法解释的规定相协调。所谓相协调,是指人民法院应当在判项中说明,权利人只能在破产程序中依法申报债权,不能据此获得个别清偿。本案中,当事人主张,"根据《企业破产法》规定,附利息的债权自破产申请受理时起停止计息。一审判决判令洛察纳公司在十日内支付借款本金、利息及罚息、复利,并计算至实际支付之日止,适用法律错误"。对该疑问,最高人民法院予以澄清,认为"上述规定是针对破产案件受理后,债权申报所作的规定,目的是保障所有债权人均能得到一定程度的财产分配。本案发生于破产程序受理之前,是对有争议的债权债务关系及给付内容的具体确定,不涉及破产法意义上的债务清偿,不适用上述规定"。也就是说,人民法院可以根据双方的权利义务关系进行裁判,只是当事人不能据此获得个别清偿,而是应当根据判决在破产程序中申报债权。

因为债务人已经进入破产程序,因此,上述裁判作出并生效前,债权人可以同时向管理人申报债权。值得注意的是,人民法院受理破产申请后,债权人新提起的要求债务人清偿的民事诉讼或仲裁,人民法院或仲裁机构不予受理,应当告知债权人向管理人申报债权。债权人申报债权后,对管理人编制的债权表记载有异议的,可以依法提起债权确认的诉讼或仲裁。主要理由在于,破产程序本身就是债权实现程序即给付程序,所以在破产程序启动后,个别清偿程序就应当让位于集体清偿程序。

---

① 参见最高人民法院民事审判第二庭编著:《全国法院民商事审判工作会议纪要理解与适用》,人民法院出版社2019年版,第559页。

【法条链接】

《中华人民共和国企业破产法》

第二十条　人民法院受理破产申请后,已经开始而尚未终结的有关债务人的民事诉讼或者仲裁应当中止;在管理人接管债务人的财产后,该诉讼或者仲裁继续进行。

《全国法院民商事审判工作会议纪要》(法〔2019〕254号)

110.【受理后有关债务人诉讼的处理】人民法院受理破产申请后,已经开始而尚未终结的有关债务人的民事诉讼,在管理人接管债务人财产和诉讼事务后继续进行。债权人已经对债务人提起的给付之诉,破产申请受理后,人民法院应当继续审理,但是在判定相关当事人实体权利义务时,应当注意与企业破产法及其司法解释的规定相协调。

上述裁判作出并生效前,债权人可以同时向管理人申报债权,但其作为债权尚未确定的债权人,原则上不得行使表决权,除非人民法院临时确定其债权额。上述裁判生效后,债权人应当根据裁判认定的债权数额在破产程序中依法统一受偿,其对债务人享有的债权利息应当按照《企业破产法》第46条第2款的规定停止计算。

人民法院受理破产申请后,债权人新提起的要求债务人清偿的民事诉讼,人民法院不予受理,同时告知债权人应当向管理人申报债权。债权人申报债权后,对管理人编制的债权表记载有异议的,可以根据《企业破产法》第58条的规定提起债权确认之诉。

四、对破产人的特定财产享有担保权的权利人,对该特定财产享有优先受偿的权利,该优先受偿权的行使不以经债权人会议决议为条件

——中国邮政储蓄银行股份有限公司嘉峪关市分行与甘肃梓钊律师事务所管理人责任纠纷案

【案件来源】最高人民法院(2021)最高法民申1207号

【争议焦点】对债务人特定财产享有担保权的债权人行使优先受偿权时,是否以经债权人会议决议为必要程序?

【裁判要旨】对破产人的特定财产享有担保权的权利人,对该特定财产享有优先受偿的权利。该优先受偿权的行使不受破产清算程序的限制，无须拟定分配方案并提交债权人会议决议。

【基本案情】

再审申请人（一审原告、二审上诉人）：中国邮政储蓄银行股份有限公司嘉峪关市分行（以下简称邮储银行）

被申请人（一审被告、二审被上诉人）：甘肃梓钊律师事务所（以下简称梓钊律所）

2018年5月21日，嘉峪关市中级人民法院以（2018）甘02民破2号民事裁定书，裁定受理兴盛公司破产清算一案，并指定梓钊律所担任兴盛公司管理人。邮储银行作为兴盛公司债权人，在该破产案件进行过程中，依法申报债权并获兴盛公司管理人审查确认并经债权人会议核查后由贵院裁定确认，为兴盛公司优先债权人。2019年3月10日，梓钊律所向原告发送《关于担保债权以实物优先受偿的通知书》，以其经对破产企业享有优先受偿权的啤酒花予以拍卖、变卖程序未能变现为由决定以第二次流拍价作为受偿价格要求邮储银行接受以物抵债，邮储银行未能完全受偿部分的债权作为普通债权。邮储银行不服提起诉讼，要求梓钊律所赔偿损失。一审法院判决驳回邮储银行的诉讼请求。邮储银行不服提起上诉，二审法院驳回上诉，维持原判。

邮储银行申请再审称：原判决适用法律确有错误。（1）梓钊律所作为破产管理人，仅以破产财产经变价后无人竞买为由，在未拟订破产财产分配方案并提交债权人会议讨论通过和人民法院裁定认可的情况下，自行决定以邮储银行享有优先受偿权的破产财产向邮储银行进行实物分配的行为，违反《企业破产法》相关规定。原判决认定享有担保权的债权人行使优先受偿权无需经债权人会议决议，是对《全国法院破产审判工作会议纪要》第二十五条的曲解，忽略了该纪要第二十六条的规定。（2）梓钊律所对案涉啤酒花颗粒并无擅自处分的权利，其以啤酒花颗粒抵偿债务人嘉峪关市兴盛啤酒花种植有限公司对邮储银行所负债务的行为，不发生债务抵偿的法律效果。梓钊律所向邮储银行送达《告知书》，并将储存案涉啤酒花颗粒的冷库钥匙留置于邮储银行处的行为，亦不发生动产交付与风险转移的法律效果。原判决认定梓钊律所以实物方式分配破产财产系合法行使法律所赋职权的行为，属于错误适用《企业破产法》第二十五条规定的情形。

最高人民法院裁定：驳回邮储银行的再审申请。

【法院观点】

邮储银行主张梓钊律所作为破产清算管理人，怠于保管担保财产并以实物抵偿债务人对邮储银行所负债务，因而违反了管理人的忠实、勤勉义务，进而应向邮储银行承担赔偿责任。首先，《企业破产法》第一百零九条规定："对破产人的特定财产享有担保权的权利人，对该特定财产享有优先受偿的权利。"《全国法院破产审判工作会议纪要》第二十五条指出："担保权人权利的行使与限制。在破产清算和破产和解程序中，对债务人特定财产享有担保权的债权人可以随时向管理人主张就该特定财产变价处置行使优先受偿权，管理人应及时变价处置，不得以须经债权人会议决议等为由拒绝……"原判决参考该会议纪要精神，认为管理人在保障债权人的优先受偿权的过程中处置担保财产不以债权人会议作出决议为必经程序，并无不妥。其次，梓钊律所被法院指定为破产清算管理人后，委托有关机构对债权人邮储银行设定担保的财产，即案涉啤酒花颗粒进行了审计和评估作价，并依据评估价在司法拍卖网络平台上进行公开拍卖，第一次流拍后又以评估价的 70% 作为起拍价进行第二次公开拍卖，再次流拍。其间，梓钊律所将拍卖公告信息通过微信公众号、微信朋友圈及多家媒体发布。在案涉啤酒花颗粒无法变现的情况下，梓钊律所就以实物优先偿还担保债权方案与邮储银行进行了面谈，并向其送达《关于担保债权以实物优先受偿的通知书》。邮储银行签收该通知书，并在面谈中表示同意以实物优先受偿其担保债权，后续亦未明确作出放弃以实物折抵债务的意思表示。在此情形下，梓钊律所在法院工作人员监督下，将案涉啤酒花颗粒移交给邮储银行。原判决根据以上事实，认定梓钊律所不存在违反管理人忠实、勤勉义务的失职行为，并无不当。邮储银行关于其未与梓钊律所达成以物抵债合意，梓钊律所在保管、拍卖、处置案涉啤酒花颗粒等担保财产时未履行破产管理人忠实、勤勉义务的主张，缺乏事实和法律依据，其关于原判决认定的基本事实缺乏证据证明、适用法律确有错误的申请再审理由不能成立。

【实务解析】

企业进入破产程序后，意味着其财产不足以清偿全部债权。因此，破产财产的分配顺序成为最为重要的问题之一。

关于担保物权人优先受偿。根据《企业破产法》第一百零九条的规定，对破产人的特定财产享有担保权的权利人，对该特定财产享有优先受偿的权利，该项权利被称为别除权。在企业被宣告破产以后，企业的所有财产都成为破产财产，由管理人接手管理，并按照债权人会议通过的破产财产分配方案进行分配。但对于对特定财产享有担保物权的权利人，可以不受破产程序的限制，直接向管理人要求就特定财产优先受偿，不受债权人会议及破产财产分配方案的约束。主要原因在于担保物权的优先性，是担保制度存在的基础，破产分配中亦是如此。当特定财产经拍卖、变卖或折价等所获得还款足以覆盖担保权人债权时，担保权人债权获得全部清偿。但无法覆盖时，剩余的债权转化为普通债权进行清偿。

关于破产费用和共益债务。破产费用是人民法院受理破产申请后必然发生的合理费用，包括破产案件的诉讼费用，管理、变价和分配债务人财产的费用，以及管理人执行职务的费用、报酬和聘用工作人员的费用。共益债务是指在破产程序开始后，为了全体债权人的共同利益以及破产程序的顺利进行而可能负担的债务，包括因管理人或者债务人请求对方当事人履行双方均未履行完毕的合同所产生的债务；债务人财产受无因管理、不当得利所产生的债务；为债务人继续营业而应支付的劳动报酬和社会保险费用以及由此产生的其他债务；管理人或者相关人员执行职务致人损害所产生的债务；债务人财产致人损害所产生的债务等。

关于职工债权。破产人所欠职工的工资和医疗、伤残补助、抚恤费用，所欠的应当划入职工个人账户的基本养老保险、基本医疗保险费用，以及法律、行政法规规定应当支付给职工的补偿金。破产企业的董事、监事和高级管理人员的工资按照该企业职工的平均工资计算。

关于劣后债权。主要包括破产受理前产生的民事惩罚性赔偿金、行政罚款、刑事罚金等惩罚性债权。破产财产不足以清偿同一顺序的清偿要求的，按照比例分配。

【法条链接】

《中华人民共和国企业破产法》

第一百零九条 对破产人的特定财产享有担保权的权利人，对该特定财产享有优先受偿的权利。

第一百一十三条 破产财产在优先清偿破产费用和共益债务后，依照下列顺序清偿：

（一）破产人所欠职工的工资和医疗、伤残补助、抚恤费用，所欠的应当划入职工个人账户的基本养老保险、基本医疗保险费用，以及法律、行政法规规定应当支付给职工的补偿金；

（二）破产人欠缴的除前项规定以外的社会保险费用和破产人所欠税款；

（三）普通破产债权。

破产财产不足以清偿同一顺序的清偿要求的，按照比例分配。

……

《全国法院破产审判工作会议纪要》（法〔2019〕254号）

25. 担保权人权利的行使与限制。在破产清算和破产和解程序中，对债务人特定财产享有担保权的债权人可以随时向管理人主张就该特定财产变价处置行使优先受偿权，管理人应及时变价处置，不得以须经债权人会议决议等为由拒绝。但因单独处置担保财产会降低其他破产财产的价值而应整体处置的除外。

第二节

破产典型案例

一、最高人民法院发布案例之浙江南方石化工业有限公司等三家公司破产清算案

——浙江南方石化工业有限公司等三家公司破产清算案

【案件来源】浙江省绍兴市柯桥区人民法院（2016）浙0603破7号

【基本案情】

浙江南方石化工业有限公司（以下简称南方石化）、浙江南方控股集团有限公司、浙江中波实业股份有限公司系绍兴地区最早一批集化纤、纺织、经贸于一体的民营企业，三家公司受同一实际控制人控制。其中南方石化年产值20亿余元，纳税近2亿元，曾入选中国民营企业500强。由于受行业周期性低谷及互保等影响，2016年上述三家公司出现债务危机。2016年11月1日，浙江省绍兴市柯桥区人民法院（以下简称柯桥法院）裁定分别受理上述三家公司的破产清算申请，并通过竞争方式指定联合管理人。

由于南方石化等三公司单体规模大、债务规模大，难以通过重整方式招募投资人，但具有完整的生产产能、较高的技术能力，具备产业转型和招商引资的基础。据此，本案采取"破产不停产、招商引资"的方案，在破产清算的制度框架内，有效清理企业的债务负担，阻却担保链蔓延；后由政府根据地方产业转型升级需要，以招商引资的方式，引入战略性买家，实现"产能重整"。

三家企业共接受债权申报54.96亿元，裁定确认30.55亿元，临时确认24.41亿元。其中南方石化接受债权申报18.58亿元，裁定确认9.24亿元，临时确认9.34亿元。鉴于三家企业存在关联关系、主要债权人高度重合、资产独立、分散以及南方石化"破产不停产"等实际情况，柯桥法院指导管理人在充分尊重债权人权利的基础上，积极扩展债权人会议职能，并确定三家企业"合并开会、分别表决"的方案。2017年1月14日，柯桥法院召开南方石化等三家企业第一次债权人会议，高票通过了各项方案。2017年2月23日，柯桥法院宣告南方石化等三家企业破产。

2017年3月10日，破产财产进行网络司法拍卖，三家企业550亩土地、26万平方米厂房及相关石化设备等破产财产以6.88亿余元一次拍卖成交。根据通过的《破产财产分配方案》，职工债权获全额清偿，普通债权的清偿率达14.74%。破产财产买受人以不低于原工作待遇的方式接受员工，1310余名员工中1100余人留任，一线员工全部安置。本案从宣告破产到拍卖成交，仅用时54天；从立案受理到完成财产分配仅用时10个半月。

【典型意义】

本案是在清算程序中保留有效生产力,维持职工就业,实现区域产业整合和转型升级的典型案例。审理中,通过运用政府的产业和招商政策,利用闲置土地70余亩,增加数亿元投入上马年产50万吨FDY差别化纤维项目,并通过托管和委托加工方式,确保"破产不停产",维持职工就业;资产处置中,通过债权人会议授权管理人将三家企业资产单独或合并打包,实现资产快速市场化处置和实质性的重整效果。此外,本案也是通过程序集约,以非实质合并方式审理的关联企业系列破产清算案件。对于尚未达到法人人格高度混同的关联企业破产案件,采取联合管理人履职模式,探索对重大程序性事项尤其是债权人会议进行合并,提高审理效率。

二、最高人民法院发布案例之松晖实业(深圳)有限公司执行转破产清算案

——松晖实业(深圳)有限公司执行转破产清算案

【案件来源】深圳市中级人民法院(2017)粤03破45号

【基本案情】

松晖实业(深圳)有限公司(以下简称松晖公司)成立于2002年12月10日,主要经营工程塑料、塑胶模具等生产、批发业务。2015年5月,松晖公司因经营不善、资金链断裂等问题被迫停业,继而引发1384宗案件经诉讼或仲裁后相继进入强制执行程序。在执行过程中,深圳市宝安区人民法院(以下简称宝安法院)查明,松晖公司名下的财产除银行存款3483.13元和机器设备拍卖款1,620,000元外,无其他可供执行的财产,459名员工债权因查封顺序在后,拍卖款受偿无望,执行程序陷入僵局。2017年2月23日宝安法院征得申请执行人深圳市宝安区人力资源局同意后,将其所涉松晖公司执行案移送破产审查。2017年4月5日,广东省深圳市中级人民法院(以下简称深圳中院)裁定受理松晖公司破产清算案,松晖公司其他执行案件相应中止,所涉债权债务关系统一纳入破产清算程序中处理。

深圳中院受理松晖公司破产清算申请后,立即在报纸上刊登受理公告并依

法指定管理人开展工作。经管理人对松晖公司的资产、负债及经营情况进行全面调查、审核后发现，松晖公司因欠薪倒闭停业多年，除银行存款3483.13元和机器设备拍卖款1,620,000元外，已无可变现资产，而负债规模高达1205.93万元，严重资不抵债。2017年6月28日，深圳中院依法宣告松晖公司破产。按照通过的破产财产分配方案，可供分配的破产财产1,623,645.48元，优先支付破产费用685,012.59元后，剩余938,632.89元全部用于清偿职工债权11,347,789.79元。2017年12月29日，深圳中院依法裁定终结松晖公司破产清算程序。

【典型意义】

本案是通过执行不能案件移送破产审查，从而有效化解执行积案、公平保护相关利益方的合法权益、精准解决"执行难"问题的典型案例。由于松晖公司财产不足以清偿全部债权，债权人之间的利益冲突激烈，尤其是涉及的459名员工权益，在执行程序中很难平衡。通过充分发挥执行转破产工作机制，一是及时移送、快速审查、依法审结，直接消化执行积案1384宗，及时让459名员工的劳动力资源重新回归市场，让闲置的一批机器设备重新投入使用，有效地利用破产程序打通解决了执行难问题的"最后一公里"，实现对所有债权的公平清偿，其中职工债权依法得到优先受偿；二是通过积极疏导和化解劳资矛盾，避免了职工集体闹访、上访情况的发生，切实有效地保障了职工的权益，维护了社会秩序，充分彰显了破产制度价值和破产审判的社会责任；三是通过执行与破产的有序衔接，对生病企业进行分类甄别、精准救治、及时清理，梳理出了盘错结节的社会资源，尽快释放经济活力，使执行和破产两种制度的价值得到最充分、最有效的发挥。

三、2021年度全国十大破产经典案例之康美药业重整案

【案件来源】 广东省揭阳市中级人民法院（2021）粤52破1号

【基本案情】

康美药业股份有限公司（以下简称康美药业）是一家以中药饮片生产、销售为主业，中医药全产业链一体化运营的上市公司。

2015年至2018年间，康美药业董事长马某田伙同他人，违规筹集大量资金，利用实控交易账户自买自卖、连续交易，操纵公司股价和交易量。2016年至2018年期间，马某田等人为达到虚增公司业绩目的，组织、策划、指挥公司相关人员进行财务造假，虚增营业收入275.15亿元、利息收入5.10亿元、营业利润39.36亿元，货币资金2016年度225.48亿元、2017年度299.44亿元、2018年度361.88亿元；未按规定披露控股股东及关联方非经营性占用资金116.19亿元。2020年5月，证监会依法对康美药业违法违规案作出行政处罚及市场禁入决定，并将涉嫌犯罪线索移送司法机关。康美药业2020年度账面净利润为-229.6亿元。2021年11月，佛山中院以违规披露、不披露重要信息罪，操纵证券市场罪，单位行贿罪判处马某田有期徒刑12年，并处罚金120万元；对康美药业以单位行贿罪判处罚金500万元。11月12日，广州中院对全国首例证券虚假陈述责任纠纷案作出判决，康美药业赔偿52,037名投资者损失24.59亿元。鉴于康美药业不能清偿到期债务，且已资不抵债，揭东农商行依法申请对康美药业进行破产重整。

【典型意义】

康美药业破产重整案是全国首例横跨刑事、民事、行政三大领域的上市公司破产重整典型案例，也是近年来全省法院审理的影响力最大的上市公司破产重整案。案件的审理达到了政治效果、社会效果和法律效果的有机统一。

一是从风险防范角度推动社会治理。坚持党的领导、府院联动，协调各方力量，统筹化解企业债务危机，裁定确认70多家金融机构和5.7万多名债权人的合法权益，及时兑现52,037名中小投资者赔偿款24.59亿元，保障投资者和职工合法权益，防范化解金融风险。

二是从依法诚信角度引导投资经营。康美药业经营脱实向虚、无序扩张、财务造假，实控人因操纵证券市场和违规披露、不披露重要信息等犯罪被追究刑事责任，控股股东及关联方非经营性占用资金，导致资不抵债引发退市风险。通过以物抵债、关联方代为清偿、出资人权益调整等方式解决大股东占款问题，昭示企业法人财产独立的现代公司法精神。通过最大限度保护中小债权人合法权益，昭示"股市有风险，投资需谨慎"的风险原则。

三是从企业再生角度优化经营管理。通过招募投资人注入资金，优化企业股权结构和经营管理模式，推动企业重获新生，彰显了破产重整制度价值和破产审判的社会责任。

四、2021年度全国十大破产经典案例之北大方正集团实质合并重整案

【案件来源】北京市第一中级人民法院（2020）京01破13号

【基本案情】

2019年底，北大方正集团有限公司（以下简称方正集团）流动性危机爆发，负债达数千亿元。2020年2月19日，北京市第一中级人民法院（以下简称北京一中院）受理债权人对方正集团的重整申请。2020年7月17日，方正集团管理人提出实质合并重整申请。7月28日，北京一中院组织申请人、被申请人、异议债权人等利害关系人及中介机构进行听证。经审查，北京一中院认为，方正集团与方正产业控股有限公司（以下简称产业控股）、北大医疗产业集团有限公司（以下简称北大医疗）、北大方正信息产业集团有限公司（以下简称信产集团）、北大资源集团有限公司（以下简称资源集团）之间法人人格高度混同，区分各关联企业成员财产的成本过高，对其实质合并重整有利于保护全体债权人的公平清偿利益，降低清理成本，增加重整的可能性，提高重整效率，故于2020年7月31日裁定方正集团等五家公司实质合并重整。

北京一中院受理方正集团实质合并重整案后，坚持市场化法治化原则，严格依法审理，及时通过司法手段保护重整主体核心资产安全，维持方正集团及下属企业的持续经营，指导管理人通过公开招募、市场化竞争选定重整投资人。在重整计划草案的制定方面，坚持公平对待债权人，切实维护职工权益。2021年5月28日，方正集团实质合并重整案债权人会议高票通过重整计划草案，根据草案规定，有财产担保债权、职工债权、税款债权及普通债权100万元以下的部分均获得全额现金清偿；普通债权100万元以上的部分可在"全现金""现金加以股抵债""现金加留债"三种清偿方式中任选一种获得清偿，预计清偿率最高可达61%。北京一中院于2021年6月28日裁定批准方正集团、产业控股、北大医疗、信产集团、资源集团等五家公司重整计划，并裁定终止重整程序。

通过司法重整，成功为方正集团引入700多亿元投资，化解2600多亿元

债务，帮助 400 余家企业持续经营，稳住 3.5 万名职工的工作岗位，最大限度保护各类债权人权益，并使方正集团重获新生。

【典型意义】

方正集团作为我国知名校企，资产债务规模巨大，职工人数众多，在进入司法重整前已发生大规模债务违约，不仅对相关行业企业以及出资人产生重大影响，而且容易引发系统性金融风险，国内外高度关注该企业集团的困境解决。从方正集团自身情况而言，其业务涵盖多个板块，包括医疗、信产、地产、金融、大宗贸易等，关联企业资产类型复杂多样，涉及融资融券、境内外债券、结构性融资等复杂问题，同时债权人人数众多、利益诉求多元，在司法重整中面临如何有效妥善处置各类资产，平衡各方主体利益，满足不同类型债权人的诉求等问题，重整挽救的难度很大。北京一中院在受理方正集团重整案后，立足各关联企业之间的具体关系模式和经营情况，妥善确定重整模式，精准确定重整企业范围，对方正集团实质合并重整进行了周密设计和规范实施。

在重整模式上，本案以整体重整为原则，权衡战略投资者的利益需求，采取出售式重整的方式，以保留资产设立新方正集团和各业务平台公司，承接相应业务和职工就业，以待处置资产设立信托计划，处置所得对受益人补充分配，通过出售式重整真正实现债务人全部资产（包括处置所得）均直接用于清偿债权人。通过出售式重整一揽子化解集团全部债务风险，最大限度维护了企业事业的营运价值，隔离方正集团历史遗留风险和其他潜在风险，减轻了债务重组收益税负，有利于企业未来经营发展。在重整计划的制定上，方正集团重整计划充分考虑了不同债权人的利益诉求，公平对待各类债权人，提供了灵活搭配的清偿方案，在实施"现金+以股抵债"清偿方案的同时，债权人可自主选择将预计可得抵债股权全部置换为当期现金清偿，或者置换为新方正集团留债，并作出兜底回购承诺，满足了不同债权人的清偿需要。

较之以往同一业务板块企业集团的重整，方正集团业务涵盖多个板块，是我国首例真正意义上的多元化"企业集团"重整。方正集团实质合并重整案妥善化解集团债务危机，有效维护企业的营运价值，充分保障了职工、债权人等各方利益主体权益，是《企业破产法》实施以来充分实现重整制度立法目标的典型案例之一，对于我国大型企业集团重整具有重要参考价值。

附　录

金融不良资产处置诉讼追偿核心法规清单

一、法律

中华人民共和国民法典（2020.05.28）[①]

中华人民共和国商业银行法（2015.08.29）

中华人民共和国公司法（2018.10.26）

中华人民共和国企业破产法（2006.08.27）

中华人民共和国招标投标法（2017.12.27）

中华人民共和国刑法（2020.12.26）

中华人民共和国民事诉讼法（2021.12.24）

二、司法解释及规范性文件

最高人民法院关于适用《中华人民共和国民法典》总则编若干问题的解释（法释〔2022〕6号，2022.02.24）

最高人民法院关于适用《中华人民共和国民法典》有关担保制度的解释（法释〔2020〕28号，2020.12.31）

最高人民法院关于适用《中华人民共和国民法典》物权编的解释（一）（法释〔2020〕24号，2020.12.29）

最高人民法院关于适用《中华人民共和国民法典》婚姻家庭编的解释（一）（法释〔2020〕22号，2020.12.29）

最高人民法院关于适用《中华人民共和国民法典》时间效力的若干规定（法释〔2020〕15号，2020.12.29）

全国法院贯彻实施民法典工作会议纪要（法〔2021〕94号，2021.04.06）

最高人民法院关于适用《中华人民共和国民事诉讼法》的解释（法释〔2022〕11号，2022.04.01）

最高人民法院关于适用《中华人民共和国民事诉讼法》执行程序若干问题

[①] 此处为法律文件的发布日期，如果法律文件被修正或者修订，则为最近一次修改时间。

的解释（法释〔2020〕21号，2020.12.29）

最高人民法院关于审理民事案件适用诉讼时效制度若干问题的规定（法释〔2020〕17号，2020.12.29）

最高人民法院关于执行程序中计算迟延履行期间的债务利息适用法律若干问题的解释（法释〔2014〕8号，2014.07.07）

最高人民法院关于人民法院办理财产保全案件若干问题的规定（法释〔2020〕21号，2020.12.29）

最高人民法院关于人民法院执行工作若干问题的规定（试行）（法释〔2020〕21号，2020.12.29）

最高人民法院关于公证债权文书执行若干问题的规定（法释〔2018〕18号，2018.09.30）

最高人民法院关于执行担保若干问题的规定（法释〔2020〕21号，2020.12.29）

最高人民法院关于执行和解若干问题的规定（法释〔2020〕21号，2020.12.29）

最高人民法院关于人民法院网络司法拍卖若干问题的规定（法释〔2016〕18号，2016.08.02）

最高人民法院关于人民法院民事执行中拍卖、变卖财产的规定（法释〔2020〕21号，2020.12.29）

最高人民法院关于民事执行中变更、追加当事人若干问题的规定（法释〔2020〕21号，2020.12.29）

最高人民法院关于人民法院办理执行异议和复议案件若干问题的规定（法释〔2020〕21号，2020.12.29）

全国法院民商事审判工作会议纪要（法〔2019〕254号，2019.11.08）

最高人民法院关于进一步加强金融审判工作的若干意见（法发〔2017〕22号，2017.08.04）

最高人民法院关于审理涉及金融不良债权转让案件工作座谈会纪要（法发〔2009〕19号，2009.03.30）

最高人民法院关于在执行工作中如何计算迟延履行期间的债务利息等问题的批复（法释〔2009〕6号，2009.05.11）

最高人民法院对《关于贯彻执行最高人民法院"十二条"司法解释有关问

题的函》的答复（法函〔2002〕3号，2002.01.07）

最高人民法院关于金融资产管理公司收购、处置银行不良资产有关问题的补充通知（法发〔2005〕62号，2005.05.30）

最高人民法院关于超过诉讼时效期间借款人在催款通知单上签字或者盖章的法律效力问题的批复（法释〔1999〕7号，1999.02.11）

最高人民法院关于超过诉讼时效期间后债务人向债权人发出确认债务的询证函的行为是否构成新的债务的请示的答复（〔2003〕民二他字第59号，2004.06.04）

最高人民法院关于债务人签收"贷款对账签证单"的行为是否属于对已经超过诉讼时效的原债务的履行进行重新确认问题的复函（〔2006〕民立他字第106号，2007.03.04）

最高人民法院对《关于担保期间债权人向保证人主张权利的方式及程序问题的请示》的答复（〔2002〕民二他字第32号，2002.11.22）

最高人民法院关于债权人在保证期间以特快专递向保证人发出逾期贷款催收通知书但缺乏保证人对邮件签收或拒收的证据能否认定债权人向保证人主张权利的请示的复函（〔2003〕民二他字第6号，2003.06.12）

最高人民法院关于在保证期间内保证人在债权转让协议上签字并承诺履行原保证义务能否视为债权人向担保人主张过债权及认定保证合同的诉讼时效如何起算等问题请示的答复（〔2003〕民二他字第25号，2003.09.08）

最高人民法院关于人民法院是否受理金融资产管理公司与国有商业银行就政策性金融资产转让协议发生的纠纷问题的答复（〔2004〕民二他字第25号，2005.06.17）

最高人民法院关于审理金融资产管理公司利用外资处置不良债权案件涉及对外担保合同效力问题的通知（法发〔2010〕25号，2010.07.01）

最高人民法院关于非金融机构受让金融不良债权后能否向非国有企业债务人主张全额债权的请示的答复（〔2013〕执他字第4号，2013.11.26）

最高人民法院关于审理涉及中国农业银行股份有限公司处置股改剥离不良资产案件适用相关司法解释和司法政策的通知（法〔2011〕144号，2011.03.28）

最高人民法院关于判断确定的金融不良债权多次转让人民法院能否裁定变更执行主体请示的答复（〔2009〕执他字第1号，2009.06.16）

三、行政法规、部门规章及规范性文件

贷款通则（1996.06.28）

人民币利率管理规定（银发〔1999〕77号，1999.03.02）

中国人民银行关于人民币贷款利率有关问题的通知（银发〔2003〕251号，2003.12.10）

中国人民银行关于调整金融机构人民币贷款利率的通知（银发〔2006〕134号，2006.04.27）

中国人民银行关于对逾期贷款计收复利有关问题的复函（银货政〔1999〕46号，1999.03.23）

贷款风险分类指引（银监发〔2007〕54号，2007.07.03）

银行抵债资产管理办法（财金〔2005〕53号，2005.05.27）

金融企业不良资产批量转让管理办法（财金〔2012〕6号，2012.01.18）

金融企业呆账核销管理办法（2017年版）（财金〔2017〕90号，2017.08.31）

金融资产管理公司条例（2000.11.10）

金融资产管理公司资产处置管理办法（修订）（财金〔2008〕85号，2008.07.09）

金融资产管理公司资产处置公告管理办法（修订）（财金〔2008〕87号，2008.07.11）

金融资产管理公司监管办法（银监发〔2014〕41号，2014.08.14）

金融资产管理公司资本管理办法（试行）（银监发〔2017〕56号，2017.12.26）

金融资产管理公司开展非金融机构不良资产业务管理办法（财金〔2015〕56号，2015.06.09）

财政部关于进一步规范金融资产管理公司不良债权转让有关问题的通知（财金〔2005〕74号，2005.07.04）

关于国有商业银行股改过程中个人不良贷款处置有关问题的通知（财金〔2005〕114号，2005.11.10）

商业银行押品管理指引（银监发〔2017〕16号，2017.04.26）

不良金融资产处置尽职指引（银监发〔2005〕72号，2005.11.18）

中国银监会办公厅关于规范金融资产管理公司不良资产收购业务的通知（银监办发〔2016〕56号，2016.03.17）

财政部、中国银行业监督管理委员会关于规范资产管理公司不良资产处置中资产评估工作的通知（财企〔2005〕89号，2005.06.15）

中国银行业监督管理委员会关于商业银行向社会投资者转让贷款债权法律效力有关问题的批复（银监办发〔2009〕24号，2009.02.05）

中国银监会关于地方资产管理公司开展金融企业不良资产批量收购处置业务资质认可条件等有关问题的通知（银监发〔2013〕45号，2013.11.28）

国家外汇管理局关于金融资产管理公司对外处置不良资产外汇管理有关问题的通知（汇发〔2015〕3号，2015.01.09）

国家发展改革委关于做好对外转让债权外债管理改革有关工作的通知（发改外资〔2016〕1712号，2016.08.08）

关于信贷资产支持证券发行管理有关事宜的公告（中国人民银行公告〔2015〕第7号，2015.03.26）

不良贷款资产支持证券信息披露指引（试行）（中国银行间市场交易商协会公告〔2016〕10号，2016.04.19）

国务院关于积极稳妥降低企业杠杆率的意见（附：关于市场化银行债权转股权的指导意见）（国发〔2016〕54号，2016.09.22）

中国银监会关于提升银行业服务实体经济质效的指导意见（银监发〔2017〕4号，2017.04.07）

金融机构债权人委员会工作规程（银保监发〔2020〕57号，2020.12.28）

中国银监会办公厅关于规范银行业金融机构信贷资产收益权转让业务的通知（银监办发〔2016〕82号，2016.04.27）

中国银保监会办公厅关于开展不良贷款转让试点工作的通知（银保监办便函〔2021〕26号，2021.01.07）

财政部关于进一步加强国有金融企业财务管理的通知（财金〔2022〕87号，2022.07.20）

中国银保监会办公厅关于开展第二批不良贷款转让试点工作的通知（银保监办便函〔2022〕1191号，2022.12.29）

银行业信贷资产登记流转中心不良贷款转让业务规则（银登字〔2023〕1号，2023.01.18）

商业银行金融资产风险分类办法（中国银行保险监督管理委员会、中国人民银行令〔2023〕第1号，2023.02.10）

图书在版编目（CIP）数据

金融不良资产处置诉讼追偿实务 / 郭帅，马金风著. —北京：中国法制出版社，2023.3
ISBN 978-7-5216-3195-1

Ⅰ.①金… Ⅱ.①郭…②马… Ⅲ.①金融公司—不良资产—资产管理—法律—诉讼—研究—中国 Ⅳ.① D922.291.04

中国版本图书馆 CIP 数据核字（2022）第 226711 号

策划编辑：王佩琳（wangpeilin@zgfzs.com）

责任编辑：秦智贤（qinzhixian@zgfzs.com） 封面设计：周黎明

金融不良资产处置诉讼追偿实务
JINRONG BULIANG ZICHAN CHUZHI SUSONG ZHUICHANG SHIWU

著者 / 郭 帅 马金风

经销 / 新华书店

印刷 / 三河市国英印务有限公司

开本 / 710 毫米 ×1000 毫米 16 开　　　　　　　　印张 / 38.5　字数 / 628 千

版次 / 2023 年 3 月第 1 版　　　　　　　　　　　2023 年 3 月第 1 次印刷

中国法制出版社出版

书号 ISBN 978-7-5216-3195-1　　　　　　　　　　　定价：138.00 元

北京市西城区西便门西里甲 16 号西便门办公区

邮政编码：100053　　　　　　　　　　　　　　传真：010-63141600

网址：http://www.zgfzs.com　　　　　　　　　　编辑部电话：010-63141798

市场营销部电话：010-63141612　　　　　　　　　印务部电话：010-63141606

（如有印装质量问题，请与本社印务部联系。）